Reihe «Architektonisches Wissen»
herausgegeben vom Departement Architektur, ETH Zürich

Die Bauschule am Eidgenössischen Polytechnikum in Zürich

Martin Tschanz

Die Bauschule am Eidgenössischen Polytechnikum in Zürich

Architekturlehre zur Zeit von Gottfried Semper (1855–1871)

gta Verlag

Geleitwort

In der Reihe *Architektonisches Wissen*, der Publikationsplattform der brillantesten Forscherinnen und Forscher unserer Schule, nimmt die vorliegende Arbeit eine besondere Stellung ein. Denn sie ist nicht nur ein kluger und bedeutender Beitrag zu diesem Wissen, sondern spürt, gleichsam von einer Position auf der Metaebene ausgehend, den Ursprung der Konstituierung von Produktion, Systematisierung und Lehre dieses Wissens auf.

Tatsächlich zeichnet sie die frühe Entstehungsgeschichte der Bauschule am Eidgenössischen Polytechnikum in Zürich nach, vom Einweihungsjahr 1855 bis 1871, als ihr Gründer und Vorsteher Gottfried Semper Stadt und Schule verliess. Dem Sujet entsprechend, dem sie sich widmet, wendet die Arbeit eine komplexe Methode an, indem sie die Persönlichkeiten der Dozenten, die Formen und Mittel des Unterrichts und das Schulgebäude selbst ebenso in ihre Betrachtung einbezieht wie die institutionellen und organisatorischen Aspekte der Bildungsentwicklung. So entsteht das ebenso widersprüchliche wie lebendige Bild einer Schule, die sich im Spannungsfeld zwischen konstruktiv-technischer Ausrichtung und künstlerischem Anspruch zu einem Modell für die Ausbildung moderner Architekten und die Pflege der baukünstlerischen Disziplin in all ihren Facetten entwickelte.

Das vorliegende Buch erforscht nichts weniger als die Wurzel der Schule, an der wir gegenwärtig arbeiten – im doppelten Wortsinn. Damit geht es über den (in seiner Bedeutung nicht zu unterschätzenden) historischen Erkenntniswert hinaus. Indem es unsere Vergangenheit aufspürt, setzt es uns einen Spiegel vor. Die Ganzheitlichkeit des Semper'schen Ansatzes, der technisch geschulte Baumeister und gleichzeitig akademisch auftretende Baukünstler ausbilden wollte, ist eine Erbschaft, die unsere Schule aufgenommen und gepflegt hat und hoffentlich weiterhin sorgsam pflegen wird. Die Widersprüche, die untrennbar mit diesem hohen Anspruch verbunden sind, wird die Schule auch in Zukunft mit sich tragen: als Herausforderung, aber auch als Gewähr für produktive Unruhe, Wandlungsfähigkeit und Lebendigkeit.

Vittorio Magnago Lampugnani
Departement Architektur, ETH Zürich

Einleitung

Die vorliegende Publikation zeichnet das Portrait der Bauschule am Eidgenössischen Polytechnikum in Zürich von ihrer Entstehung 1855 bis nach 1871, als ihr erster Vorsteher Gottfried Semper die Limmatstadt verliess. Mit dieser Schule, in der die Wurzeln des heutigen Departements Architektur der ETH Zürich liegen, wurde zum ersten Mal in der Schweiz eine formalisierte Architektenausbildung eingerichtet. Sie ist deshalb von besonderer Bedeutung, weil sie als wegweisend und exemplarisch gelten kann für die Entwicklung der Disziplin Architektur an den europäischen Polytechniken der zweiten Generation, die sich gegen Ende des 19. Jahrhunderts zu technischen Hochschulen entwickelten. Das Fach wurde hier in einer umfassenden Weise gelehrt, was wesentlich dazu beitrug, die zu Beginn des Jahrhunderts drohende Spaltung zwischen praktisch-technisch geschulten Baumeistern einerseits und akademisch gebildeten Baukünstlern andererseits zumindest teilweise abzuwenden.

Gerade weil sich das Fach nur schwer einordnen liess, vermochte es vom damaligen Konflikt zwischen polytechnischer Ausbildung und universitärer Bildung an der neu gegründeten Hochschule des noch jungen Bundesstaates zu profitieren. Mit seinem von 1858 bis 1864 errichteten Hochschulgebäude, das über der Altstadt von Zürich thront, gelang es Gottfried Semper, die unterschiedlichen Denkschulen von Polytechnikum und Universität unter einem Dach zu vereinigen und dabei die Architektur als integrierende, zwischen den entsprechenden Kulturen vermittelnde Disziplin manifest werden zu lassen. Deren Bedeutung für das nach Geltung strebende Polytechnikum war demgemäss deutlich grösser, als es die bescheidene Schar Bauschüler vermuten liesse.

Von Anfang an stand die Bauschule im Spannungsfeld zwischen zwei Polen: einer konstruktiv-technischen Ausrichtung auf der eine Seite, die zunächst die Planung einfacher Zweckbauten zum Ziel hatte, und einer überwiegend künstlerischen Ausrichtung auf der anderen Seite, die vor allem die Kompetenz zum Entwurf repräsentativer Bauten schulen wollte. Dies zeigte sich sowohl in der Zusammensetzung des Lehrkörpers mit zunächst zwei Professoren, wie auch im Aufbau und in der Entwicklung des Curriculums. Auf Initiative von Gottfried Semper wurden Elemente des akademischen Bildungsgangs in die ursprünglich nach dem Vorbild des Polytechnikums Karlsruhe konzipierte Schule integriert. Dabei wurde der Stellenwert des als Atelier bezeichneten Zeichensaals gestärkt, in welchem die Entwurfspraxis anhand von realitätsnahen Aufgaben nach dem Modell der Architekturwettbewerbe eingeübt wurde. Eine eigentliche Atelierschule, wie sie von Semper zunächst angestrebt worden war, liess sich im gegebenen Rahmen eines Polytechnikums allerdings nicht verwirklichen. In einem Zusammenspiel unterschiedlichster Faktoren bildete sich vielmehr eine Art der Lehre heraus, die wissenschaftliche, künstlerische und technische Aspekte in sich vereinigte.

Die Bauschule am Eidgenössischen Polytechnikum wird in dieser Arbeit als ein komplexes Gebilde aufgefasst, in dem organisatorische und institutionelle Aspekte ebenso eine Rolle spielen wie die dozierenden Persönlichkeiten, Formen und Mittel des Unterrichts sowie der räumliche Rahmen der Schulgebäude.[1] Entsprechend vielfältig sind die beigezogenen Quellen. Sie umfassen die Reglemente, Programme und Verwaltungsakten der Schule, Schülerzeichnungen und Vorlesungsmitschriften, biographische Materialien, Sammlungsinventare und -fragmente sowie die Bauten und deren Architektur.[2]

1 Die Formulierung spielt mit Bedacht auf Bruno Latour und die Akteur-Netzwerk-Theorie an; vgl. bes. Bruno Latour, *Eine neue Soziologie für eine neue Gesellschaft. Einführung in die Akteur-Netzwerk-Theorie*, Frankfurt a. M. 2007.

2 Ausser in Titeln werden in dieser Arbeit offensichtliche Schreibfehler stillschweigend korrigiert und die alte Schreibweise wird nur insofern übernommen, als sie die Lesbarkeit nicht erheblich stört. Hauptsächlich wurden die unterschiedlichen ß-, ss- und sz-Schreibweisen der aktuellen deutschen (Schweizer) Rechtschreibung angepasst. Das rechtfertigt sich nicht zuletzt deshalb, weil in den verschiedenen Handschriften die Schreibweisen unterschiedlich und oft inkonsequent sind. Dies gilt insbesondere für die Texte von Gottfried Semper, sodass auch bei der zur Zeit laufenden Edition seiner Schriften das Problem einer angemessenen Transkription nocht nicht restlos gelöst ist.
Angaben zur Bezeichnung von Fächern und Lehrern, Stundenplänen u. ä. folgen, wenn nicht anders vermerkt, den Schulprogrammen. Verweise wie *Programm 1857/58* beziehen sich auf das Programm für das jeweilige Wintersemester, das in den frühen Jahren auch einen Bericht über das vorangehende Schuljahr enthält, Verweise wie *Programm 1858* auf das Programm des jeweiligen Sommersemesters: *Programm der eidgen. polytechnischen Schule für [...]*, Zürich 1855ff. (Der Titel des ersten Programms lautet *Uebersicht des gesammten Unterrichtes welcher im Schuljahr 1855–1856, beziehungsweise im Wintersemester desselben Jahres an der eidgenössischen polytechnischen Schule ertheilt wird*, aber auch die Titel der folgenden Schulprogramme variieren.)

1 Die Konzeption der Bauschule 1854/55

Polytechnikum statt Universität: Zur Geschichte der eidgenössischen Hochschule

Als am 15. Oktober 1855 das Eidgenössische Polytechnikum in Zürich feierlich eröffnet wurde, waren nicht viel mehr als zwanzig Monate vergangen, seit das Parlament die Einrichtung einer solchen Schule beschlossen hatte. Allerdings hatte dieser Entscheid eine lange Vorgeschichte, die sich bis in die Zeit der Helvetik zurückverfolgen lässt.[1]

Bereits 1798 plante der damalige Unterrichtsminister Philipp Albert Stapfer den Aufbau einer zentralen eidgenössischen Universität, welche die Vorzüge der deutschen Universitäten und der neu gegründeten polytechnischen Schulen von Paris in sich vereinigen sollte. Ein «allumfassendes Institut» sollte entstehen, «worin alle nützlichen Wissenschaften und Künste in möglichster Ausdehnung und Vollständigkeit gelehrt und durch die vereinten Nationalkräfte von den reichsten Hülfsmittel umringt würden».[2]

Mit dem raschen Ende des helvetischen Zentralstaates erlitt diese Idee zwar Schiffbruch, der Gedanke einer schweizerischen Hochschule, die durch eine Bündelung der Kräfte Bedeutung gewinnen sollte, wurde jedoch in der Folge immer wieder aufgegriffen. Nach der Gründung des Bundesstaates im Jahr 1848 war die eidgenössische Hochschule eines der ersten und wichtigsten Werke, in denen sich der neue Staat konkretisieren sollte. Dementsprechend ging es in den Hochschuldebatten nicht nur um Bildungsfragen, sondern auch um die Frage nach dem Wesen der noch jungen Confoederatio Helvetica.

Schon bei der Ausarbeitung der Verfassung war allerdings deutlich geworden, dass es die eidgenössische Hochschule schwer haben würde. Die Forderung nach einer zentralen Lehrerbildung erwies sich im föderalistisch aufgebauten Bundesstaat als chancenlos, aber auch andere Teile der Institution blieben umstritten, insbesondere die theologische Fakultät. Schliesslich räumte Artikel 22 der Verfassung dem Bund nur mehr die Möglichkeit ein, «eine Universität und èine polytechnische Schule zu errichten».[3] Eine verbindlichere Formulierung scheiterte an der Opposition gegen die eidgenössische Universität, während das Polytechnikum kaum in Frage gestellt wurde. Selbst wenn die kantonalen Industrie- und Realschulen bereits einen gewissen Grundlagenunterricht in technischer Richtung anboten und auch an den Universitäten vereinzelt entsprechende Vorlesungen stattfanden, stand ausser Zweifel, dass im Bereich der technischen Bildung Handlungsbedarf bestand.[4]

Als es 1853/54 darum ging, die verfassungsmässig vorgesehene Möglichkeit zu ergreifen und mit einem Hochschulgesetz eine Universität «als Höhepunkt der neuern Institutionen, als Schlussstein des neuen Bundes» wirklich zu begründen, zeigte sich in der parlamentarischen Diskussion ein ganz ähnliches Bild.[5] Die Debatte konnte erst stattfinden, nachdem die Eisenbahnfrage zugunsten einer privatwirtschaftlichen Lösung entschieden war, sodass Mittel aus den Zolleinnahmen für neue Aufgaben frei wurden. Der Gesetzesentwurf, der zu Beginn des Jahres 1854 dem Nationalrat vorgelegt wurde, sah zunächst eine eidgenössische Universität in Zürich und ein wesentlich kleineres Polytechnikum in Lausanne vor. Nach langen und heftigen Diskussionen setzte sich dann aber der Vorschlag einer zentralen Universität durch, die «auch eine polytechnische Schule in sich begreifen» sollte.[6] Als Standort war Zürich vorgesehen, wobei man die Möglichkeit einräumte, eine katholische Fakultät an einem anderen Ort einzurichten.

Damit war eigentlich klar, dass die Vorlage im Ständerat keine Chace hatte. In der Debatte zeichnete sich die Ablehnung denn auch rasch ab. Die Opposition kam überwiegend aus der Westschweiz, wo man sich von der Deutschschweiz übergangen fühlte und sich nicht vorstellen konnte, dass die romanische Kultur in einer deutschsprachigen Stadt ohne entsprechende Bibliotheken und Traditionen angemessen vertreten sein könnte. Grundsätzlich gegen eine eidgenössische Universität waren die katholisch-konservativen Kreise und auch die traditionellen Universitätskantone, die kein Interesse an neuer Konkurrenz hatten.

Als eigentlichen Coup de Théâtre legte der spätere Schulratspräsident Johann Karl Kappeler in der Folge einen neuen Gesetzesentwurf vor. Aus dem bestehenden hatte er die Universität kurzerhand gestrichen, sodass einzig das Polytechnikum übrig blieb. Dieses sollte in Zürich realisiert werden, und zwar «in Verbindung mit einer Schule für das höhere Studium der Mathematik, der Naturwissenschaften, der humanistischen und politischen Wissenschaften».[7] Damit waren die besonders strittigen Punkte aus der Vorlage eliminiert worden, selbst wenn man die ergänzende Schule als Relikt der Universität sehen mochte. In der Detailberatung wurde daher präzisiert, «philosophische und staatswirtschaftliche Lehrfächer» sollten nur so weit unterrichtet werden, als «sie als Hilfswissenschaften für höhere technische Ausbildung Anwendung finden, wie namentlich die neuern Sprachen, Mathematik, Naturwissenschaften, politische und Kunstgeschichte, schweizerisches Staatsrecht und Nationalökonomie.»[8] Für den Kern der technischen

Ausbildung waren fünf Fachschulen vorgesehen: «für den Hochbau», «für den Strassen-, Eisenbahn-, Wasser-, und Brückenbau», «für die industrielle Mechanik», «für die industrielle Chemie» und «für die Forstwirthschaft».

In dieser Form fand das Hochschulgesetz – nun zum «Bundesgesez, betreffend die Errichtung einer eidgenössischen polytechnischen Schule», mutiert – sowohl im Stände- wie auch im Nationalrat eine Mehrheit, sodass es am 7. Februar 1854 in Kraft treten konnte.[9] Allerdings mag man bezweifeln, dass die Parlamentarier genau wussten, was sie damit in die Wege geleitet hatten. Zwar gab es in Europa und insbesondere im deutschsprachigen Raum bereits zahlreiche polytechnische Schulen, die in Nachfolge der École polytechnique in Paris (gegründet 1794/95) entstanden oder umgestaltet worden waren. Die Organisation der Schule, wie sie das schweizerische Gesetz vorsah, war jedoch keine Selbstverständlichkeit. Noch die Subkommission, die sich 1851 im Rahmen der Hochschulkommission des Bundes mit dem Polytechnikum befasst hatte, orientierte sich am Modell der Pariser École Centrale des Arts et Manufactures (gegründet 1829) und sah ein Polytechnikum ohne Fachschulen vor. Der Zürcher Politiker, Wirtschaftsführer und Eisenbahnpionier Alfred Escher, der eigentlich bloss mit der Redaktion des Gesetzesentwurfs beauftragt war, veränderte diese Konzeption jedoch ganz erheblich. Als Experten zog er den Rektor der Zürcher Industrieschule Joseph Wolfgang von Deschwanden bei, der sehr gute Kenntnisse der technischen Schulen in Europa hatte und vor allem mit der Situation in Deutschland bestens vertraut war. Seinem Einfluss ist es zuzuschreiben, dass sich der ausformulierte Gesetzesentwurf viel stärker an Karlsruhe orientierte als an Paris. Insbesondere die klare Gliederung in Fachschulen wurde von der Großherzoglich Badischen Polytechnischen Schule übernommen, worin diese damals noch einzigartig war. 1832 war sie unter der Leitung von Karl Friedrich Nebenius reformiert worden, dessen diesbezüglicher Bericht nun bei der Ausgestaltung der eidgenössischen Schule als Grundlage diente.[10] Rat holte man zudem bei Ferdinand Redtenbacher, der früher Professor an der Zürcher Industrieschule gewesen war, seit 1841 aber in Karlsruhe Maschinenbau lehrte, wo er 1857 zum Direktor des Polytechnikums ernannt wurde.

Die eidgenössische Schule unterschied sich jedoch insofern vom Karlsruher Vorbild, als sie deutlicher als Hochschule angelegt war. Bereits im Polytechnikumsgesetz war festgeschrieben worden, der Unterricht beginne erst «mit der Stufe, bis auf welche die Schüler der meisten kantonalen und städtischen Industrie- und Gewerbeschulen gefördert werden.»[11] Im Reglement wurden die Anforderungen später dahingehend präzisiert, die Eintretenden müssten «in der Regel das siebzehnte Altersjahr zurückgelegt haben»,[12] während bei den geforderten Leistungen schliesslich die besten der bestehenden Industrieschulen als Massstab genommen wurden.[13] Eine Zentralisierung der allgemeinen Vorbildung und damit eine Konkurrenz zu den kantonalen Mittelschulen suchte man tunlichst zu vermeiden.[14]

Der Hochschulcharakter des Eidgenössischen Polytechnikums wurde zudem durch die gut ausgebaute philosophische und staatswirtschaftliche Abteilung gestärkt, zu der es in Karlsruhe keine Entsprechung gab. Sie gab den Schülern die Gelegenheit, «nicht nur die technische Berufsbildung, sondern eine tüchtige allgemeine Bildung zu gewinnen»,[15] was im Rahmen der technischen Bildung neuartig war und ohne die Vorgeschichte des Kampfes um eine eidgenössische Universität kaum denkbar gewesen wäre, jedenfalls nicht in diesem Umfang. Die gesetzliche Bestimmung, wonach die entsprechenden Fächer nur «als Hilfswissenschaften für höhere technische Ausbildung» gelehrt werden sollten,[16] wurde nämlich sehr grosszügig interpretiert. Der Bericht zum Entwurf des Schulreglements räumte ein, dass mehrere Fächer «für keine Schüler obligatorisch gemacht werden» konnten und mithin keine notwendigen Hilfswissenschaften waren.[17] Überdies wurden der sechsten, allgemeinen Abteilung sowohl bezüglich der Vorbedingungen zum Studium als auch des Studienzwangs geradezu universitäre Freiheiten eingeräumt, sodass die Studenten der kantonalen Hochschule relativ problemlos die entsprechenden Vorlesungen besuchen konnten.

Nicht ohne Grund marschierten am Festzug zur Eröffnung des Polytechnikums nicht nur die angehenden Schüler des Polytechnikums mit, sondern ebenso die Studenten der Universität. Deren Angebot fand mit den rund fünfzig Kursen der sechsten Abteilung des Polytechnikums eine gewichtige Ergänzung. Aber auch das Polytechnikum profitierte von der Nachbarschaft der zwei Hochschulen. Mehrere Lehrer der Universität wurden übernommen, und verschiedene Professoren waren an der eidgenössischen sowie an der kantonalen Schule tätig. Das teilweise gespannte Verhältnis zwischen ihnen und die spätere Tendenz zur Separierung haben den Blick auf diese ursprüngliche Nähe etwas getrübt. Einem Besucher der bis 1864 gemeinsam genutzten Gebäude am Fröschengraben (heute Bahnhofstrasse) dürfte jedoch eine Unterscheidung der beiden Institutionen nicht ganz leicht gefallen sein, und der 1863/64 bezogene Neubau auf dem Schienhut inszenierte geradezu das Zusammengehen von Polytechnikum und Universität.[18]

Durch seine philosophische und staatswirtschaftliche Abteilung erhielt das Eidgenössische Polytechnikum jedenfalls einen «Vorzug vor den ausländischen ähnlichen Anstalten», ganz wie dies ursprünglich erhofft worden war.[19] Im Ringen um gesellschaftliche Anerkennung der Techniker spielte die Teilhabe an einer breiten Allgemeinbildung später eine wichtige Rolle,[20] und die Zürcher Schule wurde diesbezüglich vorbildlich für andere Institutionen, namentlich auch für das Polytechnikum in Karlsruhe.[21] Die Eigenheit, die das Eidgenössische Polytechnikum bei seiner Gründung auszeichnete, sein Charakter als Hochschule mit spezialisierten Bildungsgängen und einem vielseitiges Angebot an allgemeinbildenden Fächern, wurde im Verlauf des 19. Jahrhunderts zum Standard für die sich allmählich entwickelnden technischen Hochschulen in Europa.

Einer Architektenschule kommt die Breite, in der das Eidgenössische Polytechnikum angelegt war, grundsätzlich entgegen. Seit jeher hat sich die Architektur als zwischen oder über den Disziplinen stehend verstanden, als Mittlerin zwischen den freien und angewandten Künsten, jedenfalls als Fach, das ein vielfältiges Wissen und Können aus unterschiedlichsten Bereichen voraussetzt. Auch Gottfried Semper, der selbst einen weit mäandrierenden Bildungsgang durchlaufen hatte, verstand sein Fach in diesem umfassenden Sinn. Dass am Polytechnikum in Zürich neben den Technikern ebenso Persönlichkeiten aus anderen wissenschaftlichen Sparten wie Theodor Vischer, Francesco De Sanctis, Jacob Burckhardt und später Gottfried Kinkel tätig waren, dürfte das Klima an der Schule deutlich geprägt haben, selbst wenn ein Austausch zwischen den unterschiedlichen Denkrichtungen nur punktuell nachzuweisen ist und eher von einem Neben- als von einem Miteinander ausgegangen werden muss.

Die Bauschule: Für Techniker oder für Architekten?

«Die Bauschule am eidgenössischen Polytechnikum ist von jeher in einer traurig unkünstlerischen Weise angelegt gewesen, so dass die tüchtigsten Lehrkräfte nicht vermocht haben etwas ordentliches zu Stande zu bringen.»[22]

Dieser viel zitierte Satz aus dem Jahr 1884 des Architekten und Publizisten Alexander Koch liesse sich leicht als übertriebene Polemik abtun, war er doch Teil eines bitteren, kulturpessimistischen Rundumschlags, in dem sein Verfasser an seiner «farb- und trostlosen Zeit» kaum ein gutes Haar liess. Er trifft jedoch in das Herz einer Problematik, die ganz allgemein zum Wesen der Architekturausbildung an technischen Hochschulen gehört, die sich aber am Polytechnikum in Zürich besonders deutlich zeigte und die Entwicklung dieser Schule während den ersten fünfzig Jahren prägte.

Die Zürcher Bauschule war nämlich in der Tat zunächst und im Wesentlichen «unkünstlerisch» angelegt, allerdings nicht so, dass man künstlerischen Ansprüchen gänzlich abgeschworen hätte. Von Anfang an herrschte eine gewisse Unentschlossenheit zwischen einer überwiegend technischen und einer überwiegend künstlerischen Ausrichtung, die zwischenzeitlich die Schule in ihrer Existenz bedrohte. Schliesslich erwies sich diese Ambivalenz jedoch, nach etlichen Reformen, als tragfähiges Fundament, auf das die rasche Entwicklung im 20. Jahrhundert aufbauen konnte. Je nach Standpunkt wurde sie als ein Weder-noch oder als ein Sowohl-als-auch verstanden – kein Zweifel kann hingegen darüber bestehen, dass sie bis heute einen wesentlichen Teil der Identität dieser Architekturschule ausmacht. Die Grundlage dafür wurde bereits zur Zeit Sempers gelegt, als dessen Idealvorstellungen einer sich an der École des Beaux-Arts orientierenden Ausbildung von Baukünstlern auf die polytechnisch ausgerichtete Struktur einer Schule traf, die sich an Karlsruhe ausrichtete und Baumeister auszubilden dachte.

Als am 24. Januar 1854 im Nationalrat über den Entwurf eines Gesetzes zu einer eidgenössischen Universität verhandelt wurde, die «auch eine polytechnische Schule in sich begreifen» sollte, war von einer Bauschule zunächst allerdings noch gar nicht die Rede. Erst im Verlauf der Debatte wurde beantragt und «mit Mehrheit» beschlossen, «dass unter die Aufgaben der polytechnischen Schule auch die Schulung von Technikern für den Hochbau aufgenommen werden solle».[23]

Der entsprechende Antrag stammte vom Lausanner Architekten Louis Wenger, der an der École des Beaux-Arts in Paris studiert hatte. Die *Neue Zürcher Zeitung* berichtete: «Hr. Wenger wünscht, dass auch die Architektur in die Zahl der Fächer des Polytechnikums aufgenommen werde», und «der Kommissionsvorschlag» sei «bloss insofern geändert» worden, «als auf den Antrag von Hrn. Wenger auch die Bildung von Architekten aufgenommen wurde.»[24] Ähnlich rapportierte die *Gazette de Lausanne*: «M. Wenger présente cet amendement: Après ingénieurs, ajouter 'et des architectes. / 1° Pour l'architecture et l'art de bâtir.'»[25]

Der Unterschied zwischen den Formulierungen im Protokoll des Nationalrats und in Zeitungsberichten ist auffallend: das Fach Architektur für Architekten hier, die Ausbildung von Technikern für den Hochbau dort. Dies fällt umso mehr ins Gewicht, als sich das Problem der Sprachregelung fortsetzte. Für die deutschsprachige Version des «Bundesgesez[es], betreffend die Errichtung einer eidgenössischen polytechnischen Schule», vom 7. Februar 1854 wurde exakt der Wortlaut des Nationalratsprotokolls übernommen: Die Aufgabe der Schule sei «1) Techniker für den Hochbau [...] auszubilden.» Die französischsprachige Version jedoch war differenzierter. Sie bestimmte als Ziel der Schule «de former [...] des hommes qui puissent se vouer: 1) à l'architecture et à l'art de bâtir».[26]

Im Gesetzestext auf Französisch wurde also explizit eine doppelte Ausrichtung der Ausbildung auf Architektur UND die Kunst des Bauens festgelegt, während die Formulierung im Text auf Deutsch ganz auf den einen, und zwar den technischen Aspekt fokussierte. Mehr noch: Hier war von Technikern «für den Hochbau», «für den Strassen-, Eisenbahn-, Wasser- und Brückenbau», für «die industrielle Mechanik» und «für die industrielle Chemie» die Rede, sodass die gleichartig technische Ausrichtung der verschiedenen Abteilungen unterstrichen wurde.[27]

Gewisse sprachliche Unsicherheiten im Polytechnikumsgesetz mag man zwar darauf zurückführen, dass der Text in aller Eile formuliert worden war. Johann Karl Kappeler, Mitglied der ständerätlichen Hochschulkommission und späterer Schulratspräsident, soll ihn über Nacht verfasst und anschliessend sofort übersetzt und lithographiert haben, sodass «der französische Text, wie die Gegner spotteten, noch erheblich schlechter als das gewöhnliche Bundesfranzösisch» war.[28] Die hier skizzierte sprachliche Unklarheit ist jedoch symptomatisch für die Unsicherheit bezüglich der Ausrichtung der Bauschule, die deren Entwicklung in den frühen Jahren prägte.

Die Technik als Vorbereitung für die Kunst: Die Bauschule im Reglement des Polytechnikums von 1854

Unter dem Vorsitz von Bundesrat Stefano Franscini arbeitete die Hochschulkommission das Reglement der neuen Schule aus.[29] Der Bericht dieses neunköpfigen Gremiums, dem auch der Architekt Louis Wenger angehörte, wurde von Joseph von Deschwanden verfasst, dem Rektor der Zürcher Industrieschule, der später Professor für darstellende Geometrie und erster Direktor des Polytechnikums wurde. Auf nicht weniger als 88 Druckseiten gibt er präzise Auskunft über die Vorstellungen, die man sich vom Polytechnikum und seiner nun «Bauschule» genannten ersten Abteilung machte. Das Reglement war damit weit mehr als eine blosse Vollzugsverordnung und verlieh «der beschlossenen Schöpfung Plan und Gestalt», wie es Wilhelm Oechsli, der Chronist des Polytechnikums, formulierte.[30] In Artikel 3 wurde der Zweck der Bauschule festgelegt:

«Die Bauschule bildet Baumeister für den Zivil- und Monumentalbau theoretisch, sowohl in technischer als ästhetischer Beziehung, und leitet sie zur Ausführung der praktischen Arbeit des Baumeisters an. / In den beiden ersten Jahreskursen der Bauschule werden Baumeister für die kleinern Zivilbauten gebildet; zur Befähigung für die Ausführung von grössern Bauten, namentlich solcher mit monumentalem Charakter, ist der Unterricht aller drei Kurse nöthig.»[31]

Das war wahrlich ein stolzes Programm. Nicht nur versprach es eine umfassende Ausbildung in nur drei Jahren, vielmehr sollte man die Schule sogar schon nach zwei Jahren verlassen können, um kleinere Aufgaben erfolgreich zu übernehmen. Im Bericht zum Reglement wurde dieser Anspruch allerdings deutlich relativiert. Die Kommission ging davon aus, dass «das Ziel, welches die Schüler der Bauschule erreichen wollen», «ein doppeltes sein» könne: «[...] entweder wollen sie sich so weit heranbilden, dass sie bürgerliche Gebäude, die sich weder durch Grösse, noch durch Pracht von den meisten übrigen Bauten dieser Art auszeichnen sollen, auszuführen im Stande sind; oder sie wollen sich um eine Stufe weiter fortbilden und zur Ausführung grösserer öffentlichen Bauten vorbereiten.» Ersteres glaubte man leicht erreichen zu können: «Die erste Stufe wird jeder verständige junge Mann mittels einer zweckmässigen Ausbildung und durch Fleiss erreichen können; auch wird unsere Schule im Stande sein, jene Ausbildung ziemlich vollständig zu gewähren.» Letzteres jedoch schien im selbstgesteckten Rahmen eines dreijährigen Curriculums weitgehend unerreichbar zu sein, worüber man sich – anders, als es der Wortlaut des Reglements vermuten liesse – vollkommen im Klaren war: Zum einen brauche es für das Erreichen der zweiten Stufe aussergewöhnliches Talent in technischen Belangen, gepaart mit einer schöpferischen Begabung, «die stets nur Wenigen zu Theil» werde. Zum anderen könne die «Anstalt ihrer Natur nach nicht geeignet sein, solchen Schülern ihre volle Ausbildung zu gewähren, weil zu dieser so viel Künstlerisches gehört, dass sie nur an einer vollständig organisierten Akademie erlangt werden kann.»[32]

Insofern war klar, dass von den «zwei Richtungen», auf die hin die Schule auf die Studierende einzuwirken habe – «der technischen und [...] der ästhetischen» –, die technische das deutlich stärkere Gewicht haben sollte. Für diejenigen, die beabsichtigten, sich später monumentalen Bauaufgaben zuzuwenden, wollte die Bauschule nicht mehr sein als eine Vorbildung. Man könne die Schüler, so der Anspruch, «bis auf jene Stufe fördern, von der sie mit Leichtigkeit ihren weiteren, eigentlich künstlerischen Bildungsweg betreten können» – mehr nicht.[33]

Diese Ausrichtung war dem damaligen Stand des schweizerischen Bauwesens durchaus adäquat. Monumentale Aufgaben waren selten, die aufstrebende Industrie, deren Vertreter für das Polytechnikum eintraten, benötigte jedoch Baufachleute, die in der Lage waren, Fabriken, Bahnstationen und Ähnliches zu errichten.[34] Dementsprechend war das an der Bauschule zu erreichende Diplom zunächst nicht etwa das eines Baukünstlers oder Architekten, sondern das eines Baumeisters.[35]

Das Programm des Eidgenössischen Polytechnikums orientierte sich stark an demjenigen der Polytechnischen Schule Karlsruhe, auch bezüglich der Bauschule. Dort ist vom «eigentlichen Architecten» die Rede, den die zwei Jahre dauernden «obere Abtheilung [...] so weit fördert, dass er zur Vollendung seiner künstlerischen Ausbildung mit Nutzen Reisen unternehmen kann.» Insgesamt umfasste die Karlsruher Bauschule aber nicht drei, sondern zunächst fünf und später immerhin noch vier Jahreskurse, wobei eine zweijährige «untere Abtheilung» hier gleichermassen «Werkmeister» auszubilden versprach, «welche die Technik der bürgerlichen Baukunst in so weit erlernen wollen, dass sie im Stande sind, taugliche Entwürfe zu Oekonomiegebäuden und gewöhnlichen Wohnhäusern zu fertigen und auszuführen.»[36] Es fällt überdies auf, dass in Karlsruhe von «Entwürfen» zu Bauten, in Zürich jedoch vom «Ausführen» der Bauten gesprochen wurde. Auch dies verstärkt den Eindruck, man habe in Zürich eine recht handfeste, auf die Praxis der Baustelle hin ausgerichtete Ausbildung im Sinn gehabt.

Unter diesen Umständen muss die Berufung von Gottfried Semper als einen der ersten Professoren des Polytechnikums überhaupt sehr erstaunen. Angesichts des im Reglement vorgegebenen Profils der Schule erscheint Semper, der Monumentalbaumeister par excellence, als eine grossartige Fehlbesetzung. Grossartig insofern, als er der neu gegründeten Schule von Beginn weg zu Glanz verhalf, aber ebenso, weil er in der Lage war, die enge Verknüpfung von Technik und Kunst, wie sie in Zürich angelegt war, theoretisch zu reflektieren und zum Thema seiner Lehre zu machen. Als Fehlbesetzung erscheint Semper jedoch deshalb, weil sein Name Erwartungen wecken musste, die zu erfüllen man seitens der Behörden nicht gewillt war.

Das Curriculum der Bauschule wurde bereits im Reglement von 1854, also noch vor Beginn der Berufungen, detailliert festgelegt und im Kommentar dazu einlässlich erörtert. Das erste Jahr sollte fast vollständig durch die «technische Richtung» und durch mathematische Basisfächer bestimmt werden, weil man der Auffassung war, dass in jedem Fall «das technische Verständnis eines architektonischen Gegenstandes zur Grundlage einer richtigen ästhetischen Auffassung desselben dienen» müsse.[37] Höhere Analysis, Differential- und Integralrechnung, analytische Geometrie und darstellende Geometrie wurden ergänzt durch technische Physik und analytische Mechanik, Baukonstruktions- und Baumateriallehre, Baukonstruktionszeichnen, das Modellieren und das Arbeiten in Holz[38] sowie den Besuch von Bau- und Werkplätzen. All diese Grundlagenfächer sollten mit der Ingenieurschule gemeinsam unterrichtet werden. Einzig das Ornamentzeichnen wies in die ästhetische Richtung und war der Bauschule vorbehalten.[39]

Erst das zweite Jahr brachte eine wesentliche Trennung der beiden auf das Bauen ausgerichteten Abteilungen. In der Bauschule war es überwiegend dem Zivilbau gewidmet: «Die 'Zivilbaukunde' mit 'Architekturzeichnen, Uebungen im Entwerfen und Ausarbeiten leichter Projekte' [...] kann als Fortsetzung der 'Baukonstruktionslehre' und des 'Zeichnens, Aufnehmens und Entwerfens von Baukonstruktionen' angesehen werden.» Die Fächer «Darstellende Geometrie» und «Modellieren» wurden fortgesetzt, dazu kamen die Ingenieurbaukunde, die Maschinenlehre und die Geologie als neue technische Fächer, ergänzt durch die Rechtslehre. In der «ästhetischen Richtung», die «im zweiten Jahreskurse stärker hervortreten» müsse «als im ersten», nahm die «Lehre von den Baustylen» eine wichtige Stellung ein, dazu kamen das Figuren- und das Landschaftszeichnen, während das Ornamentzeichnen weitergeführt wurde.

Im dritten Jahr schliesslich sollten «schwierigere und grössere Baukonstruktionen» das Thema sein und zugleich «die ästhetische Ausbildung durch die Aufnahme der Kunstgeschichte und Archäologie» gefördert werden. Die Ziele waren dabei, wie bereits angedeutet, recht vorsichtig formuliert. Die Bauschüler sollten «befähigt werden, die rein künstlerische Laufbahn mit Erfolg auf Akademien und Reisen weiter zu verfolgen, oder, wenn sie diess nicht mehr thun wollen oder können, nicht nur jedes grössere Bauwerk allseitig und richtig zu beurtheilen, sondern auch je nach ihrem Talente schon mehr oder minder bedeutende Leistungen im Entwerfen grösserer Gebäude aufweisen.»[40] Als Abschluss des Studiums sollte sich ein Schüler um ein Diplom bewerben können, wofür er durch seine Leistungen an der Schule, durch Prüfungen in allen Fächern und durch eine Diplomarbeit beweisen musste, «dass er den Unterricht [...] vollständig in sich aufgenommen und verarbeitet habe.»[41]

Um die Verwandtschaft dieses Programms mit demjenigen von Karlsruhe nochmals zu unterstreichen, sei hier die Beschreibung der dortigen Bauschule zitiert, die der Direktor der Badischen Polytechnischen Schule Karl Friedrich Nebenius 1833 in seiner Schrift *Ueber die technischen Lehranstalten* publiziert hatte:

«Die Bauschule verfolgt einen doppelten Zweck der Bildung tüchtiger *Werkmeister* und *Architekten* durch eine demselben entsprechende Eintheilung und Reihenfolge ihrer Lehrcurse. / Der artistische Theil der Baukunst schliesst sich dem technischen erst in den höheren Cursen an. Die untere Abtheilung bildet Werkmeister, Steinmetzen, Maurer- und Zimmermeister, welche zugleich die Technik der gewöhnlichen bürgerlichen Baukunst so weit inne haben sollen, dass sie Entwürfe zu gewöhnlichen Wohnhäusern und Oekonomiegebäuden zu fertigen im Stande sind. Die mit practischen Uebungen verbundenen Curse dieser unteren Abtheilung werden auch von jenen Zöglingen gehört, welche sich der höheren Baukunst widmen. Dass von dem Unterrichte auf jener untern Stufe alles, was die artistische Bildung des Baukünstlers bezweckt, ausgeschlossen bleibe, erscheint für beide Classen von Zöglingen als zweckmässig: denn diese Bildung könnte hier nur oberflächlich, oder eine unvollendete seyn; eine solche aber ist für den Werkmeister, den Steinmetzen u. s. f. eher schädlich als nützlich. Der künftige *Architekt* aber, der zu frühzeitig sich der artistischen Seite der Baukunst zuwendet, verliert gar leicht die Lust zu den anstrengenden und mehr trockenen Arbeiten und Studien, wodurch er sich zum tüchtigen Techniker heranbildet.»[42]

Vergleicht man die beiden Lehrgänge von Zürich und Karlsruhe, fällt bei aller Ähnlichkeit dennoch auf, wie systematisch die Lehre an der Zürcher Bauschule angelegt war. In den Hauptfächern sollten sich Vorlesungen und Übungen stets ergänzend gegenüberstehen: die «Baukonstruktions- und Baumateriallehre» dem «Zeichnen, Aufnehmen und Entwerfen von Baukonstruktionen», das «Ornamentzeichnen» der «Lehre von den Baustylen», die «Zivil- und «Monumentalbaukunde» dem «Architekturzeichnen, [den] Uebungen im Entwerfen und [dem] Ausarbeiten von Projekten». Vorlesungen und Übungen sollten nicht unabhängig voneinander, sondern «in der genauesten gegenseitigen Uebereinstimmung» und «unter der Leitung des gleichen Lehrers» unterrichtet werden. Eine strikte Trennung sei nicht beabsichtigt, vielmehr gehe es bei der doppelten Nennung bloss darum, «die Wichtigkeit der beiden Hälften des Unterrichtes anzudeuten.»[43]

Systematisch aufgebaut war auch die Abfolge der Fächer. Der Grundsatz, nach dem «die einen zur Vorbereitung für die anderen dienen müssen»,[44] hatte eine architekturtheoretische Festlegung der Schule zur Folge. Mit erstaunlicher Klarheit wurde festgestellt, dass «das technische Verständniss eines architektonischen Gegenstandes zur Grundlage einer richtigen ästhetischen Auffassung desselben dienen» müsse.[45] Diesem Prinzip folgte der Entwurf des Curriculums bis ins Detail, beginnend mit der Baukonstruktion und ihren Hilfsfächern im ersten Jahr und endend mit Kunstgeschichte und Monumentalbaukunde im dritten. So sollte beispielsweise die «Lehre von den Baustylen» im zweiten Jahr «zu einer eigentlichen Baukunde des Alterthums und des Mittelalters ausgedehnt» werden, wobei im Folgenden erläutert wurde, was man sich darunter vorstellte: «Die äussern Formen der Gebäude früherer Zeiten sollen den Schülern nicht mehr als zufällige, sondern als solche erscheinen, welche im Wesentlichen aus der technischen Konstruktion der Bauten selbst hervorgegangen sind.»[46] Im dritten Jahr schliesslich sollte man aufgrund des Unterrichts in Kunstgeschichte und Archäologie «einsehen, wie die Formen der Bauwerke nicht von ihrer technischen Konstruktion allein, sondern auch von der ganzen geistigen Bildungsstufe des Volkes und der Zeit, denen sie angehören, abhängig sind.»[47]

1 Vgl. David Gugerli, Eine gründliche Debatte: Die Fundierung helvetischer Träume nach 1848, in: Gugerli/Kupper/Speich 2005, S. 15–41; Oechsli 1905.

2 Botschaft des helvetischen Direktoriums vom 18.11.1798, zit. n.: Oechsli 1905, S. 3.

3 *Bundesverfassung der Schweizerischen Eidgenossenschaft* vom 12.9.1848, Art. 22, in: *Bundesblatt* 1, Bd. I, Nr. 1, 24.2.1849, S. 3–40, hier S. 9.

4 Beispielsweise unterrichtete Carl Ferdinand von Ehrenberg (1806–1841), der Herausgeber der *Zeitschrift für das gesamte Bauwesen*, zunächst an der Zürcher Kunstschule (dem Vorläufer der Industrieschule) und war später Dozent an der Universität für Baufächer (vgl. Weidmann 2010, S. 118, bes. Anm. 98). Zu Geschichte und Bedeutung der Realschulen vgl. Brändli-Traffelet 2002, S. 15–28.

5 Bericht des Bundesrathes zu den Gesezesentwürfen, die Errichtung einer eidgenössischen Universität und polytechnischen Schule betreffend, in: *Bundesblatt* 3, Bd. II, Nr. 44, 14.8.1851, S. 557–603, hier S. 562.

6 Artikel 1 nach der Nationalratsdebatte, zit. n.: Gugerli/Kupper/Speich 2005, S. 33; Oechsli 1905, S. 111.

7 Oechsli 1905, S. 125.

8 Ebd., S. 127; *Bundesgesez* 1854, Art. 2.

9 *Bundesgesez* 1854.

10 Nebenius 1833. Das Reglement der Zürcher Schule von 1854, bei dessen Formulierung wiederum Deschwanden die zentrale Rolle spielte, folgt stellenweise fast wörtlich dieser Schrift.

11 *Bundesgesez* 1854, Art. 3.

12 *Reglement* 1854, Art. 20. 1881 wurde das Eintrittsalter um ein Jahr auf das zurückgelegte 18. Altersjahr erhöht. Im Vergleich dazu war das Eintrittsalter in die École polytechnique in Paris 1794 im Minimum 16 Jahre, das in Karlsruhe nach der Reorganisation von 1832 13 Jahre (Vorschule), 15 Jahre (Mathematische Klasse) bzw. 16 oder 17 Jahre (Fachschulen). Allerdings galt offenbar: «[...] die Pariser Schulen fragen nicht strenge nach dem Alter». Koristka 1863, S. 162f.

13 Im Bericht zum Reglementsentwurf werden die Gymnasien folgender Städte genannt: Aarau, Zürich, St. Gallen, Winterthur sowie das Gymnasium von Neuenburg, dazu als noch nicht vollständig, aber immerhin teilweise dieses Niveau erreichende Schulen: Luzern, Solothurn, Frauenfeld, Basel, Bern, sowie die Schulen «in der westlichen Schweiz». Vgl. Bericht über den Entwurf zu einem Reglemente 1854, S. 154. Die Anforderungen sind in Artikel 21 des Reglements detailliert festgehalten.

14 Allerdings musste dann doch provisorisch eine Vorbereitungsschule eingerichtet werden, bis sich die kantonalen Mittelschulen an die neuen Anforderungen angepasst hatten. Dieser mathematische Vorkurs hatte bis 1881 Bestand. Im selben Jahr wurden die Aufnahmebedingungen nochmals erhöht und in der Folge die Verträge mit den kantonalen Mittelschulen neu ausgehandelt. Das Polytechnikum wurde so zum Motor einer grundlegenden Reform des schweizerischen Mittelschulwesens. Es setzte einen schweizweit verbindlichen Massstab, ohne dass dieser vom Bund gesetzlich hätte durchgesetzt werden müssen.

15 Bericht über den Entwurf zu einem Reglemente 1854, S. 159.

16 *Bundesgesez* 1854, Art. 2.

17 Bericht über den Entwurf zu einem Reglemente 1854, S. 156.

18 Vgl. dazu Kap. 3 «Sempers Bildungsgebäude und die Architektur».

19 Bericht über den Entwurf zu einem Reglemente 1854, S. 159.

20 Vgl. dazu Gugerli/Kupper/Speich 2005, bes. Kap. 2–3, S. 42–155.

21 Die Aussage von Klaus-Peter Hoepke, das Polytechnikum in Zürich sei als erste technische Hochschule vorbildhaft gewesen (Hoepke 2007, S. 64), wird von älteren Stimmen gestützt (vgl. z. B. Zöller 1891, Schnabel 1925). Einen guten Einblick in das technische Bildungswesen in der Mitte des 19. Jahrhunderts gibt: Koristka 1863.

22 Koch 1884, S. 7.

23 Nationalratsprotokoll vom 24.1.1854, in: BAR E 1301, Bd. 10, S. 164.

24 *NZZ*, 25.1.1854, S. 103.

25 *Gazette de Lausanne*, 28.1.1854, S. 6.

26 *Bundesgesez* 1854, Art. 2; *Loi féderale sur la création d'une école polytechnique suisse. (Du 7 Février 1854.)*, Art. 2.

27 *Bundesgesez* 1854, Art. 2. Einzig die als letzte noch eingefügte Abteilung fällt aus dem Rahmen: Dort sollten «Fachmänner für die Forstwirthschaft» ausgebildet werden.

28 Oechsli 1905, S. 124. Oechsli rekonstruierte die dramatischen Ereignisse der Hochschuldebatte im eidgenössischen Parlament minutiös und, zumindest bezogen auf die Fakten, glaubhaft (vgl. dazu Gugerli/Kupper/Speich 2005, S. 19f.). Der Wortlaut des Gesetzes basierte auf dem zuvor abgelehnten Entwurf zum Universitätsgesetz, aus dem die Paragraphen zur Universität gestrichen worden waren. Dort war von einer Bau- oder Architektenschule noch nicht die Rede gewesen, sodass man davon ausgehen kann, dass die entsprechende Formulierung direkt auf Louis Wengers Intervention im Nationalrat vom 24. Januar 1854 zurückgeht.

29 Der Kommission gehörten an: «St. Franscini, Präsident, Dr. P. Bolley, Professor Delabar, Dr. A. Escher, Direktor Hugendubel, Dr. J. K. Kern, L. Wenger, A. Tourte, Professor Deschwanden, Berichterstatter». Anträge betreffend die Eröffnung der eidgenössischen polytechnischen Schule, in: *Bundesblatt* 6, Bd. III, Nr. 39, 19.8.1854, S. 228–231, hier S. 230.

30 Oechsli 1905, S. 147.

31 *Reglement* 1854, S. 6.

32 Bericht über den Entwurf zu einem Reglemente 1854, S. 163.

33 Ebd., S. 163f.

34 Im Bericht zum «Entwurf zu einem Bundesgeseze betreffend eine eidgenössische polytechnische Schule» von 1851 begründete Bundesrat Stefano Franscini im Namen der Kommission das Fehlen eines Unterrichts «in der höheren Baukunst, soweit sie über das hinausgeht, was auch dem Civilingenieur zu kennen nöthig ist» damit, dass «eine Kunst, als solche, nur da mit Vortheil gelehrt werden könne, wo sie in grösserm Massstabe und oft ausgeübt wird, was mit Bezug auf die Baukunst nur in grössern Städten der Fall ist.» *Bundesblatt* 3, Bd. II, Beilage zu Nr. 44, 14.8.1851, S. 148.

35 Auch hier heisst es allerdings in der französischen Fassung «école d'architecture» und «diplome d'architecture». Erst im Reglement von 1866 änderte sich die Bezeichnung auch auf Deutsch offiziell zum «Diplome eines Architekten», während die Bezeichnung «Bauschule» bis 1899 Bestand hatte. Zur Bedeutung des Diploms vgl. Kap. 2 «Diplome und Preise: Leistungsausweise von beschränktem Wert».

36 *Programm der Großherzoglich Badischen Polytechnischen Schule* 1849, S. 47. Die Formulierung blieb über Jahre konstant.

37 Bericht über den Entwurf zu einem Reglemente 1854, S. 164.

38 Diesem wurde eine «selbständige technische Bedeutung» beigemessen. Allerdings war man sich über die Arbeit in den Werkstätten nicht völlig klar. Ebd., S. 167.

39 1859/60 kam, entgegen den Bestimmungen im Reglement, das von Semper unterrichtete Architekturzeichnen dazu. An der Ingenieurschule wurden anstelle des Ornamentzeichnens zusätzliche Fächer aus dem Feld der Kartographie gelehrt: Landschaftszeichnen, Topographie und Feldmessen.

40 Bericht über den Entwurf zu einem Reglemente 1854, S. 172.

41 Ebd., S. 207.

42 Nebenius 1833, S. 142–144.

43 Bericht über den Entwurf zu einem Reglemente 1854, S. 162.

44 Ebd.

45 Ebd., S. 164.

46 Ebd., S. 171.

47 Ebd., S. 172.

2 Lehrer und Lehre an der Bauschule

Die erste Professur: Gottfried Semper, die Einrichtung des Architekturateliers und die Architekturvorlesungen

Sempers eigenartige Berufung nach Zürich

Gottfried Semper gehörte zu den ersten Professoren, die an das neue Polytechnikum berufen wurden. Richard Wagner, der schon seit 1849 in Zürich weilte und in der Stadt gut vernetzt war, hatte geholfen, den Kontakt zu seinem im Londoner Exil lebenden Weggenossen und Freund aus der Dresdener Zeit zu knüpfen. Bereits 1850 hatte er die Zürcher Behörden über Sempers Lebensumstände informiert und versucht, diesem eine Stelle an der Universität zu vermitteln.[1] Dort wurde Architektur allerdings nur sporadisch unterrichtet, sodass von einer eigentlichen Architektenausbildung nicht die Rede sein konnte.[2] Dementsprechend blieben die Bemühungen zunächst fruchtlos, doch änderte sich die Situation mit der bevorstehenden Gründung des Polytechnikums vollständig.

In einem Brief an Semper vom 14. August 1854 sondierte Wagner, ob dieser eventuell Interesse an einer Lehrtätigkeit am Polytechnikum in Zürich habe. «Man» habe bei ihm angefragt, ob er «die Stelle als Professor der Baukunst annehmen» würde. Sie biete «besondere Vortheile: ausser 4000 frcs Gehalt fielen nicht unbedeutende Collegien-Gelder, vor allem aber würden Sie dadurch zur obersten Autorität in Bausachen für die ganze Schweiz, was Ihnen Aufträge und Einkünfte von nicht geringer Bedeutung einbringen würde.»[3]

Bemerkenswert ist, dass sich Wagner bei dieser etwas vollmundigen Aussage auf seinen Freund «Regierungsrath Sulzer» berief, während der für Berufungsfragen zuständige Schulrat des Polytechnikums nicht einmal erwähnt wurde.[4] In der Tat scheint die Initiative zur Kontaktnahme mit Semper von Zürcher Kreisen ausserhalb der Schule ausgegangen zu sein. Damit lässt sich auch der aussergewöhnlich frühe Zeitpunkt der Anfrage erklären. Der Schulrat war nämlich erst am 2. August bestellt worden und bis dahin noch nie zusammengetreten. Die ersten Bemühungen des Schulratspräsidenten Johann Konrad Kern galten verständlicherweise der Einrichtung der Institution, und seine Erkundigungen betreffend möglicher Berufungen waren eher allgemeiner Natur.[5] Erst eine ganze Weile nach Wagners schon einigermassen offiziell klingendem Brief begann er, zunächst eher beiläufig, Informationen über Semper einzuziehen. Am 24. August bat er den Sektionsar-

1 Gottfried Semper (1803–1879), um 1855

chitekten der Schweizerischen Nordostbahn Johann Jakob Breitinger um Vorschläge für mögliche Lehrer an der Bauschule und anschliessend auch um Auskunft über «Herrn Semper, früher Professor an der Akademie der bildenden Künste in Dresden, Erbauer des dortigen Theaters usw., jetzt in London sich aufhaltend».[6] Gleichzeitig traf bereits Sempers Interessensbekundung ein, verbunden mit Wünschen um präzisere Angaben zur angebotenen Stelle, auch dies wiederum via Richard Wagner und den damaligen Staatsschreiber des Kantons Zürich Franz Hagenbuch, also gänzlich ausserhalb des normalen Dienstweges.[7] Es scheint, als hätten die Zürcher Kreise um Johann Jakob Sulzer den Schulrat samt dessen Präsidenten mit ihrer Anfrage übergangen und ihn mit der Präsentation des glänzenden Namens Semper wenn auch nicht gerade vor vollendete Tatsachen, so doch erheblich unter Druck gesetzt.[8]

Kern nutzte in der Folge weitere Gelegenheiten, um sich über Semper kundig zu machen. Am 4. September 1854 sprachen sich die renommierten Zürcher Architekten Gustav Albert Wegmann, Johann Caspar Wolff und Ferdinand Stadler «übereinstimmend und sehr entschieden dafür aus, dass die Aquisition von Herrn Professor Semper aus Dresden, zur Zeit sesshaft in London[,] für die Bauschule am Polytechnikum sehr wünschenswert sei.»[9] Ebenso positiv äusserte sich der schweizerische Generalkonsul Caspar Hirzel-Lampe in Leipzig, den man ebenfalls konsultiert hatte.[10]

Mitte September besuchte Semper ein erstes Mal Zürich und blieb für drei Tage. Dieser Zeitpunkt war eigentlich viel zu früh, um sich vor Ort ein Bild von der werdenden Schule zu machen: Sie bestand damals lediglich aus dem Schulratspräsidenten Johann Konrad Kern und dessen Sekretär. Immerhin traf Semper mit Kern und Alfred Escher zusammen, «die ihn alle sehr schmeichelhaft aufgenommen haben». Mit «brillanter Equipage» sei man gemeinsam mit Regierungsrat Sulzer auf die Waid gefahren, berichtete Richard Wagner in einem Brief an seine Frau. Wie ernsthaft die dort geführten Gespräche waren und wie konkret die Eindrücke, die Semper aus Zürich mitgenommen hatte, bleibt allerdings offen.[11] Eigenartig ist, dass Sempers Besuch in den ansonsten äusserst detaillierten Protokollen des Schulratspräsidenten nicht verzeichnet wurde.[12]

Erst am 27. September, zehn Tage nach Sempers Abreise, trat der Schulrat zu seiner konstituierenden Sitzung zusammen. Kern liess sich dabei eine Vollmacht geben, um mit Semper über eine Professur zu verhandeln und dabei das maximal Mögliche anzubieten: eine Anstellung auf Lebenszeit, eine Besoldung von jährlich 5000 Fr. und einen Beitrag an die Umzugskosten.[13] Sempers Bestätigung, er sei mit den Bedingungen einverstanden, ging Mitte November wiederum via Regierungsrat Sulzer ein, sodass am 5. Dezember seine Berufung als Professor und Leiter der Bauschule beim Bundesrat beantragt werden konnte.[14] Am 30. Dezember bestätigte dieser die Wahl, allerdings mit der Auflage, es sei zunächst die Frage des Bürgerrechts zu klären, was den Abschluss des Verfahrens bis zum 7. Februar 1855 hinauszögerte.[15]

Die trotz dieser Komplikationen bemerkenswert rasche Abwicklung der Berufung lässt erahnen, wie sehr sich Semper eine Veränderung seiner Situation gewünscht hatte. Als Lehrer am Department of Practical Art hatte er sich in London zwar Ansehen erworben, dennoch konnte ihn, bei allem Interesse für die praktischen Künste, diese Position nicht vollends befriedigen. Die Perspektive, nach den Erfahrungen an der Dresdner Akademie erneut eine Architekturschule aufbauen und ihr vorstehen zu können, muss verlockend gewesen sein. Zürich versprach überdies eine Lebensstellung in gesicherten finanziellen Verhältnissen – nach langen und schwierigen Jahren im Exil mit einer gesundheitlich angeschlagenen Frau und sechs Kindern ein nicht gering zu schätzendes Argument. Vor allem aber dürfte Semper die Aussicht gereizt haben, endlich wieder zu Bauaufträgen zu kommen, was in London unmöglich schien.[16] Dass diese Aussicht äusserst ungewiss war, konnte er nicht ahnen. Es dürfte für ihn kaum möglich gewesen sein, zwischen den verbindlichen Zusicherungen des Schulrates und den vagen Versprechungen der vermittelnden Zürcher Kreise zu unterscheiden, ja überhaupt die entsprechenden Zuständigkeiten und Kompetenzen richtig einzuschätzen – zumal der als Mittelsmann engagierte Anwalt Hermann Marschall, ein Freund Richard Wagners, nichts unternahm, um die Sachlage zu klären. Im Gegenteil: Im selben Schreiben vom 5. Oktober 1854, in dem er die Anstellungsbedingungen des Polytechnikums übermittelte, behauptete Marschall, es kämen zu Gehalt und Kollegiengeldern der Schule «mit der Zeit 1 bis 2000 Fr. durch Baubegutachtungen etc.» hinzu,[17] sodass für Semper der Eindruck entstehen musste, diese Tätigkeiten seien direkt mit der Anstellung verknüpft. Und als Marschall gut einen Monat später die von Semper einzuhaltenden Formalitäten beschrieb, brachte er durch die gleichzeitige Einführung unterschiedlichster Persönlichkeiten, die von Bedeutung sein könnten, die Dinge so sehr durcheinander, dass Semper schliesslich die Annahme der Anstellungsbedingungen nicht an den Schulrat adressierte, sondern wiederum via Regierungsrat Sulzer übermitteln liess, der dafür in keiner Weise zuständig war.[18]

Die Umstände waren allerdings in der Tat reichlich kompliziert. Mit der Organisation und mit dem Betrieb der eidgenössischen Schule hatte die Zürcher Regierung im Allgemeinen und Sulzer im Speziellen zwar grundsätzlich nichts zu tun. Der Kanton Zürich hatte jedoch die Verpflichtung übernommen, für eine angemessene Unterbringung des Polytechnikums zu sorgen. Dies führte zu zahlreichen Konflikten zwischen dem Kanton und der Eidgenossenschaft, die für Semper folgenreich waren. Als Architekt der Hochschulbauten und Professor am Polytechnikum geriet er später zwischen die Fronten von Nutzer und Bauherr, denen er beiden verpflichtet war. Dass Finanzdirektor Sulzer, der für einen starken Staat eintrat und diesen auch repräsentiert sehen wollte, innerhalb der Zürcher Regierung eine Rivalität zum übermächtigen Alfred Escher pflegte, der bei der Gründung des Polytechnikums auf eidgenössischer Ebene eine zentrale Rolle gespielt hatte und Mitglied des Schulrats war, machte die Sache nicht einfacher. Die verworrenen Verhältnisse bei Sempers Berufung waren in gewisser Weise die Vorboten der späteren Probleme bei der Planung des Hochschulgebäudes. Sulzer musste 1857 den Regierungsrat des Kantons Zürich verlassen und wurde 1858 Stadtpräsident von Winterthur, wo er schliesslich doch noch Sempers Bauherr wurde.

Ein erfahrener «Direktor und erster Professor» mit unklaren Aufgaben und Kompetenzen

Als Gottfried Semper nach Zürich kam, war er nicht nur ein erfolgreicher Baukünstler, der diesbezüglich zahlreiche bedeutende Werke vorweisen konnte, sondern auch ein Architekturlehrer und -publizist mit grosser Erfahrung. Die Bau-, Lehr- und Forschungstätigkeiten entwickelten sich bei ihm parallel wie bei wenigen sonst. Davon wusste man selbstverständlich in Zürich, doch deutet nichts darauf hin, dass man im Detail darüber informiert war, wie sehr sich Semper immer wieder für eine Reform der Architektenausbildung engagiert hatte und wie gering die dabei verfolgten Ziele mit den sich herausbildenden Strukturen des Polytechnikums übereinstimmten.

Semper wurde bereits 1834, gerade dreissigjährig und noch fast ohne Bauerfahrung, als Professor an die Königliche Kunstakademie in Dresden berufen. Diese befand sich damals in einem tiefgreifenden Reformprozess, sodass Semper als designierter Leiter der Bauschule unverhofft die Gelegenheit erhielt, eine Architekturschule nach seinen Vorstellungen zu gestalten.[19] Er orientierte sich dabei stark an den Erfahrungen, die er während seiner eigenen Studienzeit in Paris im Atelier Libre von Franz Christian Gau gemacht hatte. Die Ausbildung in einem Atelier, in dem unterschiedlich fortgeschrittene Studenten arbeiten, stellte für ihn ein unübertroffenes Ideal des Lehren und Lernens dar.

Dementsprechend hob Semper auch in Dresden die traditionelle Struktur einer Abfolge unterschiedlicher Klassen zugunsten einer einzigen grossen Werkstatt auf, in der die Studierenden «ununterbrochen vom Morgen bis zum Abend» arbeiteten und dabei gegenseitig voneinander lernten.[20] Als Ansporn wurde ein System von Konkurrenzen eingerichtet, bei dem nach dem Vorbild der Pariser École des Beaux-Arts alle Schüler Lösungsvorschläge zur gleichen Aufgabe machten, die anschliessend bewertet wurden. Ergänzende Vorlesungen wurden in die Randstunden gelegt und thematisch mit den Zeichen- und Entwurfsaufgaben des Ateliers koordiniert, sodass das Spezialwissen so gut als möglich integriert und mit Blick auf die Entwurfsaufgaben vermittelt wurde. Die fortgeschrittenen Studenten wurden überdies zur Mitarbeit an den eigenen Bauten des Meisters zugezogen.[21]

Diesen Prinzipien, die er in Dresden der Architektenausbildung zugrunde gelegt hatte, blieb Semper treu. Als er 1852 unter dem Eindruck der Weltausstellung mit der Schrift *Wissenschaft, Industrie und Kunst* «Vorschläge zur Anregung nationalen Kunstgefühls» machte, betonte er wiederum die Bedeutung des Werkstattunterrichts.[22] Und als Lehrer am neu gegründeten Department of Practical Art in London publizierte er 1853 einen «Unterrichtsplan für die Abteilung für die Metall- und Möbeltechnik», der mit dem Satz beginnt:

«Die Erfahrung scheint zu beweisen, dass Institute, in denen praktische Kunst oder Kunst überhaupt gelehrt werden soll, ihrem Zwecke dann am besten entsprechen, wenn sie mehr nach dem Muster von Ateliers als von Schulen eingerichtet sind.»[23]

Als Semper den Ruf nach Zürich annahm, dürfte er davon ausgegangen sein, auch dort ein Atelier nach seinen Vorstellungen realisieren zu können. Dies vielleicht sogar noch besser als in Dresden und London, war er doch als «Direktor und erster Professor der Bauabteilung» angestellt worden.[24] Zweifel daran müssen aber schon rasch aufgetaucht sein. Als mit einem Schreiben von Schulratspräsident Kern Anfang Januar 1855 die offizielle Bestätigung der Berufung eintraf, war darin von einer Lehrverpflichtung zu nicht weniger als zwölf Vorlesungsstunden wöchentlich die Rede.[25] Selbst wenn in einem Nachtrag angemerkt wurde, diese Stundenzahl sei als Maximum zu verstehen, das zumindest am Anfang noch nicht erreicht werden dürfte, deutete sich damit an, dass bereits Vorstellungen von einem Lehrplan existierten, die schwerlich denjenigen von Semper entsprachen. Die Beteuerung, man wolle beim Aufbau der Schule von seinen Erfahrungen profitieren, bezog sich offensichtlich eher auf Einzelheiten, während die grundsätzlichen Fragen nach der Art der Ausbildung bereits geklärt waren.

Unter diesen Umständen ist es nachvollziehbar, dass Semper mit seiner Antwort zögerte und gerne persönlich mit Kern über seine Aufgaben gesprochen hätte, zumal sein Engagement an der Weltausstellung in Paris einen baldigen Abstecher nach Zürich möglich scheinen liess. Die Dringlichkeit, die Frage des Bürgerrechts zu klären, zwang ihn dann aber zu einer schriftlichen Reaktion.[26] Inhaltlich blieb sie vage. Zwar behauptete Semper, er habe «besonders in diesen letzten zwei Tagen [...] an der Ausarbeitung eines Lehrplanes gearbeitet», doch sei dieser «noch nicht zum Vorlegen gereift», und überhaupt wäre es wohl unangebracht, «einen solchen Plan ohne genauere Kenntnis des Gesamtplanes der Anstalt, unaufgefordert vorzulegen.» Im Folgenden gab er, bevor er einen möglichen Vorlesungsstoff skizzierte, immerhin zu bedenken, «ob nicht die Zahl von 12 Vorlesungen[,] die meine Arbeitskräfte nach meinen gemachten Erfahrungen durchaus in Anspruch nehmen werden, an einer Anstalt, worin besonders durch Uebung und durch direkte Unterweisung gelehrt werden muss, zu hoch» erscheine.[27] Es zeigt sich in diesen Worten die berechtigte Befürchtung, dass die Vorlesungen und nicht der Atelierunterricht im Zentrum der Ausbildung stehen sollten. Der Schulratspräsident beeilte sich zu antworten, in dieser Stundenzahl seien alle Lehrverpflichtungen inbegriffen und die Art und Weise des Unterrichts sei durchaus noch nicht festgelegt.[28] Ihm war die Sache allerdings offenbar selbst nicht ganz klar gewesen, bemühte er doch den Schulrat, der zu dieser Zeit gerade tagte, um sich abzusichern.[29]

Der Amtsantritt war ungewöhnlich früh auf den 1. Mai 1855 angesetzt, es sollte Semper aber freistehen, «im Frühjahr oder etwas später» anzureisen.[30]

Dieser antwortete erst im folgenden Monat, sich mit dringenden Arbeiten für die Weltausstellung in Paris und für das Kulturforum in South Kensington entschuldigend, und kündigte an, er werde von Paris aus, «wenn auch nur auf kurze Zeit, einen Besuch in Zürich machen.»[31] Dabei ging es ihm wohl vor allem darum, sich in die vermeintlich anrollende Planung für den Neubau des Polytechnikums einzubringen.[32]

Als Semper am 30. März tatsächlich in Zürich zu seinem Antrittsbesuch eintraf, wurde er jedoch zunächst auf andere Weise für den Aufbau der Schule engagiert. Vom Schulrat erhielt er den Auftrag und die Ermächtigung, nach vorheriger Absprache mit dem Professor für Kunstgeschichte und Archäologie Jacob Burckhardt seinen Aufenthalt in Paris für Ankäufe von Büchern, Stichwerken und Gipsabgüssen für die Bibliothek und für die verschiedenen Sammlungen zu nutzen.[33] Dieser Aufgabe kam er, wie eine umfangreiche Korrespondenz belegt, mit grossem Engagement nach.[34]

Mitte Juli zog Semper endgültig nach Zürich.[35] Dass er nun damit beginnen konnte, «eine Architekturabteilung aufzubauen»,[36] lässt sich indessen schwerlich behaupten. Die zweite Professorenstelle an der Bauschule war inzwischen bereits, wenn auch nur interimistisch, mit dem Zürcher Architekten Ferdinand Stadler besetzt worden, der eine deutlich andere Architekturauffassung vertrat – ohne dass Semper dazu konsultiert worden wäre. Und als die Bauschule am 18. Oktober 1855 schliesslich ihren Betrieb aufnahm, entsprach sie ziemlich genau dem im Schulreglement vom 31. Juli 1854 skizzierten Programm.[37] Einen Einfluss ihres Direktors lässt sich dabei nicht feststellen.

Der Stundenplan von 1855 und Sempers erster Reformvorschlag

Die Bauschule begann mit zwei Jahreskursen:[38] Sieben Studenten besuchten den ersten und zwei den zweiten Jahreskurs. Bezüglich der Grösse herrschten also durchaus familiäre Verhältnisse, denen die häusliche Unterbringung im Stiftsgebäude an der Kirchgasse entsprach. Die strenge Struktur der Schule erinnert dagegen eher an militärische Vorbilder. Nicht nur in dem, was die Disziplin angeht, sondern auch hinsichtlich des Stundenplans orientierte man sich am Usus polytechnischer Schulen, der letztlich auf den kasernenartig organisierten Internatsbetrieb der École polytechnique in

2 Gottfried Semper, Unmassgebliche Vorschläge betreffend die Anordnung von Preisarbeiten und anderes an der Bau Abtheilung des Polytechnikum[s]. Das Schreiben wurde am 6. Dezember 1855 wahrscheinlich zuhanden von Direktor Joseph von Deschwanden verfasst. Semper artikuliert darin wenige Monate nach dem Start der Schule ein grosses Unbehagen und schlägt eine tiefgreifende Umgestaltung des Unterrichts vor.

Unmaßgebliche Vorschläge
betreffend die Anordnung
von Preisarbeiten (und andere Fächer) an der
Bauabtheilung des Polytechnicum

Es entspricht der allgemeinen
Richtung der Zeit so wie dem
Plane des hiesigen Polytechnicum
daß der Weg des Unterrichtes an
demselben ein vorzugsweise
wissenschaftlicher sey, daß möglichste
Vielseitigkeit der und Gründlichkeit
der wissenschaftlichen Vorbildung
und ~~zugleich~~ die Belebung des
wissenschaftlichen Sinnes und des
Bedürfnisses unter den Schülern
mit allen Mitteln erstrebt werde.
Auch ist ihr Bedürfniß vollkommen
entsprechen, daß der wissenschaftliche Unterricht ein möglichst practi-
scher sey, und es kommt nur noch
hauptsächlich darauf an, daß
neben dem Sinne für practisches
Wissen auch das <u>practische Können</u>
des Schülers möglichst angeregt und
gepflegt werde; wozu noch für
die Bauschüler die Uebung des
Sinnes und der Empfänglichkeit
für Kunsteindrücke und jener
dem ausübenden Künstler nothwendigen Gabe des <u>anschaulichen
Denkens</u> hinzutritt.

Wie wenig das Vermögen,
durch Anschauung Eindrücke aufzunehmen und an das Gesehene
eigene Beobachtungen und Begriffe
zu knüpfen im Allgemeinen entwickelt sey, verglichen mit der
Facultät des Aufnehmens bereits
formulirter Begriffe durch das
Gehörorgan und den Verstand,
hatte ich bereits hinreichende Gelegenheit auch hier zu beobachten.
So bemerkte ich in meinen
Vorträgen ein sehr geringes Interesse
für die von mir vorgetragenen
Kupferwerke und eigenen Zeichnungen

Paris zurückzuführen ist. Die Woche war, abgesehen vom schulfreien Sonntag, in sechs weitgehend gleichartig strukturierte Arbeitstage aufgeteilt. Die Vormittage waren stundenweise mit Vorlesungen belegt, dann folgten nach einer Mittagspause zwei zusammenhängende Übungsstunden, an die weitere Vorlesungsstunden anschlossen.

Man könnte von einer horizontalen Struktur des Stundenplans sprechen: Im Unterschied zu heute, wo die Fächer üblicherweise blockweise auf die Unterrichtswoche verteilt sind, wurden die Vorlesungs- oder Übungsstunden der einzelnen Fächer möglichst homogen über die Woche verteilt. Die Zöglinge hatten also ständig von Fach zu Fach zu wechseln, die Lehrer ihrerseits den Stoff in kurze Einheiten aufzuteilen. Semper beispielsweise hatte am Montag, Dienstag, Donnerstag und Freitag jeweils um 17 Uhr eine Stunde «Geschichte der Baukunst» zu lesen. Überdies unterrichtete er, ausser am Dienstag und Samstag, täglich von 14 bis 16 Uhr gemeinsam mit seinem Kollegen Ferdinand Stadler und dem Hilfslehrer Julius Stadler im Zeichensaal Baukonstruktion, architektonisches Zeichnen und Entwerfen.[39]

Dieser Schulbetrieb war damit ziemlich genau das Gegenteil des Atelierunterrichts, den Semper als Ideal anstrebte. Es erstaunt daher nicht, dass er bereits wenige Monate nach Beginn seiner Tätigkeit eine grundsätzliche Umgestaltung der Schule vorschlug. Am 6. Dezember 1855 reichte er Direktor Joseph von Deschwanden ein Schreiben mit dem Titel «Unmassgebliche Vorschläge betreffend die Anordnung von Preisarbeiten und anderes an der Bau Abtheilung des Polytechnikum[s]» ein (Abb. 2). Die zehn Seiten, denen überdies ein dreiseitiges «Schema für einzuleitende Wettübungen» beigelegt war, fassen Sempers Erfahrungen zusammen und münden in einer ganzen Reihe von Reformvorschlägen.[40]

Die Ausführungen beginnen scheinbar versöhnlich: Es entspreche «der allgemeinen Richtung der Zeit» und auch der Anlage des Polytechnikums, «dass der Weg des Unterrichtes [...] ein vorzugsweise Wissenschaftlicher» und «der wissenschaftliche Unterricht ein möglichst praktischer» sei. Darüber hinaus müsse jedoch auch «das praktische Können des Schülers möglichst angeregt und geübt» werden, «wozu noch für die Bauschule die Uebung des Sinnes und der Empfänglichkeit für Kunsteindrücke und jener dem ausübenden Künstler nothwendigen Gabe des anschaulichen Denkens hinzutritt.»

In diesen Bereichen ortete Semper nun erhebliche Mängel. Während die «Facultät des Aufnehmens bereits formulirter Begriffe durch das Gehörsorgan und den Verstand» gut entwickelt sei, gelte dies nicht für das «Vermögen, durch Anschauung Eindrücke aufzunehmen und an das Gesehene eigene Beobachtungen und Begriffe zu knüpfen». So würden die Zuhörer seinen Vortrag zwar «mit Aufmerksamkeit verfolgen», zeigten aber gleichzeitig nur «ein sehr geringes Interesse für die [...] vorgewiesenen Kupferwerke und eigenen Zeichnungen». Den Grund dafür erkannte Semper in «einer einseitig intellectuellen[,] d. h. durch den Verstand eintrichternden Erziehungsmethode». Diese schätzte er als ein allgemeines Zeitphänomen ein, genauso wie die eingangs von ihm erwähnte und offensichtlich, wenn auch nicht explizit, damit verbundene Wissenschaftlichkeit des Unterrichts.

Sempers Ausführungen dehnten sich daher an dieser Stelle zu einer weitgreifenden Kulturkritik aus. Auch «der Masse des Volkes» gehe die «Empfänglichkeit für die Form» ab. Weil niemand lehre, «wie es zu betrachten sey», sei das «Kunstschöne» «eine todte Sprache geworden», obwohl doch reichlich Gelegenheit zum Kunstgenusse da wäre. Das Interesse am Schönen sei nämlich überwiegend ein intellektuelles, also distanziertes, und nicht ein «unmittelbares in sich Aufnehmen der zur Erscheinung tretenden Kunstidee». Es liegt auf der Hand, dass dies für angehende Architekten nicht genügt. Früher sei «das Können Hand in Hand und gleichen Schrittes mit dem Wissen» einhergegangen: Der «Kunstjünger» habe sich stets nur denjenigen «wissenschaftlichen Vorrath» begierig angeeignet, den er für sein Schaffen brauchte, «zwar in nicht sonderlich kritischer oder systematischer Methode[,] aber so, dass er ihn vollständig in sich aufnahm und sogleich künstlerisch verwerthete.» Jetzt hingegen nehme das Erlernen «der nothwendigen wissenschaftlichen Vorkenntnisse einen grossen Theil der schönsten Jahre in Anspruch, ehe der Kunstjünger zu den ersten Uebungen in der eigentlichen Kunstbethätigung zugelassen wird. [...] Die Schulbildung des Jünglings ist ein Schatz zu beliebiger Verwerthung und steht am wenigsten im Zusammenhange mit der Kunst[,] die er später ergreift.» Schlimmer noch: «Der Zeitverlust» vermehre sich zusätzlich «durch die Nothwendigkeit[,] während des eigentlichen Kunststudiums die wissenschaftlichen Studien fortzusetzen, um den Erfordernissen allseitiger wissenschaftlicher Bildung nachzukommen.»

Semper mag sich bewusst gewesen sein, wie fundamental er damit die Grundlagen des Eidgenössischen Polytechnikums in Frage stellte. Dementsprechend beeilte er sich, wenig überzeugend, die Schärfe seiner Kritik mit der Präzisierung zu mindern, es liege ihm fern, «die Vorzüge unserer den bildenden Künsten nur vorerst noch weniger günstigen Richtung zu verkennen oder frühere Zustände zurückzuwünschen,» doch lasse sich wohl «manches schon jetzt zur Ausgleichung des angedeuteten Missverhältnisses thun». Mit dem Hinweis auf seine drei Jahre zuvor erschienene Publikation

Wissenschaft, Industrie und Kunst und darauf, Ähnliches bereits in Dresden und London angeregt zu haben, schlug er drei Massnahmen vor: erstens die Einrichtung von Ateliers, zweitens «Conkurrenzen und damit verbundene Auszeichnungen» sowie drittens die «Verlegung der Vorträge und nichtarchitektonischen Uebungen in die Abendstunden».

Mit diesen Überlegungen und den drei Reformvorschlägen, die er im Folgenden ausführlich erläuterte, berührte Semper grundsätzliche Themen, um die sich die Diskussionen über die Architektenausbildung immer wieder drehen und über die auch in der Zürcher Schule bis heute debattiert wird. Es geht um die Stellung der Architektur zwischen Wissenschaft und Kunst sowie zwischen Theorie und Praxis und, damit zusammenhängend, um das Verhältnis zwischen den Architekturfächern im engeren Sinn, insbesondere dem Entwurf, und den sogenannten Grundlagenfächern. Das Pendel, das bei der Gründung der Schule weit aufseiten der angewandten Wissenschaft und der Theorie lag, bewegte sich unaufhörlich zwischen diesen Polen hin und her. In der Mitte des 20. Jahrhunderts beispielsweise schwang es verhältnismässig nahe der (Bau-)Kunst und Praxis, um heute, wenn nicht alles täuscht, unter dem derzeit den Hochschulbetrieb ganz allgemein prägenden Primat der Forschung erneut in Richtung Wissenschaft und Theorie auszuschlagen.

Vergleicht man das Eidgenössische Polytechnikum zur Zeit seiner Gründung mit jenem von Karlsruhe, auf dessen Modell es beruhte, wird offensichtlich, wie unterschiedlich die Verhältnisse waren. In Karlsruhe ging es nicht zuletzt darum, die alte Bauschule, die von Friedrich Weinbrenner eingerichtet und dann 1825 in das neu ins Leben gerufene Polytechnikum integriert worden war, auf eine breitere und besser gesicherte, sprich wissenschaftlichere Basis zu stellen. In Zürich dagegen gab es keine vergleichbare Tradition einer auf die Architekturpraxis ausgerichteten Ausbildung, und Sempers Bemühungen zielten darauf, sie zu etablieren.[41]

Sempers Eingabe blieb nicht folgenlos, auch wenn man nicht behaupten kann, seine Vorschläge seien umgesetzt worden. Dies hatte er jedoch wohl gar nicht erwartet. Ansonsten hätte er sich kaum an Joseph von Deschwanden gewandt, der als Direktor zwar für die Umsetzung der Lehrpläne und für die Organisation des Schulbetriebs zuständig war, nicht aber für die Lehrinhalte und -programme. Vielleicht sah Semper auf dieser unteren Entscheidungsebene mehr Chancen, überhaupt etwas in Gang zu bringen.[42] Der grosse Rahmen, wie er im Reglement des Polytechnikums festgelegt war, konnte auf diesem Weg allerdings nicht wirksam in Frage gestellt werden.

Zwar gab es in Zürich von Beginn weg ein gemeinsames Atelier, doch arbeiteten die Schüler hier offensichtlich eher aus Platzmangel im gleichen Raum denn aus programmatischen Gründen. Der Stundenplan von 1855 suchte die Jahreskurse so weit möglich zu entflechten, sei es, indem der Raum abwechselnd genutzt wurde, oder sei es, indem gleichzeitig unterschiedliche Fächer gelehrt wurden. In den folgenden Jahren präzisierte sich die Aufteilung des Unterrichts jedoch dahingehend, dass Semper immerhin an zwei Nachmittagen pro Woche jeweils während einer Doppelstunde die ganze Bauschule um sich versammeln konnte, um im Zeichensaal baukünstlerische Fächer zu unterrichten. Da überdies seine Vorlesungen auf die Zeit nach diesen Atelierstunden gebündelt wurden, hatte er zumindest die fortgeschrittenen Schüler an diesen beiden Tagen den ganzen Nachmittag zu seiner Verfügung. Das war wesentlich besser als der Schulbetrieb, mit dem er im ersten Semester begonnen hatte, aber immer noch weit vom skizzierten Ideal einer Atelierschule entfernt. Dass er dieses nicht aufgab, zeigt sich nicht zuletzt darin, dass die Schüler ab dem Schuljahr 1859/60 dazu verpflichtet wurden, auch ausserhalb der eigentlichen Unterrichtsstunden im Zeichensaal zu arbeiten, falls sie keine Vorlesungen zu besuchen hatten.[43]

Theorie und Praxis der Konkurrenzen

Die von Semper besonders eingehend vorgetragene Anregung, ein System von Konkurrenzen einzuführen, wurde von Direktor Deschwanden umgehend aufgegriffen.[44] Die in der Folge am Polytechnikum angewandte Praxis entsprach allerdings nur ansatzweise Sempers Vorstellungen, was eine grundlegende Differenz erhellt bezüglich der Auffassung, wie zu unterrichten sei. Semper verwies auch mit Blick auf die «Wettübungen» auf seine Erfahrungen in Dresden.[45] In Anlehnung an die Concours an der École des Beaux-Arts in Paris mit ihren «esquisses», «projets rendus» und dem Prix de Rome fand dort «allmonatlich ein Skizzenconcurs statt», bei dem das Resultat nach einem Tag vorliegen musste.[46] Des Weiteren wurde zweimal jährlich eine grosse, zwei Monate dauernde, zweistufige Konkurrenzarbeit durchgeführt, deren Resultate in einer öffentlichen Ausstellung präsentiert wurden. Bei diesem Anlass wurden Diplome, silberne und goldene Medaillen sowie ein dreijähriges Reisestipendium vergeben. «Hauptsächlich in Betracht der vorausgeschickten Motive, und zweitens auch als Prüfungsmittel des Fleisses und Eifers im Besuche und Nachstudium der wissenschaftlichen Vorträge» sei eine ähnliche Einrichtung auch am Polytechnikum in Zürich wünschenswert.

Bedauerlicherweise hatte es Semper versäumt, die angesprochenen hauptsächlichen Motive ebenso prägnant zu formulieren wie die nebensächlichen. Man kann daher mehr vermuten als wissen, dass es dabei um jenes «anschauliche Denken» ging, von dem vorher die Rede war, sowie um den Praxisbezug, stellten die Konkurrenzen doch gewissermassen Simulationen von Wettbewerben dar, wie sie für öffentliche Bauten in der Mitte des 19. Jahrhunderts immer häufiger ausgeschrieben wurden.[47] Je nach Fortschritt ihres Studiums sollten die Schüler in zwei Gruppen aufgeteilt werden und ohne Unterbruch und konzentriert an je einer Aufgabe arbeiten, mit der Absicht, voneinander zu lernen und sich gegenseitig anzuspornen. Damit stellten die Konkurrenzen gleichsam ein Konzentrat der Architektenausbildung im Atelier dar.

Sempers Ansinnen wurde in die Gesamtkonferenz der Lehrerschaft des Polytechnikums getragen und dort positiv aufgenommen. Was er für die Bauschule entwickelt hatte, wurde damit zu einer Einrichtung der ganzen Schule.[48] Bereits Ende Januar 1856 fanden zum ersten Mal Konkurrenzen statt.[49] Ihr Ablauf wurde durch ein «Provisorisches Reglement für die Wettarbeiten der Schüler des Polytechnikums» geregelt, das sich noch recht eng an Sempers Vorschlägen orientierte.[50] Bis zur Verabschiedung eines definitiven Regulativs durch den Schweizerischen Schulrat am 3. Juli 1856 veränderte sich jedoch dessen Charakter.[51] Die ursprünglich vorgesehenen feierlichen Prämierungen wurden zugunsten eines prosaischen Notensystems ganz fallengelassen und das Interdisziplinäre, das Semper am Beispiel des Zusammenwirkens von Konstruktion und Komposition erläutert hatte, weitgehend verdrängt.[52] Aus einer Einrichtung zur Einübung praktischer Fähigkeiten und zum Ansporn zu aussergewöhnlichen Leistungen wurde ein Instrument der Kontrolle und damit der Disziplinierung.[53]

Dementsprechend waren die Konkurrenzen nicht sehr beliebt. In der Praxis der meisten Fächer nahmen sie die Form von besonders ausgedehnten schriftlichen Prüfungen an.[54] Am 12. März 1863 wurde eine Petition an «ein hohes Directorium des Eidgenössischen Polytechnikums in Zürich» eingereicht, in der mehr als die Hälfte aller Schüler der gesamten Schule die Abschaffung der obligatorischen Konkurrenzen und Repetitorien forderten.[55] Diese seien unzweckmässige Zwangsmassregeln, die vor allem zu Betrügereien anstiften würden:

«Bei den Concurrenzarbeiten kommt es darauf an, in möglichst kurzer Zeit viel zu leisten und die Leistungen gut censiert zu sehen, weil hievon zum grossen Theil die Promotion und Erlangung des Diploms abhängen. Da es nun ganz natürlich ist, dass bei den verschiedenen geistigen Anlagen Manche, die sonst ebensoviel leisten, durch weniger schnelles Arbeiten zurückstehen würden, so nimmt ein grosser Theil zu bequemeren und betrügerischen Mitteln seine Zuflucht. Hierdurch hat die Demoralisation so weit um sich gegriffen, dass die Arbeiten einzelner in mehrfachen Copien der gütigen Beurteilung der Herren Professoren vorgelegt worden sind und es sich dabei nicht selten ereignet hat, dass Copien ihrer [...] früheren Ablieferung wegen besser censiert worden sind als ihre Originale.»[56]

Wie andere Bestrebungen zugunsten einer grösseren Studienfreiheit wurde auch diese Petition abgelehnt. Der Schulrat nahm sie zum Anlass, um bessere Kontrollen zu fordern, die der grassierenden Schummelei Einhalt gebieten sollten.[57] Nachdem ein Jahr später die erste Studentenrevolte Zürichs das Polytechnikum in existentielle Not gebracht hatte,[58] wurde das System der Konkurrenzen dann aber doch noch einmal grundsätzlich überdacht. Ein neues Regulativ, das am 1. November 1866 in Kraft trat, orientierte sich wieder stärker an den von Semper skizzierten Zielen. Die Übungen sollten zwar bewertet werden, «deren Hauptzweck» jedoch darin bestehen, «einen engeren Verkehr zwischen Lehrern und Studierenden herbeizuführen, und letztern schon während ihrer Studienzeit Gelegenheit zu geben, von ihren theoretischen Kenntnissen bei der Behandlung von Fragen technischer Natur Gebrauch zu machen.» Das Regulativ hielt explizit fest, dass «Besprechungen der Studierenden unter sich über die Art der Lösung der Probleme, soweit es ohne Störung der anderen Arbeitenden geschieht, nicht untersagt» seien, «und ebenso [...] auch der Professor, resp. sein Assistent, einzelnen Studierenden bei den Arbeiten rathend zur Seite stehen» werde. Die Aufgaben seien nämlich so zu wählen, «dass ihre Lösung selbst von weniger gewandten Schülern in der zu den Uebungen angesetzten Zeit ausgeführt werden kann.»[59] Damit wurde das didaktische Modell der schulischen Wissensvermittlung und -kontrolle ergänzt um das eines geführten, aber dennoch selbständigen Lernens beim Lösen konkreter Probleme. Die Veränderung der Wortwahl ist bezeichnend. Während früher konsequent von Schülern und Lehrern die Rede war, sprach man nun plötzlich von Studierenden und Professoren.

Im Zeichensaal der Bauschule wurde allerdings schon immer diese offenere Form der Konkurrenzen oder eben Übungen praktiziert. Die neun Bauschüler aus dem zweiten und dritten Kurs, welche die Petition von 1863 unterzeichnet hatten, merkten denn auch explizit an, dass sie «die Concurse im Zeichnungssaale beizubehalten» wünschten.[60] Unter ihnen war übrigens auch Alfred Friedrich Bluntschli, der später Sempers indirekter Nachfolger als Professor der Bauschule werden sollte.

Sempers Architekturunterricht im Zeichensaal

So deutlich der Unterricht im Zeichensaal im Zentrum der Ausbildung zum Architekten stand,[61] so schwierig ist es, ihn mit einiger Klarheit und Sicherheit zu beschreiben. Verglichen mit den Vorlesungen, bei denen Notizen der Dozierenden oder studentische Mitschriften die Lehrinhalte oft recht präzise wiedergeben, präsentiert sich die Quellenlage zum Atelierunterricht ungleich diffiziler. Zwar finden sich in den Archiven verschiedene Studentenarbeiten, auch einzelne Notizen der Dozenten und Lehrmittel wie Vorlegeblätter. Doch welche Aufgaben den vorhanden Zeichnungen zugrunde lagen, welche Themen dabei diskutiert wurden, was an ihnen kritisiert, was gelobt wurde, lässt sich in den meisten Fällen bestenfalls durch Indizien erschliessen. Es liegt im Wesen des Atelierunterrichts begründet, dass dieser überwiegend in der Auseinandersetzung mit der konkreten Arbeit stattfindet, im Gespräch zwischen Lehrer und Schüler oder, wie Semper betonte, in den Diskussionen der Schüler untereinander.

Diese relativ informelle Art des Unterrichts hinterlässt kaum verwertbare Spuren. Vereinzelte Briefe und Berichte über das Studium an der Bauschule und die wenigen Notizen Sempers aus dem Atelier können die entsprechende Lücke nur beschränkt füllen. Dazu kommt, dass die Zeichnungen, die sich in den Nachlässen diverser seiner Schüler, im aus unterschiedlichen Quellen zusammengesetzten «Semper-Archiv»[62] sowie in den Relikten der Bauschulsammlungen im gta Archiv der ETH Zürich erhalten haben, mit Blick auf den Ausbildungsgang eine zufällige Hinterlassenschaft darstellen.[63] Immerhin sind die Quellen reichhaltig genug, um auf dieser Basis zumindest eine Skizze von Sempers Architekturunterricht im Atelier entwerfen zu können.[64] Dieser unterschied sich sowohl von dem im ersten Reglement des Polytechnikums festgelegten Programm als auch von dem, was Semper in Dresden praktiziert und gemäss seinen «Unmassgeblichen Vorschlägen» auch in Zürich einzuführen versucht hatte.

Bis zum Wintersemester 1859/60 hatte sich der Stundenplan der Bauschule dahingehend geklärt, dass Semper mit Ausnahme des Ornamentzeichnens für alle architektonisch-gestalterischen Fächer verantwortlich war und in diesen die Schüler vom ersten Semester an bis zum Diplom begleitete, während Ernst Gladbach für die konstruktiven Fächer zuständig war. Im ersten Jahreskurs unterrichtete Semper im Zeichensaal «Architektonisches Zeichnen», während er in den höheren Kursen «Compositions-Uebungen im Hochbauwesen» und «Compositionsübungen» durchführte.[65] All diese Kurse fanden gleichzeitig und – zumindest vor dem Umzug in den Neubau – auch im gleichen Raum statt. Trotzdem scheint Semper vom Konzept eines gemeinsamen Unterrichts ohne Aufteilung in unterschiedliche Klassen, wie er ihn in Dresden praktiziert hatte, abgerückt zu sein. Die Trennung der Kurse war zwar offenbar nicht sehr strikt,[66] aber die Schülerarbeiten deuten doch auf einen klaren didaktischen Aufbau hin, der sich über alle drei Jahreskurse erstreckte. Dazu passt, dass im Neubau des Polytechnikums für die Bauschule drei Zeichensäle eingerichtet wurden, wodurch die Separierung der drei Kurse baulich eine feste Form erhielt.[67]

Im ersten Jahr machten sich die Schüler mit dem architektonischen Vokabular vertraut, wobei eine Anwendung des Erlernten nur vereinzelt an einfachen Entwurfsaufgaben erprobt wurde. Im zweiten und dritten Jahr verlagerte sich der Schwerpunkt auf eigene Entwürfe, wobei die Aufgaben zunehmend grösser und komplexer wurden. In diesem allmählichen Hinführen vom Einfachen zum Schwierigen gleicht dieser Aufbau dem 1854 reglementarisch festgelegten Programm. Die darin angelegte Trennung von Zivil- und Monumentalbau, die nacheinander und aufeinander fussend unterrichtet werden sollten, wurde allerdings nicht umgesetzt. Architektur wurde von Semper als etwas Unteilbares gelehrt und vom ersten Semester an in ihren höchsten Formen eingeführt.

Architektonisches Zeichnen im ersten Jahreskurs

Im ersten Studienjahr wurden die Bauschüler weitgehend gemeinsam mit den Ingenieuren unterrichtet. Sempers Fach «Architektonisches Zeichnen», das im ersten Reglement der Schule gar nicht vorgesehen war, war nebst dem Ornament- oder dem Figurenzeichnen das einzige, das für die Bauschule allein gehalten wurde.[68] Alfred Friedrich Bluntschli zum Beispiel, der von 1860 bis 1863 am Polytechnikum studierte, konnte deshalb problemlos an die Bauschule wechseln, nachdem er im ersten Semester an der Ingenieurschule eingeschrieben war.

Bluntschli ist für die Einsicht in das Studium an der Bauschule eine besonders ergiebige Quelle, weil von ihm nicht nur eine ganze Reihe von Zeichnungen aus dieser Zeit erhalten sind, sondern auch die Korrespondenz, die er aus Zürich mit seinen Eltern in Karlsruhe geführt hatte sowie einzelne Vorlesungsnotizen und weitere Briefe.[69] Über die Veränderungen, die sich durch seinen Wechsel an die Bauschule ergaben, berichtete er summarisch: «Alle Fächer, die neu hinzugekommen sind, sind nur Zeichnungsstunden, u. zwar in gehöriger Anzahl in den verschiedenen Branchen. Ich habe ziemlich viele Stunden und die meiste freie Zeit wird gezeichnet.»[70] Gottfried Semper taucht in seinen Berichten erst im zweiten Studienjahr erstmals auf, bezeichnenderweise in Zusammenhang mit seinen Vorlesungen. Das architektoni-

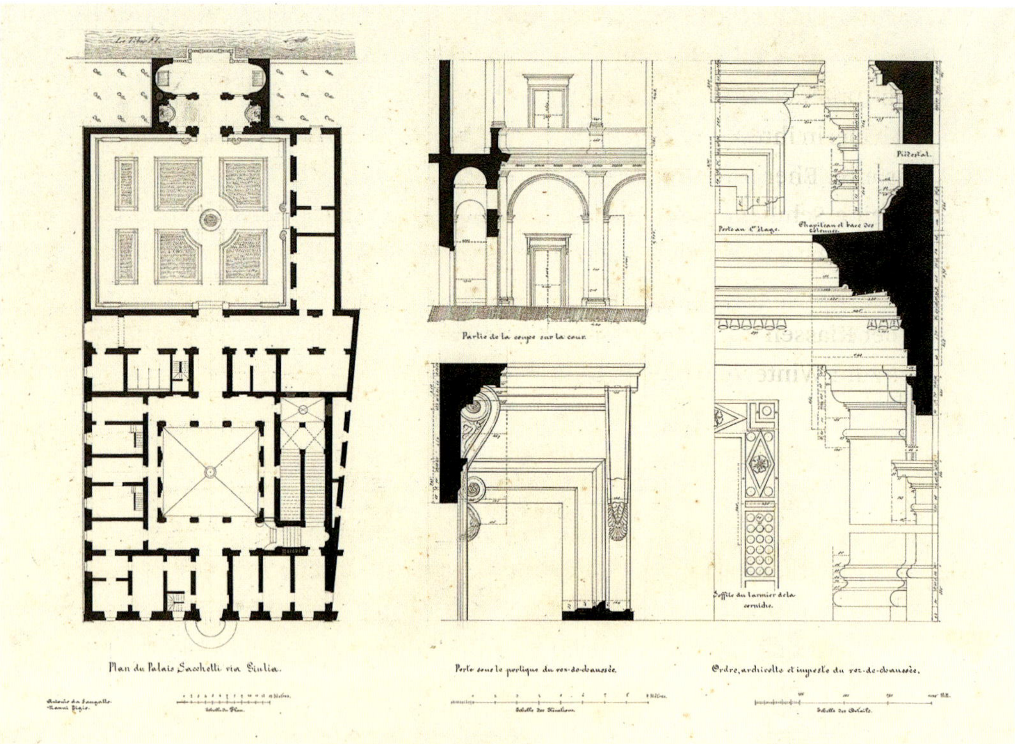

3 Albert Müller, Palais Sacchetti via Giulia [Antonio da Sangallo, 1542–1546], Bauschule 1. Curs [1863/64]. Im ersten Studienjahr spielte das Zeichnen nach Vorlagen eine wichtige Rolle. 1866 wurde das Fach «Architektonisches Zeichnen» allerdings in «Architektonische Uebungen und Kompositionsunterricht» umbenannt, im folgenden Jahr gar in «Compositionsübungen», was darauf hindeutet, dass das eigene Entwerfen auch im ersten Jahr an Bedeutung gewann. Den zentralen Orientierungspunkt der Ausbildung bildete von Anfang an die klassische Architekturtradition.

sche Zeichnen war es demnach nicht wert, aus den anderen Zeichenfächern wie dem Ornament- und dem Baukonstruktionszeichnen hervorgehoben zu werden.[71] Man könnte daher vermuten, dass es dabei tatsächlich um Zeichenübungen ging, also um das Vermitteln von Fertigkeiten im Umgang mit Bleistift, Reissfeder und Pinsel. Dieser Eindruck bestätigt sich zunächst bei einer Durchsicht der überlieferten Zeichnungen, die sich dem ersten Jahreskurs zuordnen lassen.

Wie in den anderen Zeichnungsfächern wurde auch im architektonischen Zeichnen nach Vorlagen kopiert. Es finden sich überwiegend Blätter zu klassischen Säulenordnungen, zu Bauten der Renaissance und zu aktuellen Bauten von Semper, wobei die verschiedenen Nachlässe von Bauschülern ungleiche Schwerpunkte aufweisen. Von Albert August Müller (1863/64 im ersten Jahr) und Hans Pestalozzi (1865/66 im ersten Jahr) sind Zeichnungen nach antiken Vorbildern und zu Bauten der Renaissance erhalten, von

Hans Wilhelm Auer hingegen, der mit Pestalozzi studiert hatte, einzig Zeichnungen zu Sempers Bauten (Abb. 3–5).[72] Man darf vermuten, dass sich darin die unterschiedlichen Vorlieben der Architekten spiegeln, die später nur noch das in ihren Archiven aufbewahrt haben, was sie auch dann noch interessierte. Eher unwahrscheinlich scheint dagegen, dass im gleichen Kurs der eine Schüler ausschliesslich an historischen Bauten, der andere ausschliesslich an aktuellen Werken des Meisters geschult worden wäre, selbst wenn Semper eine individuelle Betreuung anstrebte, was die familiäre Grösse der Klassen durchaus zugelassen hätte. Eine gesicherte Aussage gibt es nur zum Wintersemester 1865/66, als Julius Stadler seinem Neffen Alfred

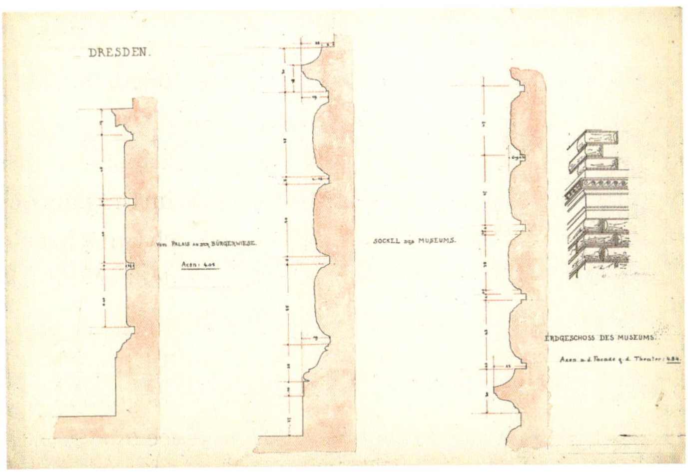

4, 5 Hans Auer, Hochparterre-Fenster des Polytechnikums, vergleichende Mauerprofile von Semper-Bauten in Dresden, 1866 (?). Die didaktischen Zeichnungen aus dem ersten Studienjahr von Hans Auer entstanden wahrscheinlich im Fach «Architektonisches Zeichnen», vielleicht aber auch als Auftragsarbeit zur Ergänzung der Vorlagensammlungen.

Friedrich Bluntschli berichtete, es werde «nun im ersten Curs ausschliesslich Antike getrieben», wobei die Formulierung «nun» bestätigt, dass dies nicht immer so war.[73] Die bei diesen Übungen verwendete Technik ist einfach: Gezeichnet wurde mit feinen Linien und meist mit dezent rot, seltener schwarz angelegtem Poché. Die entsprechenden Fertigkeiten durften bei den Schülern bereits bei ihrem Eintritt ins Polytechnikum vorausgesetzt werden,[74] und Virtuosität scheint von Semper nicht angestrebt worden zu sein. Architektonisches Zeichnen war also doch nicht – oder zumindest nicht primär – Unterricht im Zeichnen, sondern Architekturunterricht mit dem Mittel der Zeichnung. Indem sie zeichneten, eigneten sich die Schüler das Vokabular der Architektur an, wobei sich Semper bei der Wahl der Vorlagen – was bei seinen bekannten Vorbehalten gegenüber der Gotik nicht erstaunen kann – auf die klassische Architekturtradition von der griechischen über die römische Antike bis zur Architektur der Renaissance beschränkte.

Dass das Abzeichnen einen zentrale Rolle in der Kunsterziehung spielte, wurde von Semper nicht in Frage gestellt. So forderte er 1853 in seinem «Unterrichtsplan für die Abteilung für die Metall- und Möbeltechnik» in London, dass sich die Schüler durch das Kopieren von Beispielen, handle es sich bei den Vorlagen um Gegenstände, Gipsabgüsse oder Zeichnungen, «die Grundlehren des Stiles» aneignen sollen.[75] Dabei war ihm allerdings die Gefahr bewusst, dass dieses Kopieren als rein manuelle Tätigkeit missverstanden werden und zu einer blossen Fleissarbeit verkommen könne. So schrieb er bereits 1851 in den «Vorschläge[n] zur Anregung nationalen Kunstgefühls», der Schüler müsse «von Anfang an einsehen lernen, dass die Zeichnung in den meisten Fällen Mittel zum Zweck, nicht an sich Zweck» sei: «Um praktischer Zeichner zu werden», müsse man sich «das Zeichnen in der Ausübung seines näheren Kunstberufes [...] aneignen.»[76]

Wahrscheinlich darf man es in diesem Sinn verstehen, dass sich der Bauschüler und spätere Architekt des Berner Bundeshauses Hans Auer in seinem ersten Studienjahr so intensiv mit Bauten und Projekten Sempers auseinandersetzte. Vom eben erst bezogenen Hochschulgebäude zeichnete er nicht nur einen Aufriss und einen Grundriss des Mittelbaus, sondern auch verschiedene Detailstudien und sogar einen Gerüstplan (vgl. Abb. 120).[77] Eine besondere Aufmerksamkeit galt dabei dem Thema des Sockels. Das entsprechende, aussergewöhnlich differenziert ausgearbeitete Blatt wurde durch Schnittansichten anderer Semper-Bauten in Zürich und Dresden ergänzt (Abb. 4, 5). Die Verwendung des gleichen Massstabs und der gleichen Darstellungstechnik ermöglichte es, unterschiedliche Lösungen leicht zu vergleichen, wodurch sowohl das Spezifische wie auch das Allgemeingültige derjenigen Sockellösung anschaulich wurde, die der Student täglich vor seinen Augen hatte. Schon zu Beginn seiner Ausbildung liessen ihn solche Zeichnungen an denjenigen Problemen teilhaben, mit denen sich sein Lehrer gerade beschäftigte, und vermittelten damit einen ersten Eindruck von dessen Entwurfspraxis.

Semper war überdies davon überzeugt, dass die Schüler den Sinn des Kopierens in der Arbeit an eigenen Entwürfen erfahren müssten. Bereits in London hatte er die Meinung vertreten, das Komponieren, «dieser wichtigste Teil des Kunstunterrichtes», werde zu sehr vernachlässigt:

«Die Studierenden bringen zumeist ihre ganze Zeit damit hin, dass sie nach der Natur kopieren und Studien machen, ohne je dazu zu kommen, ihre Kräfte an eigenen Erzeugnissen zu prüfen. / Diese Kopien und Studien würden die Studierenden weit mehr interessieren und deshalb mit weit grösserem Eifer angefasst und von grösseren Fortschritten gekrönt sein, wenn sie mit irgend einer eigenen Konzeption des Studierenden in Zusammenhang gebracht würden, zu deren weiterer Durchbildung und Ausarbeitung die direkt nach vorhandenen Gegenständen gemachten Studien gebraucht würden.»[78] In diesem Sinn darf man Sempers Anregung verstehen, Konkurrenzen einzuführen. In ihnen konnten die Schüler zeigen, dass sie sich das Kopierte soweit angeeignet hatten, dass sie in der Lage waren, es im Rahmen eines eigenen Entwurfes zu verwenden. Im ersten Studienjahr scheint sich das eigene Entwerfen weitgehend auf die wenigen Konkurrenzen beschränkt zu haben.[79] Obwohl das Fach 1866/67 in «Architektonische Uebungen und Kompositionsunterricht» umbenannt und vom Sommersemester 1867 an sogar als «Compositionsübungen» geführt wurde, sind aus dem ersten Kurs keine Entwurfsarbeiten überliefert, die nicht im Zusammenhang mit einer Konkurrenz stehen würden.

Hans Auer hatte bereits am 1. Dezember 1865, rund eineinhalb Monate nach seinem Studienbeginn, die Konkursaufgabe zu lösen, einen Ziehbrunnen in die Stützmauer eines Gartens einzufügen.[80] Er entwarf eine mit Pilastern und geschmücktem Gebälk gefasste Mauernische, die er mit einem dorischen Portikus zusätzlich nobilitierte (Abb. 6–8). Das Blatt beweist architektonische Sensibilität und, selbst wenn längst nicht alle auftretenden Probleme gelöst worden sind, Kenntnisse der dorischen Säulenordnung sowie einer möglichen Mauergliederung, darüber hinaus die Fähigkeit, eine räumliche Situation in Grundriss, Ansicht und Schnitt anschaulich und ansehnlich darzustellen. Die Andeutung eines Eisenankers zur Befestigung der Aufhängung des Schöpfeimers deutet sogar auf gewisse konstruktive Überlegungen hin. Drei Zensuren – zweimal die Höchstnote 6, einmal die 5 – be-

6 Hans Auer, Skizze zu einem Ziehbrunnen, Concurs v. 1. Dezemb. 1865. Eine ähnliche Aufgabe hatte schon Semper als Schüler im Atelier Libre von Franz Christian Gau in Paris zu lösen gehabt. Sie basiert möglicherweise auf einem Brunnen in Rom, der von Percier und Fontaine 1798 publiziert worden war.

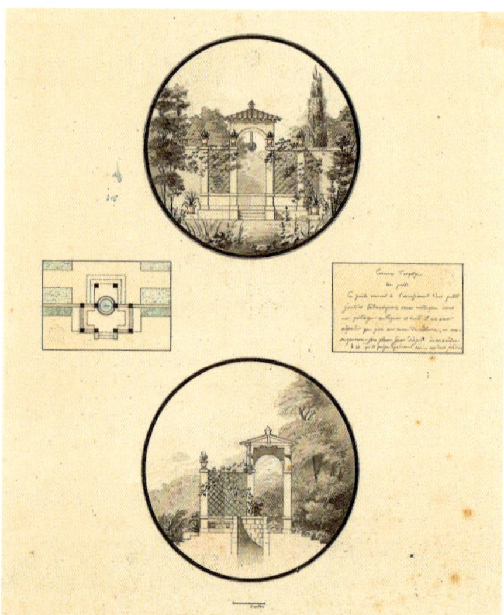

7 Gottfried Semper, Concours d'esquisse: un puits. Studentenarbeit aus dem Atelier Gau, wahrscheinlich 1826

8 «Ajustement d'un Puit dans le Couvent de' Gesuiti Penitenzieri di S. Pietro nel Borgo», aus: Charles Percier und P[ierre] F[rançois] L[éonard] Fontaine, *Palais, maisons et autres édifices modernés, dessinés à Rome*, Paris 1798, Taf. 55

9 Hans Auer, Projekt für eine Façade einer Grabkapelle, Concurs-Arbeit vom 1. März 1865

zeugen, dass die Lehrer Semper, Gladbach und mutmasslich Julius Stadler von der Arbeit angetan waren.[81]

Mit der Note 5,5 wurde gegen Ende des ersten Semesters Auers Entwurf für die Fassade einer Grabkapelle bewertet (Abb. 9). Bei dem Prostylos mit einer von Sphinxen flankierten Freitreppe fällt die nur schwach ausgebildete Polychromie auf, die sich auf eine goldene Fassung der Akroterien und der Ornamente im Tympanon beschränkt. Mit dem Entwurf konnte Auer zeigen, dass er die antike Formensprache beherrschte, inklusive der Eckausbildung der dorischen Ordnung. Keine Rolle spielte dabei die Konstruktion.

Zumindest seit 1859, als man das Fach «Architekturzeichnen» eingeführt hatte, war es von den Konstruktionsfächern getrennt, obwohl dies Sempers Programm für den Unterricht widerspricht, das er in seinen «Unmassgeblichen Vorschlägen» skizziert hatte. Dort wurde gerade die Wichtigkeit einer Kombination von Konstruktion und Komposition betont: Wie überhaupt «räumliches Bedürfniss offenbar der Ausbildung einer vollendet structiven Praxis» vorangehe, so sei es sinnvoll, Konstruktion «in ihrem Zusammenhange mit dem Ganzen» zu erlernen.[82] In Sempers Vorstellung war es also das architektonische Projekt, das konstruktive Problemstellungen aufwirft, die ohne das Studium der entsprechenden Techniken nicht gelöst werden können. Die Arbeit am Entwurf sollte daher sowohl die Auseinandersetzung mit möglichen formalen Referenzen wie auch die Beschäftigung mit den technischen und materiellen Grundlagen der Architektur motivieren und demzufolge im Zentrum der Architektenausbildung stehen.

Die Trennung der künstlerischen und der konstruktiven Fächer an der Bauschule, die durch die Unverträglichkeit der Temperamente Sempers und Gladbachs noch verschärft wurde, verhinderte diese ganzheitliche Art des Atelierunterrichts weitgehend. Realität wurde sie allenfalls bei den Konkurrenzen. Die Aufgaben wurden zwar aus dem Gebiet des einen oder anderen Faches gestellt, aber von der gesamten «Spezialkonferenz» verantwortet, also von allen Lehrern der Bauschule, die in der Folge die Resultate gemeinsam beurteilen mussten.[83] Im Sinne einer Simulation der Praxis im Kleinen waren die Konkurrenzen explizit interdisziplinär angelegt.[84]

Im Nachlass von Alfred Friedrich Bluntschli ist unter anderem eine mit Maximalnoten bewertete Konkursarbeit aus der Mitte des zweiten Semesters 1861 erhalten (Abb. 10).[85] Das Blatt zeigt ein kleines Ausflugsrestaurant mit Belvedere und Gartenlaube und enthält nebst Grundrissen und Ansicht auch eine Zeichnung zur Konstruktion des Dachstuhls sowie konstruktive Schnittskizzen für zwei kleine Nebengebäude.[86] Die Aufgabe stammt demnach aus dem Bereich des Zivilbaus und ist mit ihrer konstruktiven Dimension eher der Domäne Gladbachs zuzuordnen. Semper nahm jedoch das Thema in seinem Kurs auf.[87] Ein zweites Blatt präsentiert ein auf die Konkursarbeit aufbauendes, allerdings wesentlich überarbeitetes und verbessertes «Project einer Restauration» (Abb. 11).[88] Bluntschli erhielt demnach die Gelegenheit, die an einem Tag entstandene Skizze nochmals gründlich zu überdenken, auf ihrer Basis ein richtiges Projekt auszuarbeiten und dieses nach allen Regeln der Kunst darzustellen. Das Vorgehen entspricht ziemlich genau dem der grossen Konkurrenzen, die Semper, an die «projets rendus» der École des Beaux-Arts anknüpfend, in seinen «Unmassgeblichen Vorschlägen» beschrieben hatte: Ein «Skizzenkonkurs» lieferte die Basis für einen ausgearbeiteten Entwurf, bei dem «die Grundzüge der Skizze» beibehalten wurden.[89]

Kompositionsübungen im zweiten und der dritten Jahreskurs

Das Unterrichtsmittel der gossen Konkurrenzen fand keinen Eingang in die reglementarisch festgeschriebene Struktur der Schule und schon gar nicht das von Semper vorgeschlagene Prozedere der feierlichen Prämierungen.[90] Trotzdem folgten die Kompositionsübungen in den beiden höheren Jahreskursen zumindest zum Teil diesem Modell. Auch wenn keine Skizzenkon-

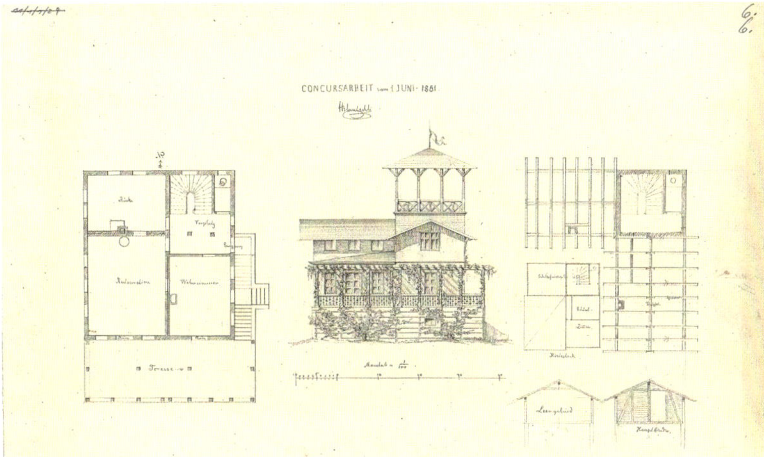

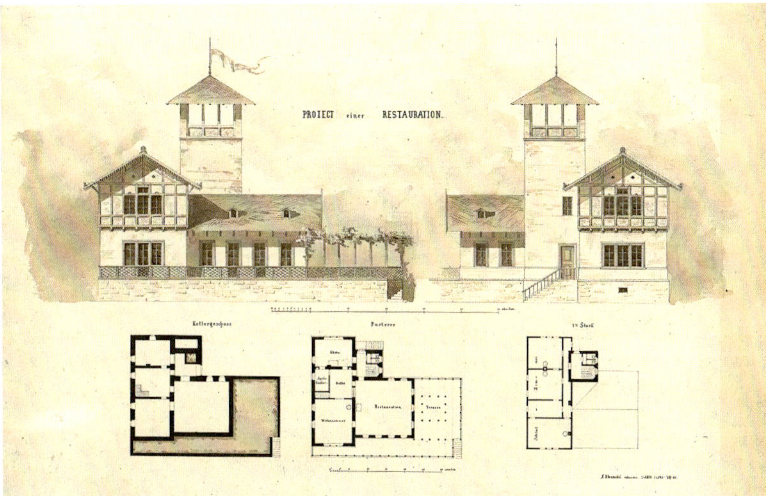

10, 11 Alfred Friedrich Bluntschli, Concursarbeit vom 1. Juni 1861, Projekt einer Restauration (Juli 1861). Auf der Basis der an einem Tag entworfenen Konkursarbeit wurde später ein Projekt ausgearbeitet. Zwei Jahre danach nahm ein anderes Projekt von Bluntschli erneut Elemente dieses Entwurfs auf, dann allerdings in den Formen der Semper'schen Villa Garbald (vgl. Abb. 22, 23).

kurrenz am Anfang der Arbeit stand, wurde den Studenten eine bestimmte, in einem Programm formulierte Aufgabe gestellt, die innerhalb eines festgelegten Zeitraums zu lösen war.[91] Die Praxis des Kopierens von historischen Vorlagen wurde zwar möglicherweise auch nach Abschluss des ersten Jahres nicht gänzlich aufgegeben, doch stand nun eindeutig die eigene Entwurfsarbeit im Zentrum des Unterrichts.[92]

Semper war davon überzeugt, dass architektonische Komposition in der Praxis des Entwerfens erlernt werden solle. Dabei bestimmt vor allem die Art der Aufgabenstellung Lehrinhalte und Didaktik. Diese wurden immer wieder neu formuliert – einzelne Ausnahmen bestätigen die Regel –, wobei sich im Verlauf der Kurse jeweils eine gewisse Steigerung der Schwierigkeit

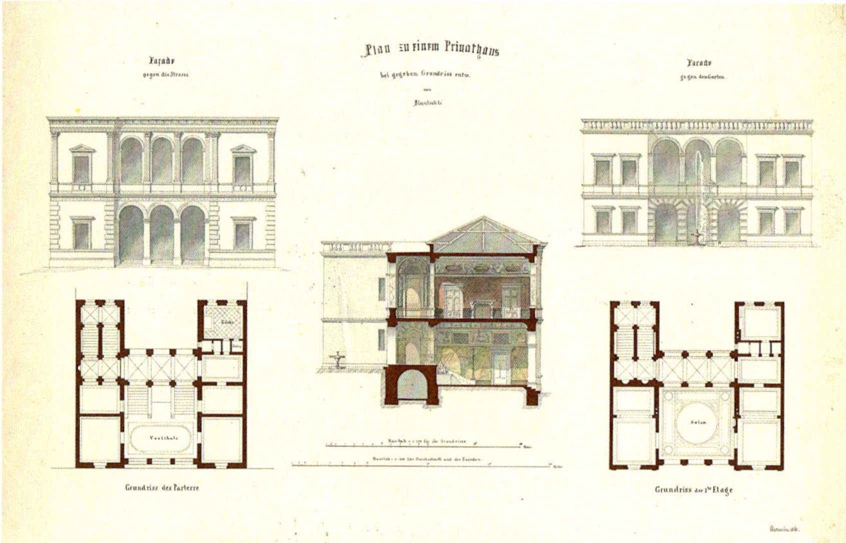

12 Alfred Friedrich Bluntschli, Plan zu einem Privathaus bei gegeben. Grundriss, December 1861

vom Einfachen zum Anspruchsvollen und Komplexen erkennen lässt.[93] Dementsprechend wurden die Bauschüler für das Fach «Komposition» entgegen der ursprünglichen Absicht, das Atelier als eine Art jahrgangsübergreifende Gesamtschule einzurichten, grundsätzlich in unterschiedliche Klassen aufgeteilt.[94]

Am Schluss des dritten Jahres war als Diplomarbeit ein grosser, repräsentativer Bau mit differenziertem Programm zu entwerfen, beispielsweise eine Kunsthalle, eine Börse oder eine Friedhofsanlage. Auf dem Weg dahin bearbeiteten die Studenten verschiedene Bauaufgaben. Das Spektrum reicht vom Wohnhaus über die Fleischhalle, das Schulhaus und die Freimaurerloge bis hin zur Kirche. Eine Bevorzugung bestimmter Themen ist nicht auszumachen, allenfalls eine gewisse Vorliebe für Aufgaben mit historischer Tradition. Anders als an der Pariser École Centrale, um eine weitere polytechnische Schule zu nennen, waren aber manche der neuen Bauaufgaben des 19. Jahrhunderts kein Thema. Studentische Entwürfe zu einem Bahnhof, einer Fabrik oder einem Geschäftshaus sind nicht bekannt, andere moderne Aufgaben fanden jedoch durchaus Berücksichtigung, so zum Beispiel das Gefängnis oder der Schlachthof. Allerdings lassen sich die überlieferten Studentenarbeiten nicht mit Sicherheit zuordnen. Blätter zu Aufgaben aus dem Bereich des Zivilbaus, wie sie sich insbesondere im Nachlass von Hans Pestalozzi befinden, sind möglicherweise im Fach «Konstruktionszeichnen» entstanden und in den Zusammenhang der Zivilbauvorlesung von Georg Lasius zu stellen (vgl. Abb. 78).

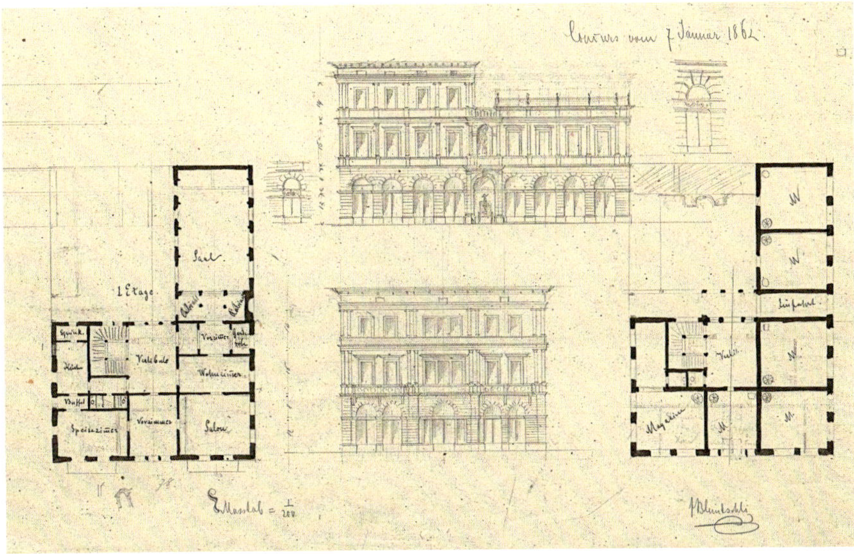

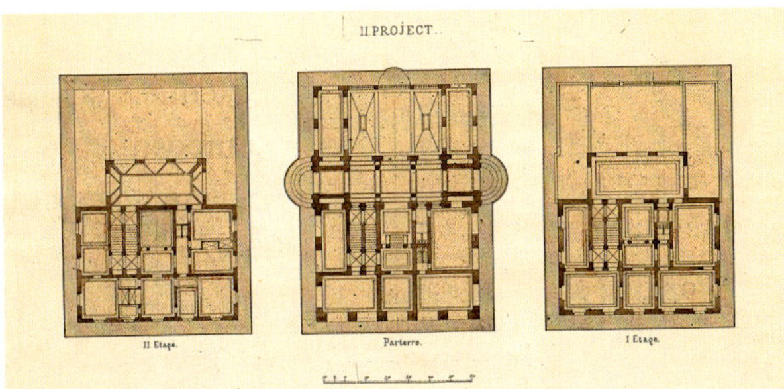

13 Alfred Friedrich Bluntschli, Concurs vom 7. Januar 1862 für «ein aufs reichlichste ausgestaltetes Privathaus für einen Luzerner Privatmann». Der enge Bezug zur Praxis, den Semper suchte, kommt in dieser Aufgabe besonders deutlich zum Ausdruck. Ein entsprechender Auftrag lag damals vermutlich auf seinem Arbeitstisch.
14 Gottfried Semper, Palais Segesser, Luzern. Grundrisse II. Projekt, 1862/63

Alfred Friedrich Bluntschli, dessen Werdegang im Folgenden immer wieder ein Bezugspunkt sein soll, hatte als eine der ersten Aufgaben im Fach «Kompositionsübungen im Hochbauwesen» den «Plan zu einem Privathaus bei gegeben. Grundriss» zu entwerfen:[95] eine Stufe zwischen zeichnerischer Aneignung und eigener Entwurfsarbeit, geeignet, in die Massstäblichkeit und die spezifischen Probleme des Wohnhausbaus einzuführen. Für sein Projekt nahm er an, das Grundstück liege an einem Hang – und bewältigte prompt die daraus resultierenden Probleme nicht (Abb. 12).[96] Nach den Weihnachtsferien bekam Bluntschli die Gelegenheit zu zeigen, was er bei diesem Entwurf gelernt hatte. Dazu schrieb er an seine Eltern:

«Am 8ten hatten wir eine sehr schöne Concursarbeit zu machen. Es war nämlich die Aufgabe gestellt, ein aufs reichlichste ausgestaltetes Privathaus

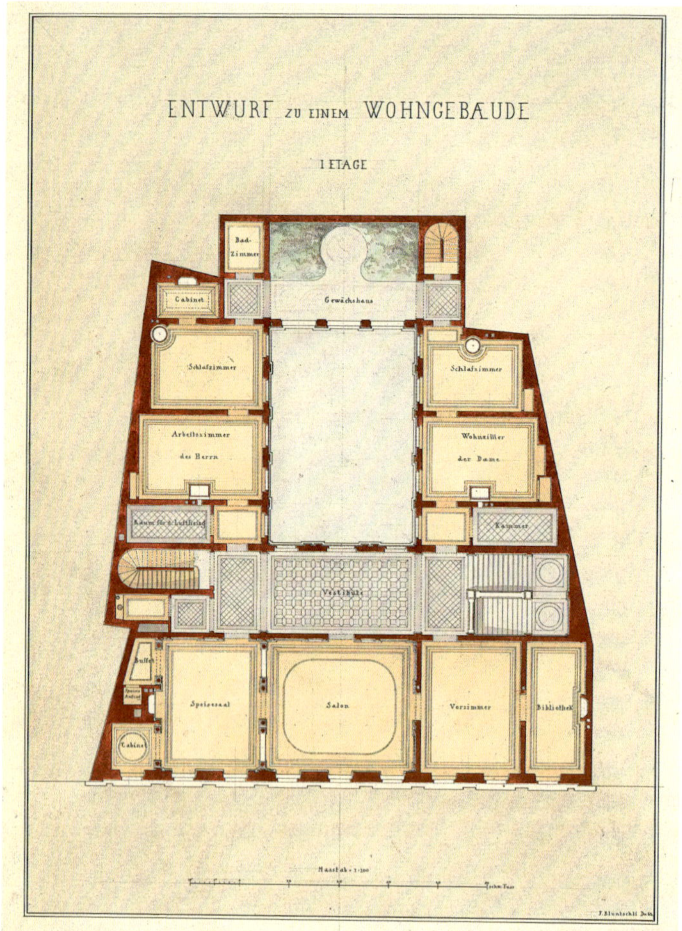

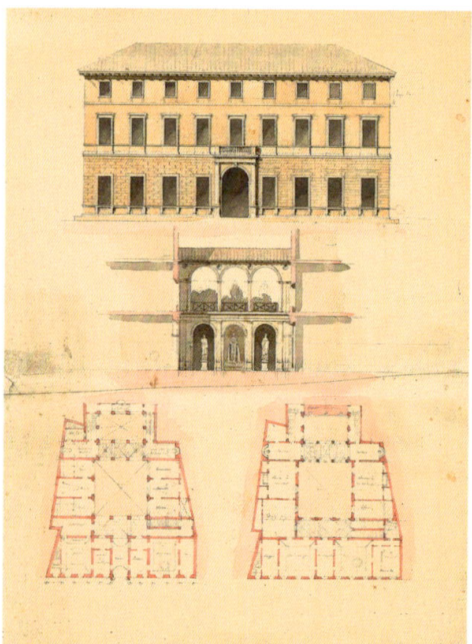

15 Alfred Friedrich Bluntschli, Entwurf zu einem Wohngebäude, 1 Etage, Dez. 1862

16 Gottfried Semper, Projekt für ein Wohnhaus aus seiner Pariser Studienzeit, um 1829. Die Aufgabe, ein Wohnhaus auf unregelmässigem Grundstück zu entwerfen, übernahm Semper aus seiner eigenen Studienzeit im Atelier von Franz Christian Gau in Paris. Diese Erfahrung blieb für seine Auffassung von einer guten Architektenausbildung zeitlebens prägend (vgl. auch Abb. 6–8).

für einen Luzerner Privatmann zu entwerfen. Die Arbeit war gross u. schwer, doch sehr interessant. Ich habe die Aufgabe gut gelöst. Dieser Tag der strengen Arbeit war der beste Übergang von den Ferien zum geregelten Studium. Jetzt bin ich wieder ganz im Zug.»[97]

Die Aufgabenstellung für diesen Konkurs offenbart, wie sehr Semper den Bezug zur Praxis suchte. Sie entspricht derjenigen eines Auftrags, den er mutmasslich kurz zuvor vom Stadtrat, Hotelier und Obersten Eduard Segesser für ein ebenes Grundstück an der Ecke Schweizerhofquai/Alpenstrasse in Luzern erhalten hatte.[98] Semper nutzte offensichtlich die Konkursarbeit, um die Schüler an seinen aktuellen Überlegungen teilhaben zu lassen und vielleicht auch, um diesbezüglich Ideen zu sammeln. Bluntschlis Skizze weist denn auch tatsächlich eine Verwandtschaft mit Sempers Entwurf auf, sieht man einmal von der unterschiedlichen Disposition des Saales ab, den Bluntschli senkrecht zur Hauptfassade und im ersten Obergeschoss anordnete, während ihn Semper parallel zum Haupttrakt in das Erdgeschoss legte und damit auf eine unmittelbare Verbindung zum Piano nobile der Wohnung verzichtete (Abb. 13, 14). Dies muss allerdings nicht bedeuten, dass Semper für seine Lösung auf Bluntschlis Entwurf zurückgegriffen hätte. Genauso gut kann die Ähnlichkeit darauf hindeuten, dass die gewählte Disposition vom Meister bei der Aufgabenstellung bereits suggeriert worden war.

Ein knappes Jahr nach dieser Konkursarbeit, nun also im dritten Jahreskurs, hatte sich Bluntschli nochmals mit einem repräsentativen Wohnhaus auseinanderzusetzen. Eine zusätzliche Schwierigkeit lag nun in einem gegebenen, höchst unregelmässigen Grundstück. Erhalten ist von dieser Arbeit nur ein differenziert und detailliert ausgearbeiteter Grundriss des ersten Obergeschosses, der sich durch eine gelungene Disposition der Haupt- und Nebenräume auszeichnet sowie ausführliche Überlegungen zur Raumgestalt beweist (Abb. 15).[99]

Für dieses Programm griff Semper auf eine Aufgabe zurück, die er selbst als Schüler im Pariser Atelier Gau zu lösen gehabt hatte (Abb. 16).[100] Bequemlichkeit allein dürfte nicht der Grund dafür gewesen sein. Bereits im Juni 1861 hatte er nämlich den zweiten Jahreskurs vor eine ähnliche Herausforderung gestellt: ein «städtisches Hôtel» zu entwerfen.[101] Im Programm dazu stellte er damals fest, die unter Louis XIII und Louis XIV entwickelten Formen seien «noch immer massgebend, nicht nur für das vornehme Herrenhaus, sondern selbst für die bescheideneren bürgerlichen Wohnungen», und dieser Einfluss erstrecke «sich über die Grenzen Frankreichs hinaus auf ganz Europa.» Dementsprechend verlangte er eine Anlage mit Ehrenhof und Garten.[102]

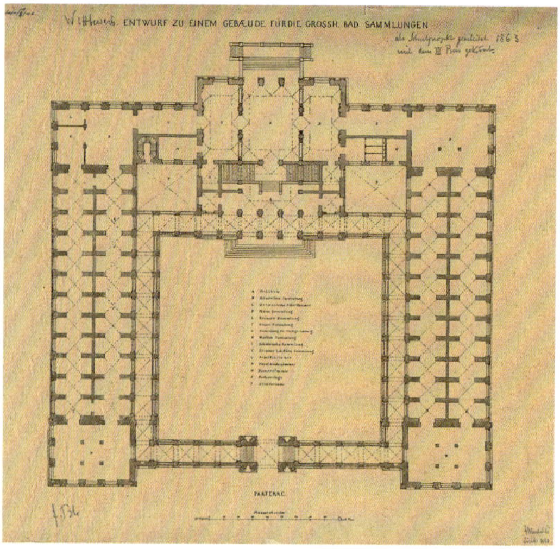

17 Alfred Friedrich Bluntschli, Entwurf zu einem Gebäude für die Grossh. Badische Sammlung. Parterre. Die besten der im Wintersemester 1862/63 erarbeiteten Projekte des dritten Jahreskurses wurden beim entsprechenden Wettbewerb eingereicht. Bluntschli gewann einen 3. Preis.

Eineinhalb Jahre später jedoch erachtete Semper diesen Typus offenbar nicht mehr als zwingend. Eine Skizze beweist, dass er zwar immer noch diskutiert worden war, doch Bluntschli wählte nun eine moderne, das heisst italienische Disposition, mit den Haupträumen an der Strasse und einem rückwärtigen Hof.[103] Es scheint, als sei Semper im Zusammenhang mit dem Auftrag für das Palais Segesser dazu veranlasst worden, seine Auffassung zum Thema des reichen bürgerlichen Wohnhauses in der Stadt zu überprüfen. Ob er in diesem Fall das Atelier am Polytechnikum als eine Art Labor verwendet hatte, um im geschützten Rahmen der Schule zu dieser Frage experimentieren zu lassen, ist nicht mit Sicherheit festzustellen. In anderen Fällen jedoch ist klar, dass er seine Studenten die ihm selbst auferlegten Probleme erst dann bearbeiten liess, wenn er für sich bereits eine Lösung gefunden hatte.[104] Nichts deutet darauf hin, dass er die Erfindungsgabe der Studenten systematisch zum Erkunden noch unbearbeiteter Problemfelder genutzt hätte. Aktualität und Nähe zur Praxis schienen für ihn aus didaktischen Gründen wichtig gewesen zu sein. Es ging ihm nicht darum, von den Studenten profitieren zu können.

Dementsprechend liess Semper im Wintersemester 1862/63 den dritten Jahreskurs das damals aktuelle Wettbewerbsprogramm für das Gebäude der grossherzoglichen Sammlungen in Karlsruhe bearbeiten, nachdem er beschlossen hatte, selbst nicht zu konkurrieren. Obwohl dies anfänglich nicht vorgesehen war, ermunterte er seine Studenten, ihre Projekte während den Semesterferien weiter zu perfektionieren und einzugeben. Drei von fünf erreichten den notwendigen Stand, unter ihnen auch Alfred Friedrich Blunt-

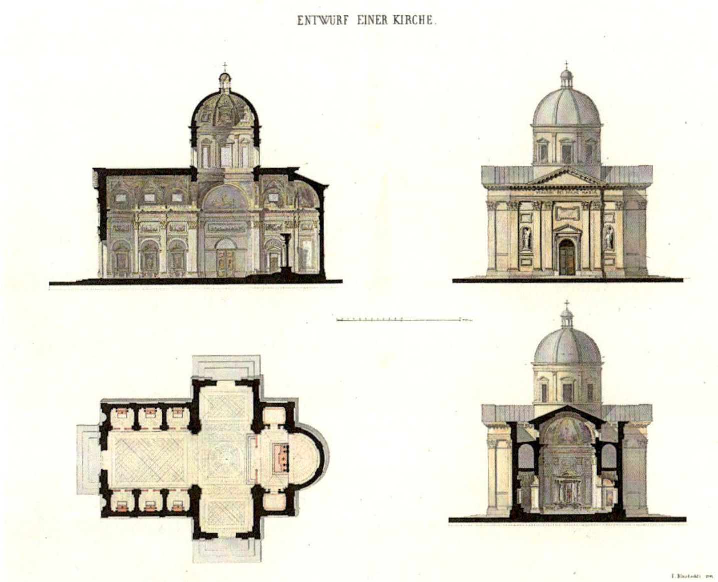

18 Alfred Friedrich Bluntschli, Entwurf einer Kirche, 1862

schli, der Semper überhaupt erst auf die Ausschreibung aufmerksam gemacht hatte und der prompt einen dritten Preis gewann (Abb. 17).[105]

Dies war kein Einzelfall. Bauschüler nahmen auch an anderen Wettbewerben teil und wurden dabei offenbar von Semper unterstützt. So war dieser Präsident der Jury, als Henri Kleffler den zweiten Preis für das Casino in Winterthur errang – eine Gegebenheit, die am Polytechnikum auch deshalb für Aufsehen sorgte, weil «ein hiesiger Professor, der die Arbeit vorher gesehen, den Plan für Unsinn erklärt hatte», wie Bluntschli berichtete.[106]

In seiner Diplomarbeit setzte sich Bluntschli 1863, am Schluss seines dritten Jahreskurses, mit dem Projekt einer Kunsthalle auseinander (Abb. 23, 24), und als weitere Entwürfe haben sich von ihm das Projekt einer Kirche (vermutlich aus dem zweiten Kurs, datiert 1862) (Abb. 18), die Ansicht eines Landhauses in Anlehnung an Sempers Villa Garbald (aus dem dritten Kurs) (Abb. 21) und zwei Konkursarbeiten erhalten: der Entwurf einer Gefängnisanlage (o. D.) (Abb. 19) sowie ein «Vögelhaus des Varro» (aus dem dritten Kurs) (Abb. 20). Mit der Aufzählung der Aufgaben, die er als Student gelöst hatte, ist aber seine Entwurfsausbildung am Polytechnikum noch nicht vollständig umrissen. Wenn Semper seine Schüler durch die Arbeit an aktuellen Projekten nahe an die professionelle Praxis heranführte und durch ihre Beteiligung an Wettbewerben die Grenze zur Berufstätigkeit aufweichte, so hob er diese vollständig auf, indem er begabte Schüler an den eigenen Entwürfen mitarbeiten liess.

Aus Bluntschlis Korrespondenz geht hervor, dass er bereits im dritten Semester an Sempers Projekt für das Rathaus Glarus mitwirkte, später auch

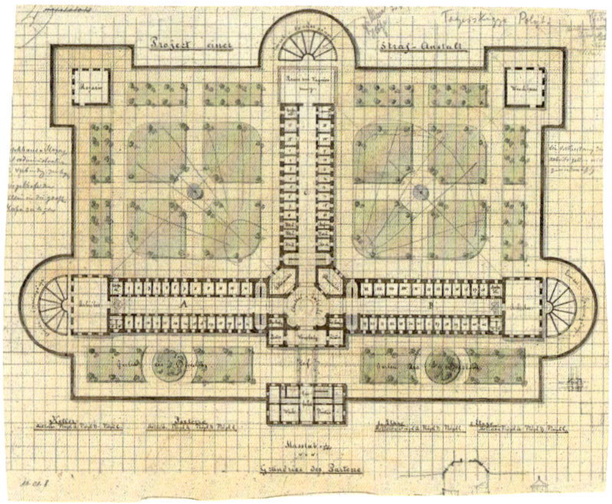

19 Alfred Friedrich Bluntschli, Project einer Strafanstalt (Konkurrenzarbeit, o. D.)

an den Projekten für den Umbau der Kranken- und Irrenanstalt im Kloster Königsfelden und für das Denkmal für Jonas Furrer.[107] Eine solche Tätigkeit in Sempers Atelier galt unter den Studenten als eine Auszeichnung und wurde entsprechend geschätzt. Sie fand mutmasslich nicht nur neben den Kursen und in den Ferien statt, sondern auch während den im Lehrplan für die Arbeit im Zeichensaal vorgesehenen Stunden.[108] In einem Brief an seinen Sohn beklagte sich Semper sogar darüber, dass ein mitarbeitender Schüler nicht vollständig zu seiner Verfügung stehe, sondern auch noch die obligatorischen Vorlesungen besuchen müsse.[109] Anders als in Dresden, wo sich die Schüler entschieden, entweder in das allgemeine Atelier oder in das praktische Arbeitsatelier einzutreten,[110] war Sempers Privatatelier am Zürcher Polytechnikum nicht offiziell ein Teil der Schule. Die Grenze zwischen diesem und dem schulischen Zeichensaal war dafür durchlässiger als in Dresden. Die Schüler arbeiteten nur zeitweilig an den Projekten des Meisters, wobei die räumliche Nähe des Privatateliers – Semper bearbeitete seine Projekte in seinem Professorenzimmer am Polytechnikum – diese Arbeitsweise erleichterte.[111]

Das Architekturatelier als Lehrwerkstätte

Überblickt man die Zeugnisse von Sempers Architekturunterricht im Zeichensaal, fällt zunächst auf, dass nichts auf eine eigentliche Entwurfslehre hindeutet, zumal gerade das Entwickeln solcher Lehren und das Systematisieren der Architekturdidaktik als Errungenschaft der polytechnischen

20 Alfred Friedrich Bluntschli, Vögelhaus des Varro, Concurs 2 März 63. Die Konkurrenzen waren auch in den oberen Studienjahren eine Möglichkeit, die Beherrschung des Vorlesungsstoffes an praktischen Übungen zu überprüfen. Diese Rekonstruktionsaufgabe ist insofern eine Ausnahme, als sich auch solche Aufgaben meist um eine gewisse Nähe zur Praxis bemühten.

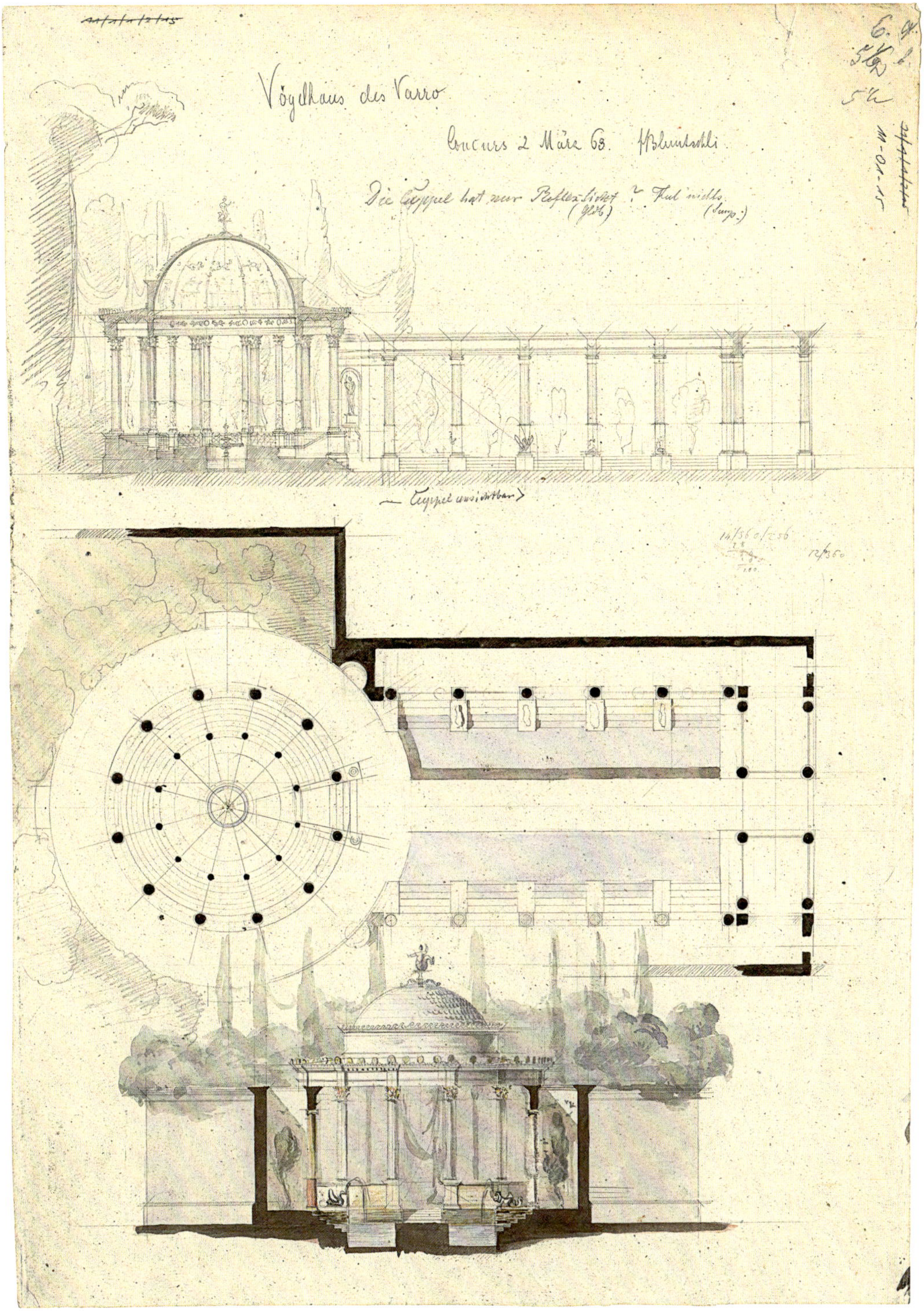
Vögelhaus des Varro
Concurs 2 März 68.

21 Alfred Friedrich Bluntschli, Villa oder ländliches Restaurant (?), 1863. Der Entwurf von Bluntschli zitiert Elemente der Villa Garbald von Semper, gleicht jedoch in seiner volumetrischen Disposition eher einem eigenen Projekt aus dem ersten Studienjahr (vgl. Abb. 12).

22 Gottfried Semper, Villa Garbald, Castasegna. Hauptfassade, 1862

Schulen betrachtet werden kann. Sempers Auffassung von Architektur war jedoch zu komplex, als dass sie sich auf einfache Weise in ein didaktisches Konzept hätte ummünzen lassen. Dementsprechend lehnte er Entwurfslehren wie diejenige von Jean-Nicolas-Louis Durand explizit ab, den er als «Schachbrettkanzler für mangelnde Ideen» verspottete.[112] Semper schätzte zwar dessen *Recueil et parallèle des édifices de tout genre, anciens et modernes* (1800), aber der *Précis des leçons d'architecture données à l'Ecole polytechnique* (1802/1805) fand keinen Eingang in die Bauschulbibliothek.[113]

Am deutlichsten formulierte Semper seine Ablehnung aller gängigen Versuche, Architektur einfach zu begründen und entsprechend zu unterrichten, in den Prolegomena zu den zwei publizierten Bänden von *Der Stil in den technischen und tektonischen Künsten, oder Praktische Aesthetik* (1860/1863).[114] Nacheinander werden dort die «Materiellen», die «Historiker» und die «Pu-

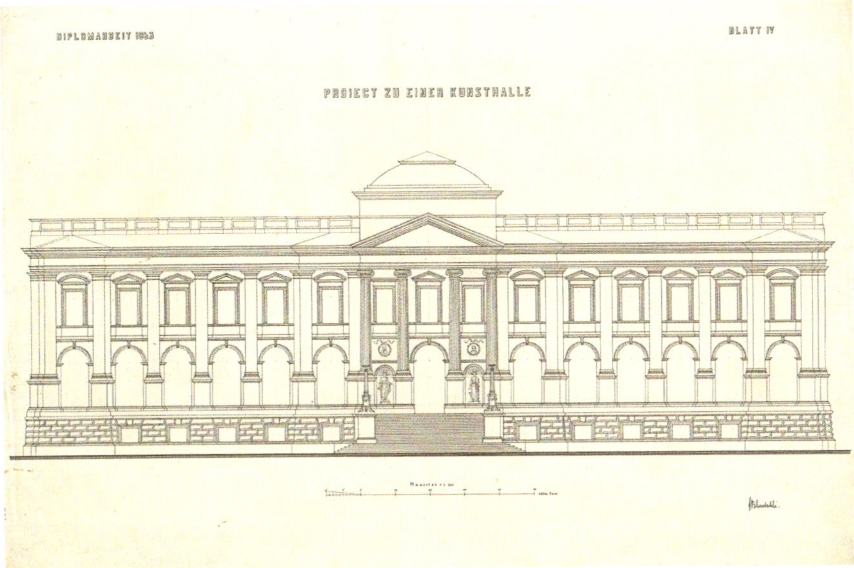

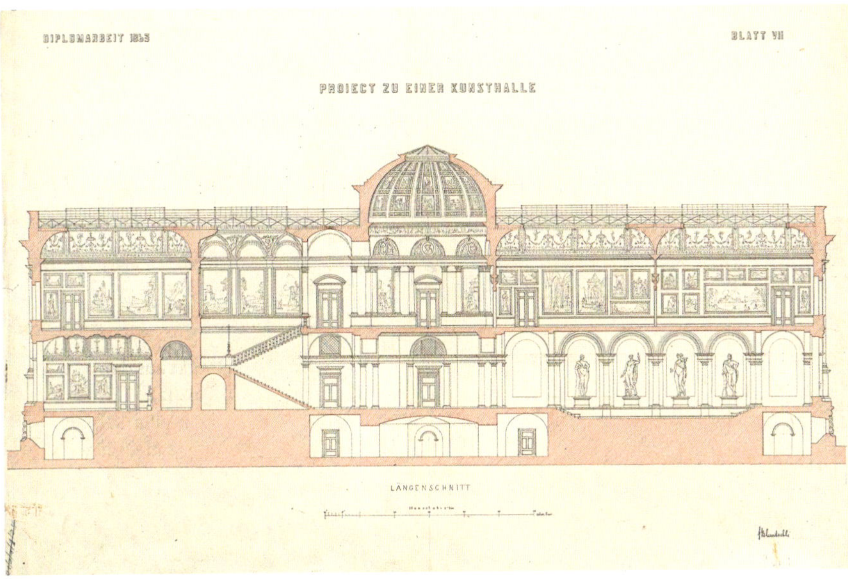

23, 24 Alfred Friedrich Bluntschli, Project zu einer Kunsthalle, Diplomarbeit 1863. Fassade und Längsschnitt. Bluntschli erarbeitete sein Projekt offensichtlich in Kenntnis von Sempers Gemäldegalerie in Dresen, kam jedoch zu einer eigenständigen Lösung. Sie wurde mit der Maximalnote 6 bewertet.
25 Gottfried Semper, Gemäldegalerie Dresden. Ansicht Zwingerseite, 1846

risten, Schematiker und Zukünftler» abgefertigt. Für ihn kam es weder in Frage, die Architektur ganz aus mathematisch-naturwissenschaftlichen Bedingungen heraus zu entwickeln,[115] noch kopierend auf historische Formen zurückzugreifen,[116] noch von spekulativen Überlegungen ausgehend normative Regeln ableiten zu wollen.[117]

Schwieriger ist es, eine positive Charakterisierung von Sempers Entwurfsunterricht im Atelier zu finden. In *Der Stil* stellte er fest – und kritisierte damit einmal mehr das Fundament des Polytechnikums –, es sei Bildung statt Ausbildung gefragt, damit man «den Sinn und den rein menschlich-idealen Trieb des sich selbst Zweck seienden Schaffens und die dem Künstler sowie dem Kunstempfänglichen unentbehrliche Gabe unmittelbaren anschauenden Denkens» nicht abtöte. Diese Gabe mache erst «die volle Auffassung und Insichaufnahme des Schönen und das Schaffen in der Kunst» möglich, und zwar «ohne die Vermittlung der Kritik des Verstandes».[118]

Die Formulierung zeigt deutlich, dass Semper die Möglichkeiten der Didaktik für beschränkt hielt. Eine «Gabe» lässt sich nicht lehren, bestenfalls fördern und kultivieren. Wenn Architektur als Kunst keine Angelegenheit des Verstandes ist, kann sie auch nicht verstandesmässig unterrichtet werden – anders als all die Faktoren, die ihr zugrunde liegen, seien sie materiell-technisch oder kulturell-historisch.[119] Was jenseits dieser Faktoren liegt, nämlich das Schaffen, das nur sich selbst Zweck ist, kann höchstens geübt werden.

Dieser Auffassung entspricht eine Unterrichtsform, die als eine Art Training beschrieben werden kann. Als Methode spielt dabei das Arbeiten mit Referenzen eine wichtige Rolle.[120] Zahlreiche Studentenarbeiten weisen eine Verwandtschaft zu Arbeiten von Semper auf, die über die übliche Anlehnung von Schülern an ihren Meister hinausgeht. Am deutlichsten ist dies vielleicht bei dem Blatt von Bluntschli aus dessen drittem Studienjahr zu sehen, in dem wörtlich Elemente der Villa Garbald zitiert werden (Abb. 21, 22). Trotzdem unterscheidet sich Bluntschlis Entwurf grundsätzlich von seiner Referenz. Durch die veränderte Lage und abweichende Ausbildung der Loggia steht bei ihm das Haus in einem völlig anderen Bezug zu seiner Umgebung als bei Semper. Vor allem aber ist der Charakter des Baukörpers ein anderer, obwohl der zweiachsige Hauptteil der Fassade exakt übernommen worden ist. Während bei Semper dessen Höhe durch eine Staffelung der Dächer unterstrichen wird, sodass er selbst fast turmartig emporragt, führte Bluntschli als zusätzliche Elemente eine Terrasse und einen separaten Turm ein, sodass Letzterer zum Zentrum der Komposition wird. Die Einfachheit, die der Villa Garbald eigen ist, wurde damit zugunsten einer weit stärker ausgepräg-

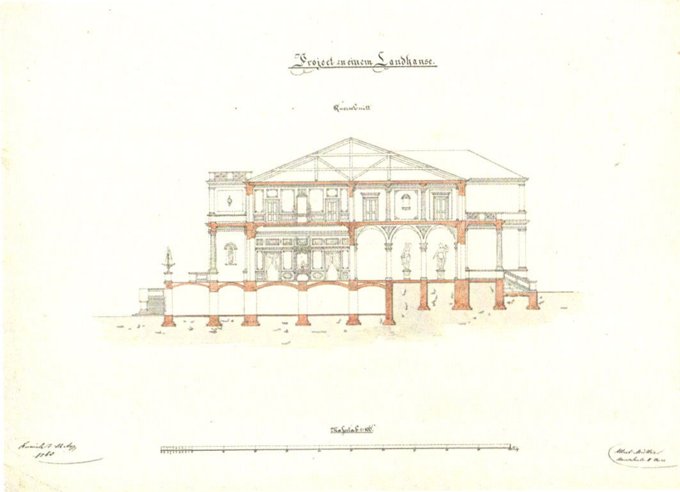

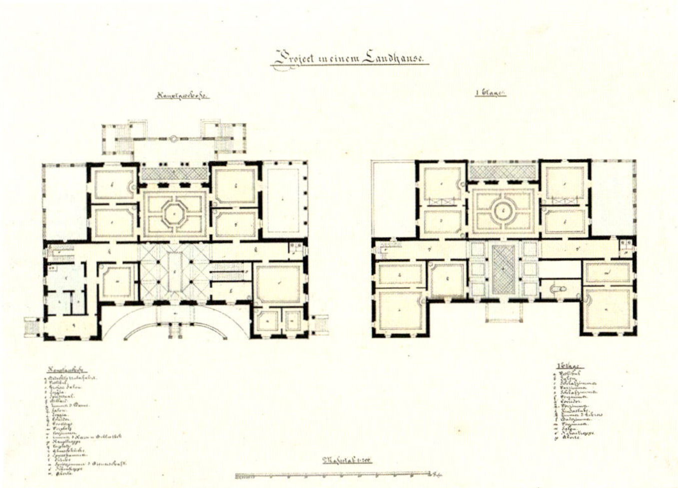

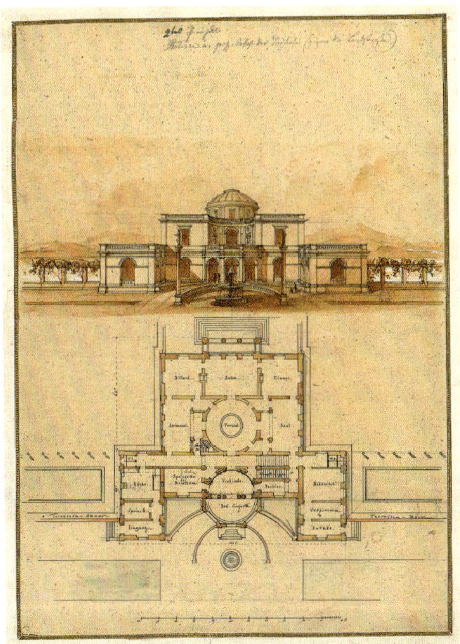

26, 27 Albert Müller, Project zu einem Landhause, II. Curs, August 1865. Schnitt und Grundriss. Müllers Entwurf nimmt Bezug auf Sempers Projekt für die Villa Rieter.
28 Gottfried Semper, Villa Rieter, Zürich. 2. Projekt, 1864

ten pittoresken Wirkung aufgegeben. Die Ähnlichkeit der verwendeten Motive und der Art der Darstellung sollte also nicht darüber hinwegtäuschen, dass im Entwurf des Schülers die aufgegriffenen Elemente neu und eigenständig verwendet wurden.[121] Auf eine vergleichbare Weise setzte sich Bluntschli in seiner Diplomarbeit mit Sempers Gemäldegalerie in Dresden auseinander (Abb. 23–25), und ähnlich referierte Albert Müller 1865 im Projekt für eine Freimaurerloge die Fassaden des Zürcher Hochschulgebäudes und im «Projekt zu einem Landhaus» den Entwurf für die Villa Rieter: ohne zu kopieren, aber mit eindeutigen Bezügen (Abb. 26–28).[122]

Aber nicht nur Projekte von Semper konnten als Basis für die Entwürfe seiner Studenten dienen. Die Fassade von Hans Pestalozzi für das Projekt einer Bibliothek von 1867 lehnt sich an die Biblioteque Sainte-Geneviève von Henri Labrouste an – so eng, dass wie bei Bluntschlis Auseinandersetzung mit der Villa Garbald jede Abweichung auffällt und Anlass gibt, nach der damit verbundenen Absicht zu fragen (Abb. 29–32). Auf welche Weise Semper diese Art einer anverwandelnden Auseinandersetzung mit Vorbildern als Lehrer begleitete, muss offen bleiben. Immerhin lässt sich aufgrund der Arbeiten mit einiger Sicherheit sagen, dass er sie als didaktisches Mittel gezielt einsetzte.[123]

Überraschen kann dies nicht, steht doch das Entwerfen mit Referenzen bestens in Einklang mit Sempers Überzeugung, die Architektur habe ihre Sprache in ihrer Geschichte entwickelt, müsse sie aber ständig den sich wandelnden Bedingungen anpassen. Die immer neue Aktualität der Aufgabenstellung verbietet ein blindes Kopieren,[124] der symbolische Wert des Überlieferten jedoch einen Bruch mit dem Vergangenen.[125] So gesehen ist das Entwerfen stets eine Leistung der Anpassung und Erneuerung, oder, um eine sprachliche Metapher zu verwenden, der Übersetzung. Diese kann umso geringer bleiben, je enger verwandt Referenz und Projekt bezüglich der Aufgabe und des kulturellen Kontextes sind.

Dass Semper die Studenten, die noch wenig Erfahrung haben, dazu anhielt, sich möglichst auf Bauten aus der jüngsten Vergangenheit und der Gegenwart sowie auf Projekte mit ähnlichen Programmen zu beziehen, ist daher sinnvoll und naheliegend. Nach den Prolegomena im ersten Jahreskurs bildete daher nicht die historische Architektur den wichtigsten Bezugspunkt beim Entwerfen am Zürcher Polytechnikum, sondern die aktuelle. Wie bewusst dies geschah, ist allerdings fraglich. Alfred Friedrich Bluntschli beispielsweise scheint nicht zwischen dem italienischen Cinquecento und der jüngsten Architektur seines Lehrers unterschieden zu haben. Er war fest davon überzeugt, sich in seiner Arbeit auf die Renaissance zu beziehen.[126]

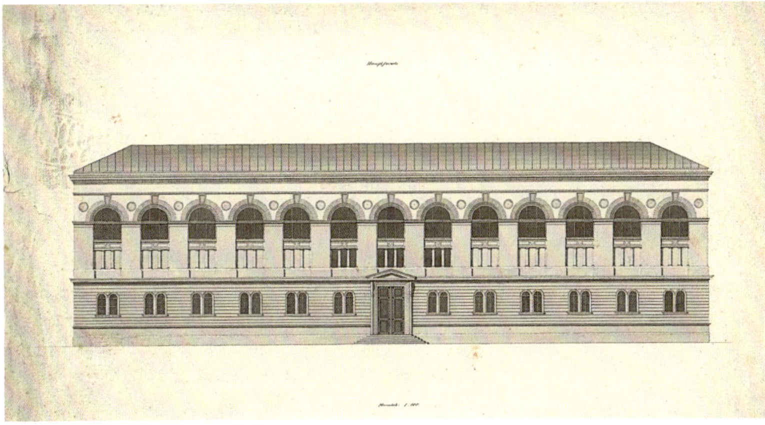

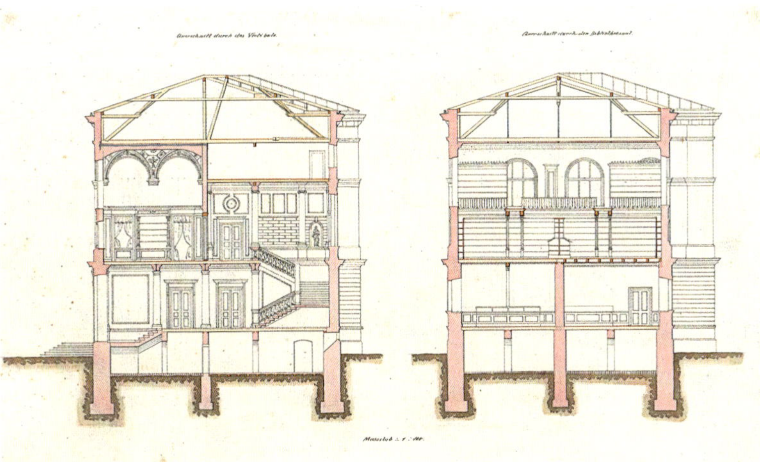

29, 30 Hans Pestalozzi, Project zu einer Bibliothek, II. Curs, Juli 1867. Ansicht und Querschnitt. Pestalozzi lehnte sich mit der Fassade seiner Bibliothek eng an Henri Labroustes Bibliothèque Sainte-Geneviève an, ohne jedoch deren kühne, partiell sichtbare Eisenkonstruktion zu übernehmen. Semper, der die Pariser Bibliothek als «das bedeutenste Werk der letzten republikanischen Zeit» bezeichnet hatte, kritisierte gleichzeitig deren Lesesaal, weil dort «die für ernste Studien so nötige gemütliche Abgeschlossenheit» fehle (Gottfried Semper, «Ueber Wintergärten» (1849), in: ders., *Kleine Schriften* 1884, S. 484–490, hier S. 485).

31, 32 Henri Labrouste, Bibliothèque Sainte-Geneviève, Paris, 1838–1850. Querschnitt und Fassade

Offensichtlich ähnelte Sempers Entwurfsunterricht stark demjenigen an der Pariser École des Beaux-Arts, auch wenn das Atelier innerhalb des Curriculums nicht annähernd den gleichen Stellenwert hatten wie seine Pendants in Paris. Die eintägigen Konkurrenzen entsprechen ziemlich exakt den dortigen Skizzenkonkursen und die grossen Projekte den «projets rendus», obwohl die strenge Form der Letzteren in Zürich höchstens teilweise übernommen wurde.[127] Da Semper sowohl der Patron des Ateliers war wie auch derjenige, der die Aufgaben stellte und die Resultate beurteilte, konnte er alle Phasen des Projektierens persönlich kontrollieren. Damit erübrigte sich das komplizierte System der zweistufigen Abgabe, das in Paris das eigenständige Arbeiten der Schüler garantieren sollte.[128]

Bedeutender als die organisatorischen Divergenzen sind allerdings die inhaltlichen. Vergleicht man Arbeiten aus Sempers Zeichensaal am Polytechnikum mit solchen aus den Ateliers der École des Beaux-Arts, fällt zunächst der unterschiedliche Grad der Ausarbeitung der Zeichnungen auf. Eine Virtuosität der Zeichentechnik, wie sie in Paris kultiviert wurde, scheint Semper nie angestrebt zu haben. Für ihn hatte die Zeichnung offenbar keinen Wert an sich. Entsprechend heterogen sind denn auch die Blätter, die sich in den Archiven erhalten haben. Sie zeigen individuelle Vorlieben der Schüler, nicht aber eine Zugehörigkeit zu Sempers Atelier.

Unterschiedlich ist jedoch vor allem auch die Art der Aufgabenstellung. Zwar wurden auch an der École des Beaux-Arts den Schülern der unteren Klasse einfachere Aufgaben gestellt als den fortgeschrittenen, doch wurden selbst diese im Allgemeinen in einer idealisierten Form formuliert, das heisst ohne die Beschränkungen durch die Vorgabe eines konkreten Ortes oder eines reellen Programms. Man «lässt der Phantasie freien Lauf u. denkt sich einen Crösus als Bauherrn», schrieb Bluntschli aus Paris, wo er seine Studien nach seinem eidgenössischen Diplom fortsetzte.[129] Semper dagegen liess seine Schüler immer wieder Programme von konkreten und aktuellen Wettbewerben bearbeiten. Damit entstand eine Nähe zur Architekturpraxis, die einer Akademisierung, wie sie die École des Beaux-Arts im Verlauf des 19. Jahrhunderts immer stärker prägte, entgegenwirkte. Während es dort die Idealentwürfe für den Grand Prix waren, die zum wesentlichen Orientierungspunkt der Schule wurden, waren es in Zürich reale Bauten und Projekte, vor allem diejenigen von Semper selbst, die als Referenzen dienten. Sogar für die Preisaufgaben, die allerdings für die Bauschule nie auch nur annähernd dieselbe Bedeutung hatten wie der Grand Prix für die École des Beaux-Arts, stellte Semper meist ganz wirklichkeitsnahe Aufgaben. In diesem engen Bezug zur Praxis ähnelte seine Schule dem Polytechnikum

Karlsruhe unter Heinrich Hübsch und Friedrich Eisenlohr, wo dieser Programm war.[130]

Man kann das Atelier an der Zürcher Bauschule als eine Art Lehrwerkstätte beschreiben: Im geschützten Rahmen der Schule wurde hier die Praxis des Entwerfens geübt. Der Schwerpunkt lag dabei auf Projekten in einem mittleren Massstab, deren konstruktive Beherrschung zumindest bei der Diplomarbeit durch die Darstellung ausgewählter Details nachzuweisen war. Das Lehren und Lernen erfolgte nicht nach einem System oder gar nach einer Theorie, welche angewandt worden wäre, sondern indem schrittweise Erfahrungen gemacht wurden. Zunächst lernte man durch das Zeichnen von Architektur deren Elemente kennen, später übte man sich darin, diese Elemente beim Lösen zunehmend schwieriger Aufgaben selbst anzuwenden. Dass man sich dabei auf bestehende Lösungen bezog, vereinfachte die Aufgabe und weichte die Grenze zwischen dem aneignenden Kopieren und dem referierenden Entwerfen auf.

Diese Methode hat den grossen Vorteil der Offenheit. Bei Semper wurde die Aneignung von Vorgefundenem zunächst anhand der Architektur der klassischen Antike und der Renaissance praktiziert, dann aber vor allem in der Auseinandersetzung mit den eigenen Werken. Auf diese Weise übten die Schüler tatsächlich «die dem Künstler sowie dem Kunstempfänglichen unentbehrliche Gabe unmittelbaren anschauenden Denkens».[131] Dies dürfte es ihnen erleichtert haben, sich über die genannten Referenzen hinaus auch Anderes dienlich zu machen, sei es die von Gladbach erforschte vernakuläre Baukultur, die mittelalterliche Architektur, die Erkenntnisse aus eigenen Bauaufnahmen oder die vielfältigen Anregungen von Reisen.

Der Begriff der Lehrwerkstätte scheint aber auch deshalb geeignet, weil er die Mittelstellung zwischen Rückwärtsgewandtheit und Fortschrittlichkeit zum Ausdruck bringt, die Sempers Unterricht im Atelier eigen ist. Das Lernen bei einem Meister, in dessen Werkstätte, ist wohl die älteste Art der Berufsbildung überhaupt. Im System der École des Beaux-Arts mit ihren von Patrons geleiteten Ateliers lebte es in gewissen Aspekten weiter, und gerade diese vermeintlich konservativen Züge wurden von Semper als vorbildlich erachtet. Andererseits ist die Ausbildung in Werkstätten, die primär der Lehre dienen und Schulen angegliedert sind, ein Modell, das sich erst gegen Ende des 19. Jahrhunderts durchzusetzen begann – zunächst in den Bereichen von Handwerk und angewandter Kunst, später zumindest vereinzelt auch in der Architektur. In Zürich dauerte es allerdings bis 1929, ehe mit der Berufung von Otto Rudolf Salvisberg immerhin versucht wurde, eine wirkliche Atelierschule einzurichten.[132]

Die Architekturvorlesungen

Während seiner Zeit in Zürich bildete die theoretische Arbeit einen Schwerpunkt von Sempers Tätigkeiten, wenigstens solange die Architekturaufträge spärlich blieben. Kurz nach seinem Stellenantritt hatte er an seinen damaligen Verleger Eduard Vieweg in Braunschweig geschrieben, er habe die Zürcher Professur nicht zuletzt deshalb angenommen, weil sie die Musse verspreche, endlich das Projekt einer «vergleichenden Baukunde auszuführen».[133] Das bereits lange angekündigete Buch kam zwar schliesslich nicht zustande, dafür aber die umfangreiche Publikation *Der Stil in den technischen und tektonischen Künsten, oder Praktische Aesthetik. Ein Handbuch für Techniker, Künstler und Kunstfreunde*, die als Sempers wichtigstes Werk gilt, obwohl sie fragmentarisch blieb.[134] Die Vermutung liegt nahe, die Zürcher Vorlesungen wären eine Art mündliche Version dieser praktischen Ästhetik gewesen, und tatsächlich folgt zum Beispiel das Kollegheft des Bauschülers Eugène Burnand stellenweise so eng dieser Veröffentlichung, dass er sich teils mit Hinweisen auf die entsprechenden Seitenzahlen begnügen konnte.[135] Der Regel entspricht dies allerdings nicht. Von den Zürcher Vorlesungen sind eine ganze Reihe von Kollegheften und Notizen überliefert.[136] Sie enthalten immer wieder ähnliche Elemente, die meist aus Sempers Schriften bekannt sind, jedoch unterschiedlich gruppiert und gewichtet wurden. Dies reflektiert zum einen die Entwicklung von Sempers theoretischem Denken, zum anderen aber auch die Ansprüche, die seitens der Schule an die Vorlesungen gestellt wurden. Obwohl der Vorsteher der Bauschule dank seiner Autorität grosse Freiheiten genoss, blieb er doch eingebunden in den gegebenen Lehrplan. Seine Vorlesungen waren mit vier Stunden pro Woche angesetzt und wurden von den Schülern des zweiten und dritten Jahreskurses besucht. Ungeachtet der relativ kleinen Gruppe von Zuhörern fand der Unterricht im Hörsaal statt. Die Vorträge, die mit Hilfe von vorgelegten Zeichnungen und Druckwerken illustriert wurden, bildeten die theoretische Ergänzung zu den praktischen Übungen im Zeichensaal.

In der 1854 ausgearbeiteten Konzeption des Polytechnikums war von der «Lehre von den Baustilen» die Rede, die als Teil der ästhetischen Richtung der Bauschule angelegt war und im zweiten Jahreskurs zu einer eigentlichen «Baukunde» ausgearbeitet werden sollte. Die entsprechenden Stellen aus dem «Bericht über den Entwurf zu einem Reglemente für die eidgenössische polytechnische Schule» seien hier nochmals zitiert: Im zweiten Studienjahr sollten die Schüler die «äusseren Formen der Gebäude» als «im Wesentlichen aus der technischen Konstruktion der Bauten selbst hervorgegangen» erkennen lernen, und nach dem dritten Jahr schliesslich sollten sie dank

Kunstgeschichte und Archäologie «einsehen, wie die Formen der Bauwerke [...] auch von der ganzen geistigen Bildungsstufe des Volkes und der Zeit, denen sie angehören, abhängig sind.»[137]

Zumindest der erste Teil dieser Formulierungen war ganz vom Geiste der Architektenausbildung am Karlsruher Polytechnikum geprägt und dürfte Semper missfallen haben, der es ablehnte, «die arch. Formenwelt ausschliesslich aus stofflichen konstruktiven Bedingungen» herzuleiten.[138] Gleichzeitig fällt jedoch ins Auge, wie genau die Baukunde, so wie sie im Schulreglement angelegt war, der Konzeption von *Der Stil* entspricht. Der erste Teil, dessen beiden Bände 1860 und 1863 erschienen, beschäftigt sich mit dem Verhältnis von Form und Technik, während der zweite, nie bis zur Publikationsreife gediehene Teil eine Architekturgeschichte enthalten sollte, in der «die socialen Zustände der Gesellschaft und die Verhältnisse der Zeiten» als «mächtigste Faktoren des Stils» in der Architektur dargestellt worden wären.[139] Semper hat in Zürich zu beiden Aspekten Vorlesungen gehalten, wenn auch nicht von Beginn weg.

1855, als Semper seine neue Stelle antrat, dürfte er kaum Zeit gefunden haben, sich lange auf seine Vorträge vorzubereiten. Just als ihn die Bestätigung seiner Berufung nach Zürich erreichte, erhielt er den Auftrag, Entwürfe für eine Museumsanlage in South Kensington auszuarbeiten. Im Frühsommer musste er überdies in Paris die britische Abteilung an der Weltausstellung einrichten und nebenbei für die Sammlungen seiner zukünftigen Schule Einkäufe tätigen. Insofern überrascht es nicht, dass er für die Vorlesungen in Zürich zunächst auf Materialien zurückgriff, die er bereits für seinen Architekturunterricht in Dresden erarbeitet hatte. Dort hatte er, wie sein Sohn berichtete, in den «kunstgeschichtlichen Vorträgen [...] zwei Pläne» verfolgt: Zum einen ordnete er «den Stoff nach den verschiedenen Bestimmungen der Bauwerke», zum anderen «handelte er in historischer Reihenfolge über die Baustile der verschiedenen Völker und Zeiten, indem er sowohl die gemeinsamen Urtypen wie die charakteristischen Sonderheiten der einzelnen Stile als Ausdruck der jeweiligen Civilisationen aus der Fülle des Stoffes hervorhob und betonte.»[140]

Die frühesten Vorlesungsmitschriften aus Zürich, die datiert und eindeutig zugeordnet werden können, entsprechen genau dieser in Dresden entwickelten Ordnung. Sie stammen von Henri Bourrit und Léon Fulpius, die von 1859 bis 1861 zunächst ein Jahr lang «Geschichte der Baukunst» und anschliessend ein Jahr lang «Vergleichende Baulehre» besucht hatten.[141] Die zwei Vorlesungen waren offensichtlich als sich ergänzende, jedoch nicht aufeinander aufbauende Module organisiert. Auf diese Weise konnte Semper die beiden oberen Jahreskurse der Bauschule gemeinsam unterrichten, ohne dass es eine wesentliche Rolle spielte, mit welcher Vorlesung die Schüler in ihrem zweiten Studienjahr begannen.

Die «Geschichte der Baukunst» war einigermassen chronologisch gegliedert, einsetzend bei den Hochkulturen am Nil und endend mit dem Mittelalter, unter das Semper die Romanik und die Gotik, aber auch die arabische Architektur subsumierte. Vorangestellt war eine knappe Einführung, in welcher dargelegt wurde, warum der Anfang der Baukunst beim ersten Monument und nicht etwa beim ersten Haus anzusetzen sei.

Die Vorlesung «Vergleichende Baulehre» dagegen war nach Bauaufgaben geordnet. Entsprechend dem Prospectus für das Buch gleichen Namens, in dem die Dresdener Vorträge hätten publiziert werden sollen, gab es elf Abschnitte, beginnend mit dem Wohnhaus und fortschreitend bis zum Städtebau.[142] Es handelte sich also um eine Art Gebäudelehre, die nicht zuletzt ein Parcours durch die unterschiedlichen Bauaufgaben war, denen ein Architekt begegnen konnte. Semper begnügte sich dabei nicht mit der Präsentation von Musterlösungen, an denen sich beim Entwerfen anknüpfen liess.[143] Vielmehr verfolgte er die Problemstellungen in der Geschichte bis auf die Ursprünge zurück und hoffte so, «eine Logik des Erfindens» herausdestillieren zu können und grundlegende, auch in Zukunft noch entwicklungsfähige Motive zu finden. Dabei diskutierte er einleitend die vier Elemente der Baukunst Herd, Dach, Umfriedung und Erdaufwurf, denen auch später noch eine zentrale Bedeutung in seinen Vorlesungen zukam.[144] Seine Methode setzte er mit derjenigen des «grossen Cuvier» in Analogie und sein imaginäres und wohlgeordnetes Museum der Architekturen verglich er mit den naturgeschichtlichen Sammlungen im Pariser Jardin des Plantes: Das Ziel sei es, «eine architektonische Erfindungslehre darauf zu begründen, welche der Weg der Natur lehrt und gleich entfernt hält von charakterlosem Schematismus und gedankenloser Willkür.»[145]

Dieser hohe Anspruch war selbstredend nur schwer einzulösen. Im Bestreben, Geschichte und Theorie gleichzeitig und als Einheit zu betreiben, war Sempers Denken über Architektur höchst komplex und drohte immer wieder, sich im Einzelnen zu verlieren. Es ist fraglich, wie viel von seinen Gedanken die Schüler erreichte. Seine Autorität stand ausser Frage, aber seine Vorlesungen galten als schwer verständlich und der schlechte Vortragsstil machte die Sache nicht einfacher. Charakteristisch sind die folgenden Erin-

33, 34 Johann Rudolf Rahn, Prof. Semper. Geschichte der Baukunst Wintersemester 1862/63 (Kollegheft). Semper ordnete den Stoff seiner Vorlesungen mehrfach um, zum Teil auf die Bedürfnisse der Schule reagierend, aber auch in Zusammanhang mit seiner Arbeit an *Der Stil*.

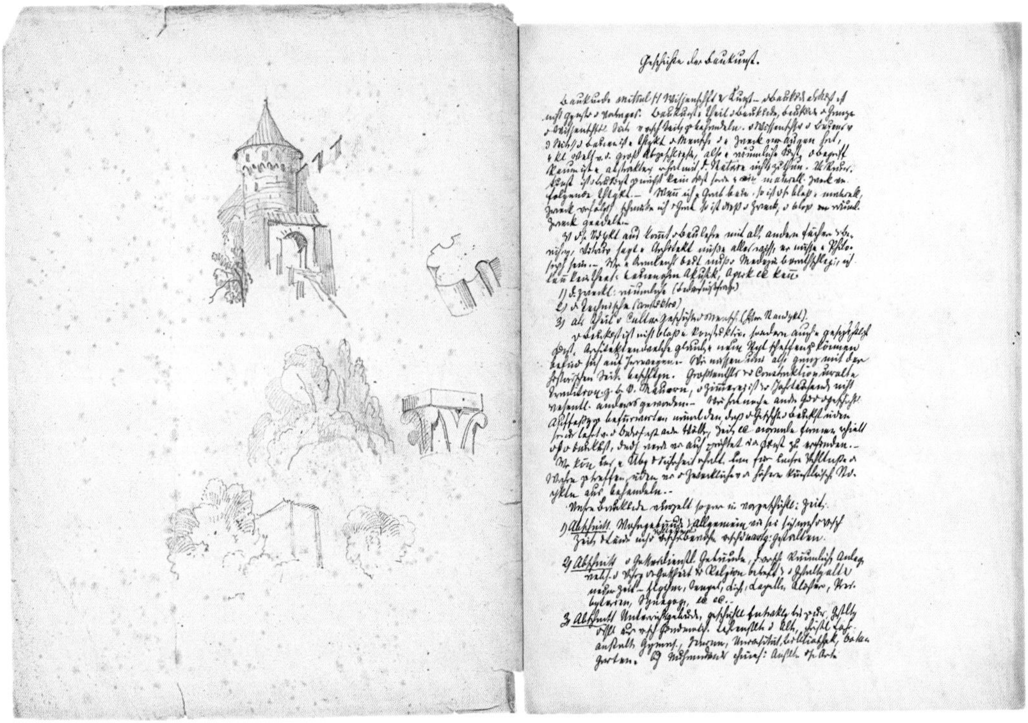

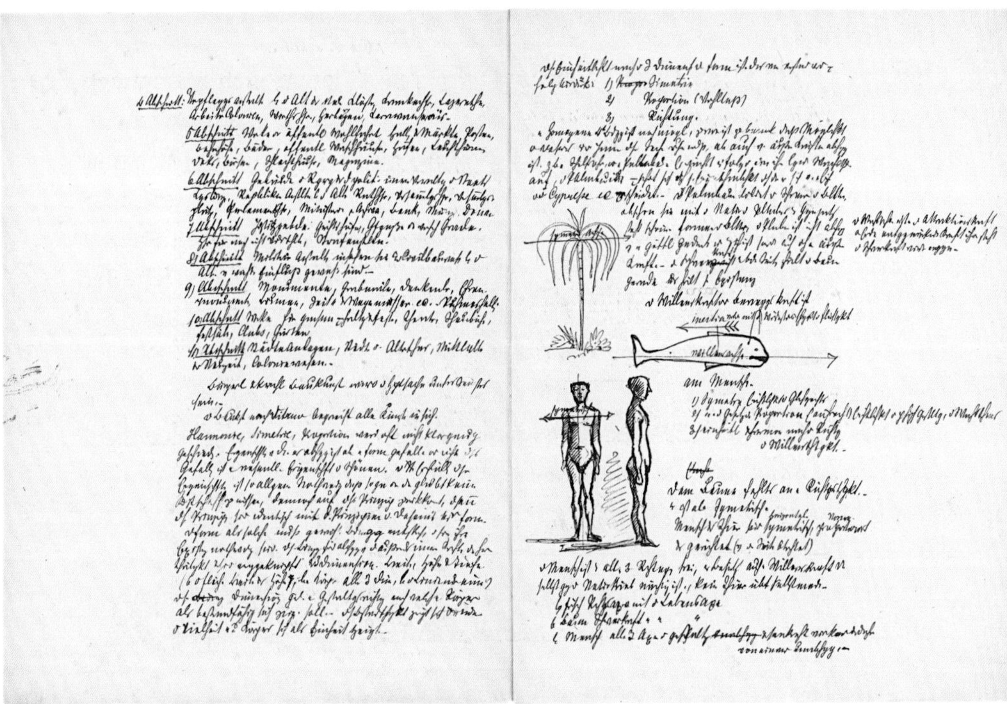

	Wintersemester	Sommersemester
1855/56	Baukunst d. Mittelalters u. d. Renaissance, im 2. Sem. neue Baukunst	Baukunst d. Mittelalters u. d. Renaissance, im 2. Sem. neue Baukunst
1856/57	Baukunst d. Mittelalters u. d. Renaissance, im 2. Sem. neue Baukunst	Baukunst d. Mittelalters u. d. Renaissance, im 2. Sem. neue Baukunst
1857/58	Vergleichende Baulehre	Vergleichende Baulehre
1858/59	Vergleichende Baulehre	Vergleichende Baulehre
1859/60	Geschichte der Baukunst	Geschichte der Baukunst
1860/61	Geschichte der Baukunst (Fulpius und Bourrit: Architecture comparée)	Geschichte der Baukunst (Fulpius und Bourrit: Architecture comparée)
1861/62	Vergleichende Baulehre (Bluntschli: Vergleichende Geschichte der Baukunst)	Geschichte der Baukunst (Bluntschli: Vergleichende Geschichte der Baukunst)
1862/63	Vergleichende Baulehre (Rahn: Geschichte der Baukunst)	Geschichte der Baukunst
1863/64	Geschichte der Baukunst	Geschichte der Baukunst
1864/65	Baukunst	Geschichte der Baukunst
1865/66	Baukunst	Geschichte der Baukunst
1866/67	Vergleichende Baukunde	Baulehre
1867/68	Baulehre	Vergleichende Baukunde
1868/69	Vergleichende Baukunde	Vergleichende Baukunde
1869/70	Styllehre	Styllehre u. vergl. Baukunde
1870/71	Vergleichende Baukunde	Styllehre

Tabelle zur Bezeichnung der Vorlesungen von Gottfried Semper in den Programmen des Eidgenössischen Polytechnikums sowie davon abweichende Benennungen in den überlieferten und datierten Kollegheften (Quellen: *Programm 1855/56–1870/71*; ETH-HA Hs 8.2 (Fulpius); ETH-HA A 903 (Bourrit); ZBZ Ms. Z VI 396 (Bluntschli); ZBZ Rahn 154/1 (Rahn)).

nerungen «eines Ehemaligen»: «Semper, der gar kein Redner war und häufig das richtige Wort mühsam suchte, machte trotzdem auf den Laien den Eindruck eines Mannes, der herrschenden Auges alle Höhen und Tiefen der Kunst überblickte.»[146] Noch plastischere Worte fand Johann Rudolf Rahn für das «Original von Gottes Gnaden», wie er Semper nannte:

«Für die Bauschüler war manches zu hoch; er hätte gerade ein Auditorium wie Vischer verdient. Vielleicht war seine Vortragsweise die Schuld, dass dieser Zulauf unterblieb. Man musste sich in der That an den Alten gewöhnen, um ungestörten Genuss zu haben. Er fing verdrossen an, stockte und polterte, wie schwere Fracht über ein schlechtes Strassenpflaster gefahren wird; es kam auch vor, dass er den Schluss eines Satzes überhaupt schuldig blieb. 'Zum T.... ich bringe den verfluchten Satz nicht fertig, machen Sie ihn aus,' brummte er dann mit löwenmässigem Grimm in sich hinein, oder er griff zur Kreide und zeichnete, bis der Faden wieder gefunden war. Dem zuzuschauen, war ein Genuss. [...] Nie wieder habe ich ein Zeichnen mit so magischer Hand gesehen; man hätte jede seiner Skizzen fixieren und die Tafel behalten mögen, es waren Kunstwerke, die er darauf entwarf.»[147]

Wahrscheinlich hat Semper das oben skizzierte zweijährige Unterrichtsprogramm in Zürich von Beginn weg verfolgt. In den ersten Vorlesungsverzeichnissen waren seine Vorträge allerdings unter dem Titel «Baukunst d. Mittelalters u. d. Renaissance, im 2. Sem. neue Baukunst» aufgeführt, was einen einjährigen Kurs in abgestimmter Ergänzung zur Archäologievorlesung von Jacob Burckhardt suggeriert. Es ist jedoch eher unwahrscheinlich, dass diese Bezeichnung von Semper stammt, der sich überdies nicht unbedingt an das hielt, was in den Programmen angekündigt war.[148] Auch später wichen die Titel der Vorlesungsnachschriften teilweise von den publizierten Bezeichnungen ab, sodass sich diese als eine unsichere Quelle erweisen.

Immerhin zeigen die häufigen Veränderungen, dass sich Semper nicht mit einer blossen Wiederholung der Dresdener Vorträge begnügte, er ging durchaus auch auf Ansprüche der Schule ein. So vermerkte er im Jahresbericht für 1858/59, er habe die vergleichende Baulehre «wegen der Theilnahme der Ingenieure» in diesem Jahr «ausschliesslich an den Civilbau» geknüpft, was – sollte man die Aussage wörtlich nehmen dürfen – eine erhebliche Veränderung des Stoffes mit sich gebracht hätte.[149]

Folgenreicher dürfte aber die Dynamik gewesen sein, welche die Arbeit an *Der Stil* mit sich gebracht hatte. Allerdings wurde die «Styllehre», so wie sie Semper in den beiden publizierten Bänden aus der Analyse der technischen Künste heraus entwickelt hatte, erst nach deren Drucklegung zum Thema seiner Vorlesungen. Möglicherweise schien ihm die neue Ordnung seiner Gedanken zu wenig spezifisch auf die Bedürfnisse der Architekten zugeschnitten.[150] Ohne den letzten Teil, der die Architektur zum Thema haben sollte, war *Der Stil* in der Tat nicht mehr als ein Fragment, das für den Unterricht an einer Bauschule wenig tauglich war. Im Wintersemester 1869/70 tauchte die «Styllehre» letztlich doch noch im Vorlesungsverzeichnis des Polytechnikum auf und wurde offenbar auch im Sinne der Publikation gelesen. Bedeutet dies, dass sie zu diesem Zeitpunkt, zumindest aus Sempers Sicht, ihren fragmentarischen Charakter verloren hatte?

Eugène Burnand besuchte 1870/71 in seinem dritten Studienjahr, nachdem er im Jahr zuvor Vorträge zur «Styllehre» gehört hatte (Abb. 35, 36), eine Vorlesung mit dem Titel «Vergleichende Baukunde», die in ihrem Aufbau und Inhalt weiter von der früher gelesenen vergleichenden Baulehre entfernt war, als die kleine Veränderung in der Bezeichnung vermuten liesse. Die «Vergleichende Baukunde» kann als Versuch gesehen werden, die beiden alten Ordnungen der Architekturvorlesungen in eine neue aufzuheben.

Zum Thema dieser Vorlesung notierte Burnand etwas unbeholfen in sein Kollegheft:

«Die Baukunst ist eine Kunst, welche der Mensch [sic] als Stoff behandelt, sie ist die geschichtliche Kunst & ist bestimmt[,] die Richtung einer Zeit durch Monumente zu verherrlichen. Ihre Aufgabe ist die Auffassung des Menschen 1. als Individuum (naive Kunst), 2. als Staat & Kirche (collective Kunst) 3. als ideales Menschthum (freie Kunst). Hier erreichte die Kunst ihren Höhepunkt, einmal in Griechenland & dann noch im 16. Jh. bei den Renaissance-Künstlern.»[151]

Dies stimmt mit dem Programm des dritten Bandes von *Der Stil* überein, wie es im Prospectus publiziert worden war, und es entspricht den Überlegungen, die Semper am 4. März 1869 an einem öffentlichen Vortrag im Zürcher Rathaus «Über Baustile» entwickelt hatte.[152]

In der Vorlesung, die Burnand gehört hatte, sollten also nicht mehr einzelne Bauaufgaben verfolgt werden, sondern die höchste Aufgabe der Architektur überhaupt, die darin erkannt wurde, künstlerisch monumentaler Ausdruck der sozialen Zustände der Gesellschaft und der Verhältnisse der Zeiten zu sein.[153] Die «naive Kunst» fand Semper im Schmuck und im archetypischen Haus mit seinen vier Urelementen, wie er es bereits früher in der Baulehre vorgestellt hatte. Die «collective Kunst» als Repräsentation von Staat und Religion wurde überwiegend anhand der alten Hochkulturen untersucht, während der Ausdruck des idealen Menschtums in der abendländischen Kunst seit den alten Griechen gesucht wurde.[154]

So klar, wie Semper seine Absichten in der Einführung zu seiner Vorlesung und im öffentlichen Vortrag über Baustile formuliert hatte, sind sie allerdings in den Kollegheften nicht zu verfolgen. Diese geben vielmehr eine kulturell abgestützte Architekturgeschichte wieder, in der die strenge Chronologie zwar bisweilen verlassen wurde, der postulierte thematische rote Faden aber nur schwer auszumachen ist. Der architekturgeschichtlichen Präsentation der verschiedenen Kulturen waren zwar kulturtypologische Betrachtungen vorangestellt, doch blieben diese knapp und pauschal, sodass der Bezug zur jeweiligen Architektur nicht immer nachzuvollziehen ist. Sobald Semper Griechenland erreicht hatte, verzichtete er ganz auf eine solche Argumentationsweise, um sie durch eine Darstellung von historischen Entwicklungslinien zu ersetzen.[155] Damit lag die «Vergleichende Baukunde» deutlich näher den alten Vorlesungen über die «Geschichte der Baukunst» als denen zur «Vergleichenden Baulehre».

Die von Alfred Friedrich Bluntschli 1861/62, also acht Jahre zuvor, unter dem Titel «Vergleichende Geschichte der Baukunst» protokollierte Vorle-

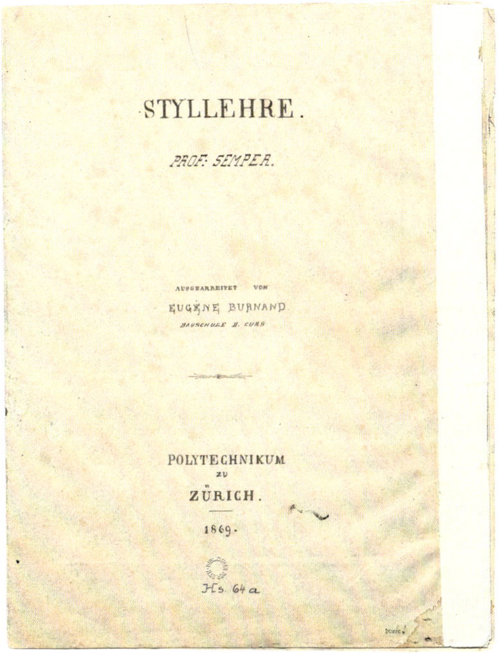

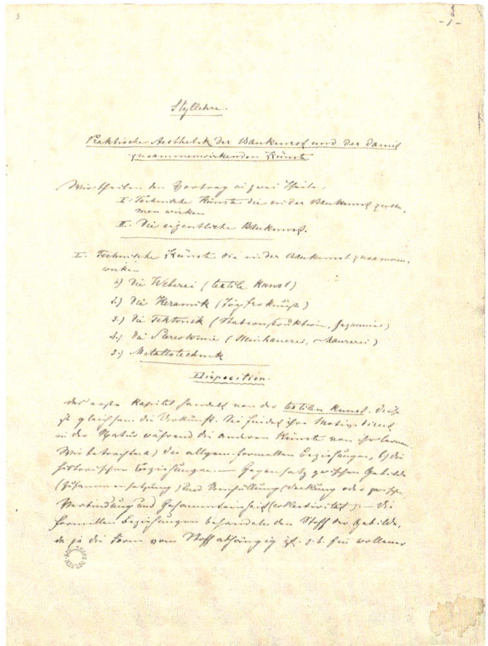

35, 36 Eugène Burnand, Styllehre, II. Curs, 1869 (Kollegheft). Sempers «Styllehre» erscheint erst 1869 in den Vorlesungsverzeichnissen, ergänzend zu einer Vorlesung «Vergleichende Baukunde».

sung scheint dies zu bestätigen und suggeriert eine schrittweise Entwicklung der Baukunde aus der Baugeschichte.[156] Der Stoff war hier schon wie in den späteren Aufzeichnungen zur «Baukunde» geordnet, die kulturtyplogischen Einleitungen gab es hingegen noch nicht. Nach einer allgemeinen Übersicht über die römische Architektur verliess Semper die chronologische Ordnung und wechselte zu einer typologischen, indem er den Kuppelbau und die Basilika in ihren Entwicklungen bis in die Renaissance und punktuell darüber hinaus verfolgte. Dieser Teil in Bluntschlis Aufzeichnungen ist allerdings extrem knapp, geradezu stichwortartig gehalten, sei es, weil seine Aufmerksamkeit und sein Interesse im zweiten Vorlesungssemester deutlich nachliessen, sei es, weil die entsprechenden Vorträge tatsächlich knapp und fragmentarisch blieben.

Gewiss ist immerhin, dass der Stoff der Gebäudelehre, der früher in der Vorlesung «Vergleichende Baulehre» vorgetragen wurde, in Sempers späteren Vorträgen weitgehend und wahrscheinlich zunehmend ausser Betracht fiel. Hier sprang Julius Stadler ein, der seit 1868 ein entsprechendes Kolleg durchführte und damit die entstandene Lücke im Studienplan schloss.[157] Dies bestätigt die Vermutung, Semper habe Schwierigkeiten gehabt, seine Baukunde bis in die Gegenwart fortzuschreiben und das im Prospectus gemachte Versprechen für den dritten Band von *Der Stil* einzulösen. Dort hatte er nämlich angekündigt, unter dem Stichwort «Renaissance» die wesentlichen Aufgaben der Gegenwart zu beschreiben und zu diskutieren, wie diese mit dem Wesen der Renaissance zusammenhingen und «mit wahrem stilgeschichtlichem Geiste» aufzufassen seinen.[158] Damit wäre die Brücke zwischen Geschichte und Gegenwart geschlagen worden, von deren Möglichkeit Semper überzeugt war, die zu bauen ihm aber offensichtlich mit der neuen Ordnung des Stoffes schwerer fiel als mit der alten der vergleichenden Baulehre.[159] Wie anders sollte man die drei riesigen Ausrufezeichen verstehen, die Eugène Burnand in seinem Kollegheft unter die Überschrift «Griechenland» gesetzt hatte, wenn nicht so, dass er die langen Ausführungen über die Architektur der alten Hochkulturen und Asien als lästigen Exkurs aufgefasst hatte und nun hoffte, mit der Darstellung der griechischen Kultur endlich etwas für ihn als jungen Architekten Relevantes zu erfahren?

Ob Semper das hier vermutete Problem ebenfalls als solches auffasste, muss offen bleiben. Im Februar 1870 hatte er gegenüber seinem Verleger immerhin behauptet, das noch fehlende Manuskript zum besagten dritten Band «bedürfe nur noch einer letzten Umarbeitung, um druckfertig zu sein».[160] Die von Burnand leider nicht sehr verlässlich und nur unvollständig protokollierte Vorlesung, die im folgenden Herbst begann, dürfte den entsprechenden Stand der Arbeiten repräsentieren.[161] Ein publikationsreifes Manuskript ist darin nicht zu erahnen. Semper stand zu dieser Zeit jedoch bereits unter dem Arbeitsdruck der grossen Projekte für das Dresdener Hoftheater und das Kaiserforum in Wien, der ihn ein Jahr später dazu bewog, seine Lehrtätigkeit aufzugeben. Die Arbeit am Theoriegebäude kam damit zum Erliegen.

Sempers Unzufriedenheit am Polytechnikum und seine vergeblichen Bemühungen um eine Verlängerung des Studiums

Es überrascht nicht, dass Semper mit seiner Stellung als Lehrer an der Bauschule nicht zufrieden war: Zu sehr wich die Realität am Zürcher Polytechnikum von seinen Idealen ab. Als er um den Jahreswechsel 1856/57 endlich den bereits angemahnten Jahresbericht der Bauschule an Direktor Deschwanden verfasste, nahm er diesen zum Anlass, um noch deutlicher als ein Jahr zuvor in seinen «Unmassgeblichen Vorschlägen» seinen Unmut über die Schule zum Ausdruck zu bringen.[162] Was scheinbar freundlich begann – «das Resultat des ersten Unterrichtsjahres» sei «ein Günstiges», Fleiss und Fortschritte der Schüler nur zu loben –, kippte bald in Kritik über: «[U]m so erfreulicher» seien die Leistungen, wenn man bedenke, «wie wenig

Zeit den Bauschülern und Zuhörern dieser Abteilung nach der jetzigen Einrichtung derselben für das eigentliche Studium der Baukunst und das praktische Zeichnen übrig» bleibe. Was vom Reglement des Polytechnikums verlangt werde, nämlich «'binnen zwei Jahren Baumeister für kleinere Hochbauten zu bilden' oder gar binnen 3 Jahren 'für die Ausführung (und wohl auch den Entwurf) von grösseren Bauten, namentlich solchen mit monumentalem Charakter zu befähigen[']», sei unter den gegebenen Umständen schlicht nicht zu erreichen. Es brauche mindestens vier Jahre, um Anfänger der Baukunst bestenfalls so weit zu bringen, dass sie für die unumgänglichen Studienreisen bereit seien. «Ich bedaure aufrichtig, dass mich der Vorwurf trifft, nicht gleich bei dem Antritte meines Amtes meine Bedenken über die Ausführbarkeit der hier berührten Artikel 2 und 3 des Reglements ausgesprochen und erklärt zu haben, dass ich die Verbindlichkeit ihrer Durchführung nicht übernehmen könne.» Dementsprechend schlug Semper vor, «wenigstens für die Schüler des 2ten und 3ten Jahreskurses die Anzahl der Vorträge auf die möglichst geringe Zahl zu reduzieren», «die Anwendbarkeit der Art. 2 und 3 des Reglements» aufzuheben, oder, falls dies nicht angehe, «dass wenigstens der vollständige Unterricht auf 4 Jahre ausgedehnt werde.»[163]

Am 5. März 1857 beschloss der Schulrat jedoch, nicht auf Sempers Forderungen einzutreten. Damit vermied er es, seine ablehnende Haltung zu begründen. Andernfalls hätte er wohl zugeben müssen, dass bereits bei der Abfassung des Reglements bekannt war, dass die darin gesteckten Ziele nicht erreichbar waren und Sempers Einschätzungen nur allzu sehr mit den Erwartungen beziehungsweise Befürchtungen übereinstimmten, die man schon bei der Gründung der Schule gehabt hatte.[164] Semper forderte eine Sonderstellung der Bauschule, von der man zwar schon immer gewusst hatte, dass sie eigentlich für eine baukünstlerische Ausbildung notwendig und angemessen gewesen wäre, die man ihr aber innerhalb des Polytechnikums nicht einräumen wollte.

Dies mag der Grund dafür gewesen sein, dass Sempers wiederholte Anträge auf Verlängerung der Studienzeit kategorisch abgelehnt wurden.[165] Im Gegensatz zu anderen Studiengängen, deren Ausbau durch die Ausweitung der entsprechenden Lehrgebiete leicht gerechtfertigt werden konnte, hätte eine Erweiterung der Studienzeit an der Bauschule dazu geführt, dass der künstlerische Bereich gestärkt und dadurch die latente Andersartigkeit der Abteilung forciert worden wäre. Erst 1881, lange nach Sempers Wegzug aus Zürich, wurde das Studium auf sieben Semester und erst 1960 auf acht Semester ausgedehnt.[166]

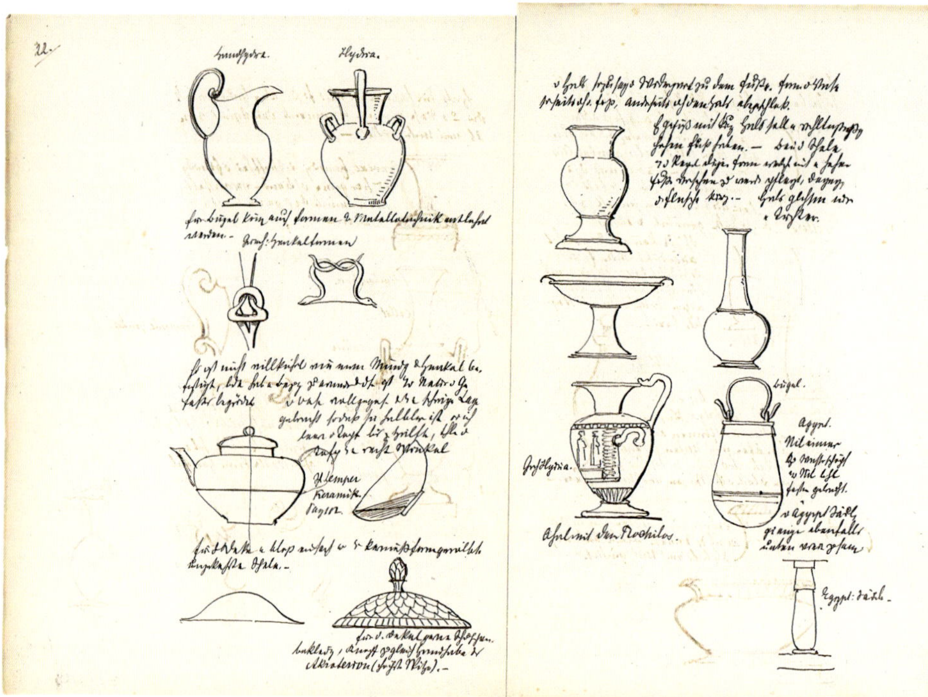

95

93

aus dem Nil zu schöpfen, es wurde zum Cultus gebraucht
u. hatte hohe religiöse Bedeutung.

Das griech. Gefäss war zum Schöpfen aus Quellen, und
diente zum Quellencultus, es heisst hydria
Der Schwerp. von 1. ist tief, bei 2. oben aus statischen
Gründen.

I. das zwecklich-formelle.

Jede Form in der Keramik ist bedingt durch die zweckliche Bestimmung des Gegenstandes. – Selbst die idealen
Gefässe sind gewissen zwecklichen Bedingungen unterwor-
fen und müssen einem Gefässe nachgeahmt sein welches
irgend eine Bestimmung hat. –
Die erste Absicht bei der Bildung der Gefässe ist die der
Fassung (Gefässe) – 2. Geräthe zum Schöpfen – 3. Einfüll-
gefässe (Trichter) – 4. Ausgiessgefässe –
Bei der Bildung der Formen fand der Mensch Anleitung
in der Natur z. B. das Ei, als Fass – hohle Hand als Schöpf-
gefäss, Horn – Horn als Füllgefäss – Muschel als Aus-
giessgefäss. —— Fast alle Gefässe müssen aber
alle 4 Funktionen verrichten, u. wir finden keine reinen
Formen, doch ist immer das eine Motiv vorherrschend
—— Dazu kommen Stand, Henkel, Deckel ([illegible]). ——
Wir betrachten nun diese 4 Klassen nacheinander

Situla.

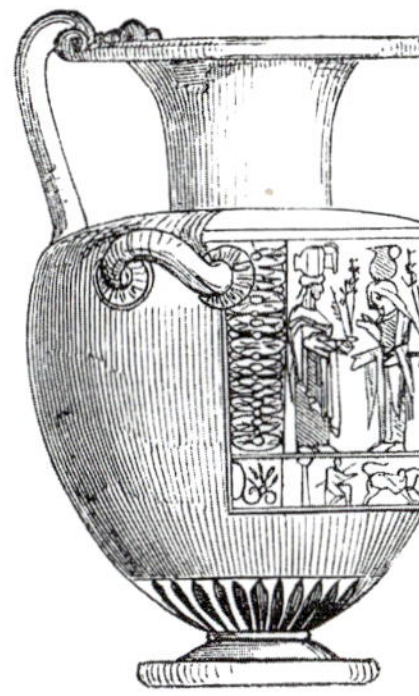

Hydria.

37–41 Situla und Hydria: in den Kollegheften zu Sempers Vorlesung von Johann Rudof Rahn (Geschichte der Baukunst, 1862/63) und Eugène Burnand (Styllehre, 1869), als Illustration in *Der Stil* (Bd. 2, 1863, S. 4) sowie als zwei grossformatige Tafeln aus dem Semper-Archiv. Semper war ein hervorragender Zeichner, auch an der Wandtafel. Bei der geringen Anzahl Bauschüler waren grossformatige Vorlegezeichnungen auf Papier nicht notwendig. Die hier gezeigten Blätter Abb. 40 und 41 entstanden wohl schon in London, wo Semper das Beispiel der antiken Schöpfgefässe bereits 1853 in einem öffentlichen Vortrag diskutiert hatte. Die plakatartigen, recht grob gemalten Tafeln sind auf ein grosses Publikum hin angelegt.

Dass die Bauschule innerhalb des Polytechnikums einen besonderen Status haben müsste, war für Semper selbstverständlich. Es sei «unmöglich, den wissenschaftlich[en] Unterricht mit dem mehr künstlerischen Unterricht des darstellens und bildens in [die] gleiche Kategorie zu stellen», schrieb er im oben zitierten Bericht.[167] Er wünschte sich eine dem Einzelnen angepasste Förderung der individuellen Entwicklung, nicht ein schulischer Unterricht, der auf der Vermittlung eines fixen Bestandes von Wissen und Können basiert. Die Schüler seien so unterschiedlich, so argumentierte er, dass ihnen das starre Regime der Schule nicht gerecht werde, das daher aufgeweicht werden müsse.

Diese Haltung musste Semper geradezu in Konflikt mit dem Direktor der Schule Joseph von Deschwanden bringen, der dieses Regime seinerzeit mitgestaltet hatte und nun beauftragt war, über seine Einhaltung zu wachen. Der Tonfall, in dem Deschwanden seine Empfehlung an den Schulrat vorbrachte, Sempers Forderungen abzulehnen, war dann auch nicht ohne gehässige Spitze: «Meiner Ansicht nach würden solch grössere Leistungen der Bauschüler zunächst weder durch Verminderung der obligatorischen Fächer noch durch Abänderung des Reglements herbeizuführen sein, sondern zuallernächst durch eine etwas eingreifendere Ueberwachung ihrer Studien durch den Vorstand der Bauschule selbst.» Während Semper für Flexibilität und Studienfreiheit eintrat, setzte Deschwanden auf strenge Disziplin und Kontrolle.[168]

Die Kontroverse hatte allerdings verschiedene Ebenen. Deschwanden unterrichtete an der Bauschule darstellende Geometrie, also eines jener wissenschaftlichen Grundlagenfächer, deren Stellenwert Semper beschneiden wollte. Er vertrat somit auch sein eigenes Fach, wenn er in seinem Bericht an den Schulrat mit einer minutiösen tabellarischen Gegenüberstellung der Stunden, die für die «typisch architektonischen» und für die anderen Unterrichtsgegenstände reserviert waren, zu beweisen suchte, dass Sempers Forderungen «auf Missverständnissen» beruhten. Dazu kam offenbar die Befürchtung, Semper würde seinen Aufgaben nicht wunschgemäss nachkommen. So sah sich Deschwanden bemüssigt, daran zu erinnern, ein Vorsteher sei gemäss dem Reglement «nicht nur berechtigt, sondern auch verpflichtet, die Studien der Schüler dieser Abtheilung zu überwachen, dieselben zur genauen Erfüllung ihrer Pflichten als Schüler anzuhalten u. ihnen, wo sie es bedürfen, mit Rath beizustehen.»

Deschwandens Sorge war wohl nicht ganz unbegründet. In den Archiven finden sich wiederholt Ermahnungen, Semper möge doch seine institutionellen Aufgaben besser erfüllen.[169] Man darf vermuten, dass der Vorsteher der Bauschule bei seinen Schülern nicht allzu sehr auf den regelmässigen Besuch der obligatorischen Vorlesungen drängte, die er selbst für überflüssig hielt. Ausserdem äusserte er sich verschiedentlich abschätzig über seine Schüler und erweckte unter seinen Freunden den Eindruck, seine Aufgabe als Lehrer sei ihm lästig. So schrieb Gottfried Keller in einem Brief:

«Semper ist mit seinem Lehramt auch unzufrieden; was ich sehr wohl begreife, da er ganz junge Bürschchen hat, für die jeder gewöhnliche Einpauker gut genug wäre; auch hat er eine sehr tief- und breitgehende Lehrweise, welche die Burschen nicht verstehen und ihn viel Mühe kostet. Er sagte mir, er habe fast Lust, die Stelle aufzugeben und für sich zu leben, teilweise als Schriftsteller.»[170]

Das sind keine guten Voraussetzungen für einen engagierten Unterricht, und vielleicht liegt die Lösung des Rätsels, warum sich die Bauschule so schwach entwickelt hatte, zumindest zum Teil in dieser Unlust ihres unbestrittenen Meisters.

Semper war sich seiner Bedeutung sehr wohl bewusst und beanspruchte nicht nur für seine Abteilung, sondern auch für sich selbst einen Sonderstatus. Dies illustriert eine Episode, die sich 1857 im Zusammenhang mit der Erneuerung seiner Vorsteherschaft ereignet hatte. Das Reglement schrieb vor, dass die Amtsdauer der Abteilungsvorsteher zwei Jahre betrage.[171] Am 14. August beschloss daher der Schulrat, sein Präsident habe mit den bisherigen Vorstehern der Abteilungen eins, fünf und sechs «bezüglich eines allfälligen Wechsels der Personen [...] Rücksprache zu nehmen.»[172] Das weckte Sempers Unmut. Dass man die Erneuerung seines Amtes nicht einfach für selbstverständlich nahm, sondern sogar daran dachte, auch der neu gewählte zweite Professor der Bauschule Gladbach könnte vielleicht das Amt ausfüllen, veranlasste ihn zu einer harschen Reaktion. Er könne eine «untergeordnete Lehrerstelle an der Züricher Bauschule nicht bekleiden», schrieb er. Und weiter:

«Auch wurde bei den Verhandlungen über meine Berufung mir fest zugesichert[,] dass mir mit der ersten Professur die Direction der Bauschule unzertrennlich übertragen werden solle. Abgesehen davon, dass nur persönliches, nicht durch Autorität gestütztes Wirken, worauf man mich beschränken will, ebenso wenig gedeihlich für die Bauschule als erfreulich für mich sein würde, müsste ich die Richtung meines Unterrichts und meiner Kunst der Controle eines Mannes unterwerfen, dessen Grundsätze in beiden Beziehungen nicht die meinigen sind, der weder im Bauen noch in der Lehre Erfahrung hat, dessen Autorität ich nicht anerkenne. [...] Ich muss daher darauf bestehen, dass man mir nicht nur meine frühere Stellung ungeschmä-

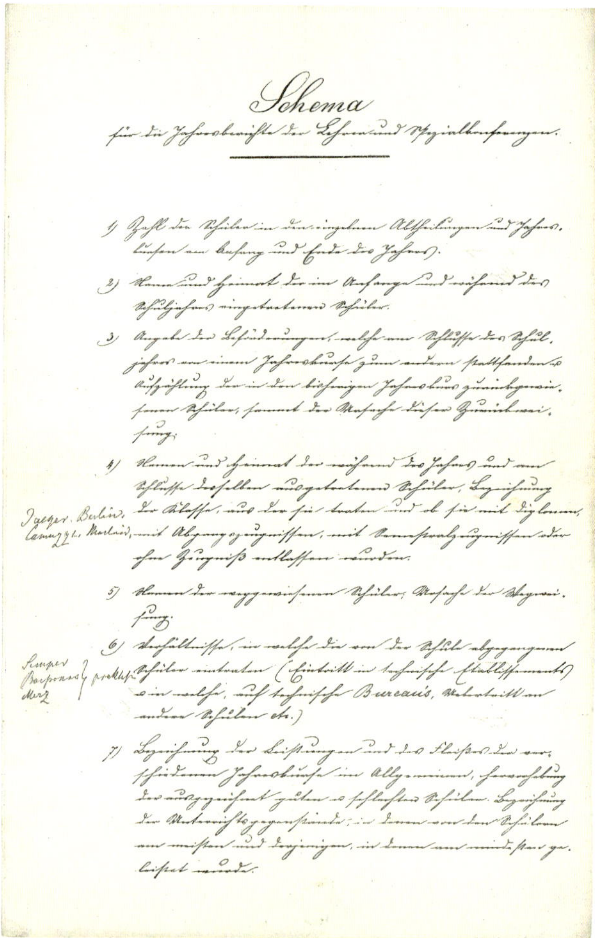

Schema
für die Jahresberichte der Lehrer und Spezialkonferenzen.

42, 43 Schema für die Jahresberichte der Lehrer und Spezialkonferenzen aus dem Semper-Archiv (o. D. [1857 ?]). Die zweiseitige, detaillierte Anleitung umfasst nicht weniger als 13 Punkte mit etlichen Unterpunkten. Mit all den bürokratischen Zwängen verstehe es der «Wicht» (nämlich Direktor Joseph von Deschwanden), den «Meister [...] in seiner Persönlichkeit auszulöschen und [...] bis zur Verzweiflung zu ennuyiren», klagte Semper.

lert belasse, sondern den Kreis meiner Kompetenz als Vorstand der Bauschule möglichst erweitere.»[173]

In der Folge wurde Semper am 27. November vom Schulrat für zwei weitere Jahre als Vorsteher bestätigt, wobei man gleichzeitig beschloss, es «sei in einem besonderen Schreiben [...] darauf hinzudeuten, dass die Bestellung des Vorstandes reglementsgemäss Sache des Schulrathes sei & dass dieser auf das Recht einer Neubestellung von 2 zu 2 Jahren umso weniger verzichten könne, als das von Semper erwähnte schriftliche Versprechen des früheren Präsidenten sich nicht auf mehr als die reglementarische Amtsdauer eines Vorstandes erstrecken konnte.»[174] Überdies sah Schulratspräsident Johann Karl Kappeler offenbar die Notwendigkeit, Semper explizit auf seine «Rechte & Pflichten» hinzuweisen.[175] Gleichzeitig versuchte er aber, die Wogen zu glätten, indem er versicherte, es bestünde weder beim Schulrat noch bei den «Collegen» ein «böser Wille» oder eine «Abneigung» gegen ihn,

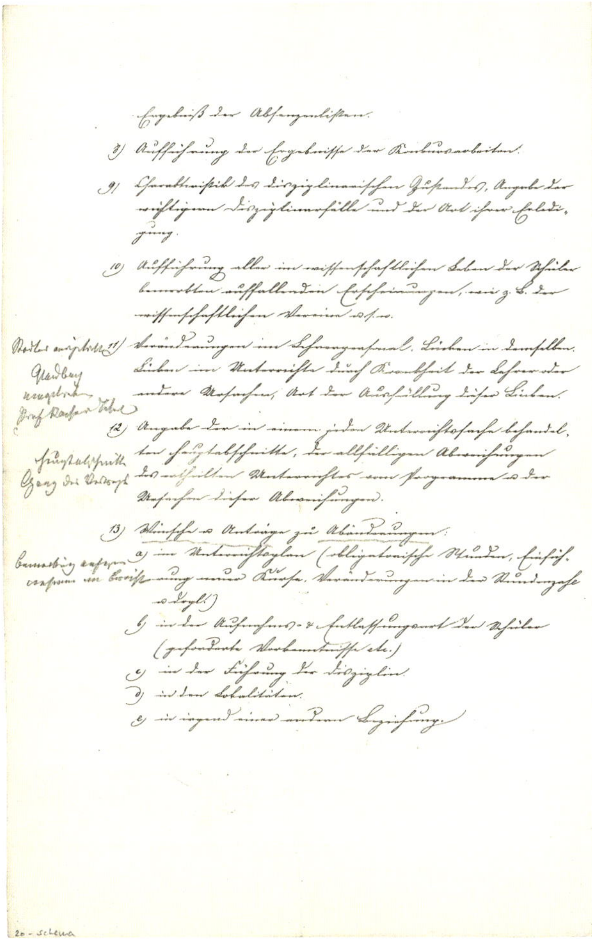

und sein Wert würde «vollkommen anerkannt». Nie habe man beabsichtigt, ihn «in der Eigenschaft als Lehrer an dieser Abtheilung tiefer zu stellen». «Allein man vermisste in Ihrer Geschäftsleitung als Vorstand vieles, was im Reglement vorgeschrieben ist & das eben trotz seiner ermüdenden reglementarischen Natur doch gemacht & gehandhabt werden muss, soll ein ordnungsgemässer & fester Gang in den ganzen Schulorganismus hineinkommen.» Gewiss könnte der Hilfslehrer Julius Stadler als Sekretär «einen guten Theil der formellen Arbeit» übernehmen.[176]

Diese Formulierungen legen nahe, dass es der Schulleitung bei der Diskussion um die Vorsteherschaft nicht um eine Herabsetzung, sondern allenfalls um eine Entlastung Sempers gegangen sei. Das ist nicht zuletzt deshalb glaubwürdig, weil ein Vorsteher keine nennenswerten Kompetenzen hatte, dafür aber umso mehr Verpflichtungen, für die sich Semper offensichtlich nicht sonderlich interessierte.[177] Kappeler unterschätzte dabei jedoch die Empfindlichkeit des Meisters, der sich durch die Wahl von Ernst Gladbach als zweiten Professor offenbar in Frage gestellt fühlte. Sie steigerte sich zum Gefühl, Opfer einer Verschwörung zu sein. «Eine gewisse Katholische Parthei» intrigiere gegen ihn, teilte er seinem Bruder Manfred mit, und seinem Sohn schrieb er, die Wahrheit grob entstellend, man habe ihm «die Vorsteherschaft der Bauschule genommen und sie Gladbachen übergeben».[178] Dessen Antwort folgte denn auch auf dem Fuss, er sei darüber empört und sehe sich nun in seiner Meinung über Gladbach bestätigt, den er «für einen gemeinen Intriguant u. Spion v. Anfang an hielt.»[179]

Sempers Stimmung im Dezember 1857 kommt vielleicht am deutlichsten im Entwurf eines Briefes an Carolyne zu Sayn-Wittgenstein[180] zum Ausdruck:

«Meine Verhältnisse gestalten sich hier sehr unangenehm. Ich komme immer mehr zur Überzeugung – kein Republikaner zu seyn. Oder vielmehr: das Grundprinzip meiner Republik ist ein anderes als das der Schweiz oder irgend welcher anderen bestehenden. Mein Gemeinwesen ist eine Gemeinde des Vertrauens die demjenigen der seiner Sache gewachsen ist Vollmacht des Wirkens ertheilt[,] ihn dann in dem[,] was er am besten verstehen muss[,] frei schalten lässt und ihm die ganze Verantwortung seines Amtes übergibt; – hier ist die Republik der Vielregiererei[,] die dem Wichte eine erwünsche Gewissheit verschafft, dass er seiner Nullität zum Trotze doch ebenso viel gelte und eben so viel wirke wie ein andrer. Ihm wird, weil er Wicht ist, im Ganzen mehr Zutraun geschenkt als dem Meister; er versteht es, diesen zu verneinen[,] ihn durch Mit-Bestimmen-wollen, Gefragt-seyn-wollen, Collegialisches Wirken, Conferenzen[,] Ausserordentliche-Spezial-Conferenzen, Gesammt-Conferenzen, Allgemeine Jahresberichte, Auszufüllende Schemen über die Wirksamkeit des Lehrers und den Fortgang des Unterrichts in seiner Persönlichkeit auszulöschen und ausserdem bis zur Verzweiflung zu ennuyiren. Ich bin schon mürbe gemacht und denke daher, um nicht zum Unterlehrer einer Fachschule herabzusinken[,] ernstlich an die Annahme eines Rufes[,] der zwar auch keineswegs das Glück der Hesperiden in Aussicht stellt[,] der mich aber wenigstens wieder in grossartigere Umgebungen einführt. [...] Ich sage Ihnen Durchlaucht mir ist zuweilen sehr einsiedlerisch zu Muthe und möchte ich irgendwo auf einer Klippe des Mittelmeeres Trappist seyn und den feuerumsäumten Aether hineinblicken. Die Berge sind mir schon gewaltig zuwider und verstecken mir nur die Aussicht. Und das Wetter!»[181]

Bekanntlich blieb Semper trotzdem in Zürich – länger, als er je eine andere Stellung inne gehabt hat. Er scheint sich allmählich mit den Gegebenheiten, wenn auch nicht angefreundet, so doch abgefunden zu haben. Sein

Klagen über das Polytechnikum verstummten zwar keineswegs, wurden allerdings seltener – was man als Ausdruck von Resignation interpretieren kann, aber nicht muss.

Die zweite Professur: Von den Schwierigkeiten, die technische Richtung der Ausbildung zu etablieren

Nachdem die erste Professur der Bauschule mit Gottfried Semper so rasch und glanzvoll besetzt werden konnte, schien die Wahl des zweiten Professors nur noch ein geringes Problem zu sein. Zu Beginn des Jahres 1855 schrieb Schulratspräsident Johann Konrad Kern an Semper, «die Besetzung der zweiten Lehrstelle an der Bauschule» werde man, «da es noch keine Eile» habe, «wahrscheinlich noch verschieben.» Man wolle beim Aufbau der Schule von seinen Erfahrungen profitieren.[182] Einen Monat später ergänzte Kern, in Einklang mit dem von ihm geäusserten Wünschen habe der Schulrat beschlossen, «einen Inländer zu berufen.» Die Wahl sei zwar noch nicht getroffen, es sei «aber nicht schwer, eine tüchtige u. praktisch bewährte Kraft zu finden.»[183]

Diese wenigen Worten bringen das gewünschte Profil der Lehrkraft zum Ausdruck. Gesucht wurde demnach ein Praktiker mit ausreichend Erfahrung, um ergänzend zu dem für die «ästhetische Richtung» zuständigen Semper die «technische Richtung» der Ausbildung abzudecken. Die Person sollte überdies gut mit den spezifischen Eigenheiten des Bauens in der Schweiz vertraut sein, um eine den regionalen Besonderheiten angemessene Zivilbaukunde unterrichten zu können.[184] Diese Anforderungen hatten den Anschein, nicht allzu hoch zu sein und von zahlreichen Architekten erfüllt zu werden. In der Folge zeigte es sich hingegen, dass es keinesfalls nur schwierig, sondern geradezu unmöglich war, die Stelle wunschgemäss zu besetzen. Ad interim sprang Ferdinand Stadler ein, der sich aber trotz intensiver Bemühungen vonseiten des Schulrats nicht dauerhaft an die Schule binden liess. Mit Ernst Gladbach wurde letztlich entgegen den ursprünglichen Absichten doch ein Auswärtiger verpflichtet.

Die Gründe für die Schwierigkeiten waren komplex. Die bewährten Praktiker waren vielbeschäftigt und in Unternehmungen engagiert, die sie nicht ohne weiteres aufgeben konnten oder wollten. Dies war jedoch nahezu unabdingbar, um das umfangreiche Lehrpensum am Polytechnikum übernehmen zu können. So beklagte sich Ferdinand Stadler, die Arbeit an der Schule sei zu aufwändig und zu schlecht bezahlt angesichts der Tatsache, dass neben ihr kaum mehr Zeit für andere Tätigkeiten bleibe. Darüber hinaus formulierte er deutlich sein Unbehagen, ausschliesslich im ersten Jahreskurs und an der Ingenieurschule tätig zu sein und dort die Grundlagen vermitteln zu müssen, während er vom attraktiveren Entwurfsunterricht in den oberen Klassen der Bauschule ausgeschlossen blieb.[185]

Die Stellung als zweiter und eindeutig untergeordneter Lehrer neben der unbestrittenen Kapazität Semper war offensichtlich problematisch, zumal Semper nicht gerade für seine Umgänglichkeit bekannt war und er Haltungen, die von der seinen abwichen – was beim gegebenen Profil der zweiten Professur fast unvermeidlich war –, mit scharfen Worten zu desavouieren pflegte.

Als weitere Erschwerung kam hinzu, dass die Praxis, zumal die konstruktiv orientierte Baupraxis, und die Lehre unterschiedliche Begabungen voraussetzen, die sich nur selten in einer Person vereinigt finden. Für viele praktisch versierte Architekten dürfte so oder ähnlich gegolten haben, was Ferdinand Stadlers Biograph, der Rektor der Industrieschule in Zürich Rudolf Heinrich Hofmeister, über ihn formuliert hatte:

«Er fühlte deutlich, dass ihm der innere Beruf zum Lehrfache fehlte. Er fand selbst, die Gabe der leichten und klaren Mittheilung, sei es in Schrift oder Wort, gehe ihm ab; er besitze weniger Zungengewandtheit als praktischen Blick und natürlichen Sinn für das Schöne, ohne gerade im Stande zu sein, sich darüber Rechenschaft geben zu können, warum er seine Ideen gerade so und nicht anders ausführte.»[186]

Ferdinand Stadler, Lehrer wider Willen

Caspar Ferdinand Stadler (Abb. 44) entsprach durch seinen Werdegang in geradezu idealer Weise den Anforderungen, die man an den zweiten Professor der Bauschule stellte.[187] Als Sohn des Zimmermeisters und Staatsbauinspektors Hans Caspar Stadler war er in eine bedeutende Zürcher Baumeisterfamilie hineingeboren worden.[188] Im väterlichen Baugeschäft, der Basis seiner künftigen Tätigkeit als Architekt, erlernte er zunächst den Beruf des Zimmermanns. Anschliessend studierte er von 1832 bis 1834 am Polytechnikum in Karlsruhe, wo seine Lehrer Heinrich Hübsch und Friedrich Eisenlohr nicht nur eine Abkehr vom strengen Klassizismus ihres Vorgängers Friedrich Weinbrenner, sondern überhaupt vom klassisch-vitruvianischen Kanon proklamierten. Studienreisen führten ihn zusammen mit seinen Schweizer Kollegen Gustav Albert Wegmann, Johann Jakob Pfenninger und Johann Christoph Kunkler zu den wichtigsten Bauten der Romanik und Gotik in Deutschland, deren Verständnis besonders von Eisenlohr gefördert

44 Ferdinand Stadler (1813–1870)

worden war und die «ihnen jetzt [als] alte Bekannte aus den Werken Moller's» erschienen.[189]

Georg Moller in Darmstadt war es denn auch, bei dem Friedrich Stadler seine Ausbildung vervollständigte. Rudolf Heinrich Hofmeister schrieb dazu:

«Während er [Stadler] sich in Karlsruhe unter Hübsch hauptsächlich mit den verschiedenen Baustylen vertraut gemacht hatte und in den Stand gesetzt wurde, daraus dasjenige herauszuarbeiten, was für unsere Bedürfnisse und für unsere Zeit das Angemessenste wäre, so erlangte er bei Moller die gewünschte Sicherheit im Construktionsfache, so dass er darin stets der Rathgeber seiner Commilitonen war.»[190]

Moller, der als Publizist wesentlich zur neuen Wertschätzung der romanischen und gotischen Architektur beigetragen hatte, mit den eigenen Bauten jedoch eine klassizistische Architektur vertrat, galt als einer der besten Konstrukteure seiner Zeit. In seinen von 1833 an erschienenen *Beiträge[n] zu der Lehre von den Constructionen*, die er als Ergänzung zum Standardwerk *Traité théorique et pratique de l'art de bâtir* von Jean-Baptiste Rondelet verstand, versuchte er, von der «bewundernswürdigen Leichtigkeit» der Konstruktionen des Mittelalters zu lernen, die er als ein System von kurzen Stäben und unverschiebbaren Knoten auffasste.[191] Dieses Prinzip legte er seinen eigenen Konstruktionen zugrunde, die in Stein, in Holz, aber auch im neuen Material Eisen eine erstaunliche Virtuosität beweisen.

1835, bevor Ferdinand Stadler in das Geschäft seines Vaters eintrat, führte ihn eine Studienreise über München, Linz, Wien und Dresden zunächst nach Berlin und Potsdam, wo er Karl Friedrich Schinkel besuchte und intensiv dessen Bauten studierte.[192] Über Hamburg, Brüssel, Antwerpen und Paris ging es danach zurück nach Zürich, wo er sich anfänglich als Brückenkonstrukteur und dann zunehmend als Architekt profilierte. So gewann Stadler 1840 beim Wettbewerb für die Börse in Frankfurt hinter Friedrich Stüler einen 2. Preis und 1850 für das Bundeshaus in Bern den 1. Preis, baute unter anderem eine Synagoge, diverse Kirchen, den Bahnhof von Baden und eine Mädchenschule in Winterthur. Stilistisch sind diese Projekte unterschiedlich, wobei die Neugotik bei den Kirchen dominiert. Wie es für einen Absolventen des Karlsruher Polytechnikums charakteristisch ist, spielten für die Wahl einer bestimmten Formensprache konstruktive und ökonomische Fragen eine wichtige Rolle. Den luftigen Rundbogenstil der Synagoge in Lengnau begründete er zum Beispiel damit, dass «die Mittel zu massiver, colossaler Architektur» gefehlt hätten.[193]

Weitere Studienreisen führten Stadler nach Italien und Sizilien, wobei er dazu bemerkte: «Eine Reise nach Italien ist streng genommen für einen gewöhnlichen Berufskreis von keinem praktischen Nutzen; denn was wollen wir mit den reichen Kirchen und den Palästen von 20–30 Fuss Stockwerkhöhe? Mann kann solche Bauten höchstens bewundern und damit Punktum.»[194] 1854 wurde Stadler zum Architekten der Nordostbahn ernannt, was ihn jedoch nicht daran hinderte, weiter an grossen Wettbewerben wie demjenigen für das Rathaus in Hamburg oder für die neugotische Kathedrale in Lille teilzunehmen. Reisen und die Teilnahme an Konkurrenzen seien als Triebfedern «für solche, welche in einer kleinen Stadt leben, vonnöten, wo der Künstler von keinem Eifer getrieben, nicht beschirmt und ermutigt und nicht immer neu aufgeregt wird.»[195]

Zur Zeit der Gründung des Polytechnikums war Ferdinand Stadler also ein erfahrener, polytechnisch ausgebildeter Konstrukteur und Architekt, der mit den lokalen Verhältnissen bestens vertraut war, sich aber weit über Zürich hinaus einen guten Namen geschaffen hatte. Er war ambitioniert und zeigte einen Hang zu pragmatischen Lösungen. Überdies vertrat er eine architektonische Haltung, die diejenige von Semper auf vorzügliche Weise ergänzt hätte. Der Schulrat hatte also gute Gründe, sich so inständig um ihn zu bemühen. Im August 1856 bekräftigte Stadler dennoch einmal mehr und endgültig, er wolle seine Lehrtätigkeit aufgeben und im Programm der Schule nicht mehr als Lehrer genannt werden.[196] Er blieb allerdings auch nach seinem Ausscheiden der Schule verbunden, indem er weiterhin als Berater auftrat und die Schüler unter seinem Nachfolger Ernst Gladbach seine Baustellen besuchen durften. Darüber hinaus verdanken ihm die Sammlungen zahlreiche Schenkungen.

Der Konstruktionsunterricht unter Ferdinand Stadler

«Mit Neujahr 1856 begann er seine Vorlesungen, auf welche er sich stets mit der äussersten Gewissenhaftigkeit vorbereitete», formulierte Hofmeister.[197] Der Jahresbericht, den Ferdinand Stadler zuhanden des Vorstehers der Ingenieurschule Carl Culmann im November 1856 verfasst hatte, gibt darüber Auskunft:

«Der theoretische Unterricht der Constructionslehre [...] wurde in 3 Stunden wöchentlich den beiden Abtheilungen der Ingenieur- u. Bauschule gemeinschaftlich erteilt. Ich machte zuerst mit den Holzconstructionen den Anfang, behandelte aber dieselben nur insoweit, um die in den Zeichnungsstunden vor Beginn der Vorlesungen von den Schülern ausgeführten einfachen Holzverbindungen zum Verständnis zu bringen.

Zu den Constructionen in Stein übergehend wurden folgende Gegenstände bis zu Ende des Schuljahres in folgender Reihenfolge vorgetragen und gehandelt:

1.) Construction des Mauerwerks a.) Construction der Mauern aus künstlichen Steinen b.) von Mauern aus natürlichen, oder aus Bruch- und Hausteinen.

2.) Construction u. Ausführung der Gewölbe a.) von den Gewölbesteinen b.) Zeichnung der Bogenlinien c.) Construction der Mauerbogen d.) Construction der eigentlichen Gewölbe

3.) Construction der Fenster- u. Türöffnungen

4.) Construction der Steingesimse

5.) Construction der Steintreppen

6.) Eindeckung der Dächer

7.) Construction der Fussboden»[198]

Damit war das Schuljahr bereits zu Ende. Entgegen der ursprünglichen Absicht konnten die «Lehre von den Putzarbeiten und die Lehre von der Stärke der Mauern und Gewölbe» nicht mehr unterrichtet werden: «Hätten die Vorträge mit Anfang des Schuljahres beginnen können, so würde ich mit den Steinconstructionen u. einem Theil der Holzconstructionen fertig geworden sein.» Auch die Behandlung anderer Bauweisen musste auf spätere Zeiten verschoben werden. Mit Blick auf mögliche Anpassungen im Stundenplan fügte Stadler daher die Empfehlung an, den Konstruktionsunterricht auszubauen:

«Um die Constructionslehre in einem Jahr in ihrem ganzen Umfang zu behandeln, sind mindestens 5–6 Stunden wöchentlich erforderlich, vorausgesetzt dass den Vorträgen ein Handbuch zu Grunde läge, damit den Zuhörern nicht zugemutet werden muss, ein Heft nachzuschreiben, wodurch die Aufmerksamkeit derselben absorbiert wird u. viel Zeit verloren geht.»[199]

Die Vorlesungen wurden ergänzt durch Übungen, die für die Bau- und für die Ingenieurschule getrennt durchgeführt wurden. Man darf jedoch vermuten, dass zumindest ähnlich unterrichtet wurde, sodass das Folgende auch bezogen auf die Bauschule relevant sein dürfte.

«Der gemeinschaftliche Unterricht wurde wöchentlich in 2 Nachmittagsstunden erteilt. In den Zeichnungsstunden, welche ein Grossteil des Unterrichtes bilden, liess ich die constructiven Aufgaben ohne Benutzung von Vorlageblättern bearbeiten, & zwar solche, welche mit Hülfe des vorhergegangenen Vortrags gelöst werden konnten. Zur Darstellung einzelner Constructionen liess ich die vorhandenen Modelle abmessen u. in grösserem oder kleinerem Massstab vorzeichnen, was zum richtigen Verständnis der Sache nicht wenig beitrug.»[200]

Julius Stadler, «welchem dieser Theil des Unterrichts der Ingenieurschule besonders oblag», ergänzte dazu, er habe «nur die wichtigsten Verbindungen einzelner Constructionstheile in Holz u. Stein zeichnen» lassen und dabei versucht, sich «genau an die Vorträge des Herrn F. Stadler zu halten». Zum Schluss habe er «den am weitesten fortgeschrittenen Schülern eine Aufgabe» gegeben, «bestehend in einem Entwurfe eines kleinen Wohnhauses, in welchem Alles das dargestellt werden sollte, was im Laufe des Jahres gelehrt wurde.»[201]

Diese Formulierungen bezeugen das Bemühen – ganz im Sinne von Gottfried Semper –, auch im Bereich Konstruktion das reine Abzeichnen und eine ausschliesslich eintrichternde Erziehungsmethode zu vermeiden.[202] Das Zeichnen von Modellen förderte das Verständnis für die Räumlichkeit der Strukturen sowie für die Möglichkeiten und Grenzen der Plandarstellung. Beim Konstruieren ohne Vorlagen konnte geprüft werden, ob das im Vortrag Vermittelte auch wirklich aufgenommen und angeeignet worden war. Und beim Entwurf eines einfachen Hauses hatten die Schüler schliesslich die Gelegenheit, ihre Fähigkeit prüfen, das Einzelne zu einem Ganzen zusammenzuführen, wobei sie Konstruktion und Entwurf als Einheit erfuhren.

Ein «Vorschlag betreffend die Anfertigung von Entwürfen zu Vorlagen für den Unterricht im Projectieren»[203]

Zum Jahreswechsel 1854/55, also noch bevor das Polytechnikum seinen Betrieb aufnahm und Ferdinand Stadler damit rechnen konnte, selbst an der Schule zu unterrichten, händigte er dem Schulrat einen Vorschlag aus, der weiter reichte, als sein etwas eigenartiger Titel «Sammlung von Entwürfen zu Land & städtischen Wohngebäuden» vermuten liesse.[204] Angeregt wurde, eine «Auswahl von teils ausgeführten, oder für die Ausführung bestimmten, wohldurchdachten & nach bestimmten architektonischen Regeln verfassten Entwürfen der im täglichen Leben am häufigsten vorkommenden bürgerlichen Wohnungsbauten» zusammenzustellen, die «das Beste und Brauchbarste enthalten» sollte, «was an Bauten der Art bei uns zu Lande zur Ausführung kommt.»

Dies lässt an eine Sammlung von Darstellungen mustergültiger Bauten denken, wie sie in der Zeit in zunehmender Zahl publiziert wurden, um das Bauwesen zu fördern und um an den Schulen als Vorlage zu dienen.[205] Bei den folgenden Präzisierungen fällt auf, wie sehr Stadler die lokalen Besonderheiten ins Blickfeld rückte. Die Beispiele «müssten den verschiedenartigsten Bedingungen entsprechen, wobei hauptsächlich die einfachen Bedürfnisse, die Sitten & Gewohnheiten unseres Landes, sowie die Localverhältnisse & die bei uns vorkommenden Materialien zu berücksichtigen wären, da wie bekannt, diese Momente auf die eigentümliche Bauart der verschiedenen Länder, ja selbst jeder einzelnen Stadt von wesentlichem Einfluss sind.» Da es keine Werke gebe, die «unsere Verhältnisse besonders berücksichtigen», solle man «eine Sammlung von Musterentwürfen» anfertigen lassen, die auch im Unterricht gute Dienste leisten würde. Dieser könne später eine «Sammlung von Entwürfen zu städtischen Pfarr & Landkirchen folgen», bei der ebenfalls «auf die schon bestehende Bauweise unserer Kirchen möglichst Rücksicht zu nehmen» wäre. Denn auch die einfachsten Bauten, bei denen «in der Regel bloss das erste Bedürfnis befriedigt» werde, seien mit Blick auf das Bestehende in «ästhetischer Hinsicht zu veredeln». Angesichts «der verfehlten, oft sehr geschmacklosen Neubauten [...], die hie & da zur Ausführung kommen» sei es nötig, «auf einen verbesserten Geschmack hinzuarbeiten».

Es ging Stadler also um die Hebung des gesamten Bauwesens und damit um eine Ausweitung des Einflussbereichs der Disziplin Architektur. Es überrascht daher nicht, dass zum Schluss auch die landwirtschaftlichen Bauten mit in den Blick kamen:

«Endlich möchte ich noch zur Veredlung unseres ländlichen Bauwesens auf die Zweckmässigkeit eines Werkes hinweisen, welches die ländliche Schweiz speziell behandelt. Wem sind die eigentümlichen & gefälligen Holzbauten der Schweiz nicht bekannt, welche durch ihr malerisches Ansehen & die verständige Construction zur Gänze erfreuen. Zum Verständnis dieser Holzarchitektur & um die mehr & mehr ausser Gebrauch kommende Bauart der Vergessenheit zu entziehen, sollten die bemerkenswertesten Bauten in den verschiedenen Gegenden der Schweiz vermessen & gezeichnet werden, was nun unter dem Einfluss & der Mitwirkung der polytechnischen Schule geschehen könnte. Zwar ist durch das Werk von Graffenried & Stürler 'L'architecture Suisse' in dieser Hinsicht bereits ein Anfang gemacht worden, aber derselbe erstreckt sich bloss auf einen kleinen Teil der Berneroberländer Bauten, & nicht auf die übrigen Gegenden der Schweiz, welche jede eine eigentümliche Bauart aufzuweisen hat.

Indem man den Schüler mit der eigentümlichen Bauweise dieser Holzbauten bekannt macht, dürfte der ländliche Baustyl wieder mehr zu ehren kommen, & an die Stelle der modernen Flachheit wieder eine naturgemässe ländliche Bauart sich entwickeln.»

Ferdinand Stadler weitete in seiner Eingabe das Projekt einer Sammlung von Wohnhausbauten und -entwürfen also schrittweise aus, um schliesslich ein Werk über traditionelle Bauweisen zu fordern, wie es später von seinem Nachfolger Ernst Gladbach tatsächlich in Angriff genommen wurde. Ihm war dabei klar, dass dieses Projekt das bestehende Budget zur Beschaffung von Unterrichtsmitteln weit übersteigen würde, und er war ehrlich genug, darauf hinzuweisen, indem er Julius Stadler als Zeichner vorschlug, und skizzierte, was pro Blatt in etwa zu veranschlagen wäre. Vielleicht schreckte dies den Schulrat ab, der jedenfalls zu einem so frühen Zeitpunkt nicht darüber entscheiden mochte und das Projekt zuerst mit den noch zu wählenden Professoren der Bauschule besprechen wollte.[206] Ob später Gottfried Semper tatsächlich dazu befragt wurde, ist nicht belegt – seine Prioritäten dürften aber anderswo gelegen haben. Stadlers Eingabe hatte daher keine unmittelbaren Folgen. In ihrer Ausrichtung entsprach sie jedoch in höchstem Mass den Ausführungen zum Thema «Zivilbaukunde» im «Bericht über den Entwurf zu einem Reglement für die eidgenössische polytechnische Schule» vom Juni 1854. Dort wurde eine genaue «Beachtung der eigentümlichen schweizerischen Verhältnisse» gefordert:

«Die Beachtung unseres Klimas, das von dem des benachbarten, oder von den Alpen entferntern Deutschlands sehr verschieden ist, reicht nicht hin, um diesen Unterricht national zu machen; vielmehr verdienen gewiss die in der Schweiz schon vorhandenen und teilweise sehr scharf ausgeprägten Gewohnheiten, die beinahe zu eigentümlichen Baustylen geführt haben, volle Berücksichtigung, wäre es auch nur der ästhetischen Motive wegen, die sie oft enthalten. Auch diesen Anforderungen aber wird der Lehrer vielleicht erst nach und nach, nachdem er sich erst das nötige Material gesammelt und geordnet haben wird, genügen können.»[207]

Das Interesse an den lokalen Bauweisen, das sowohl aus dieser Formulierung als auch aus Stadlers Eingabe spricht, lässt sich auf Stadlers Lehrer Friedrich Eisenlohr zurückführen, der als Professor den Architekturunterricht am Karlsruher Polytechnikum bereits geprägt hatte, bevor er dessen Leitung 1853 von Heinrich Hübsch übernahm. Eisenlohr sah in der Architektur der Schwarzwälder Bauernhäuser, die er erforscht und in einer wegweisenden Publikation veröffentlicht hatte, einen Schatz, auf den man insbesondere bei der Gestaltung einfacher Bauten zurückgreifen konnte.[208] Als Architekt der Badischen Eisenbahn hatte er dazu reichlich Gelegenheit, und Ferdinand Stadler, der eben selbst eine Stellung als Bahnarchitekt angetreten hatte, strebte nun offensichtlich Ähnliches für die Schweiz an. Dabei durfte er sicher sein, ganz im Sinne der geistigen Väter des Polytechnikums zu handeln, war doch Alfred Escher, der massgebende Drahtzieher bei dessen Gründung, Verwaltungsratspräsident der Nordostbahn und damit sein Arbeitgeber.

Ernst Gladbach, umstrittener Pädagoge und bedeutender Erforscher der schweizerischen Holzbautradition

Am 6. Dezember 1856 ging seitens des Schulrats ein Schreiben an Direktor Deschwanden, zur gegebenen Zeit in Brüssel, in dem ihm mitgeteilt wurde, «dass weder Hr. Breitinger noch Hr. Wegmann sich zur Uebernahme des Unterrichtes in der Architektur entschliessen können und dass wir demnach genötigt sein werden, uns nach nicht-schweizerischen Kräften umzusehen». Da er ja über Deutschland zurückfahre, möge er in Karlsruhe bei Prof. Lang und in Stuttgart bei Herrn Prof. Breymann Informationen einziehen. Letzterer habe zwar bereits eine Berufung abgelehnt, trotzdem erhoffe man sich «Hinweise zur Besetzung der für unsere Anstalt so wichtigen Professur an der Bauschule.»[209]

In der Tat wurde die Situation langsam ungemütlich. Man hatte zwar die Fühler weit ausgestreckt und Erkundigungen über zahlreiche Architekten eingeholt, doch niemand mochte die Stelle antreten. Nebst den genannten Zürcher Architekten Johann Jakob Breitinger und Gustav Albert Wegmann sowie Johann Caspar Wolff lehnten ebenso Robert Roller aus Burgdorf, Adolf Merian aus Basel sowie Felix Kubly und Johann Kunkler aus St. Gallen konkrete Anfragen ab, sodass man nun begann, sich im Ausland umzusehen.[210]

Eine knappe Woche später traf aus Oppenheim ein Schreiben ein, in dem sich Ernst Gladbach (Abb. 45) an der Stelle «für das architectonische Fach» interessiert zeigte, von der er durch seinen «Freund Riggenbach in Basel» gehört habe. Gladbach empfahl sich damit, seit seiner «Anstellung als Reichsbaumeister 1839 [...] vielen Privatunterricht im Architectonischen ertheilt» zu haben. Durch «die Fortsetzung des Mollerschen Werkes sowohl als auch durch» seine «Arbeiten für den hessischen Verein für Aufnahmen mittelaltriger Kunstwerke» habe er stets den «Sinn für höhere Baukunst zu erhalten gesucht», während ihm der «mehr büreaukratischer Dienst niemals eine innere Befriedigung» gewährt habe.[211]

Umgehend sandte man Gladbach Informationen über die Position zu und ersuchte ihn, seinen Lebenslauf und seine Bewerbung einzureichen. Gleichzeitig zog man Erkundigungen über ihn ein. Christoph Riggenbach, der als ausführender Architekt der Basler Elisabethenkirche in engem Kontakt mit Ferdinand Stadler stand und Gladbach aus seiner Studienzeit bei Georg Moller in Darmstadt kannte, äusserte sich postwendend und mit den wärmsten Empfehlungen.[212] Und auch Ferdinand Stadler selbst, dem man die zugesandten Unterlagen vorgelegt hatte, gab sich überzeugt von Gladbach, obwohl er einräumen musste, über dessen Person nichts sagen zu können, da er ihn nicht persönlich kenne.[213]

Tatsächlich schien alles zu passen. Ernst Georg Gladbach war ein Neffe und Schüler von Georg Moller, bei dem bereits Ferdinand Stadler studiert hatte und «nach dessen Constructionssystem» deshalb «alle [...] Holzmodelle» des Polytechnikums «sind construiert & bearbeitet worden.»[214] Dies versprach Kontinuität im Unterricht. Nach sechs Jahren Lehrzeit bei Moller arbeitete Gladbach kurz bei Friedrich Hessemer in Frankfurt an der Dekoration des Neubaus für das Städelsche Kunstinstitut.[215] Anschliessend besuchte er Vorlesungen an den Universitäten Heidelberg und Giessen, um sich auf das hessische Staatsexamen vorzubereiten, das ihm 1835 den Weg zum Staatsdienst öffnete. Nach drei Jahren als «Accessist» absolvierte er 1837/38 eine Studienreise nach Norddeutschland und nach Italien, bis nach Sizilien, um anschliessend als Kreisbaumeister in den Staatsdienst zurückzukehren, zunächst in Alzey und schliesslich, nach zahlreichen Versetzungen, in Oppenheim.[216] In seiner Stellung war er zuständig für die Errichtung und den Unterhalt öffentlicher Bauten, für «Strassen und Brücken sowohl wie Schulhäuser, Pfarrhäuser und Kirchen», und er hatte überdies mit «den Wasserbauten am Rhein» zu tun.[217]

Gladbach hatte sich also «vorzugsweise mit der bürgerlich praktischen Baukunst beschäftigt»,[218] doch widmete er sich auch der Aufnahme mittelalterlicher Bauten. Nach dem Tod von Georg Moller hatte er dessen Werk *Denkmäler der deutschen Baukunst* weitergeführt, indem er einen dritten Band veröffentlichte.[219] Ferner beschäftigte er sich mit mathematischen Fragen. Er zeigte sich somit über seine Erfahrung im Bereich des Zivilbaus

45 Ernst Gladbach (1812–1896)

hinaus als ein Architekt «im besten und vollsten Sinn des Wortes».[220] Der Nachteil, als Auswärtiger mit den Schweizer Verhältnissen nicht vertraut zu sein, schien demgegenüber zweitrangig. Gladbachs «Musterpläne zu dem landwirtschaftlichen Bauwesen» würden in Aussicht stellen, «dass er ähnliche Werke über unser Schweizerisches Bauwesen mit Liebe bearbeiten» werde, stellte Ferdinand Stadler fest. «Mit den Spezialitäten unserer Heimat» werde «er bald vertraut sein & was ihm dabei an Erfahrung abgeht», werde er, Stadler, selbst, «bis er im Geleise ist, ersetzen».[221]

Am 27. Januar schlug Präsident Kern dem Schulrat auf dem Zirkularweg vor, Gladbach «als Professor der Architektur an die eidg. polytechnische Schule zu berufen und zwar vorzugsweise für Baukonstruktions- und Baumateriallehre, Civilbau und Uebungen im Entwerfen».[222] Man hielt es «für einen ganz besonders glücklichen Zufall», dass ein «deutscher Architekt von so gediegener theoretischer und praktischer Bildung» habe gewonnen werden können.[223] Am 13. Februar erfolgte die Wahl durch den Bundesrat und zu Beginn des Sommersemesters konnte Gladbach seine Stelle auf Lebenszeit antreten.[224]

Die Würdigungen, die nach Gladbachs Tod 1896 erschienen, beschrieben ihn als eine freundliche und bescheidene Persönlichkeit und lobten ihn als herausragenden Zeichner und als Verfasser seiner Publikationen zur Schweizer Holzarchitektur. Das Bild, das vom Architekten und Lehrer Gladbach skizziert wurde, ist dagegen wenig schmeichelhaft. Georg Lasius suggerierte in seinem Nachruf sogar, Gladbach habe den Architektenberuf nicht aus freien Stücken gewählt.[225] Es sei «sehr zu bedauern, dass eine solche Kraft» nach den hervorragenden Zeichnungen für die *Denkmäler der deutschen Baukunst* «damals nicht ganz in diesem Sinne weiter beschäftigt werden konnte.» Zur Lehrtätigkeit wolle er «nur einen Punkt berühren,» weil er wisse, «dass er Gladbach manchmal zum Vorwurf gemacht wurde»:

«Gladbach war kein praktischer Mann, wie man so sagt. Trotzdem er einem Objekte bis ins kleinste Detail nachging, und es von allen Seiten auch aus dem Kopfe, wenn er es einmal erfasst, darstellen konnte, so stand er doch in der Anwendung des erfassten oft hülflos da. So stellte er für seinen Unterricht in der Baukonstruktionslehre gern grosse Wandtafeln her und hatte auch die verschiedenen Schlösser für Thüren in ihrer vollständigen Anordnung und genauen Zergliederung der einzelnen Teile in anschaulicher Weise vorgeführt. Er beherrschte diesen Stoff vollständig, aber doch wäre er unfähig gewesen, ein solches Schloss, dessen Einrichtung er gut erklärt und vortrefflich dargestellt hatte, mit einem abgebogenen Nagel oder Dietrich zu öffnen, dazu fehlte ihm eine gewisse Handfertigkeit – aber wurde nicht dieser Mangel an Handfertigkeit tausendfach wieder wett gemacht durch sein vortreffliche Darstellungskunst mit dem Stift und der Radiernadel?»[226]

Nein, ist man geneigt zu antworten, zumal auch Gladbachs Biograph Wilhelm Ludwig Lehmann, ein Maler und ehemaliger Bauschüler, das Bild eines liebenswürdigen Faktotums mit reichlich kindlichem Gemüt zeichnete. Gladbach sei zwar ein engagierter Lehrer gewesen, der zu begeistern gewusst habe, jedoch völlig unfähig, etwas zu erklären – es sei denn durch die Zeichnung. Beliebt sei er vor allem deshalb gewesen, weil «die fast übergrosse Harmlosigkeit [...] ihm manchen lustigen Streich spielte, über welchen er aber selbst zuerst so herzlich lachte, dass jedem Spotte die Spitze abgebrochen war».[227] Diesen Hang zur Selbstironie illustrierte eine ausführlich erzählte Anekdote, wonach Gladbach von sich persönlich gesagt habe, er habe in seiner Praxis bloss «drei grössere Bauten ausführen müssen», und alle seien sie «verunglückt». Indem Lehmann des Weiteren betonte, Gladbachs Arbeit als Kreisbaumeister habe «fast ausschliesslich in der Erhaltung der vorhandenen Gebäude» und einer «Unmasse trockener Schreibereien» bestanden, schuf er den Eindruck, dem könnte durchaus so gewesen sein.[228]

Die beiden zitierten Portraits von Lehmann und Lasius sind allerdings unter dem Eindruck des über achtzigjährigen Gladbachs entstanden und tragen deutlich die Züge einer Karikatur. Sie sind daher nicht ganz einfach zu beurteilen. Inhaltlich decken sie sich jedoch mit Einschätzungen, die

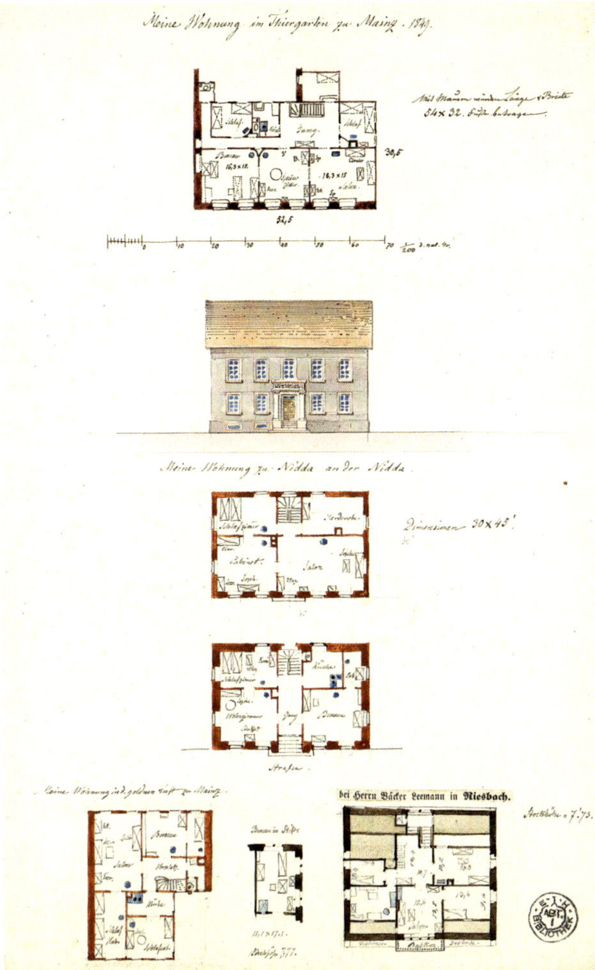

46 Ernst Gladbach, Vergleichende Darstellung der selbst bewohnten Räume in Deutschland und in Zürich in chronologischer Abfolge (o. D.). In dieser vermutlich didaktischen Zeichnung scheint sich Gladbachs Karriere als sozialer Abstieg zu zeigen. Das Zimmer in der Mitte der untersten Zeile ist als «Bureau im Stift» bezeichnet, die Dachwohnung rechts daneben mit der Adresse «bei Herrn Bäcker Leemann in Riesbach».

der Schulratspräsident gegenüber dem Bundesrat bereits Jahre zuvor formuliert hatte. 1890 schrieb Hermann Bleuler, mit dem Ziel, den «ganz unbrauchbar gewordenen» Gladbach «endlich einmal ganz in den Ruhestand» zu versetzen:

«Er hat sich stets redlich bemüht, seine Pflicht zu erfüllen, aber von Anfang an wenig Geschick als Lehrer, besonders im Vortrag, bewiesen; um so weniger vermochte er mit zunehmendem Alter zu genügen, es erfolgte daher schon 1881 die [...] Enthebung von aller Verpflichtung zu Vorlesungen unter Belassung in der damaligen Besoldung. Es war dies im Grunde eine Versetzung in den Ruhestand, denn die noch bleibende Inanspruchnahme zur Mitwirkung im Unterrichte im Zeichnungssaale hatte für den Unterricht wenig wirklichen Werth, diente aber dazu, die Besoldung ungekürzt belassen & die bedeutende Zeichenkunst des Prof. Gladbach noch für Anfertigung von Vorlagen etc. brauchen zu können.» Zwar stehe Gladbach nach wie vor den Übungen in Baukonstruktion für die Ingenieure vor, «aber nur pro forma, indem ihm ein Architekt von Zürich mit besonderer Entschädigung als Aushilfe beigegeben werden» müsse.[229]

Verfolgt man Gladbachs Tätigkeiten am Polytechnikum mit Hilfe der Vorlesungsverzeichnisse und Schulratsakten, zeigt sich, dass man schon kurz nach seiner Anstellung begonnen hatte, die ihm zuvor im Übermass zugewiesenen Aufgaben und Kompetenzen wieder zu entziehen, sodass 1881 die Teil- und 1890 schliesslich die vollumfängliche Versetzung in den Ruhestand nur als die letzten Stufen einer lang andauernden, schrittweisen Amtsenthebung erscheinen. So wurde seine Tätigkeit 1873, als Semper die Schule bereits verlassen hatte, auf den ersten Jahreskurs eingeschränkt,[230] nachdem man ihm bereits zuvor Julius Stadler oder Georg Lasius für den Unterricht im Zeichensaal beigesellt hatte, die dort offenbar eine wesentliche Rolle spielten.[231]

Die Berufung von Ernst Gladbach an das Polytechnikum mutet in diesem Licht an, ein Fehlentscheid gewesen zu sein, an dem die Schule wegen der anfangs ausgehandelten lebenslänglichen Anstellung lange zu tragen hatte. Bei genauerem Hinsehen stellt sich allerdings auch heraus, dass Gladbach von seinem Umfeld in eine Rolle gedrängt worden war, die er nicht gesucht hatte. In seiner Bewerbung erkundigte er sich nach einer «Lehrstelle [...] für das architectonische Fach»,[232] und obwohl ihm dabei bekannt sein musste, dass diese einen konstruktiven Schwerpunkt haben würde, war damals durchaus noch nicht klar, dass es in Zukunft um rein technisch-konstruktive Kurse gehen sollte. Im Reglement der Schule, das man ihm zugeschickt hatte, war von zwei Professoren und zwei Hilfslehrern an der Bauschule die Rede, ohne dass eine klare Aufteilung der Aufgaben in konstruktive und gestalterische Belange festgelegt gewesen wäre.[233] Nach seinem Amtsantritt unterrichtete Gladbach an der Bauschule zunächst denn auch nicht nur die konstruktiven Fächer «Baumateriallehre» und «Baukonstruktionen» im ersten Jahr sowie «Zivilbaukunde (als Fortsetzung der Baukonstruktionslehre)» im zweiten Jahr – mit den entsprechenden Übungen. Vielmehr lehrte er ausserdem die Fächer «Einteilung der Grundrisse» im zweiten, «Der Hochbau (Anleitung zu Entwürfen in den mittelalterlichen Baustylen)» im dritten sowie «Konstruktive Ornamentik in Holz, Stein und Eisen» im ersten Jahr.[234] Damit musste er fast zwangsläufig in Konflikt mit Gottfried Semper kommen. Alle diese gestalterischen Fächer unterrichtete er tatsächlich nur kurz, maximal zwei Jahre. Von 1860 an unterrichtete Gladbach keine gestalterischen Fächer mehr.

Was Semper, der von Beginn weg eine starke Abneigung gegen Gladbach hegte,[235] von diesem hielt und erwartete, machte er in einem Schreiben an

Schulratspräsident Johann Karl Kappeler vom 20. Juli 1863 deutlich. Der «so wichtige Unterricht in der Konstruktion an der Bauschule durch Herrn Prof. Gladbach» genüge nicht, «besonders weil genannter Professor gleichzeitig den Baukonstruktionsunterricht für die Abteilungen der Ingenieure und Mechaniker übernommen» habe, «denen er wohl den besten Theil seiner Kräfte & seiner Zeit» widme. Und weiter:

«Auch gestehe ich offen, dass mir die Weise, wie er die ihm gestellte Aufgabe auffasst, mitunter etwas zu transcendent erscheinen will, indem er sich mit besonderer Vorliebe mit Kunststrukturen und schwierigen Aufgaben der Konstruktion beschäftigt. Ihn in dieser Beziehung zu ergänzen wünsche ich für die Bauschule einen einfachen praktischen Techniker, der die Konstruktion und das Bauverwaltungswesen als solche rein praktisch und nicht vom artistischen Standpunkte aus fasst.»[236]

Semper vermisste also einen auf die praktischen Belange der Bauausführung ausgerichteten Unterricht, der sich nicht in Fragen des Entwurfs einmischen würde. Einen entsprechenden Kurs erteilte in der Folge zunächst Julius Stadler, später Georg Lasius, der als Privatdozent zuvor mit einem Freifach betraut war. Den reichlich diffusen Vorwurf, Gladbach fasse seine Aufgabe «etwas zu transcendent» auf, darf man als Ausdruck einer grundsätzlich unterschiedlichen Haltung zur Frage der Bedeutung der Konstruktion sehen. Diese Differenz musste damals aber nicht weiter diskutiert werden, da Gladbach Sempers Vorschläge explizit unterstützte.[237] Während sich sein Vorgänger Ferdinand Stadler noch geweigert hatte, an den anderen Abteilungen zu lehren, übernahm er den Unterricht an der Ingenieurschule, an der mechanisch-technischen sowie an der chemisch-technischen Abteilung offenbar gerne, zog sich von den Verpflichtungen der Bauschule dagegen zurück, zumindest vordergründig, um sich von seiner Überlastung zu befreien. Damit wich Gladbach dem Konflikt mit Semper aus, was man vielleicht als Ausdruck jenes gutmütigen und geradezu kindlichen Charakters sehen kann, der von seinen Biographen beschrieben worden ist.

Der Konstruktionsunterricht unter Ernst Gladbach

Von Gladbachs Vorlesungen haben sich Mitschriften von Léon Fulpius (unter Mithilfe seiner Kommilitonen) erhalten, die insofern ein Glücksfall sind, als es sich doch um sorgfältig ausgearbeitete Reinschriften handelt, mit denen der fleissige Bauschüler die Vorlesungen in seine Muttersprache Französisch übersetzt hatte (Abb. 47).[238] Dabei kann zwar nicht ausgeschlossen werden, dass dieser das Vorgetragene aus eigenem Antrieb unter Rückgriff auf die Literatur ergänzt hatte, die Aufzeichnungen erscheinen aber trotzdem als vertrauenswürdig, da sie den anderen, wenn auch spärlichen Quellen entsprechen, die zu den Vorlesungen vorhanden sind.[239]

Im Studienjahr 1858/59, als Fulpius den ersten Jahreskurs der Bauschule besuchte, las dort Gladbach gemäss dem Programm der Schule die Fächer «Baukonstruktionen in Holz, Stein u. Eisen» (drei Wochenstunden, gemeinsam mit der Ingenieurschule), «Baumateriallehre» (eine Wochenstunde, gemeinsam mit der Ingenieurschule), «Einteilung der Grundrisse» (eine Wochenstunde) sowie das Fach «Konstruktive Ornamentik in Holz, Stein u. Eisen» (eine Wochenstunde), von dem allerdings keine Unterlagen erhalten sind.[240] Darüber hinaus führte er zusammen mit Julius Stadler im ersten und zweiten Jahr Übungen im Baukonstruktionszeichnen durch (vier bzw. zwei Wochenstunden).[241]

Das Fach «Einteilung der Grundrisse»

Zu Beginn der Aufzeichnungen von Léon Fulpius zum Fach «Distribution des Plans» werden drei Teile versprochen: erstens als Einführung die Empfehlungen verschiedener Architekten zum Thema, illustriert an unterschiedlichen Beispielen des Wohnhausbaus, zweitens eine historische Untersuchung zu der Entwicklung der Grundrisse von den Griechen über die Römer bis hin zur Renaissance und drittens die Distribution spezieller Bauten.[242] Die Ausführungen beginnen konventionell mit Vitruv, um dann jedoch sofort zu zwölf Prinzipien der Grundrissorganisation zu kommen, die in ihrer Zusammenstellung und Abfolge überraschen. Sie reichen von der Mahnung, im Plan nie die Vorstellung vom Ganzen zu vergessen, bis hin zu der Erwähnung der allerdings lieber zu vermeidenden Möglichkeit, Hängewerke einzusetzen, um Lasten abzutragen, falls der Schnitt eines Gebäudes dies erfordere. Ohne erkennbare Hierarchie und Ordnung werden des Weiteren die gängigen Fragen des Komforts und der Hygiene, der Konstruktion, der Ökonomie und der Ästhetik angesprochen. Auffällig ist, dass bereits als zweiter Punkt postuliert wird, man müsse bei der Anordnung der Grundrisselemente die Regeln der Perspektive befolgen, sodass sich beim Eintritt in ein Gebäude ein hübscher Anblick ergebe. Hier zeigt sich Gladbachs Interesse am Malerischen, doch wird die Hoffnung enttäuscht, solche Fragen des Pittoresken oder gar Dramaturgischen der Architektur würden in der Folge vertieft diskutiert.

Fulpius' Aufzeichnungen zufolge scheint der Kurs zur Grundrissorganisation ziemlich konfus gewesen zu sein, überdies brach er nach einem Semester ab, bevor Gladbach zu einer Gebäudelehre mit einer Einführung in die unterschiedlichen Baugattungen gekommen wäre. Ob die Vorlesung ursprünglich auf zwei Semester angelegt war, muss offen blieben. Sie wurde gerade erst ein Semester zuvor eingeführt und nachher nicht mehr angeboten. Überschneidungen mit dem Stoff von Sempers vergleichender Baulehre mögen ein Grund dafür gewesen sein. Von 1865 an, also nicht eher als sieben Jahre später, begann Georg Lasius im dritten Jahreskurs der Bauschule Vorlesungen über Landwirtschafts- und Gewerbebauten anzubieten, zunächst als Freifach. Damit deckte er immerhin einen Teil der ansonsten vernachlässigte Zivilbaukunde ab. 1868/69 wurden diese Vorlesungen von Julius Stadler übernommen und zur Gebäudelehre erweitert, um nach Sempers Weggang 1871 in nochmals erweiterter Form erneut von Lasius gehalten zu werden.

Die Lehre von den Baumaterialien

«Die Lehre von den Baumaterialien» las Gladbach als einstündige Vorlesung im ersten Jahr für die Bau- und der Ingenieurschule. In einer Einführung unterschied er drei Typen von Materialien: erstens die Hauptmaterialien, aus denen die Struktur eines Baus errichtet wird, namentlich Holz, Stein und Eisen oder Stahl, zweitens Verbindungsstoffe wie Mörtel und Cement und drittens sekundäre Materialien, die eine untergeordnete Rolle spielen, wie Glas, Farben oder Stroh.[243] Dabei fällt auf, dass diese Einteilung einer Logik des Konstruierens folgt, nicht einer der Stofflichkeit. Dementsprechend wurden die chemischen und mechanischen Eigenheiten der Materialien zwar thematisiert, der Schwerpunkt des Kurses lag jedoch anderswo. Ausführlich wurden die Techniken der Materialbearbeitung behandelt, beispielsweise durch eine einlässliche Darstellung der Werkzeuge der Steinmetze und ihrer Verwendung. Auf diese Weise hätten die Baumaterial- und die Konstruktionslehre in enger Verbindung zueinander stehen können, scheinen aber trotzdem als zwei gänzlich getrennte, parallele Kurse durchgeführt worden zu sein. Die Konstruktionslehre auf der Grundlage der Materiallehre aufzubauen, wie dies im älteren Standardwerk zur Baukonstruktion von Jean-Baptiste Rondelet geschah,[244] wurde offenbar nicht beabsichtigt.

1860 übernahm Gladbach an der mechanisch-technischen und der chemisch-technischen Schule Kurse über Zivilbau und gab dafür die Vorlesung über Baumaterialien auf.[245] Diese wurde im Sommersemester durch einen Kurs «Chemische Technologie der Baumaterialien» von Pompejus Alexander Bolley ersetzt,[246] dazu kam im Sommersemester des zweiten Jahreskurses ein dreistündiges Kolleg über Petrografie, gehalten von Gustav Kenngott. Im Wintersemester mussten die Schüler, «die noch keinen Unterricht in Chemie genossen» hatten, überdies für fünf Wochenstunden ins Labor, um

«Experimentalchemie» zu betreiben.[247] Dadurch wurde die Lehre von den Baumaterialien verwissenschaftlicht, mit der Folge, dass sie aus dem engen Kontext des Bauens und Konstruierens herausgelöst und von den Fragen der Gestaltung getrennt wurde. Dies entsprach Sempers Haltung, einerseits die Wissenschaftlichkeit der Ausbildung zu bejahen, andererseits die künstlerischen Fächer von entsprechenden Ansprüchen zu befreien.

Die Vorlesungen über Baukonstruktion

Die Konstruktionsvorlesungen im ersten Jahreskurs bildeten den Kern von Gladbachs Tätigkeit am Polytechnikum und blieben bis zum Wintersemester 1880/81 in seinen Händen. Allerdings wurden sie ab 1863 durch weitere Konstruktionsvorlesungen in den oberen Jahreskursen ergänzt, die von Georg Lasius und Julius Stadler gehalten wurden.[248] Der Unterricht der «Baukonstruktionen in Holz, Stein u. Eisen» des Jahres 1858/59, wie er aus dem Kollegheft von Léon Fulpius entgegentritt, war in zwei Teilen aufgebaut (Abb. 47).[249] Zunächst wurden nacheinander die Prinzipien und konkreten Techniken des Massivbaus, der Holz- sowie der Eisenkonstruktion dargestellt. Abgeschlossen wurde dieser erste und umfassendste Teil der Vorlesung durch eine Aufstellung allgemeiner, den unterschiedlichen Konstruktionsweisen gemeinsamer Prinzipien. Darauf folgte als zweiter Teil eine Behandlung der einzelnen Bauteile, angefangen mit den Fundamenten über den Rohbau mit Sockeldetails, Mauern und Gewölben, Wänden, Kaminen, Säulen und Stützen, Decken und Dächern, bis hin zu Treppen, wobei gewendelte Treppen und deren Geometrie im Zentrum standen.

Inwiefern die Vorlesung dem damaligen Stand des Wissens entsprach, müssten genauere Untersuchungen nachweisen. Im Vergleich mit Konstruktionsvorlesungen anderer Architekturschulen, die publiziert worden waren, scheinen sie immerhin nicht abzufallen.[250] Es fällt sogar auf, dass Gladbach mehr als nur die gängigsten Bauweisen vorstellte. So findet man zum Beispiel mit Blick auf Fundierungen unter Wasser und den Bau von Kaimauern ausführliche Rezepturen für Beton, und unter den besonders detailliert präsentierten Holzkonstruktionen sind auch unterspannte und vorgespannte Bauweisen nach Rudolf Wiegmann, Georg Ludwig Friedrich Laves und anderen sowie die Bretterträger nach dem «Système du Colonel Emy» auszumachen.[251] Sogar die amerikanische Holzbauweise mit bretterbeplanktem Rahmenwerk, die wir als Balloon Frame kennen, erwähnte Gladbach. Und immer wieder wurde auf Georg Moller und seine Bauten verwiesen: Wie schon Ferdinand Stadler vermutet hatte, blieb Moller in Gladbachs Unterricht eine wichtige Referenz.[252]

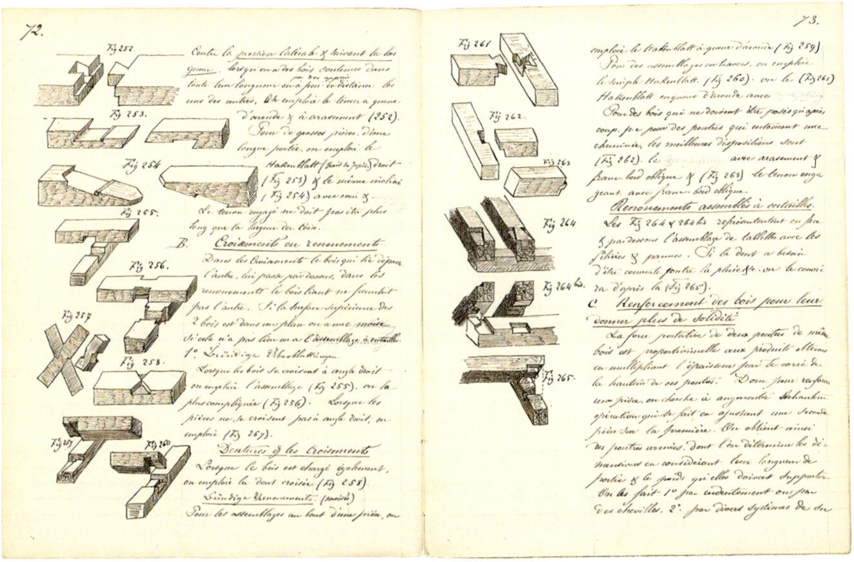

47 Léon Fulpius, Règles à observer dans les Constructions 1858–59 (Kollegheft). Die sorgfältig ausgearbeiteten Aufzeichnungen von Fulpius zeigen eine ziemlich umfassende Baukonstruktionslehre, nicht nur im Bereich Holzbau.

Zwei Jahre nach Léon Fulpius trat Alfred Friedrich Bluntschli in das Zürcher Polytechnikum ein. Sein erster Eindruck von den Konstruktionsvorlesungen war nicht gerade positiv. An seine Eltern schrieb er lakonisch: «Bauconstruction von Gladbach, dieser Gegenstand war in München von Gottgetreu besser.»[253] Diese Aussage mag man vor allem auf die Art des Unterrichts beziehen und weniger auf die Inhalte, denn knapp zwei Monate nach Beginn seines Studiums konnte Bluntschli noch keinen Überblick über die Vorlesung haben. Eine Inhaltsübersicht aus dem Jahre 1861 zeigt immerhin, dass Gladbach im Verlauf der Jahre die Struktur seiner Vorträge vereinfacht hatte und später auf den oben skizzierten zweiteiligen Aufbau verzichtete.[254] Anders als zum Beispiel Léonce Reynaud, der seinen Konstruktionsunterricht an der Pariser École des Beaux-Arts beständig ausbaute und erneuerte,[255] scheint Gladbach überdies neue Entwicklungen kaum aufgegriffen zu haben.[256]

Sicher ist, dass die Vorlesungen Lücken offen liessen. Gladbach selbst verfasste im November 1862 ein Memorandum «betreffend die Begründung der Nothwendigkeit eines neuen Vortrages über Bauconstructionslehre für den zweiten und dritten Jahreskurs der Bauschule».[257] Darin skizzierte er die von ihm gehaltene Vorlesung, um im Folgenden festzustellen, dass der ganze Bereich der praktischen Bauausführung, also der Bauorganisation und Bauleitung, darin nicht behandelt werde, obwohl «die meisten der die Schule verlassenden jungen Leute» darauf angewiesen wären «und dasselbe beim Eintritt in ein Baubureau nothwendig zu wissen ist». Daher sei «das Anerbieten des Herrn Architekt Julius Stadler, darüber besondere Vorträge in Verbindung mit Übungen zu halten, sehr dankenswert».

Die Argumente, die Stadler für den Ausbau der Konstruktionsvorlesungen vorbrachte, gingen noch über das von Gladbach Vorgetragene hinaus. Die bisher zur Verfügung stehende Zeit würde «bei etwas einlässlicher Behandlung dieses Materials» nur so weit reichen, um die grundlegenden Konstruktionsweisen des Rohbaus vorzustellen. Auch müsse auf die Bedürfnisse der Ingenieurstudenten Rücksicht genommen werden. «Die durchaus notwendige Ausarbeitung der Collegienhefte, das copieren der dazu gegebenen Modelle od. an die Tafel gezeichneter Beispiele» nehme die Schüler «noch eine bedeutende Zeit in Anspruch». Daher bleibe nebst den Fragen der Baupraxis überdies der ganze Bereich des Innenausbaus ausgeklammert. Dieses Manko sei mit einem zusätzlichen Kurs in den oberen Jahren zu beheben. Dabei solle «die Ausführung eines Wohnhauses nach hiesigen Verhältnissen als Leitfaden angenommen» werden. Stadler versprach sich davon eine sinnvolle Vertiefung der Materie sowie Praxisnähe, was sowohl den Schulabgängern zugute komme wie auch der Lehre, indem Bauplatzbesuche das theoretisch Vermittelte ergänzen sollten.[258] Gewünscht waren ausserdem «einige praktische Übungen», die allerdings in den provisorischen Räumlichkeiten der Schule noch nicht durchführbar wären, aber später in den Kellerräumen des Neubaus stattfinden sollten: «Nemlich – Aufreissen der Gewölbecurven, womöglich Anfertigung von Gewölbegerüsten u. einwölben derselben. Desgleichen mit Feuerungsanlagen, wie es in Carlsruhe geschieht. Stein u. Cementproben – Stärkeproben verschiedener Baumaterialien.»[259]

Gottfried Semper unterstützte diese Eingaben, nicht ohne dabei einige spitze Bemerkungen zu Gladbach und zu den eben neu eingeführten Vorträgen von Georg Lasius über mittelalterliche Baustile fallen zu lassen, wobei er gleichzeitig Stadler für seinen ausserordentlichen Einsatz für die Schule lobte.[260] Der Schulrat trat jedoch unter Hinweis auf die bevorstehende Gesamtrevision des Reglements nicht auf das Gesuch ein.[261] Ein halbes Jahr später doppelte Semper anlässlich eines Berichts der Bauschulkonferenz über die Wünsche der Schule nach, indem er, wie oben bereits zitiert, auf das Ungenügen von Gladbachs Unterricht hinwies.[262] 1864 wurde Gladbach immerhin durch die Einstellung von Georg Lasius als «Hülfslehrer für die Bauschule [...] mit der Verpflichtung zur Beihilfe im Konstruktionszeichnen» und als Dozent für Zivilbau an der mechanisch-technischen Schule entlastet.[263] Julius Stadler wurde zum Privatdozenten befördert, und es wurde ihm für ein Semester und «ohne Präjudiz für die Zukunft» bewilligt, im dritten Jahr einen – wenn auch freiwilligen – Kurs «Baukonstruktionslehre m. Rücksicht auf die in der Schweiz üblichen Konstruktionen, verbunden mit dem Besuch von Bauplätzen» durchzuführen.[264] Das war allerdings nicht mehr als das, was Stadler offenbar schon seit Jahren freiwillig und inoffiziell praktizierte.[265]

Als dann im Sommer 1865 der Entwurf zum neuen Schulreglement vorlag, waren darin keine Ansätze zu einer Reorganisation der nun Hochbauschule genannten ersten Abteilung zu erkennen.[266] Julius Stadler bemerkte dazu trocken: «Der neue Reglementsentwurf bringt nun eine neue Organisation, in welcher aber die Bauschule nicht inbegriffen zu sein scheint.» Dies veranlasste ihn, bei Gottfried Semper als den Vorsteher der Bauschule erneut eine Eingabe zu machen, in der er nochmals die Bedürfnisse in Sachen Konstruktionsunterricht darlegte und darauf hinwies, dass der ganze Bereich des Zivilbaus, der im ersten Reglement des Polytechnikums im Zentrum der Bauschule stand, nun im neuen Reglementsentwurf gänzlich fehle und an der Schule überhaupt nicht mehr behandelt werde.[267] Der damals noch junge Hilfslehrer Georg Lasius doppelte nach und schlug in Absprache mit Stadler vor, im zweiten Studienjahr die Konstruktion als obligatorischen Kurs zu übernehmen, während Stadler im dritten Jahreskurs Zivilbau unterrichten sollte.[268]

Auch diese beiden Anträge wurden von Semper befürwortet, der sich nun aber zusätzlich einer breiten Unterstützung versicherte. Auf dem Zirkularweg legte er die Vorschläge den anderen Professoren der Bauschule zur Begutachtung vor, worauf sich alle, einschliesslich Ernst Gladbach, positiv dazu äusserten. So konnte die Spezialkonferenz der Bauschule am 9. August 1865 eine entsprechende Eingabe beim Schulrat verabschieden, in der ein zweistündiges Kolleg von Julius Stadler über Zivilbau im dritten Jahreskurs sowie ein ebenfalls zweistündiger Vortrag von Georg Lasius über Baukonstruktion im zweiten Jahr gefordert wurden, die beide Pflicht sein müssten. Darüber hinaus verlangte man, den dreijährigen Kurs der Bauschule auf dreieinhalb Jahre zu erweitern, wobei Semper in einem Postskriptum ergänzte, er persönlich sei nach wie vor der Meinung, die Schule müsste um ein ganzes Jahr ausgedehnt werden.[269]

Nach «sorgfältiger Prüfung [...] und gepflogener Konferenz mit dem Vorstande Herr Prof. Semper» verfügte der Schulratspräsident am 9. Oktober 1865 schliesslich, eine zweite Konstruktionsvorlesung könne wie vorgeschlagen eingeführt werden.[270] Auf eine Verlängerung des Studiums und auf eine

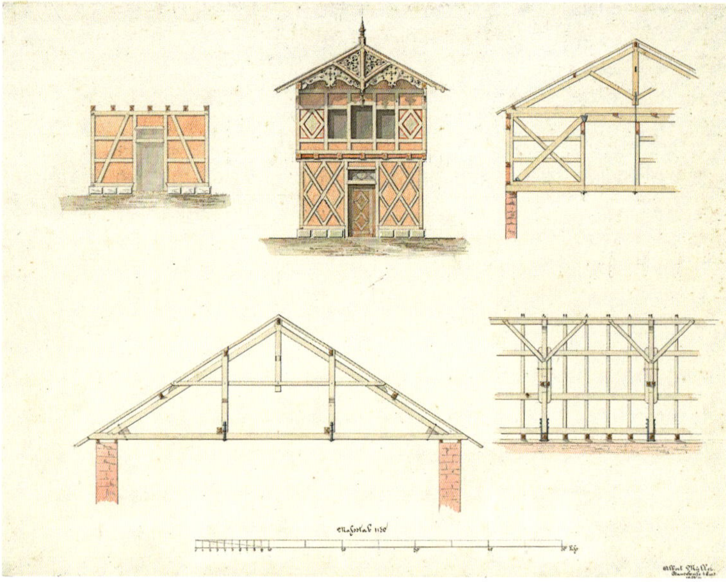

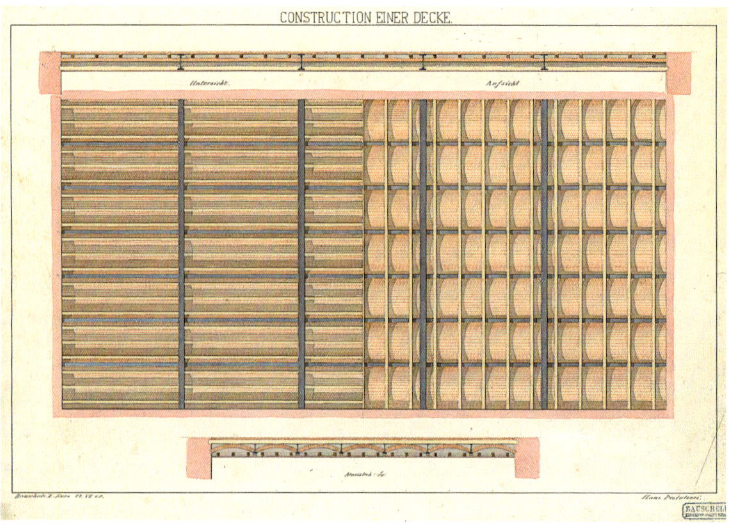

48 Albert Müller, Fachwerkhäuschen 1863/64 (1. Studienjahr)

49 Hans Pestalozzi, Construction einer Decke, 17. Juni 1867 (2. Studienjahr). Da die überlieferten Schülerzeichnungen durchwegs keine Bezeichung eines bestimmten Fachs tragen, ist eine entsprechende Zuordnung oft schwierig. Im Konstruktionszeichnen wurden Musterpläne in unterschiedlichen Massstäben gezeichnet, wahrscheinlich aber auch einfache Bauten entworfen.

50 Albert Müller, Concurs vom 2. Mai 1864 (1. Studienjahr)

51 Hans Auer, Entwurf für ein Badehäuschen, Concursarbeit 1867 (2. Studienjahr). Die Konkurrenzen hatten teilweise einen konstruktiven Schwerpunkt, waren aber eine Angelegenheit der gesamten Bauschule. Auers Arbeit wurde daher von Gottfried Semper «im Namen der Conferenz» als «relativ beste Arbeit» beglaubigt. Das Blatt von Müller, das sich ganz auf das Tragwerk beschränkt, ist eine Ausnahme.

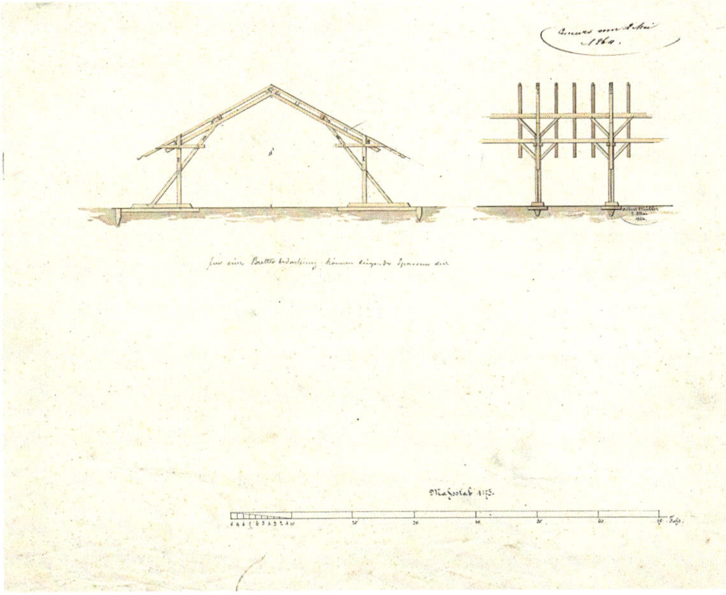

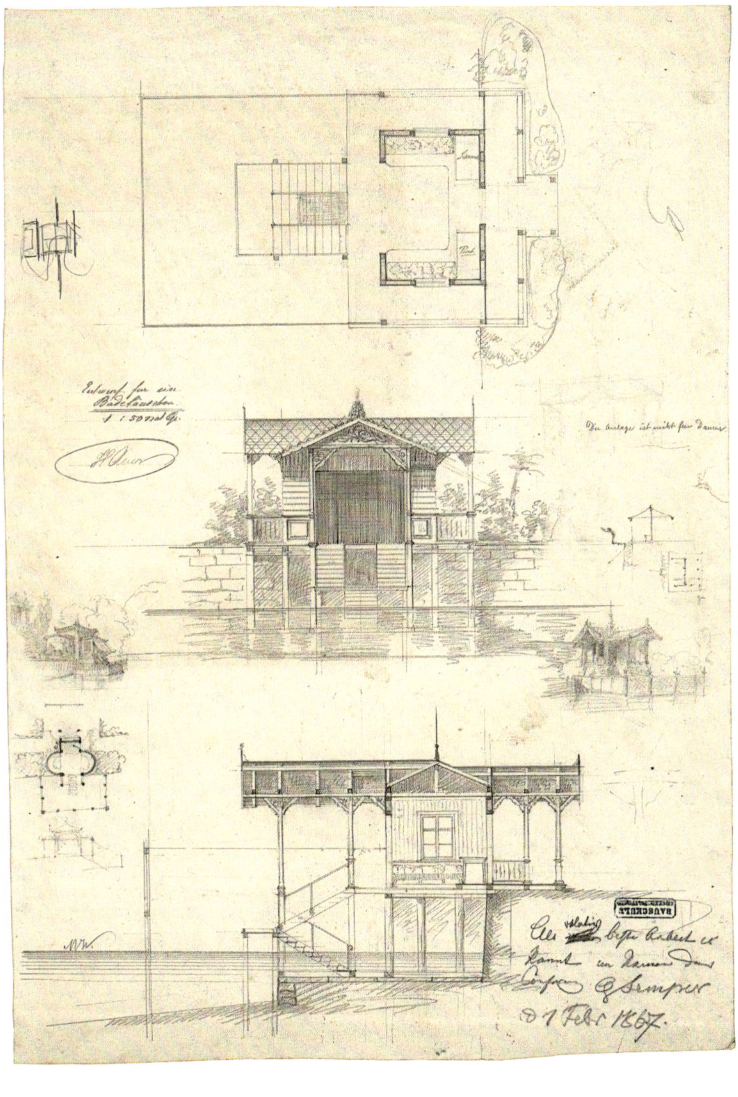
G Semper
1 Febr 1867

Einführung des Faches «Zivilbau» trat er jedoch nicht ein. Seit dem Sommer bot Georg Lasius das Freifach «Anlage landwirtschaftlicher Bauten an», was vorläufig zu genügen schien.[271] Die Verlängerung des Studiums auf sieben Semester liess bis 1881 auf sich warten.

Das Konstruktionszeichnen

Zu den ersten Handlungen, die Ernst Gladbach an der Bauschule tätigte, gehörte es, die Modellsammlung weiter auszubauen, um «die thätigen Kräfte der Natur wirkend und zugleich neben den guten Mustern die fehlerhaften Constructionen vor Augen zu führen.»[272] Als wenige Jahre später die steigende Zahl der Ingenieurstudenten den gemeinsamen Unterricht in den allzu kleinen Räumen des Stiftsgebäudes unmöglich machte, musste er sogar einen Assistenten «zum jeweiligen Transport der Lehrmittel, Modelle etc.» beantragen.[273] Dabei bleibt aber offen, ob die Modelle und deren Anschaulichkeit wie schon bei Ferdinand Stadler beim Unterricht im Zeichensaal eine zentrale Rolle spielten. Eine Beschreibung der Inhalte und Methoden im Konstruktionszeichnen, wie sie von seinem Vorgänger überliefert ist, gibt es von Ernst Gladbach nicht, und auch aufgrund der erhaltenen Schülerzeichnungen lässt sich der Unterricht in diesem Fach, das im ersten Jahr mit vier bis acht Stunden wöchentlich ein grosses Gewicht hatte, nur beschränkt rekonstruieren.

Indem Grundrisse und Schnitte in verschiedenen Massstäben mit der jeweils angemessenen Dichte an Informationen gezeichnet wurden, ging es zum einen um die Technik des Planzeichnens und zum anderen um die Kenntnis der den unterschiedlichen Massstabsebenen eigenen Fragestellungen. Projektpläne im Massstab 1:100 beispielsweise zeigen im Schnitt die Richtungen der Balkenlagen und Gewölbe sowie die Struktur der Dachstühle, im Grundriss die Lage der Feuerungsanlagen und der Installationen. Entsprechende Musterpläne sind denn auch Teil der von Gladbach 1868 bis 1871 publizierten *Vorlegeblätter zur Bauconstructionslehre*.[274] Vergleichbare Zeichnungen in den verschiedenen Nachlässen ehemaliger Bauschüler sind allerdings nicht eindeutig den Fächern «Architektur-» oder «Konstruktionszeichnen» zuzuordnen, da eine diesbezügliche Bezeichnung durchgängig fehlt. Es ist durchaus möglich, dass ihre Trennung an der Schule nicht sehr scharf gezogen wurde, zumal in beiden Fächern die Hilfslehrer, vor allem Julius Stadler, eine tragende Rolle spielten.

Eindeutiger ist die Zuordnung der Detailzeichnungen, die bis in den Massstab 1:1 gehen und in einzelnen Fällen sogar darüber hinaus. Man könnte vermuten, dass sich die Schüler damit im Verlauf des Kurses eine

52 Ernst Gladbach, Blatt VIII.1 der *Vorlegeblätter zur Bauconstructionslehre*, Zürich 1868–1871. Vgl. auch Abb. 53–59.

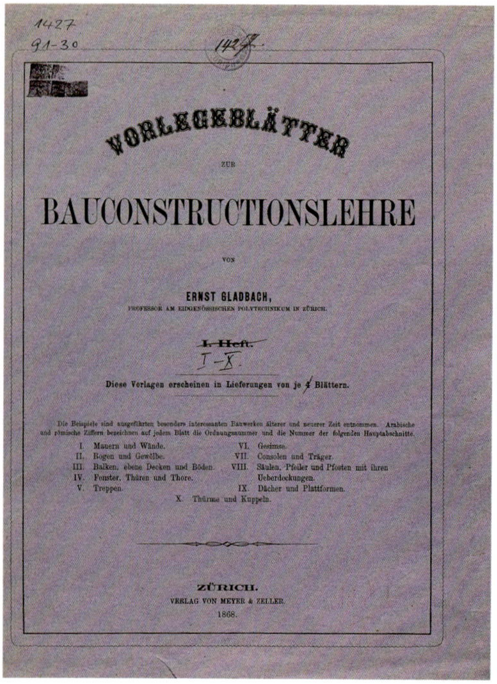

[redacted]

VORLEGEBLÄTTER

ZUR

BAUCONSTRUCTIONSLEHRE

VON

ERNST GLADBACH,

PROFESSOR AM EIDGENÖSSISCHEN POLYTECHNIKUM IN ZÜRICH.

~~I. Heft.~~ I–X.

Diese Vorlagen erscheinen in Lieferungen von je 4 Blättern.

Die Beispiele sind ausgeführten besonders interessanten Bauwerken älterer und neuerer Zeit entnommen. Arabische und römische Ziffern bezeichnen auf jedem Blatt die Ordnungsnummer und die Nummer der folgenden Hauptabschnitte.

I. Mauern und Wände.
II. Bogen und Gewölbe.
III. Balken, ebene Decken und Böden.
IV. Fenster, Thüren und Thore.
V. Treppen.
VI. Gesimse.
VII. Consolen und Träger.
VIII. Säulen, Pfeiler und Pfosten mit ihren Ueberdeckungen.
IX. Dächer und Plattformen.
X. Thürme und Kuppeln.

ZÜRICH.
VERLAG VON MEYER & ZELLER.
1868.

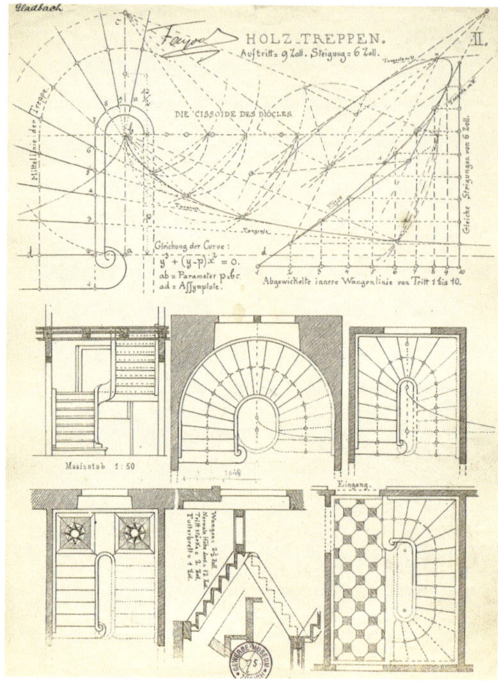

53–59 Ernst Gladbach, *Vorlegeblätter zur Bauconstructionslehre*, Zürich 1868–1871. Die Publikation umfasst Muster zu Plänen in unterschiedlichem Massstab. Im Zentrum stehen aber Darstellungen, die in einer unvergleichlichen Synthese den konstruktiven Aufbau und die Wirkung einer Bauweise zugleich anschaulich machen.

Gladbach
II. 1.
HAENGENDE KUPPEL DES TREPPENHAUSES IM THEATER ZU MAINZ.
erbaut 1830 von Dr. Georg Moller.
A.
B.
Die horizontal vorgeschobenen Bruchsteinschichten wechseln nach A und B.
Quadratische Grundfläche im Lichten = 9m Seitenlänge. Durchmesser der Kuppel = 12,73 meter
Widerlager von Bruchsteinen = 0,75m dick und 15m hoch. Kuppe von Backstein = 0,25m dick.

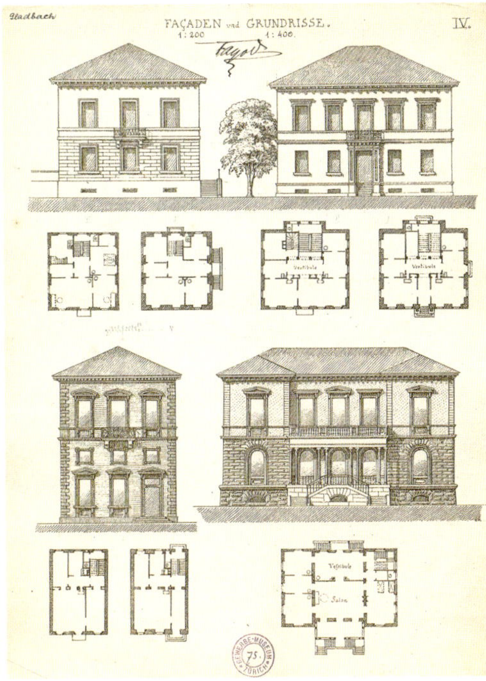
Gladbach
FAÇADEN und GRUNDRISSE.
1:200
1:400.
IV.
Vestibule
Salon

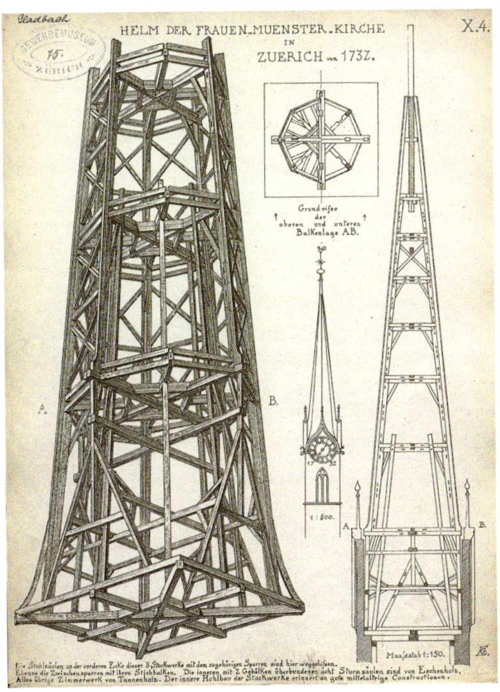
Gladbach
HELM DER FRAUEN-MUENSTER-KIRCHE
IN
ZUERICH von 1732.
X. 4.
Grundrisse der oberen und unteren Balkenlage AB.
A.
B.
1:500.
Maasstab 1:150.
Die Stuhlsäulen an der vorderen Ecke dieser 3 Stockwerke mit dem zugehörigen Sparren sind hier weggelassen.
Ebenso die Zwischensparren mit ihren Stichbalken. Die inneren mit 2 Gebälken überbundenen acht Sturmsäulen sind von Eschenholz,
Alles übrige Zimmerwerk von Tannenholz. Der innere Hohlbau der Stockwerke erinnert an gute mittelaltrige Constructionen.

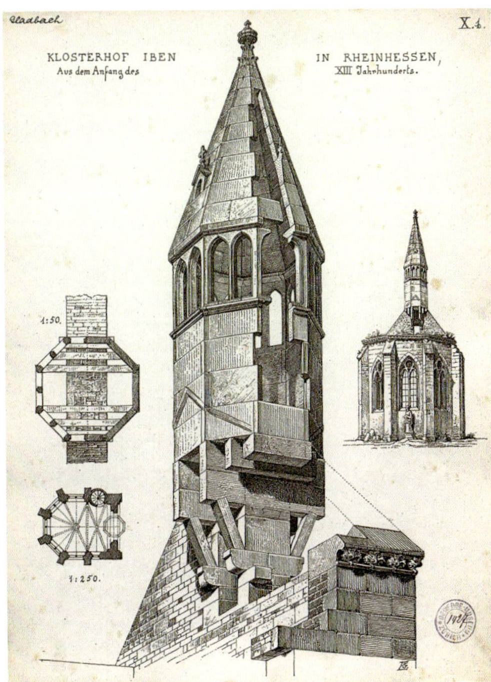
Gladbach
X. 4.
KLOSTERHOF IBEN
Aus dem Anfang des
IN RHEINHESSEN,
XIII Jahrhunderts.
1:50.
1:250.

umfassende Sammlung von Musterplänen anlegten. Aufgrund der zufällig wirkenden Bestände ist dies aber eher nicht der Fall. Vielmehr scheint auch hier vor allem die Art der Zeichnung von Bedeutung gewesen zu sein: Eine Übersicht über die Palette konstruktiver Möglichkeiten lieferten die Vorlesungen und die einschlägige Literatur.

Ein ausgeprägtes Interesse hegte Gladbach für historische Konstruktionen, die er, wie schon sein Lehrer Georg Moller, als Inspirationsquelle für aktuelle Bauweisen betrachtete. Auf Exkursionen liess er die Schüler besonders beachtenswerte Beispiele aufnehmen, so etwa den spektakulären Dachstuhl der Kirche St. Martin in Baar aus dem 16. Jahrhundert, und die entsprechenden Reinzeichnungen später zum Teil drucken (vgl. Abb. 95).[275] Die eigenen «Vorlegeblätter» zeigen sowohl moderne als auch historische Konstruktionen, ohne dass zwischen ihnen unterschieden würde. Dass Gladbach dabei an der Kontinuität der Bautradition interessiert war, illustriert beispielsweise seine Darstellung des Turmhelms der Zürcher Fraumünsterkirche von 1732, zu der er notierte: «Der innere Hohlbau der Stockwerke erinnert an gute mittelaltrige Constructionen» (Abb. 58).[276]

Man kann davon ausgehen, dass die *Vorlegeblätter zur Bauconstructionslehre* ihrem Namen entsprechend verwendet worden sind: nicht als Vorlagen, die abgezeichnet worden wären, sondern als Schautafeln, an denen sich Zeichentechniken und Bauweisen erklären liessen (Abb. 53–59).[277] Dadurch dass die Blätter gedruckt wurden, konnten sich die Schüler das langwierige Abzeichnen von Modellen, Papiervorlagen und Wandtafelzeichnungen sparen, womit viel Zeit gewonnen war. Die zwei bis sechs Stunden Baukonstruktionszeichnen wöchentlich im zweiten und dritten Jahreskurs waren also wohl tatsächlich «Übungen im Entwerfen grösserer Baukonstruktionen», als die sie ursprünglich bezeichnet worden waren.[278] Dies bestätigt die einzige Übungsanlage, die sich von Ernst Gladbach erhalten hat. Am 1. Februar 1860 stellte er die Aufgabe einer «Restauration des Gewölbes und Daches des Jupitertempels zu Baalbek».[279] Verlangt waren zwei Quer- und ein Längsschnitt sowie ein Grundriss im Massstab 1:100, aus welchen «die Construction vollständig ersichtlich sein» sollte, die kein Holzwerk aufweisen durfte. Da diese Aufgabe für eine Tageskonkurrenz zu kompliziert ist, ist anzunehmen, sie sei über einen längeren Zeitraum hinweg bearbeitet worden. Selbst dann scheint sie recht schwierig und spekulativ zu sein, vor allem aber ziemlich abseits der Baupraxis der Zeit zu liegen. Solches mag Semper zu seiner Kritik veranlasst haben, Gladbach pflege eine zu grosse Vorliebe für das Schwierige.[280] Schülerzeichnungen, die dies dokumentieren würden, fehlen allerdings. Man darf im Konstruktionszeichnen einen zunehmenden Einfluss der Hilfslehrer Julius Stadler und Georg Lasius vermuten, die offenbar den Unterricht im Zeichensaal, zumal in den oberen Jahreskursen, mehr oder weniger selbständig durchführten.[281] So mögen die Entwürfe aus dem Bereich des Zivilbaus, die Hans Pestalozzi 1866/67 im zweiten Jahr der Bauschule angefertigt hatte, im Fach «Baukonstruktionszeichnen» entstanden sein (vgl. Abb. 78). Just in diesen Jahren baute nämlich Georg Lasius seinen Kurs in Zivilbau an der mechanisch-technischen Abteilung auf und begann, auch an der Bauschule über «gewerbliche und landwirthschaftliche Bauanlagen» Vorlesungen zu halten. Dass er in den von ihm mitbetreuten Zeichnungsstunden bei den Bauschülern entsprechende Übungen machen liess, scheint zumindest nicht abwegig.

Die Erforschung der schweizerischen Holzbautradition

Ernst Gladbach wird heute überwiegend als Begründer der Bauernhausforschung in der Schweiz gewürdigt.[282] Mit seinen Werken über die Holzarchitektur war er der Erste, der anhand zahlreicher Beispiele systematisch und präzise die unterschiedlichen Bauweisen und Bautypen des Landes beschrieb. Bis heute bilden diese eine wichtige Referenz für die Hausforschung, zumal manche der in ihnen beschriebenen Bauten nicht mehr erhalten sind.

Trotzdem könnte bei Gladbach die Bezeichnung «Bauernhausforscher» in die Irre führen.[283] Sein Interesse war weder kulturgeographischer noch ethnographischer Art, sodass Vorwürfe, er habe die Beziehung von Hausgestalt und Lebensverhältnissen zu wenig berücksichtigt, nicht gerechtfertigt sind. Zwar erkannte und beschrieb er die regionalen Unterschiede der Bauweisen, es ging ihm jedoch nicht um eine vollständige Übersicht über das ländliche Bauen in der Schweiz. Abgebildet und kommentiert wurden denn auch keineswegs ausschliesslich Bauernhäuser, auch wenn diese, was bei einer Fokussierung auf Holzbauten nicht erstaunen kann, einen grossen Teil der Beispiele ausmachen.

Der Titel von Gladbachs ersten Veröffentlichung *Der Schweizer Holzstyl in seinen cantonalen und constructiven Verschiedenheiten. Vergleichend dargestellt mit Holzbauten Deutschlands* umschreibt präzise, worum es geht.[284] Es werden die Eigenheiten der unterschiedlichen Holzbauweisen vorgestellt, wobei die Erscheinung der Häuser vom Ganzen des Baukörpers bis hin zur ornamentalen Ausgestaltung im Detail in Zusammenhang mit ihrem konstruktiven Gefüge präsentiert wird. Dies bedingte eine hohe Genauigkeit und Vollständigkeit der Darstellung, was Gladbachs Publikationen von ihren Vorgängern unterscheidet. Weder die Werke zur Holzarchitektur des Berner Oberlandes von Jakob Hochstetter sowie von Adolf von Graffenried und Ludwig Stürler noch die *Architecture pittoresque Suisse* von Eugène und Amédée Varin nahmen es mit der Detailtreue allzu genau und konzentrierten sich im Wesentlichen auf das malerische Erscheinungsbild der Bauten.[285] Das Exemplar von Hochstetters *Schweizerische Architektur* in der Bibliothek der ETH Zürich ist voll von korrigierenden Anmerkungen Gladbachs, der die Zeichnungen von Carl Weinbrenner und Josef Durm offensichtlich minutiös mit den eigenen Befunden abgeglichen hatte.[286]

Allerdings war auch Gladbach die malerische Wiedergabe der Bauten wichtig. So zeigen die perspektivischen Schaubilder seiner Publikationen die Häuser in idealisierter Umgebung, und obwohl er nie so weit gegangen wäre, sinnwidrig ein «Schweizerdorf» aus Bauten unterschiedlicher Landesgegenden zusammenzustellen, wagte er sich in seinem Spätwerk doch an die Aufgabe, aus charakteristischen Bauten einer Region ideale Dörfer zu komponieren.[287] Solches mag man im weitesten Sinn in die Tradition der sich seit dem 18. Jahrhundert ausbreitenden Schweizerhausmode stellen, deren Vorlieben für pittoreske Impressionen Gladbachs Werke durchaus bedienten.[288] Bei ihm kam nun aber ein ausgeprägtes Interesse an der Bauweise der Holzhäuser hinzu, wie es sich erst in der Mitte des 19. Jahrhundert herausgebildet hatte.

Insbesondere in Zusammenhang mit dem Eisenbahnbau stellte sich den Architekten nämlich vermehrt die Aufgabe, nicht nur monumentale und repräsentative, sondern ebenso bescheidene Bauten unterschiedlicher Art zu entwerfen, für die nur eine ausgesprochen einfache, den lokalen Gegebenheiten angepasste Architektur angemessen schien. Auch dadurch, und nicht nur als Teil einer pittoresken Staffage, wurde der Holzbau zu einem Thema der Architektur.[289] Gladbach schrieb dazu in der Einleitung zu *Der Schweizer Holzstyl* 1868:

«Wenn auch überall da, wo der Stein zur Hand liegt, das Holz wenigstens aus den Umfangswänden zu verdrängen ist, so möge ihm doch da, wo es unentbehrlich bleiben wird, seine Berechtigung zu stylistischer Behandlung nicht entzogen werden: und gerade hierzu bietet der Schweizer Holzstyl die schönste Anleitung. Wir finden hier Alles, was die Architectur eines sinnigen Landvolkes anziehend machen kann».[290]

60–62 Ernst Gladbach, *Der Schweizer Holzstyl*, Zürich 1883 (1. Aufl. Darmstadt 1868). Gladbach ist heute vor allem als Erforscher der ländlichen Holzbautradition bekannt. Obwohl möglicherweise die ersten diesbezüglichen Arbeiten in Zusammenhang mit dem Unterricht am Polytechnikum entstanden sind, war der Bezug dieser Forschungstätigkeit zur Schule nicht sehr eng. Nur wenige der Zeichnungen zu Schweizer Holzbauten erreichen die Dichte der *Vorlegeblätter*.

Der
Schweizer
Holzstyl
in seinen cantonalen
und constructiven
Verschiedenheiten
vergleichend dargestellt
mit Holzbauten
Deutschlands
von
Ernst Gladbach
Prof. am Polytechn. in Zürich.
Verlag
von
Caesar Schmidt
Zürich.

HAUS DES FRIEDENSRICHTERS HUBER IN MEIRINGEN

DAS HAUS DER GEBR. SCHMIDT IN BUELISACKER

Wegweisend für diese Art der Auseinandersetzung mit vernakulären Holzbauten waren Friedrich Eisenlohrs Entwürfe für Bahnwärterhäuschen, kleine Stationsgebäude und Ähnliches für die Badische Eisenbahn. Obgleich in der formalen Ausgestaltung neue Wege beschritten wurden, knüpften diese explizit an «das vorhandene Volksthümliche» an. Dabei wurde die «schwarzwälder Bauart und dergleichen» zwar als gottgewollt und natürlich verklärt,[291] doch wurden eben so sehr deren ganz praktische Vorzüge herausgestrichen, vor allem ihre Angepasstheit an die örtlichen Bedingungen des Klimas, in der sie dem modernen «Ausgleichungs-, Mode-, Muster- und Schablonenprinzip» überlegen sei.[292] Eisenlohr fand in der traditionellen Holzarchitektur damit in vollkommener Weise realisiert, was er auch in den eigenen Entwürfen und in seinem Architekturunterricht am Polytechnikum Karlsruhe anstrebte: «[…] überall sichtbares Material und unverhüllte wirkliche Konstruktion und darauf sich gründende Formenbildung, also keine Scheinform, sondern Wahrheit».[293]

Gladbach schloss sich diesen Gedanken an. Einführend zu *Der Schweizer Holzstyl* schrieb er, dass die präsentierten Bauten «eine Fundgrube zur stylistischen Belebung der Construction» bildeten, indem bei ihnen die Dekoration dem Material nie zuwider laufe und «eine verständige Rücksicht auf die Massenwirkung» zeige. In der Konstruktion, gerade «in deren schlichtester Einfalt und primitiver architectonischer Gestaltung» liege ein erhöhter Reiz für den forschenden Künstler, der «den Werth auch unscheinbarer Details in dem Zusammenhang mit dem Ganzen» suche.[294] In den grossformatigen Tafeln der Publikation gelang es ihm, diesen inneren Zusammenhang von Ornamenten und Details, konstruktivem Aufbau und Gesamtwirkung der Baukörper anschaulich zu machen. Zusammen mit den ausführlichen Kommentaren zu ausgewählten Beispielen erreichte er eine beeindruckende Tiefe und Präzision. Das den Text abschliessende Kapitel «Vergleichende Übersicht schweizerischer und stammverwandter deutscher Holzbauten» stellte die Einzelfälle überdies in einen regionalen und historischen Kontext, sodass zum ersten Mal ein Gesamtbild der Kulturlandschaft des schweizerischen Holzbaus gezeichnet wurde.

Im zweiten, kleinformatigen und auf grosse Tafeln verzichtenden Buch *Die Holz-Architektur der Schweiz* von 1876 wählte Gladbach eine Gliederung nach Bauteilen, der er eine knappe Übersicht voranstellte.[295] Damit verstärkte er den Fokus auf die Konstruktion zusätzlich und erleichterte den Vergleich zwischen den unterschiedlichen Bauweisen, erschwerte aber gleichzeitig den Blick auf das Ganze und den inneren Zusammenhang der Teile eines Hauses. Die späteren Tafelwerke wiederum konzentrierten sich als

Ergänzung der beiden ersten Publikationen stärker auf formale Aspekte.[296] Dennoch blieb die Wiedergabe präzise und verlässlich.

Gladbachs Biograph Wilhelm Ludwig Lehmann berichtete, die Forschung zum Schweizer Holzbau sei durch den Baukonstruktionsunterricht am Polytechnikum motiviert gewesen. Die «ersten grossen Blätter» seien «nur für sein Colleg» entstanden und eher zufällig durch einen Freund dem Darmstädter Verleger Carl Koehler geschickt worden, der sich darauf zur Herausgabe entschlossen habe. Dies ist insofern plausibel, als in *Der Schweizer Holzbaustyl* zunächst die unterschiedlichen Bauweisen anhand von vier ausführlich vorgestellten Bauten exemplarisch vorgeführt werden. Insbesondere die Tafeln 4 und 5 des Werkes, welche die Konstruktion zweier Häuser in Fischenthal (Zürich) und Büelisacker (Aargau) in hochkomplexen Darstellungen veranschaulichen, weisen eine grosse Ähnlichkeit mit den besten der etwa gleichzeitig entstandenen *Vorlegeblätter zur Baukonstruktionslehre* auf, während die späteren Zeichnungen konventioneller angelegt sind (Abb. 60–62).[297]

Allzu eng darf man den Zusammenhang zwischen Gladbachs Forschung und seiner Lehre nicht sehen. Zwar wurde der traditionelle Holzbau im Unterricht besprochen, doch stand er keineswegs im Zentrum seiner Vorlesungen. Die Publikationen stammen überdies aus einer Zeit, in der die Intensität von Gladbachs Lehrtätigkeit abzunehmen begann und er Baukonstruktion nur noch im ersten Jahreskurs der Bau- und Ingenieurschule las. Die letzten Werke entstanden sogar nach seinem faktischen Ausscheiden aus dem Unterricht 1881.

Zunächst richtete sich Gladbachs Forschungsinteresse in der Schweiz gar nicht auf die einfachen Bauten, sondern, gleichsam in den Fusstapfen von Georg Moller, auf die ausserordentlichen Zimmermannskonstruktionen grosser Dachstühle und Kirchtürme (vgl. Abb. 95). Auf den Exkursionen mit dem ersten Kurs der Bauschule wurden die ländlichen Bauten erst allmählich zu einem zentralen Thema, wobei auch der Besuch einer Chaletfabrik zum Programm gehören konnte.[298] Dass Gladbach die Exkursionen systematisch für seine Forschungen genutzt hätte, ist aber unwahrscheinlich. Die Tagebücher und Notizen bestätigen vielmehr, dass er die ländliche Schweiz vor allem in den Semesterferien durchstreifte.[299]

Den traditionellen Holzbau studierte Gladbach zuerst gar nicht in der Schweiz, sondern an Beispielen aus seiner alten Heimat. Am 19. Februar 1858 reichte er beim Schulrat ein Gesuch ein, die Osterferien um zwei Wochen zu verlängern: «Da sich in neuerer Zeit das Interesse an ornamentierter Holzarchitektur sehr gehoben» habe, wolle er sich die «Herausgabe der älteren interessanten Holzbauten des Vogelsbergs in Hessen» vornehmen. Diese würden in weiteren Kreisen Anerkennung verdienen, und überdies würden die entsprechenden Aufnahmen auch den Vorträgen über Holzarchitektur zu Gute kommen.[300]

Erst später wandte sich Gladbach den in jeder Hinsicht näher liegenden schweizerischen Holzbauten zu. Dass er dabei vom alten Forschungsprojekt seines Vorgängers Ferdinand Stadler gewusst hatte, scheint aufgrund der freundschaftlichen Zusammenarbeit der beiden Architekten immerhin möglich.[301] Sicher ist, dass das Thema zu jener Zeit in der Luft lag. Auf eine Aktualisierung der Holzbautradition, wie sie Eisenlohr mit der Publikation seiner Entwürfe vorantrieb und wie sie ausserdem Stadler mutmasslich im Sinn hatte, verzichtete Gladbach allerdings.[302] Und um eine Finanzierung seiner Forschung durch die Schule, wie sie Stadler vorgeschlagen hatte, bemühte er sich gar nicht erst.

Zwei Positionen im Ungleichgewicht: Ernst Gladbach und Gottfried Semper

Es fällt auf, dass mit Ferdinand Stadler und Ernst Gladbach zwei Verfechter der Gotik an die zweite Professur der Bauschule gewählt worden sind, obwohl der Vorsteher dieser Abteilung von seiner grundsätzlich ablehnenden Haltung gegenüber diesem Baustil keinen Hehl machte. Bereits in den 1840er Jahren hatte sich Semper anlässlich des Wiederaufbaus der Nikolaikirche in Hamburg dezidiert zu dieser Frage geäussert.[303] Nach einem unschönen Ränkespiel wurde damals der gotische Entwurf von George Gilbert Scott dem seinen vorgezogen. Wenn er sich nun nach der Berufung von Ernst Gladbach erneut als Opfer von Intrigen einer gewissen katholischen Partei sah,[304] muss man das in diesem Zusammenhang verstehen, da für ihn Gotik und Katholizismus eng miteinander verbunden waren.

In den Akten des Polytechnikums gibt es allerdings keine Hinweise dafür, dass bei der Besetzung der zweiten Professur der Bauschule die Stilfrage eine Rolle gespielt hätte, und schon gar nicht die Konfession. Gefragt waren ausgewiesene Kompetenzen in praktisch-technischen Fragen sowie Erfahrung in der bürgerlichen, das heisst nichtmonumentalen, auf den praktischen Nutzen hin orientierten Baukunst. Solche vermutete man, nicht ohne Grund, vor allem bei polytechnisch geschulten Architekten, waren die entsprechenden Bauschulen doch mit dem Ziel eingerichtet worden, Fachleute auszubilden, die im Dienste des Staates oder der aufstrebenden Bahn- und Industriegesellschaften in der Lage waren, die nötigen Nutzbauten zu erstellen.

Bei der Vorbildfunktion, die das Polytechnikum Karlsruhe für die Zürcher Schule hatte, ist es naheliegend, dass man sich zunächst um Absolventen dieser Schule bemühte. Ferdinand Stadler, Gustav Albert Wegmann, Johann Christoph Kunkler und Robert Roller: Sie alle hatten in Karlsruhe studiert. Johann Caspar Wolff, Adolf Merian und Felix Kubly wiederum waren Studenten an der Akademie in München, wo Friedrich von Gärtner 1828 mit der Aufnahme des Faches «Zivilbau» in den Lehrpan der einfachen Baukunst ebenfalls einen hohen Stellenwert eingeräumt hatte.[305] Einzig Kubly war nach seiner polytechnischen Ausbildung für längere Zeit zusätzlich Student an der Pariser École des Beaux-Arts gewesen: Ihn hatte man bezüglich der Bauschule denn auch zunächst nur als Experten beigezogen.[306] Gladbach schliesslich war zwar kein Polytechniker, versprach jedoch als Schüler von Georg Moller und erfahrener Baubeamter entsprechende Fähigkeiten mitzubringen.

Unter den Polytechnikern war nun aber eine besondere Vorliebe für die mittelalterliche und namentlich für die gotische Baukunst weit verbreitet, ja geradezu der Normalfall. Dabei spielten ideologische Fragen wie diejenige nach einem National- oder Kirchenstil teilweise zwar auch eine Rolle.[307] Dazu kam aber ein spezifisches Interesse an der konstruktiven Virtuosität der mittelalterlichen Baukunst. Bei Georg Lasius zum Beispiel, der am Polytechnikum in Hannover ausgebildet worden war, zeigen bereits die Bezeichnungen der Vorlesungen, die er ab 1863 am Zürcher Polytechnikum über Gewölbebau hielt, dass sein Blick auf die Geschichte durch die Auseinandersetzung mit der Konstruktion und durch aktuelle Bauprobleme geprägt war. In den aufeinander folgenden Semestern nannte er sie «Gewölbebau», «Über Gewölbe- und feuerfeste Deckenkonstruktionen» und «Gewölbebau des Mittelalters».[308]

Ein wichtiger Zeuge für die konstruktiv motivierte Betrachtung der mittelalterlichen Baukunst ist Georg Moller, der als Lehrer von Ferdinand Stadler und Ernst Gladbach dem Konstruktionsunterricht am Zürcher Polytechnikum Pate gestanden hatte. Seine bahnbrechenden Überlegungen diesbezüglich basierten wesentlich auf einem intensiven Studium der alten, speziell der gotischen Baukunst. Erst dieses machte die eigenen, teils ausserordentlich kühnen und nicht zuletzt rationellen Konstruktionen überhaupt erst denkbar. Den Ausdruck seiner eigenen Werke prägten diese in den meisten Fällen allerdings höchstens indirekt. Mollers Architektur blieb in ihrer Erscheinung weitgehend dem Klassizismus seines Lehrers Weinbrenner verpflichtet, wobei sich das Gefüge hinter dem entsprechenden Stilkleid verbarg.

Mit der Architekturlehre, die Weinbrenners Schüler und Nachfolger Heinrich Hübsch am Karlsruher Polytechnikum vertrat, begann sich aber eine andere Auffassung vom Verhältnis von Konstruktion und architektonischer Gestalt durchzusetzen. In seiner berühmten Schrift *In welchem Syle sollen wir bauen?* brachte Hübsch 1828 nicht nur die zentrale Frage der Architektur des Jahrhunderts auf den Punkt, er beschritt vor allem einen neuen Weg, sie zu beantworten.[309] Sein Eintreten für den «Wölbestyl» basierte wesentlich auf Argumenten des Klimas und des Materials sowie auf einer Kritik der technischen Möglichkeiten horizontaler Überdeckungen. Dabei postulierte er eine innige und direkte Verbindung von Konstruktion und Gestalt, indem die Bauweise den Stil bestimmen sollte, also auch das Aussehen eines Bauwerks und dessen Gesetzmässigkeit.[310]

Bei Ernst Gladbach manifestiert sich eine Auffassung, die mit derjenigen von Hübsch zumindest verwandt ist. Seine Zeichnungen sind nicht bloss technisch präzise Abbildungen, die sich auf den konstruktiven Zusammenhang allein konzentrieren würden, richten das Augenmerk aber auch nicht ausschliesslich auf das Äussere und schon gar nicht auf die ornamentale Ausgestaltung einer gezeigten Architektur. Seine Darstellungen sind vielmehr synthetischer Natur. Nach Möglichkeit führen sie die Bauweisen in ihrem Wirkungszusammenhang vor Augen und stellen umgekehrt die Erscheinung eines Bauwerks in den Zusammenhang seiner Faktur. In besonderem Masse gilt dies für die *Vorlegeblätter zur Bauconstructionslehre*, bei denen Gladbach axonometrische und perspektivische Zeichnungen bevorzugte. Bisweilen gelang es ihm dabei sogar, unterschiedliche Bauzustände in einem Blatt zusammenzufassen und so den Bauprozess anschaulich zu machen. Ganz ähnlich wie schon seine Ruinendarstellungen für Mollers *Denkmäler der deutschen Baukunst* offenbaren diese Blätter zugleich den inneren Aufbau und die äussere Ansicht eines Baus.[311] Sinnvoll ist dies nur, wenn man den unmittelbaren Zusammenhang zwischen Konstruktion und Form als wesentlich erachtet.

Gottfried Semper dagegen fasste den Zusammenhang zwischen Stofflichkeit, Konstruktion und Form als einen bloss mittelbaren auf, als Resultat komplexer Entwicklungen mit zahlreichen Vermittlungsstufen. Um sich von den «Materiellen» abzugrenzen, denen er vorwarf, «die Idee zu sehr an den Stoff geschmiedet zu haben», formulierte er in den Prolegomena zu *Der Stil*, der Stoff dürfe zwar der Form als der «zur Erscheinung gewordenen Idee» nicht widersprechen, müsse aber nicht notwendigerweise selbst ein Faktor der «Kunsterscheinung» sein. Der Stoff solle der Idee dienstbar sein, nicht umgekehrt.[312]

Etwas zugespitzt könnte man formulieren, dass Semper dem Poché zwischen der äusseren und inneren Oberfläche der Architektur keine wesentliche Rolle beimass, es sei denn, um die gewünschte Form zu ermöglichen. So gesehen überrascht es nicht, dass ihm Gladbachs Unterricht als zu «transcendent» vorkam, da dort die Konstruktion offenbar als ein Wert an sich aufgefasst wurde, mit eigenen Möglichkeiten, für deren Grenzen man sich interessierte. Auch bezüglich der Frage nach der Bedeutung der Konstruktion teilte Semper die Auffassung der Pariser École des Beaux-Arts, während Gladbach, obwohl er selbst kein Polytechniker war, eine polytechnische Position vertrat. Damit waren die zwei grundsätzlich verschiedenen Auffassungen von Architektur, die mit einer jeweils eigenen, sich herausbildenden Tradition der Architektenausbildung verbunden waren, beide an der Zürcher Bauschule vertreten.

Das unterschiedliche intellektuelle und künstlerische Format der zwei Professoren brachte es nun allerdings mit sich, dass sich diese beiden Positionen nicht gleichwertig gegenüber standen. Gladbach, der schwächere, zog sich zurück, aber auch Semper vermochte sich im gegebenen Rahmen nicht vollumfänglich durchzusetzen. Die Zürcher Bauschule blieb letztlich ein Zwitter und in ihrer Ausrichtung ambivalent, worin ein wichtiger Grund dafür liegen mag, dass sie sich so schwach entwickelte, während die deutschen Polytechniken, aber auch die Pariser École des Beaux-Arts blühten und ihre Attraktivität auch für angehende Architekten aus der Schweiz nicht einbüssten. Erst im 20. Jahrhundert, nach einer deutlichen Ausweitung des Unterrichts, vermochte dieses Sowohl-als-auch in diejenige spezifische Qualität umzuschlagen, die der Schule bis heute eigen ist.

Vom Hilfslehrer zum Professor: Julius Stadler und Georg Lasius

Das *Reglement für die eidgenössische polytechnische Schule* von 1854 hält in Artikel 60 fest, die Lehrer seien entweder angestellt oder als Privatdozenten tätig, wobei die Angestellten «entweder Professoren oder Hilfslehrer» seien. Für die Bauschule waren zwei Professoren und zwei bis drei Hilfslehrer vorgesehen, dazu kamen «zwei Lehrer für Figuren- und Landschaftszeichnen», die dem Bereich «Literarische und staatswirthschaftliche Wissenschaften» angegliedert waren.[313]

Die Stellung der Hilfslehrer liess man dabei ziemlich offen. Dadurch konnte im Einzelfall entschieden werden, ob sie vollwertige Mitglieder der Konferenzen seien oder nicht.[314] Ihre Aufgaben und Kompetenzen entsprachen bisweilen denen eines heutigen Assistenten oder Werkstattleiters, oft aber auch denen eines Lehrbeauftragten oder Assistenzprofessors. Sie hielten zwar keine eigenen Vorlesungen, doch führten sie praktisch orientierte Kurse in der Werkstatt oder im Zeichensaal oft in eigener Verantwortung durch. Fast allen wurde früher oder später der Professorentitel verliehen, allerdings spielten in der Folge die wenigsten eine derart tragende Rolle für ihre Abteilungen wie Julius Stadler und Georg Lasius für die Bauschule.[315] Deren Karrieren waren dabei recht unterschiedlich. Julius Stadler wurde bereits bei der Gründung der Schule als «Hilfslehrer für architektonisches Zeichnen» eingestellt,[316] hatte bald selbständig die Verantwortung für das Ornamentzeichnen und wurde binnen Kurzem Gottfried Sempers rechte Hand. Dabei ging er ganz in seinem enormen Engagement für die Schule auf. Georg Lasius dagegen besuchte das Polytechnikum zunächst zur eigenen Weiterbildung, etablierte sich aber rasch als Privatdozent und stieg danach zum Hilfslehrer und Professor auf, der Ernst Gladbach entlastete. Neben seiner Arbeit für die Schule blieb er weiterhin als entwerfender und bauender Architekt tätig.

Stadler und Lasius haben sich offenbar gut ergänzt, und sie prägten die Bauschule mit – weit über eine Gehilfenschaft im Dienste der Professoren hinaus. Nur so lässt sich erklären, dass sie 1871, als Semper Zürich verliess, dessen Aufgaben scheinbar problemlos übernehmen konnten.

Julius Stadler, geachteter Lehrer, Sekretär und herausragender Zeichner

Ende August 1855 liess sich der Schulratspräsident die Vollmacht geben, für die Bauschule die Anstellung eines Hilfslehrers «für architektonisches Zeichnen» in die Wege zu leiten und für diese Position «eventuell [...] Herrn Julius Stadler von Zürich [...] zu bezeichnen» (Abb. 63).[317] Das Geschäft scheint keine Diskussionen verursacht zu haben. Dadurch brachte es die Schule doch noch zustande, eine Bande zur bedeutendsten Baumeister- und Architektendynastie der Stadt zu knüpfen, was ihr mit Julius Stadlers älterem Cousin Ferdinand zunächst nicht recht hatte gelingen wollen.[318]

Man darf vermuten, dass die Besetzung dieser Stelle im Einverständnis mit Semper vorbereitet worden war, der seit Mitte Juli in der Stadt weilte. Stadler erhielt «Sitz und Stimme in den Konferenzen» und ausserdem Anteile der Schulgelder. Dies bezeugt eine hohe Wertschätzung, genauso wie der Umstand, dass man ihn sofort zum «Direktor der Sammlung v. Vorlagen für das architektonische Zeichnen» bestimmte.[319] Offensichtlich war ihm von Beginn weg eine wichtige Rolle zugewiesen.

Obwohl Stadler noch keine Erfahrung als selbständiger Architekt hatte, war er hoch qualifiziert. Sein Werdegang kann mit seiner Kombination von Studien an verschiedenen Schulen, praktischer Tätigkeit und ausgedehnten Reisen als charakteristisch für die Zeit gelten. Als Sohn des erfolgreichen Zürcher Architekten und Weinbrennerschülers Hans Conrad Stadler begann er seine Ausbildung als Sechzehnjähriger in Karlsruhe, wo er zunächst den Maurerberuf erlernte und später unter Heinrich Hübsch und Friedrich Eisenlohr am Polytechnikum Architektur studierte. Als 1848, nach dreieinhalb Jahren Studium, die Schule wegen der Revolutionswirren geschlossen wurde, kehrte er vorerst nach Zürich zurück, um später sein Glück in München zu versuchen. Dort aber fand er die Akademie gleichfalls geschlossen, weshalb er sich 1850 entschied nach Berlin zu gehen, um sich beim Schinkelschüler Heinrich Strack an der Kunstakademie ausbilden zu lassen.[320] Darauf folgten zwei Jahre «einer praktischen Lehrzeit in der Schweiz», an die sich eine ebenfalls zweijährige Studienreise anschloss. Sie führte via Köln und Belgien nach Paris, wo sich Stadler «mehrere Monate lang aufhielt und die Bauten, die Museen und das Leben eifrig studierte.»[321] Erst danach ging es über Südfrankreich weiter nach Italien, wo er, beginnend mit Genua, einigermassen systematisch die wichtigen Städte bis Neapel besuchte (Abb. 64, 65). Ein besonderer Schwerpunkt bildete dabei Pompeji, dessen Ausgrabungen Stadler zwölf Tage lang beschäftigten. In Florenz lernte er Jacob Burckhardt kennen, mit dem ihn fortan eine bleibende Freundschaft verband. Ihm war «es wohl in erster Linie zu verdanken», dass er «nach der Rückkehr aus Italien seine Kraft in den Dienst der schweizerischen Bauschule stellte.»[322]

Julius Stadler war anfänglich ausschliesslich für den Unterricht im Zeichensaal angestellt. Gemeinsam mit Gottfried Semper und Ferdinand Stadler beziehungsweise später Ernst Gladbach betreute er die Studenten beim Architektur- und Konstruktionszeichnen und bei den Übungen im Entwerfen und Konstruieren. Überdies war er schon bald selbständig für das Ornamentzeichnen verantwortlich, das die Studenten während ihres ganzen Studiums mit einer bedeutenden Stundenzahl begleitete.[323] Offensichtlich war das mit seiner Position als Hilfslehrer vereinbar, hingegen durfte er als solcher keine Vorlesungen halten. Dies zeigt, dass auch am Züricher Polytechnikum der theoretische Vortrag eine höhere Wertschätzung genoss als der praktische Unterricht, trotz der programmatischen Ausrichtung der Schule auf die Praxis. Um Vorlesungen halten zu können – 1864 zunächst über Konstruktion, ab 1868 über Gebäudelehre und nach Sempers Weggang 1871 über Stillehre – musste Stadler als Privatdozent habilitiert werden.[324] Im Januar

63 Julius Stadler (1928–1904)

1872 wurde er schliesslich zum Professor befördert und damit Georg Lasius gleichgestellt, mit dem zusammen er die zuvor von Semper abgedeckten Bereiche der Lehre übernommen hatte. Das geschah jedoch erst, nachdem er den Schulrat mit einer Kündigung unter Druck gesetzt hatte.[325]

Mit Nennung der in den Programmen verzeichneten Tätigkeiten ist Stadlers Bedeutung für die Bauschule allerdings noch nicht hinreichend umrissen. Indem er sich ganz und gar der Institution widmete und auf eine Karriere als bauender Architekt verzichtete, nahm er gewissermassen als Mann für alle Fälle unterschiedlichste Aufgaben wahr, die von der Struktur der Schule oder von den einzelnen Professoren vernachlässigt worden waren. So verfasste er als Aktuar der Bauschule von 1858 an fast alle offiziellen Schreiben der Abteilung, was so weit ging, dass er selbst «namens der Conferenz der Bauschule» ein von dem Vorsteher Gottfried Semper unterzeichnetes Gutachten über den eigenen Antrag verfasste, Vorlesungen über Gebäudelehre zu halten.[326] In seiner Tätigkeit als Aktuar scheint er durchaus Eigeninitiative entwickelt zu haben, etwa auch, als er zusammen mit Georg Lasius die bereits skizzierte Erweiterung des Konstruktionsunterrichts in die Wege leitete.[327]

Auch Stadlers Engagement für die Studenten ging weit über die offizielle Lehrtätigkeit hinaus. In seinem Bericht über das Jahr 1862 erwähnte er, dass er den Schülern mindestens zweimal wöchentlich «mit Rath & Hilfe bei ihren freiwilligen Übungen» beigestanden habe und selbst während der Feiertage und in den Ferien «so oft es meine Geschäfte erlaubten» an der Schule gewesen sei, «um den Schülern zu helfen & die Bibliothek & Sammlungen zu überwachen.» In den Sommerferien habe er Henri Bourrit beauf-

64, 65 Julius Stadler, Piccolomini-Bibliothek in Siena (o. D.) und Rekonstruktion einer pompejanischen Villa (o. D.). Stadler war ein hervorragener Zeichner und spornte seine Schüler zum Aquarellieren an. Das Thema polychromer Innenräume bildete zeitlebens einen Schwerpunkt seiner Interessen.

sichtigt, der die Diplomarbeit wegen einer Erkrankung verspätet in Angriff genommen habe, und zudem «kleinere Excursionen in hiesige Umgegend» organisiert, «wobei Übungen im Landschaftszeichnen der Zweck war.»[328]

Stadler bemühte sich, die Schüler an den Tätigkeiten der Künstlergesellschaft Zürich teilnehmen zu lassen, in der er Vorstandsmitglied war, und unterstützte die Abgänger bei ihrer Stellensuche und Karriereplanung.[329] Dabei blieb er dennoch auf Distanz. Erst «in dem intimeren Verkehr» auf den Exkursionen, die er plante und leitete, «erschloss sich seinen Schülern [...] das eigenste Wesen des Mannes, der im gewöhnlichen Verkehr manchem zurückhaltend, ja schroff erschien», formulierte Gustav Gull.[330]

Stadlers ausserordentlicher Einsatz für die Schule wird durch zahlreiche Zeugnisse belegt. Als Lehrer war er hoch geachtet, was sich nicht zuletzt darin zeigt, dass nach seinem Tod 1904 sämtliche am Polytechnikum tätigen Architekten Nachrufe verfassten.[313] Die Wertschätzung, die in ihnen zum Ausdruck kommt, bleibt allerdings ambivalent. Keiner der Autoren versäumte es, dem Bedauern Ausdruck zu geben, dass Stadlers Hingabe für die Schule zu einer Zersplitterung seiner Kräfte geführt habe, sodass kein Raum mehr für eine eigene Bautätigkeit geblieben sei. Am deutlichsten formulierte dies Alfred Friedrich Bluntschli, der in der *Neuen Zürcher Zeitung* unterstrich, dass ein Architekt, ohne zu bauen, «nichts Bleibendes zu leisten» vermöge.[332] Die Geschichte gibt ihm recht: Stadler erhielt keinen Eintrag im *Architektenlexikon der Schweiz* und selbst in der Publikation über die Bauschule am Eidgenössischen Polytechnikum der Architekturabteilung aus dem Jahr 1971 fand er keine Erwähnung, obwohl er immerhin Sempers direkter Nachfolger war.[333]

Persönlichkeiten wie Julius Stadler haben wenig Glanz. Nicht nur der Ruf eines Architekten, sondern auch derjenige eines Architekturlehrers misst sich letztlich an den ausgeführten Bauten, allenfalls noch an den publizierten Schriften, kaum jedoch an den pädagogischen Leistungen. Wer seine eigene Person zurücknimmt und sich ganz in den Dienst der Vermittlung stellt, darf nicht auf grossen Ruhm hoffen. Entsprechend wenig brillant verlief Stadlers Karriere, zumal wenn man sie mit derjenigen des jüngeren Kollegen Georg Lasius vergleicht. Für eine Schule hingegen haben solche Lehrer eine hohe Bedeutung, indem sie Figuren wie Gottfried Semper überhaupt erst tragbar machen, von deren Ansehen die Institutionen zwar in hohem Masse profitieren, denen unter Umständen aber weder Schule noch Schüler besonders am Herzen liegen.

66 Georg Lasius (1835–1928)

Georg Lasius, Professor für Gewölbe- und Zivilbau mit Erfahrung in der Neugotik

Am 9. April 1859 bat Georg Christian Lasius (Abb. 66) um die Zusendung eines Programms der Schule, weil er beabsichtige, im Sommer nach Zürich zu kommen und «einige Vorträge der sechsten Abtheilung zu hören». Sein Interesse beschränke sich auf den «Kreis folgender Vorträge: Mechanik, Physik, Aesthetik, Allg. Geschichte, vergl. Baulehre, Gesch. der Baukunst, Gesch. der Skulptur u. Malerei».[334] Lasius, Sohn des Baudirektors von Oldenburg, war zunächst zwei Jahre lang als Matrose auf See, hatte sich dann aber doch zu einer Architektenlaufbahn entschlossen und ein Studium an der Polytechnischen Schule Hannover absolviert, wo er vor allem vom Neugotiker Conrad Wilhelm Hase unterrichtet worden war (Abb. 67). Die Fertigkeiten im Konstruieren und Entwerfen, die er sich dort angeeignet hatte, erschienen ihm offenbar als genügend, trotzdem verspürte er – der Stolz mit «G. Lasius Architekt» zeichnete – das Bedürfnis, sich theoretisch weiterzubilden. Zürich war dafür ein geeigneter Ort. Die Verbindung von polytechnischer Ausrichtung mit einem breiten Angebot universitärer Fächer, wie sie an der sechsten, «philosophischen und staatswirthschaftlichen Abteilung» gelehrt wurden,[335] war in Europa damals einzigartig. Für Lasius dürfte zudem attraktiv gewesen sein, dass Gottfried Semper in architektonischen Fragen eine Position vertrat, die diejenige seiner früheren Lehrer ergänzte.

Ein «Semestral-Zeugniss» der Zürcher Schule bestätigt für die Zeit vom Sommer 1859 bis zum Frühjahr 1860 den Besuch «mit grossem Fleiss und bestem Erfolg» von Sempers Vorlesungen über «Vergleichende Baulehre»

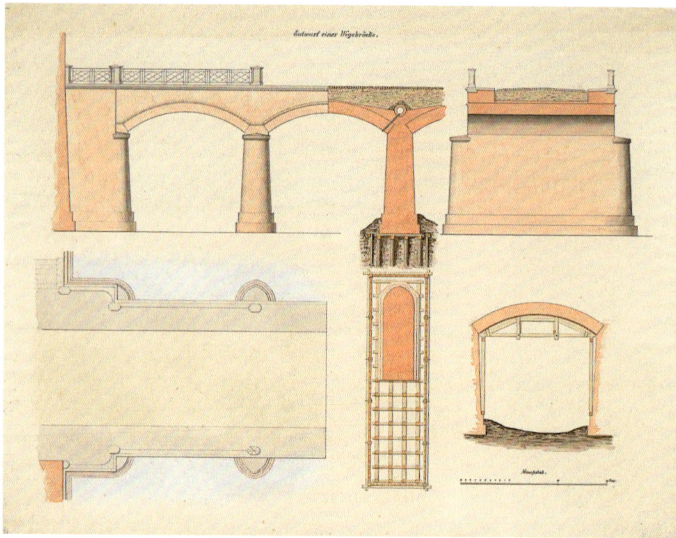

67 Georg Lasius, Entwurf einer Wegebrücke (Studentenarbeit am Polytechnikum Hannover, o. D.)

(Sommersemester 1859), «Geschichte der Baukunst, alte Kunst» (Wintersemester 1859/60) sowie «Malerische Perspektive» (Wintersemester 59/60). Bei Carl Culmann hörte er ein Semester lang «Brückenbau» (Sommersemester 1859), bei Gustav Anton Zeuner «technische Mechanik (erste Hälfte Geostatik)» (Sommersemester 1859) sowie «Baumechanik» (Wintersemester 1859/60), bei Rudolf Clausius «Optik, Magnetismus & Electricität in experimenteller Behandlung» (Sommersemester 1859) (Abb. 68).[336] Lasius unternahm von Zürich aus Exkursionen und publizierte unter der Aufsicht von Ernst Gladbach eine Aufnahme der Kirche Greifensee und eine einer Wendeltreppe in Strassburg.[337] Im Zeichensaal hat er laut Zeugnis keine Kurse belegt, genauso wenig besuchte er Vorlesungen in Kunstgeschichte. Der entsprechende Lehrstuhl war nach dem Ausscheiden von Jacob Burckhardt in diesem Jahr vakant, sodass interimistisch der Privatdozent Daniel Fehr, der vor allem an der Universität tätig war, Vorlesungen anbot.[338]

Nach diesem Weiterbildungsjahr kehrte Lasius in seine Heimat zurück, legte das Examen ab, das ihn zum Bauen im Staatsdienst befähigte, und betätigte sich als praktischer Architekt. Sowohl seine erhaltenen Entwürfe wie auch die realisierte neugotische Kirche in Brake an der Weser zeigen deutlich den Einfluss von Hase (Abb. 69), während Semper zunächst keine Spuren hinterlassen zu haben scheint.[339] Um an seiner gross angelegten Publikation *Die Baukunst in ihrer chronologischen und constructiven Entwicklung* zu arbeiten, kam Lasius aber bald wieder nach Zürich.[340] Dabei suchte er wohl weniger die Nähe Sempers als die des Kunsthistorikers Wilhelm Lübke, mit

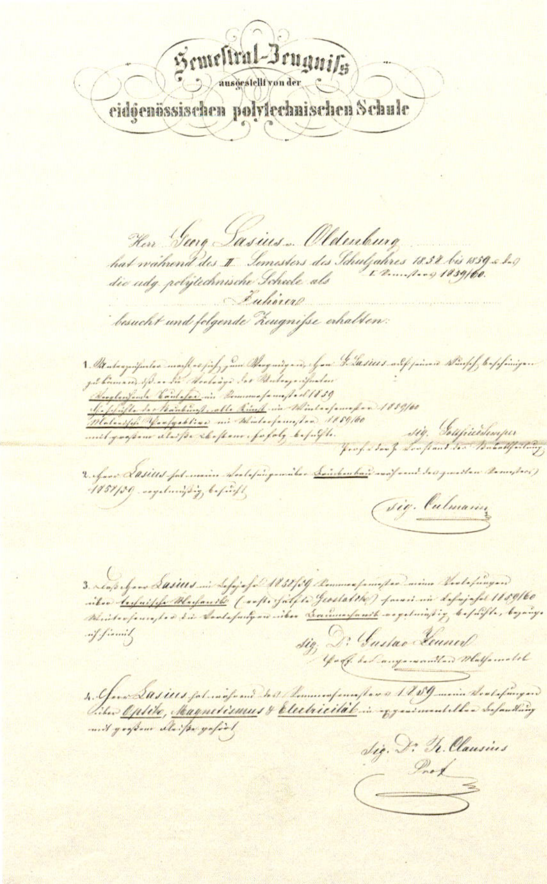

Semestral-Zeugniss
ausgestellt von der
eidgenössischen polytechnischen Schule

Herr Georg Lasius aus Oldenburg
hat während des II. Semesters des Schuljahres 1858 bis 1859
die eidg. polytechnische Schule als
Zuhörer
besucht und folgende Zeugnisse erhalten:

68 Semestral-Zeugniss, ausgestellt von der eidgenössischen polytechnischen Schule für Georg Lasius. Bevor Lasius in Hannover sein Staatsexamen ablegte, bildete er sich ein Jahr lang in Zürich weiter. Auf eine Grand Tour nach Italien verzichtete er.

dem er freundschaftlich verbunden war. Lübke, seit 1861 am Polytechnikum tätig, soll denn auch den Anstoss zu Lasius' Habilitation als Privatdozent gegeben haben.[341]

In einer Konferenz vom 25. Oktober 1862 anerkannten die Lehrer der Bauschule «gestützt auf das übereinstimmende Urtheil der Herrn Professor[en] Gladbach und Lübke und Herrn Stadler [...] die Befähigung des Herrn Lasius zu Vorlesungen über Constructionen des Monumentalbaus [...] unter der Voraussetzung jedoch, dass Herr Lasius in seinen Vorträgen vorzugsweise die Constructionen der mittelalterlichen Baukunst behandle», da «die Antike *Construction* in den Vorträgen über vergleichende Baulehre von Herrn Professor Semper erschöpfend gelehrt» werde.[342] Der Schulratspräsident befürwortete Lasius' Habilitation im Sinne der Konferenz, lehnte hingegen den Antrag der Bauschule ab, Julius Stadler mit einer zusätzlichen Konstruktionsvorlesung zu betrauen.[343]

Die Habilitation von Georg Lasius war eng mit den Bestrebungen verbunden, Ernst Gladbach von seinen Aufgaben zu entlasten. Die vom Schulrat gewählte Lösung hatte den Vorteil, dass sie die Schule nichts kostete und

69 Georg Lasius, Evangelische Kirche für die Stadt Brake. Der erste bedeutende Bau von Lasius, errichtet 1858–1862, steht ganz unter dem Einfluss seines Lehrers Conrad Wilhelm Hase.

eine Verbesserung des Konstruktionsunterrichts versprach, ohne das Ungleichgewicht der Positionen an der Bauschule zu verstärken. Dies wäre mit einer Aufwertung des sempertreuen Stadler zweifellos geschehen, während nun mit Lasius ein junger Neugotiker an die Schule gezogen wurde, der von Semper nicht als ernsthafte Konkurrenz empfunden werden konnte, aber gleichwohl denjenigen Bereich kompetent abdeckte, der von Semper vernachlässigt wurde und für den man eigentlich Gladbach an die Schule geholt hatte. Dass der Vorsteher der Bauschule im Protokoll nicht unter den Befürwortern der Habilitation genannt wird, spricht für sich, doch scheint Semper immerhin nicht aktiv opponiert zu haben.

Am 29. November 1862 legte Lasius ein detailliertes Programm für eine zweistündige, freiwillige Vorlesung in den beiden oberen Kursen der Bauschule vor, das anstandslos bewilligt wurde: «[...] über die Constructionen des kirchlichen Monumentalbaues im Mittelalter vom Ausgange der römischen Baukunst bis auf den Beginn der Renaissance» (Abb. 72, 73).[344]

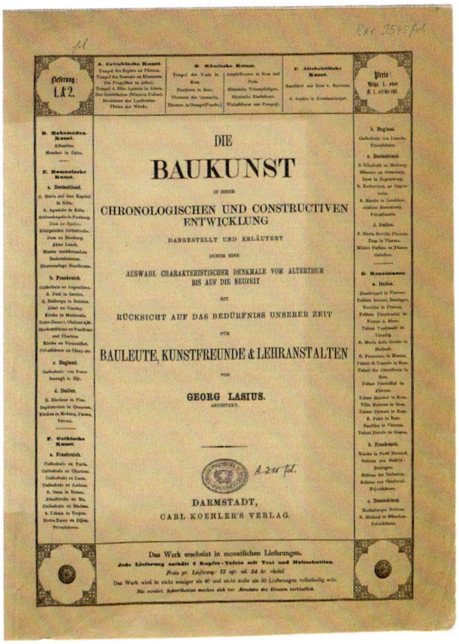
DIE
BAUKUNST
IN IHRER
CHRONOLOGISCHEN UND CONSTRUCTIVEN ENTWICKLUNG
DARGESTELLT UND ERLÄUTERT
DURCH EINE
AUSWAHL CHARAKTERISTISCHER DENKMALE VOM ALTERTHUM BIS AUF DIE NEUZEIT
MIT
RÜCKSICHT AUF DAS BEDÜRFNISS UNSERER ZEIT
FÜR
BAULEUTE, KUNSTFREUNDE & LEHRANSTALTEN
VON
GEORG LASIUS.
ARCHITEKT.
DARMSTADT,
CARL KOEHLER'S VERLAG.
Das Werk erscheint in monatlichen Lieferungen.
Jede Lieferung enthält 2 Kupfer-Tafeln mit Text und Holzschnitten.

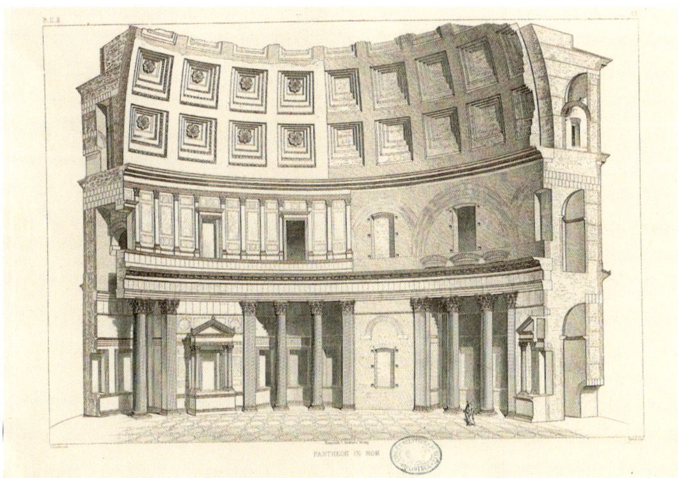

70, 71 Georg Lasius, *Die Baukunst in ihrer chronologischen und constructiven Entwicklung*, Darmstadt 1863–1868. Die Arbeit an dieser Publikation bewog Lasius wahrscheinlich, nach Zürich zurückzukehren, wo inzwischen Wilhelm Lübke Kunstgechichte unterrichtete.

Weil Lasius im Sommer 1863 Urlaub für eine längere Studienreise nach Frankreich und Deutschland erhielt, darf man vermuten, er habe seinen Unterricht schon im Frühjahr begonnen.[345] Offenbar mit Erfolg: Bereits im folgenden Jahr wurde er als Hilfslehrer eingestellt und mit weiteren Aufgaben betreut, die auf eine Entlastung von Gladbach zielten.[346] Er übernahm die Lehre in Zivilbau an der mechanisch-technischen Abteilung und richtete auch an der Bauschule zu diesem Thema eine Vorlesung ein, die allerdings freiwillig war. Vor allem aber betreute er die Bauschüler nun auch im Zeichensaal, und zwar nicht nur im Konstruktionszeichnen, sondern gleichermassen in den von Semper geleiteten Fächern.

Es war dabei der ausdrückliche Wunsch der Bauschulkonferenz, dass Lasius und Stadler die Zeichnungsstunden gemeinsam durchführen sollten. Der entsprechende Passus im Schreiben der Spezialkonferenz an «den Director des Polytechnikums» ist es wert, etwas ausführlicher zitiert zu werden:

«Da die Erfahrung gezeigt [hat,] dass ein harmonisches Zusammenwirken der Lehrer & Gemeinsamkeit des Unterrichtes für die Schüler das Erspriesslichste ist, während ein periodisches Abwechseln sowohl wie ein klassenweises Trennen von schädlichem Einflusse wäre, so wird beschlossen, dass zur Aushilfe in dem Zeichnungsunterrichte die Herren Stadler & Lasius gemeinschaftlich thätig seien, wobei aber das Detail der Arbeitsvertheilung dem gegenseitigen Einverständnis der beiden Herren überlassen bleibt. Zur Aushilfe während den freiwilligen Arbeitsstunden der Schüler werden die Professoren & Hilfslehrer es sich zur Aufgabe machen, dass den Schülern stets Gelegenheit zu Rath & Hilfe geboten werde.»[347]

Zum ersten Mal wurde hier explizit eine Einheit der Lehre des Architekturunterrichts oder zumindest eine Konkordanz der Lehrer beschworen und damit gegen die Herausbildung unterschiedlicher und potentiell konkurrierender Positionen interveniert. Das dabei aufgeworfene Problem beschäftigte die Schule später immer wieder. So verband man zum Beispiel die Berufung von Otto Rudolf Salvisberg 1929 explizit mit der Aufgabe, dieser möge die Schule zu einer neuen Einheit führen, nachdem sich zuvor die zunächst eng befreundeten Professoren Gustav Gull und Karl Moser persönlich, aber auch bezüglich ihrer architektonischen Haltung auseinandergelebt hatten.[348] Das von Salvisberg eingeführte und von seinem Nachfolger Hans Hofmann übernommene System von aufeinander aufbauenden Jahreskursen, die jeweils nur von einem einzigen Architekturlehrer geleiteten wurden, sorgte dann in der Tat für eine *unité de doctrine*. Es hatte bis 1957 Bestand, als es aufgrund der stark ansteigenden Studentenzahlen unhaltbar wurde. Anschliessend war es der unter Bernhard Hoesli entwickelte Grundkurs, der von 1960 an alle Studierenden im ersten Studienjahr auf die formalen Prinzipien der modernen Architektur einschwor, sodass auf dieser Grundlage unterschiedliche Architekturauffassungen aufbauen konnten, ohne die Einheit der Schule zu gefährden.[349]

Lasius beschränkte seine Tätigkeiten, anders als Stadler, nicht auf den Dienst an der Schule, sondern betätigte sich weiterhin als Architekt, wobei er sich bei seinen bekanntesten Werken aus der Zürcher Zeit auf die Stilelemente der Renaissance abstützte: beim Wettbewerb für das Haus der Museumsgesellschaft (1866), beim Gesellschaftshaus zum Schneggen, das er zusammen mit Leonhard Zeugheer 1864 bis 1866 entwarf, und bei der Bank

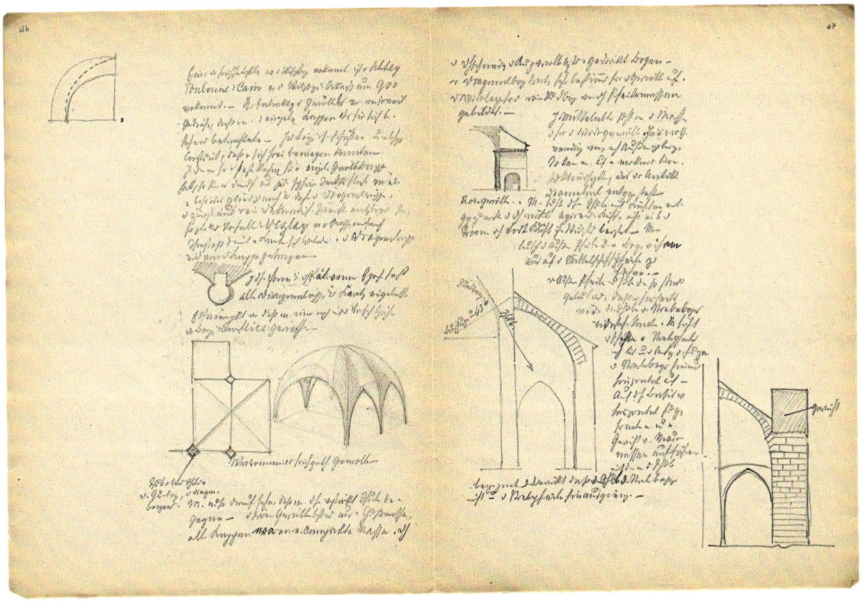

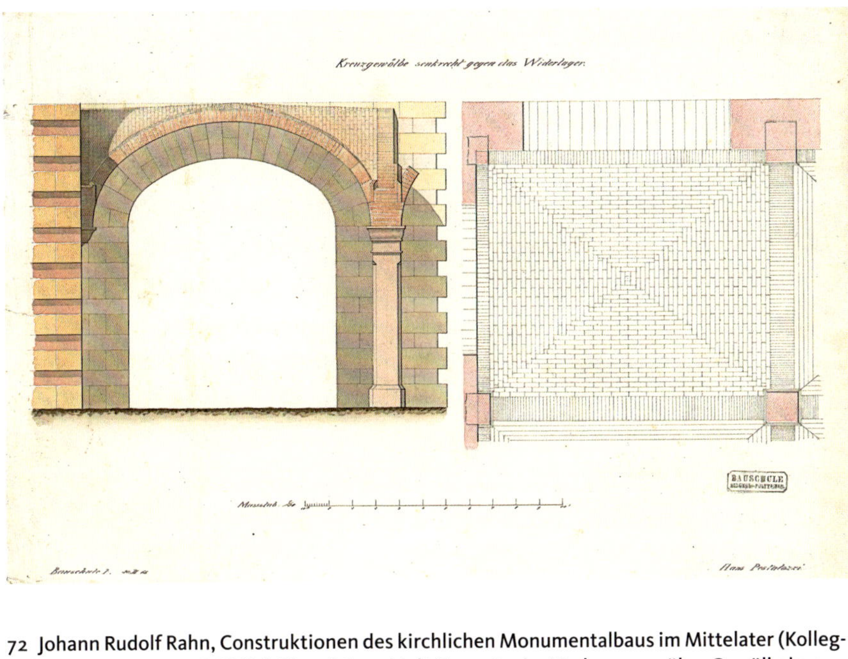

72 Johann Rudolf Rahn, Construktionen des kirchlichen Monumentalbaus im Mittelater (Kollegheft Wintersemester 1868/69). Von 1863 an hielt Georg Lasius Vorlesungen über Gewölbebau, ein Jahr später wurde er als Hilfslehrer eingestellt, wobei er gemeinsam mit Julius Stadler sowohl Semper wie auch Gladbach im Zeichensaal assistierte.

73 Hans Pestalozzi, Kreuzgewölbe, 20. Februar 1866

an der Poststrasse in Zürich (1871–1873). Daraus zu folgern, er hätte der Gotik abgeschworen und sich zu einem treuen Schüler Sempers und Anhänger der Neurenaissance entwickelt, wäre aber falsch. Vielmehr ist die stilistische Breite seines nicht sehr umfassenden Werkes wohl weniger einer persönlichen Stilentwicklung als dem Willen und der Fähigkeit zu verdanken, die Architektursprache der jeweiligen Bauaufgabe anzupassen. Die Palette reicht vom Entwurf eines neugotischen Backsteinbaus für das Gaswerk in Basel über die genannten Neurenaissancebauten und neugotische Villen bis hin zu einem geradezu demonstrativ einfachen Gebäude wie dem Maleratelier für den befreundeten Arnold Böcklin.[350]

Als Forscher beschäftigte sich Lasius insbesondere mit der mittelalterlichen Architektur, indem er Christoph Riggenbachs Aufnahme des Basler Münsters vervollständigte und einen Aufsatz über die Kathedrale von Lausanne publizierte.[351] Dazu kamen immer wieder teils sehr ausführliche Rezensionen und Publikationen über bautechnische Fragen.[352] Das ambitionierte Projekt eines umfassend angelegten Werkes über die *Baukunst in ihrer chronologischen und constructiven Entwicklung* jedoch gab er 1868 nach dreizehn Lieferungen und einem Verlagswechsel auf (Abb. 70, 71).[353] Was publiziert ist, bezeugt Lasius als einen versierten Zeichner und einen Architekten, der sich für den Zusammenhang zwischen Konstruktion und Erscheinung eines Baus interessierte. Inhaltlich war das Tafelwerk aber eher als Kompilation angelegt, als dass es Neues geboten hätte. Dies gilt auch für den Kommentarband, der nicht über die ersten Kapitel zur antiken Baukunst hinaus kam. In der Einleitung ist zwar deutlich der Einfluss Gottfried Sempers zu erkennen, etwa wenn der monumentale Charakter der Baukunst betont wird, deren Aufgabe es sei, einer «grossen Idee in vollendeter schöner Weise durch dauernde Construction eine räumliche Gestalt zu verleihen».[354] Indem Lasius dann aber die religiöse Basis der Kunst unterstreicht und gleichzeitig die Kontinuität der christlichen Kultur betont, scheint er den Weg für ein Anknüpfen an mittelalterliche Bauformen zu ebnen. Schliesslich erkennt er jedoch «die Bauten für den Verkehr, für Handel und Industrie» sowie «zur Verwaltung des Staates» als richtungsweisend, weil sich dort eine Architektur entwickeln könne, «die zunächst aus dem Bedürfnis hervorgehend, dadurch ihre Weihe erhält, dass sie der verkörperte Ausdruck eines freien Volksbewusstseins ist.»[355] Der gerade einmal 28-jährige Architekt hat sich mit dieser Auslegeordnung alle Optionen offengehalten.

Als am 5. August 1867 beschlossen wurde, für die Bauschule die schon Jahre zuvor geplante dritte Professur «vorzugsweise für Baukonstruktion & architektonisches Zeichnen» nun endlich einzurichten,[356] war diese auf La-

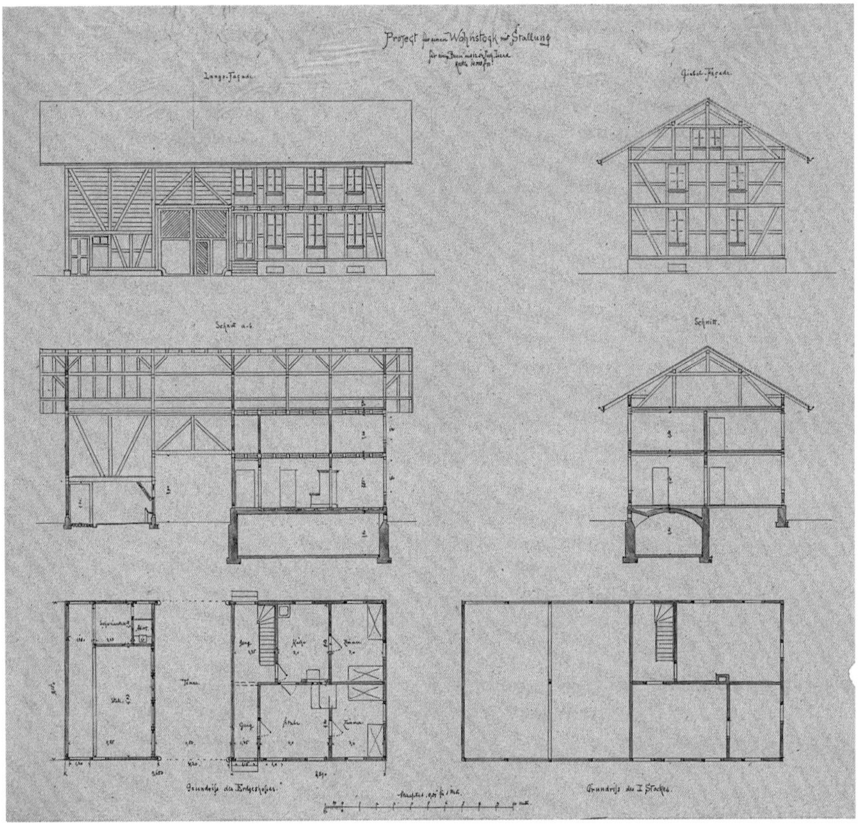

74, 75 Georg Lasius, Project für einen Wohnstock mit Stallung (o. D.) und Grössenvergleich Parthenon, Tempel zu Karnak, Polytechnikum. Lasius las nicht nur über Gewölbebau, sondern bald auch über landwirtschaftliche und gewerbliche Bauten, nach Sempers Wegzug über Gebäudelehre und später auch über Stillehre. Er war ausserordentlich lange als Lehrer tätig. Der hier gezeigte Grössenvergleich verschiedener Monumente entstand vermutlich erst in den 1910er Jahren.

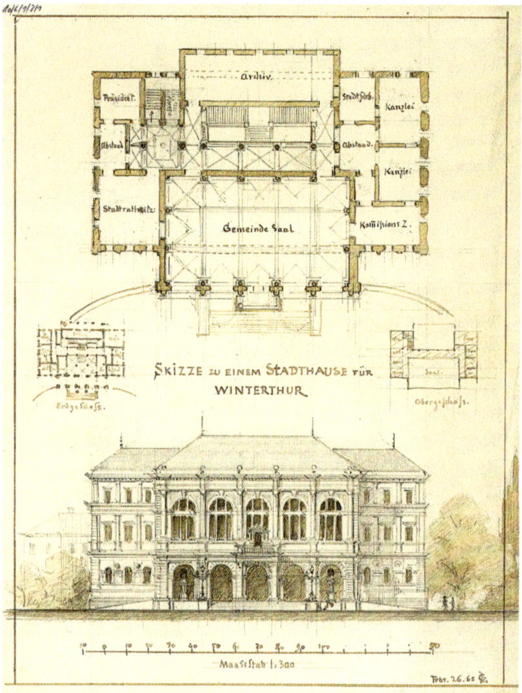

76, 77 Georg Lasius, Skizze zu einem Stadthause für Winterthur, 26. Februar 1865, und Brunnen für den Maskenball in der Tonhalle, 1868. Lasius zeigt sich in seinen Bauten und Entwürfen als äusserst vielseitiger und eigenständiger Architekt.

sius zugeschnitten. Schulratspräsident Kappeler konnte dem Bundesrat versichern, Lasius habe schon «bis anhin so ziemlich eine ganze Professur versehen» und man habe sich dabei von seiner Tüchtigkeit überzeugen können. Zudem würde das Budget, da nun die einzelnen Honorare wegfallen würden, durch die Beförderung kaum zusätzlich belastet.[357]

Es ist wohl kein Zufall, dass nur drei Monate später auch Julius Stadlers Position eine Aufwertung erhielt, indem dieser «in Würdigung der besonderen Verhältnisse an der Bauschule» zum Privatdozenten ernannt wurde.[358] Nach der konstruktiven wurde damit auch die künstlerische Richtung der Schule etwas gestärkt und das drohende Ungleichgewicht zwischen den beiden neben Semper und Gladbach im Zeichensaal tätigen Lehrern wieder etwas ausgeglichen. Stadlers fakultative Vorlesung betraf die Anlage von öffentlichen Gebäuden und grösseren Privatbauten und ergänzte Lasius' obligatorische Vorlesung «Landwirthschaftliche und gewerbliche Bauanlagen» zu einer umfassenden Gebäudelehre. Semper, der früher bisweilen diesen Bereich selbst unterrichtet hatte, konnte sich nun ganz auf die Stillehre konzentrieren.

78 Hans Pestalozzi, Entwurf zu einem Waarenspeicher, Zweiter Kurs, 10. Mai 1867. Auffallend viele Studentenarbeiten im Nachlass von Hans Pestalozzi haben Zweckbauten zum Thema. Ob sie im Zusammenhang mit den Zivilbauvorlesungen von Georg Lasius entstanden sind, kann nicht schlüssig beantwortet werden.

Zeichnen und Modellieren zwischen gestalterischer Grundlagenausbildung und Hilfsfach

1835 beschloss die britische Regierung, die Kunstausbildung selbst in die Hand zu nehmen, um den als rückständig kritisierten Akademien fortschrittlichere, stärker an der Praxis orientierte Schulen entgegenzustellen. Damals standen zwei grundsätzlich unterschiedliche Formen der Kunstdidaktik zur Diskussion. Bei der einen lag der Schwerpunkt auf dem Figuren- und speziell dem Aktzeichnen, was man mit Frankreich und der dortigen Akademietradition verband. Dementsprechend lehnte man diese Richtung ab. Lieber orientierte man sich unter der Federführung von Henry Cole an Deutschland, wo an den Gewerbeschulen das Ornamentzeichnen im Zentrum stand.

Dabei ging es um mehr als nur um den Gegenstand, an dem das Zeichnen als Grundlagendisziplin der Kunst geübt werden sollte. Der unmittelbaren, vielleicht zunächst tastenden und dann immer sichereren Auseinandersetzung mit dem schwierigen Ganzen auf der einen Seite stand auf der anderen eine systematische, auf dem Einfachen zum Komplexen hin aufbauende Didaktik des Zeichnens gegenüber, bei der von geometrischen Grundelementen ausgehend zunehmend reichere Formen geübt wurden. Für die neuen, vermehrt auf die angewandte Kunst ausgerichteten Schulen war diese gewissermassen wissenschaftliche, auf abstrakten Prinzipien der Formbildung beruhende Methode attraktiver als die ältere, die auf eine mimetische Annäherung an die Natur gründet. Sie versprach nicht nur eine Lehr- und Lernbarkeit der Kunst fast unabhängig von Fragen des Talents, sondern darüber hinaus eine unmittelbare praktische Anwendbarkeit im Feld der angewandten Künste. In England überliess man daher das Aktzeichnen den Gentlemen. Alle anderen sollten sich in der nützlichen Arbeit am Ornament üben.[359]

In Deutschland war die Ausrichtung des Zeichenunterrichts allerdings keineswegs so einseitig, wie man aufgrund der oben skizzierten Diskussion vermuten könnte. Als Beispiel kann einmal mehr das Polytechnikum in Karlsruhe dienen. Dort wurde das Ornamentzeichnen, das der Bauschule angegliedert war, durch verschiedene Kurse im Freihandzeichnen ergänzt, die den allgemein bildenden Fächer zugeordnet waren. Diese umfassten zwar «elementares Zeichnen», aber eben auch Landschafts- und vor allem «Figurenzeichen, ausschliesslich nach Gypsen und nach dem lebenden Modell», das mit immerhin acht Wochenstunden sogar besonders gut dotiert war.[360]

In gleicher Weise tat man am Eidgenössischen Polytechnikum, das sich an Karlsruhe orientierte, das Eine, ohne das Andere zu lassen. Der Reglementsentwurf von 1854 liess zwar das Ornamentzeichnen innerhalb des Studiengangs vor dem Figurenzeichnen beginnen und deutete damit an, dass Letzteres auf Ersterem und den dabei geübten Fähigkeiten aufbauen sollte.[361] In der Praxis wurden dann jedoch beide Kurse parallel geführt, als zwei unterschiedliche Arten, um Auge, Hand und das ästhetische Empfinden zu schulen. Dem Landschaftszeichnen mass man demgegenüber nur eine untergeordnete Rolle als Hilfsfach zu, ähnlich dem Modellieren. Über dessen Stellung war man sich bei der Konzeption der Schule allerdings noch nicht im Klaren. Man betrachtete es zunächst eher als ein dem technisch-konstruktiven Bereich zugehöriges Fach denn als eine künstlerische Disziplin.

Die Zeichenfächer und das Modellieren waren in den Programmen der Schule nicht nur der Bauschule, sondern auch der «VI. oder philosophischen und staatswirthschaftlichen Abtheilung» zugeordnet.[362] Dort wurden sie schon bald neben den Naturwissenschaften, den mathematischen, den literarischen und den staatswirtschaftlichen Wissenschaften zu einer eigenen Fächergruppe der Künste zusammengefasst,[363] obwohl das Reglement eine solche gar nicht vorgesehen hatte. Innerhalb des gegebenen Rahmens des Polytechnikums lassen sich hier Ansätze einer eidgenössischen Kunstakademie erkennen, zumal an der sechsten Abteilung nebst diesen praktischen Fächern auch Kunstgeschichte und Archäologie gelehrt wurden und der Lehrstuhl für deutsche Literatur mit Theodor Vischer besetzt war, einem ausgewiesenen Spezialisten für Ästhetik. Die historische Entwicklung führte aber nicht in diese Richtung. Das mag daran liegen, dass in allen Bereichen nur die Grundlagen vermittelt wurden und die Malerei ausgeklammert blieb. Letztlich waren die Fächer eben doch bloss als Hilfsfächer der Bauschule angelegt. Dementsprechend schwach waren die Stellen dotiert.

Das Ornamentzeichnen

Von der Bedeutung des Ornamentzeichnens hatten die Väter des Zürcher Polytechnikums genaue Vorstellungen. Im ersten Jahr der Bauschule sollte dieses Fach das einzige der künstlerischen Richtung sein, verbunden mit «den nöthigen theoretischen Erläuterungen über die verschiedenen Baustyle». Es ermöglichte eine erste Annäherung an den Formenkanon der Architektur, zugleich diente es einer ästhetischen Schulung und einer Einführung in die Disziplin architektonischen Zeichnens. Auge und Hand der Bauschüler sollten sich von Beginn weg «an die bestimmte Auffassung und richtige Darstellung architektonischer Formen gewöhnen, und ihr ästhetischer Sinn» sollte «durch die Schönheit derselben geweckt und entfaltet werden», wie im Bericht zum Reglementsentwurf für das Polytechnikum zu lesen ist. Um das räumliche Denken zu schulen,[364] dürfe «namentlich auch das Zeichnen nach Modellen nicht vernachlässigt werden». Dabei sei das Ornamentzeichnen eine Vorbereitung für die «wissenschaftliche Perspektive» und vor allem aber für jenes Zeichnen, das «auch ohne Anwendung künstlicher Hülfskonstruktionen, gleichwohl nie einen bedeutenden Fehler gegen die strengen Anforderungen jener wissenschaftlichen Disziplin» begehe: «Nur der so ausgebildete Architekt ist Herr über die Formen, die er schafft; der hierin nicht gebildete aber steht seinem eigenen Werke machtlos gegenüber, indem es nach der Ausführung oft ganz anders aussieht, als er es sich gedacht hatte.»[365]

Eindringlich wird hier das Ornamentzeichen also als Modell für das Architekturzeichnen schlechthin vorgestellt, das selbst da, wo es freihändig erfolgt, nicht Selbstzweck und schon gar nicht frei ist, sondern ein Instrument der Darstellung und des Entwurfs einer dreidimensionalen, stofflichen Wirklichkeit. Dieser vielschichtigen Bedeutung entsprechend sollte es die Schüler während ihres ganzen Studiums begleiten. Als das Polytechnikum ein Jahr später seinen Betrieb aufnahm, war es vorerst in der Gruppe derjenigen architektonischen Fächer integriert, die von Gottfried Semper sowie Ferdinand und Julius Stadler gemeinsam unterrichtet werden sollten. Dem Verzeichnis der Lehrer und der von ihnen gelesenen Kollegien kann man hingegen entnehmen, dass ursprünglich Semper für den Unterricht vorgesehen war. Bereits im folgenden Jahr wurde das Ornamentzeichnen jedoch an Julius Stadler übertragen, der bis zu seinem Ausscheiden aus der Schule 1892 allein dafür zuständig blieb.[366]

Zunächst war das Fach nicht der Bauschule, sondern der sechsten Abteilung zugeordnet, mutmasslich, weil man es als Grundlagenfach der Gestaltung von allgemeinem Interesse verstand.[367] Allerdings war es von Anfang an ganz auf die Bedürfnisse der Bauschule hin zugeschnitten, wenngleich es vereinzelt von Studenten anderer Fachrichtungen sowie von auswärtigen Hörern besucht wurde.[368] Vereinzelt erhaltene Jahresberichte zeigen, dass sich Julius Stadler weitgehend an die Vorgaben im Programmentwurf hielt. Mittels verschiedener Techniken liess er Ornamente gemäss Zeichnungs- und Druckvorlagen kopieren, aber auch von Gipsabgüssen abzeichnen, wobei er auf die individuellen zeichnerischen Fähigkeiten der Schüler Rücksicht nahm. Um sie in einem freieren Umgang mit Ornamenten zu schulen, führte er als didaktisches Mittel eine Art restauratorische Entwurfspraxis ein: «Als Vorbereitung zum späteren Curs Entwerfen von Bauverzierungen gab ich Gypsabgüsse von sehr verwitterten Monumenten, deren decorative Theile die Schüler vervollständigen sollten.» Die beengten Verhältnisse und das schlechte Licht im Zimmer 9 der Stiftsverwalterei würden es indessen nicht erlauben, grössere Modelle zu verwenden.[369]

Nichts deutet darauf hin, dass Stadler seinen Kurs nach deutschem, von den englischen Schulen übernommenem Vorbild aufgebaut hätte und schrittweise von einfachen geometrischen Grundformen hin zu grösserer Komplexität fortgeschritten wäre, obwohl entsprechende Vorlagenwerke in den Sammlungen vorhanden waren. Im Bestand Bauschule des gta Archivs finden sich einige Tafeln zum elementaren geometrischen Zeichnen, die den Stempel des Londoner Department of Practical Art aufweisen und möglicherweise von Semper nach Zürich gebracht worden waren, wo sie von Stadler verwendet wurden.[370] Auch die systematisch aufgebaute *Ornamentenzeichnungsschule in 100 Blättern für Künstler, Manufakturisten u. Gewerbsleute* von Conrad Weitbrecht war greifbar, doch wurden von dieser gerade die ersten Blätter mit den einfachen Formen nicht auf Karton aufgezogen, was darauf hindeutet, dass Stadler dieses Werk nicht im Sinne eines didaktisch aufgebauten Kurses verwendete.[371] Dabei hätte die entsprechende Methode das Potential in sich getragen, den Kanon der Ornamentik mit neuen Formen zu beleben: ein Weg, der gegen Ende des 19. Jahrhunderts üblich wurde und der sich in England, aber auch in Deutschland – mit Publikationen wie mit derjenigen von Friedrich Eisenlohr – bereits um die Jahrhundertmitte an-

79 Julius Stadler, Vorlagentafel für das Ornamentzeichnen (?) (o. D.). Das Ornamentzeichnen, dem Julius Stadler vorstand, war ein gestalterisches Grundlagenfach, das als Brücke zwischen dem künstlerischen und dem technischen Zeichnen diente.

80–82 Hans Pestalozzi, Ornamentstudien aus der Bauschule, 21. Dez. 1865, 15. März 1866, o. D. Im Ornamentzeichnen stand das Kopieren im Zentrum. Als Vorlage dienten Zeichnungen und Druckwerke, aber auch Abgüsse.

deutete.[372] Stadler aber lehrte offenbar keine Grammatik der Formen, sondern primär die Formen selbst, wie sie in der Geschichte überliefert wurden.[373] Der Schwerpunkt lag dabei auf den Formen der Antike und der Renaissance. Erst in den 1860er Jahren wurde das Fehlen von gotischen Ornamenten in den Sammlungen als Mangel empfunden, den es zu beheben galt.[374] Bei Stadler war das Fortschreiten vom Einfachen zum Schwierigen eines von einer simplen Darstellungstechnik zu einer komplexen, von der Mono- zur Polychromie und vom einzelnen Ornament zum vollständigen Dekorationssystem. Als er 1862 erneut beschrieb, wie er das Fach unterrichtet habe, berichtete er seinem Vorsteher Gottfried Semper vor allem über die benutzten Zeichentechniken: Der erste Kurs sei «während mehr als 1 Semester ausschliesslich mit Tuschübungen nach plastischen Modellen, später mit Aufzeichnungen von Gesimsen in wahrer Grösse» beschäftigt gewesen. Die Schüler des zweiten Kurses habe er Übungen «mit der Feder ausführen» lassen, «theils in reinen Conturen, theils schattiert, wie es dem darzustellenden Gegenstand am Angemessensten war, während der IIIte Curs Farbenstudien machte, theils nach Zeichnungen von Ihnen, theils nach meinen eigenen.» Darüber hinaus habe er «einige Pflanzen nach der Natur zeichnen» lassen.[375]

Von 1863 an wurde der Kurs im Ornamentzeichnen im zweiten Jahr zugunsten des Figurenzeichnens unterbrochen. Dies fand erstmals 1868 auch in einer Differenzierung des Unterrichtsprogramms Niederschlag, indem die Bezeichnung des Faches im dritten Kurs mit der Klammer «(innere Decorationen und Farbstudien)» ergänzt wurde. Dabei schimmert Stadlers spezielles Interesse an der Polychromie im Allgemeinen und an farbig gefassten, reich dekorierten Innenräumen im Besondern durch, das sich in seinen ausführlichen Studien zur pompejanischen Wandmalerei und in prächtig aquarellierten Innenperspektiven in seinem Nachlass zeigt (vgl. Abb. 64, 65). Nach wie vor führte Stadler jedoch die vier Wochenstunden Unterricht im ersten und im dritten Jahreskurs gleichzeitig durch, sodass in den beiden nebeneinanderliegenden Zeichensälen jene von Semper so sehr angestrebte Ateliersituation entstand, in der die Anfänger von den Fortgeschrittenen profitieren konnten.

Das Figuren- und das Landschaftszeichnen

Auch wenn das Figurenzeichnen im «künftigen Berufsleben wohl selten unmittelbare Anwendung finden» werde, so hält der Bericht zum Reglementsentwurf von 1854 fest, könne dieses «Kunstfache» «dem Architekten nicht erlassen werden», weil es «das beste Mittel zur Schärfung des Auges, zur

Uebung der Hand und zur Ausbildung des Sinnes für schöne Formen» sei.[376] Daher sollte das Figurenzeichnen gemäss der ursprünglichen Konzeption der Schule im zweiten Jahreskurs das Ornamentzeichnen ergänzen, zusammen mit dem Landschaftszeichnen. Letzteres erachtete man eher als Hilfsfach für das Architekturzeichnen denn als Seh- und Zeichenschule. In den Erläuterungen zum Reglementsentwurf wurde behauptet, ein Architekt brauche «einige Fertigkeit» in diesem Fach, und zwar «täglich bei der malerischen Ausarbeitung seiner Entwürfe»[377] – immerhin eine interessante Formulierung in Anbetracht der praktischen Ausrichtung, die man der Bauschule zu geben wünschte. Weil man das Landschaftszeichnen für weniger grundlegend als die anderen Zeichenfächer hielt, war dessen Besuch für die Bauschüler von Anfang an freiwillig.

Als Lehrer für das Figurenzeichnen wurde Johann Conrad Werdmüller engagiert, ein überwiegend an der Münchner Akademie ausgebildeter Kupferstecher, der nach der Revolution 1848 aus Paris nach Zürich zurückgekehrt war und seine Fähigkeit als Zeichenlehrer bereits an der Industrieschule bewiesen hatte.[378] Seine Stelle war die eines Hilfslehrers und entsprechend schwach dotiert. Erst zum zwanzigjährigen Dienstjubiläum 1875 wurde ihm der Titel eines Professors zuerkannt.[379] Im Unterricht liess er überwiegend Figuren und Reliefs in Gips in unterschiedlichen Techniken abzeichnen, ähnlich wie Stadler das Ornamentzeichnen handhabte (Abb. 83–85). Dafür stand ihm eine eigene, umfangreiche Vorlagensammlung zur Verfügung.[380]

Der Kunsthistoriker Johann Rudolf Rahn, der als Hörer Kurse an der Bauschule besucht hatte, berichtete in seinen Lebenserinnerungen von Werdmüllers «Gereiztheit», der unnachsichtigen «Strenge seiner Kritik» und von seiner «Pedanterie», die seine Schüler «wohl fast zur Verzweiflung brachte». Weil «immer wieder des Meisters Gummi dazwischen gefahren war», habe er in einem Semester nicht mehr als «den Umriss nach einer verkleinerten Copie des Apollo Sauroktonos und die Schattierung des Kopfes zu stande gebracht», schrieb er ferner. Trotzdem sei «die Hingebung an seine Methode mit reichen Zinsen» belohnt worden.[381]

Das Zeichnen nach lebendigem Modell war unter Werdmüller am Polytechnikum wahrscheinlich noch kein Thema, geschweige denn das Aktzeichnen. Julius Stadler setzte sich aber als «Director der Academie der Künstlergesellschaft» dafür ein, dass die interessierten und talentierten Bauschüler an den wöchentlichen Zeichensitzungen im «Künstlergütli» teilnehmen konnten. Das dortige Aktzeichnen nach Modell stehe den Polytechnikern grundsätzlich offen, konnte er am 11. November 1858 an Direktor

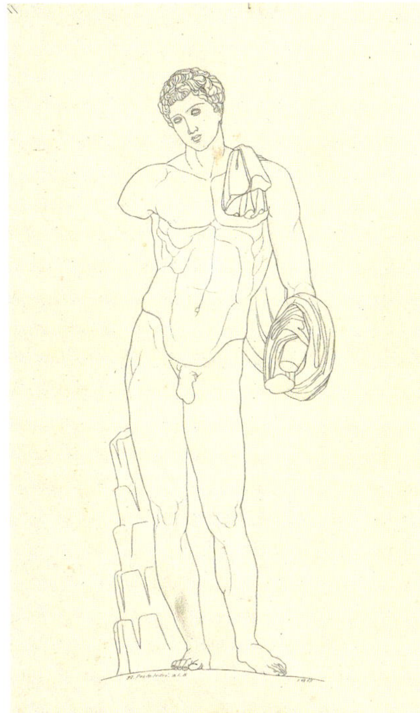

83–85 Hans Pestalozzi, drei Blätter, wahrscheinlich aus dem Figurenzeichnen der Bauschule. Im Figurenzeichnen arbeiteten die Schüler nach Abgüssen, wofür eine eigene Sammlung zur Verfügung stand. Dabei wurden unterschiedliche Zeichentechniken geübt.

Joseph von Deschwanden berichten, die Schüler würden jedoch nur auf Empfehlung von Werdmüller zugelassen, und die Jüngeren schliesse man, «insofern es nicht Ihrem Gutdünken entgegen ist», vom Zeichnen weiblicher Modelle aus.[382]

Als Lehrer für das Landschaftszeichnen wurde Johann Jakob Ulrich berufen, der bereits auf eine erfolgreiche Karriere als Landschaftsmaler in Paris zurückblicken konnte, bevor er 1837 nach Zürich zurückgekehrt war, wo er Ende der Vierzigerjahre eine Zeichenakademie gegründet hatte.[383] Indem man ihm von Anfang an den Professorentitel verlieh und ihm die Anstellung eines Gehilfen gestattete, genoss er gewisse Privilegien. Seine Besoldung entsprach allerdings derjenigen eines Hilfslehrers.

Die Art von Ulrichs Unterricht lässt sich nicht rekonstruieren: Weder sind Studentenarbeiten bekannt noch Berichte über seine Kurse. Vermutlich nutzte er die ihm zur Verfügung stehenden vier Wochenstunden, um im Zeichensaal nach Vorlagen arbeiten zu lassen. Seine Sammlung beinhaltete Aquarelle und Lithographien, aber auch zahlreiche fotografische Reproduktionen von Gemälden. Von Ulrichs Nachfolger Adolf Rudolf Holzhalb, der an der Akademie in Düsseldorf ausgebildet worden war und das Fach von 1874 bis 1881 am Polytechnikum unterrichtete, übernahm Julius Stadler später eine Vorlagensammlung, die nicht weniger als 360 Lithographien, 66 Aquatinten, 35 Farbendrucke, 130 Originalzeichnungen sowie 93 Fotografien umfasste,[384] die wohl überwiegend Gemälde wiedergaben.[385] Die Unterrichtsmethode änderte sich unter Holzhalb wahrscheinlich nicht. Dies erklärt, warum sich Stadler seinerseits so sehr darum bemühte, die Schüler auf kleinen und grossen Exkursionen für das Skizzieren nach der Natur zu begeistern. Dass er 1882, als er selbst den Unterricht im Fach Landschaftszeichnen antrat, diese Art von Übungen in seine Kurse integrierte, darf man vermuten.

Das Modellieren in Gips und Ton

Bei der Gründung der Schule war unbestritten, dass sich die Bauschüler plastisch schaffend mit dreidimensionalen Objekten beschäftigen sollten. Das «Formen von Mauer- und Gewölbetheilen aus Thon und Gyps in kleinem Massstabe» sei «für die praktische Anwendung der Lehre vom Steinschnitt sehr förderlich». Über den Wert und die «Behandlungsweise» des Faches war man sich hingegen unschlüssig.[386] Auf der Liste, in die Direktor Deschwanden die aufgrund der Stellenausschreibung eingegangenen Bewerbungen eintrug, war das Modellieren zusammen mit der Baukonstruktions- und der Baumateriallehre zu einer Gruppe von Konstruktionsfächern zusammengefasst.[387] Gewählt wurde jedoch «Herr L. Keiser, Bildhauer in Zug» und damit ein ausgewiesener Künstler.[388]

Ludwig Keiser, ursprünglich Stuckateur, hatte sieben Jahre lang in München im Atelier von Ludwig Schwanthaler gearbeitet, «dessen rechte Hand er bald wurde», und sich an der dortigen Akademie weitergebildet.[389] Anschliessend war er zunächst selbständig tätig als Plastiker und erteilte Unterricht im Modellieren. 1853 war er in seinen Geburtsort Zug zurückgekehrt.[390] Der Wahlvorschlag, der vom Schulrat am 30. Januar 1855 an den Bundesrat übermittelt wurde, lautete auf eine Stelle als «Lehrer für Modelliren in Thon und Gyps, Arbeiten in Holz und Ornamentzeichnen», was deutlich macht, dass zu diesem Zeitpunkt die Verteilung der Fächer noch nicht gänzlich festgelegt war.[391] Keiser lehrte indes von Anfang an ausschliesslich Modellieren. Dabei pflegte er offenbar zumindest vorerst, ganz im Sinne der oben skizzierten Erwartungen, eine doppelte Ausrichtung seines Faches. Im «Jahresbericht für 1857/8» bezeichnete er sich als «Lehrer des Modelliren der Ornamentik & des Steinschnittes» und berichtete über die Arbeit mit seinen vier Schülern:

«1. d. Steinschnitt in Gyps nach Zeichnungen, die die Schüler selbst construiert haben, w. z. B. Bogenstellungen, schiefe Gewölbe, Böschungsmauern u. s. w., wurde, wie die Ausstellung nachgewiesen hat, mit viel Eifer geübt. 2. d. Ornamentmodelliren in Thon, in den verschiedenen Baustilen, flach, relief & ganz rund wurden ebenfalls mit viel Fleiss von den Schülern geübt.»[392]

Für die Lehre stand eine Vorlagensammlung zur Verfügung. Das erhaltene Inventar aus dem Jahr 1882 listet neben einigen Druckwerken eine breite Palette von Ornamenten und Reliefs unterschiedlicher Stile auf, aber auch vollplastische Figuren.[393] Gewölbe- oder Steinschnittmodelle werden in diesem Inventar dagegen nicht mehr erwähnt: Es ist ziemlich wahrscheinlich, dass Keiser den diesbezüglichen Unterricht mit der Zeit aufgegeben hatte und sich auf das Modellieren von Ornamenten konzentrierte.[384] 1860 wurde das Fach als freiwillig erklärt.

Von Mathematik über Mechanik zur Kunstgeschichte: Hilfsfächer oder Residuen einer umfassenden polytechnischen Bildung?

Die Konzeption der Eidgenössischen Polytechnischen Schule fiel in eine Zeit, in der die Aufspaltung des Ingenieurwesens in einzelne Disziplinen längst nicht abgeschlossen war. Die Herausbildung von Fachschulen an den Polytechniken, die diesen Prozess widerspiegelt, war noch verhältnismässig jung.[395] Dementsprechend gab es zwischen den unterschiedlichen Ausbildungsgängen zahlreiche Überschneidungen. Als Grundlagenfächer hatten sich Mathematik und darstellende Geometrie herauskristallisiert, die allen technischen Wissenschaften als gemeinsame Basis dienten und für die Polytechniken eine ähnliche Rolle spielten wie das Latein für die Universitäten. In Zürich wurde der Fachunterricht der einzelnen Schulen überdies durch eine breite Palette allgemein bildender Fächer ergänzt, die an der philosophischen und staatswirtschaftlichen Abteilung als Freifächer angeboten wurden.

An der Bauschule kann man die von ihren zwei Professoren unterrichteten Baufächer «Komposition» und «Konstruktion» unschwer als Kern der Fachausbildung ausmachen. Um sie herum lassen sich die Kunstfächer sowie die baubezogenen Hilfs- und Nebenfächer wie Baumechanik, Baumateriallehre oder Strassen- und Brückenbau gruppieren, dazu schliesslich die erwähnten Grundlagen- und die allgemein bildenden Freifächer. Eindeutig und unumstritten war die Stellung der einzelnen Bereiche allerdings selten. So gab es von Beginn weg Diskussionen, ob die einzelnen Unterrichtsfächer ihre Autonomie pflegen sollten oder aber spezifisch auf die Bedürfnisse der jeweiligen Ausbildung hin zugeschnitten werden müssten. Dass dabei bisweilen unterschiedliche Interessen aufeinanderprallten, versteht sich von selbst, umso mehr, als die Architektur innerhalb des polytechnischen Fächerkanons für sich eine Sonderstellung beanspruchte. Einige Fächer, wie zum Beispiel die sich zur Baustatik herausbildende Mechanik, wurden intensiv in die Fachausbildung eingebunden, was ihre Stellung an der Bauschule stärkte. Andere Fächer, etwa die darstellende Geometrie oder die Kunstgeschichte, entwickelten sich zumindest zeitweise autonomer und bezahlten dies dann mit dem Preis, an der Schule eine Nebenrolle zu spielen.

Mathematik und darstellende Geometrie: Unerlässliche Basis oder lästiger Zeitverlust?

In den Erläuterungen zum Reglement des Zürcher Polytechnikums von 1854 wurde festgehalten, in die Programme der Fachschulen seien nur diejenigen Disziplinen aufzunehmen, die «von unmittelbarem praktischen Werthe» seien oder «eine unerlässliche Vorbereitung zum Verständnisse» der angewandten Fächer ausmachen. Explizit wurden dabei auch «die Fächer der theoretischen Mathematik» als Hilfsfächer aufgefasst. Sie sollten nur soweit in die Programme der einzelnen Abteilungen aufgenommen werden, als «sie von den Schülern derselben angewendet werden müssen.»[396]

In Wirklichkeit gingen in diesen Fächern die Ansprüche an die Bauschüler jedoch deutlich über das hinaus, was von Architekten zur Ausübung ihres Berufes üblicherweise benötigt wird. In Mathematik, darstellender Geometrie und zunächst auch in Mechanik wurden sie zumindest in den frühen Jahren gemeinsam mit den Absolventen der zweiten und dritten Abteilung unterrichtet, womit von ihnen die gleichen Kenntnisse verlangt wurden wie von den Bau- und Maschineningenieuren. Im ersten Jahreskurs waren diese Fächer entsprechend hoch dotiert. Die je sechs Stunden Mathematik und Mechanik und vier Stunden darstellende Geometrie überforderten viele Bauschüler, sodass rasch zu einem Diskussionspunkt wurde, inwiefern diese die Promotion bestimmen sollten. In der Regel verzieh man den Schülern gewisse Schwächen in diesen Bereichen und liess sie bei genügender Gesamtleistung weiterstudieren. Zur Diplomprüfung konnten sie dann allerdings nicht zugelassen werden, was einer der Gründe ist, warum im 19. Jahrhundert so wenig Bauschüler das Zürcher Polytechnikum mit einem Diplom verliessen.[397]

Durch die zahlreichen Stunden, die für die Grundlagenfächer reserviert waren, standen diese in direkter Konkurrenz mit den bauspezifischen und künstlerischen Fächern. Nochmals seien hier Sempers bittere Worte über die Zeit in Erinnerung gerufen, welche die «Kunstjünger» während «der schönsten Jahre» mit der «Erlernung der nothwendigen wissenschaftlichen Vorkenntnisse» verschwenden würden, bevor sie zur «eigentlichen Kunstbethätigung zugelassen» würden.[398] Auch im Jahresbericht 1857/58 beklagte sich Semper, dass «zum Verfolgen der eigentlich architektonischen Studien zu wenig Zeit gelassen» werde, weshalb «grad meine besten Schüler in gewissen Fächern, z. B. in der Mathematik bei Herrn Professor Dedekind sich säumig zeigten».[399] Die Vernachlässigung der Grundlagenfächer erscheint hier fast schon als eine Tugend, welche diejenigen auszeichnet, die ernsthaft an der Architektur interessiert sind.

Die Bedeutung der Mathematik wurde von Semper indes nicht grundsätzlich in Frage gestellt. Er selbst hatte in Göttingen einige Semester lang dieses Fach studiert und wusste die darin erworbenen Kenntnisse sogar im Dienste seiner Kunsttheorie zu nutzen.[400] Angesichts der nicht zu leugnenden Überforderung seiner Schüler schlug er daher vor, die diesbezügliche Vorbildung bei der Zulassung zum Studium zu erhöhen. Bereits in den vorbereitenden Industrie- und Realschulen und im Vorkurs sollte die Mathematik stärker gewichtet werden, sodass das eigentliche Studium davon entlastet werden könnte. Diese Auffassung dürfte allerdings kaum geteilt worden sein. Der Bauschüler Alfred Friedrich Bluntschli beispielsweise schrieb am 12. Juli 1863 an seine Eltern: «Wenn ich das Examen in Mathematik und Mechanik nicht bestehe, kann ich glänzend durchsegeln. Dann will ich aber den Leuten erst recht zeigen, dass all der Kram einem Architekten zu nichts nütze sei als zur Plage.»[401]

Die Frage, mit welchen Zielen und wie intensiv ein Fach unterrichtet werden solle, stellte sich noch deutlicher bei der darstellenden Geometrie, deren Entwicklung direkt mit derjenigen der polytechnischen Bildung zusammenhing. Ins Leben gerufen wurde diese Disziplin von Gaspard Monge, einem Mitbegründer der Pariser École polytechnique, der damit das mathematisch fundierte, präzise Zeichnen als gemeinsame Sprache der Techniker kodifizierte. In einem Mittelweg zwischen der Idealität der theoretischen Mathematik und der Sinnlichkeit künstlerischer Ausgestaltung suchte die darstellende Geometrie Anschaulichkeit und Exaktheit zu verbinden.

In den ersten Jahren des Zürcher Polytechnikums wurde die darstellende Geometrie von Direktor Joseph von Deschwanden gelehrt, der seinem paternalistischen Selbstverständnis als Pädagoge und Schulleiter entsprechend um Nähe zu seinen Zöglingen bemüht war. Seiner eigenen Formulierung im Kommentar zum Schulreglement folgend, fasste er seine Domäne als «Hülfsfach» auf.[402] Bereits im ersten Programm der Schule wurde die Bezeichnung «Darstellende Geometrie» dementsprechend durch die Präzisierungen «Darstellung krummer Flächen, Schattenlehre» im ersten Jahr sowie «Steinschnitt oder Perspektive» im zweiten Jahr ergänzt. In den folgenden Programmen verschwand die übergeordnete Bezeichnung sogar gänzlich: Die Grundlagen hatten die Schüler aus den Vorschulen mitzubringen, sodass am Polytechnikum direkt die Anwendungen Steinschnitt, Schattenlehre und Perspektive unterrichtet werden konnten.

Verschiedene Schülerarbeiten bekunden, dass sich Deschwanden tatsächlich um Praxisnähe bemüht hatte (Abb. 86, 87).[403] Bauschulspezifisch war sein Unterricht jedoch nicht, und seine Sicht auf Schattenlehre und Per-

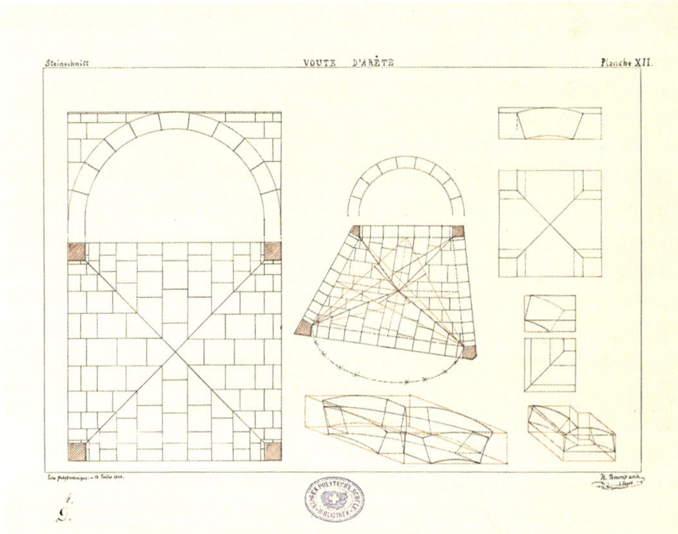

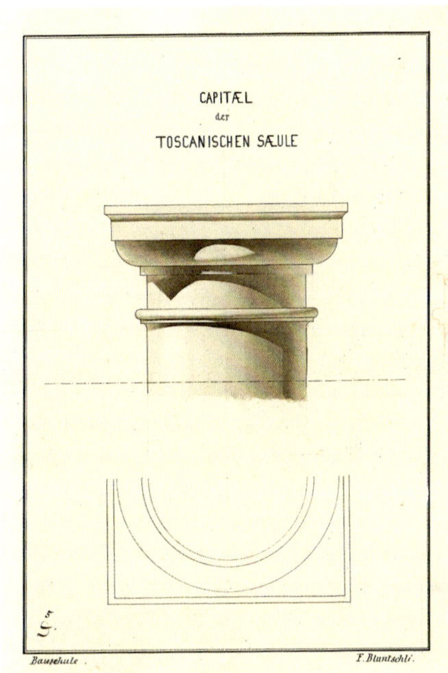

86 Henri Bourrit, Blatt aus dem Fach «Steinschnitt» bei Joseph von Deschwanden, 1860 (?)
87 Alfred Friedrich Bluntschli, Capitäl der Toscanischen Säule. Blatt zur Schattenlehre aus dem Kurs von Joseph von Deschwanden, 1861/62
88 Gustav Gull, Fig. 40, Blatt aus der Darstellenden Geometrie bei Wilhelm Fiedler, 1. Curs, 1873/74
Joseph von Deschwanden bemühte sich in seinem Unterricht der Darstellenden Geometrie um Praxisnähe. Sein Nachfolger Wilhelm Fiedler betrieb sein Fach jedoch als autonome Wissenschaft, ohne auf die speziellen Bedürfnisse der Bauschule Rücksicht zu nehmen.

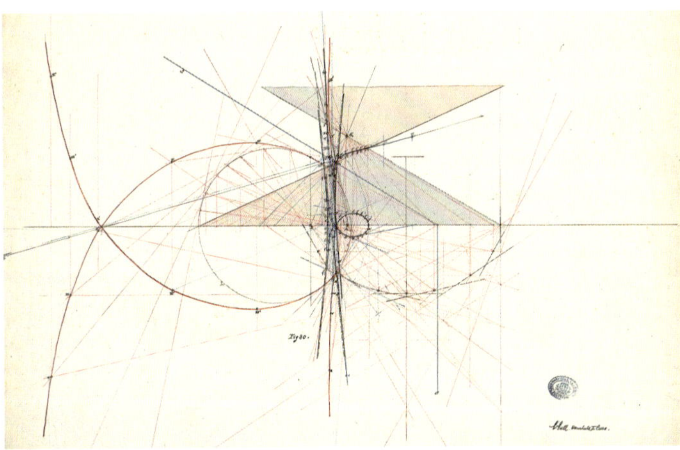

spektive war die eines wissenschaftlich präzisen Konstrukteurs, nicht die eines Künstlers. Die Schüler schulten dabei zweifellos ihr räumliches Vorstellungsvermögen, erwarben aber nicht diejenigen Fertigkeiten, die sie in ihrem Alltag brauchten, um zum Beispiel effizient und effektsicher Schaubilder aufreissen zu können. Manche Schülerzeichnungen vermitteln denn auch den Eindruck, dass selbst komplexere Aufgaben aus dem Bereich des Steinschnitts weniger Probleme boten als die Perspektiv- und Schattenkonstruktionen. Wahrscheinlich war dies der Grund, dass Semper im Sommersemester 1861 höchstpersönlich einen freiwilligen Kurs mit dem Titel «Malerische Perspektive» anbot, der in der sechsten Abteilung angesiedelt war. Erfolg hatte er damit allerdings nicht. Die Notizen des Bauschülers Léon Fulpius zeigen, dass dieser den Ausführungen kaum zu folgen vermochte und manches nicht oder falsch verstanden hatte.[404] Vermutlich hatte Semper die didaktischen Schwierigkeiten des Perspektivunterrichts unterschätzt, jedenfalls wiederholte er diesen Kurs nicht mehr.

Nach Deschwandens Tod veränderte sich die Situation der darstellenden Geometrie grundsätzlich. Als Schulratspräsident Johann Karl Kappeler 1866 die Vorsteher der Fachschulen aufforderte, ihre diesbezüglichen Bedürfnisse darzulegen,[405] drängte der Ingenieur Carl Culmann auf einen Ausbau des entsprechenden Unterrichts, war doch die von ihm entwickelte geometrische Statik eng mit diesem Fach verknüpft. Semper dagegen bekräftigte, für die Bauschule sei eine praxisorientierte Lehre notwendig. So befürworte er zwar die «Gründung eines besonderen theoretischen Lehrstuhles für darstellende Geometrie auf Grundlage der allgemeinen Geometrie der Lage», doch sei dieser «der rein wissenschaftlichen Abteilung des Polytechnikums zuzuweisen», sodass die in diesem Rahmen angebotenen Kurse für die Absolventen der verschiedenen Fachschulen zugänglich, aber nicht obligatorisch wären – jedenfalls solange die Aufnahmebedingungen unverändert und die Kurse bloss dreijährig blieben. Wer sich dem Baufach widme, habe im Allgemeinen mehr Neigung «für die werkthätige als für die abstrakt wissenschaftliche Geistesthätigkeit.» Es brauche also nicht mehr Theorie, sondern mehr Geläufigkeit und Erfahrung, und dazu «wären nicht so sehr Vorträge, wie Übungsstunden und Studien nach der Natur und der Wirklichkeit die geeigneten Mittel.» Man solle daher einen «Übungskurs für Stereotomie» gemeinsam mit den Ingenieuren einrichten, dazu einen Kurs für Schattenlehre und Perspektive für die Bauschule allein, beide ein Semester lang.[406]

Nicht Semper, sondern Culmann setzte sich jedoch in diesem Disput durch, was das Machtgefälle zwischen der Ingenieur- und der ungleich kleineren Bauschule widerspiegeln dürfte.[407] 1867 übernahm mit Wilhelm

Fiedler ein ausgewiesener Spezialist die Lehre in darstellender Geometrie. Immerhin wurden Schattenlehre und Perspektive im zweiten Jahr der Bauschule von diesem Kurs abgetrennt und, wie von Semper vorgeschlagen, an Georg Lasius übertragen.[408]

Mit Fiedlers Unterricht, in dem der Steinschnitt kaum noch eine Rolle spielte, konnte sich die Bauschule nicht anfreunden (Abb. 88). Weitgehend regelmässig verlangten die Studenten in Petitionen eine Änderung der Verhältnisse, zum ersten Mal bereits am 25. Mai 1868, als sie die Ausdehnung des Faches von fünf auf insgesamt neun Wochenstunden beklagten, wobei die obligatorischen Stunden für die Lösung der Aufgaben nicht einmal ausreichen würden.[409] Semper, an den das Schreiben gerichtet war und der vom damaligen Direktor des Polytechnikums Elias Landolt zu einer Stellungnahme aufgefordert wurde, unterstützte seine Schüler: «Sämtliche anderen Disciplinen» würden unter der Ausdehnung der darstellenden Geometrie leiden, die «bei einem dreijährigen Curs der Bauschule in keinem Verhältnisse stehe zu der den Hauptfächern eingeräumten Unterrichtszeit.» Die Bauschulkonferenz befürworte daher einstimmig die Petition und verlange eine Reduktion des Faches auf zwei Stunden Vortrag plus drei bis vier Stunden Übung. Im Übrigen sei die Konferenz der Auffassung, «dass die mathematischen Wissenschaften an einer praktischen Bauschule nur solche Punkte zu berühren habe, welche dem künftigen Architecten verwendbar sind.» Ein «College» müsse doch darauf Rücksicht nehmen, dass die anderen auf die von ihm vermittelten Grundlagen aufbauen könnten.[410]

Semper doppelte in einem persönlichen Gutachten nach, er selbst und seine «Herren Collegen» würden «mit Nachdruck dabei beharren, dass die für Prof. Fiedler beanspruchte Stundenzahl (und Zeit im Allgemeinen) reduziert werde, und zwar beträchtlich.»[411] Culmann, der ebenfalls Stellung bezog, sah dies freilich ganz anders, und als Kompromiss wurde die Zahl der Wochenstunden schliesslich auf insgesamt sieben festgelegt.[412]

1881, als Bluntschli anlässlich seiner Berufung zum Professor Vorschläge zur Reform der Schule machen konnte, wiederholte er die vormaligen Wünsche und postulierte seinerseits eine Reduktion der darstellenden Geometrie zugunsten von Steinschnitt und Schattenlehre, mithin eine Rückkehr zu einer Ausgestaltung des Unterrichtes, wie er ihn selbst als Schüler von Deschwanden erlebt hatte.[413] Obwohl er von der Bauschulkonferenz voll und ganz unterstützt wurde,[414] hatte er ebenso wenig Erfolg wie Semper, auch nicht ein Jahr später, als das Thema, «veranlasst durch eine Eingabe der Schüler des ersten Baukurses», von der Bauschulkonferenz erneut zur Sprache gebracht wurde.[415] Selbst mit der Ausweitung der Studienzeit an der Bauschule auf dreieinhalb Jahre änderte sich nichts, und als im Frühjahr 1883 die Schüler in einer neuerlichen Petition darauf hinwiesen, der Unterricht von Professor Fiedler sei unverständlich, beschloss der Schulratspräsident, sie vor den Direktor zu zitieren und unter Androhung von Disziplinarmassnahmen zum Nacharbeiten des Stoffes anzuhalten.[416] Erst 1885 wurde die darstellende Geometrie von den anderen Abteilungen losgelöst, im Sinne der schon fast gebetsmühlenartig vorgebrachten Vorschläge reformiert und an den Privatdozenten Adolf Weiler übertragen.[417] Damit setzte sich der allgemeine Trend zur Trennung und Spezialisierung der Fachschulen schliesslich auch bei diesem Grundlagenfach durch.

Die technischen Hilfsfächer: Welches Spezialwissen braucht ein Architekt?

Die Rolle der technischen Hilfs- und Nebenfächer war in den meisten Fällen ebenso untergeordnet wie unbestritten. Gewisse Ungleichgewichte und Zufälligkeiten, die bei der Gründung der Schule den Lehrplan noch mitgeprägt hatten, verschwanden rasch,[418] sodass sich zu Beginn der 1860er Jahre eine Fächerpalette herausbildete, die in der Folge einigermassen beständig blieb. Ein besonderes Gewicht hatte dabei derjenige Bereich, der sich heute «Baustatik» nennt. Dazu kamen die Baumateriallehre, die von 1860 an spezialisiert als «Chemische Technologie der Baumaterialien» und als «Petrografie» unterrichtet wurde, der Strassen- und Brückenbau, die technische Geologie sowie der «Droit civil et administratif», mit dem die Schüler im dritten Jahreskurs auf die rechtliche Dimension ihrer zukünftigen Tätigkeit sensibilisiert wurden. Zwischen 1860 und 1867 mussten sie im ersten Jahr überdies ein Semester lang Experimentalchemie besuchen, sofern sie nicht nachweisen konnten, bereits in den Vorschulen entsprechend ausgebildet worden zu sein.

Die Baustatik bildete sich erst im Verlauf des 19. Jahrhunderts als eigenständige Disziplin heraus.[419] Am Eidgenössischen Polytechnikum ist ihre Entwicklung eng mit Carl Culmann verbunden, dem Gründungsdirektor der Ingenieurschule. Culmann war massgeblich an der Ausformung der graphischen Statik beteiligt, die ohne numerische Berechnungen auskommt und die Wirkungen verschiedener Kräfte in einem statischen System auf zeichnerische Weise erfasst, wobei sie auf den Methoden der projektiven Geometrie basiert und damit die spezifisch polytechnische Wissenschaft schlechthin nutzt.[420] Bis heute geniesst diese Methode wegen ihrer grundsätzlichen Anschaulichkeit eine hohe Wertschätzung und spielt namentlich im Tragwerksunterricht für Architekten nach wie vor eine grosse Rolle.[421]

89 Gustav Zeuner (1828–1907). Die Grundlagen der Mechanik erlernten die Bauschüler zunächst beim Professor für Mechanik und theoretische Maschinenlehre Gustav Zeuner. Erst 1862 wurde ein spezifischer, auf die Baumechanik spezialisierter Kurs eingerichtet.

90 Léon Fulpius, Mécanique, Machines simples (Kollegheft der Vorlesungen bei Gustav Zeuner 1859–1861)

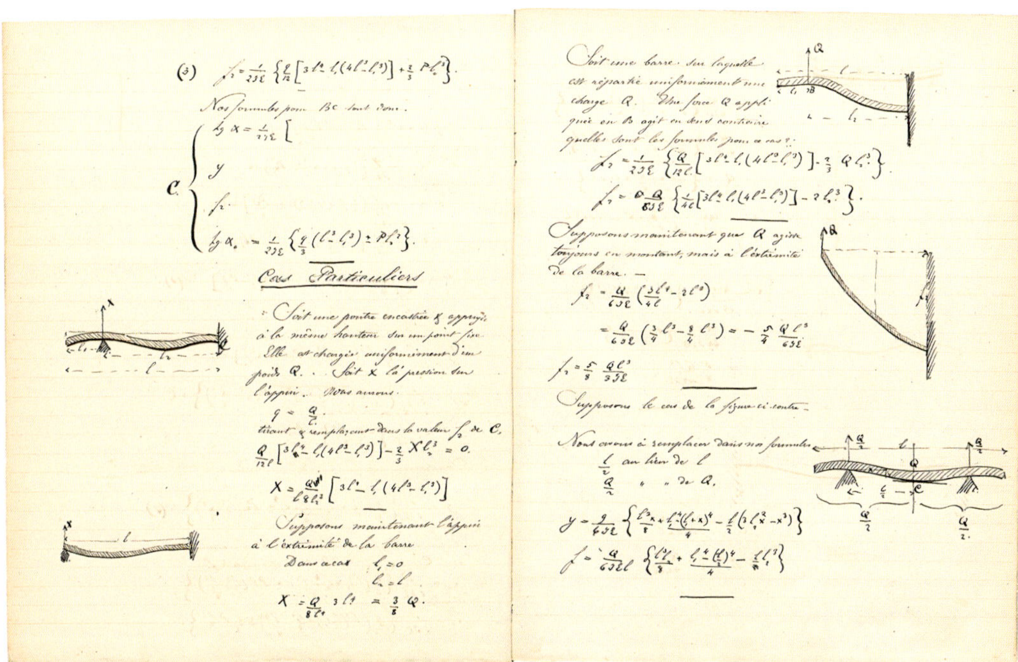

Umso mehr fällt auf, dass Culmann an der Bauschule zwar kurzzeitig Strassen- und Eisenbahnbau gelehrt hatte,[422] kein einziges Mal aber ein mit der Tragwerkslehre verbundenes Fach. Dabei gilt es zu berücksichtigen, dass seine Auffassung von der graphischen Statik wenig praxisfreundlich und selbst für Spezialisten nicht ganz einfach zu verstehen war. Nach der Einführung als Lehrfach an der Ingenieurschule im Jahre 1860 wurde graphische Statik selbst dort erst vom vierten Semester an erteilt. Für den Grundlagenunterricht sowohl der Ingenieure als auch der Bauschüler war nicht Culmann, sondern Gustav Zeuner zuständig, der Direktor der mechanisch-technischen Schule (Abb. 89). Bereits die Titel «Mechanik» oder «Technische Mechanik» in den Programmen deuten darauf hin, dass seine mit jeweils sechs Wochenstunden gut dotierten Kollegien wenig spezifisch waren.

Die Vorlesungsnotizen von Léon Fulpius mit dem Titel «Mécanique, Machines simples» dokumentieren eine ziemlich elementare Einführung in die Geostatik (Kräfteparallelogramme, Schwerpunkt und Stabilität, Reibung), in die Festigkeitslehre (Elastizität, Festigkeit und Bruchlinien verschiedener Materialien, Durchbiegung und Trägheitsmomente unterschiedlicher Profile), in die Mechanik simpler Maschinen (Flaschenzüge, Seilbahnen, Hebel, Keile usw.) sowie die Beschreibung einfacher Tragelemente (unterschiedliche Balken, Kragarm, Stützen) (Abb. 90).[423] Ein bauschulspezifischer, auf die Baumechanik fokussierter Kurs scheiterte vorerst an Zeuners Arbeitsbelastung.[424] Ein solcher wurde schliesslich 1862 eingeführt und zunächst von den Privatdozenten für Mathematik Karl Durège und Bartholomäus Künzler im zweiten Jahreskurs gehalten.

Die graphische Statik hielt möglicherweise 1871 in die Bauschule Einzug, als kurzzeitig Karl Wilhelm Ritter die Baumechanik unterrichtete, der später mit der Herausgabe seiner vier Bände zur *Anwendung der graphischen Statik nach C. Culmann* Culmanns Werk weiterführte und gleichzeitig anwendungsorientiert vereinfachte.[425] Als zehn Jahre später eine Reform der Schule zur Diskussion stand, wünschte man sich jedenfalls bereits mit einiger Selbstverständlichkeit eine Fokussierung der gesamten Baumechanik auf diese anschauliche Methode.[426] 1873 übernahm den entsprechenden Unterricht der zum Privatdozenten beförderte Assistent Culmanns Ludwig von Tetmajer, der später Leiter der neu gegründeten eidgenössischen Anstalt für die Prüfung von Baumaterialien wurde und den man 1881 zum ersten Ordinarius für Baumechanik machte.[427] Tetmajer und Lasius spannten in der Folge zusammen, um gemeinsame Baukonstruktionsübungen durchzuführen. In den 1880er Jahren wurde damit in der Lehre der Bauschule der moderne Tragwerksentwurf als Zusammenarbeit von Ingenieur und Architekt eingeführt.

Kunstgeschichte und Freifächer: Brauchen Architekten Geisteswissenschaften?

Das Schlagwort «Historismus», das mit dem 19. Jahrhundert verbunden wird, verweist darauf, dass ein besonders ausgeprägtes Geschichtsbewusstsein geradezu als Wesensmerkmal dieser Zeit gilt. Wenn man sieht, dass an der Zürcher Bauschule Gottfried Semper, vielleicht der bedeutendste Architekt der Neurenaissance, Seite an Seite mit dem Kultur- und Kunsthistoriker

Jacob Burckhardt gelehrt hat, der kurze Zeit später sein epochales Werk zur *Cultur der Renaissance in Italien* publiziert hatte,[428] scheint sich dies zu bestätigen: Es sieht so aus, als wäre die Entwicklung der Kunstgeschichte und der Architektur geradezu Hand in Hand erfolgt.[429]

Eine nähere Betrachtung zwingt indes zu einer Präzisierung, wenn nicht gar zu einer Korrektur dieses Bildes. Bei der Gründung des Lehrstuhls für Kunstgeschichte und Archäologie war dieser nämlich zunächst gar nicht Teil der Bauschule, sondern der damals sechsten Abteilung für philosophische und staatswirtschaftliche Fächer des Polytechnikums angegliedert. Mehr noch: Im ersten Stundenplan der Schule lagen die Vorlesungen von Jacob Burckhardt so, dass zwar die Abendvorlesung zur Archäologie teilweise unmittelbar an Sempers Kolleg anschloss und damit von den Bauschülern bequem besucht werden konnte, die Vorlesung der Kunstgeschichte jedoch am frühen Nachmittag angesetzt war, sodass sie zur selben Zeit wie die Baukonstruktion, das Architekturzeichnen und andere obligatorische Fächer aus dem Kern der ersten Abteilung stattfand und dadurch die Bauschüler von ihrem Besuch ausgeschlossen waren. Bereits im folgenden Jahr wurde diese Überschneidung im Stundenplan zwar beseitigt, doch erst 1861 wurde die Kunstgeschichte «nach vorangegangener Besprechung mit dem Vorstande» für obligatorisch erklärt und gleichzeitig im ersten Jahreskurs in das Programm der Bauschule integriert.[430]

Trotz dieser anfänglichen Schwierigkeiten ist klar, dass die Einrichtung eines Lehrstuhls für Kunstgeschichte und Archäologie mit Blick auf die vermuteten Bedürfnisse der Bauschule erfolgt war. Ausserhalb der Architektenausbildung gehörte die Kunstgeschichte in der Mitte des 19. Jahrhunderts noch nicht zum üblichen Kanon der Hochschulfächer, und in der Schweiz gab es zur Zeit der Gründung des Polytechnikums noch keinen einzigen entsprechenden Lehrstuhl.[431] Bei der Konzeption der Schule war vorgesehen, durch «die Aufnahme der Kunstgeschichte und Archäologie» im dritten Jahreskurs die ästhetische Ausbildung zu intensivieren, indem diese Fächer die kulturelle Dimension des Bauens, die über eine Bewältigung der technischen und praktischen Aufgaben hinausgeht, verstärkt ins Bewusstsein rücken würden.[432]

Die Vorstellung, die Kunstgeschichte diene der Vervollkommnung der Bildung der fortgeschrittenen Schüler, erklärt, warum sie 1854 an der Bauschule zunächst gar nicht vertreten war, begann diese Abteilung doch mit nur zwei Kursen. Wie sich das Fach in der Praxis des folgenden Jahrzehnts herausbildete, entsprach jedoch nicht dieser ursprünglichen Konzeption. Dass die entsprechende Entwicklung von Burckhardt initiiert worden war, ist nicht anzunehmen, da er zu kurz an der Schule war, um die Beziehung zwischen Kunstgeschichte und Architektur zu klären. Wahrscheinlicher ist, dass der Anstoss von Semper ausging oder dass sich die Auffassung im Lauf der jahrelangen Vakanz des Lehrstuhls eher beiläufig veränderte. Jedenfalls etablierte sich die Kunstgeschichte unter Burckhardts Nachfolger Wilhelm Lübke als Grundlagenkurs in Form einer obligatorischen Übersichtsvorlesung im ersten Studienjahr. Diese wurde durch spezielle Kollegien zu Einzelfragen ergänzt, die im Programm der Schule als Freifächer aufgeführt waren.

Die Aufgabe einer eng und unmittelbar mit der Architektentätigkeit verbundenen Geschichtsvermittlung für die fortgeschrittenen Studenten, wie sie ursprünglich vom Fach «Kunstgeschichte» erwartet worden war, übernahm dagegen Gottfried Semper. Sein Blick war allerdings ein anderer als der seiner (Kunst-)Historikerkollegen. Er suchte im einzelnen historischen Phänomen das Gesetzmässige, letztlich Überzeitliche und in die Gegenwart oder gar Zukunft weisende, aus dem sich «die Grundzüge einer empirischen Kunstlehre» herausdestillieren liessen.[433] Jacob Burckhardt dagegen, wie auch seine Nachfolger, versuchte das Einzelne in seinen Kontext zu stellen und dabei ein stimmiges Gesamtbild der geschichtlichen Situation zu zeichnen. Insofern überrascht es wenig, dass sich die Begegnung von Semper und Burckhardt bei näherer Betrachtung als eine Nichtbegegnung erweist,[434] obwohl sich die beiden eine Zeit lang fast täglich die Klinke von Zimmer 4 des Stiftsgebäudes in die Hand gegeben haben. Man respektierte sich, hatte sich aber nur wenig zu sagen.

Vielleicht ist dies charakteristisch für das Verhältnis von Kunsthistorikern zu Architekten. Selbstverständlich gibt es intensive Beziehungen zwischen den Disziplinen, etwa wenn die Kunsthistoriker die Beobachtungs- und Zeichengabe oder auch das technische Verständnis der Architekten nutzen, oder umgekehrt, wenn sich Architekten in ihrem Verständnis der eigenen Disziplin auf Grundlagen abstützen, die von den Historikern erarbeitet wurden. Beides liesse sich an der Bauschule des Polytechnikums gut illustrieren.[435] Dies ändert jedoch nichts daran, dass sich die Perspektiven und Erkenntnisinteressen unterscheiden. Aus der Sicht der Architektur ist die Rolle der Kunstgeschichte als Grundlagenfach plausibel, die ihr um 1860 an der Bauschule zugewiesen wurde.

Jacob Burckhardt war aus einer erlauchten Schar von Bewerbern ausgewählt worden.[436] Ausschlaggebend war ein beeindruckendes Gutachten oder vielmehr Empfehlungsschreiben von Franz Kugler, der Burckhardts Vielseitigkeit betonte, dessen Fähigkeit, Wissen lebendig werden zu lassen, sowie den Umstand, dass seine «kunsthistorische Anschauung […] auf einer reifen geschichtlichen Kenntnis» beruhe, «die, indem sie besonders auf das Kulturgeschichtliche» eingehe, «das hervorwachsen der Kunst aus den historischen Lebensbedingungen so tief und schön darzulegen» wisse. Nichts «Angelerntes, nichts Gemachtes, nichts Missdeutendes, nichts von all den Phrasen, die heutzutage auch diese Disziplin nur zu häufig beherrschen», sei in ihm.[437]

Burckhardt, «in dem die Schweiz dem 19. Jahrhundert seinen grössten Kunsthistoriker und Kunstschriftsteller geschenkt hat»,[438] blieb dem Polytechnikum aber nicht lange erhalten. 1858, nach nur drei Jahren, nahm er einen Ruf zurück in seine Heimatstadt Basel an, wohl nicht zuletzt, weil er sich selbst primär als Historiker verstand und ihm die Festlegung auf die Geschichte der Kunst wenig behagte.[439] Interimistisch versuchte man die Lücke zu füllen, indem der Professor für deutsche Literatur, der Ästhetiker Theodor Vischer, eine Vorlesung zur Geschichte der Malerei und der Universitätstheologe und Privatdozent für Kulturgeschichte, Gustav Volkmar, eine «Erklärung ausgewählter Kunstwerke des Alterthums» durchführte.[440] Gleichzeitig stellte Semper seine Vorlesungen nun unter den Titel «Geschichte der Baukunst». Auch nach aussen hin wurde das Feld der Architekturgeschichte damit von einem Architekten übernommen, der es selbst dann nur zögerlich wieder aufgab, als die Professur für Kunstgeschichte wieder besetzt war.[441]

Diese Neubesetzung gestaltete sich als schwierig, vielleicht deshalb, wie dies Gottfried Keller in einem Brief andeutete, weil dabei die Stellung der Geisteswissenschaften am Polytechnikum und deren Beziehung zur Universität generell in Frage gestellt wurden.[442] Ab dem Wintersemester 1859/60 veranstaltete interimistisch der Privatdozent Daniel Fehr einzelne kunsthistorische Kollegien, der an der Universität Zürich seit 1849 entsprechende Vorlesungen hielt und wesentlich am Aufbau der Abgusssammlung beteiligt war. Bereits 1854 hatte sich Fehr für die Professur am Polytechnikum beworben, blieb jedoch damals angesichts der grossen Konkurrenz ohne Chancen, obwohl er von den Zürcher Architekten unterstützt worden war.[443] Er erhielt zwar die Venia docendi, veranstaltete am Polytechnikum aber erst nach Burckhardts Weggang Vorlesungen, die mit einer gewissen Regelmässigkeit die schweizerische Kunstgeschichte und die Skulpturen der Sammlung zum Thema hatten.[444]

Besonders intensiv bemühte sich Schulratspräsident Kappeler um Wilhelm Lübke, den jungen Lehrer für Kunstgeschichte an der Berliner Bauakademie, der mit seiner illustrierten *Geschichte der Architektur von den ältesten*

Zeiten bis auf die Gegenwart einen wichtigen Beitrag zur Popularisierung der Architekturgeschichte geleistet hatte.[445] Johann Karl Kappeler besuchte inkognito seine Vorlesung und war offenbar davon angetan.[446] Lübke lehnte die Berufung aber zunächst ab, und es brauchte einen zweiten Anlauf, bis er sich 1861, nachdem er seine damalige Stellung noch für eine längere Studienreise nach Italien genutzt hatte, dann doch entschliessen konnte, die Bauakademie zu verlassen. Bereits fünf Jahre später verliess er indes auch Zürich, um in Stuttgart eine noch aussichtsreichere Stelle anzutreten – nicht ohne zuvor seine Position in geschickten Verhandlungen erneut verbessert zu haben.[447]

Lübkes Vorlesungen zeichneten sich offenbar vor allem durch Eleganz aus, was im unmittelbaren Vergleich mit Sempers Kollegien besonders ins Auge fiel. Am 1. November 1862 schrieb der Bauschüler Alfred Friedrich Bluntschli an seine Eltern: «Lübke's Geschichte der antiken Kunst, also ein ganz ähnliches Thema wie das Sempers, macht einen total verschiedenen Eindruck auf mich; spielend entfliessen ihm die Worte, er weiss schön zu schildern, ist geistreich, aber die Gedankenfülle u. Tiefe Sempers vermag ich bis jetzt nicht aus seinem Vortrag herauszufinden.»[448]

Als Nachfolger von Lübke wurde dessen Lehrer, der Dichter, Politiker und Kunsthistoriker Gottfried Kinkel, berufen. Kinkel hatte sich bereits 1860 um die Stelle bemüht und war damals offenbar schon bis zu Lohnverhandlungen fortgeschritten, ohne schliesslich Erfolg zu haben.[449] Als Grund war ihm eine Opposition seitens der Professorenschaft kolportiert worden.[450] Bedenken gab es zudem seitens des Schulratspräsidenten, der weniger Kinkels politisches Engagement als seine «Excentricität» und vielleicht einen vermuteten Wunsch fürchtete, gleichzeitig an der Universität lehren zu wollen, während er selbst auf eine Trennung von Polytechnikum und Universität hinarbeitete.[451] Auch als es 1866 um die Nachfolge Lübkes ging, hätte Kappeler den von Burckhardt gelobten Anton Springer aus Bonn vorgezogen, der den Ruf jedoch nicht annahm.[452] Mit grosser Vorsicht wandte man sich daher erneut an Kinkel, der aus dem Londoner Exil der Berufung gerne folgte und, von Jacob Burckhardt wohl beraten, gute Anstellungsbedingungen aushandelte.[453] Im persönlichen Gespräch konnte er Kappeler offenbar leicht von sich überzeugen.[454]

Kinkel übernahm die unter seinem Vorgänger eingeführte Struktur des Unterrichts mit einem für die Bauschule obligatorischen Haupt- und einem zusätzlichen «Nebencolleg»,[455] in dem nun durchaus auch die «Kunstgeschichte der Renaissance (Baukunst und Bildnerei)» Thema sein konnte.[456] Darüber hinaus hielt Kinkel, seine vielfache Begabung nutzend, Vorlesun-

91 Jacob Burckhardt (1818–1897), Gottfried Kinkel (1815–1882) und Wilhelm Lübke (1826–1893). Tafel aus der *Festschrift zur Feier des 25jährigen Bestehens der Gesellschaft ehemaliger Studierender der Eidgenössischen polytechnischen Schule in Zürich* (1894). Die hier Portraitierten folgten sich als Professoren für Kunstgeschichte und Archäologie am Polytechnikum.

gen über Literatur und Rhetorik.[457] Besonders verdient gemacht hat er sich jedoch durch die Gründung des Kupferstich-Kabinetts, aus dem allmählich die heutige Graphische Sammlung der ETH Zürich gewachsen ist. Überdies engagierte er sich, im Gegensatz zu vielen seiner deutschen Kollegen, in seiner Wahlheimat Zürich auf vielfältige Weise in der Öffentlichkeit.[458] Sein Begräbnis am 16. November 1881 sei so grossartig gewesen, «wie Zürich wohl noch niemals eins erblickt» habe.[459]

Die Stellung der Kunstgeschichte an der Bauschule blieb trotz allem auch unter Lübke und Kinkel etwas unbestimmt. Sie war nun zwar für die Bauschüler obligatorisch, doch wurden, anders als in den meisten anderen Fächern, weder Konkurrenzen noch Repetitorien durchgeführt. Im Fächerkanon der Übergangsdiplomprüfung, die über die Zulassung zur Diplomprüfung entschied, wurde die Kunstgeschichte sogar erst mit der Studienreform 1881 aufgenommen. Dies mag einer der Gründe dafür gewesen sein, dass sich die Notizen des Bauschülers Eugène Burnand zu Kinkels Vorlesungen weniger durch ihren kunstgeschichtlichen Gehalt als durch ihre virtuosen Randskizzen auszeichnen.[460]

Jedenfalls zeigte sich bereits Jacob Burckhardt von seiner Tätigkeit am Polytechnikum ziemlich ernüchtert. Am 1. Juni 1858 schrieb er an den Altertumsforscher Albert Jahn, der sich für seine ehemalige Stelle interessierte:

«Ich habe mir jederzeit Mühe gegeben, um Alterthum, Mittelalter und Renaissance mit gleicher Liebe zu behandeln, habe auch einige ausdauernde Zuhörer gehabt, gleichwohl aber es nie zu einer leidlich gleichmässigen Frequenz bringen können und mehrere Curse *vor 2–3 Leuten* gelesen. – Sobald die geringste Extraarbeit oder recht schlechtes Wetter eintrat, blieb immer ein tüchtiger Theil der Zuhörer weg. Diess wird so bleiben bis Alles unter Einem Dache ist, und wenn ein Engel vom Himmel käme um Kunstgeschichte vorzutragen.»[461]

Es scheint, als habe Burckhardt vor allem die Umstände, insbesondere das ungünstig gelegene Lokal, für diesen frustrierenden Sachverhalt verantwortlich gemacht. Tatsächlich konnten seine Nachfolger, die im Neubau in unmittelbarer Nachbarschaft zur Universität unterrichteten, mit mehr Zuhörern rechnen. An der untergeordneten Rolle der Kunstgeschichte innerhalb der Architektenausbildung änderte dies allerdings nichts. Noch 1937, also mehrere Generationen später, beschrieb Linus Birchler sein Fach als Teil einer «künstlerischen Allgemeinbildung, die man vom Architekten» erwarte, anders als vom «blossen Bautechniker». Seine Bedeutung für die Architekten sei vergleichbar mit derjenigen der Freifächerabteilung für die Polytechniker generell.[462]

Der Besuch eines Freifachs pro Semester an der «allgemeinen philosophischen und staatswirthschaftlichen Abtheilung» war bereits 1866 für jeden Studierenden des Polytechnikums für obligatorisch erklärt worden. Damit wollte man die Allgemeinbildung fördern und den Stellenwert eines Blicks auf die Welt «vom rein wissenschaftlichen Standpunkte aus» stärken.[463] Die untergeordnete Bedeutung der damals sechsten Abteilung blieb jedoch unbestritten, was sich nicht zuletzt darin zeigt, dass sie in den Reglementen stets als letzte aufgeführt wurde und damit aufgrund der wachsenden Zahl der Fachrichtungen schrittweise zur Abteilung zwölf mutierte.[464] Schulratspräsident Kappeler wollte die Absolventen durch die Verpflichtung zur Belegung von Freifächern vor einem ausschliesslich professionellen Studium bewahren und sie «in stetem Rapport mit den grossen moralischen Hebeln» halten.[465] Das Angebot war beeindruckend. Es umfasste sprachliche, historische und philosophische Fächer, die von führenden Persönlichkeiten gelehrt wurden. Selbst bei gegebenem Interesse und entsprechendem Willen war es für die Polytechniker aber nicht ganz einfach, angesichts der eindeutigen Priorität der Fachausbildung, dieses Angebot auch tatsächlich zu nutzen. So beklagte sich beispielsweise Alfred Friedrich Bluntschli im Frühjahr 1861 in einem Brief darüber, dass er von den vier Stunden, die Theodor Vischer über Shakespeare lese, nur zwei hören könne.[466] Und auch später war es ihm nicht möglich, alle Kurse zu besuchen, die ihn interessiert hätten. Sein diesbezüglicher Bericht gibt einen lebendigen Eindruck davon, wie er als Bauschüler seinen Horizont über das Fachstudium an der eigenen Abteilung hinaus zu erweitern suchte:

«Einige Collegien namentlich Clausius, Physik u. Vischer über Faust u. Geschichte der deutschen Poesie hätte ich gerne belegt, doch collidieren diese Stunden mit anderen; so kann ich bei Vischer nur ein Colleg mitnehmen; nämlich die Redeübungen; was gewiss interessant werden wird; Zuerst sollen wir da vorlesen lernen, dann selbständige Reden halten. Als Stoff zu letztern gab er uns eine Menge Themata, die obwohl sie sehr viel anziehendes haben, doch sehr schwer sind u. ein tieferes Studium der Geschichte fordern, als ich habe; [...] Geschichte kann ich 3 Stunden hören nämlich Scherr: Geschichte von 1740–1800; Scherr ist ein Demokrat von reinstem Wasser; wo er kann bringt er Wörter wie der 'VonGottesgnadenschwühle' vor; er pflegt einen etwas zu schimpfenden Ton zu haben.»[467]

Exkursionen: Die «schönsten Zeiten für einen Kunstbeflissenen»

«Seit gestern sind wir wieder alle glücklich hier nach einer 10tägigen Excursion, die alle früheren Excursionen in jeder Beziehung weit übertrifft. Wir waren mit Julius und 8 Mann, 5 vom 3ten u. 2 vom 2ten Curs. Der beste Humor und das beste Wetter begleitete uns fortwährend. Der Hauptzielpunkt war Lugano, wo wir 3 Tage blieben und eine Kirche ganz aufnahmen u. massen und ausserdem noch verschiedenes scizzierten. Wir werden unsere Scizzen nun autographieren, so dass ihr bald ein Zeugnis unserer Thätigkeit zu sehen bekommen werdet. Ein besseres Vorstudium für meinen toscanischen Aufenthalt als diese Excursion war hätte ich nicht durchmachen können. Allmählig beginne ich zu erkennen, wie man reisen muss, um Nutzen davon zu haben. Am meisten muss man sich vor der Lust hüten, Alles sehen zu wollen, man sieht dann wohl alles, aber es ist nicht viel besser als wenn man nichts sähe; wenig sehen und dies wenige gründlich studieren, das ist das wahre. Wenn ich auf meine vorjährige Tour in dieselbe Gegend zurückblicke, so kömmt es mir ungefähr so vor, als ob ich mit verbundenen Augen durch all' die Herrlichkeit und all' den Reichthum gewandelt wäre. Seitdem ist mir ein Licht aufgegangen. Viel macht auch das Alleinreisen, es ist doch bei weitem nicht so nützlich u. lehrreich als das Reisen in Gesellschaft tüchtiger Leute, die dasselbe Ziel vor Augen haben.»[468]

Es ist einmal mehr Alfred Friedrich Bluntschli, der am 8. Juli 1863, nur kurz vor seiner Diplomprüfung, seinen Eltern so enthusiastisch von der eben stattgefundenen Exkursion der Bauschule berichtete. Er erkannte, dass ihr Wert zwar auch in der Mehrung des Wissens lag, vor allem jedoch in der Schulung des Sehens und Erkennens. Bereits ein Jahr zuvor hatte er privat das Tessin und Norditalien besucht und dort die einschlägigen Bauten besichtigt. Wirklich gesehen hatte er sie aber erst jetzt, als er sie zusammen mit seinen Kollegen studierte, diskutierte, skizzierte und ausmass. Erst auf diese Weise konnte er sich das Betrachtete aneignen, sodass es zu einem Fundus für die eigene Tätigkeit wurde. Schon vorher hatte er geplant, nach Erhalt des Diploms in die Toskana zu fahren, um dort das Studium der bewunderten Renaissance durch eigene Forschungen zu vertiefen.[469] Nun hatte er gelernt, wie diese italienischen Studien mehr sein könnten als das blosse Nachvollziehen einer Konvention.

Organisator und Leiter dieser ersten Tessinreise der Zürcher Bauschule war Julius Stadler, dem es hervorragend gelang, seine Studenten zu begeistern und ihnen die Augen zu öffnen. Er lenkte den Blick nicht bloss auf die hohe Architektur der Kirchen und Villen, sondern ebenso auf die landschaftlichen Schönheiten und ländlichen Bauten sowie deren Einbettung in die Topographie. So umfassen die erhaltenen autographierten «Skizzen & Aufnahmen» sowohl detaillierte Bauaufnahmen, namentlich von Santa Croce in Riva San Vitale, als auch zahlreiche Skizzen mit malerischen Motiven.[470] Etliche davon stammen von Julius Stadler selbst, was zeigt, wie sehr er sich als Teil der Reisegruppe verstand, die er offenbar gerne von seinen herausragenden zeichnerischen Fähigkeiten profitieren liess.

Ein Jahr früher hatte Bluntschli von einer Studienfahrt berichtet, die zunächst nach St. Gallen, Rorschach und Lindau führte. Semper sei in «diesen kunstarmen Bezirken kein angenehmer Reisebegleiter u. kein guter Lehrer», schrieb er, und erst als Julius Stadler zu der Gruppe gestossen sei, habe «die Excursion Nutzen» gebracht, da dieser sich «mehr mit den Leuten» beschäftige und ihnen das «practische Scizzieren» beibringe.[471] Auch später blieb Stadler die prägende Figur auf den Exkursionen, auf denen er ab 1864 von Georg Lasius unterstützt wurde, während Semper die Studierenden, wenn überhaupt, nur noch teilweise begleitete.[472]

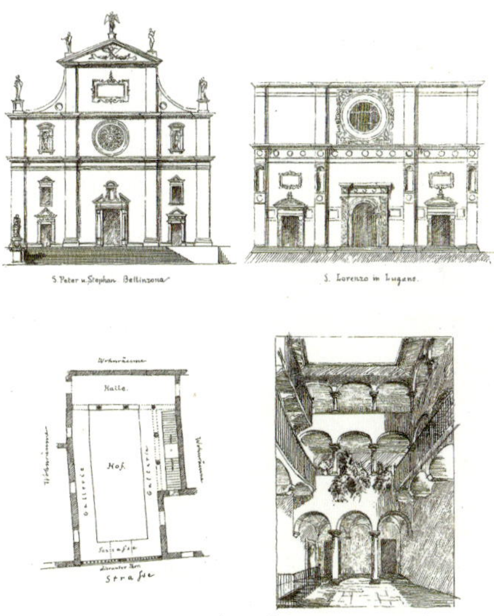

92–94 *Eidgenössisches Polytechnikum. Skizzen und Aufnahmen von der Bauschule. Excursion vom Jahr 1864. Comersee. Tessin. Langensee.* (Umschlag) und Illustrationen zum Bericht über diese Reise im *Programm der eidgen. Polytechnischen Schule 1864/65*. Die oberen Jahrgänge der Bauschule fuhren auf ihren Exkursionen bevorzugt in das Tessin und nach Norditalien. Die Ergebnisse dieser Reisen wurden in der Regel publiziert, wobei die Autographien später teilweise bei den Konkurrenzen als Preise dienten.

Bevorzugtes Ziel, zumindest der oberen Jahreskurse, war das Tessin und sein Umland, wo wenigstens ein Hauch des gelobten Landes Italien zu spüren war. Das Reisen war vor der Eröffnung der entsprechenden Eisenbahnlinien aber eine mühselige Angelegenheit, besonders die Überquerung der Alpen. Noch 1862 erachtete man die acht Tage, die zur Verfügung standen, als zu kurz für eine Tour in den Süden, da allein vier davon für den Weg einzusetzen wären.[473] Später behalf man sich damit, Etappenorte als Reiseziele zu integrieren. So machte man in Luzern oder in Chur Station und besuchte unterwegs nahe an der Route gelegene Bauten, beispielsweise die Kirchen in Zillis und in Giornico, sodass der Weg über die Alpen selbst mehr als ein blosses Mittel zum Zweck war. Wo immer möglich, nutzte man die bereits bestehenden Bahnlinien, bestieg ein Schiff oder mietete auch einmal einen Wagen, doch weite Strecken mussten nach wie vor zu Fuss zurückgelegt werden. Wenn Stadler und Lasius 1864 festhielten, sie hätten auf der Rückreise vom Comersee «nach Mitternacht» und «nach anstrengendem Marsche Chiavenna erreicht», lässt dies erahnen, welche Strapazen mit dem Kunstgenuss verbunden waren, zumal am nächsten Tag die Überquerung des Splügens anstand, ohne Gefährt versteht sich.[474] Mit zunehmendem Ausbau des Verkehrsnetzes vereinfachte sich das Reisen zwar, sodass sich der Radius möglicher Destinationen vergrösserte,[475] aber erst mit der Eröffnung der Gotthardbahn 1882 rückte der Süden so nahe, dass auch Mailand, Brescia oder Verona zu erreichbaren Zielen wurden.

Exkursionen waren im Reglement des Polytechnikums von Anfang an vorgesehen. Man wollte, dass die Schüler «zum Besuche von Bauplätzen, Werkstätten und Etablissements, welche in der Nähe der Schule liegen» angehalten würden und dass zusätzlich jährlich eine grössere, «auf die Vervollständigung der Berufsbildung [...] berechnete» Exkursion stattfinde.[476] An der Bauschule wurde diese Forderung zunächst durch Ernst Gladbach erfüllt. Bereits unmittelbar nach seinem Amtsantritt besuchte dieser alle zwei Wochen die Baustelle der Villa Bodmer seines Vorgängers Ferdinand Stadler, wo er mit seinen Studenten den Baufortschritt verfolgte. Ähnliche Ausflüge in die Baupraxis sind in den Programmen allerdings nur bis zum Schuljahr 1858/59 vermerkt.[477] Vielleicht schienen sie später nicht mehr erwähnenswert, vielleicht wurden aber tatsächlich keine mehr durchgeführt. Die störende Unterbrechung des Unterrichts durch Ausflüge führte nämlich immer wieder zu Diskussionen, was beim dicht gedrängten und straff organisierten Stundenplan nicht weiter überrascht.

Ernst Gladbach war es auch, der zusammen 1858 mit Julius Stadler die erste einwöchige Reise organisierte. Sie führte nach Kappel am Albis, nach

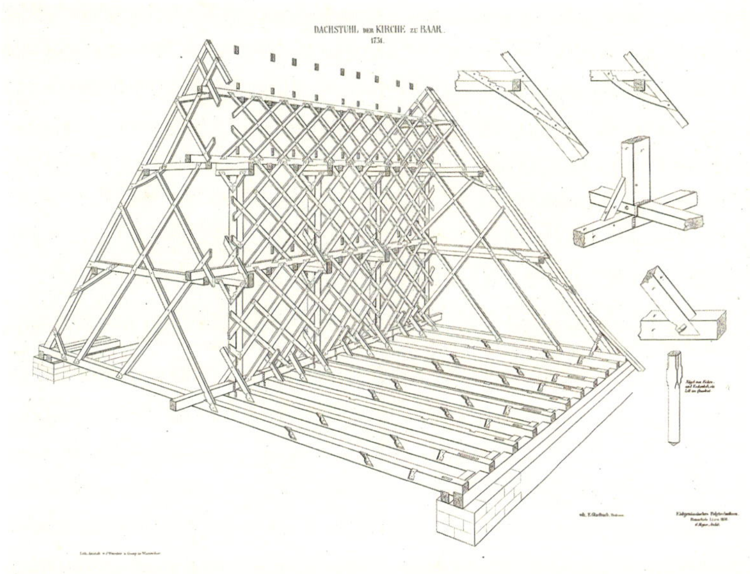

95 Johann Gottfried Meyer, Dachstuhl der Kirche zu Baar, 1858. Die Zeichnung entstand im Rahmen der ersten längeren Exkursion der Bauschule, die 1858 Ernst Gladbach leitete. Auch später blieben dessen Reisen mit dem ersten und zweiten Jahreskurs in der Deutschschweiz und hatten vor allem den Holzbau zum Thema.

Baar und in den Kanton Schwyz, wobei man vor allem Holzkonstruktionen studierte (Abb. 95). In den Jahren darauf wechselten sich Semper und Gladbach als Leiter der Exkursionen ab. Semper ging 1859 in die Westschweiz – nach Neuenburg, Lausanne und Genf – und 1861 gemeinsam mit Stadler in die Innerschweiz, wo man unter anderem in Sursee, Luzern und Stans (zur Sichtung der Festhalle des eidg. Schützenfestes) einen Halt einlegte.[478] Gladbach fuhr 1860 mit dem ersten Jahreskurs nach Schaffhausen, in die Bodenseeregion und zurück via St. Gallen. Dort wurden die 50 Minuten Wartezeit auf den Anschluss nach Zürich charakteristischerweise nicht etwa für eine Besichtigung des Klosters, sondern für die Begutachtung der neugotische Renovation der Kirche St. Laurenzen genutzt.[479] 1862 und 1863 wurden zwei parallele Reisen unternommen: Während Gladbach mit dem ersten und Teilen des zweiten Jahreskurses im Berner Oberland unterwegs war, reiste Semper beziehungsweise Stadler mit den fortgeschrittenen Studenten in den Süden.[480]

In den folgenden Jahren sind von Gladbach keine Exkursionen mehr bekannt. Bereits 1860 war das Interesse im ersten Jahreskurs sehr bescheiden[481] und es mag sein, dass es später ganz erlosch. Allerdings hatten auch die Studienfahrten in den oberen Jahreskursen mit Problemen zu kämpfen. 1865 war der Reisetermin seitens der Schulleitung von der ersten Juliwoche auf die letzte Semesterwoche verschoben worden, um einen Unterbruch des Unterrichts zu vermeiden.[482] Offenbar erachtete der Schulrat inzwischen die Exkursionen doch eher als Luxus denn als Notwendigkeit. Sie kamen nun in die zweite oder dritte Augustwoche zu liegen, mithin in eine denkbar ungünstige Reisezeit für den Süden. Vermutlich aus diesem Grund fuhr die Bauschule in jenem Jahr nicht mehr nach Italien, sondern in die Touraine in der Mitte Frankreichs, wo man mit angenehmeren Temperaturen rechnen durfte.

Stadler hatte im Vorfeld dieser Neuregelung dafür plädiert, den Termin nicht nach hinten, sondern nach vorne zu verschieben. Im Juni sei das Klima besser, die Kosten seien tiefer und die längeren Tage würden ein intensiveres Arbeiten erlauben. Vor allem aber läge dann die Reise in einer Phase des Semesters, in der sich die betroffenen Studenten des dritten Jahres bei der Konzeption ihrer Abschlussarbeit noch nicht festgelegt hätten, sodass die aus eigener Anschauung gewonnen Erkenntnisse noch in die Arbeit einfliessen könnten. Eine Verlegung in die Ferien, wie sie anscheinend auch zur Diskussion stand, sei dagegen unsinnig, weil die Teilnehmer die Schule anschliessend verlassen würden, sodass es unmöglich sei, Aufnahmen und Reiseskizzen noch reinzeichnen zu lassen und zu publizieren.[483] Insbesondere dieser Einwand sprach allerdings auch gegen einen Termin in der letzten Semesterwoche, für den man sich am Ende entschieden hatte und der überdies ein fraglos unbeliebtes Vorverschieben der Diplomabgabe mit sich brachte. All dies zusammen führte wohl dazu, dass die Bauschule fortan keine Reisen mehr unternahm.

Dagegen reichte am 20. Februar 1868 der spätere Architekt des Bundeshauses Hans Wilhelm Auer im Namen der Bauschüler eine Petition ein, man möge doch die Einrichtung der Exkursionen, die «mal eins der wichtigsten Bildungsmittel unserer Bauschule» gewesen seien, wieder beleben «und schon im kommenden Sommer, und zwar noch vor Eintritt der Ferien, eine solche Excursion» veranstalten.[484] Der Schulrat beschloss, man solle die Angelegenheit prüfen und einen konkreten Vorschlag machen.[485] Stadler beantragte in der Folge im Namen der Bauschulkonferenz, die Reise bereits vom 24. bis zum 31. Mai durchzuführen.[486] Gerade einmal zwei Tage vor deren Beginn wurde sie vom Präsidenten schliesslich «für diesmal und sehr ausnahmsweise» bewilligt, unter der Bedingung, dass der Unterricht in den anderen Kursen «in jeder Weise und namentlich in den konstruktiven Fächern seinen ungehinderten regelmässigen Fortgang» nehmen müsse.[487]

Die Tour führte unter anderem nach Orta, wobei Semper die Gruppe auch diesmal nicht begleitete.[488] Nach einer weiteren Exkursion nach Oberitalien ein Jahr darauf versiegten die Reiseaktivitäten bereits wieder. Aufgrund der Verschiebung in die Ferien hätten sich dafür keine Teilnehmer mehr finden lassen, «da sie nur für vorgebildete Schüler, wie es die des III. Curses sind, von Nutzen» seien.[489] Erst zehn Jahre später wurde die Tradition erneut aufgenommen.[490]

In der zweiten Hälfte des 19. Jahrhunderts veränderte sich die Bedeutung des Reisens für die Architekten grundsätzlich. Obschon nicht unterschätzt werden sollte, wie wichtig eigene Skizzen und Bauaufnahmen gegen Ende des Jahrhunderts immer noch waren, nahm deren Bedeutung als Quelle des architektonischen Wissens doch deutlich ab. Kunstgeschichtliche Werke, die gut illustriert und trotzdem erschwinglich waren, machten die Referenzen der historischen Architektur zunehmend auch für diejenigen verfügbar, die nicht die Gelegenheit gehabt hatten, sie eigenhändig vor Ort zu zeichnen. Die entsprechenden Holzschnitte und Stiche waren oft sogar präziser, als es eigene Skizzen sein konnten. Eine unmittelbare Erfahrung der Architektur konnten (und können) sie selbstverständlich nicht ersetzen. Aber eine Diskussion, ob und unter welchen Bedingungen gegenseitig Reisestudien abgezeichnet werden durften, wie sie zwischen Semper und Gladbach 1858 stattfand,[491] wäre zwanzig Jahre später kaum noch in derselben Art geführt worden.

Indem die Exkursionen der Bauschule aus praktischen Gründen meist in die Kulturlandschaft des Tessins und Oberitaliens führte, die in der Kunstgeographie eher peripher liegt, konnten sie noch relativ lange als Forschungsreisen gelten. So wurde der von Stadler und Lasius verfasste Bericht über die Exkursion vom Juli 1864 im Programm des Polytechnikums 1864/65 als wissenschaftlicher Aufsatz abgedruckt. Er stand hier an derselben Stelle wie beispielsweise neue Erkenntnisse «Über das Wanken der Locomotiven» von Gustav Zeuner drei Jahre früher.[492]

Unabhängig davon erhielt sich der Wert der Exkursionen jedoch vor allem als Schule des Sehens, des Zeichnens und des Verstehens von Architektur und nicht zuletzt als Übung jener von architektonischen Interessen geleiteten Art des Reisens, wie es schon vom Bauschüler Bluntschli erkannt und beschrieben worden war. Dies gilt bis heute. So überrascht kaum, dass Karl Mosers Reisebericht aus dem Jahr 1880 eine nicht geringere Begeisterung bezeugt als derjenige von Bluntschli 17 Jahre zuvor.[493] Offensichtlich waren nicht nur die Lehrer der Ansicht, dass «die Studienreisen, zumal wenn das Ziel Italien ist», die «schönsten Zeiten für einen Kunstbeflissenen sind».[494]

Diplome und Preise: Leistungsausweise von beschränktem Wert

Das Reglement des Polytechnikums sicherte den Studenten beim Austritt aus der Schule ein Zeugnis zu, in dem die besuchten Vorlesungen und Kurse sowie die dabei erzielten Leistungen erfasst wurden.[495] Am Ende des Studiums konnte zudem ein Diplom erworben werden:

«Diese Diplome enthalten die Bescheinigung, dass derjenige, auf dessen Namen sie ausgestellt sind, den ganzen an der betreffenden Abtheilung der polytechnischen Schule ertheilten theoretischen Unterricht vollständig und mit Erfolg besucht habe; dass er die an der Schule gelehrten praktischen Arbeiten mit Sicherheit und Fertigkeit auszuführen im Stande sei, und daher als befähigt zum Antritte seines Berufes erklärt werde.»[496]

Damit verspreche die Schule nicht zu viel, wurde im Bericht zum Reglementsentwurf festgehalten, man hoffe aber, die Studienabgänger mit Diplom würden «im praktischen Leben mit weit mehr Vertrauen aufgenommen werden, als solche, die es nicht wagten, sich um ein solches zu bewerben, oder diess umsonst thaten.»[497]

Das war mit Grund vorsichtig formuliert. Anders als zum Beispiel in Deutschland eröffnete das Diplom in der Schweiz keinen Weg in eine Beamtenlaufbahn, denn der föderalistische Bundesstaat kannte keinen entsprechend organisierten Apparat. Ebenso wenig gab es im Bauwesen geschützte Berufsbezeichnungen. Seit 1798 nach französischem Vorbild das Zunftwesen abgeschafft worden war, herrschte in der Schweiz eine sehr weit gehende Gewerbefreiheit. Dadurch konnte auch im Bauwesen jeder tätig werden, der sich entsprechenden Aufgaben gewachsen fühlte. Bis heute ist in der Schweiz der Beruf des Architekten frei, sodass ein Diplom zur Berufsausübung nicht zwingend notwendig ist. Es war und ist letztlich nicht mehr als ein Fähigkeitszeugnis, dessen Wertschätzung die neue Schule zunächst erarbeiten musste. Sie hatte daher ein Interesse an einer strengen Vergabepraxis. Bei der ersten Revision des Schulreglements wurden die Anforderungen denn auch zusätzlich verschärft. Von 1865 an hiess es, ein Diplom könne «nur an solche Studierende ertheilt werden, [...] deren Kenntnisse unbestritten über der Linie der mittleren Leistungen» stünden: Es solle «eine verdiente Auszeichnung sein.»[498]

Noch 1892 bekräftigte der Schulrat in einem Rundschreiben an die Professoren diese Auffassung. Er begrüsse daher die allgemeine Entwicklung, den für das Diplom verlangten Notendurchschnitt von der früher üblichen Note 4,5 gegen 5 ansteigen zu lassen. Gleichzeitig müsse er allerdings die Bedeutung der Notenskala in Erinnerung rufen, da «die Tendenz sich be-

DIPLOM
der eidgenössischen polytechnischen
SCHULE.
Erste Abtheilung oder Bau - Schule.
Dem Herrn Johannes Auer von Zürich
der die erste Abtheilung der Bau - Schule
an dem
EIDGENÖSSISCHEN POLYTECHNIKUM
von October 1865 bis August 1868 besucht
und nach gesetzlicher Vorschrift zur Erwerbung dieses Diplomes im Decbr 1867 & Juli 1868
die schriftliche und mündliche Prüfung in den Fächern der
bestanden hat, wird hiemit in Würdigung des Ergebnisses dieser Prüfung,
sowie der bei den Repetitorien, Konkursarbeiten und Jahresprüfungen an den Tag gelegten Leistungen
das Zeugniss wissenschaftlicher und technischer Befähigung zum Antritt des
Berufes eines Architekten ertheilt.
Gegeben in Zürich den 6. August 1868.
Im Namen der Lehrerschaft:
Der Vorstand
der Bau - Schule
Gottfried Semper
Der Direktor
der eidg. polytechnischen Schule.
Im Namen des schweiz. Schulrathes
DER PRÄSIDENT:
Der Sekretär:
Nach Beschluss des schweizerischen Schulrathes vom 7. August 1862 ist die früher üblich gewesene Gradation der Diplome aufgehoben dagegen ein strengerer Massstab für Erwerbung eines Diplomes festgestellt worden.
Entw. u. lith. v. J. Drescher. (Lithogr. Anstalt in Zürich.)

96 Diplom von Hans Auer, 1868. Kaum die Hälfte der Studenten verliessen die Schule mit einem Diplom. Dieses galt als eine Auszeichnung, nicht als regulärer Studienabschluss.

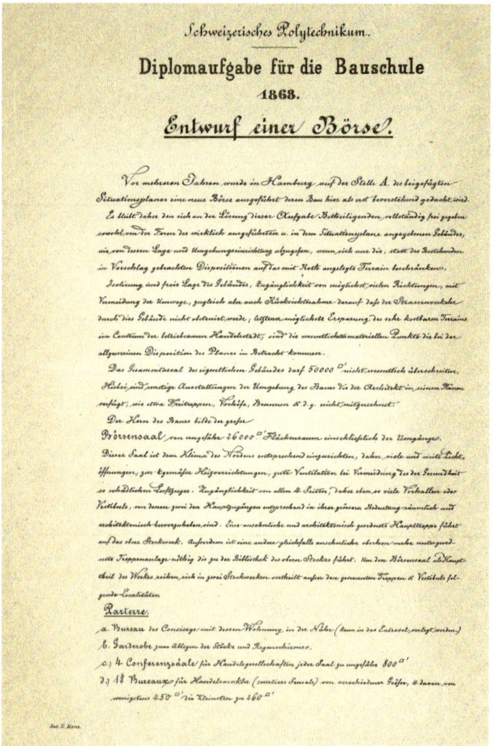

Schweizerisches Polytechnikum.

Diplomaufgabe für die Bauschule

1868.

Entwurf einer Börse.

Vor mehreren Jahren wurde in Hamburg auf der Stelle A. des beigefügten Situationsplanes eine neue Börse ausgeführt deren Bau hier als erst bevorstehend gedacht wird.

Es bleibt daher den sich an der Lösung dieser Aufgabe Betheiligenden vollständig frei gegeben sowohl von der Form des wirklich ausgeführten u. in dem Situationsplane angegebenen Gebäudes, wie von dessen Lage und Umgebungseinrichtung abzugehen, wenn sich nur die, statt des Bestehenden in Vorschlag gebrachten Dispositionen auf das mit Roth angelegte Terrain beschränken.

Isolierung und freie Lage des Gebäudes, Zugänglichkeit von möglichst vielen Richtungen, mit Vermeidung der Umwege, zugleich aber auch Rücksichtnahme darauf daß der Strassenverkehr durch dies Gebäude nicht obstruirt werde; letztens möglichste Ersparung des sehr kostbaren Terrains im Centrum der betriebsamen Handelsstadt, sind die wesentlichsten materiellen Punkte die bei der allgemeinen Disposition des Planes in Betracht kommen.

Das Gesammtareal des eigentlichen Gebäudes darf 50000 □' nicht wesentlich überschreiten. Hiebei sind sonstige Ausstattungen der Umgebung des Baues die der Architekt in seinen Plänen verfügt, wie etwa Freitreppen, Vorhöfe, Brunnen & d. g. nicht mitgerechnet.

Den Kern des Baues bilde der grosse

Börsensaal von ungefähr 26000 □' Flächenraum einschließlich der Umgänge.

Dieser Saal ist dem Klima des Nordens entsprechend einzurichten, daher viele und weite Lichtöffnungen, zweckgemäße Heizvorrichtungen, gute Ventilation bei Vermeidung des der Gesundheit so schädlichen Luftzuges. Zugänglichkeit von allen 4 Seiten, daher eben so viele Vorhallen oder Vestibule, von denen zwei den Hauptzugängen entsprechend in ihrer grössern Bedeutung räumlich und architektonisch hervorzuheben sind. Eine ansehnliche und architektonisch geordnete Haupttreppe führt auf das obere Stockwerk. Außerdem ist eine andere gleichfalls ansehnliche obschon mehr untergeordnete Treppenanlage nöthig die zu der Bibliothek des obern Stockes führt. Um den Börsensaal als Haupttheil des Werkes reihen sich in zwei Stockwerken vertheilt außer den genannten Treppen & Vestibuls folgende Localitäten

Parterre.

a. Bureau des Concierge mit dessen Wohnung in der Nähe (kann in das Entresol verlegt werden)

b. Garderobe zum Ablegen der Stöcke und Regenschirme.

c.) 4 Conferenzsääle für Handelsgesellschaften jeder Saal zu ungefähr 800 □'

d.) 18 Bureaux für Handelsmäkler (courtiers Sensals) von verschiedener Größe, 4 davon von wenigstens 450 □' die Kleinsten zu 260 □'

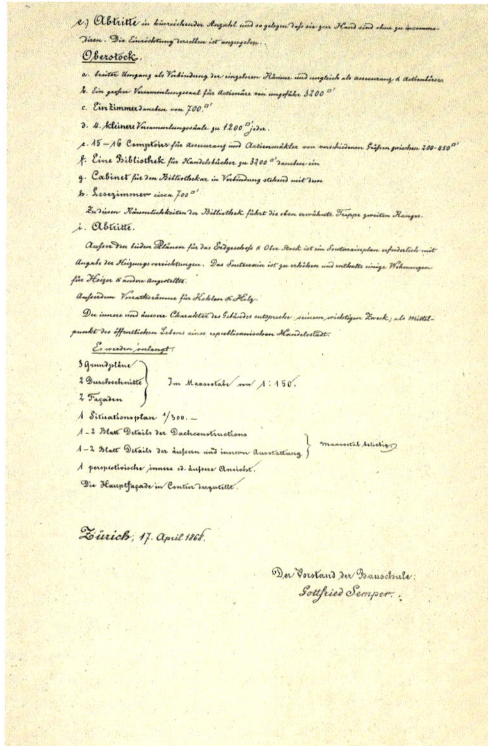

e.) Abtritte in hinreichender Anzahl und so gelegen daß sie zur Hand sind ohne zu incommodiren. Die Einrichtung derselben ist anzugeben.

Oberstock.

a. breiter Umgang als Verbindung der einzelnen Räume und zugleich als Assecuranz & Actienbörse

b. Ein grosser Versammlungssaal für Actionäre von ungefähr 3200 □'

c. Ein Zimmer daneben von 700 □'

d. 4 kleinere Versammlungssääle zu 1200 □' jeder.

e. 15–16 Comptoirs für Assecuranz und Actienmäkler von verschiedenen Größen zwischen 200–250 □'

f. Eine Bibliothek für Handelsbücher zu 3200 □' daneben ein

g. Cabinet für den Bibliothekar in Verbindung stehend mit dem

h. Lesezimmer circa 700 □'

Zu diesen Räumlichkeiten der Bibliothek führt die oben erwähnte Treppe zweiten Ranges.

i. Abtritte.

Außer den beiden Plänen für das Erdgeschoß & Ober Stock ist ein Souterrainplan erforderlich mit Angabe der Heizungsvorrichtungen. Das Souterrain ist zu erhöhen und enthalte einige Wohnungen für Heizer & andere Angestellte.

Außerdem Vorrathsräume für Kohlen & Holz.

Der innere und äussere Charakter des Gebäudes entspreche seinem wichtigen Zweck; als Mittelpunkt des öffentlichen Lebens einer republicanischen Handelsstadt.

Es werden verlangt:

3 Grundpläne, 2 Durchschnitte, 2 Façaden – Im Maasstabe von 1:150.

1 Situationsplan 1/300. –

1–2 Blatt Details der Dachconstructions, 1–2 Blatt Details der äussern und innern Ausstattung – Maasstab beliebig.

1 perspectivische innere od. äussere Ansicht.

Die Hauptfaçade in Contur dargestellt.

Zürich, 17. April 1868.

Der Vorstand der Bauschule:
Gottfried Semper.

97, 98 Diplomaufgabe für die Bauschule 1868. Entwurf einer Börse. Diese Aufgabe basiert auf dem Wettbewerb für die Hamburger Börse aus dem Jahr 1837, an dem sich Semper beteiligt hatte. Bereits 1858 hatte Semper dieses Thema gestellt, damals als Preisaufgabe (Abgabe 1860) (vgl. Abb. 101–103).

merkbar mache, mit einer gewissen Vorliebe die höhere Ziffer zu wählen, so dass dadurch die Anzahl der Abstufungen wesentlich reduziert» werde. In der Skala von 1 (sehr schwach) bis 6 (sehr gut) gelte 4 als ziemlich gut, 3 als mittelmässig und 3,5 als Durchschnitt für die Promotion gerade noch ausreichend. Dennoch solle «durchaus nicht das arithmetische Mittel als doctrinäre Fessel eingeführt» werden, vielmehr habe man volles Vertrauen in die Spezialkonferenzen der Abteilungen, «dass immer die verschiedenen Momente der Beurtheilung richtig gegeneinander abgewogen» würden.[499]

Die Formulierung zeigt eine eigenartige Mischung aus einem Bemühen um penible Genauigkeit einerseits und einem Festhalten an einer bemerkenswerten Vagheit andererseits. Diese Ambivalenz war während des ganzen 19. Jahrhunderts charakteristisch in Bezug auf die Beurteilung der Studierenden am Eidgenössischen Polytechnikum. Zwar strebte man mit regelmässigen Repetitorien und Konkurrenzen danach, die Leistungen und Fortschritte exakt zu erfassen und zusammen mit wiederholten Bewertungen des Fleisses lückenlos zu dokumentieren. Gleichzeitig vermied man es

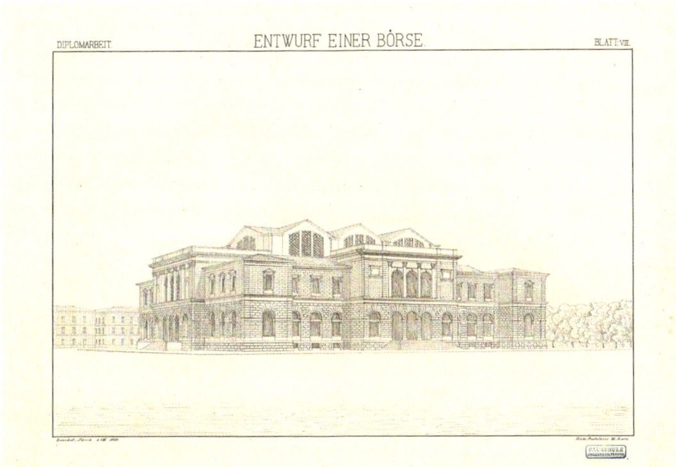

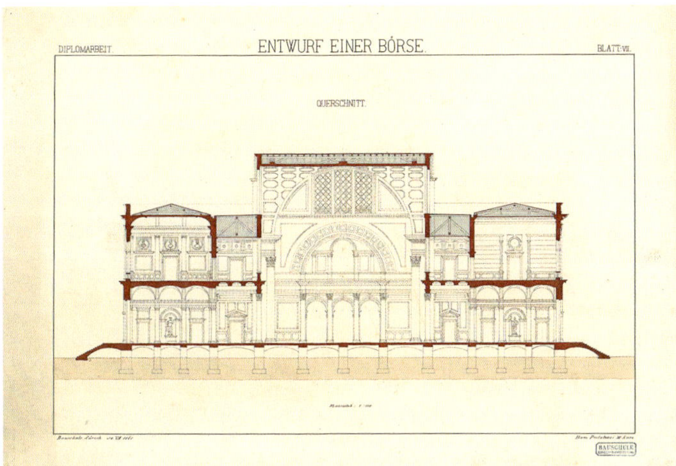

99, 100 Hans Pestalozzi, Entwurf einer Börse, Diplomarbeit 1868

aber tunlichst, eindeutige Kriterien für die Promotion oder für die Erteilung von Diplomen zu definieren und überliess solche Entscheide dem Ermessen der jeweiligen Konferenzen. Die einzelnen Diplomnoten blieben denn auch geheim, und den Studenten kommunizierte man nur das Gesamtresultat.

Die Diplomprüfung bestand aus Prüfungen in jedem einzelnen Fach, die an der Bauschule vermutlich alle mündlich durchgeführt wurden, sowie aus einem Projekt, das aufgrund eines gegebenen Programms auszuarbeiten war. Gemäss dem Regulativ von 1867 wurde Letzteres nach folgenden Kriterien beurteilt: Komposition, Konstruktion, darstellende Geometrie und Perspektive, Ornamentik, Figuren- sowie Landschaftszeichnen, wobei jede dieser Noten gleich gewichtet wurde wie die einzelnen Noten der Prüfungen.[500]

Über die Zulassung zum Diplomprojekt und zur Schlussprüfung entschied von 1863 an eine sogenannte Übergangsdiplomprüfung, die am Anfang des letzten Studienjahres stattfand. Es war dies ein Prüfungsblock, in dem ausschliesslich die Kenntnisse in mathematischen und technischen Grundlagenfächern getestet wurden, sodass kein Weg an diesen vorbei führte. Insbesondere die Mathematik und die darstellende Geometrie wurden dadurch oft zu Stolpersteinen, was wiederholt zu Diskussionen über die Gewichtung der Fächer führte, zumal das Prüfungsreglement geradezu zu solchen einlud, indem dort formuliert war, das Mittel der Noten solle die «Hauptgrundlage» der Beurteilung darstellen.[501]

Immer wieder spricht aus den Protokollen der Notenkonferenzen das Bedauern der unterrichtenden Architekten, dass Kandidaten, die in den architektonischen Fächern erfolgreich waren, an den mathematischen scheiterten. Exemplarisch herausgegriffen sei hier der Fall von Giacomo Lepori. Am 6. Januar 1866 beschloss die Spezialkonferenz der Bauschule, diesen Schüler, «obgleich in Fleiss, Ausdauer & Fortschritten in den Zeichnungsfächern den letztern überlegen, der allzu mangelhaften Kenntnis in Darstellender Geometrie [und] Mathematik wegen, zur zweiten Prüfung nicht zuzulassen.»[502] Bei den Noten 4,5 in Mathematik, 4 in Chemie, 3 in Mechanik und 2 in darstellender Geometrie kann das kaum erstaunen, doch einige Tage später unterstützte Gottfried Semper in einem persönlichen Schreiben an den Schulratspräsidenten das Ersuchen des Tessiners, die Prüfungen wiederholen zu können.[503] Mit positiver Wirkung: Lepori wurde zum zweiten Teil des Diploms zugelassen. Dort scheiterte er dann allerdings erneut, was jedoch seiner glänzenden Karriere keinen Abbruch tat.[504]

Der Titel: Baumeister oder Architekt?

Das ursprüngliche Reglement der Schule sah vor, an der Bauschule das Diplom eines Baumeisters zu vergeben, worin sich die praktische, schwerpunktmässig auf den Zivilbau ausgerichtete Konzeption der Schule widerspiegelte. Dennoch wurde in Zürich wahrscheinlich kein einziges Diplom mit diesem Titel vergeben. 1858, als mit Rudolf König und Adolf Tièche die ersten Bauschüler diplomiert werden sollten, formulierte Gottfried Semper eine grundsätzliche Kritik an der vorgesehenen Berufsbezeichnung. Der Begriff «Baumeister» sei zu vermeiden, «weil dieser Ausdruck hier so wie in Deutschland doppelsinnig» sei. Er werde nicht nur gebraucht, um einen Architekten zu bezeichnen, sondern gelte «zugleich als innungsmässiger Terminus für die zunftberechtigten Meister der Maurer- und Zimmermannsgilden», sodass ein Diplom als Baumeister «so aufgefasst werden könnte, als ertheilte es dem Besitzer das Recht und certificierte es ihm die Befähigung des praktischen Ausführens von Maurer- und Zimmerarbeiten oder der Uebernahme ganzer Gebäude in Entreprise». Es verstehe sich aber von selbst, dass für eine solche Tätigkeit «mehr wirklich praktische Erfahrungen und Reisen gemacht werden müssten» als den Studenten während ihres Studiums möglich sei.[505]

Diese Argumentation leuchtete offensichtlich ein. Als am 28. August 1858 im *Bundesblatt der Schweizerischen Eidgenossenschaft* die Namen der frisch diplomierten Schulabgänger veröffentlicht wurden, lautete die Formulierung, der Schulrat habe König und Tièche «Diplome für den Beruf eines Architekten» erteilt. Mit dem revidierten Schulreglement von 1866 wurde dann auch formell bestätigt, dass man Architekten und nicht Baumeister ausbildete – oder dass man dies zumindest versuchte: Im oben zitierten Schreiben betonte Semper nämlich zudem, «mit gutem Gewissen» seien «die beiden jungen Leute» noch nicht als allseitig befähigte Architekten oder Baumeister zu bezeichnen. Sie hätten zwar «innerhalb der kurzen Frist von drei Jahren, wenigstens in dem, was zu dem Bereiche meines Unterrichts gehört, geleistet, was billigerweise von einem Schüler verlangt werden kann, der vor drei Jahren noch keinen Bleistift zu spitzen verstand und keinen Begriff von den einfachsten Bedingungen der Baukunst hatte.» Das genüge aber keineswegs:

«Wir Lehrer, die wir für die Diplomerteilung gestimmt haben, sind gewiss alle der Überzeugung, dass das zu ertheilende Diplom keine andere Bedeutung haben könne, als ein Zeugniss zu sein, wie die Studenten nach Ablauf ihres dreijährigen Curses im Allgemeinen die billigerweise von ihnen zu fordernde Befähigung erlangt haben, ihre architektonische fernere Ausbildung ohne Schulzwang und selbständig auf richtiger Base zu pflegen. Diese müssen sie und können sie verbinden mit einem ersten Antritt ihrer praktischen Laufbahn, wozu wir sie gleichfalls im Allgemeinen für befähigt halten[,] obschon gute elementare Schulbildung leider ihnen, so wie den meisten jungen Leute, die sich meinem Fache widmen, heutzutage mangelt, welcher Mangel sich in späteren Jahren schwer und nur durch grösste Willenskraft ersetzen lässt.»[506]

Mit dieser Relativierung machte Semper klar, dass sich mit der Erteilung von Diplomen nichts an seiner Meinung geändert hatte, die Ziele der Schule seien im gegebenen Rahmen nicht zu erreichen.[507]

Während Sempers Amtszeit beendeten nur rund 50 Prozent der Bauschüler, die das dritte Jahr absolviert hatten, ihr Studium mit einem Diplom, und gegen Ende des Jahrhunderts nahm dieser Anteil sogar noch weiter ab.[508]

Das Diplom war im 19. Jahrhundert also noch keineswegs der normale Studienabschluss, zu dem er später geworden ist.[509] Zum einen strebte die Schule danach, einen hohen Massstab zu setzen, zum anderen hielt sich die Attraktivität des Diploms in Grenzen, weil es zur Berufsausübung nicht notwendig war. Über die architektonischen Leistungen sagte es eher weniger aus als ein Abgangszeugnis, in dem eine kommentierte Beurteilung der Fähigkeiten möglich war.

Die Preisausschreiben: Entwurf als Forschung?

Mit den Preisausschreiben stand den Studenten noch ein weiterer Weg offen, sich zu profilieren, sogar einer, der sich auf das Projektieren und damit auf den Kern der Architektentätigkeit konzentrierte. Alle zwei Jahre stellte die Abteilung «am Ende der Schlussprüfungen» ihren Schülern und frischen Studienabgängern eine Aufgabe, die im folgenden Schulprogramm publiziert wurde und innerhalb von eineinhalb Jahren zu lösen war.[510] Bei den Absolventen der Bauschule fanden diese Preisausschreiben allerdings nur wenig Anklang. Zum Teil gab es überhaupt keine oder nur einzelne Eingaben, die überdies oft von Schülern stammten, die entsprechende Projekte neben ihrem Studium oder in den Ferien erarbeiteten.

Angesichts der Rahmenbedingungen kann dies nicht überraschen. Anders als etwa bei der Pariser École des Beaux-Arts, wo das ganze Studium auf das Erringen des Prix de Rome ausgerichtet war, der nicht nur eine Vollendung der Studien in Italien, sondern auch eine glänzende Karriere versprach, waren die Preisausschreiben des Polytechnikums grundsätzlich vom Studiengang losgelöst und ausserdem dürftig dotiert.[511] Im Vergleich zu Architekturwettbewerben, bei denen nebst einem eventuellen Auftrag ungleich höhere Preisgelder und ein gewiss nicht geringeres Ansehen erworben werden konnten, waren die ähnlich gelagerten und ebenso aufwändigen Preisausschreiben wenig attraktiv. Wie bei der Diplomarbeit wurde jeweils die Ausarbeitung eines Entwurfes verlangt, wobei Semper im Bemühen um Praxisnähe auch hier zunächst realistische Programme wählte, denen im Allgemeinen ein bestehendes Wettbewerbsprogramm oder ein eigenes Projekt zugrunde lagen.[512] Erst die letzten unter seiner Leitung ausgeschriebenen Aufgaben zielten auf Idealprojekte in der Art der Preisausschreiben

101–103 Adolf Brunner, Börse (Preiaufgabe 1860, 1. Preis). Drei von sieben Blättern. Die Preisaufgaben der Bauschule waren bis 1884 Entwurfsaufgaben, sodass das Verfahren demjenigen eines Architekturwettbewerbs glich. Bei diesem Entwurf von Adolf Brunner wurde die Stabilität der feinen Dachkonstruktion angezweifelt, was die insgesamt positive Beurteilung der Arbeit aber kaum schmälerte.

BLATT IV.
LÆNGENFACADE.

BLATT V.
LAENGENDVRCHSCHNITT.

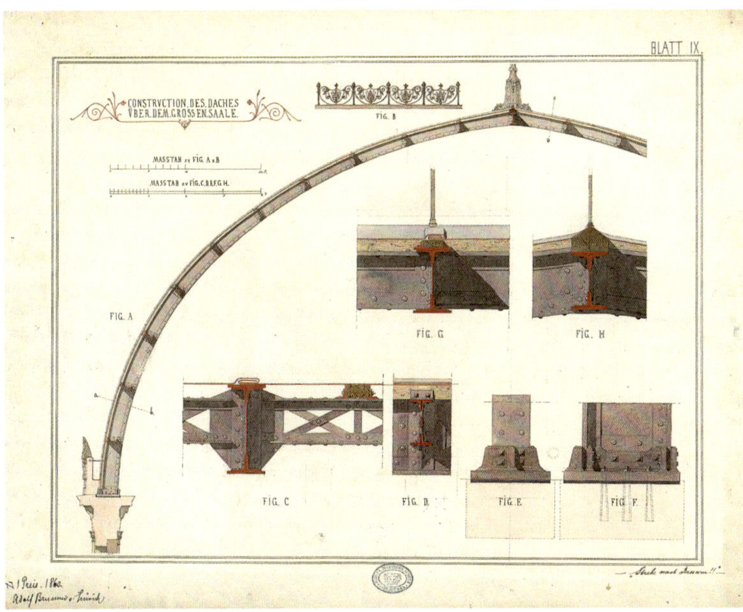
BLATT IX.
CONSTRVCTION. DES. DACHES
VBER. DEM. GROSSEN. SAALE.
FIG. B
MASSTAB zu FIG. A u. B
MASSTAB zu FIG. C. D. E. F. G. H.
FIG. A
FIG. G
FIG. H
FIG. C
FIG. D.
FIG. E.
FIG. F.

104 Ludwig Däniker, Project zu einer Töpferschule (Preisaufgabe 1864–1866, 1. Preis). Haupt Façade. Das Programm für diese Aufgabe übernahm Semper von der Töpferschule in Stoke upon Trent, für die er 1853/54 ein Projekt erarbeitet hatte.

an der École des Beaux-Arts. Von 1868 bis 1870 war eine «Restitution der Villa des Plinius» und von 1870 bis 1872 ein «Jagdschloss in einem Wildpark» (Abb. 110) zu entwerfen.[513]

Die eingereichten Arbeiten wurden in der Art eines Architekturwettbewerbs sorgfältig geprüft. So wurden 1860, als bei der Beurteilung des Projekts einer Börse für Hamburg von Adolf Brunner Zweifel über die vorgeschlagene Konstruktion aufkamen, beim Ingenieur Karl Pestalozzi sowie bei Ernst Gladbach und Julius Stadler Gutachten eingeholt. Diese bestätigten zwar gewisse Mängel, doch wurde die Arbeit trotzdem prämiert und ausgestellt, zumal Semper bekräftigte, der Bauplan sei gut gelöst und somit «die erste und die schwierigste Aufgabe, die der Architekt zu lösen» habe, bewältigt (Abb. 101–103).[514]

Entsprechende Protokolle zeigen, dass das Beurteilungsverfahren später formalisiert wurde und dadurch weniger Anlass zu Diskussionen bot. Eine Kommission bestehend aus den dozierenden Architekten begutachtete die Arbeiten anhand von sechs Kriterien, die einen guten Eindruck davon vermitteln, wie man an der Bauschule Entwürfe beurteilte. Das erste Kriterium betraf die «Disposition», was mit «Stellung des Gebäudes im Terrain / Benutzung des Bauplatzes» präzisiert wurde, das zweite den «Grundriss» beziehungsweise die «innere Einteilung in Hinsicht auf das Programm, Zweck-

105 Friedrich Hüber, Project zu einer Töpfer-Schule (Preisaufgabe 1864–1866, 2. Preis). Detail. In der Verwendung des Backsteins, der die Bauaufgabe reflektiert, scheint dieses Projekt von Heinrich Hübsch inspiriert zu sein. In der Ausformulierung der Architekturglieder befolgt es allerdings den Kanon der Renaissance-Architektur.

mässigkeit, Schönheit». Kriterium drei war die «Construction», vier der «Stil» (Preisaufgabe 1864–1866) respektive die «aesthetische Behandlung der Aufrisse» (Preisaufgabe 1866–1868). Bei Punkt fünf ging es um den «Charakter» und bei sechs um die «technische» beziehungsweise «graphische Ausführung» des Projekts. Dabei wurde die Wertung des Charakters doppelt gewichtet, ebenso wie, abhängig von der Aufgabe, die innere Einteilung (für die Töpferschule bei der Preisaufgabe 1864–1866) (Abb. 104, 105) oder die Disposition (für das Hotel Bad Ragaz bei der Preisaufgabe 1866–1868) (Abb. 106–109).[515]

Die Preisaufgaben waren damit zu Sempers Zeit kaum von den Diplomaufgaben zu unterscheiden, sieht man davon ab, dass Erstere ausserhalb des Zeichensaals der Bauschule und ohne Aufsicht der Lehrer erarbeitet wurden. Dies ermöglichte Semper, die Preisaufgabe zum Entwurf einer Börse für Hamburg zehn Jahre später problemlos als Diplomaufgabe noch einmal zu stellen (vgl. Abb. 97–100).[516] Solches war allerdings nicht unbedingt im Sinne der Schule, waren doch die Preisaufgaben am Zürcher Polytechnikum die einzige explizit auf die Forschung hin orientierte Einrichtung. Im Reglement war dazu festgehalten, das Ziel sei, nebst der «Aufmunterung ihres Fleisses», die «Wekung und Beförderung des wissenschaftlichen Lebens der Schüler».[517]

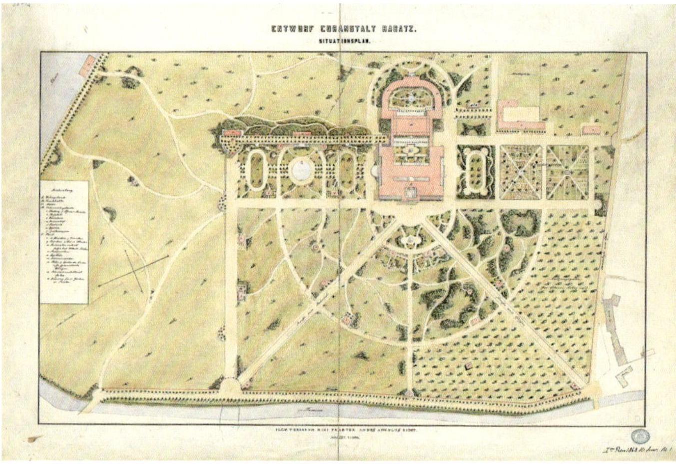

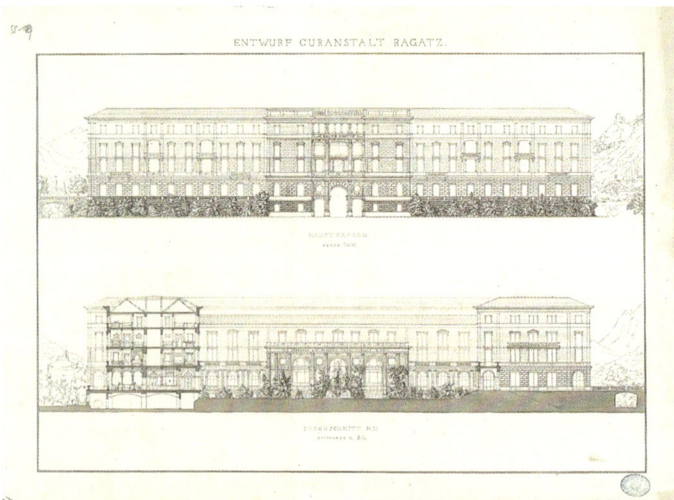

106, 107 Hans Auer, Entwurf Curanstalt Ragatz (Preisaufgabe 1866–1868, 1. Preis). Diese Preisaufgabe ist ein gutes Beispiel für eine praxisnahe und zugleich anspruchsvolle Fragestellung. Seit 1859 arbeitete Semper selbst an Plänen für ein Kurhaus und Badhotel in Bad Ragaz.
108, 109 James Colin, Grandhotel Ragatz (Preisaufgabe 1866–1868, 2. Preis)

Offensichtlich beantwortete Gottfried Semper die Frage, was denn in seinem Fach «wissenschaftliches Leben» bedeute, ganz ähnlich, wie es auch noch am Ende des 20. Jahrhunderts üblich war: dass dieses nämlich mit dem Entwerfen von Architektur identisch sei. Gerade bei Semper mag das zuerst überraschen, pflegte dieser doch in hohem Masse die historische und theoretische Forschung über Architektur, sodass er darin heute im Allgemeinen als bedeutender gilt denn als entwerfender und bauender Architekt. Er selbst war aber der Auffassung, dass die Tätigkeit des Architekten zunächst und wesentlich eine künstlerische sei: Das architektonische Kunstwerk ist

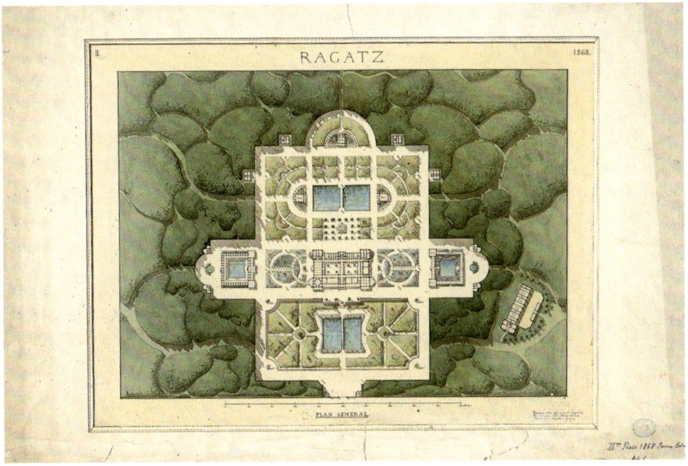

es, in dem sich das gesamte Wissen und Können eines Architekten beweisen muss. Als Preis, der von seiner Schule ausgesetzt wurde, kam daher kein anderer in Frage als einer für einen architektonischen Entwurf.

Dies blieb auch unter Sempers Nachfolgern so. Sie stellten gleichermassen realitätsnahe Aufgaben, deren Programme noch vermehrt aktuelle Problemstellungen aufgriffen. So galt es von 1872 bis 1874, auf eine Idee Sempers eingehend, ein Museum für kunstwissenschaftliche Sammlungen zu entwerfen, zehn Jahre später, als die Frage in Zürich aktuell wurde, ein Gewerbemuseum. Und von 1878 bis 1880 war die Aufgabe «Aufnahme und Dekoration des Entrée und Vestibule am Haupteingang unseres Polytechnikums» zu lösen, was den unvollendeten Zustand des Schulgebäudes in Erinnerung rief.[518]

110 Ferdinand Meili, Project für ein Jagdschloss [in einem Wildpark] (Preisaufgabe 1870–1872). Verglichen mit anderen wirkt diese Preisaufgabe reichlich utopisch – zumindest im republikanischen Umfeld der Schweiz. Es scheint, als habe sich Semper mit dieser letzten von ihm gestellten Preisaufgabe bereits auf sein zukünftiges höfisches Umfeld eingestellt.

Diese Praxis von zwar nicht utopischen, aber eben auch nicht ganz realistischen Entwurfsaufgaben änderte erst 1884. Unter Alfred Friedrich Bluntschli wurde zum ersten Mal eine Bauaufnahme als Aufgabe gestellt, sodass das wissenschaftliche Leben der Architektur als Erforschung des architektonischen Erbes interpretiert wurde.[519] Obwohl der Schulrat dies 1890 rügte, blieb es bis in die 1960er Jahre dabei.[520]

Die Sammlungen: Mittler zwischen Vorstellung und materieller Welt

Sammlungen spielen im Wissenschaftsbetrieb bis in das späte 19. Jahrhundert eine zentrale Rolle.[521] So war auch bei der Gründung des Eidgenössischen Polytechnikums die Wichtigkeit möglichst umfassender Sammlungen unbestritten.[522] Aus zwei Gründen müsse «auf eine gute Ausstattung derselben das allergrösste Gewicht» gelegt werden, wurde im Kommentar zum Reglementsentwurf der Schule festgehalten. Jeder «tüchtige Lehrer und Forscher» frage bei seiner Anstellung nicht allein nach seiner Besoldung, «sondern fast ebenso sehr nach dem Zustande der zu seiner Verfügung zu stellenden Sammlungen und wissenschaftlichen Anstalten». Denn für «alle Natur- und technischen Wissenschaften» seien «die Instrumente gleichsam das Mittelglied, welches die wissenschaftliche Auffassung der materiellen Welt, die Vorstellung, welche sich Lehrer und Schüler von der letztern machen, mit der materiellen Welt selbst verbindet. Fehlt dieses Mittelglied, oder ist es unvollkommen, so sind Lehrer und Schüler in Gefahr, vom Reiche der Wahrheit auf dasjenige der blossen Vorstellungen sich zu verirren.»[523]

Man mag bei dieser Formulierung zunächst an die Sammlungen von Instrumenten denken, in denen sich die Techniken wissenschaftlicher Weltaneignung verkörpert finden, sodass sie in ihnen anschaulich werden. Zu solchen Forschungsinstrumenten sind auch die Laboratorien und Werkstätten zu zählen, die konsequenterweise im Reglement im selben Abschnitt der zur «Benutzung für den Unterricht» dienenden Mittel aufgeführt wurden, gleichsam als spezieller Teil der Instrumentensammlungen.[524]

Aber auch die anderen Sammlungen nehmen eine Mittelstellung zwischen materieller Welt und Wissenschaften ein, indem sie zwischen diesen zu vermitteln vermögen. An den Sammlungen lässt sich modellhaft die Welt studieren, und gleichzeitig manifestiert sich in ihnen die wissenschaftliche Ordnung dieser Welt. Das gilt für die Sammlungen naturkundlicher und kulturgeschichtlicher Gegenstände ebenso wie für die Modellsammlungen im engeren Sinn. Mit der ihm eigenen Verbindung von Anschaulichkeit und über sich selbst hinausweisenden Gültigkeit kommt dem Modell sogar eine besondere Bedeutung zu.[525] Es steht wesensgemäss zwischen Theorie und Praxis, was es zu einem bevorzugten Mittel der Didaktik macht, zumal an einer polytechnischen Schule, die nicht auf die Wissenschaft an sich ausgerichtet ist, sondern auf ein wissenschaftlich fundiertes Handeln. Nicht ohne Grund stellte Semper Allegorien von «Wissen und Können / Weisheit und Kunst» gemeinsam ins Zentrum der Polytechnikumsfassade seines Zürcher Hochschulgebäudes.[526]

Erst in späteren Berichten und Reglementen des Zürcher Polytechnikums wurden spezielle Vorlagensammlungen ausgeschieden, sodass didaktische und wissenschaftliche Sammlungen zunehmend getrennt behandelt wurden. Das dürfte vor allem praktische Gründe gehabt haben, man mag es aber auch als ein Anzeichen für ihre schwindende Bedeutung sehen, denn sie waren nun nicht mehr selbstverständlich und vermittelnd Teil der Wissenschaft und der Didaktik zugleich. Während man in den 1850er Jahren beim Entwurf der Raumprogramme für den Neubau der Schule noch davon ausging, dass dem potenziell offenen Wachstum der Sammlungsbestände Rechnung getragen werden müsse, waren es schon bald die Sammlungen, die dem zunehmenden Bedarf an Unterrichtsräumen weichen mussten. Die erste, die davon betroffen war, war diejenige der Baumodelle. Noch bevor sie in die für sie vorgesehene Halle hinter der Hauptfassade des Neubaus einziehen konnte, wurde sie zugunsten des mathematischen Vorkurses in bescheidenere Räume verlegt.[527]

Das *Reglement für die eidgenössische polytechnische Schule* von 1854 listet nicht weniger als 18 Sammlungen und Werkstätten auf. Nebst der Bibliothek waren insbesondere die Folgenden für die Bauschule relevant:

«1) Sammlungen von Vorlagenwerken, so wie von Figuren und architektonischen Ornamenten von Gyps für die verschiedenen Zweige des Zeichnungsunterrichtes; 2) eine Sammlung von Baumaterialien, so wie eine Baukonstruktionen- und Maschinen-Modellsammlung; [...] 7) eine archäologische Sammlung; [...] 11) eine Werkstätte zum Modelliren in Gyps und Thon; 12) eine Werkstätte für Arbeiten in Holz».[528]

Letztere wurde von den Architekten dann allerdings nur beschränkt in Anspruch genommen, doch konnte die Bauschule 1864 im Neubau eine eigene Modellbauwerkstätte einrichten.

Die archäologische Sammlung und die Kupferstichsammlung

Die archäologische Sammlung mit ihren Gipsabgüssen, die im Herzen des neuen Hochschulgebäudes höchst prominent aufgestellt wurde, ist die wohl bekannteste aller Sammlungen des Polytechnikums. Im Reglement der Schule war sie dagegen die letzte, die aufgeführt wurde. Auch wenn Gottfried Semper ihre Nähe zur Bauschule postulierte,[529] war sie doch von dieser unabhängig und der sechsten Abteilung zugeordnet, während für den Unterricht bei den Architekten eigene Abgusssammlungen zur Verfügung standen. Das hängt mit der Geschichte der archäologischen Sammlung zusammen, die älter ist als das Polytechnikum und mit diesem nur beschränkt verbunden war.[530]

Seit 1852 wurde der Erlös der öffentlichen Vorlesungen, die von den Dozenten der Universität und später auch des Polytechnikums im Zürcher Rathaus gehalten wurden, für den Ankauf von Abgüssen antiker Skulpturen verwendet. Damit konnten die vorhandenen Abgüsse der Künstlergesellschaft ergänzt und ein archäologisches Museum begründet werden. Die Vorlesungen des Dozentenvereins waren insbesondere bei den Damen aus der gehobenen Zürcher Gesellschaft sehr beliebt, sodass bereits zwei Jahre später in London, Paris und Frankfurt Bestellungen gemacht werden konnten und die Sammlung rasch anwuchs. Als Semper, der 1855 mit umfangreichen Krediten für Ankäufe ausgestattet in Paris weilte,[531] dem Schulratspräsidenten Johann Konrad Kern eine ziemlich lange Liste von Abgüssen schickte, die er zum Kauf vorschlug, erhielt er zur Antwort, er müsse durchaus nicht jede

Anschaffung vorgängig absprechen, er möge aber immerhin bedenken, dass sämtliche von ihm für die archäologische Sammlung genannten Gegenstände bereits in der bestehenden Sammlung im «Künstlergütli» vorhanden seien, die er doch während seines Aufenthaltes in Zürich besucht habe.[532]

Der Kredit, der seitens des Polytechnikums für die archäologische Sammlung reserviert war, wurde in der Folge überwiegend für Druckwerke genutzt, während Gipse weiterhin vor allem aus Mitteln des Dozentenvereins angeschafft wurden. Dieser verschrieb seine Bestände 1856 der Zürcher Hochschule, der heutigen Universität. Im Inventar der «Gypsabgüsse der Archäologischen Sammlung im Gebäude des Polytechnikums in Zürich», das Gottfried Kinkel 1871 publizierte, sind von den 234 aufgeführten Objekten gerade mal 32 als Eigentum des Polytechnikums bezeichnet.[533] Wenn Jacob Burckhardt und seine Nachfolger an der Professur für Archäologie und Kunstgeschichte in den Akten des Polytechnikums als Vorsteher der archäologischen Sammlung bezeichnet werden, ist dies also insofern irreführend, als sie nur für einen Bruchteil der effektiv vorhandenen Abgüsse zuständig waren, die ab 1865 im Herzen des Hochschulgebäudes aufgestellt wurden.[534] Bezogen auf den weit umfangreicheren Bestand des Dozentenvereins respektive der Universität und die entsprechenden Ankäufe hatten sie nur ein Mitspracherecht.

1867 vermeldete Gottfried Kinkel, der seine Stellung als Professor für Archäologie und Kunstgeschichte am Polytechnikum erst kurze Zeit innehatte, er habe «nur den kleinern Theil des ordentlichen Jahreskredites für Gypsabgüsse (zwei ausgezeichnete Köpfe griechischer Kunst und Gegenstände assyrischer Skulptur)» verwendet, «die Hauptsumme von zirka 700 Fr. dagegen für Anlegung einer Kupferstichsammlung». Die griechische Skulptur sei in der Sammlung nämlich bereits «gut und in annähernder Vollständigkeit» vertreten, sodass diese für den «Unterricht in antiker Kunstgeschichte, wie ihn das Polytechnikum verlangt, so ziemlich» ausreiche. Die «moderne Skulptur» allerdings werde gar nicht repräsentiert. Aus «Mangel an Raum zum Aufstellen der Gegenstände» müsse dieses Gebiet, «so wichtig es an und für sich wäre», trotzdem vorerst «noch ausser Acht gelassen werden.»[535]

In der Tat war der Skulpturensaal schon bald nach seinem Bezug zu klein, sodass auch spätere Bestrebungen, die Abgusssammlung bis in die Neuzeit zu erweitern, bereits in den Ansätzen stecken blieben.[536] Aber nicht nur die Grösse der von Semper und dem Staatsbauinspektor Johann Caspar Wolff konzipierten Räume war problematisch. Schon vor Baubeginn war die Disposition als zweiseitig belichtete Halle kritisiert worden. Semper nahm dies offensichtlich sehr persönlich. Er, «der [...] sozusagen unter den Antiken aufgewachsen» sei, der «alle Hauptsammlungen selber sah und studierte, dessen nunmehr 26 jährige Praxis sich vornehmlich um das Bauen und Anordnen von Kunsthallen, Ausstellungsräumen, Schaugebäuden u. dgl. bewegt» habe, er sage schliesslich seinen Kollegen auch nicht, wie sie ihre Arbeit zu machen hätten. Dem Bildhauer und Lehrer für Modellieren Ludwig Keiser, der für die Sammlung ein Oberlicht gefordert hatte, sprach er jegliche Kompetenz ab, indem er feststellte, Zenital- und Frontallicht allein seien für die Beleuchtung von Skulpturen «absolut verwerflich». Das «so gefürchtete Kreuzlicht» dagegen sei «gar nicht so absolut verderblich wie es die Herrn Aesthetiker glauben». Es lasse sich leicht durch Schirme regulieren und könne damit sogar helfen, eine kontrollierte, anpassbare Beleuchtung zu ermöglichen, zumal wohl nicht in jedem Fall Sockel mit Drehscheiben vorgesehen werden könnten. Zudem diene es, allzu dunkle Schatten zu mildern.[537]

Die Formulierung «gar nicht so absolut verderblich» lässt immerhin erahnen, dass Semper sehr wohl um die Problematik der doppelseitigen Befensterung der Halle wusste, die durch das von den Hofwänden reflektierte und entsprechend diffuse Licht noch verstärkt wurde. Aus gutem Grund hatte er in den früher von ihm geschaffenen oder eingerichteten Skulpturengalerien ganz andere Anordnungen getroffen, was er selbstredend in seiner Stellungnahme zu den vorgebrachten Bedenken nicht erwähnte.[538]

Die Kritik verstummte denn auch nach Vollendung des Baus nicht. Zwar habe man dem Mangel an Wänden «durch Anbringung von Vorhängen und Schirmwänden» abgeholfen, doch sei diese «Theilung in kleinere Compartimente» der «Totalwirkung des Baues selbst nachtheilig», stellte 1881 Hugo Blümner, der Direktor der archäologischen Sammlung der Universität fest. Grösser sei aber, «trotz des Votums von Semper, der Uebelstand des doppelten [...] Lichtes», zumal in der Mitte des Raumes. «Eine grosse Zahl von Abgüssen ist daher durchweg ganz schlecht beleuchtet; andere sind nur zu bestimmten Tageszeiten in günstigem Lichte zu sehen; und auch die Absperrung des Lichtes durch Vorhänge kann diesen Mängeln nur in sehr beschränktem Masse abhelfen. / Eine Möglichkeit, diese Missstände zu beseitigen, gibt es leider nicht.»[539]

Offensichtlich war Semper die Idee der Gesamtanlage des Hochschulgebäudes, in dem die Antikensammlung das verbindende Zentrum bildete, wichtiger als die Optimierung der dafür vorgesehenen Räume mit Blick auf die Präsentation der einzelnen Exponate.

Von 1867 an flossen die Mittel der archäologischen Sammlung fast ausschliesslich in den Aufbau der Kupferstichsammlung, aus der die heutige Graphische Sammlung der ETH entstanden ist. Bereits im ersten Jahr er-

111 Die archäologische Sammlung um 1920. Nur wenige Objekte der archäologischen Sammlung, die im Herzen des Semper'schen Hochschulgebäudes aufgestellt war, gehörten dem Polytechnikum. Für die alltägliche Arbeit beim Modellieren, beim Figuren- und Ornamentzeichnen standen eigene, ziemlich umfangreiche Sammlungen zur Verfügung.

warb Gottfried Kinkel 63 Blätter, «in welchen mit Ausnahme der Periode vor 1550 und der allerneuesten Stiche alle hervorragenden Schulen des Kupferstichs bereits mit einem oder mehreren Hauptblättern im meist guten und theilweise selbst vortrefflichen Abdrücken vertreten» waren.[540] 1870 konnte mit Hilfe eines Sonderkredits die umfangreiche und hervorragende Sammlung des in Rom tätigen Landschaftsmalers Johann Rudolf Bühlmann erstanden werden.[541] Damit wurde aus der Studiensammlung für den kunstgeschichtlichen Unterricht schlagartig eine Institution von überregionaler Bedeutung, die in den folgenden Jahren weiter ausgebaut werden konnte. Sie wurde im Sammlungszimmer 10b der Bauschule untergebracht und erhielt ein eigenes Reglement und eine Aufsichtskommission.[542] 1872 konnte sie dem Publikum zugänglich gemacht werden.[543]

Die Vorlagensammlungen und die Modellsammlung

Die archäologische Sammlung hatte, zumal für das Polytechnikum und seine Bauschule, wohl weniger eine praktische denn eine symbolische Funktion. Für die alltägliche Arbeit in den Vorlesungs- und Zeichensälen wurden andere Abgüsse verwendet, die zu den Vorlagensammlungen für das Figurenzeichnen und für das Modellieren oder zu den Vorlagensammlungen der Bauschule gehörten, wobei die Letzteren insbesondere dem Gebrauch beim Ornamentzeichnen diente. Als Semper während der Gründungsphase der Schule zahlreiche Gipse ankaufte, wusste er wohl selbst nicht immer, wohin diese schliesslich gelangen würden.[544]

Die entsprechenden Sammlungen, denen zunächst Johann Jakob Ulrich (Figuren- und Landschaftszeichnen[545]), Ludwig Keiser (Modellierwerkstätte) und Julius Stadler (architektonisches Zeichnen) vorstanden, waren breiter angelegt als die archäologische Sammlung, aber auch bei ihnen lag der Schwerpunkt in der Antike. Die Inventarbücher die sich erhalten haben, zeigen, dass 1882 zahlreiche Figuren wie etwa der Apollo von Belvedere oder die Venus von Milo mehrfach an der Schule vorhanden waren, bisweilen in unterschiedlichen Grössen.[546]

Die Vorlagensammlungen waren nicht systematisch angelegt, dabei aber ziemlich umfangreich.[547] Johann Conrad Werdmüller konnte 1882 für das Figurenzeichnen über rund 100 grössere Figuren verfügen, dazu kamen zahlreiche Reliefs und kleinere Figuren, 28 Köpfe, 600 Abgüsse von Gemmen, ein menschliches Skelett, eine Gliederpuppe mit Kleid und Flanelldraperie, nicht zu reden von zahlreichen Büchern, Umrisssammlungen, Stichen und Fotografien von Gemälden.[548] Ähnlich umfangreich war Keisers Sammlung in den Modellierwerkstätten, allerdings mit einem deutlichen Fokus auf Abgüssen von ornamentalen Reliefs.

Äusserst heterogen hingegen war die von Stadler betreute Sammlung der architektonischen Vorlagen. Auch sie enthielt Gipsabgüsse, nämlich von Architekturelementen, die für das Ornamentzeichnen und wahrscheinlich ebenso für Sempers Vorlesungen verwendet wurden. Stadler sammelte zu Beginn aus didaktischen Gründen auch und gerade undeutliche, verwitterte Vorlagen, die seine Schüler zu einer frei rekonstruierenden Interpretation der Motive zwangen. Hier stand zunächst gleichfalls die klassische Architektur im Vordergrund, bis man in den 1860er Jahren begann, die Gotik zu vermissen und die mangelhafte Schärfe der Reliefs nach antiken Vorlagen zu beklagen.[549]

Diese Sammlung umfasste neben den Abgüssen auch Baumodelle, Bücher und gedruckte Vorlagen, Fotografien sowie Pläne und Zeichnungen (Abb. 113–122).[550] Ihr Charakter lässt sich nicht umfassend beschreiben, da zu den Modellen weder Inventarbücher oder -listen noch Beschreibungen vorhanden sind. Dazu kommt, dass die Abgrenzung zu der ursprünglich von Ferdinand Stadler und später von Ernst Gladbach geleiteten Sammlung von Baukonstruktionsmodellen und Baumaterialien unscharf ist. Noch vor den

112 Inventarbücher verschiedener für die Bauschule relevanter Sammlungen, erstellt vom technischen Dienst des Polytechnikums ab 1882. Die Gebiete der unterschiedlichen Sammlungen überschnitten sich zum Teil und die Zuständigkeiten waren nicht immer klar geregelt.

Erneuerungswahlen für die Sammlungsdirektoren von 1861 scheinen die Sammlungen der Bauschule zusammengelegt worden zu sein, mit Ernst Gladbach als deren Direktor.[551] Zwischen technisch und «stylistisch» ausgerichteten Vorlagen und Gegenständen wurde in der Folge nicht mehr genau unterschieden.[552]

Einen ziemlich guten Einblick in die Lehrsammlungen der Bauschule erhält man durch einen ausführlichen Bericht, den Julius Stadler im Namen von Semper 1864 zuhanden des Schulrats verfasst hatte, um den Wunsch nach zusätzlichen Mitteln zu begründen.[553] «Durch die aussergewöhnliche Zunahme der Schülerzahl»[554] sehe er sich veranlasst, «auf den mangelhaften Zustand der Lehrmittel, insbesondere der Vorlagen für architektonisches Zeichnen aufmerksam zu machen», schrieb er am 15. November. Man darf vermuten, dass beim Umzug in den Neubau die Missstände deutlich wurden, die vorher in den verwinkelten und engen Räumen an der Kirchgasse mangels Überblick nicht so offensichtlich waren.

Im Bericht werden vier Kategorien von Sammlungsgegenständen angesprochen. Zunächst geht es um gezeichnete Vorlagen, dann um Abgüsse und Modelle für das Architektur- und das Ornamentzeichnen, um Konstruktionsmodelle und schliesslich um Baumaterialien. Das Schreiben endet mit der dringenden Bitte um eine Erhöhung der Sammlungskredite «von 800 Frcs. [...] auf mindestens 2000 Frcs.» nebst einem Sonderkredit von 1000 Fr. zur Behebung der vordringlichsten Mängel. Daraufhin wurden die ordentlichen Mittel jedoch nicht aufgestockt, im Gegenteil.[555] Es wurde aber immerhin ein Sonderkredit von 2500 Fr. genehmigt, über dessen geplante Verwendung ein Kostenvoranschlags detailliert Auskunft gibt. Angeschafft oder erstellt werden sollten für 1600 Fr. Vorlegeblätter – «theils nach eigenen Aufnahmen aufgezeichnet, theils den vorhandenen Werken entnommen» –, dazu für 300 Fr. verschiedenen Gipse sowie für 600 Fr. «Modelle und Baumaterialien».[556]

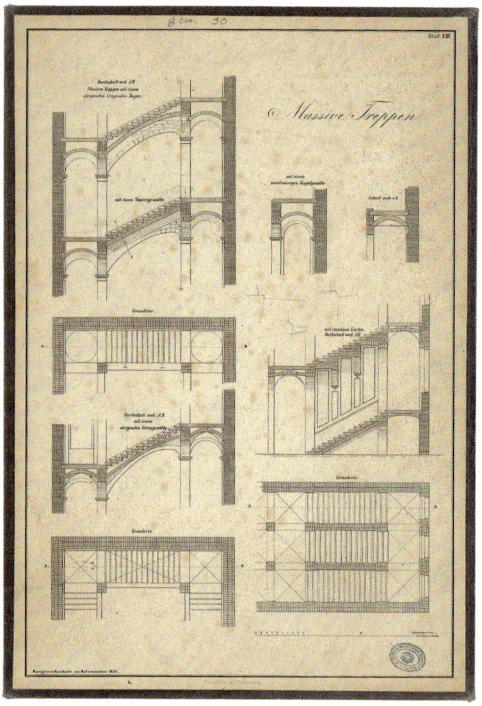

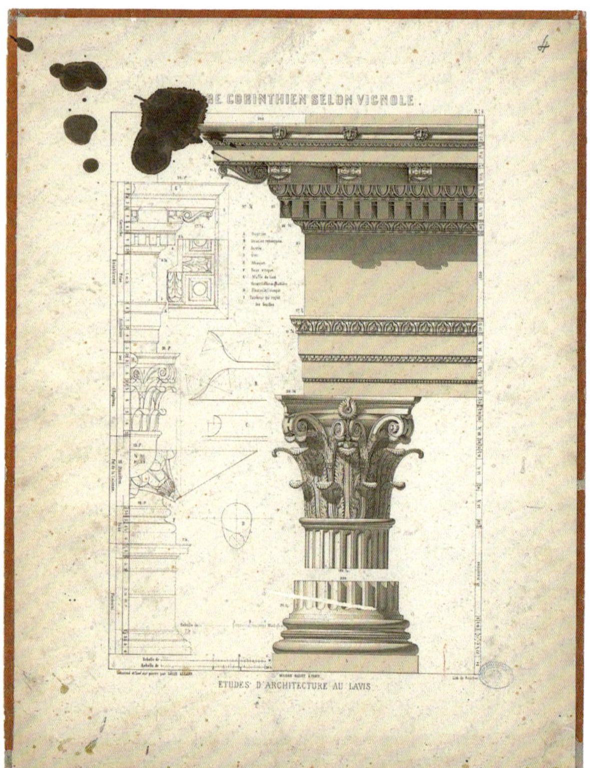

113–118 Sechs Vorlegetafeln. In verschiedenen Beständen des gta Archivs finden sich Blätter aus Druckwerken sowie Originalzeichnungen, die mit einiger Sicherheit den ehemaligen Vorlagensammlungen der Bauschule zugeordnet werden können, weil sie auf Karton aufgezogen sind. Englische Beschriftungen und Stempel des Department of Practical Art auf einigen Tafeln zeigen, dass Semper Vorlagen aus London nach Zürich mitgenommen hatte, wobei seine Signatur neben durchgestrichenen Stempeln der Bauschule beweist, dass Eigentum und Verfügungsgewalt über die Blätter nicht immer klar waren.

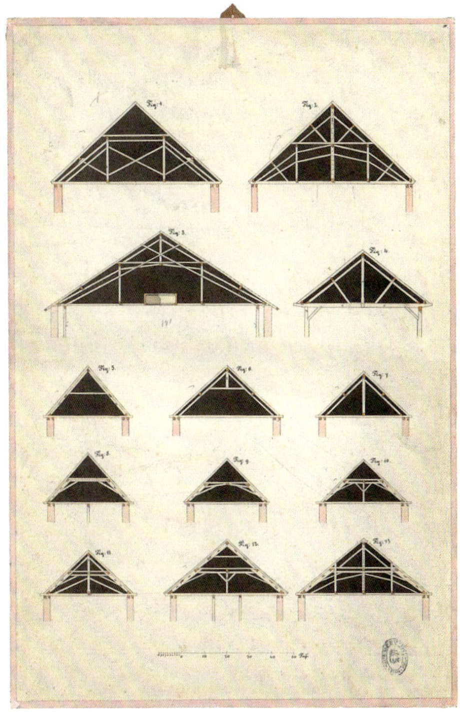

«Feinere Vorlagen, besonders Modelle und Gypse» hätten im Stiftsgebäude wegen des schlechten Lichtes «nicht befriedigend benutzt werden» können, schilderte Stadler ausserdem. Als Ersatz habe man «die eigenen Studienblätter der Professoren» beigezogen, die aber «mit der Zeit so beschädigt und verbraucht» worden seien, «dass sie für Besitzer wie Schüler den Werth verloren.» Gebundene Werke, die in die Bibliothek eingereiht worden seien, würden zwar hervorragende Vorlagen abgeben, wären aber schwierig zu verwenden, da «einzelne Blätter nicht ohne Schaden für das ganze Werk aus ihrem Zusammenhange gerissen werden» könnten. Um Abhilfe zu leisten, möchte man einen Zeichner anstellen, der «aus dem vorhandenen Schatz unseres Materials» die gewünschten Blätter herstelle. Speziell wären für «das mehr Technische des Baufaches [...] Copien von ausgeführten Arbeitsplänen und Werkzeichnungen ein unschätzbares Material», schrieb Stadler weiter und regte an, «Copien von den Plänen des Polytechnikums und der Sternwarte nach unserer Auswahl und mit dazugehörender Baubeschreibung» zu beschaffen. «Gewiss wäre für den Schüler nichts lehrreicher als gerade solche Costructionen zu studieren, deren Ausführung ihm vor Augen steht.»[557]

Die drei Kategorien von Zeichnungen, die man erwerben oder herstellen lassen wollte, entsprechen den von Semper, Gladbach und Stadler im Zeichensaal unterrichteten Hauptfächern der Bauschule: «Architektonisches Zeichnen», «Constructionen» und «Ornamentik». Bei den Zeichnungen für das Fach «Architektonisches Zeichnen» sollte es sich bei zwei Dritteln um Vorlagen mit antiker Baukunst handeln, während ein Drittel für Blätter «anderer Baustile» vorgesehen war. Von den 25 Blättern zur Konstruktion sollten vier den «Constructionen von Tempeln & Röm. Bädern, Pantheon u.s.w.» gewidmet sein, sechs dem Gewölbebau des Mittelalters und 15 neueren Gebäuden «w. z. B. Polytechnikum, Sternwarte». Die 30 Blätter zur Ornamentik waren zu gleichen Teilen der Antike, arabischen und mittelalterlichen Ornamenten sowie der Renaissance und modernen Architektur zugesprochen, eine Aufteilung, die auch für die Gipse – «theils voll plastisch, theils Relief» – gelten sollte.[558]

Bezüglich «der Sammlung von Gypsabgüssen und Modellen» wurde, wie bereits erwähnt, die einseitige Ausrichtung auf das Altertum beklagt, wo doch «für das Studium der genauen scharfen Form und für das Wiedergeben auf Papier» Abgüsse von «guten mittelalterlichen Architekturtheilen» vorzuziehen wären. Daher sei eine Sammlung von Abgüssen «verschiedene[r] Schweizermonumente» anzustreben, zumal diese «zum Austausch von Abgüssen aus Deutschland und Frankreich zu verwenden wäre.»[559]

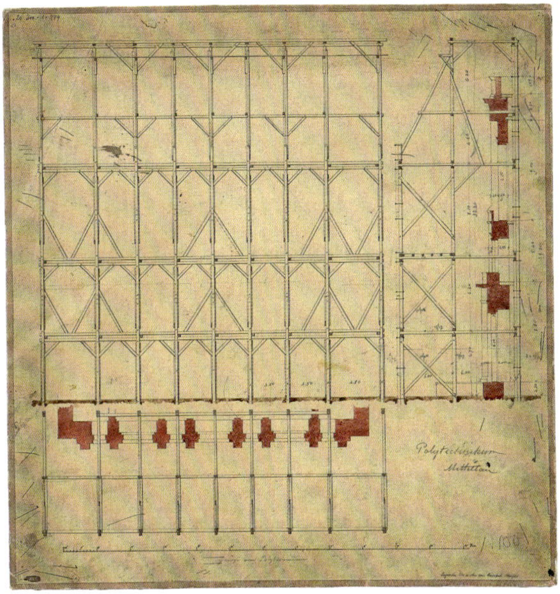

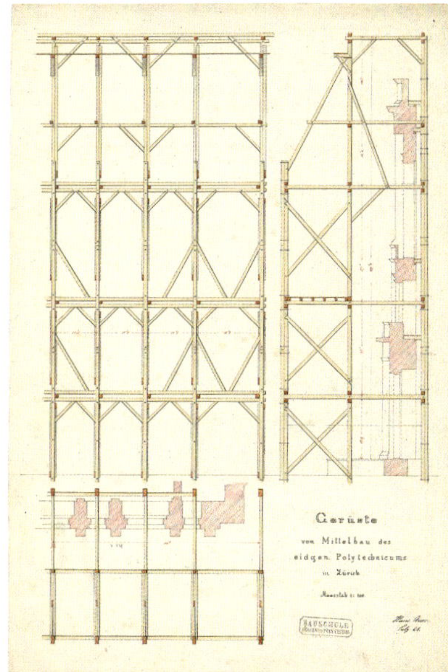

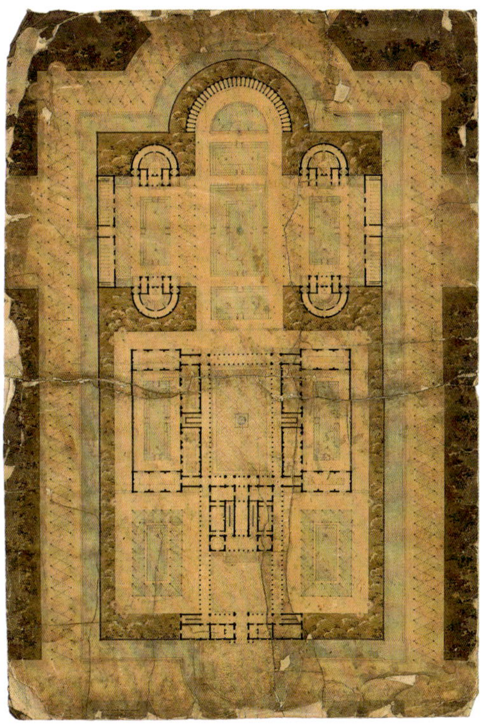

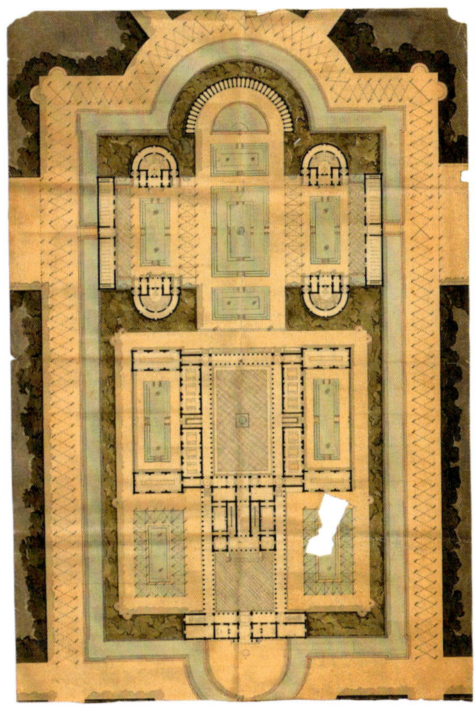

119, 120 Werkplan für das Gerüst der Hauptfassade des Zürcher Hochschulgebäudes (o. Sign., o. D.) sowie Kopie desselben von Hans Auer, 1866

121, 122 Gottfried Semper, École vétérinaire, Original von 1827 und Kopie (o. Sign., o. D., Mesmer?, 1864?). Nach dem Umzug in den Neubau 1864 wurde die Vorlagensammlung überarbeitet und ergänzt. Die verschiedenen Kopien von zum Teil lädierten Bättern von Gottfried Semper dürften in diesem Rahmen entstanden sein. Möglicherweise gilt dies auch für die didaktischen Blätter von Hans Auer zu Bauten von Semper (vgl. auch Abb. 4, 5). Den Gerüstplan (Abb. 120) zeichnete Auer 1866 während seines 2. Semesters nach der Vorlage eines Werkplanes (Abb. 119).

Was die Konstruktionsmodelle angeht, so hätten viele Techniker im Wissen um deren Bedeutung «für den Unterricht und das Studium der Construction» aus ihren Sammlungen «wohl meist selbst gefertigte Modelle von Dachstühlen und anderen Holzconstruktionen der Schule geschenkt. Ausser dieser nicht sehr zahlreichen Sammlung von älteren Construktionen»[560] sei überdies von Ferdinand Stadler «bei Eröffnung der Schule eine Anzahl der wichtigsten Holzverbindungen von Schröder in Darmstadt» angeschafft worden.[561] Vermutlich aus Platzmangel sei «dieser so wichtige Zweig der Unterrichtsmittel» jedoch später vernachlässigt worden. Daher seien angesichts der «bedeutenden Fortschritte der Bautechnik mit Hilfe der Wissenschaften» wenigstens Modelle von denjenigen Konstruktionen und Apparaten unbedingt notwendig, «die durch Schrift oder Zeichnung nur schwer verständlich» würden. Ansonsten liessen sich «zeitraubende und weitschweifige Erklärungen» in den Vorträgen nicht vermeiden. Bei den zu erwerbenden oder herzustellenden Modellen und Baumaterialien wurde der Fokus in der Folge auf «Constructionen des gewöhnlichen Hausbaus durch alle Gewerbe» gerichtet, und man kann sich gut vorstellen, wie die einfachen «Balkenlagen, Scherwände, Gerüste» usw. all die komplizierten Dachstühle und Brückenkonstruktionen ergänzten, die als Geschenke in die Sammlung gekommen waren.[562]

Bei der Baumaterialiensammlung schliesslich wurden ähnliche Mängel festgestellt wie bei derjenigen der Konstruktionsmodelle.[563] Andere Schulen, etwa die in Hannover und Karlsruhe, besässen «Werkstätten zum modellieren in Holz und Gyps, speciell für Übungen in Bauconstruktionen unter Leitung von praktischen Männern wie Maurer und Zimmerparlieren», und dort würden «sogar Übungen im Grossen, Construktionen einiger schwieriger Gewölbeformen, Kamine etc. angestellt.» Überdies wolle man darauf hinweisen, wie wichtig es sei, «Versuche über Festigkeit der Materialien und dergleichen vor Augen der Schüler» anzustellen. Gewiss würde «eine Menge schweizerischer Techniker ein Interesse daran finden», eine solche Anstalt zu benützen und diese mit ihrer Erfahrung und ihren Versuchen bereichern.

Zwei Jahre später wurde aus Anlass einer Baumaterialienausstellung vom Bund dann tatsächlich eine kostspielige «Festigkeitsprüfmaschine neuester Konstruktion» gekauft,[564] die aber zunächst in den Werkstätten der Centralbahn in Olten aufgestellt wurde und später aus Platzmangel zwischenzeitlich sogar eingelagert werden musste. Dank einer Kooperation mit der Nordostbahn gelang es am Ende, die Maschine nach Zürich zu holen, wo 1879 die eidgenössische Anstalt für die Prüfung von Baumaterialien als erster Annex des Eidgenössischen Polytechnikums gegründet wurde.[565] Deren Leiter wurde der Professor für Baumechanik Ludwig von Tetmajer, der auch die Bauschüler unterrichtete.

Der Überblick über die Sammlungen, den Semper und Julius Stadler 1864 gaben, zeigt deutlich, dass diese reichlich zufällig und konzeptlos entstanden waren. Ansätze zu einer Systematik, wie man sie bei den ersten, von Ferdinand Stadler in Auftrag gegebenen Konstruktionsmodellen noch vermutet, wurden später nicht mehr weiterverfolgt. Die Kredite liessen nur vereinzelte Erwerbungen zu und wurden zu einem guten Teil für den Unterhalt der Bestände verwendet. Diese wuchsen nicht zuletzt durch Schenkungen, die jedoch nicht unbedingt den Bedürfnissen der Schule entsprachen. Daran änderte sich auch nachher nichts, doch dank des Sonderkredits konnte man zumindest punktuell korrigierend eingreifen.

Es fällt auf, dass in dieser umfassenden Diskussion über den Zustand und die Ergänzung der Bauschulsammlungen keine Architekturmodelle erwähnt werden, die Gebäude in kleinem Massstab wiedergeben, sodass diese als Ganze hätten vorgeführt werden können. Das bedeutet aber nicht unbedingt, dass es keine solchen gab. 1866 zum Beispiel wandte sich Gottfried Kinkel mit dem Anliegen an den Schulrat, man möge von Semper das Modell «seines Festhauses für München, ein Werk von ausgezeichneter Schönheit» erwerben.[566] Man darf in diesem Fall allerdings vermuten, dass dieses Modell eher als prunkvolles Schaustück denn als didaktisches Instrument gedacht war, zumal die Anfrage vom Leiter der archäologischen Sammlung und nicht etwa von einem der Architekturprofessoren kam.

Als Vorlagensammlungen wurden die Sammlungen der Bauschule primär für didaktischen Zwecke genutzt, sodass ihnen, anders als fast allen anderen Sammlungen von Polytechnikum und Universität, kein repräsentativer Wert zugesprochen wurde. Sie waren nicht öffentlich aufgestellt, und wenn ihnen eigene Räume zugemessen waren, dienten diese dem Schutz und nicht der Schaustellung. Regale deuten darauf hin, dass wenigstens ein Teil der Gegenstände in den Zeichensälen selbst platziert war. In der provisorischen Unterkunft der Bauschule, der «Stiftsverwalterei» an der Kirchgasse, stand überdies vieles in den Erschliessungsräumen, da die für die Sammlungen reservierten Zimmer zu klein waren. Gottfried Semper dürfte dies grundsätzlich begrüsst haben, sprach er sich doch explizit dafür aus, dass die Studenten möglichst inmitten ihrer Vorbilder und Referenzen arbeiten sollten.[567] Im Stiftsgebäude waren die Räume für den Unterricht allerdings so knapp bemessen und vor allem derart schlecht belichtet, dass insbesondere die Arbeit mit Modellen und Gipsen kaum möglich war.

Mit dem Neubau auf dem Schienhut verbesserte sich die Situation, eine repräsentative Aufstellung der Gegenstände kam aber auch hier nicht zustande. Im Vorprojekt waren zwar noch grosszügige Räume für «Baumodelle etc.» vorgesehen, schliesslich blieb für diese ausser den Regalen in den Zeichensälen jedoch nur noch ein wesentlich kleineres Depot übrig.[568] Ein weiterer Raum, der zwischenzeitlich auch die Kupferstichsammlung beherbergte, stand direkt neben dem Auditorium zur Verfügung. Kann man den Möblierungsskizzen in den Bauplänen trauen, nahmen hier tiefe Regale an den Wänden diejenigen Gegenstände auf, die im Unterricht benötigt wurden.[569] Gezeichnete und gedruckte Vorlagen wiederum wurden wenigstens teilweise in der der Bauschulbibliothek aufbewahrt, die unmittelbar an diesen Raum für die Handsammlung anschloss (vgl. Abb. 135).[570]

Insgesamt folgte die Aufstellung der Gegenstände also weniger der Logik der nur unscharf voneinander getrennten Sammlungen als vielmehr der einer abgestuften Zugänglichkeit und der Häufigkeit der Nutzung: Zu den Gegenständen, die im Zeichensaal und wahrscheinlich auch im Korridor untergebracht waren, gab es einen freien Zugang, während die Bibliothek strenger überwacht wurde und begrenzte Öffnungszeiten hatte. Das Zimmer neben dem Auditorium dagegen dürfte den Charakter eines Vorbereitungsraums für die Dozenten gehabt haben, der üblicherweise den Studenten nicht offen stand. Der Raum im Untergeschoss schliesslich diente mutmasslich als Depot.

Die Bibliothek der Bauschule

Dass die Bauschule überhaupt eine eigene Bibliothek bekam, war zunächst eine Folge ihrer provisorischen Unterbringung an der Kirchgasse, getrennt von den Lokalitäten der Schule am Fröschengraben. Dort befand sich nämlich zu Beginn die zentrale Bibliothek des Polytechnikums, bevor sie 1861 in ein zweites Provisorium beim Strohhof im Augustinerquartier verlegt wurde und schliesslich in den Neubau auf dem Schienhut umziehen konnte. Die räumliche Distanz zwischen der Bauschule und dieser Bibliothek führte dazu, dass häufig gebrauchte und sperrige Architekturbücher in einem eigenen Raum an der Kirchgasse hinterlegt wurden. Zwischen Werken der Vorlagensammlung und solchen der Bibliothek wurde dabei nicht unterschieden. Der Katalog, der vom Astronomen und ersten Bibliothekar des Polytechnikums Rudolf Wolf erstellt worden war, führt gleichermassen die aus den Mitteln des Bibliothekskredits angeschafften Werke auf wie auch solche, die aus dem Vorlagenkredit bezahlt worden waren. Er unterscheidet jedoch zwischen den am zentralen Bibliotheksstandort aufgestellten Werken und denen an der Kirchgasse, die ohne Nummer mit der Standortbezeichnung «Bau» vermerkt wurden.[571]

Die Baubibliothek hatte offensichtlich den Charakter einer Handbibliothek und umfasste insbesondere illustrierte Werke, die als Vorlage in den Vorlesungen oder im Zeichensaal verwendet wurden. Am 24. Dezember 1856 wurde auf Ersuchen von Julius Stadler ein erstes Benutzungsreglement in Kraft gesetzt,[572] in dem festgelegt wurde, dass die «Studierenden des Polytechnikums» die Bestände an der Kirchgasse jeweils am Samstagnachmittag von 14 bis 18 Uhr,[573] oder aber «in Folge einer speziellen Weisung eines Lehrers» der Bauschule benutzen konnten, der dann für das Werk verantwortlich war. Bücher durften aus dem Gebäude nicht entfernt, jedoch in die Zeichensäle mitgenommen werden, wenn sie nach Gebrauch sofort zurückgebracht wurden. Paragraph 4 verbot das «Durchzeichnen aus den Kupferwerken»: «Das Pauspapier macht Oelflecken, die harten Stifte beschädigen den Kupferstich, zudem lernt man Nichts beim Durchzeichnen, deswegen sollen Schüler copieren», merkte Julius Stadler dazu an. Nicht durchzusetzen vermochte er ein Verbot, grössere Werke «in den Vortragsstunden» herumzugeben, musste er doch selbst einräumen, dass es das zur Verfügung stehende Zimmer nicht zulasse, dass «eine grössere Anzahl von Zuhörern solche Werke am Demonstrationstisch besichtigen können». Unter den gegebenen Umständen war es unvermeidlich und in Kauf zu nehmen, dass «mehrere Werke [...] in folge dessen bedeutend beschädigt» wurden.[574]

Als der Umzug in den Neubau endlich absehbar wurde, setzte sich Rudolf Wolf verständlicherweise dafür ein, die verschiedenen auf die provisorischen Lokalitäten verteilten Spezialbibliotheken aufzuheben und in die allgemeine Bibliothek zu integrieren.[575] Dagegen wehrten sich jedoch die Professoren der Bauschule erfolgreich.[576] Die Bauschule müsse «auch in Beziehung auf Sammlungen und in sich selbst vollständig» und «vor allem der Zugang zu den Lehrmitteln[,] den Kupferwerken und sonstigen spezifisch architektonischen Büchern» soll «ein stets ungehinderter und ununterbrochener» sein, «sowohl für die Schüler wie für die Lehrer.» Die Bauschule müsse daher wie bisher «ihre eigene, aus wenigen den auserlesensten architektonischen Werken bestehende Bibliothek haben, die übrigens mit den anderen Sammlungen möglicherweise in ein einziges grösseres Lokale vereinigt werden» dürfe.[577]

Schliesslich wurde der Raum zwischen Sempers Atelier und der Handsammlung als Bibliothek ausgewiesen, wobei dort wahrscheinlich auch eine Auswahl von Zeichnungen der Vorlagensammlungen aufbewahrt wurde. Ein handschriftlicher Katalog der Bauschulbibliothek von 1866 nennt 12 Zeit-

123, 124 Handzeichnungen von Fried[rich] Eisenlohr. Etikett der Mappe und Perspektive des Entwurfs für die Evangelische Kirche Mulhouse (?). Als eines der ersten Geschäfte musste Schulratspräsident Johann Konrad Kern 1854 über den Ankauf von Blättern aus dem Nachlass von Friedrich Eisenlohr befinden, dem verstorbenen Leiter der Bauschule am Polytechnikum Karlsruhe. Die überlieferte Auswahl wirkt zufällig und scheint im Gegensatz zu den auf Karton aufgezogenen Blättern aus Eisenlohrs Publikationen im Unterricht kaum verwendet worden zu sein. Wie andere Originalzeichnungen wurde auch dieser Bestand in der Bibliothek der Bauschule aufbewahrt, die vor allem als Referenzsammlung diente und überwiegend illustrierte Werke umfasste.

schriften und Sammelwerke sowie 239 «Spezialwerke», unter denen zahlreiche ausgesprochene Stichwerke auszumachen sind.[578] Ein sorgfältig ausgearbeiteter Katalog aus dem Jahr 1882 listet bereits rund 400 Werke auf, die nun überwiegend nummeriert sind. Darüber hinaus verzeichnet er «Handzeichnungen der Bauschulsammlungen», geordnet nach den Kategorien «A Georg Müller / B Fr. Eisenlohr / C Preisentwürfe / D Ornamente und Decorationen / E Bautechnische Blätter / F Diverse».[579] Insbesondere der Nachlass von Johann Georg Müller, der 1860 als Geschenk an die Schule kam, wurde von den Studenten offenbar rege benutzt.[580]

Die in der Bibliothek der Bauschule deponierten Bücher machten jedoch nur rund die Hälfte der auf die Architektur bezogenen Bestände des Polytechnikums aus. Rudolf Wolf hatte im System der Signaturen, das er für die Aufstellung der Bücher in der zentralen Bibliothek im ersten Obergeschoss des Semperbaus eingeführt hatte, die ersten 1000 Nummern für die Architektur reserviert. 1876 war er bei Nummer 404 angelangt, wobei er die Werke, die in der Bauschule aufbewahrt wurden, im Katalog zwar verzeichnet, aber nicht mit einer Nummer versehen hatte.[581]

Im Bibliotheksreglement der Schule von 1866 wurde festgehalten, dass 18 Prozent des für Anschaffungen zur Verfügung stehenden Budgets für die Bauschule verwendet werden sollen.[582] Bei einem Jahreskredit von 5000 Fr., von dem ein Drittel für «Einbände und kleinere Anschaffungen» abzuziehen war, standen also 600 Fr. zur Verfügung.[583] Da versteht man die Bedeutung, die Wolf den zahlreichen Geschenken beimass, und warum Ankäufe über 20 Fr. mit drei Unterschriften der Bibliothekskommission beglaubigt werden mussten.

Die Aufteilung der Werke zwischen der Bibliothek der Bauschule, die selbst im Neubau eine Präsenzbibliothek blieb, und der Hauptbibliothek, die grundsätzlich eine Leihbibliothek war, scheint praktischen Überlegungen gefolgt zu sein. Von den *Zehn Büchern über die Architektur* von Leon Battista Alberti zum Beispiel stand zwar ein Exemplar der lateinischen Erstausgabe von 1485 in der Bauschule, die beiden italienischen Übersetzungen von 1546 und 1784 waren jedoch in der Hauptbibliothek. Dort wurden auch die Schriften von Gottfried Semper aufbewahrt. Einzig die Folio-Publikation zum Hoftheater in Dresden lag in der Bauschule vor, als Dublette zudem die Broschüre *Über die formelle Gesetzmässigkeit des Schmuckes und dessen Bedeutung als Kunstsymbol*.[584] Die Bibliothek der Bauschule blieb auch auf dem Schienhut eine Handbibliothek, die Anschauungsmaterial zur Verfügung stellte, während theoretische Schriften nur ausnahmsweise Eingang fanden.

Die Vasensammlung

Am 20. Januar 1871 wandte sich Gottfried Semper an den Schulrat, um ihm «im Namen und Interesse der Bauschule» dringend den Kauf einer Sammlung antiker Vasen zu empfehlen. Eine solche sei bei Castellani in Rom aufgrund der politischen Wirren in Italien gerade günstig zu erwerben.[585] Der Schulrat folgte dieser Fürsprache, und der Bundesrat bewilligte die budgetierten 3000 Fr. für den Kauf, verknüpft mit der Bedingung, dass weitere 1500 Fr. «für Transport, Zoll etc.» von den interessierten «Kunstfreunden» beizubringen seien, ohne dass diese daraus irgendwelche Ansprüche ableiten dürften.[586] Daraufhin leisteten Georg Lasius und der ausserordentliche Professor für Archäologie an der Universität Otto Benndorf gemeinsam eine entsprechende Bürgschaft, nachdem zuvor ein Fundraising mit einer öffentlichen kunsthistorischen Vorlesungsreihe organisiert worden war.[587]

Verschiedene Ankäufe wurden getätigt, und schon bald konnten 58 Vasen «in einem Parterrelocal des Polytechnikums» provisorisch aufgestellt werden.[588] Ihren vorläufig definitiven Platz fand die Sammlung 1876 in einer eigens für sie produzierten Vitrine im Antikensaal von Sempers Hochschulgebäude,[589] heute wird sie als Dauerleihgabe der ETH in der Archäologischen Sammlung der Universität Zürich aufbewahrt.[590]

Die angekauften Vasen stammen fast ausnahmslos aus dem 5. und 6. Jahrhundert.[591] Der überwiegende Teil trägt hervorragende schwarz- oder rotfigurige Malerei oder aber einen reichen Reliefschmuck. Selbst wenn Benndorf behauptete, es wäre darum gegangen, «eine möglichste Verschiedenheit von Gefässformen und Stilarten zu gewinnen»,[592] handelt sich um eigentliche Prunkstücke aus der Blütezeit der griechischen Kunst, und wahrscheinlich entsprachen sie gerade deshalb nur beschränkt den Absichten, die Semper mit der Sammlung verfolgte.[593]

Semper kümmerte sich vermutlich nicht mehr persönlich um die Ankäufe,[594] und als die Sammlung installiert wurde, hatte er die Schule längst verlassen. Gleichzeitig mit der erwähnten, von Julius Stadler akkurat niedergeschriebenen Eingabe hatte er ein knappes, eigenhändiges Gesuch um Urlaub eingereicht, der es ihm erlaubte, in Wien als Preisrichter beim Wettbewerb für ein Schillerdenkmal zu walten.[595] Anlässlich dieser Reise trieb er auch seine Arbeit am Kaiserforum voran, und vier Monate später ersuchte er um seine sofortige Entlassung, um den neuen Verpflichtungen im Auftrag des österreichischen Kaisers nachkommen zu können.[596] Die Anregung einer Vasensammlung war also seine letzte bedeutende Amtshandlung am Zürcher Polytechnikum.[597]

Sempers Begründung, warum eine solche Sammlung wichtig sei, macht klar, dass es sich dabei für ihn nicht um eine Bagatelle handelte. Sie beginnt mit der Feststellung des Bedürfnisses, den Studierenden der Bauschule «mehr wirkliche Anschauung für edle und schöne Kunstform zu bieten». Wie er in seinen Schriften schon wiederholt betont habe, würden die Werke der Kleinkunst und besonders die Vasen «vortreffliche Quellen zum Studium bieten», weil sie als «wirkliche Originale [...] dieselben Elemente der Schönheit» enthielten, «die wir in den grossen monumentalen Schöpfungen bewundern und zu entziffern bestrebt sind.»[598]

Bereits hierin deutet sich an, dass es Semper nicht bloss darum ging, griechische Originalwerke zu beschaffen und damit auf kostengünstige Art Zeugnisse antiker Grösse nach Zürich zu bringen. Die Vasen waren für ihn vielmehr als Belege wichtig für jene Analogie zwischen den Formen des Kunsthandwerks und der monumentalen Kunst, die das zentrale Thema seiner Kunstformenlehre war. Die Idee, diese in einer Sammlung anschaulich werden zu lassen, beschäftige ihn schon lange. In seiner unter dem Eindruck der Weltausstellung von 1851 entstandenen Schrift *Wissenschaft, Industrie und Kunst. Vorschläge zur Anregung nationalen Kunstgefühls bei dem Schlusse der Londoner Industrie-Ausstellung*[599] hatte er die Stellung und immense Bedeutung dargelegt, die er einer solchen Sammlung beimass. Darauf spielte er nun an, wenn er im folgenden Abschnitt anmerkte, er habe bereits «bei der Begründung des Kensington Museums in diesem Sinne mitgewirkt.»[600]

Damals hatte Semper angeregt, das Volk solle in Kunstfragen unterrichtet werden durch «Sammlungen und Ateliers, vielleicht um einen Herd versammelt, an welchem die Preise des Wetteifers unter den Künstlern vertheilt und die Kunstgerichte vom Volke entschieden werden.»[601] Sein Zürcher Hochschulgebäude mit all den öffentlichen Sammlungen, den beigesellten Unterrichtsräumen und der Aula als Sanktuarium, in dem die Schule ihre Auszeichnungen verlieh, kann durchaus im Spiegel dieser Überlegungen betrachtet werden. Die Sammlungen allerdings entsprachen in ihrer einigermassen zufälligen Zusammenstellung von naturgeschichtlichen und künstlerischen Themen nicht annähernd seinen Vorstellungen.[602] Diese ent-

125 Zwei Objekte aus der 1871 begründeten Vasensammlung: Doppelseite aus dem Katalog von Erwin Gradmann (1973). Kurz vor seinem Wegzug nach Wien setzte sich Semper für den Ankauf einer Vasensammlung ein – ein Pars pro Toto für eine in Zürich (noch) fehlende kunstgewerbliche Sammlung.

wickelte er zunächst in einem Plan für ein kulturgeschichtliches Museum, den er ursprünglich der erwähnten Publikation *Wissenschaft, Industrie und Kunst* beilegen wollte.[603] Später nutzte er den Auftrag von Henry Cole, dem Gründungsdirektor des South Kensington Museum, eine Geschichte der Metallbearbeitung zu schreiben, um die entsprechenden Ideen weiter zu vertiefen.[604] In der reifen Form geht sein Konzept für ein «Ideales Museum» davon aus, dass die «Stammwurzeln oder Urmotive aller menschlichen Werke» identisch seien «mit den ersten Grundbegriffen menschlichen Kunstfleisses, die aller Orten die gleichen sind, nämlich» die Elementarformen der vier Techniken Textilkunst, Töpferei, Zimmermannskunst sowie Maurerkunst. Entsprechende Zeugnisse sollten dem Museum als Extrem- und Orientierungspunkte dienen, zwischen denen sich sämtliche Kunstformen einordnen liessen. Auf diese Weise ergaben sich fünf Klassen «von Industrie- und Kunstgegenständen», jeweils eine «für jedes grundlegende Motiv und eine fünfte für die Verbindung der vier Elemente: für die hohe Kunst und die Architektur.» Dieser Konzeption entsprechend wünschte sich Semper Artefakte, anhand derer sich die verschiedenen Kunstformen schrittweise bis zu ihren primitiven Anfängen zurückverfolgen liessen. Das Museum, wie er es sich vorstellte, sollte daher keine Anhäufung exzellenter Kunstwerke sein, sondern eine Sammlung von Kulturgütern, geordnet nach historischen, ethnographischen und technologischen Kriterien.[605] Sie sollten der Kunst und dem Gewerbe, anstatt einfach als Mustersammlung zu dienen, modellhaft die Prinzipien der Formbildung anschaulich werden lassen, nach denen gegenwärtige Dinge zu gestalten wären. Die Architektur müsse «von ihrem Throne heruntersteigen und auf den Markt gehen, um dort zu lehren und – zu lernen», formulierte Semper in *Wissenschaft, Industrie und Kunst*.[606] Das war zweifellos polemisch gemeint, aber eben auch wörtlich: der Markt als Lehrsammlung der Kunstindustrie.

Die Sammlungen des Polytechnikums dagegen boten selbst in ihren kunst- und baubezogenen Beständen kaum Material zur Veranschaulichung von Sempers Thesen zur Entwicklung der Kunstformen. Mit der in Aussicht stehenden Vasensammlung sollte sich dies nun ändern, auch wenn die wenigen Exponate gewiss nicht jener umfassenden, alle Künste einschliessenden polytechnischen Sammlung entsprachen, die er mit seinem idealen Museum skizziert hatte.[607] Semper war sich allerdings schon immer bewusst, dass dieses utopische Züge trug und sich nur partiell realisieren lassen würde. Von allen Künsten erachtete er die Töpferei als diejenige, an der sich die Prinzipien der Formgenese und der Kunstwissenschaft am besten zeigen liessen.[608] Deshalb tat er in seiner Empfehlung an den Schulrat seine

Überzeugung kund, für seine «Anstalt würde eine Sammlung antiker, besonders irdener Gefässe in einer charakteristischen Auswahl und chronologischen Reihenfolge zusammengestellt ein ganz vorzügliches Lehrmittel sein.»[609] Er habe dabei zwar «speziell das Interesse der Bauschule im Auge», müsse aber darüber hinaus erwähnen, «dass eine solche Sammlung auf Pflege und Bildung des Geschmackes im Allgemeinen, wie auch besonders für Gewerbe und Industrie von grösstem Einfluss und Nutzen sein würde». Dies hätten «die letzten grossen Ausstellungen in London und Paris bewiesen» und deshalb sei «man wegen dieser Erfolge der Engländer und Franzosen auch andernorts eifrig bestrebt, das bisher versäumte nachzuholen. In Wien und Berlin» würden «geradezu Paläste gebaut für [die] Aufnahme der neu begründeten Gewerbe-Museen.»[610]

Es ist gut möglich, dass nicht alle Zürcher «Kunstfreunde», die den Kauf der Vasensammlung aktiv unterstützten, Sempers ebenso grundsätzliche wie auf die praktische Tätigkeit ausgerichteten Interessen teilten. Immerhin machten sie in der gemeinsam unterzeichneten Einladung zur erwähnten Vorlesungsreihe darauf aufmerksam, «wie grossen Einfluss» andernorts «die Anschauung griechischer Vasen auf den Aufschwung des Kunstgewerbes und die künstlerische Hebung des Handwerks ausgeübt» habe und welch enorme Bedeutung daher entsprechende Sammlungen «bei Errichtung grosser Gewerbemuseen» gespielt hätten. So sei das Wiener Gewerbemuseum durch einen entsprechenden Ankauf begründet worden.[611]

Dass die Zürcher Vasensammlung in ähnlicher Weise zur Keimzelle einer umfassenden kulturhistorischen Sammlung werden könnte, durfte dennoch nicht ernsthaft gehofft werden, zumindest nicht im Rahmen des Polytechnikums. Julius Stadler, der nach dem Wegzug Sempers dessen Vorlesungen in Stillehre übernahm, fand jedoch ausserhalb der Schule eine Möglichkeit, wenigstens ansatzweise eine entsprechende Sammlung anzulegen, ergänzend zur Vasensammlung des Polytechnikums. Er beteiligte sich, unterstützt von seinen Kollegen Georg Lasius und Johann Conrad Werdmüller, massgeblich an der Organisation und dem Aufbau des 1874 begründeten Zürcher Gewerbemuseums.[612] Schon nach wenigen Jahren konnte er seinem jüngeren Cousin Alfred Friedrich Bluntschli berichten:

> «Die schon sehr reichhaltigen Sammlungen unseres Gewerbemuseums liefern vortreffliches Studienmaterial, was unter anderem [?, unleserlich, Anm. d. Verf.] auch meinen Vorlesungen in der Stillehre sehr zu statten kommt. Als eigentlicher Dirigent des Instituts habe ich ziemlich [?, idem] freie Hand zu Anschaffungen & kann somit hier ersetzen was am Polytechnikum fehlt.»[613]

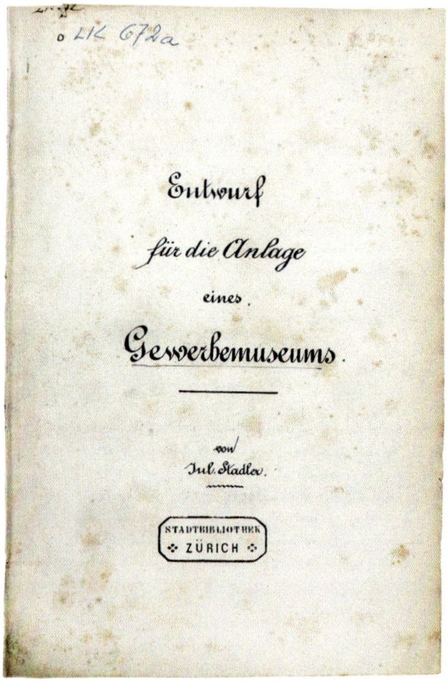

126 Julius Stadler, Entwurf für die Anlage eines Gewerbemuseums (o. D.). Julius Stadler engagierte sich stark für das 1874 gegründete Zürcher Gewerbemuseum, das ihm – ergänzend zur Vasensammlung – Anschauungsmaterial für die Stillehre lieferte. Dieses Museum war später wesentlich bei der Gründung des Schweizerischen Nationalmuseums und war der Vorgänger des heutigen Museums für Gestaltung.

Die Formulierung «eigentlicher Dirigent des Instituts» traf die Sache wahrscheinlich ziemlich gut. Stadler war Vizepräsident der siebenköpfigen Aufsichtskommission und Mitglied von nicht weniger als drei Spezialkommissionen, überdies Vizepräsident der kantonalen «Centralcommission der vereinigten Gewerbemuseen in Zürich und Winterthur», die über die Verwendung der kantonalen Mittel urteilte. Neben seinem Arbeitspensum am Polytechnikum, das seit der Abreise Sempers noch umfangreicher geworden war, bedeutete dies in den ersten eineinhalb Jahren seit der Gründung des Museums das Mitwirken an rund 60 Sitzungen, mithin einen enormen Einsatz, der eine grosse Begeisterung für die Sache verrät.[614]

In seiner Schrift *Entwurf für die Anlage eines Gewerbemuseums* lehnte sich Julius Stadler deutlich an Semper an (Abb. 126).[615] Die Klassifikation der Sammlung sollte «nach den Eigenschaften der Rohstoffe, dem Zweck u. der daraus sich ergebenden technischen Prozedur der Verarbeitung» geschehen, wobei «Imitationen» bei den ihnen zugrunde liegenden Materialgruppen beziehungsweise Techniken eingeordnet werden sollten. Die Einteilung folgte der Ordnung in Sempers *Der Stil*, hingegen fehlte die Stereotomie, «da die eigentliche Steinhauerei im Museum nicht zu vertreten ist und die Edelsteine ins Gebiet der Glaswaren gehören und ebenso die eigentliche Plastik ebenfalls als eine in Stein übersetzte Thonarbeit dazu gerechnet werden darf.»[616]

Die Mustersammlung im schliesslich eröffneten Gewerbemuseum kam weitgehend dieser Konzeption nach.[617] Allerdings wurde für «Schrift, Druck, graphische Künste und decorative Malerei» eine eigene Abteilung geschaf-

127–131 Julius Stadler, Fünf Aquarelle (o. D.). Im Nachlass von Julius Stadler findet sich ein umfangreiches Konvolut von Darstellungen kunstgewerblicher Gegenstände: eine Art virtuelles Gewerbemuseum mit Studien- und Demonstrationsmaterialien zur Stillehre.

fen: Offensichtlich wollte sich die aufstrebende graphische Industrie nicht unter die Textilkunst einordnen lassen, mit der sie in manchen Bereichen in Konkurrenz stand. Darin zeichnet sich eine Entwicklung weg von der prinzipiellen, theoretisch fundierten und auf die grossen Zusammenhänge ausgerichteten Ordnung Sempers hin zu einer pragmatischeren Ordnung ab, die eher auf der wirklichen Materialität der Gegenstände und auf der aktuellen Organisation des Gewerbes beruhte. Trotzdem sind die Spuren von Sempers Denken im Zürcher Gewerbemuseum unübersehbar.[618] Es entsprach wohl stärker seinen Ideen als irgendeine Sammlung des Polytechnikums – mit Ausnahme der Vasensammlung. Nicht ohne Grund war umgekehrt die sich ergänzende Nähe zur Hochschule ein gewichtiges Argument, als es um 1890 darum ging, die in Zürich bereits bestehenden Sammlungen und die Kunstgewerbeschule in das neu zu gründende Schweizerische Landesmuseum zu integrieren und diese Institution an der Limmat anzusiedeln.[619]

Der Fall Peyer im Hof: Eine Habilitation als Machtkampf zwischen Bauschule und Schulrat

Im umfassenden Verzeichnis der Professoren und Privatdozenten des Polytechnikums, das 1955 in der Festschrift zum hundertjährigen Bestehen der Schule publiziert worden war, findet man den etwas rätselhaften Eintrag: «PEYER IM HOF, Friedrich, v. Schaffhausen. * 7.6.1842 in Schaffhausen. PD SS 1868 f. Baufächer (nicht angetreten). † 19.3.1919 in Schaffhausen.»[620] Im Schulratsarchiv der ETH Zürich umfasst das Dossier zum entsprechenden Habilitationsverfahren gut 100 Seiten, allein die chronologische Übersicht, die vor dem endgültigen Entscheid zusammengestellt worden war, beansprucht vier eng beschriebene Seiten.[621] Trotzdem lassen sich die Fakten relativ knapp zusammenfassen.

Nach einer Lehre bei Johann Caspar Wolff war Georg Friedrich Peyer im Hof von 1860 bis 1862 Hörer am Eidgenössischen Polytechnikum gewesen, hatte dann einige Semester an der Berliner Bauakademie studiert und anschliessend kurz in einem Architekturbüro in Paris gearbeitet. Vermutlich 1864 war er nach Schaffhausen zurückgekehrt, um den Entwurf für das sogenannte Imthurneum auszuarbeiten und dessen Bau zu leiten.[622] Den Auftrag für dieses von einem wohlhabenden Engländer gestiftete, multifunktionale Kulturgebäude hatte er von seinem Vater erhalten, dem Nationalrat und Unternehmer Johann Friedrich Peyer im Hof.[623] Im August 1866 bekundete er schliesslich sein Interesse, an der Bauschule Vorlesungen zu halten.[624]

Die Habilitation erwies sich aber als problematischer als erhofft. Nachdem das Imthurneum bei dem um eine Expertise gebetenen Semper nicht den gewünschten Beifall erhalten hatte, zögerte der Vater Peyer im Hof nicht, seine Beziehungen spielen zu lassen. In der Folge konnte sich «der Candidat» einer Prüfung unterziehen, die jedoch die Bauschulkonferenz in keiner Weise zu befriedigen vermochte. Wohl nie sei «am Polytechnikum ein so geringes Diplomexamen abgelegt worden», schrieben «im Auftrage & namens der Conferenz» Gottfried Semper und sein Aktuar Julius Stadler am 6. August 1867. In der Entwurfsarbeit sei noch nicht einmal das «Durchschnittsmass der Leistungen des zweiten Curses» erreicht worden.[625]

Trotz dieses Verdikts wurde ein Probevortrag anberaumt, den Friedrich Peyer im Hof vor einer Kommission der Bauschulkonferenz hielt. Der Vortrag vermochte an der negativen Einschätzung der Experten aber nichts ändern.[626] Indes: Diese wurden schlechthin übergangen und so wurde Peyer im Hof vom Schulrat am 16. Dezember 1867 die Erlaubnis erteilt, an der Bauschule Vorlesungen zu halten.[627] Allerdings machte er davon keinen Gebrauch. Vielmehr zog er es vor, eine Studienreise nach Italien anzutreten,[628] genau so, wie dies Gladbach und Semper in einer ersten schriftlichen Stellungnahme zum Habilitationsgesuch gut ein Jahr zuvor vorgeschlagen hatten.[629]

Die Affäre Peyer im Hof hatte also keine praktischen Konsequenzen für die Bauschule und wäre insofern nicht mehr als eine Fussnote wert, gäbe sie nicht einen aufschlussreichen Einblick in die Qualifikationen, die man von einem Architekten und möglichen Architekturlehrer erwartete, sowie in die Verfahren, diese zu überprüfen. Überdies wirft sie Licht auf die Vorstellungen, die man in der Gesellschaft von der Bauschule und ihren Dozenten hatte.

Offenbar ging die Familie Peyer im Hof mit einer gewissen Selbstverständlichkeit davon aus, dass ein junger Architekt von 24 Jahren, der weder ein Diplom noch andere ausserordentliche Zeugnisse vorweisen konnte und gerade einmal seinen ersten Bau in Arbeit hatte, zur Lehre an der Bauschule befähigt sei. Die Erwartungen an die Schule waren offensichtlich nicht sonderlich hoch, zumal Peyer im Hof im Bereich des Wohnbaus, über den er Vorträge halten wollte, noch überhaupt keine Erfahrung hatte. Noch beachtlicher jedoch ist, dass mit der Habilitation das Urteil der Bauschulkonferenz missachtet wurde. Das liegt wohl weniger daran, dass man an der Kompetenz der Dozenten gezweifelt hätte, als daran, dass man ganz generell die Möglichkeit und Notwendigkeit besonderer Expertise im Bereich der Architektur nicht anerkannte. Anders lässt sich der Mehrheitsentscheid des Schulrates gegen die Bauschulkonferenz schwerlich deuten, war doch deren Verdikt klar und einstimmig.[630] Dies alles macht es lohnend, sich etwas eingehender mit dem Fall zu befassen.

Das Verfahren hatte mit einer Ungeschicklichkeit Sempers begonnen, deren Bedeutung für den Verlauf der Dinge nicht unterschätzt werden darf. Dieser liess sich nämlich auf der Baustelle des erwähnten Kulturgebäudes, das Theater, Museum und Schule in sich vereinte, nicht etwa von Peyer im Hof selbst führen, er besichtigte den Bau vielmehr zusammen mit seinem ehemaligen, inzwischen zum Stadtbaumeister von Schaffhausen avancierten Meisterschüler Johann Meyer – ohne seinen Besuch vorher anzukündigen. Vielleicht erhoffte sich Semper davon einen objektiveren Blick, vielleicht erachtete er weitergehende Erklärungen auch einfach nicht als notwendig. Peyer im Hof jedenfalls sah sich durch dieses Vorgehen übergangen und hegte hiernach die Überzeugung, ohne die richtigen und notwendigen Erläuterungen sei Semper gar nicht in der Lage gewesen, ein angemessenes Urteil zu fällen.[631]

Unter der Anrede «Mein verehrtester Herr & Freund!» berichtete Peyer im Hofs Vater diesen Vorfall umgehend dem Schulratspräsidenten Kappeler, mit dem Hinweis, Stadtbaumeister Meyer habe «aus Neid, dass der die Baute nicht unter seine Hände bekam,» seinem «Sohn schon mehrfachen Beweis seiner gehässigen Gesinnung gegeben». Überdies habe Semper sich anlässlich der Anmeldung seines Sohnes «in einer seiner Anwandlungen übler Laune dahin geäussert, es seien vier Lehrer an der Bauschule schon zu viel und jetzt wolle gar noch ein fünfter kommen.» Sein Gebaren anlässlich des Besuchs gebe Grund zu vermuten, dass diese Laune sich noch nicht gebessert habe.[632]

Unter Anspielung auf seinen schwierigen Charakter wurde Semper also als befangen bezeichnet, noch bevor er überhaupt ein Urteil abgegeben hatte. Dies ist fraglos der Grund, weshalb die anschliessende Stellungnahme zum Habilitierungsgesuch nicht von ihm, sondern von Ernst Gladbach verfasst wurde, wobei das Imthurneum nur insofern Erwähnung fand, als auch dieser Bau keinen sicheren Beweis zur Lehrbefähigung liefere.[633] Daraufhin war es wiederum ein Schreiben des Vaters, in dem Kappeler mitgeteilt wurde, man beharre auf dem Habilitierungsgesuch und schlage eine Prüfung sowie eine Probearbeit oder einen Probevortrag vor. Im «Vertrauen auf Ihre weitere und höhere Auffassung» wolle man sich «durch die eben so kleinliche als hässliche Opposition des Herrn Semper nicht abschrecken» lassen.[634]

Auf das Geplänkel, von dem das darauffolgende Prüfungsverfahren begleitet war, soll hier nicht im Detail eingegangen werden. Beachtlich ist immerhin, dass Nationalrat Johann Friedrich Peyer im Hof die offenbar allgemein bekannten Differenzen zwischen Gladbach und Semper für sich zu nutzen suchte, indem er kolportierte, Ersterer habe nach der mündlichen Prüfung zu seinem Sohn bemerkt, «er würde ihm sehr gerne zur Erreichung seines Zweckes behülflich sein, allein sein Kollege erlaube ihm diess nicht».[635] Zudem versuchte er, den vermuteten Konflikt mit Semper als eine Folge unterschiedlicher Architekturauffassungen jenseits von Fragen der Qualität darzustellen.[636]

Der Schulrat, in dem Vater Peyer im Hof offensichtlich Freunde hatte,[637] schloss sich mehrheitlich dieser Argumentation an. Präsident Kappeler aber distanzierte sich explizit von den entsprechenden Entscheiden und liess dies, gänzlich entgegen dem üblichen Vorgehen, sogar in die Protokolle eintragen. Er stellte sich persönlich hinter das Urteil der von ihm zur Meinungsbildung angerufenen Bauschulprofessoren, wurde jedoch im politisch zusammengesetzten Entscheidungsgremium überstimmt.[638] Dem Umstand, dass dieses seine Auffassungen und Interessen über die Expertenmeinung stellte, kommt eine deutliche Geringschätzung der betroffenen Disziplin Architektur zum Ausdruck. Es ist schwer vorstellbar, dass zum Beispiel an der mechanisch-technischen Abteilung ein Privatdozent zugelassen worden wäre, dem Gustav Zeuner und seine Kollegen einhellig die fachliche Qualifikation abgesprochen hätten.

Da Semper Voreingenommenheit vorgeworfen wurde, versuchte er die Entscheide der Bauschulkonferenz gut abzustützen oder sich sogar ganz herauszuhalten. Dementsprechend ist das Verfahren ungewöhnlich gut dokumentiert. Nicht nur lässt sich deshalb einiges über das Prozedere erfahren, aus den Beurteilungen werden zumindest zum Teil auch die Anforderungen ersichtlich, die man an den Kandidaten stellte. Nachdem der Schulrat Peyer im Hofs Vorschlag angenommen hatte, eine Prüfung durchzuführen, lag es an der Bauschulkonferenz, das entsprechende Verfahren festzulegen. Als Modell wählte man die Diplomprüfung, beschränkte sich dabei jedoch auf die Baufächer im engeren Sinn.[639] Nebst einer Entwurfsarbeit wurde eine mündliche Prüfung in den Fächern «Konstruktion» (bei Ernst Gladbach), «Steinschnitt» (bei Carl Theodor Reye) sowie «Schattenlehre» und «Perspektive» (bei Georg Lasius) angesetzt. Als Leistungsnachweis in Kunstgeschichte und Stillehre sollte ein Probevortrag zu einem Thema aus dem Bereich der von Peyer im Hof geplanten Vorlesungen dienen, wobei nicht explizit festgelegt wurde, wer diesen beurteilen würde.[640] Die

Fristen für die Prüfungen waren kurz angesetzt: Offensichtlich sollte bestehendes Wissen abgefragt werden. Überdies stand Semper kurz davor, nach Florenz abzureisen, um dort an der Jurierung des Wettbewerbs für die Domfassade teilzunehmen.[641]

Peyer im Hof brach nach nicht gerade erfolgreicher Absolvierung der mündlichen Prüfungen und des ersten Teils der Entwurfsarbeit das Verfahren ab. Das Thema, das für den Vortrag gestellt worden sei, habe ihn überrascht, da es «ganz ausser dem Kreise derjenigen Anforderungen» liege, «welche in der Regel an einen Architekten auch unter Voraussetzung von einlässlichen und vielfältigen Studien gestellt werden», formulierte er. Als Vorbereitung wären deshalb einlässlichere Studien nötig, die in den fünf zur Verfügung stehenden Tagen nicht zu leisten seien. Trotzdem wolle er sein Gesuch erneuern, am Polytechnikum Vorträge zu halten.[642]

Die vorgegebene Aufgabe «Über die Entwicklung des herrschaftlichen städtischen u. ländlichen Wohngebäudes in Frankreich vom mittelalterlichen Schloss bis auf die Gegenwart» mutet allerdings nicht gar so exotisch an, zumal Peyer im Hof über Wohnhäuser zu unterrichten beabsichtigte. In Sempers Vorlesungen jedenfalls wurde die Entwicklung des französischen Hauses ausführlich diskutiert und es wurden an der Zürcher Bauschule auch entsprechende Entwurfsaufgaben durchgeführt. Trotzdem wurde Peyer im Hof eine weitere Chance gegeben, wohl nicht zuletzt wegen der erneuten Fürsprache seines Vaters, der umgehend einen Besuch in Zürich ankündigte.[643] Man kann es als Befreiungsschlag Sempers sehen, dass er nun eine Liste von zehn höchst unterschiedlichen Themen zusammenstellte, von denen der Kandidat vier beliebige auswählen und schriftlich diskutieren sollte. Den Vorwurf einer ausserordentlich schwierigen, abseitigen Fragestellung konnte man ihm nun nicht mehr machen, zudem konnte er ungeachtet zeitweiliger Abwesenheit seinen Einfluss auf das Prozedere behalten, ohne es zu blockieren.

Nach einigem Hin und Her setzte Peyer im Hof seine Prüfung fort. Er arbeitete seinen Entwurf aus und ging bezüglich Architekturgeschichte und Stilkunde auf folgende vier Themen ein:

«1. Wie stellt sich den beiden Richtungen, der ägyptischen und assyrischen Baukunst, die der Griechischen gegenüber? / 2. Wie unterscheiden sich die 3 griechischen Ordnungen in Wesen und Form? / 3. Römische Hauseinrichtung und Bemerkungen über antike, griechische & römische Decorative Kunst. / 4. Das Gewölbe und dessen Einfluss auf die Baukunst der römischen Kaiserzeit. Zusammengehen der Wölbebauten mit der räumlichen Idee bei den Römern. Pantheon, Basilika des Constantin, Bäder.»[644]

In seinem Gutachten monierte Semper zu den ersten beiden Punkten insbesondere, dass ausschliesslich die Thesen des Architekturtheoretikers und Kunsthistorikers Karl Bötticher referiert würden, mutmasslich aufgrund von Vorlesungsnotizen, ohne dass auch nur angedeutet werde, dass daneben andere Auffassungen existieren würden. Beim letzten Thema würden die Bauten lediglich beschrieben, ohne auf den Kern der Sache einzugehen. Einzig die Behandlung der dritten Aufgabe, die fleissig ausgearbeitet worden sei, überzeuge, wenngleich die Behandlung der Wanddekoration fehle.[645] Hier gab die Konferenz – auf Sempers Antrag – die Note 5, während der Schnitt eine 3,5 ergab, mithin einen Punkt weniger, als für das Erlangen des Diploms nötig gewesen wäre.[646]

Aus dem Gutachten geht deutlich hervor, dass sich Semper vor allem daran störte, dass Peyer im Hof bloss Gelesenes oder Gehörtes referierte, ohne es kritisch zu hinterfragen, und die architektonische Beschreibung nicht mit einer Interpretation zu verbinden vermochte. Ganz Ähnliches kritisierten seine Kollegen am Vortrag, der das Habilitationsverfahren abschloss: «Wir denken die einzelnen Irrtümer nicht zu scharf zu rügen: ein Lehrer wird, auch wenn er irrt, vielleicht sehr segensreich wirken können, wenn er die Gabe hat, Selbstangeschautes[,] kraftvoll Eigenthümliches zu bieten. Genau dieses aber vermissen wir in dem in Rede stehenden Vortrag, wo alles wie ein Secundäres[,] Abgeleitetes erschien.»[647]

All dies erinnert auffällig an die Klage Sempers über die mangelhafte Befähigung seiner Schüler zu «anschaulichem Denken», die er gut zehn Jahre zuvor formuliert hatte.[648] Theorie im elementaren Sinn, nämlich als Verbindung von Anschauung und Reflexion, erwies sich einmal mehr als schwierig.

Im Zentrum des Prüfungsverfahrens stand jedoch die Entwurfsaufgabe. Zu liefern hatte Peyer im Hof den «Entwurf zum Wohnhause eines reichen Privatmannes», konkret den Ruhesitz für einen Bankier mit eigenen Räumen für seine Frau, wobei das Grundstück gegeben war.[649] Die Aufgabe, die «wörtlich die nemliche [...] [,] welche als letzte Concurrenzübung den Schülern des III. Curses gegeben worden» sei, stelle keine besonderen Schwierigkeiten und es bestehe Freiheit in Anordnung und Stil.[650] Gewählt worden sei sie «mit Rücksicht auf das vom Candidaten angegebene Gebiet seiner beabsichtigten Thätigkeit Innerer Ausbau des Wohnhauses». Umso schwerer wiegt das Verdikt, das Georg Lasius im Namen der Prüfungskommission aussprach: «Die Arbeit ist aber gerade in dieser Beziehung = 0.»[651]

Das Verfahren der Entwurfsprüfung entsprach dem der Konkurrenzen an der École des Beaux-Arts in Paris. Zunächst war innerhalb eines Tages im Zeichensaal ein skizzenhaftes Konzept aufzuzeichnen, wobei das Zeichenmaterial von der Schule gestellt wurde. In einem zweiten Schritt musste dieses zu einem Projekt ausgearbeitet werden. Dafür standen vier Wochen zur Verfügung, wobei das Regime insofern lockerer war als in Paris, als auch ausserhalb des Schulgebäudes am Projekt gearbeitet werden durfte. Bei der Skizze wurden «Disposition, Grundplan und Façade» beurteilt, beim Projekt «allgemeine Disposition», «Innere Anordnung», «Construction», «Aesthetische Behandlung» sowie die «Technische Anordnung».[652]

Die Selbstverständlichkeit, mit der dieses Prüfungsverfahren festgelegt wurde, lässt den Schluss zu, es sei deckungsgleich mit dem der Diplomentwürfe. Das System der «grossen Koncurrenzen», das Semper 1855 in Anlehnung an die Pariser «projets rendus» empfohlen hatte und – zumindest gelegentlich – auch während der regulären Studiensemester anwandte,[653] galt also vermutlich ebenso für das Diplom. Nachzuweisen ist dies jedoch nicht, da entsprechende Tagesskizzen fehlen.

Die erste Professur: Gottfried Semper, die Einrichtung des Architekturateliers und die Architekturvorlesungen

1 Richard Wagner, Brief an Johann Jakob Sulzer, 22.2.1850, in: Richard Wagner, *Sämtliche Briefe*, Bd. 3: *Briefe der Jahre 1849–1851*, hg. von Gertrud Stobel und Werner Wolf, Leipzig 1975, S. 235f., zit. n.: Erismann 1987, S. 108f., und Knoepfli 1976, S. 264. Albert Knoepfli rekonstruiert den Ablauf der Berufung Sempers detailreich, wobei ihm offenbar auch die Dokumente aus dem Schulratsarchiv zugänglich waren, die heute verschollen sind: Sempers Brief an den Schulrat, Eingang 23.11.1854 (ETH-HA SR3 1854 Nr. 218), zwei Briefe von Hermann Marschall an den Schulrat, Eingang 6.12.1854 (Nr. 333) sowie drei Briefe von Semper an den Schulrat, Eingang 14.7.1855 und 6.8.1855 (ETH-HA SR3 1855 Nr. 341, 371 und 372). Semper war nach dem gescheiterten Dresdener Maiaufstand 1849, an dem er sich auf der Seite der Republikaner beteiligt hatte, nach London geflohen.

2 Genauso wenig gab es in Bern ein solches Angebot, wo Semper gemäss dem genannten Brief bereits 1849 eine unbezahlte Stelle als Doctor legens angeboten worden war; vgl. Mallgrave 2001, S. 188.

3 Richard Wagner, Brief an Semper, 14.8.1854 (ETH-HA Hs 09:6).

4 Dies erstaunt umso mehr, als Johann Jakob Sulzer mit dem Zürcher Vertreter im Schulrat, dem mächtigen Alfred Escher, in Konflikt stand; vgl. dazu Knoepfli 1976, S. 265f. Die eigentliche Wahl der Lehrer erfolgte durch den Bundesrat, aber es war der Schulrat, der die Vorschläge machte.

5 So versuchte man beispielsweise, den Direktor des Karlsruher Polytechnikums Ferdinand Redtenbacher abzuwerben; vgl. ETH-HA SR2 Präsidialverfügung 15, 19.8.1854.

6 ETH-HA SR2 Präsidialverfügung 26, 24.8.1854. Breitinger war ein Vertrauter von Alfred Escher.

7 Auch Richard Wagner scheint nicht gewusst zu haben, wer für die Berufungen zuständig war. Anders lässt sich seine Bitte an Hagenbuch nicht erklären, sich «mit Sulzer zu beraten, was zu tun sei, um meinem Freunde ein möglichst bestimmtes und – bestimmendes Angebot zu machen. Ich konnte mir wohl denken, dass ein gemütlicher Grund zur Änderung seiner Stellung bei Semper vorhanden sein möchte. Beachten Sie doch bitte recht genau, worüber er Aufklärung wünscht, und teilen Sie es an diejenigen mit, die hierin zu entscheiden haben.» Richard Wagner, zit. n.: Oechsli 1905, S. 173, Anm. 107. Franz Hagenbuch wur-

de später Regierungsrat und war als Direktor für öffentliche Arbeiten (1856–1864) beim Bau des Hochschulgebäudes der Vertreter der Bauherrschaft.

8 Dagegen schreibt Hans Erismann: «Diesem [Schulratspräsident Kern] war von Anfang an klar, dass für die Bauabteilung nur eine Kandidatur Semper in Frage kommen konnte. Von Wagner und seinen Freunden scheint gute Vorarbeit geleistet worden zu sein.» Erismann 1987, S. 110. Mallgrave suggeriert in seiner Monographie eine unpräzise Chronologie der Ereignisse; vgl. Mallgrave 2001, S. 242.

9 ETH-HA SR2 Präsidialverfügung 36, 4.9.1854. In der entsprechenden Sitzung ging es allerdings zunächst nicht um Semper, sondern um den Kauf eines Konvoluts von Zeichnungen aus dem Nachlass von Friedrich Eisenlohr, dem Vorsteher der Karlsruher Bauschule.

10 «sofort zugreifen». Caspar Hirzel-Lampe, Schreiben vom 16.9.1854, zit. n.: Knoepfli 1976, S. 266.

11 Richard Wagner, Brief an Minna Wagner, 18.9.1854; in: Richard Wagner, *Sämtliche Briefe*, Bd. 6: *Januar 1854 bis Februar 1855*, hg. von Andreas Mielke, Leipzig 1986, S. 225–227. Immerhin schreibt Wagner: «Ich denke wohl, dass er [Semper] die Stelle annehmen wird: doch wird er wohl auf 6000 fr. festen Gehalt bestehen. Die Herren scheinen sehr froh darüber, denn es kommt ihnen Alles darauf an, zunächst sich eines berühmten Mannes zu versichern. / Semper hat mir sehr gefallen: er ist sehr heiter und fast lustig, und freute sich wie ein Kind über Alles.» Ebd., S. 226. Den Hinweis auf diesen Brief verdanke ich Dieter Weidmann.

12 Albert Knoepfli ging daher davon aus, Semper sei inkognito nach Zürich gereist; Knoepfli 1976, S. 267. Möglicherweise wollte Kern vermeiden, dass protokollarisch festgehalten wurde, dass er in Sachen Semper – ob von Sulzer gedrängt oder aus eigenen Stücken – vorgeprellt war.

13 ETH-HA SR2 Schulratsprotokoll 28.09.1854, Traktandum 18. Als Vergleich: Das Jahresgehalt von Staatsbauinspektor Wolff wurde 1860 von 1600 Fr. auf 3500 Fr. erhöht; vgl. Hauser 2001, S. 79. Sempers Gehalt war also sicher nicht klein – allerdings sind historische Einkommen (und Kosten) grundsätzlich schwierig einzuschätzen. Siehe dazu: Pfister/Studer 2010.

14 ETH-HA SR2 Präsidialverfügungen 120, 23.11.1854 (Sempers Brief fehlt in den Akten des Schulrats, ist jedoch in der Geschäftskontrolle verzeichnet), und 140, 5.12.1854. Sempers Curriculum wurde am 20.12.1854 nachgereicht.

15 Oechsli 1905, S. 174; BAR E 80/1119. Die an Semper gestellte Forderung, entweder eine Staatsbürgerschaft ausweisen zu können oder aber das Schweizer Bürgerrecht zu erwerben, wurde im Interesse der Möglichkeit, Flüchtlinge anzustellen, bei späteren Berufungen fallen gelassen. Semper klärte seine Verhältnisse mit einem Schreiben, das – als Briefentwurf im gta Archiv in zwei Varianten falsch datiert (gta Archiv 20-K-1855-01-03(s) und gta Archiv 20-K-1854[!]-01-03(s)) – von Mallgrave und Mauer als Sempers verspätete Annahme der Wahl interpretiert worden ist. Der entsprechende Brief in den Akten des Schulrats trägt das Datum vom 29.1.1855 und ging am 13.2.1855 (via Bern?) in Zürich ein (ETH-HA SR3 1855 Nr. 69).

16 Erst nach Sempers Zusage in Zürich zeigten sich diesbezüglich auch in London neue, allerdings vage Perspektiven; vgl. Mallgrave 2001, S. 242f., und Hildebrand 2003, S. 262f.

17 Hermann Marschall, Brief an Semper, 5.10.1854 (gta Archiv 20-K-1854-10-05), zit. n.: Weidmann 2010, Quelle Nr. 13, S. 1111.

18 Johann Konrad Kern, Brief an Semper, 22.[11.]1854. Darin der Verweis auf einen an «Hr. Reg. Rath Sulzer zu handen des schweiz. Schulrathes adressierten» Brief Sempers vom «16. d. M.». gta Archiv 20-K-1854-12-22 (zur falschen Datierung vgl. Weidmann 2010, Quelle Nr. 17, S. 1118). Marschall vermerkte dazu in einem Brief an Semper vom 21.11.1854, es schade «durchaus nicht», dass dieser seine Zusage an Sulzer gesendet habe (gta Archiv 20-K-1854-11-21), zit. n.: Weidmann 2010, Quelle Nr. 16, S. 1116.

19 *Dresden* 1990, S. 158–160.

20 «Vorschläge zur Reorganisation der Bauschule der Akademie der bildenden Künste zu Dresden. 26.10.1834», Haupstaatsarchiv Dresden: Kunstakademie Mr. 16, B. 81ff, zit. n.: *Gottfried Semper* 1980, S. 39.

21 Semper, Hans, 1880, S. 10f.
22 Semper, *Wissenschaft, Industrie und Kunst* 1852, S. 86f.
23 Gottfried Semper, Unterrichtsplan für die Abteilung für die Metall- und Möbeltechnik, in: ders., *Kleine Schriften* 1884, S. 100–104, hier S. 101 (urspr. erschienen in: *Report of the Department of Practical Art*, Art. 1, 1853, S. 372–374).
24 Hermann Marschall, Bief an Semper, 5.10.1854 (gta Archiv 20-K-1854-10-05); ebenso Schulratspräsident Kern, der Semper am 22.12.1854 bestätigte, mit seiner Berufung «an die erste mit der Direktorstelle für die Bauschule verbundene Professur an dieser Abtheilung unseres Schweiz. Polytechnikums» einverstanden zu sein, und er freue sich; Johann Konrad Kern, Brief an Semper, 22.12.1854 (gta Archiv 20-K-1854-12-22).
25 Johann Konrad Kern, Brief an Semper, 3.1.185[5] (gta Archiv 20-K-1854[!]-01-03). Kern hatte seinen Brief an Semper – kurz nach Neujahr – mit dem falschen Jahr 1854 statt 1855 datiert.
26 Die Klärung wurde durch Briefe von Hermann Marschall vom 5.1.1855 (gta Archiv 20-K-1855-01-05) und, dringlicher, vom 23.1.1855 (gta Archiv 20-K-1855-01-23:1) eingefordert, wobei Letzterer laut Semper am 26.1.1855 abends eintraf (ETH-HA SR3 1855 Nr. 69). Briefe zwischen der Schweiz und London brauchten in der Regel drei Tage (Karl Kronig vom Museum für Kommunikation in Bern sei für diese Auskunft gedankt).
27 Semper, Brief an Johann Konrad Kern, Kensington, 29.1.1855, protokolliert in: ETH-HA SR3 1855 Nr. 69, 13.2.1855. Entwürfe zu diesem Brief: gta Archiv 20-K-1855-01-03(s), gta Archiv 20-K-1854[!]-01-03(s).
28 Johann Konrad Kern, Brief an Semper, 9.2.1855 (gta Archiv 20-K-1855-02-09). Im gleichen Schreiben konnte Kern die Bestätigung der Berufung mitteilen, die durch den Bundesrat am 7.2.1855 erfolgt war.
29 ETH-HA SR2 Schulratsprotokoll 5.2.1855, Traktandum 71.
30 Johann Konrad Kern, Brief an Semper, 9.2.1855 (gta Archiv 20-K-1855-02-09).
31 Semper 1855 (wie Anm. 27).
32 Der vermittelnden Anwalt Marschall hatte Semper am 23.1.1855 geschreiben, man wünsche seine Meinung bezüglich des Bauprogramms zu hören (gta Archiv 20-K-1855-01-23:1). Nichts deutet darauf hin, dass dem tatsächlich so war. Zu dieser Zeit war man vollauf damit beschäftigt, den Lehrkörper zusammenzustellen und provisorische Räumlichkeiten zu finden.
33 ETH-HA SR2 Präsidialverfügung 90, 30.3.1855. Zu den Sammlungen vgl. Kap. 2 «Die Sammlungen: Mittler zwischen Vorstellung und materieller Welt».
34 Ankaufslisten in Dokument «gta Archiv 20-0300-X» und Korrespondenz zwischen Gottfried Semper und Johann Konrad Kern, vgl. Anm. 531–532.
35 Albert Knoepfli nennt den 13. Juli, die Chronologie in Winfried Nerdingers und Werner Oechslins Publikation den 11. Juli; Knoepfli 1976, S. 268; Nerdinger/Oechslin 2003, S. 501. Der Brief, in dem Semper seine Ankunft meldet, fehlt im Schulratsarchiv, ist aber in der Geschäftskontrolle vermerkt (ETH-HA SR3 1855 Nr. 341).
36 Nerdinger/Oechslin 2003, S. 501.
37 *Reglement* 1854, Art. 12.
38 Der folgende Abschnitt basiert überwiegend auf den publizierten Programmen der Schule; *Programm 1855/56*ff.
39 Die mit Semper vertraglich festgelegten zwölf Wochenstunden wurden also voll beansprucht. Allerdings scheint die Aufteilung der Aufgaben unter den Architekturlehrern bei Drucklegung des Programms noch nicht festgelegt gewesen zu sein. Sie pendelte sich in der Folge erst allmählich ein.
40 Semper, Unmassgebliche Vorschläge betreffend die Anordnung von Preisarbeiten und anderes an der Bau Abtheilung des Polytechnikum, an Joseph von Deschwanden, 6.12.1855 (ETH-HA Hs 1230:252); ders., Beilage. Project eine Schema für einzuleitende Wettübungen an der Bauabtheilung des Polytechnicum, 7.12.1855 (ETH-HA Hs 1230:253). Joseph von Deschwanden darf als Adressat des Schreibens ohne Anrede vermutet werden, da sich das Dokument in dessen nachgelassenen Papieren befindet. Dass es nicht an den Schulrat

gerichtet war, ergibt sich daraus, dass es weder in den Geschäftskontrollen noch in den Protokollen des Schulrats erwähnt wird. Im gta Archiv befindet sich ein Entwurf zu diesem Schreiben (gta Archiv 20-0300-s: Ms 4 und Abschrift Ms 5), in dem Bruno Maurer den oben erwähnten, von Semper Anfang Januar in einem Brief an Schulratspräsident Kern genannten, aber nicht abgeschickten «Lehrplan für die Bauabtheilung des Polytechnikums» vermutete; vgl. Maurer 2003, S. 308.
Ich danke Dieter Weidmann, dass er mir seine Transkription der Dokumente ETH-HA Hs 1230:252–253 zur Verfügung gestellt hat. Der Teil ETH-HA Hs 1230:252 ist inzwischen publiziert in: Weidmann 2010, Quelle Nr. 34, S. 1181–1189.

41 Wie sehr sich die Schulen in Karlsruhe und Zürich im Verlauf ihrer Entwicklung gegenseitig beeinflusst haben, wird immer wieder betont; vgl. beispielsweise Schnabel 1925; Hoepke 2007; Walther 2004.

42 Möglich ist allerdings auch, dass Semper – wie so oft – die Zuständigkeiten gar nicht richtig erfasst hatte.

43 «Auch ausser den obligatorischen Konstruktions- und Zeichnungsstunden haben sich die Bauschüler sowohl Vor- als Nachmittag in den Zeichnungssälen oder Ateliers aufzuhalten und mit architektonischen Arbeiten zu beschäftigen, wenn sie nicht andere Unterrichtsstunden zu besuchen oder nothwendige Arbeiten ausserhalb dieser Sääle zu verrichten haben.» *Programm 1859/60*, S. 4. Ab dem Folgejahr wurde eine etwas weniger strenge Formulierung gewählt, doch blieb es dabei, «dass die Schüler der Bauschule täglich einige zusammenhängende, von der Abtheilungskonferenz bezeichnete Stunden in den Zeichnungssälen unter angemessener Aufsicht zubringen» sollten. *Programm 1860/61*, S. 5.

44 ETH-HA Hs 1230:232 (Akten aus dem Archiv Deschwanden).

45 Semper, Beilage. Project eine Schema für einzuleitende Wettübungen an der Bauabtheilung des Polytechnicum, 7.12.1855 (ETH-HA Hs 1230:253).

46 Eine Übersicht über den Architekturunterricht an der École des Beaux-Arts gibt Chafee 1975.

47 Zur Entwicklung des Wettbewerbswesen im 19. Jahrhundert siehe Becker 1992; bezogen auf die Schweiz siehe Schnell 1999 und Casutt 1999.

48 Das Dossier ETH-HA Hs 1230:232 (Akten aus dem Archiv Deschwanden) enthält diverse Notizen und Reglementsentwürfe zum Thema der Konkurrenzen. Explizit wird darin festgehalten, dass Semper die Lehrerschaft der Gesamtkonferenz von einer Einführung der «Concursarbeiten» überzeugte.

49 Rundschreiben von Joseph von Deschwanden an die Professoren über die Durchführung von Wettarbeiten vom 28.1.1856 (ETH-HA Hs 1230:232-15). Die ursprüngliche Absicht, die Konkursarbeiten zu archivieren, wurde aufgegeben, weil «die Schüler davon noch Nutzen hätten», nicht aber die Schule. Die Bauschulkonferenz regte jedoch an, die Gewinner zu belohnen und sie aufzufordern, dafür ihre Arbeit «oder eine Copie» der Bauschule zu überlassen; vgl. Julius Stadler, Brief an Joseph von Deschwanden, 6.3.1858 (ETH-HA Hs 1231:594). Dies scheint schliesslich nicht praktiziert worden zu sein, sodass sich in den Archiven keine Sammlung von Konkursarbeiten befindet. Auch in den historischen Sammlungsinventaren liess sich eine solche nicht nachweisen.

50 «Provisorisches Reglement für die Wettarbeiten der Schüler des Polytechnikums», o. D. [Januar 1856?], o. Sign. (ETH-HA Hs 9113:2 Nr. 5).

51 ETH-HA SR2 Schulratsprotokoll 3.7.1856, Traktandum 94, publiziert als: Regulativ für die Concursarbeiten der Schüler des Polytechnikums, in: *Programm 1856/57*, S. 20.

52 Artikel 3, der die Art der Aufgaben umschreibt, lautete im provisorischen Reglement ganz im Semper'schen Sinn: «Die Aufgaben werden von jeder Spezialkonferenz den Schülern ihrer Abheilung ertheilt, und dem Gebiete der von ihr vertretenen Berufsart entnommen.» «Provisorisches Reglement» [1856?] (wie Anm. 50, Art. 3.) In der scheinbar nur leicht veränderten Formulierung im definitiven Reglement dagegen rücken die einzelnen Unterrichtsfächer ins Zentrum: «Die Aufgaben werden von jeder Spezialkonferenz [...] aus den Fächern, welche sich hiezu eignen, etheilt und dem Gebiete der von ihr vertretenen Berufsart entnommen. / Wird ein Thema aus einem Unterrichtsgegenstande, welcher für mehrere Abtheilungen obligatorisch ist, gewählt, so ist es in der Regel von allen Schülern dieses Unter-

richtsgegenstandes gemeinsam zu bearbeiten.» Regulativ für die Concursarbeiten der Schüler des Polytechnikums, in: *Programm 1856/57*, S. 20.

53 Im Antrag, das Reglement zu genehmigen, den Deschwanden im Namen der Gesamtkonferenz an den Schulrat stellte, steht denn auch die «möglichst genaue Kenntnis der Leistungsfähigkeit jedes Schülers» im Zentrum des Interesses, noch vor der «Anregung und Ermunterung [...] zur Arbeit»; ETH-HA Hs 1230:232-2.

54 Dementsprechend ist in den Akten bisweilen auch von «Konkursprüfungen» die Rede (ETH-HA Hs 1230:29; ETH-HA SR2 Präsidialverfügung 267, 7.8.1856).

55 Direktor Bolley zählte 243 Unterschriften, was 56 Prozent der Schülerschaft entspreche; Pompejus Alexander Bolley, Schreiben an den Präsdenten des Schweizerischen Schulrats Johann Karl Kappeler, 17.3.1863 (ETH-HA SR3 1863 Nr. 148).

56 Petition der Bauschüler an den Schweizerischen Schulrat, 12.3.1863 (ETH-HA SR3 1863 Nr. 158).

57 Johann Karl Kappeler, Präsident des Schweizerischen Schulrats, Schreiben an den Direktor Pompejus Alexander Bolley, 8.4.1863 (ETH-HA SR1 1863 Nr. 43).

58 Oechsli 1905, S. 311f.; Gugerli/Kupper/Speich 2005, S. 106–109.

59 «Regulativ betreffend die Uebungsarbeiten am eidgenössischen Polytechnikum», dem Johann Karl Kappeler am 1.11.1866 «zu provisorischer Anwendung die Genehmigung» erteilte (ETH-HA Hs 9113:4/3).

60 Petition der Bauschüler 1863 (wie Anm. 56).

61 Dazu zum Beispiel im Jahresbericht 1858/59 der Bauschule (ETH-HA SR3 1860 Nr. 614): «Das Ergebnis der Absenzenlisten ist günstig [...] seitdem sich die Schüler daran gewöhnt haben, das Atelier als ihren eigentlichen Sitz und Haupt-Studienort zu betrachten.»

62 Das Semper-Archiv im gta Archiv der ETH Zürich umfasst Bestände des ehmaligen Semper-Museums (vgl. Maurer 1998), Blätter aus den ehemaligen Vorlagensammlungen, vorwiegend aber umfangreiche Bestände, die von oder unter Gustav Gull zusammengetragen worden sind. Gull kaufte in mehreren Etappen von Manfred und Hans Semper Bestandteile des Semper-Nachlasses und löste Planbestände aus dem Staatsarchiv heraus. Einzelne Elemente dieser Sammlung kamen als Nachlass (oder Nachlassergänzung) von Gull in das gta Archiv. Eine vertiefte Erforschung der Sammlungsgeschichte steht noch aus, sodass die Herkunft der einzelnen Elemente heute oft unklar ist.

63 Eine ergiebige Quelle sind die Briefe, in denen Alfred Friedrich Bluntschli seinen Eltern über sein Studium in Zürich berichtet hatte (ZBZ FA Bluntschli); nur bedingt vertrauenswürdig sind dagegen die Schilderungen im Buch *Erzählung aus dem Leben: Studenten-Streik, v. Roten*, das der ehemalige Bauschüler Gottfried Julius Kunkler erst 1898 im hohen Alter publiziert hatte, die verklärend romanhafte Züge tragen. Die Manuskripte im Semper-Archiv des gta (gta Archiv 20-Ms155; gta Archiv 20-0300) betreffen überwiegend die Notengebung, dazu sind einzelne Programme für Entwurfsaufgaben erhalten, vor allem zu Diplom- und Preisaufgaben. Schülerarbeiten finden sich im gta Archiv in den Nachlässen von Hans Wilhelm Auer (Archivnr. 70), Adolf Friedrich Brunner (6), Alfred Friedrich Bluntschli (11), Albert August Müller (109) und Hans Pestalozzi (171). Relikte der Bauschulsammlungen sind in den Beständen Plansammlung (117) sowie Bauschule (41) vorhanden, teilweise auch in den Beständen zu Semper (20), Georg Christian Lasius (10) und Ernst Gladbach (52). Aufgrund von alten Katalogen der Bauschulbibliothek lässt sich davon manches eindeutig den Sammlungen der Bauschule zuordnen. Eine Rekonstruktion der alten Sammlungen ist jedoch infolge verschiedener Neuordnungen der Bestände nicht möglich.

64 Zu einem ähnlichen Schluss kam bereits Martin Fröhlich (Fröhlich, *Gottfried Semper als Entwerfer und Entwurfslehrer* 1974; überarbeitet neu aufgelegt 2007), wobei sich das von ihm entworfene Bild der Semper'schen Architekturlehre erheblich von dem unterscheidet, das im Folgenden skizziert wird. Dass Fröhlichs Sicht aus heutiger Perspektive stark von den architektonischen Vorlieben der 1970er Jahre und den durch die moderne Architektur geprägten Vorurteilen der Architektur des 19. Jahrhunderts gegegenüber geprägt zu sein scheint, mag zur Vorsicht mahnen. Der von Fröhlich berücksichtigte Quellenbestand war – sowohl bezogen auf die Zeichnungen als auch auf die schriftlichen Dokumente, insbeson-

dere die verschiedenen Korrespondenzen – noch deutlich beschränkter als derjenige, der heute zur Verfügung steht. So wertete Fröhlich zum Beispiel die Verwaltungsakten im Schulrats- und Bundesarchiv nicht aus. Es ist aber nicht ausgeschlossen, dass in Zukunft das Bild aufgrund weiterer Quellenanalysen erneut angepasst werden muss.

65 *Programm 1859/60*. Die Schreibweise der Fächer variiert in den folgenden Jahren. Von 1864 an erteilte Semper «Architektonisches Zeichnen» zusammen mit Julius Stadler und Georg Lasius, im *Programm 1866/67* hiess das Fach «Architektonische Uebungen und Kompositionsunterricht», ab *Programm 1867* «Compositionsübungen».

66 Dass keine Zeichnungen belegen, dass dieselbe Aufgabe von unterschiedlichen Kursen bearbeitet wurde, kann wegen der geringen Zahl der erhaltenen Arbeiten ein Zufall sein. In der Korrespondenz werden verschiedentlich Aufgaben einem bestimmten Kurs zugeordnet, doch das Programm für ein städtisches Wohnhaus von 1861, das Semper dem zweiten Jahreskurs als Aufgabe formulierte, sollten auch die Schüler des ersten Jahres bearbeiten dürfen, wenn sie sich dies zutrauten; gta Archiv 20-Ms 155 (4). Und aus dem Schuljahr 1858/59 wird berichtet, Carl Mylius habe «3 mal den Concurs des 2ten Curses neben dem des ersten mitgemacht»; ETH-HA SR3 1860 Nr. 614.

67 Allerdings lagen die Zeichensäle nebeneinander und waren durch Türen miteinander verbunden. Vgl. Kap. 3 «Die Räume der Bauschule im Neubau auf dem Schienhut».

68 Gemäss dem *Programm 1859/60* war das Figurenzeichnen wahlweise in einem beliebigen Studienjahr zu besuchen, wobei für dieses das Ornamentzeichnen erlassen wurde; *Programm 1859/60*, S. 2.

69 Die Zeichnungen befinden sich im gta Archiv, der schriftliche Nachlass lagert im Familienarchiv in der Zentralbibliothek Zürich. Auszüge aus dem Briefwechsel sowie aus Alfred Friedrich Bluntschlis Lebenserinnerungen wurden 1945 von seinem Sohn Hans publiziert: Bluntschli, Hans, 1945. Zu Bluntschli vgl. auch Altmann 2000.

70 Alfred Friedrich Bluntschli, Brief an seine Eltern, datiert «nach Himmelfahrt (Kalender habe ich keinen)» 1861 (ZBZ FA Bluntschli 47.II).

71 Ob Bluntschli im ersten Jahr Figuren- oder Ornamentzeichnen besucht hat, ist nicht bekannt. Ein weiteres Zeichenfach war das fakultative «Landschaftszeichnen», dazu kam das Fach «Steinschnitt», dessen Sonderstellung jedoch schon dadurch zum Ausdruck kommt, dass es nicht im Zeichensaal der Bauschule unterrichtet wurde. Vgl. *Programm 1860/61*, S. 5.

72 Auf den Zeichnungen fehlt durchgehend eine Bezeichnung der Fächer, und Vermerke der Lehrer gibt es nur selten. Die Zuordnung der Blätter muss daher nach Inhalten erfolgen. Sie ist demnach nicht gesichert, scheint aber in den meisten Fällen eindeutig. Gerade für Dokumente aus den Jahren nach 1864 ist die Zuordnung aber schwierig, weil damals Kopien für den Ausbau der Vorlagensammlung angefertigt wurden, sodass entsprechende Blätter auch als (bezahlte) Auftragsarbeiten entstanden sein können (vgl. Kap. 2 «Die Vorlagensammlungen und die Modellsammlung», S. 183–192). Im gta Archiv ist die Einordnung der Blätter in bestimmten Nachlässen kein verlässliches Zeichen für deren Provenienz, da in der Vergangenheit die Bestände neu geordnet wurden, ohne dass darüber Protokoll geführt worden wäre.

73 Julius Stadler, Brief an Alfred Friedrich Bluntschli, 7.1.1866 (ZBZ FA Bluntschli 43.30).

74 Technisches Zeichnen und auch Architekturzeichnen wurden an den Real- und Industrieschulen unterrichtet. Bei Aufnahme ins Polytechnikum wurde vorausgesetzt: «Fertigkeit im Linearzeichnen der geometrischen und einfachsten Bau- und Maschinenkonstrutionen, so wie einfacher Ornamente; einige Fertigkeit im Tuschen.» *Reglement* 1854, Art. 20.

75 Semper 1884 (wie Anm. 23), S. 101.

76 Semper, *Wissenschaft, Industrie und Kunst* 1852, S. 68f.

77 gta Archiv 70-019. Obwohl von den entsprechenden Plänen nur einer mit «Juli 1866» datiert ist, erscheint die Datierung des gesamten Konvoluts in Auers erstes Studienjahr plausibel. Allerdings gilt die oben beschriebene Unsicherheit in der Zuordnung auch für diese Zeichnungen.

78 Semper 1884 (wie Anm. 23), S. 102.

79 Da die Schulleitung das Unterrichtsmittel der Konkurrenzen nicht nur im Architekturzeichnen, sondern in allen wichtigen Fächern einführte, blieben von den monatlichen Terminen für die eigentlichen Architekturfächer nur noch wenige übrig, vermutlich meist zwei pro Semester.

80 Eine ganz ähnliche Aufgabe hatte 1826 schon Semper als Student im Pariser Atelier Gau als Skizzenkonkurrenz zu lösen gehabt (gta Archiv 20-019E). Sie ist möglicherweise von der Tafel 55 «Ajustement d'un Puit dans le Couvent de' Gesuiti Penitenzieri di S. Pietro nel Borgo» inspiriert in *Palais, maisons et autres édifices modernés, dessinés à Rome* von Charles Percier und Pierre François Léonard Fontaine, herausgegeben 1798, Paris (siehe Abb. 8 in diesem Buch).

81 gta Archiv 70-016-1.

82 «Hatte z. B. ein Anfänger eine Konstructionsaufgabe durch mehrtägiges ununterbrochenes Arbeiten absolvirt, so wurde ihm ein Ornament, ein Gebäudetheil, ein Plan oder dergleichen zum Kopiren gegeben. Dabei wurde darauf gesehen, dass die Uebungen im Detailzeichnen und im Constructiven im Zusammenhange mit einem Ganzen gemacht wurden; wesshalb ich auch nicht darauf wartete[,] bis Jemand bereits vollständig sattelfest im Constructiven u. d. gl. sei, um ihn zu dem Versuche eines Entwurfes einer leichten architectonischen Combination zuzulassen. Indem nicht abgelassen wurde, bis er diese Aufgabe auch in ihren konstructiven Details gelöst hatte, lernte er die Construction gerade an der Stelle kennen[,] wo er sie brauchte[,] und zwar in ihrem Zusammenhange mit einem Ganzen. Diese Methode ist gewiss practisch und lässt sich auch logisch vollkommen rechtfertigen, da räumliches Bedürfnis offenbar der Ausbildung einer vollendet structiven Praxis vorangeht.» Semper, Unmassgebliche Vorschläge betreffend die Anordnung von Preisarbeiten und anderes an der Bau Abtheilung des Polytechnikum, an Joseph von Deschwanden, 6.12.1855 (ETH-HA Hs 1230:252), zit. n.: Weidmann 2010, Quelle Nr. 34, S. 1185f.

83 Im Protokoll der Bauschulkonferenz vom 23.2.1858 ist der Beschluss der Aufgaben für den Konkurs vom 1.3.1858 vermerkt: Für den ersten Kurs «nach Vorschlag des H. Prfr. Gladbach bestimmt: Ein steinerner Erker am Eck eines Wohnhauses. Für die Schüler des II. u. III. Kurses wird die Bearbeitung eines Planes verlangt, der im Grundriss ältere unregelmässige Gebäudeanlagen zeigt, aus welchen ein Caféhaus u. Gartenwirtschaft gemacht werden soll – Vorschlag d. H. Prfr. Semper.» Julius Stadler, Schreiben an Joseph von Deschwanden, 6.3.1858 (ETH-HA Hs 1231:594). Die Blätter der Entwurfkonkurrenzen weisen allerdings meist bloss zwei Noten auf, die teilweise Gladbach und Semper zugeordnet werden können. Dass die Professoren nicht immer ganz einig waren, liegt in der Natur der Sache. Auf dem Entwurf einer Rekonstruktion des «Vögelhaus des Varro» von Bluntschli aus dem zweiten Jahreskurs (2.3.1863) vermerkte Gladbach «Die Cuppel hat nur Reflexlicht», worauf Semper ergänzte «Thut nichts». Ein «?» zwischen den beiden Aussagen kann nicht eindeutig zugeordnet werden. Die Noten 6 (Gladbach), 5,5 (Semper) und 5,5 (Stadler?) für den Entwurf waren hervorragend; Entwurf von Bluntschli, 2.3.1863 (gta Archiv 11-01-15) (Abb. 20).

84 Regulativ für die Concursarbeiten der Schüler des Polytechnikums, Art. 3 und 5, o. D. [1856], in: *Programm 1856/57*, S. 20.

85 Datiert «1. Juni 1861». Das Semester dauerte von Mitte April bis Mitte August.

86 Einer davon als «Kampfboden» bezeichnet: Ein beachtenswerter Programmpunkt angesichts des strengen Duellverbots am Polytechnikum.

87 Auch in diesem Fall sind die Blätter nicht eindeutig einem Kurs zuzuordnen. Die sorgfältige Darstellung mit schattierten Ansichten, das Fehlen einer konstruktiven Durcharbeitung, die Bezeichnung «Project» und die Signatur «F. Bluntschli entworfen» bei der Ausarbeitung legen aber eine Zuordnung zu Sempers Architekturzeichnen näher als eine zum von Ernst Gladbach mit Julius Stadler geleiteten Baukonstruktionszeichnen.

88 Es ist dies die einzige ausgearbeitete Entwurfsarbeit überhaupt, die eindeutig dem ersten Kurs zugeordnet werden kann. Damit vergleichbar, jedoch leider undatiert sind zwei Blätter zum Entwurf einer Tribüne aus dem Nachlass von Hans Pestalozzi im gta Archiv. Das erste Blatt zeigt eine recht unausgereifte, dafür schon mit einer Stückliste für die benötigten Hölzer versehene Skizze, das zweite dann einen verbesserten und sauber dargestellten

Entwurf. Dabei kann aber nicht abschliessend geklärt werden, ob es sich beim ersten Blatt tatsächlich um eine Konkurrenzarbeit handelt. Auch muss offen bleiben, in welchem Fach die Zeichnungen entstanden sind, wenn sie denn überhaupt aus der Bauschule stammen.

89 Semper, Beilage. Project eine Schema für einzuleitende Wettübungen an der Bauabtheilung des Polytechnicum, 7.12.1855 (ETH-HA Hs 1230:253).

90 An der Bauschule wurden für besonders gelungene Konkursarbeiten immerhin autographierte Studienblätter als Preise abgegeben. Auf die alle zwei Jahre vom Polytechnikum ausgeschriebenen Preisaufgaben wird in Kapitel 2 «Die Preisausschreiben: Entwurf als Forschung?», S. 172–178, eingegangen. Sie sind zwar mit den hier angesprochenen Bemühungen verwandt, verfolgten aber andere Zwecke.

91 Wie oft eine Skizzenkonkurrenz am Anfang eines Entwurfs stand, ist schwer abzuschätzen. Dass das zweistufige Verfahren zumindest teilweise zur Anwendung kam, zeigt das erwähnte Beispiel von Bluntschli sowie das bei der Habilitierung von Friedrich Peyer im Hof gewählte Verfahren (vgl. dazu Kap. 2 «Der Fall Peyer im Hof»: Eine Habilitation als Machtkampf zwischen Bauschule und Schulrat»).

92 Die einzelnen Kopien der fortgeschrittenen Bauschüler, die sich in den Nachlässen und der Plansammlung des gta Archivs finden, sind möglicherweise nicht als Studien, sondern im Rahmen der Pflege und des Ausbaus der Vorlagensammlung entstanden (vgl. Kap. 2 «Die Vorlagensammlungen und die Modellsammlung», S. 183–192).

93 Die Schülerzeichnungen lassen jedoch keine strenge Systematik im Aufbau der Aufgaben erkennen, wie sie von Heinrich Hübsch und Friedrich Eisenlohr in Karlsruhe eingeführt worden ist. Zur Lehre in Karlsruhe siehe Walther 2004, bes. Kap. 2.4, S. 184–212.

94 Streng war diese Trennung allerdings nicht. In einer Programmskizze vom 3.6.1861 für ein städtisches Wohnhaus (Hôtel Particulier) hält Semper beispielsweise fest: «Diese Aufgabe ist für den zweiten Curs obligatorisch und als Prüfungsaufgabe zu betrachten. Den Schülern des ersten Jahres, die sich befähigt fühlen, die Aufgabe zu lösen, steht diese frei.» Was mit «Prüfungsaufgabe» genau gemeint war, ist nicht klar. Für eine Konkursarbeit, die an einem Tag zu lösen gewesen wäre, war das Programm, das nebst einem vollständigen Satz Zeichnungen im Massstab 1:150 bzw. 1:100 auch «1 oder 2 Blatt Details» forderte, viel zu umfangreich; «Ein städtisches Hôtel», 3.6.1861 (gta Archiv 20-Ms 155 (4)). Am 20.5.1862 berichtete Bluntschli an seine Eltern: «Leider habe ich inzwischen keine Zeit gehabt den Plan für die Schipfe zu vollenden, doch hoffe ich dies jetzt so schnell wie möglich zu absolviren um dann die Diplomarbeit des 3ten Curses, die jedoch auch dem 2ten Curs gestellt ist anfangen zu können. Das Programm dazu ist schön: ein Museum in Verbindung mit Bibliothek. Diese Arbeit wird wohl den Lauf des Semesters in Anspruch nehmen». Alfred Friedrich Bluntschli, Brief an seine Eltern, 20.5.1862 (ZBZ FA Bluntschli 47.II). Ein entsprechendes Projekt ist nicht bekannt. Vielleicht hat Bluntschli diesen Entwurf wegen seiner Mitarbeit an Sempers Privataufträgen nicht gemacht, oder die Aufgabe wurde dann doch nicht auf diese Weise gestellt.

95 gta Archiv 11-01-11.

96 Das Semester begann Mitte Oktober. Bluntschli arbeitete schon am 1. November an dieser Aufgabe und das Blatt ist mit Dezember 1861 datiert. Der Grundriss ist gerade als Wohnungsgrundriss nicht ganz unproblematisch. Altmann erkennt darin «eine reduzierte Fassung von Sempers Dresdner Villa Rosa», vgl. Altmann 2000, Kat. Nr. 88. Grundsätzlich unterschiedlich sind allerdings nicht nur Lage und Aufgabe der Halle, sondern insbesondere auch die zweiseitige Orientierung. In einem Brief schreibt Bluntschli vom Plan eines römischen Hauses: «In den wenigen Stunden, die mir zum Zeichnen übrig bleiben, arbeite ich den Plan eines römischen Hauses aus, u. entwerfe eine Façade dazu.» Alfred Friedrich Bluntschli, Brief an seine Eltern, 1.11.1861 (ZBZ FA Bluntschli 47.II)

97 Alfred Friedrich Bluntschli, Brief an seine Eltern, 19.1.1862 (ZBZ FA Bluntschli 47.II). Die Zeichnung ist mit dem 7.1.1862 datiert.

98 Dieter Weidmann vermutet, Segesser sei durch die Gebrüder Hauser auf Semper aufmerksam geworden, für die er im Sommer und Herbst 1862 Entwürfe für den Umbau des Hotels Schweizerhof in Luzern ausarbeitete. Bluntschlis Zeichnung und Brief weisen darauf hin,

dass Semper schon früher mit Segesser in Kontakt war. Das Grundstück, das Weidmann als Standort für das Projekt identifizierte, kaufte Segesser allerdings erst am 16.6.1862. Es ist daher nicht auszuschliessen, dass Semper für unterschiedliche Standorte projektiert hatte; vgl. Dieter Weidmann, Kat. Nr. 97 Palais Segesser in Luzern, in: Nerdinger/Oechslin 2003, S. 383–386, hier S. 383f. Sempers Zeichnungen zum Projekt lassen sich nicht exakt datieren.

99 Schon deshalb ist die Vermutung, es handle sich dabei um eine «Kurzarbeit» (Fröhlich 1991, S. 44; Altmann 2000, Kat. Nr. 83), abwegig. Ihr widerspricht auch die Zeichentechnik: An einem Dezembertag wäre ein solches Blatt selbst als Kopie kaum zu schaffen.

100 Fröhlich 2007, S. 7–9.

101 Für den zweiten Jahrekurs obligatorisch, für den ersten fakultativ (vgl. Anm. 94).

102 Semper, «Ein städtisches Hôtel», 3.6.1861 (gta Archiv 20-Ms 155 (4)).

103 Sempers Skizze aus Bluntschlis Besitz ist datiert und deshalb diesem Kontext zuzuordnen; vgl. Fröhlich 1991, S. 44; ders. 2007, S. 124. Bluntschlis Lösung (gta Archiv 11-01-13) gleicht dann aber wiederum Sempers eigener Schülerarbeit. Die Disposition der Apartements als Enfilade ohne Korridor (allerdings mit rückwärtigem Dégagement) folgt dabei nach wie vor der französischen Tradition. Es wäre daher auch denkbar, die Abkehr vom Typus «entre cour et jardin» als Anpassung an die beengte Situation zu sehen.

104 Beispielsweise schrieb Semper 1865 eine Kuranstalt bei Bad Ragaz als Preisaufgabe aus, für die er bereits einen Entwurf erarbeitet hatte (1859–1861) und für die er noch vor dem Abgabetermin des Preisausschreibens ein neues Projekt anfertigen musste. Und das Thema der Villa Garbald stellte er 1863 noch zur Diskussion, als die Ausführungspläne schon fertiggezeichnet waren; vgl. Nerdinger/Oechslin 2003, S. 380 und S. 352f., wo allerdings irrtümlich von einer «Preisaufgabe zur Erlangung des Diploms» die Rede ist.

105 Vgl. Altmann 2000, S. 42–45. Bluntschli hatte ursprünglich die Absicht, Semper zum Konkurrieren zu bewegen. Beim Wettbewerb wurden schliesslich ein zweiter und zwei dritte Preise vergeben; vgl. ebd., Kat. Nr. 29.

106 Alfred Friedrich Bluntschli, Brief an seine Eltern, 20.3.1861 (ZBZ FA Bluntschli 47.II). Kleffler konnte in der Folge den Bau sogar realisieren, und er bewährt sich, mit einigen Um- und Erweiterungsbauten, bis heute; vgl. Rebsamen, *INSA*, Band: *Winterthur*, 1992, S. 160f. Ob Kleffler das Projekt im Atelier der Bauschule oder gleichsam privat erarbeitet hatte, ist nicht bekannt.

107 Alfred Friedrich Bluntschli, Briefe an seine Eltern, 2. und 20.5.1862; 11.6.1862: «Ich arbeite jetzt wieder für Semper; es gibt allerlei. Nächstens die Irrenanstalt für Königsfelden.»; 9.10.1862 (ZBZ FA Bluntschli 47.II).

108 So erwähnt Bluntschli am 2.5.1862 als neue Entwurfsaufgabe «ein Museum in Verbindung mit Bibliothek. Diese Arbeit wird wohl den Lauf des Semesters in Anspruch nehmen.» Alfred Friedrich Bluntschli, Brief an seine Eltern, 2.5.1862 (ZBZ FA Bluntschli 47.II). In späteren Briefen wird diese Aufgabe aber nicht mehr erwähnt, und im Nachlass fehlen diesbezügliche Blätter. Es scheint plausibel, dass Bluntschli diese Aufgabe nicht gelöst hat, um dafür an Sempers Projekt für Glarus mitarbeiten zu können.

109 «[…] weil ich hier gänzlich ohne Beistand bin mit Ausnahme von Brunner der auch nicht immer für mich arbeiten kann sondern noch seine Vorträge hört etc.» Semper, Brief an Manfred Semper, 4.6.1858 (gta Archiv 20A-K-1858-06-04(G)), zit. n.: Weidmann 2010, S. 726.

110 «Neben dem allgemeinen Atelier bestand mein praktisches Arbeitsatelier, dessen Zutritt freiwillig war; die Eintretenden machten sich verbindlich, mir bei meinen Bauausführungen als Zeichner und Conducteure beizustehen. Der Zudrang dazu war stets sehr bedeutend, und dieses Atelier war während der 15 Jahre meines Directoriats der Anstalt die eigentliche Pflanzschule für Candidaten des Staatsbaudienstes und selbst des Eisenbahningenieurfaches. Alle jüngeren Angestellten in Sachsen in diesen Fächern sind aus ihm hervorgegangen». Semper, Unmassgebliche Vorschläge betreffend die Anordnung von Preisarbeiten und anderes an der Bau Abtheilung des Polytechnikum, an Joseph von Deschwanden, 6.12.1855 (ETH-HA Hs 1230:252), zit. n.: Weidmann 2010, Quelle Nr. 34. Da

die Plätze im Arbeitsatelier begehrt waren, kamen nur begabte und fortgeschrittene Studenten zum Zug. Vgl. auch: *Dresden* 1990, S. 156–163.

111 Semper betrieb sein privates Atelier, sowohl im Stiftsgebäude wie auch später im Neubau, in seinem Professorenzimmer im Polytechnikum; Weidmann 2010, S. 603 u. a. Am 13.5.1858 behauptete er in einem Brief an seinen Sohn Manfred, er könne «keinen Zeichner» finden, «da es nach der Einrichtung des Polytechnikum verboten sei Schüler zu eigenen Arbeiten zu gebrauchen.» Semper, Brief an Manfred Semper, 13.5.1858 (gta Archiv 20A-K-1858-05-13(G)), zit. n.: Weidmann 2010, S. 603, Anm. 214. Dieses Verbot, falls es denn überhaupt je bestand, wurde offensichtlich nicht durchgesetzt. Eine vollständige Ausbildung im Privatatelier hätte allerdings den Prinzipien der schulischen Ausbildung am Polytechnikum in der Tat so sehr widersprochen, dass es plausibel erscheint, dass sich die skizzierte Praxis in zeitweiligem Konflikt mit der Schulleitung durchgesetzt hatte.

112 Gottfried Semper, Vorläufige Bemerkungen über bemalte Architektur und Plastik bei den Alten (1834), in: ders., *Kleine Schriften* 1884, S. 215–258, hier S. 216.

113 Catalog der Bibliothek Aug. 1866 (ETH-HA Hs 166). In Durands vergleichender Bautensammlung (Durand 1802/1805) sah Semper einen Versuch, der seiner Idee eines «Systems der vergleichenden Stillehre» verwandt war; vgl. Gottfried Semper, Entwurf eines Systems der vergleichenden Stillehre (1853), in: ders., *Kleine Schriften* 1884, S. 259–291, hier S. 262.

114 Semper, *Der Stil*, Bd. I, 1860, S. XIV–XX.

115 Als «Materielle» dürfen Charles-Louis Mary an der Pariser École Centrale und in gewisser Weise auch Heinrich Hübsch am Polytechnikum in Karlsruhe gelten.

116 Der Begriff des «Herbars», der in Martin Fröhlichs Charakterisierung der Semper'schen Entwurfslehre eine zentrale Rolle spielt, wurde von Semper als Schimpfwort eingeführt; vgl. Semper (1853) 1884 (wie Anm. 113), S. 216f.

117 «So zeigt eine gewisse süddeutsche Schule, in der sich die materialistisch konstruktive Richtung mit ästhetischem Puritanismus vereinigt, bei lobenswerten Erfolgen auf dem Gebiete des Nutzbaues, die Unzulänglichkeit ihrer Mittel, so wie es sich um wahre monumentale Kunst handelt.» Semper, *Der Stil*, Bd. I, 1860, S. XX. Analog begründet sich Sempers Ablehnung der Gotik: als «die lapidarische Uebertragung der scholastischen Philosophie des 12. und 13. Jahrhunderts.» Ebd., S. XIX.

118 Ebd., S. VIII, die nähere Bestimmung in Anm. 1, Carl Friedrich von Rumohr paraphrasierend.

119 Zur Architektur als Funktion mit verschiedenen Variablen siehe Semper (1853) 1884 (wie Anm. 113), S. 267–269.

120 Man könnte auch von Analogien sprechen. Dieser Begriff, der von Semper in anderem Zusammenhang verwendet wird (vgl. Semper, *Der Stil*, Bd. I, 1860, S. XIX), weckt heute jedoch überwiegend Assoziationen zur Tradition der Architektenausbildung, die von Aldo Rossi begründet worden ist (vgl. Moravánszky/Hopfengärtner 2011), ohne dass diese ältere Tradition des Arbeitens mit Referenzen reflektiert würde.

121 Womit nichts über die Qualität des Entwurfes gesagt sei, der im Vergleich mit der Referenz reichlich manieriert erscheint. Bernd Altmann weist zu Recht auf eine Verwandtschaft des Projektes mit einer älteren Schülerarbeit, dem «Project einer Restauration» aus dem zweiten Semester hin. Seine vorsichtig geäusserte Vermutung, es könnte sich bei der Zeichnung um «einen – von Semper angeregten (?) – Alternativentwurf handeln», ist weniger plausibel, weil Bluntschlis Zeichnung 1863 datiert und demnach zu einem Zeitpunkt entstanden ist, als die Ausführungsplanung der Villa Garbald schon fortgeschritten, wenn nicht gar abgeschlossen war, aber Motive der bereits 1862 entstandenen Semper-Zeichnungen zitiert (Fensterbogen mit Quaderteilung). Vgl. Altmann 1980, Kat. 89. Zur Villa Garbald vgl. Heidrun Laudel, Kat. Nr. 94 Villa Garbald, in: Nerdinger/Oechslin 2003, S. 378–381; Hildebrand 2004.

122 Martin Fröhlich sah in Bluntschlis Entwurf eine «implizite Kritik an der Dresdner Gemäldegalerie», allerdings ohne dies plausibel zu begründen (Fröhlich 2007, S. 133).

123 So kopierte Albert Müller zum Beispiel im gleichen Jahr 1865 (zweiter Kurs), in dem er ein Landhaus zu entwerfen hatte, Pläne der Villa Farnesina; gta Archiv 109-ox-2. Selbst wenn die Ansichten zu seinem Entwurf fehlen, darf auch hier ein Zusammenhang angenommen werden.

124 Vielleicht am deutlichsten formuliert in: Semper (1853) 1884 (wie Anm. 113), S. 216f. Paragraph 4 im «Regulativ zur Benutzung der Sammlung architektonischer Werke» kann daher über den konservatorischen Aspekt hinaus auch als Ausdruck dieser grundsätzlichen Ablehnung des Kopierens verstanden werden: «Das Durchzeichnen aus den Kupferwerken ist nicht gestattet.» ETH-HA SR2 Präsidialverfügung 458, 24.12.1856.

125 Semper, *Der Stil*, Bd. I, 1860, S. XX.

126 «Renaissance» war das Kennwort seines Entwurfs für das Karlsruher Sammlungsgebäude, und im Brief, den er seinen Eltern sandte, nachdem er vom Preisgewinn erfahren hatte, fügte er als Postskriptum an: «Mein Motto fürs Leben bleibt Renaissance». Alfred Friedrich Bluntschli, Brief an seine Eltern, 8.7.1863 (ZBZ FA Bluntschli 47 U.II). Dieses Zitat wählte Bernd Altmann als Titel für seine Studie über Bluntschli; Altmann 2000. Und in den frühen 1920er Jahren erinnerte sich Bluntschli: «Im Gegensatz zur Zürcher Schule diente die Renaissance [an der École des Beaux-Arts] weniger als Vorbild als die Antike in ihren verschiedenen Abstufungen.» Alfred Friedrich Bluntschli, biographische Notizen, ab Mai 1923 (ZBZ FA Bluntschli 50 U.V, S. 15).

127 Obwohl Semper in den zitierten «Unmassgeblichen Vorschlägen» noch auf das zweistufige System der Konkurse hingedeutet hatte, gibt es nur wenige Hinweise, dass diese tatsächlich so durchgeführt worden sind. Immerhin beweisen einige Schülerzeichnungen ein nachträgliches Ausarbeiten von Konkurrenzarbeiten, gta Archiv 11-01-09; 11-01-10; 171-01 Pes-1-AUS-X (Entwurf einer Tribüne). Überdies entsprach das Verfahren bei der Habilitation von Peyer im Hof dem Pariser Vorbild (vgl. Kap. 2 «Der Fall Peyer im Hof: Eine Habilitation als Machtkampf zwischen Bauschule und Schulrat»).

128 Nach einem ersten Tag «en loge», das heisst unter Kontrolle und ausserhalb des Einflusses der Patrons der unterschiedlichen Ateliers, war eine Ideenskizze abzugeben. Entsprach das endgültige Projekt nicht mehr den darin festgelegten Prinzipien, wurde es ausgeschlossen; zum Architekturunterricht an der École des Beaux-Arts vgl. Chafee 1977. Wenigstens die Grundidee eines Projektes musste also vom Schüler selbst entwickelt werden, ohne Einflussnahme des Patrons.

129 Alfred Friedrich Bluntschli, Brief an seine Eltern, 12.6.1864 (ZBZ FA Bluntschli 47.IV), zit. n.: Altmann 2000, S. 209. Was Bluntschli über den zweiten, also unteren Kurs der École des Beaux-Arts schrieb, galt auch und in verstärktem Mass für den oberen.

130 Dort konnte man im Lehrprogramm 1832/33 lesen: «Die Aufgaben sind meist aus der Wirklichkeit genommen, und schreiten von den einfachsten [...] zu den ausgedehnteren fort, so dass die ganze Reihenfolge ein möglichst vollständiges Bild der im Leben vorkommenden verschiedenen architektonischen Bedürfnisse darbietet.» Zit. n.: Walther 2004, S. 201.

131 Semper, *Der Stil*, Bd. I, 1860, S. VIII.

132 Salvisberg übernahm 1929 die Leitung der Abteilung für Architektur der nun ETH genannten Schule mit der expliziten Absicht, die Studierenden in einer Art Werkschule in die eigene Baupraxis einzubinden – ein Versuch, der dann allerdings aus verschiedenen Gründen weitgehend scheiterte. Bereits in den Berufungsverhandlungen stellte Salvisberg entsprechende Forderungen, nämlich nach einem «Arbeitsraum in der E.T.H., in welchem Studierende mitarbeiten können» sowie «Zuweisung von Staatsaufträgen zur Förderung der praktischen Ausbildung von Studierenden»; vgl. ETH-HA SR2 Schulratsprotokoll 29.6.1928, Traktandum 45. Im Berufungsantrag des Eidgenössischen Departement des Innern an den Bundesrat vom 6.12.1928 wurde denn auch explizit festgehalten. «Er [Salvisberg] wird die Studierenden der Abteilung für Architektur zur Förderung ihrer praktischen Ausbildung zu diesen Arbeiten [seines Architekturbüros] beiziehen. Die eidg. Verwaltung ist gewillt, den Gewählten gelegentlich zu konsultieren und ihm je nach Umständen gewisse wichtige Arbeiten zu übertragen, aus denen auch die Studierenden Nutzen ziehen können. [...] Eine der wichtigsten Arbeiten, die dem Gewählten unter Umständen uebertragen werden könnte, ist der Erweiterungsbau für das Landesmuseum in Zürich.» BAR E 80/1077; identisch formuliert in: ETH-HA SR2 Schulratsprotokoll 30.11.1928, Traktandum 72. Die Staatsaufträge blieben dann aber weitgehend aus, und die stark wachsende Zahl der Studierenden tat ein Übriges, dass sich Salvisbergs Programm nicht wie beabsichtigt umsetzen liess.

133 «Mein Sehnen nach derjenigen Musse die es mir gestatte den lange gehegten Plan der Herausgabe meiner vergleichenden Baukunde auszuführen war ein Hauptmotiv der Annahme einer Professur an dem hiesigen Polytechnikum». Semper, Brief an Eduard Vieweg, 25.7.1855, zit. n.: Luttmann 2008, S. 168.

134 Semper, *Der Stil*, Bd. I, 1860, und Bd. II, 1863. Das Werk war auf drei Bände hin angelegt, von denen jedoch nur die beiden ersten erschienen sind.

135 Eugène Burnand, Kollegheft über Sempers Stillehre «Styllehre. Prof. Semper. Ausgearbeitet von Eugène Burnand Bauschule II. Curs Polytechnikum zu Zürich 1869» (ETH-HA Hs 64a). Vgl. auch Herrmann 1981, S. 147.

136 Es sind rund ein Duzend Vorlesungsmitschriften bekannt, die oft fragmentarisch sind. Zusätzlich zu den von Wolfgang Herrmann aufgeführten Kollegheften ist die ausführliche Mitschrift von Bluntschli aus den Jahren 1861/62 im Familienarchiv in der Zentralbibliothek Zürich zu nennen (ZBZ Ms. Z VI 396) sowie die Mitschrift von Johann Rudolf Rahn, der Sempers Vorlesung im Wintersemester 1862/63 als Hörer besucht hatte (ZBZ Rahn 154/1). Die verschiedenen Kolleghefte und Vorlesungsnotizen umfassend auszuwerten und in Zusammenhang mit der Entwicklung des Semper'schen Theoriegebäudes zu diskutieren, würde den Rahmen dieser Arbeit sprengen. Das Folgende basiert im Wesentlichen auf dem von Wolfgang Herrmann erstellten Katalog des theoretischen Nachlasses von Semper (Herrmann 1981), ausserdem wurden die Originalmanuskripte zwar gesichtet, aber nur punkuell ausgewertet. Wichtige Hinweise verdanke ich Susanne Luttmann, die in ihrer Dissertation *Gottfried Sempers Vergleichende Baulehre. Eine quellenkritische Rekonstruktion* die Entwicklung dieses Buchprojektes und dessen Beziehung zum Projekt der «Kunstformenlehre» und zu *Der Stil* untersucht hat. Luttmann merkte in einer Fussnote an, anscheinend sei es Semper in seinen Vorlesungen leichter gefallen «sein Konzept und seine Ideen experimentell-kreativ weiterzuentwickeln» (Luttmann 2008, S. 199, Anm. 81), verzichtete allerdings leider darauf, die entsprechenden Manuskripte ausführlich zu würdigen.

137 Bericht über den Entwurf zu einem Reglemente 1854, S. 171f.

138 Semper, *Der Stil*, Bd. I, 1860, S. XV, Abschnitt «Die Materiellen». Bezüglich des zweiten Teils bestand Semper darauf, dass die künstlerische Sicht auf die Architekturgeschichte eine Andere sei als die der Archäologen und Kunsthistoriker, sodass diese Bereiche nicht an spezialisierte Historiker delegiert werden konnten. Vgl. dazu beispielsweise den Abschnitt «Die Historiker» in: ebd., S XV–XVIII; ders., Einführung in der Mitschrift «Geschichte der Baukunst», Dresden 1834 (gta Archiv 20-Ms-19), in Stichworten referiert in: Herrmann 1981, S. 77f., Ms 19.

139 Gottfried Semper, Der Stil, Gedruckter Prospectus (o. J.) (gta Archiv 20-Ms-205), zit. n.: Luttmann 2008, S. 342–347, hier S. 346.

140 Semper, Hans, 1880, S. 11. Vgl. auch Herrmann 1981, Kap. «Manuskripte zu Vorlesungen der Dresdener Zeit», S. 77–85.

141 «Histoire de l'architecture» und «Architecture comparée» in franz. Sprache: ETH-HA A 903 (Bourrit), ETH-HA Hs 8.1 und 8.2 (Fulpius), in Stichworten referiert in: Herrmann 1981, S. 142–145, Ms 258 (Bourrit) und Ms 259–260 (Fulpius) (die hier gewählten deutschen Titel entsprechen der Formulierung in den Schulprogrammen).

142 Gottfried Semper, Vergleichende Baulehre. Gedruckter Prospectus (o. J.), in: Luttmann 2008, S. 318–321 (urspr. veröffentlicht als Anhang zu Semper, *Wissenschaft, Industrie und Kunst*, 1852). Die elf Abschnitte waren: «Wohngebäude», «Gottesdienstliche Gebäude», «Gebäude des Unterrichts», «Verpflegungsanstalten» (Hospitäler, Klöster, Arbeiter-Colonien, Hotels usw.), «Werke der öffentlichen Wohlfahrt» (darunter Wege und Brücken, Bahnhöfe, Märkte, Börsen und Banken, Bäder, Schlachthäuser, Kirchhöfe und vieles mehr), «Justizgebäude», «Gebäude der Regierung und der Verwaltung des Staates», «Militärische Anstalten», «Monumente», «Werke für gemeinsame Unterhaltung und Feste», «Städteanlagen». Ebd., S. 321. Die Vorlesungen übernahmen diese Ordnung, scheinen jedoch nie bis zum elften Abschnitt gekommen zu sein: Die Kolleghefte brechen alle spätestens nach den Festbauten ab, zu denen Semper insbesondere auch die Theater zählte.

143 Allerdings spielte dieser Aspekt durchaus auch eine Rolle. Im bereits zitieren Prospectus zur «Vergleichenden Baulehre» schrieb Semper, mit diesem Buch zuerst denjenigen genügen zu wollen, «die praktischen Rath für Einzelfälle verlangen» – im Sinne eines «Handbuches für Architecten und Baugewerksmeister, das ein durchaus praktisches sein soll». Gottfried Semper, Vergleichende Baulehre. Gedruckter Prospectus (o.J.) (wie Anm. 142), S. 320.

144 Die vier Elemente der Baukunst bleiben auch in den Vorlesungen «Vergleichende Baukunde» und «Styllehre» ein Thema; zu den Vorlesungsmitschriften vgl. Anm. 136.

145 Gottfried Semper, Vergleichende Baulehre. Gedruckter Prospectus (o.J.) (wie Anm. 142), S. 320. Die Formulierung «Museum der Architekturen» ist bei Aldo Rossi entlehnt, der mit seiner in den 70er Jahren des 20. Jahrhunderts an der ETH Zürich eingeführten, unter anderem an Durand anknüpfenden Typenlehre vergleichbare Ziele verfolgte.

146 *Festschrift zur Feier* 1894, S. 137. Der Autor war mutmasslich ein Ingenieurschüler, der Sempers Vorlesungen freiwillig folgte. Im gleichen Sinn äusserte sich aber auch Alfred Friedrich Bluntschli in seinen Lebenserinnerungen (ZBZ FA Bluntschli 50.V, S. 7).

147 Rahn 1920, S. 1f. Anzumerken ist, dass Rahn seine Erinnerungen erst am Ende seines Lebens, also aus grosser Distanz niederschrieb. Mit «Vischer» ist Theodor Vischer gemeint, der von 1855 bis 1866 am Polytechnikum deutsche Literatur und Ästhetik unterrichtete.

148 Für die Abfassung der Programme war der Schulrat zuständig. Am 25.6.1855 schrieb Semper an seinen Verleger Vieweg, er arbeite an einem «Vortrag über vergleichende Architectonik für das hiesige Polytechnicum». Semper, Brief an Eduard Vieweg, 25.7.1855, Vieweg-Archive, Universitätsbibliothek Braunschweig, zit. n.: Luttmann 2008, S. 155.

149 Jahresbericht für das Schuljahr 1858/59 (ETH-HA SR3 1860 Nr. 614).

150 Im Untertitel wurde *Der Stil* denn auch *Ein Handbuch für Techniker, Künstler und Kunstfreunde* genannt, während die Architekten nicht explizit adressiert wurden. Der publizierte erste Teil von *Der Stil* zeigt deutlich mehr Verbindung zu Sempers Arbeit am Londoner Department of Practical Art als zu derjenigen am Zürcher Polytechnikum.

151 Eugène Burnand, Kollegheft über Sempers «Vergleichende Baukunde» 1870/71, S. 1 (ETH-HA Hs 64a Fol. 145).

152 Gottfried Semper, Der Stil, Gedruckter Prospectus (o.J.) (gta Archiv 20-Ms-205), zit. n.: Luttmann 2008, S. 342–347, hier S. 346f.; ders., Ueber Baustile (1869), in: ders., *Kleine Schriften* 1884, S. 395–426, hier bes. S. 403. Dieser Vortrag wiederholte denn auch teilweise wörtlich, was Semper bereits einige Monate zuvor seinen Schülern als Einführung zu seiner Baukundevorlesung vorgetragen hatte. Vgl. Semper, Vorlesungsnotizen «Vorlesung vom 30 October 68» (gta Archiv 20-Ms 279).

153 Also ganz dem Programm entsprechend, das im Kommentar zum Reglement des Polytechnikums für das dritte Jahr der Bauschule enttworfen worden war (vgl. Kap. 1 «Die Bauschule: Für Techniker oder für Architekten?»).

154 Eugène Burnand, Kollegheft über Sempers «Vergleichende Baukunde» 1870/71 (ETH-HA Hs 64a), bes. S. 1 (Fol. 145).

155 Burnand verliess allerdings das Polytechnikum am Ende des Wintersemesters (vgl. Fröhlich, *Gottfried Semper als Entwerfer und Entwurfslehrer* 1974, S. 188), das heisst vor Beginn des letzten Semesters, sodass seine Notizen noch vor der Behandlung der römischen Baukunst abbrechen.

156 Alfred Friedrich Bluntschli, Kollegheft über Sempers «Vergleichende Geschichte der Baukunst» 1861/62 (ZBZ Ms. Z VI 396).

157 Der Zeitpunkt deutet darauf hin, dass Semper die alte Ordnung seiner Vorlesungen bereits aufgegeben hatte, bevor in den Programmen der Schule das Fach «Styllehre» als Ergänzung zur vergleichenden Baukunde auftauchte. Es wäre also denkbar, dass schon die Vorlesungen, die ab 1864 unter den Titeln «Baukunst» und «Baulehre» (ohne das Attribut «vergleichende») stattfanden, die Kunst des Bauens im Sinne der späteren «Styllehre» thematisiert hatten. Im Februar 1868 unterstützte Semper Julius Stadlers Antrag auf die Einführung eines eigenen Kollegs über Gebäudelehre, als er gemäss Programm die Vorlesung «Baukunst» hielt. Dabei machte er die Bemerkung, er habe *früher* ein ähnliches Kolleg gelesen.

Semper, Schreiben an Johann Karl Kappeler, 27.2.1868 (ETH-HA SR 3 1868 Nr. 60). Bislang sind aber keine Kolleghefte aus jener Zeit bekannt.

158 «Ist die Renaissance diesen Mittelalterlichen Tendenzen der Gesellschaft gegenüber dasjenige was die absolute Kunst der Griechen war gegenüber der tendenziösen Kunst der Assyrer und Aegypter? Hat sie ihre Aufgabe gelöst, fängt schon wieder eine neue Aera für uns an oder sind wir erst in den Anfängen der Renaissance? Wie erkennen und verwerthen wir die socialen Motive und alles Neue, was unsere Zeit bietet, mit wahrem stilgeschichtlichem Geiste? Welche Aufgaben der Gegenwart sind in dieser Beziehung die wichtigsten? In welchem Sinne wurden sie bis jetzt gelöst?» Gottfried Semper, Der Stil, Gedruckter Prospectus (o. J.) (gta Archiv 20-Ms-205), zit. n.: Luttmann 2008, S. 342–347, hier S. 347.

159 Luttmann zeigt, wie der Streit mit dem alten Verleger Vieweg und damit zusammenhängende urheberrechtliche Probleme zur Neuordnung des Stoffes zwangen. Semper scheint nolens volens diese äusseren Bedingungen und damit letztlich seine eigenen Interessen dem didaktisch und inhaltlich Sinnvollen übergeordnet zu haben. Vgl. Luttmann 2008, bes. S. 152–209.

160 Bestätigend zitiert von Friedrich Bruckmann in einem Brief an Semper vom 14.8.1870, zit. n.: Luttmann 2008, S. 203f. Auch Luttmann ist der Ansicht, diese Aussage entspreche wohl weit mehr der Wahrheit, als oft vermutet wurde.

161 Dies sah bereits der Bibliothekar Arnold Pfister so, der die Nachschriften von Burnand in einem Bericht vom 9.7.1955 erstmals kommentierte (ETH-HA EZ-ZWD-BIB 01, 76.12). Eine umfassende Auswertung und Diskussion in Zusammenhang mit anderen Zeugnissen zum dritten Band von *Der Stil* kann jedoch nicht Teil dieser Arbeit sein.

162 Deschwanden forderte Semper am 5.12.1856 auf, den verspäteten Bericht bis zum 13. Dezember abzuliefern, vgl. Joseph von Deschwanden, Brief an Semper, 5.12.1856 (gta Archiv 20-K-1856-12-05). Er ist – so wenig wie andere Jahresberichte der Spezialkonferenzen – in den Akten nicht zu finden. Sein Inhalt erschliesst sich jedoch aus einem längeren, allerdings nicht vollständigen Entwurf Sempers (Semper, Entwurf des Jahresberichts 1855/56 (o. D.), gta Archiv 20-K-1856(S):4) sowie aus einem diesen Bericht referierenden und kommentierenden «Bericht des Direktors» an den Schulrat vom 12.2.1857; Joseph von Deschwanden, Jahresbericht 1855/56 an den Schulrat (ETH-HA SR3 1857 Nr. 55).

163 Semper, Entwurf des Jahresberichts 1855/56 (o. D.) (gta Archiv 20-K-1856(S):4); *Reglement* 1854, Art. 2–3.

164 Bericht über den Entwurf zu einem Reglemente 1854, S. 163; vgl. Kap. 1 «Die Bauschule: Für Techniker oder für Architekten?».

165 1860 (ETH-HA SR3 1860 Nr. 426), 1865 (ETH-HA SR3 1865 Nr. 443; ETH-HA SR2 Präsidialverfügung 262, 9.10.1865), 1870 (ETH-HA SR3 1870 Nr. 247/1; ETH-HA SR2 Schulratsprotokoll 8.8.1870, Traktandum 74).

166 Vom Sommersemester 1904 an wurde das Diplom an die Semester des regulären Studiums angehängt, was de facto ebenfalls eine Verlängerung des Studiums bedeutete. Diese Regelung galt bis 2007, als mit der Einführung von Bachelor- und Masterstudium das Diplom wieder als letztes Semester in das nun zehnsemestrige Studium integriert wurde.

167 Semper, Entwurf des Jahresberichts 1855/56 (o. D.) (gta Archiv 20-K-1856(S):4).

168 ETH-HA SR3 1857 Nr. 55. Deschwanden argumentierte, Flexibilität sei durch die Möglichkeit, Schüler von obligatorischen Fächern zu dispensieren, bereits hinreichend gegeben – eine Erklärung, die gegen Forderungen nach mehr Studienfreiheit immer wieder vorgebracht wurde.

169 Zu diesen gehörte gemäss Schulreglement allem voran die Überwachung der Disziplin.

170 Gottfried Keller, Brief an Herrmann Hettner, 18.10.1856, in: Keller 1951, Bd. 1, S. 435. Vgl. auch Maurer 2003, S. 311.

171 *Reglement* 1854, Art. 116.

172 ETH-HA SR2 Schulratsprotokoll 14.08.1857, Traktandum 64. Die Vorsteher der anderen Abteilung wurden bereits in dieser Sitzung bestimmt. Da Semper sich nach London und Paris begeben hatte, bezeichnenderweise auf der Suche nach alternativen Arbeitsmöglichkeiten (vgl. Weidmann 2010, Kap. «Die Erwägung einer Rückkehr nach London», S. 569–

577), konnte die hier beschlossene Rücksprache erst im Oktober erfolgen. Die Sache wurde zusätzlich dadurch erschwert, dass das Direktorium des Schulrates am 6.10.1857 von Kern an Kappeler übergegangen war.

173 Semper, Entwurf des Briefes an den Schulrat, 17.10.1857 (gta Archiv 20-K-1857-10-17(S)). Der Brief, der zu diesem Entwurf gehört, ist in der Geschäftskontrolle des Schulrates verzeichnet, fehlt aber in den Akten.

174 ETH-HA SR2 Schulratsprotokoll 27.11.1857, Traktandum 102.

175 ETH-HA SR2 Präsidialverfügung 258, 5.12.1857: «Herr Prof. Semper wird bei Anlass der Mitteilung seiner Ernennung zum Vorsteher der I. Abteilung durch Privatschreiben des Präsidenten speziell auf die vom Reglement vorgeschriebenen Verpflichtungen & Aufgaben aufmerksam gemacht.» Diese Mitteilung an Semper erfolgte dann doppelt: formell im Rahmen des offiziellen Schreibens, freundlich verklausuliert im begleitenden persönlichen Schreiben Kappelers, das im Folgenden zitiert wird.

176 Johann Karl Kappeler, Schreiben an Semper, 4.12.1857 (gta Archiv 20-K-1857-12-04:1 und gta Archiv 20-K-1857-12-04:2).

177 *Reglement* 1854, bes. Art. 117. Der Vorsteher hatte insbesondere über die Schüler und den Unterricht zu wachen. Er war aber der Spezialkonferenz (Lehrerkonferenz) unterstellt. Sempers Abneigung gegen die Konferenzen rührt wohl nicht zuletzt daher, dass er durch sie seinen ungeliebten Kollegen verpflichtet war.

178 Semper, Brief an Wilhelm Semper, 1.11.1857 (gta Archiv 20-K-1857-11-01(S)); ders., Brief an Manfred Semper, 9.11.1857 (gta Archiv 20A-K-1857-11-09(G)), zit. n.: Weidmann 2010, S. 611f.

179 Manfred Semper, Brief an Semper, 12.11.1857 (gta Archiv 20A-K-1857-1112(M)), zit. n.: Weidmann 2010, S. 613.

180 Franz Liszt und dessen Freundin Carolyne zu Sayn-Wittgenstein besuchten 1856 Richard Wagner in Zürich, wo die Fürstin die Intellektuellen der Stadt um sich zu scharen wusste.

181 Semper, Entwurf des Briefes an Carolyne zu Sayn-Wittgenstein, 8.12.1857 (gta Archiv 20-K-1857-12-08(S)), geschrieben einige Tage nach dem Eintreffen von Kappelers Brief. Der erwähnte Ruf hätte Semper zurück nach London geführt, wohin er jedoch seine kranke Frau keinesfalls hätte mitnehmen können. Sempers «Überzeugung – kein Republikaner zu seyn» wurde übrigens spätestens 1871 von breiten Kreisen geteilt, als unter seiner aktiven Beteiligung jene Huldigung an den frisch gekrönten, über Frankreich siegreichen deutschen Kaiser organisiert wurde, die zum sogenannten Tonhallekrawall führte; vgl. Urner 1976.

Die zweite Professur: Von den Schwierigkeiten, die technische Richtung der Ausbildung zu etablieren

182 Johann Konrad Kern, Brief an Semper, 3.1.185[5] (gta Archiv 20-K-1854[!]-01-03). Kern hatte seinen Brief an Semper vom 3. Januar – kurz nach Neujahr – mit dem falschen Jahr 1854 statt 1855 datiert.

183 Johann Konrad Kern, Brief an Semper, 9.2.1855 (gta Archiv 20-K-1855-02-09).

184 Bericht über den Entwurf zu einem Reglemente 1854, bes. S. 169–171.

185 «Dann gestehe ich, ist mir der elementare Unterricht des Konstruktionszeichnens der 1. Klassen, welcher sich nun jedes Jahr wiederholt, zu gering, – ich dachte anfänglich, ich werde beim Entwerfen der Bauschüler der II und IIIten Classe beschäftigt, wozu ich mich allenfalls noch für die Zukunft entschliessen könnte, 1–2 Nachmittage Unterricht zu erteilen: weitere Verbindlichkeiten kann ich nicht eingehen.» Ferdinand Stadler, Brief an Joseph von Deschwanden, 10.6.1856 (ETH-HA Hs 1231:591). Sein Nachfolger Ernst Gladbach konnte nach seiner Berufung zwischenzeitlich tatsächlich in allen Jahreskursen unterrichten.

186 Hofmeister 1872, S. 9.

187 Vgl. dazu bes. Hauser 1976.

188 Ihr gehörten unter anderem auch sein Cousin Julius Stadler und Alfred Friedrich Bluntschli an. Zur Genealogie der Familie Stadler siehe Rebsamen u. a. 1972, S. 213.

189 Hofmeister 1872, S. 3.

190 Ebd.

191 Moller 1833–1844. Darin zu Rondelet in der Einleitung, S. II: «[...] von welchem jetzt eine deutsche Uebersetzung erscheint, und von dem ich voraussetze, dass es in den Händen jedes Construkteurs sein wird». Die deutsche Übersetzung von Jean-Baptiste Rondelets mehrbändigem Werk (1808–1814) erschien zwischen 1833 und 1836.

192 In Dresden kam es zu einer ersten kurzen und unbedeutenden Begegnung mit Semper; nach Hofmeister 1872, S. 4.

193 Ferdinand Stadler, zit. n: Hofmeister 1872, S. 6.

194 Stadler, zit. n.: ebd., S. 7.

195 Stadler, zit. n.: ebd.

196 Ferdinand Stadler, Brief an Joseph von Deschwanden, 17.8.1856 (ETH-HA SR3 1856 Nr. 282).

197 Hofmeister 1872, S. 9.

198 Ferdinand Stadler, Bericht an Herrn Professor Culmann [...] über den im vorigen Jahre gehaltenen Unterricht in der Constructionslehre, 10.11.1856 (ETH-HA SR3 1858 Nr. 234). Von der Bauschule ist für das Jahr 1856 als einziger Abteilung des Polytechnikums kein Jahresbericht erhalten – möglicherweise hatte Semper, der für die Vernachlässigung seiner Pflichten als Vorsteher verschiedentlich gerügt wurde, keinen verfasst. In diesem Fall spielt das aber keine Rolle, da Bau- und Ingenieurschüler die Konstruktionsvorlesung gemeinsam besuchten. Die hier zitierten Berichte sind übrigens bei den Jahresberichten des folgenden Schuljahres abgelegt, möglicherweise griff Deschwanden ein Jahr später nochmals auf sie zurück.

199 Stadler 1856 (wie Anm. 198). Die Vorlesungen von Charles-Louis Mary an der École Centrale zum Beispiel erschienen erstmals für das Jahr 1834/35 gedruckt und waren in der Bibliothek in der Ausgabe für das Jahr 1852/53 vorhanden; vgl. Mary 1852.

200 Stadler 1856 (wie Anm. 198). Das erste Programm der Schule unterschied noch nicht zwischen Architektur- und Konstruktionszeichnen und setzte für die drei Doppelstunden Zeichnen pro Woche Semper, Ferdinand und Julius Stadler gemeinsam als Lehrer ein; *Programm 1855/56*. Vermutlich wurden die Aufgaben aber von Beginn weg aufgeteilt, wobei Julius Stadler als Hilfslehrer sowohl für Semper als auch für Ferdinand Stadler tätig war.

201 Julius Stadler, Bericht über den im Schuljahr 1855–56 ertheilten Unterricht im Zeichnen von Bauconstructionen. An Herrn Professor Culmann [...], 8.11.1856 (ETH-HA SR3 1858 Nr. 234).

202 Vgl. Kap. 2 «Der Stundenplan von 1855 und Sempers erster Reformvorschlag», S. 30–35.

203 Ferdinand Stadler, Begleitbrief zur Eingabe an den Präsidenten des hohen Schulrathes [Johann Konrad Kern], 3.1.1854 (ETH-HA SR3 1855 Nr. 3). Das Schreiben ist wohl falsch datiert. Richtig scheint: 3.1.1855.

204 Im Begleitbrief zur Eingabe wird die im Titel dieses Kapitels zitierte Bezeichnung verwendet, das beigelegte Konzeptpapier trägt die hier zitierte Überschrift. Dies führte zu den irreführenden Einträgen «Unterhandlung mit F. Stadler betr. Anfertigung von Gebäudeentwürfen» in der Randspalte der Schulratsprotokolle (ETH-HA SR2: Schulratsprotokoll 29.01.1855, Traktandum 37) sowie «Entwurf zu Gebäuden durch Herrn Ferd. Stadler» im Onlineregister der Schulratsprotokolle betreffend ETH-HA SR2 Schulratsprotokoll 5.2.1855, Traktandum 81; www.sr.ethbib.ethz.ch (7.7.2014).

205 So zum Beispiel die Sammlung von Bauen und Entwürfen von Stadlers Lehrer Friedrich Eisenlohr (Eisenlohr 1852), die auch in Zürich verwendet wurde. Einzelne Tafeln aus dieser Publikation finden sich – aufgezogen auf Karton – im gta Archiv: Bestand Friedrich Eisenlohr.

206 ETH-HA SR2 Schulratsprotokoll 5.2.1855, Traktandum 81.

207 Bericht über den Entwurf zu einem Reglemente 1854, S. 169f.

208 Eisenlohr 1853. «In Bezug auf das Volksthümliche in der Baukunst muss ich noch bemerken, dass ich auf die so vielfach vernachlässigte bäuerliche Wohnung mein Augenmerk

gleichfalls hingelenkt habe, denn in ihr ist kein kleiner Schatz verborgen und liegt ihrem Begriff überhaupt ein reicher poetischer Stoff zu Grunde. Ich habe mich auch bei der Bearbeitung derartiger und ähnlicher Aufgaben (wohin ich auch die Bahnwärterswohnung zähle) an das vorhandene Volkstümliche (schwarzwälder Bauart und dergleichen) mehr oder weniger streng angeschlossen.» Eisenlohr 1852, Vorwort, o. S. Eisenlohrs Publikationen waren laut dem Katalog von 1857 in der Vorlagensammlung vorhanden; *Verzeichniss der Bibliothek* 1857.

209 Schulrat, Schreiben an Joseph von Deschwanden, 6.12.1856 (ETH-HA Hs 1231:240-2). Ein Postskriptum vermerkt unter anderem: «Stadler ist auch in Frankfurt. Ich ersuchte ihn über Stuttgart zurückzufahren und mit Bereitmeyer Austausch zu Pflegen. Er konnte mir aber nicht bestimmt sagen, ob er über Stuttgart kommen werde.» Vermutlich war der Name «Breitmeyer» ein Versehen und gemeint war auch hier Gustav Adolf Breymann. Dieser war bereits im Oktober angefragt worden, ob er einen Stuttgarter Architekten empfehlen könne; ETH-HA SR2 Präsidialverfügung 311, 3.10.1856.

210 Demgegenüber hatte man noch Anfang November 1856 Andreas Simons, der bereit war, für konkrete Verhandlungen nach Zürich zu reisen, mit der Bemerkung hingehalten, die Besetzung der Stelle werde sich wohl noch etwas verzögern; ETH-HA SR2 Präsidialverfügung 380, 4.11.1856. Gleichentags war Carl Culmann beauftragt worden, mit Gottfried von Neureuther in München in Verhandlung zu treten; ETH-HA SR2 Präsidialverfügung 374, 4.11.1856. Vermutlich wollte man zunächst Neureuthers Antwort abwarten. Dieser wurde 1857 Professor für Zivilbaukunde am Polytechnikum München, Andreas Simons 1861 Professor am Städelschen Kunstinstitut in Frankfurt. Nicht ernsthaft in Betracht gezogen wurde offenbar die Bewerbung, die bereits aufgrund der Stellenausschreibung vom Oktober 1854 von Karl Möllinger aus London für «Architektur» eingegangen war (Liste der eingegangenen Bewerbungen, o. D. [1854]) (ETH-HA Hs 1230:179/1). Möllinger, der 1846 die Vorlagenwerke *Elemente des Spitzbogenstiles* und *Elemente des Rundbogenstiles* publiziert hatte, wurde 1856 Lehrer an der Baugewerkschule Holzminden.

211 Ernst Gladbach, Brief an Ferdinand Stadler, 10.12.1856 (ETH-HA SR3 1856 Nr. 421).

212 Christoph Riggenbach, Empfehlungsschreiben an Johann Konrad Kern, 16.12.1856 (ETH-HA SR3 1856 Nr. 411) (als Antwort auf ein Schreiben Kerns an Riggenbach vom 15.12.1856). Ein Empfehlungsschreiben, von Gladbach erbeten, traf überdies vom Heidelberger Professor Georg Gottfried Gervinus ein, bei dem Gladbach studiert hatte und mit dem zusammen er in Rom gewesen war: «Und der Kunst und Wissenschaft wird wohl ein wahrer Dienst durch eine solche Berufung erwiesen». Georg Gottfried Gervinus, Empfehlungsschreiben an Johann Konrad Kern, 19.12.1856 (ETH-HA SR3 1856 Nr. 415).

213 Ferdinand Stadler, Brief an Johann Konrad Kern, 26.1.1857 (ETH-HA SR3 1857 Nr. 48). Dem entspricht die förmliche Anrede «Hochgeehrter Herr!», die Gladbach für sein erstes Schreiben nach Zürich gewählt hatte, das er an Stadler gerichtet hatte; Ernst Gladbach, Brief an Ferdinand Stadler, 10.12.1856 (ETH-HA SR3 1856 Nr. 421). Dagegen schrieb Georg Lasius, allerdings erst 40 Jahre später, in seinem Nachruf auf Gladbach: «Mitten in Akten und Papieren vergraben, fand ihn so auf einer Reise sein alter Freund Ferdinand Stadler.» Lasius, Prof. Ernst Gladbach (Nachruf) 1897, S. 16. Tatsächlich befand sich Ferdinand Stadler zur fraglichen Zeit in Deutschland, doch scheint es unwahrscheinlich, dass man seine distanzierten Äusserungen während der Berufungszeit hinterfragen müsste. Gladbachs Biograph Wilhelm Ludwig Lehmann schloss sich später aber Lasius in der Behauptung an, die Berufung sei von Stadler ausgegangen; Lehmann 1898, S. 13. Jan Capol behauptet überdies, ebenfalls Lasius folgend, bei Moller sei Ferdinand Stadler Gladbachs Bürokollege gewesen; Jan Capol, Ernst Georg Gladbach, in: Rucki/Huber 1998, S. 222f., hier S. 222. Stadler ging aber erst 1834 nach Darmstadt, als Gladbach bereits nicht mehr in Mollers Büro arbeitete.

214 Ferdinand Stadler, Brief an Johann Konrad Kern, 26.1.1857 (ETH-HA SR3 1857 Nr. 48). Die folgenden biographischen Angaben stützen sich im Wesentlichen auf die Unterlagen im Schulratsarchiv, insbesondere auf den von Gladbach eingereichten Lebenslauf; Ernst Gladbach, Kurzer Lebenslauf, 22.1.1857 (ETH-HA SR3 1857 Nr. 6). Diese werden in späte-

ren Texten zu Gladbachs Biographie immer wieder paraphrasiert oder zitiert, so zum Beispiel in Oechsli 1905, S. 260–262, Müller 1997 und Stegmann 2012. Mutmasslich stützt sich auch der Nachruf von Georg Lasius unter anderem auf diese Quellen; Lasius, Prof. Ernst Gladbach (Nachruf) 1897. Demgegenüber scheint die Biographie von Wilhelm Ludwig Lehmann weniger zuverlässig; Lehmann 1898. Eine kritische Biographie neueren Datums fehlt.

215 Auch Hessemer war ein Onkel Gladbachs, früher überdies Bürochef bei Georg Moller.

216 Laut Wilhelm Ludwig Lehmann soll er auf seiner Deutschlandreise Semper kennengelernt haben; Lehmann 1898, S. 11. Bei der Berufung nach Zürich spielte diese Bekanntschaft aber keine Rolle.

217 Dies in Oppenheim. Eine Anstreichung im Lebenslauf könnte darauf hinweisen, dass Letzteres bei der Anstellung von Bedeutung schien; Ernst Gladbach, Kurzer Lebenslauf, 22.1.1857 (ETH-HA SR3 1857 Nr. 6).

218 Ferdinand Stadler, Brief an Johann Konrad Kern, 26.1.1857 (ETH-HA SR3 1857 Nr. 48).

219 Moller 1852–1854.

220 Christoph Riggenbach, Empfehlungsschreiben an Johann Konrad Kern, 16.12.1856 (ETH-HA SR3 1856 Nr. 411)

221 So werde er ihm «mit Rat & Tat noch eine zeitlang zur Seite stehen». Stadler 1857 (wie Anm. 218). Die erwähnten Musterpläne waren offenbar Teil der Bewerbungsunterlagen, finden sich aber nicht mehr in den Akten.

222 ETH-HA SR2 Präsidialverfügung 6, 27.1.1857.

223 Der Vizepräsident des Schulrats Alfred Escher (in Abwesenheit von Johann Konrad Kern) in der Wahlempfehlung an den Bundesrat, 9(?).2.1857 (BAR E 80/879).

224 ETH-HA SR2 Präsidialverfügung 32, 14.2.1857. Eine Festanstellung verlangte Gladbach mit Hinweis auf seine persönlichen Verhältnisse; Ernst Gladbach, Brief an Johann Konrad Kern, 19.1.1857 (ETH-HA SR3 Nr. 3). Das Jahresgehalt von 4500 Fr. lag um 500 Fr. über seinen Forderungen, aber immer noch unter demjenigen Sempers. Allerdings durfte Gladbach aufgrund seiner Tätigkeit an verschiedenen Abteilungen mit höheren Kollegiengeldern rechnen.

225 «Durch die etwas terroristische Erziehungsmethode seines Vaters wurde der junge Ernst zu einem engeren Verkehr mit seinem Onkel Moller gedrängt.» Lasius, Prof. Ernst Gladbach (Nachruf), 1897, S. 15f.

226 Ebd., S. 16f.

227 Lehmann 1898, S. 13.

228 Ebd., S. 14/S. 12.

229 Hermann Bleuler, Schreiben an Bundesrat Karl Schenk, 9.4.1890 (BAR E 80/1179). Die Formulierung entspricht über weite Strecken fast wörtlich derjenigen, die Bleulers Vorgänger Johann Karl Kappeler am 12.11.1879 in einem Bericht an den Bundesrat verwendet hatte, in dem er zu einer Petition der G.E.P., der Gesellschaft ehemaliger Studierender des eidgenössischen Polytechnikums, Stellung nahm, in der diese einen besseren Konstruktionsunterricht für die Ingenieure gefordert hatte; ETH-HA SR2 Schulratsprotokoll 4.8.1879, Traktandum 68; dazu ETH-HA SR3 1879 Nr. 377. Schon damals wurde «die Ersetzung des Herrn Professor Gladbach» als «durchaus dringlich» bezeichnet, weil dieser «ungeschickt im Vortrage» sei und «den Schülern gegenüber der nöthigen Autorität» ermangle; ETH-HA SR2 Präsidialverfügung 135, 12.11.1879. Bei dem erwähnten Assistenten handelt es sich um Arnold Geiser, der von 1861 bis 1864 an der Bauschule studiert hatte und anschliessend im Hochbauamt der Stadt Zürich tätig war, von 1875 bis 1907 als Stadtbaumeister. Er war von 1874 bis 1890 in Gladbachs Unterricht für Baukonstruktionszeichnen Assistent, zunächst allerdings nur an der Ingenieurschule; ETH HA SR2 Präsidialverfügung 371, 24.12.1873. Die in seinem Nekrolog in der *SBZ* vom 1.1.1910 genannte Dauer seiner Tätigkeit am Polytechnikum von 1876 bis 1882 (Arnold Geiser 1910), die unter anderem auch im *Architektenlexikon der Schweiz 19./20. Jahrhundert* zitiert wird, ist nicht korrekt (vgl. Jan Capol, Ernst Georg Gladbach, in: Rucki/Huber 1998, S. 222f., hier S. 222).

230 *Programm 1873*.

231 Julius Stalder vermeldete im Jahresbericht 1862: «Betreffend meinen Unterricht als Hülfslehrer im Bauconstructionszeichnen erwähne ich nur, dass Herr Professor Gladbach mit Beginn des Schuljahres 1862/63 den Unterricht des ersten Curses allein übernommen hat & ich die Übungen des II & III Curses leite.» gta Archiv 20-K-1863-07-14. Das Programm der Schule verzeichnet Julius Stadlers Mitarbeit im Konstruktionszeichnen im Sommer 1862 im ersten Kurs, im Winter 1862/63 überhaupt nicht, im Sommer 1863 in allen drei Kursen («Gladbach m. J. Stadler»), im Winter 1863/64 in den oberen beiden Kursen, im Sommer 1864 wieder in allen Kursen, 1864/65 in allen Kursen als gemeinsamer Unterricht «Gladbach, Lasius u. Stadler», ab Sommer 1865 in allen Kursen als «Gladbach m. Stadler u. Lasius»; *Programm 1862*ff. Die feinen Unterschiede fallen auf, sagen allerdings nicht unbedingt etwas über die tatsächliche Organisation des Unterrichts aus.

232 Ernst Gladbach, Brief an Ferdinand Stadler, 10.12.1850 (ETH-HA SR3 1856 Nr. 421).

233 *Reglement* 1854, Art. 61. Die entsprechende Aufteilung war zwar im Kommentar zum Reglement festgehalten, doch diesen dürfte Gladbach nicht gekannt haben.

234 *Programm 1857/58*. Gladbach nahm bereits im Sommersemester 1856 seine Tätigkeit auf, baute seine Kurse auf das neue akademische Jahr hin aber nochmals aus. Als er 1857 mit der «Anleitung zu Entwürfen in den mittelalterlichen Baustylen» begann, las Jacob Burckhardt «Kunstgeschichte des Mittelalters». Ein Zufall?

235 Als Semper glaubte, man wolle ihm die Vorsteherschaft der Bauschule streitig machen, äusserte er mit aller Deutlichkeit, dass er die Kompetenz von Gladbach nicht anerkenne (vgl. Kap. 2 «Sempers Unzufriedenheit am Polytechnikum und seine vergeblichen Bemühungen um eine Verlängerung des Studiums», S. 72–81). Sempers Abneigung gegen Gladbach steigerte sich so weit, dass er ihn – offenbar zu unrecht – sogar verdächtigte, in seinem Atelier zu spionieren; vgl. Weidmann 2010, S. 617–619, der sich auf folgende Quellen beruft: Bertha Semper, Brief an Manfred Semper, 22.12.1857 (gta Archiv 21-K-1857-12-22), und Semper, Brief an Manfred Semper, 6.1.1858 (gta Archiv 20A-K-1858-01-06(G)). Bis vor den Schulrat gelangte, dass Semper als Gegenleistung für das zur Verfügungstellen eigener Zeichnungen für Gladbachs Unterricht seinerseits Kopien von Zeichnungen Gladbachs verlangte; Ernst Gladbach, Schreiben an Johann Karl Kappeler, 20.2.1858 (ETH-HA SR3 1858 Nr. 131).

236 Semper, Schreiben an Johann Karl Kappeler, 20.7.1863 (ETH-HA SR3 1863 Nr. 378, Abschrift).

237 Im Januar 1863 beantragte die Bauschulkonferenz die Einführung einer zusätzlichen Vorlesung in Konstruktion. Dieser Antrag, von Semper verfasst, wurde von Julius Stadler und Ernst Gladbach explizit unterstützt (ETH-HA SR3 1863 Nr. 5–9; vgl. unten «Die Vorlesungen über Baukonstruktion»).

238 Léon Fulpius, Cours de Construction; ders., Règles à observer dans les Constructions 1858–59; ders., Distribution des Plans 1858–59 (ETH-HA Hs 10.1). Nebst den Aufzeichnungen zu den Vorlesungen von Gladbach haben sich von Fulpius solche zu Semper, Wilhelm Lübke und Gustav Anton Zeuner erhalten. Sie sind zu kohärent und zu sauber, um echte Notizen zu sein. Einzelne Leerstellen weisen immerhin darauf hin, dass sie rasch nach den Vorlesungen gemacht worden sind, sodass für Versäumtes Platz gelassen wurde. Auf den Titelblättern wurde (möglicherweise nachträglich) präzisiert: «Rédigé & traduit de l'allemand par L. Fulpius et autr.», was auf eine Zusammenarbeit mehrer Schüler hindeutet.

239 Insbesondere die Inhaltsübersicht «Bauconstructionslehre / vorgetragen für den I. Curs der Bauschule u. Ingenieurschule von Professor Gladbach», die Julius Stadler «aus den Vorträgen v. 1861 ausgezogen» hatte, um seinerseits eine ergänzende Konstruktionsvorlesung vorschlagen zu können; ETH-HA SR3 1863 Nr. 9. Erhalten haben sich überdies Notizen von Georg Stavits, Ingenieurschüler im ersten Jahreskurs 1874, die allerdings recht unordentlich und weniger ausführlich sind; ETH-HA Hs 489:30.

240 Das Fach «Konstruktive Ornamentik in Holz, Stein u. Eisen» wird nur in diesem Semester in den Programmen der Schule erwähnt. Es ist fraglich, ob es überhaupt stattgefunden hat. *Programm 1858/59*; ETH-HA SR2 Schulratsprotokoll 16.08.1858, Traktandum 43.

241 Gemäss Programm für die beiden Jahreskurse getrennt, der erste Jahreskurs gemeinsam mit den Ingenieuren. Erst ein Jahr später findet Baukonstruktionszeichnen auch im dritten Jahreskurs statt. Vgl. *Programm 1858/59; Programm 1859/60.*

242 Zu Punkt 2: «Nous examinerons les constructions chez les Grecs [...]». Dass damit die Bauweisen und ihre Auswirkungen auf das Thema gemeint gewesen wären, lässt sich aus dem Folgenden nicht bestätigen. Das Wort «constructions» wird vielmehr eher im allgemeineren Sinn von Bauten verwendet; Léon Fulpius, Distribution des Plans 1858–59, S. 1 (ETH-HA Hs 10.1).

243 Léon Fulpius, Cours de Construction (ETH-HA Hs 10.1).

244 Rondelet 1834 (franz. Originalausgabe: 1808–1814); ders. 1833–1836 (Deutsch).

245 ETH-HA SR2 Präsidialverfügung 61, 19.3.1860. Im Sommersemester 1864 wird die Zivilbauvorlesung an der mechanisch-technischen Schule an Georg Lasius übertragen; ETH-HA SR2 Schulratsprotokoll 14.4.1864, Traktandum 7.

246 Dass Pompejus Alexander Bolley, der 1859 Direktor des Polytechnikums geworden war, damit eine zusätzlichen Aufgabe übernahm, überrascht. Eine Rolle mag spielen, dass er auf diese Weise Mitglied der Bauschulkonferenz wurde und so einen besseren Einblick in diese Abteilung gewinnen konnte. Nachfolger von Bolley wurde 1871 Emil Kopp, der den Kurs bis zu seinem Tod 1875 weiterführte. In der Folge wurde unter Ludwig von Tetmajer, der später die Materialtechnologie auf eine neue Basis stellte, zunächst das Fach «Baumechanik» ausgebaut.

247 *Programm 1860/61.*

248 Die Konstruktionsfächer waren zunächst Freifächer, später wurden sie obligatorisch; vgl. Kap. 2 «Georg Lasius, Professor für Gewölbe- und Zivilbau mit Erfahrung in der Neugotik», S. 123–133.

249 Léon Fulpius, Règles à observer dans les Constructions 1858–59 (ETH-HA Hs 10.1).

250 Zum Beispiel: Linke 1850 (Vorlesungen am Königl. Gewerbe-Institut und an der Königl. Allgemeinen Bauschule in Berlin); Breymann 1849–1863 (Vorlesungen an der Polytechnischen Schule in Stuttgart). Ein direkter Vergleich der Schriften bzw. Kurse, die unterschiedliche Schwerpunkte setzen, ist allerdings problematisch. Zu beachten wäre dabei beispielsweise, dass die Berliner Bauschule zu dieser Zeit noch nicht den Charakter einer Hochschule hatte und sich der Unterricht von Gustav Linke dementsprechend an ein jüngeres und anders vorgebildetes Publikum richtete als derjenige von Gladbach. Die Systematik und Tiefe der Kurse von Léonce Reynaud an der École des Beaux-Arts in Paris scheint Gladbach immerhin nie erreicht zu haben: Reynaud 1850/1858, 2., überab. Aufl. 1860/1863.

251 Vgl. Émy 1841; ders. 1848 (Deutsch).

252 Ferdinand Stadler, Brief an Johann Konrad Kern, 26.1.1857 (ETH-HA SR3 1857 Nr. 48).

253 Alfred Friedrich Bluntschli, Brief an seine Eltern, 30.11.1860 (ZBZ FA Bluntschli 47.II). Bluntschli hatte sich am Polytechnikum in München auf sein Studium in Zürich vorbereitet. In München hat er unter anderem bei Rudolf Wilhelm Gottgetreu «Allgemeine Bauconstructionslehre» gehört hatte; Altmann 2000, S. 197f.

254 «Bauconstructionslehre vorgetragen für den I. Kurs der Bauschule u. Ingenieurschule von Herrn Professor Gladbach» «aus den Vorträgen v. 1861 ausgezogen» von Julius Stadler, o. D. (ETH-HA SR3 1863 Nr. 9).

255 Im Vorwort zur zweiten Ausgabe seines *Traité d'architecture* begründete Léonce Reynaud 1860 seine Korrekturen und Ergänzungen damit, dass auch die Architektur nicht stehen bleiben dürfe, wo sich doch alles um sie herum so rasch verändere; Reynaud 1850/1858, 2., überab. Aufl. 1860/1863, Vorwort in: Bd. 1, 1860.

256 Die Vorlesungsmitschrift des Ingenieurschülers Georg Szavits von 1874 lässt wegen ihres fragmentarischen Charakters keine sicheren Rückschlüsse auf die Vorlesungen zu; Georg Szavits, Vorlesungsnotizen, 1874 (ETH-HA Hs 489:30). Im Vergleich mit den 15 Jahre älteren Aufzeichnungen von Fulpius scheinen jedoch keine neuen Konstruktionen dazugekommen zu sein.

257 Ernst Gladbach, Memorandum, dat. November 1862 (ETH-HA SR3 1863 Nr. 6).

258 Dass Julius Stadler dabei bewusst an Ferdinand Stadler anknüpfte, der auch schon das Wohnhaus als Übungsgegenstand genutzt hatte (vgl. Kap. 2 «Ferdinand Stadler, Lehrer wider Willen» S. 82–89), kann nur vermutet werden.

259 «Begründung der Nothwendigkeit eines zweiten Collegs über Bauconstructionslehre an der Bauschule»; Julius Stadler, Schreiben zu Handen des Schulrats, o. D. (ETH-HA SR3 1863 Nr. 7); «Entwurf einer Bauconstructionslehre für den II. od. III. Curs der Bauschule als Fortsetzung der Bauconstructionslehre von Herrn Prof. Gladbach» (mit Bleistift – von Semper (?) – ergänzt: «Vielleicht besser als Lehre von der Bauführung zu bezeichnen»); Julius Stadler, Schreiben zuhanden des Schulrats, o. D. (ETH-HA SR3 1863 Nr. 8). Beide Dokumente sind undatiert und dienten, gemeinsam mit Gladbachs Memorandum vom November 1862, als Beilage eines Schreibens von Semper an den Schulratspräsidenten Johann Karl Kappeler vom 3.1.1863 (ETH-HA SR3 1863 Nr. 5).

260 Semper 1863 (wie Anm. 259).

261 ETH-HA SR2 Schulratsprotokoll 16.3.1863, Traktandum 12.

262 Semper, Schreiben an Johann Karl Kappeler, 20.7.1863 (ETH-HA SR3 1863 Nr. 378, Abschrift).

263 ETH-HA SR2 Schulratsprotokoll 14.4.1864, Traktanden 6 und 7.

264 ETH-HA SR2 Schulratsprotokoll 18.8.1864, Traktandum 57; *Programm 1864/65*.

265 «Den Constructionscurs betreffend habe ich zu bemerken, dass ich auf Ersuchen der Schüler hin seit 3 Jahren Vorträge gehalten habe, verbunden mit häufigen Excursionen auf Bauplätzen u. Werkstätten v. grösseren Anstalten.» Julius Stadler, Schreiben an den Vorsteher der Bauschule Semper, 27.7.1865 (ETH-HA SR3 1865 Nr. 443add).

266 Der Entwurf zum neuen Schulreglement wurde am 14.8.1865 vom Schulrat zuhanden des Bundesrates verabschiedet; ETH-HA SR2 Schulratsprotokoll 14.8.1865, Traktandum 84.

267 Stadler 1865 (wie Anm. 265).

268 Georg Lasius, Schreiben an Semper, 4.8.1865 (ETH-HA SR3 1865 Nr. 443add).

269 ETH-HA SR3 1865 Nr. 443. Das Dossier wurde von Semper im Namen der Spezialkonferenz der Bauschule am 10.8.1865 an den Schulrat übermittelt.

270 ETH-HA SR2 Präsidialverfügung 262, 9.10.1865; selbstverständlich unter Vorbehalt der Genehmigung durch den Schulrat.

271 Dieses Fach wurde im Sommer 1868 durch eine obligatorische Vorlesung von Lasius über gewerbliche Bauanlagen im dritten Kurs ersetzt, die im folgenden Semester wiederum durch eine zweisemestrige Gebäudelehre von Julius Stadler, ebenfalls im dritten Kurs, abgelöst wurde.

272 ETH-HA SR3 1857 Nr. 181, 10.6.1857.

273 ETH-HA SR3 1862 Nr. 435 («Auszug aus dem Protocoll der I Abtheilung Sitzung vom 18. Oct. 1862»).

274 Gladbach 1868–1871.

275 Zeichnungen von G.[ottfried] Meyer und H.[enri] Lavanchy im gta Archiv: Nachlass Ernst Gladbach. Zur entsprechenden Exkursion: *Programm 1858/59*, Jahresbericht, S. 21.

276 Gladbach 1868–1871, Taf. X.4. Von diesem Turmhelm wurde bereits früher eine Aufnahme gedruckt, die Gottfried Meyer 1858 im ersten Jahreskurs gezeichnet hatte. Diese zeigt jedoch konventionelle, entsprechend schwierig zu lesende Grundrisse und Schnitte; gta Archiv 109-1K-4.

277 Umso bedauerlicher ist der falsche bibliographische Eintrag im NEBIS-Katalog (Netzwerk von Bibliotheken und Informationsstellen in der Schweiz; NEBIS-Systemnr. 003944452) «Vorlageblätter zur Bauconstructionslehre» (anstatt «Vorlegeblätter»).

278 *Programm 1859/60*. Das Baukonstruktionszeichnen, das anfänglich nur im ersten Jahr stattfand, wurde 1858/59 auf das zweite und 1859/60 auf alle drei Jahre ausgedehnt.

279 «Programm für den II & III Curs / Mittwoch d. 1 Februar 1860», gta Archiv: Nachlass Ernst Galdbach, o. Sign.

280 Semper, Schreiben an Johann Karl Kappeler, 20.7.1863 (ETH-HA SR3 1863 Nr. 378, Abschrift).

281 Georg Lasius wurde 1864 als Hilfslehrer explizit für das Fach «Konstruktionszeichnen» eingestellt; ETH-HA SR2 Schulratsprotokoll 14.4.1864, Traktandum 6. Vermutlich widmete in der Folge vor allem er sich diesem Fach, sodass sich Julius Stadler stärker auf das Architekturzeichnen, das Ornamentzeichnen und das Komponieren konzentrieren konnte.

282 Vgl. zum Beispiel Jan Capol, Ernst Georg Gladbach, in: Rucki/Huber 1998, S. 222f.; Thomas Müller, Ernst Gladbach, in: *Allgemeines Künstlerlexikon* LV, München 2007, S. 506. Zur Bedeutung Gladbachs für die Hausforschung vgl. Müller 1997; Huwyler 1996. Der Aufsatz von Knut Stegmann ist besonders bezüglich der Analyse zweier ausgewählter Skizzen interessant; Stegmann 2012.

283 Müller 1997, S. 201; Capol 1998 (wie Anm. 282), S. 222: «G. gilt als der Begründer der Bauernhausforschung in der Schweiz.»

284 Gladbach 1868. In den späteren Ausgaben wird die Rechtschreibung modernisiert zu «kantonalen und konstruktiven Verschiedenheiten» und schliesslich auch zu «Holzstil».

285 Hochstetter 1857; von Graffenried/Stürler 1844; Varin 1861. Alle diese Publikationen werden von Gladbach erwähnt, der überdies auf die einschlägigen Beiträge in Ludwig Försters *Allgemeiner Bauzeitung* hinweist; Gladbach 1868, Einleitung, o. S.

286 Hochstetter 1857, vorhanden in der Bibliothek der ETH Zürich, Alte Drucke, Sign.: Rar 9587 fol.

287 Gladbach 1889–1893, Tafel 29: «Der Blockbau im Berner Oberland», Tafel 30: «Ständer- und Riegelbauten der nordöstlichen Schweiz», komponiert aus Bauten der Kantone Zürich und Thurgau.

288 So hatten die Tafeln der ersten Serie des *Schweizer Holzstyls*, die 1868 bei Carl Koehler in Darmstadt erschien, zum überwiegenden Teil neben den deutschen auch französische Titel, die für die zweite, in Zürich bei Caesar Schmidt publizierte Ausgabe gelöscht wurden; Gladbach 1868/1883. Zur französischen Tradition des «Chalet Suisse» vgl. Pérouse de Montclos 1987.

289 In der Geschichtsschreibung zur Rezeption traditioneller Bauformen wird das durchaus praktische Interesse am «einfachen» Bauen, das von den neuen Aufgaben des 19. Jahrhunderts geprägt war, eigenartigerweise ignoriert oder zumindest vernachlässigt. Man konzentriert sich im Allgemeinen ganz auf die Tradition des Malerischen, die dann scheinbar nahtlos zu den schaustellerischen Veranstaltungen der «Schweizerdörfli» an den grossen Ausstellungen des Fin de Siècle führt. Noch Jacques Gubler meinte 1975 zum Beispiel, die Publikation über Berner Bauernhäuser von von Graffenried und Stürler in Zusammenhang mit Friedrich Schiller und Albrecht von Haller bringen zu müssen; Gubler 1988, S. 26f.

290 Gladbach 1868, Einleitung, o. S.

291 Eisenlohr 1852, Vorwort, o. S.

292 Eisenlohr 1853, Vorwort, S. 1.

293 Eisenlohr 1852, Vorwort, o. S.

294 Gladbach 1868, Einleitung, o. S. Wie schon seine Vorgänger von Graffenried und Stürler beklagte Gladbach überdies das drohende Verschwinden der Tradition und den Verlust der entsprechenden Bauten. Nur «die älteren und häufig die ältesten dieser Häuser» würden an der guten Sitte festhalten, «die Construction stets auf eine sinnreiche Weise durch die veredelten Formen durchleuchten zu lassen und nirgends einen Schmuck anzuwenden, dem nicht eine constructive Notwendigkeit oder Zulässigkeit zu Grunde liegt.» Darüber hinaus bedauerte Gladbach den zunehmenden Verkauf von Ausstattungen und Interieurs ins Ausland, die man wohl in Kürze besser in England oder Frankreich studieren könne als in der Schweiz. Ebd.

295 Gladbach 1876.

296 Gladbach 1889–1893; ders. 1883. Eine Editionsgeschichte der Publikationen Gladbachs wäre noch zu schreiben. Verschiedene Ausgaben der Werke erschienen in unterschiedlichen Verlagen. Bei der Vermarktung seiner Publikationen zeigte Gladbach wenig Geschick; vgl. Lehmann 1898, S. 6. Finanzielle Sorgen begleiteten ihn permanent. In den *Charakteristischen Holzbauten* (1889–1893) wird gleich zu Beginn auf *Die Holzarchitectur der Schweiz* verwiesen, wobei vorausgesetzt wird, dass dieser Band zur Hand liege (die Datierung «1870» der Erstausgabe im Bibliothekskatalog NEBIS ist falsch). Die aufwändige Publikation kann also als nachgereichtes Tafelwerk zur wohlfeilen *Holz-Architektur der Schweiz* von 1876 gelten. Offensichtlich eine Ergänzung der ersten Ausgabe von 1868 ist der zusätzlich publizierte zweite Teil des *Schweizer Holzstyls* der veränderten Ausgabe von 1883.

297 Gladbach 1868–1871.
298 Von 1860 an reiste Gladbach mit dem ersten (und zum Teil mit dem zweiten) Jahreskurs, zunächst in die Ostschweiz und 1862 und 1863 ins Berner Oberland, um «die vorgetragenen Holzconstructionen des Berner Oberlandes der älteren Bauart mit der jetzt fabrikmässig betriebenen neueren Holzbauart zu Interlaken zu vergleichen, zugleich einige der interessanteren Blockhäuser zu messen und zu zeichnen»; Ernst Gladbach, Bericht und Abrechnung der Exkursion, o. D. (ETH-HA SR3 1863 Nr. 414). Aus späteren Jahren sind von Gladbach keine Exkusionen mit Studenten mehr bekannt.
299 Das behauptete schon Wilhelm Ludwig Lehmann; Lehmann 1898, S. 15. Zwei späte Tagebücher von 1889 und 1890 befinden sich in der Zentralbibliothek Zürich, verschiedene Tagebuchfragmente finden sich im gta Archiv der ETH Zürich, grössere Nachlassbestandteile im Landesmuseum Zürich (LM 1330).
300 ETH-HA SR3 1858 Nr. 177. Der Urlaub wird gewährt: ETH-HA SR2 Schulratsprotokoll 29.3.1858, Traktandum 7.
301 Vgl. Kap. 2 «Ein 'Vorschlag betreffend die Anfertigung von Entwürfen zu Vorlagen für den Unterricht im Projectieren'», S. 86–89.
302 In den *Vorlegeblättern zur Bauconstructionslehre* zeigt Gladbach zwar ein modernes «Wohnhaus mit Riegelwänden bei Zuerich» (Gladbach 1868–1871, Taf. X.8), ob dieses ein eigener Entwurf sei, ist aber unklar. Bisweilen werden auch die zwei Häuser in Zürich, die aus dem Wettbewerb «Klein, aber Mein» hervorgegangen sind, Gladbach zugeschrieben, weil er für die entsprechende Publikation die Illustrationen gezeichnet hatte (Schindler-Escher 1886). Die Entwürfe stammen aber nicht von ihm.
303 Vgl. zum Beispiel Mallgrave 2001, S. 147–159; Franck 1989; Semper, *Ueber den Bau evangelischer Kirchen* 1845.
304 Semper, Brief an Wilhelm Semper, 1.11.1857 (gta Archiv 20-K-1857-11-01(S)); vgl. Kap. 2 «Sempers Unzufriedenheit am Polytechnikum und seine vergeblichen Bemühungen um eine Verlängerung des Studiums», S. 72–81.
305 Nerdinger/Blohm 1993, S. 31.
306 Für ein Gutachten (ETH-HA SR3 1855 Nr. 1) über «Herrn Joh. Seidl, Zivilarchitekt in Regensburg» (ETH-HA SR2 Präsidialverfügung 167, 21.12.1854), der sich für die zweite Stelle beworben hatte.
307 So insbesondere bei Friedrich Eisenlohr mit seinem Traum von einer national-christlichen Baukunst.
308 *Programm 1863/64*; *Programm 1864*; *Programm 1864/65*; die Vorlesung wird auch später wieder aufgenommen. Vgl. Kap. 2 «Georg Lasius, Professor für Gewölbe- und Zivilbau mit Erfahrung in der Neugotik», S. 123–133.
309 Hübsch 1828.
310 Zu Heinrich Hübsch und seinem Denken vgl. auch Walther 2004.
311 Vgl. Lasius, Prof. Ernst Gladbach (Nachruf) 1897.
312 Semper, *Der Stil*, Bd. I, 1860, S. XIVf.

Vom Hilfslehrer zum Professor: Julius Stadler und Georg Lasius

313 *Reglement* 1854, Art. 60f.
314 Ebd., Art. 70, 101 und 107.
315 Die Festschrift der ETH Zürich von 1955 verzeichnet nur sechs Hilfslehrer (unter ihnen Ferdinand Stadler, der den Professorentitel explizit verweigert hatte), da sie die «Hilfslehrer mit Professorentitel» im Allgemeinen unter den Privatdozenten und Titularprofessoren aufführt, zum Teil aber auch unter den Professoren, so Julius Stadler und Georg Lasius; *100 Jahre Eidgenössische Technische Hochschule* 1955, S. 241.
316 Oechsli 1905, S. 176.
317 ETH-HA SR2 Schulratsprotokoll 30.8.1855, Traktandum 204.

318 Julius Stadler hat zum 15 Jahre älteren Ferdinand Stadler offenbar keine besonders enge Beziehung gepflegt, anders als später zu seinem jüngeren Cousin Alfred Friedrich Bluntschli.

319 ETH-HA SR2, Schulratsprotokoll 17.10.1855, Traktanden 251f.

320 Laut Gustav Gull studierte Julius Stadler an der Bauakademie in Berlin (Gull 1905, S. 206; ders. 1907, S. 16), doch wurde Heinrich Strack erst 1854 als Nachfolger von Friedrich August Stüler an die Bauakademie berufen und unterrichtete zuvor an der Kunstakademie.

321 Gull 1907, S. 16. Mehr ist über diese Lehrzeit nicht bekannt.

322 Ebd., S. 48.

323 Im ersten Programm der Schule sucht man das Ornamentzeichnen bei der Bauschule allerdings noch vergeblich; *Programm 1855/56*. In den Programmen fand der Kurs von Julius Stadler den Weg über die sechste Abteilung (ab 1856/57) an die Bauschule (ab 1859/60); *Programm 1856/57*ff. Vgl. Kap. 2 «Das Ornamentzeichnen», S. 135–139.

324 Wie schwer sich der Schulrat mit der Venia docendi tat, zeigt sich darin, dass sie 1864 zunächst provisorisch erteilt wurde; ETH-HA SR2 Schulratsprotokoll 18.8.1864, Traktandum 57. Auch als Stadler vier Jahre später die Erlaubnis erhielt, «Vorlesungen über architektonische Disziplinen» anzukündigen, waren diese je einzeln zu bewilligen und mit der Auflage verbunden, sie dürften den obligatorischen Unterricht in keiner Weise stören; ETH-HA SR2 Schulratsprotokoll 6.3.1868, Traktandum 16.

325 «Die Rücksicht auf die Erhaltung meiner Famile & meiner selbst nöthigt mich, eine Stelle aufzugeben, die alle meine Kräfte & Mittel erschöpft.» Julius Stadler, Schreiben an den Schulrat, 12.12.1871 (ETH-HA SR3 1871 Nr. 454). Am 27.12.1871 erklärte er sich insbesondere mit Rücksicht auf Georg Lasius zum Bleiben bereit. Als Bedingung stellte er eine Reduktion des Pensums, vor allem die Entlastung von der Verpflichtung, bei Gladbach zu assistieren. Dazu kam explizit der Wunsch nach dem Professorentitel; ETH-HA SR3 1872 Nr. 2. Am 20.1.1872 wurde ihm vom Bundesrat erlaubt, den Titel zu führen und am 19.9.1872 wurde er zum Professor für Architektur an der Bauschule ernannt «und zwar vorzüglich für Styllehre und Ornamentzeichnen (immerhin mit dem Vorbehalte, dass die jeweilige Regelung & Verteilung des Unterrichts an der Bauschule zwischen den Hauptprofessoren in Architektur für die Behörde freibleibe)», mit einer Anstellung auf zehn Jahre und einem Gehalt von 4500 Fr.; BAR E 80/1126. Zur Entwicklung der Bauschule nach Sempers Abreise vgl. Kap. 4 «Die Zürcher Bauschule: Eine Semperschule?».

326 Julius Stadler namens der Konferenz der Bauschule, Brief an Präsident Johann Karl Kappeler (sign. Gottfried Semper), 27.2.1868 (ETH-HA SR3 1868 Nr. 60). Explizit wird dabei festgehalten, dass Semper sich vorbehalte, «das in früheren Jahren von ihm eingehaltene Programm seiner Vorträge über Baulehre, in welchen er eine verwandte Anordnung und Behandlung des Materials befolgte [...], wieder aufnehmen zu können.» Dann müsse man sich halt absprechen, «um etwaige Collisionen unmöglich zu machen.» Julius Stadler, Antrag an Präsident Johann Karl Kappeler, 12.2.1868 (ETH-HA SR3 1868 Nr. 40).

327 Vgl. Kap. 2, Abschnitt «Die Vorlesungen über Baukonstruktion», S. 98–104.

328 Jahresbericht 1862 (gta Archiv 20-K-1863-07-14).

329 «Es ist mir gelungen, Kälin auf einem Baubureau in Basel zu placieren.» Ebd. Darauf folgt eine Aufzählung der Anstellungen und Tätigkeiten der ehemaligen Bauschüler.

330 Gull 1907, S. 33.

331 Bluntschli 1904; Gull 1905; Gull 1907; Lasius 1904.

332 Bluntschli 1904. Der Nachruf provozierte eine Art Gegendarstellung: Carl Zehnder («C. Z.») erwiderte zwei Wochen später ebenfalls in der *NZZ*, dass durchaus nicht nur ausgeführte Bauten, sondern auch Entwürfe achitektonsiche Leistungen seien und dass den Schülern gerade aus Stadlers «idealen Entwürfen u. a. zu Festdekorationen, aus den Restaurationen antiker Thermenanlagen, Rennbahnen u. s. f. [...] Begeisterung und Anregung für ihren künftigen Beruf einflogen.» Zehnder 1904. Carl Zehnder hat sich durch Architekturphantasien einen Namen gemacht; siehe dazu: Zehnder 1905; *Ideal-Architekturen* 1981.

333 Rucki/Huber 1998; Ronner, *Die Bauschule*, Bd. 1, 1971.

334 Georg Lasius, Brief an Johann Gustav Stocker, 9.4.1859 (ETH-HA SR3 1859 Nr. 133).

335 *Reglement* 1854, Art. 1.
336 ETH-HA Hs 435:65. Das mit einer Stunde dotierte Fach (eine Vorlesung?) «Malerische Perspektive» las Semper laut Schulprogrammen einzig in diesem Semester. Das Dossier ETH-HA Hs 435:65 umfasst auch Lasius' Zeugnisse der Polytechnischen Schule zu Hannover und diverse Arbeitszeugnisse, unter anderem von Conrad Wilhelm Hase.
337 gta Archiv 10-X. Die Blätter wurden – wie andere studentische Aufnahmen unter Gladbach auch – vom Verlag Joh. Wurster & Comp. in Winterthur gedruckt, doch konnte deren publizistischer Kontext nicht geklärt werden. Sie befinden sich als Einzelblätter in unterschiedlichen Beständen des gta Archivs der ETH Zürich. Möglicherwiese wurden sie ausschliesslich für den Eigengebrauch gedruckt, beispielsweise als Preisgaben bei Konkurrenzen.
338 Über «Kunstgeschichte des Mittelalters und der neueren Zeit» sowie über «griechisch-römische Archäologie»; Programm der Schule für das Wintersemester 1859/60 in: ETH-HA SR2 Schulratsprotokoll 15.8.1859, Traktandum 34. Vgl. Kap. 2 «Kunstgeschichte und Freifächer: Brauchen Architekten Geisteswissenschaften?», S. 152–159.
339 Erhalten ist aus dieser Zeit von Lasius nebst der Diplomarbeit «Entwurf einer Kunsthalle» ein Entwurf für das Augusteum in Oldenburg; gta Archiv: Nachlass Georg Christian Lasius.
340 Lasius 1863.
341 M. G. 1923.
342 ETH-HA SR3 1862 Nr. 471, 27.10(?).1862, geschrieben von Julius Stadler, gezeichnet von Semper. Die Datierung «27. Sept. 1862» muss falsch sein, da im Schreiben auf die Sitzung vom «25 Oct.» rückverwiesen wird. Das zweite «Construction» ist von Semper eingefügt.
343 ETH-HA SR2, Präsidialverfügung 289, 5.11.1862; Präsidialverfügung 291, 10.11.1862; Auszug aus dem Portocoll der I. Abtheilung (Sitzung vom 18.10.1862, an Direktor Pompejus Alexander Bolley), ETH-HA SR3 1862 Nr. 43. Zum Ausbau der Konstruktionsvorlesungen vgl. Kap. 2, Abschnitt «Die Vorlesungen über Baukonstruktion», S. 98–104.
344 ETH-HA SR3 1862 Nr. 550, 29.11.1862. Das Programm wird Semper zur Begutachtung vorgelegt und von diesem für unbedenklich bezüglich möglicher Überschneidungen mit obligatorischen Kursen akzeptiert. Daraufhin wird das Programm offiziell bewilligt; ETH-HA SR2 Präsidialverfügung 321, 3.12.1862.
345 Im Programm der Schule ist der Kurs allerdings erstmals im Herbst 1863/64 verzeichnet; *Programm 1863/64*.
346 Ermöglicht wurde dies durch eine Erhöhung des Kredites der Schule; Nachtragsgesetz vom 22.12.1863, in: *Bundesblatt* 15, Bd. III, Nr. 55, 19.12.1863, S. 975. In der Begründung des Gesetzesantrags konstatierte der Schulrat den Bedarf einer zusätzlichen Professur an der Bauschule, um den Bedürfnissen der Bau- und Maschineningenieure besser genügen zu können; ebd. S. 967 und ETH-HA SR2 Schulratsprotokoll 11.8.1863, Traktandum 75. Diese wurde aber erst 1867/68 geschaffen und an Lasius übertragen.
347 Gottfried Semper und Julius Stadler, Schreiben der Spezialkonferenz an Pompejus Alexander Bolley, 27.4.1864 (ETH-HA SR3 1864 Nr. 193).
348 BAR E 80/1077.
349 Der Grundkurs wurde von Bernhard Hoesli 1959/60 eingeführt und anschliessend kontinuierlich weiterentwickelt, sodass auch seine Nachfolger im ersten Jahreskurs Herbert Kramel und Marc Angélil noch darauf aufbauen konnten. Zur Lehre von Hoesli siehe bes. Jansen 1989.
350 gta Archiv: Bestand Georg Christian Lasius; Baumgartner/Schwarz 2002.
351 *Baugeschichte des Basler Münsters* 1895; Lasius 1865.
352 Lasius 1877; ders., Sternwarte 1880; ders. *Warmluftheizung* 1880 (und 1879); ders. 1884; ders. 1899.
353 Georg Lasius, *Die Baukunst in ihrer chronologischen und constructiven Entwicklung dargestellt und erläutert durch eine Auswahl charakteristischer Denkmale vom Alterthum bis auf die Neuzeit mit Rücksicht auf das Bedürfniss unserer Zeit für Bauleute, Kunstfreunde & Lehranstalten*, Darmstadt 1863–1868 (zuerst erschienen bei Carl Koehler, ab 1865 bei Gustav Georg Lange). Der im Exemplar der ETH-Bibliothek, Zürich (Rar 9545 fol., alte Sign. A 211) eingebun-

dene Prospectus versprach ein günstiges, aber umfassendes Übersichtswerk, bei dem immer das Ganze dargestellt sei: «Das Material ist den besten bekannten Publikationen entnommen. [...] Für Ergänzungen vorhandener Lücken durch Originalaufnahmen ist Sorge getragen.» Vorgesehen waren 40 bis 50 Lieferungen. Das Projekt mag nicht zuletzt daran gescheitert sein, dass für Übersichtswerke inzwischen eine günstigere und handlichere Form der Publikation mit in den Text integrierten Holzschnitten Erfolg versprechender war, wie sie Wilhelm Lübkes *Geschichte der Architektur von den ältesten Zeiten bis auf die Gegenwart* von 1855 und Sempers *Der Stil* von 1860 bzw. 1863 darstellen.

354 Lasius 1863–1868, Bd. 1, 1863, S. II.

355 Ebd., S. VI.

356 ETH-HA SR2 Schulratsprotokoll 5.8.1867, Traktandum 62.

357 Johann Karl Kappeler, Schreiben an den Bundesrat, 27.12.1867 (BAR E 80/968). Lasius erhielt zu Beginn ein Honorar von gerade einmal 3500 Fr. Dieses wurde 1871 nach einem Ruf an das Polytechnikum in Aachen auf 5200 Fr. erhöht, nach einem Ruf an das Polytechnikum Darmstadt 1872 auf 6000 Fr., verbunden mit einer lebenslangen Anstellung; BAR E 80/968.

358 ETH-HA SR2 Schulratsprotokoll 6.3.1868, Traktandum 15.

Zeichnen und Modellieren zwischen gestalterischer Grundlagenausbildung und Hilfsfach

359 Vgl. Bermingham 2000, bes. Kap. «Drawing in the age of Mechanical Reproduction – Henry Cole's Drawing Lessons», S. 229–235. Birmingham schreibt in einer treffenden Zuspitzung von der Unterscheidung der «Academy's gentlemen from design school laborers». Ebd., S. 231. Die beiden didaktischen Konzepte liessen sich auf die beiden frühen Methodenkonzepte der «synthetischen» (Johann Daniel Preissler folgend) und der «analythischen Methode» (Gerard de Lairesse folgend) zurückführen, die Wolfgang Legler beschreibt; Legler 2011, S. 33–41.

360 *Programm der Großherzoglich Badischen Polytechnischen Schule* 1849, S. 40f.

361 *Reglement* 1854, Art. 12; Bericht über den Entwurf zu einem Reglemente 1854, S. 168f., 171f.

362 Bezeichnung nach *Reglement* 1854, Art. 12.

363 Seit 1856. Im Reglement war «Freies Handzeichnen» der Gruppe «Literarische und Staatswirthschaftliche Lehrfächer» zugeordnet; *Reglement* 1854, Art. 12.

364 Die Rede vom räumlichen Denken ist selbstverständlich modern: Raumtheorien werden in Kunst und Architektur erst gegen Ende des 19. Jahrhunderts gebräuchlich. Die originale Formulierung ist umständlich, meint aber dasselbe, wenn sie das Flache des Papiers dem Erhabenen und Körperlichen der architektonischen Gestalt gegenüberstellt.

365 Bericht über den Entwurf zu einem Reglemente 1854, S. 168f.

366 *Programm 1855/56*ff.

367 Bis 1859 war das Ornamentzeichnen im Stundenplan sogar ausschliesslich dieser philosophischen und staatswirtschaftlichen Abteilung zugeordnet; Grund dafür waren möglicherweise Probleme bei der Organisation des Stundenplans. Das Fach, das man im ersten Programm für das Schuljahr 1855/56 offenbar vergessen hatte, fand nur schwer seinen Platz und es kam immer wieder zu Differenzen zwischen gedrucktem Programm und Praxis. Im *Programm 1857/58* zum Beispiel waren drei zweistündige Kurse im Ornamentzeichnen angekündigt. Stadler unterrichtete aber während bloss zwei mal zwei Stunden alle Schüler gleichzeitig.

368 1856/57 gehörten alle Studenten, die das Fach belegten, der Bauschule an (ETH-HA SR3 1858 Nr. 234); im folgenden Jahr besuchten vier Bauschüler, zwei Absolventen der mechanisch-technischen Schule sowie vier Hörer (drei Dekorationsmaler und ein Kupferstecher) den Kurs (ETH-HA SR3 1859 Nr. 722, I (5), 7.11.1858).

369 Jahresbericht VI. Abteilung, Ornamentzeichnen, 7.11.1857 (ETH-HA SR3 1858 Nr. 234). Die Klage über das schlechte Lokal wiederholt sich ein Jahr später (ETH-HA SR3 1859 Nr. 722, I (5), 7.11.1858).

370 Eine Tafel zur Parabelkonstruktion wurde von Stadler mit einer deutschen Übersetzung versehen. Ob sie allerdings im Ornament- oder im Architekturzeichnen Verwendung fand, muss offen bleiben. Die entsprechenden Tafeln im Bestand Bauschule des gta Archivs sind archivarisch noch nicht erfasst und tragen keine vollständige Signatur.

371 Weitbrecht 1833. Im gta Archiv ist das Werk nicht vollständig vorhanden, unter anderem fehlt das Titelblatt; gta Archiv 41-X. Weitbrecht unterrichtete Ornamentlehre am Polytechnikum Stuttgart.

372 Friedrich Eisenlohr, *Ornamentik in ihrer Anwendung auf verschiedene Gegenstände der Baugewerke ausgeführt oder zur Ausführung entworfen von F. Eisenlohr*, Karlsruhe 1849–1867. 1856 erscheint Owen Jones' *Grammar of Ornament*. Zur Situation in England vgl. auch Pevsner 1972, bes. Kap. 16 «The Cole Circle», S. 157–167.

373 Darauf verweisen auch Notizen aus dem Jahr 1864, die mutmasslich die von den Schülern im Ornamentzeichnen bearbeiteten Vorlagen bzw. Motive festhalten; Notizbuch mit Titel «Notizen für die Bibliothek», o. Sign., gta Archiv: Nachlassergänzung de Montmollin. Am häufigsten wird auf Tafeln aus Paul Letarouillys *Édifices de Rome moderne, ou Recueil des palais, maisons, églises couvents et autres monuments publics et particulier les plus remarquables de la ville de Rome* von 1840 sowie auf Motive der Antike verwiesen, vereinzelt auch auf Zeichnungen von Semper (bes. zur Sternwarte). Auffällig ist, dass Stadler dem Hörer (?) Mesmer den Grundriss der École vétérinaire von Semper vorlegte. Eine entsprechende Kopie ist unter der Signatur 20-010-1-1b im gta Archiv zugegen und im Katalog von 2003 zur Ausstellung über Semper als Semper-Zeichnung abgebildet; Nerdinger/Oechslin 2003, S. 103. Ob es dabei darum ging, das Planzeichnen zu üben, oder ob damit das marode Original gerettet werden sollte, muss offen bleiben. Die Notizen fallen immerhin in jene Zeit, als zuhanden der Vorlagensammlung verschiedene Kopien in Auftrag gegeben wurden.

374 Gladbach berichtet, für Stadler gotische Ornamente zuhanden der Vorlagensammlung gekauft zu haben; Ernst Gladbach, Bericht des Directors der Sammlungen für Vorlagen, Baumodelle und Baumaterialien, 7.2.1862 (ETH-HA SR3 1862 Nr. 52). Ein Jahr später beantragt die Bauschulkonferenz, auch die Gipsabgusssammlung um gotische Ornamente zu ergänzen; ETH-HA SR3 1863 Nr. 378, 20.7.1863.

375 Julius Stadler, Brief «an den Vorstand der Bauschule Herrn Professor Semper», 14.7.1863 (gta Archiv 20-K-1863-07-14). Desweiteren steht im Programm für das Schuljahr 1865/66: «123. Ornamentzeichnen (für den I. Kurs Zeichnen nach Gypsmodellen antiken Styles in Bleistift und Tusch, für den III. Kurs Ornamentik der Renaissance)». *Programm 1865/66*, S. 8.

376 Bericht über den Entwurf zu einem Reglemente 1854, S. 171.

377 Ebd., S. 172.

378 Als Vertreter des damaligen Zeichenlehrers, dessen Nachfolger er später wurde. Werdmüller betätigte sich nach einer Handverletzung überwiegend als Lehrer, dies an verschiedenen Zürcher Schulen. Zur Biographie von Johann Conrad Werdmüller: *NZZ*, 10.10.1892, Beilage, S. 1; Oechsli 1905, S. 219.

379 BAR E 80/1179. Wie die meisten Hilfslehrerstellen wurde auch diejenige von Werdmüller 1855 ursprünglich provisorisch besetzt.

380 Vgl. Kap. 2 «Die Vorlagensammlungen und die Modellsammlung», S. 183–192.

381 Rahn 1920, S. 3f. Rahn war tatsächlich ein hervorragender Zeichner.

382 Julius Stadler, Schreiben an Joseph von Deschwanden, 11.11.1858 (ETH-HA Hs 1231:590).

383 Einer seiner Schüler war Rudolf Koller. Zur Biographie von Johann Jakob Ulrich siehe Oechsli 1905, S. 28–219; *SIKART. Lexikon zu Kunst in der Schweiz*, http://www.sikart.ch/kuenstlerinnen.aspx?id=4022959 (15.4.2014); von Ulrich-Erlach 1878; Lüthy 1965.

384 Inventarbücher techn. Dienst: Vorlagen für Landschaftszeichnen, 1882ff. (ETH-HA Hs 1196:45). Das Inventar setzt 1882 ein und ist gezeichnet von Julius Stadler, der in diesem Jahr als Nachfolger Holzhalbs das Fach «Landschaftszeichnen» übernahm. Im Bildarchiv der ETH-Bibliothek fand sich ein umfangreicher als Sammlung Holzhalb bezeichneter Bestand, der überwiegend Ölskizzen von Holzhalb selbst umfasst, aber auch Aquarelle anderer Künstler, darunter von Ulrich und Stadler (ETH-BA: Sign. Ved. 500–801, handschr.

Katalog). Der Bestand wurde vermutlich von Ulrich Schoop, der an der Schule von 1958 bis 1973 Kunstfächer unterrichtete, an die ETH-Bibliothek übergeben. Den Hinweis auf diesen nicht in den zugänglichen Katalogen verzeichneten Bestand verdanke ich Daniel Weiss.

385 Im Sammlungsbericht vom 1869 erwähnte Johann Jakob Ulrich «die Anschaffung von Fotografien nach Original Zeichnungen von Claude Lorrain und anderen alten berühmten Meistern»; Bericht über die Vorlagensammlung für das Landschaftszeichnen, 31.12.1869 (ETH-HA SR3 1870 Nr. 39/10). Solche sind im gta Archiv zu finden. Dessen Foto- und Bildersammlung wurde jedoch vermutlich mehrfach neu geordnet – ein vorhandenes Register stammt aus dem Jahr 1991 –, sodass sich die Herkunft der Bestände im Allgemeinen nicht klären lässt.

386 Bericht über den Entwurf zu einem Reglemente 1854, S. 167.

387 Liste der eingegangenen Bewerbungen, o. D. [1854] (ETH-HA Hs 1230:179/1). Beworben hatte sich nebst Ludwig Keiser unter anderem Julius Baumann, ein Modellbauer aus Lausanne.

388 ETH-HA SR2 Schulratsprotokoll 30.1.1855, Traktandum 40.

389 Paul Meintel, Ludwig Keiser, in: Thieme/Becker, Bd. 20, 1927, S. 81f., hier S. 82.

390 Ebd. Wilhelm Oechsli nennt dagegen das Jahr 1854, ohne eine Quelle zu bezeichnen; Oechsli 1905, S. 176.

391 ETH-HA SR2 Schulratsprotokoll 30.1.1855, Traktandum 40. Bereits 1857 wurde Keiser «in Anerkennung seiner Leistungen» der Professorentitel zugestanden; ETH-HA SR2 Schulratsprotokoll 6.3.1857, Traktandum 26. Vgl. auch BAR E 80/930.

392 Ludwig Keiser, Jahresbericht 1857/58 (ETH-HA SR3 1859 Nr. 722 I/7).

393 Inventarbücher techn. Dienst: Modellirwerkstätte & Vorlagen, 1882ff. (ETH-HA Hs 1196:48).

394 Noch im Programm für das Schuljahr 1867/68 wird Keiser aber als Professor «für Modelliren der Ornamentik und des Steinschnittes» bezeichnet; *Programm 1867/68*.

Von Mathematik über Mechanik zur Kunstgeschichte: Hilfsfächer oder Residuen einer umfassenden polytechnischen Bildung?

395 Pionier war das Polytechnikum in Karlsruhe, wo 1832 Fachschulen eingerichtet wurden.

396 Bericht über den Entwurf zu einem Reglemente 1854, S. 161.

397 Zum Diplom vgl. Kap. 2 «Diplome und Preise: Leistungsausweise von beschränktem Wert», S. 64–72.

398 Semper, Unmassgebliche Vorschläge betreffend die Anordnung von Preisarbeiten und anderes an der Bau Abtheilung des Polytechnikum, an Joseph von Deschwanden, 6.12.1855 (ETH-HA Hs 1230:252).

399 Jahresbericht 1857/58 (ETH-HA SR3 1859 Nr. 722).

400 Vgl. Semper, *Ueber die bleiernen Schleudergeschosse* 1859.

401 Alfred Friedrich Bluntschli, Brief an seine Eltern, 12.7.1863 (ZBZ FA Bluntschli 47.II).

402 Bericht über den Entwurf zu einem Reglemente 1854, S. 165.

403 Das umfangreiche Zeichnungskonvolut von Henri Bourrit dokumentiert den Kurs von 1859 bis 1861 mutmasslich vollständig; ETH-HA A1028 Hs.

404 «Ce cours a pour but d'indiquer une méthode façile & simple de dessiner en perspective.» Léon Fulpius, Perspective, Prof. Semper, Vorlesungsnotizen, o. D. [1861] (ETH-HA Hs 12.1).

405 ETH-HA SR2 Präsidialverfügung 96, 1.5.1866.

406 Semper, Schreiben an den Schulratspräsidenten Johann Karl Kappeler (?), 23.5.1866 (ETH-HA SR3 1866 Nr. 285). In einem Postskriptum schlägt Semper für den Steinschnitt Deschwandens Vertreter Carl Theodor Reye vor, für die Perspektive Georg Lasius, was die Nähe zur Architekturpraxis garantiert hätte. Die nötigen Vorkenntnisse für die Kurse wären bei der Aufnahme in die Schule vorauszusetzen, sodass ein obligatorischer Kurs in allgemeiner darstellender Geometrie am Polytechnikum nicht notwendig gewesen wäre.

407 1866 standen 52 Bauschüler 145 Ingenieurschülern gegenüber, wobei die Bauschule in diesem Jahr ein Maximum an Schülern hatte, das sie erst 1896 wieder erreichte; Lars Leemann und Daniel Speich, *Anzahl Studierende an der ETH Zürich 1855–2002. Statistischer Überblick Nr. 3*, unter: http://www.ethistory.ethz.ch/statistik/03Anzahl_Studierende.pdf (6.12.2012).

408 *Programm 1867/68*; ETH-HA SR2 Präsidialverfügung 168, 15.8.1867.

409 Schreiben an den Vorstand der Bauschule (Semper), 25.5.1868 (ETH-HA SR3 1868 Nr. 183).

410 Semper, Schreiben an Johann Karl Kappeler, 25.6.1868 (ETH-HA SR3 1868 Nr. 182).

411 Semper, Schreiben an Direktor Elias Landolt, 1.8.1868 (ETH-HA SR3 1868 Nr. 285).

412 Culmann war der Ansicht, Fiedlers Programm werde von allen als sehr zweckmässig und überzeugend anerkannt, allerdings sei dem Problem der vielen Schüler durch eine Teilung der Zeichenklassen zu begegnen; Carl Culmann, Schreiben an Direktor Elias Landolt, [?]. 7.1868 (ETH-HA SR3 1868 Nr. 284).

413 Alfred Friedrich Bluntschli, Entwurf des Briefes an Präsident Johann Karl Kappeler mit einem Vorschlag für eine Reform des Studienplans, 19.12.1880 (ZBZ FA Bluntschli 60, Dossier «Berufung nach Zürich 1881»); der entsprechende Brief findet sich in ETH-HA SR3 1880, Nr. 493, wobei dort der beigelegte Studienplan fehlt.

414 Bauschulkonferenz (Georg Lasius), Schreiben an den Schulrat, 31.5.1881 (ETH-HA SR3 1881 Nr. 226). In diesem Schreiben wird der Konflikt der Bauschulkonferenz mit Fiedler offengelegt, indem betont wird, alle Mitglieder der Konferenz ausser Fiedler wünschten die darstellende Geometrie als Hilfsfach. Wegen der entsprechenden Anforderungen würde kein Diplom gemacht und manche hätten «dieses Fachs wegen die Schule verlassen».

415 ETH-HA SR2 Präsidialverfügung 294, 10.11.1881.

416 ETH-HA SR2 Präsidialverfügung 159, 21.5.1883.

417 ETH-HA SR2 Präsidialverfügung 218, 8.8.1885.

418 So verschwand das Fach «Theoretische Maschinenlehre» aus dem Curriculum, das die Bauschüler des zweiten Jahreskurses bis im Sommer 1857 bei Gustav Zeuner belegen mussten.

419 Karl-Eugen Kurrer bezeichnet die Zeit von 1825 bis 1900 als Disziplinierungsperiode der Geschichte der Baustatik; Kurrer 2002, S. 26.

420 Zu Carl Culmann und zur Geschichte der graphischen Statik vgl. Lehmann/Maurer 2006.

421 Vgl. ETH Zürich, Professur für Tragwerksentwurf, Departement Architekur, unter: http://www.schwartz.arch.ethz.ch/ (14.2.2011); verschiedene Kurse am Departement Architektur der ETH Zürich zu diesem Thema unter: http://www.vvz.ethz.ch/, hier unter den Suchkriterien Lerneinheiten «Tragwerksentwurf» (14.2.2011).

422 Gemäss *Programm 1855/56*, im zweiten Jahreskurs, gemeinsam mit den Ingenieuren.

423 ETH-HA Hs 11. Léon Fulpius, der von 1858 bis 1861 an der Bauschule war, besuchte mutmasslich Zeuners Kurs «Technische Mechanik» im Sommersemester 1859 (erster Jahreskurs) und eventuell auch den Kurs «Baumechanik» im Wintersemester 1859/90 (zweiter Jahreskurs).

424 ETH-HA SR2 Schulratsprotokoll 9.3.1860, Traktandum 23.

425 Ritter 1888–1906; zu Carl Culmann vgl. Lehmann/Maurer 2006. Ob Ritters Arbeit als eine Vollendung der Theorie oder als ein Verrat an ihr zu werten sei, kann hier nicht diskutiert werden.

426 Bauschulkonferenz (Georg Lasius), Schreiben an den Schulrat, 31.5.1881 (ETH-HA SR3 1881 Nr. 226).

427 Vgl. Zielinski 1995. Die Anstalt für die Prüfung von Baumaterialien war Vorgängerin der heutigen Empa, der Eidgenössischen Materialprüfungs- und Forschungsanstalt.

428 Burckhardt 1860.

429 Im Text auf der Website der ETH Zürich www.ethistory.ethz.ch klingt dies so: «Mit der Gründung der ETH und der Aufnahme des Lehrbetriebes am 16. Oktober 1855 ist die Bauschule, bis vor kurzem als Abt. I. geführt, in Betrieb genommen worden. Gottfried Semper war ihr Gründungsvater und Jacob Burckhardt ihr Pate. Die Architekturabteilung – oder heute das Departement Architektur – stammt also nicht von schlechten Eltern ab.» www.ethistory.ethz.ch/rueckblicke/departemente/darch/entwicklung (13.3.2011).

430 Johann Karl Kappeler, Schreiben an Semper, 9.10.1861 (gta Archiv 20-K-1861-10-09); ETH-HA SR2 Schulratsprotokoll 10.08.1861, Traktandum 40; *Programm 1861/62*.

431 Zur Entwicklung der Kunstgeschichte an den schweizerischen Universitäten vgl. von Tavel/Vignau-Wilberg 1976. Der dort angekündigte Band zur Geschichte der Kunstgeschichte am Polytechnikum bzw. an der ETH Zürich ist bedauerlicherweise nie erschienen.

432 Bericht über den Entwurf zu einem Reglemente 1854, S. 172 (vgl. Kap. 1 «Die Technik als Vorbereitung für die Kunst: Die Bauschule im Reglement des Polytechnikums von 1854»).

433 Semper, *Der Stil*, Bd. I, 1860, S. VI.

434 «Burckhardts und Sempers Begegnung war eine Nichtbegegnung.» Oechslin 2003, S. 88. Vgl. dazu und speziell zum unterschiedlichen Blick auf die Renaissance: *Architekt und/versus Baumeister* 2009.

435 Zum Beispiel bereisten Wilhelm Lübke und Georg Lasius während der Osterferien 1864 gemeinsam das Elsass und machten dort Bauaufnahmen, die Lübke für eine Publikation in der *Wiener Allgemeinen Bauzeitung* verwendete; Lübke 1891, S. 374. Umgekehrt wäre Sempers Theoriegebäude ohne die historische Forschung vieler undenkbar.

436 Unter den acht Bewerbern waren neben Jacob Burckhardt: Heinrich Brunn (Bonn), Julius Braun (Heidelberg), Karl Berhard Stark (Jena) sowie Hermann Hettner (Jena), ein Freund von Jakob Moleschott und Gottfried Keller, der 1855 nach Dresden berufen wurde. Von den Architekten Gustav Albert Wegmann, Ferdinand Stadler und Johann Jakob Breitinger wurde Daniel Fehr empfohlen, der an der Universität lehrte und als Privatdozent zugelassen wurde; Berufungsunterlagen im Archiv Deschwanden: ETH-HA Hs 1230:179-22.

437 Kugler wurde von Schulratspräsident Kern um ein Gutachten zu allen Kandidaten gebeten (ETH-HA SR2 Präsidialverfügung 177, 26.12.1854). Franz Kugler, Schreiben an Johann Konrad Kern, 27.12.1854, zit. n. Oechsli 1905, S. 209f.

438 Oechsli 1905, S. 211.

439 Jacob Burckhardt, Brief an Johann Karl Kappeler, 6.12.1865, in: Burckhardt 1949–1994, Bd. 4, 1961, S. 205.

440 *Programm 1859*.

441 Zur Zeit Wilhelm Lübkes wechselten sich «Baukunst» bzw. «Vergleichende Baulehre» mit «Geschichte der Baukunst» als Bezeichnung von Sempers Vorlesungen ab. Die Bezeichnung «Geschichte der Baukunst» verschwand erst, als Gottfried Kinkel sein Amt antrat. Diese Koninzidenz mag aber ein Zufall sein. Vgl. Kap. 2 «Die Architekturvorlesungen», S. 64–72.

442 «Es geht am Polytechnikum etwas barbarisch zu. Die eigentliche Technik wird gut betrieben, und es kommen bereits Schüler aus aller Welt. Die philosophische Abteilung dagegen wird von den jetzigen Behörden fast systematisch niedergedrückt, und insbesondere will man die Gemeinschaft mit der Universität ruinieren. An die Stelle Burckhardts für Archäologie sprach man eine Zeitlang von Springer. Jetzt, da Schmidt nach Jena ist, meint man den Lehrstuhl für Archäologie und Kunstgeschichte und den für Universalgeschichte in *eine Hand* geben zu können und sucht demgemäss einen solchen Tausendkünstler. Wenigstens war das vor zwei Wochen die Sprache.» Gottfried Keller, Brief an den von ihm portierten Literatur- und Kunsthistoriker Hermann Hettner, 22.3.1860, in: Keller 1950, Bd.1, Nr. 125, S. 442f.

443 Berufungsunterlagen im Archiv Deschwanden: ETH-HA Hs 1230:179-22.

444 Die Vorlesungen zur Kunstgeschichte in der Schweiz kamen gemäss Adolf Reinle nie über die Romanik hinaus; von Tavel/Vignau-Wilberg 1976, S. 78.

445 Lübke 1855. Lübke selbst bezeichnet im Vorwort das Buch als Versuch «einer populären Darstellung der Baugeschichte.»

446 Lübke 1891, S. 232.

447 BAR E 80/978. Die Berufung nach Zürich erfolgte am 3.8.1860. 1865 gewährte man Lübke wegen eines Rufes nach Stuttgart zuerst eine Gehaltserhöhung und später die Anstellung auf Lebenszeit, worauf er zunächst erklärte, in Zürich bleiben zu wollen. Auch Stuttgart besserte jedoch das Angebot weiter auf, sodass schliesslich im März 1866 die Entlassung erfolgte. Lübke war damals gerade einmal vierzigjährig.

448 Alfred Friedrich Bluntschli, Brief an seine Eltern, 1.11.1862 (ZBZ FA Bluntschli 47.II). Weil Bluntschli im ersten Jahr als Ingenieurschüler eingeschrieben war, holte er die Kunstgeschichtsvorlesung im zweiten Jahr nach, sodass er, anders als die meisten Bauschüler, die Kollegien von Lübke und Semper parallel hörte. Ähnlich erinnerte sich Johann Rudolf Rahn, Lübke sei ein «fliessender Redner gewesen, der seine Vorträge mit rasch und geschickt entworfenen Zeichnungen illustrierte. Geistreich und glänzend [...] waren seine Kollegien nicht, aber gut geordnet und gleichmässig fesselnd durch die ruhige Übersichtlichkeit und die anschauliche Methode». Rahn 1920, S. 1.

449 «Man bietet mir in Zürich etwas über 4000 fcs.» Gottfried Kinkel, Brief an Georg Klapka, 12.7.1860, zit. n.: Beyrodt 1979, S. 355.

450 «Eine starke Professorenpartei ist gegen mich: man schreibt mir, weil sie fürchten, wenn sie Collegen eines Compromittierten [wären], würden sie nicht so leicht einen Ruf auf eine bessere Professur an deutschen Universitäten erhalten.» Gottfried Kinkel, ebd., S. 354. Wer Kinkels Informant war, ist unbekannt.

451 An Burckhardt schrieb Kappeler: «Bei Kinkel fürchte ich weniger Verlegenheit die Er uns bereiten kann politisch, als vielmehr den Charakter selbst, wenn die Excentrizität auf die Art und Methode des Lehrens und den Umgang mit den Schülern sich erstreckt. Ist diess der Gottfried Kinkel der mit der Johanna Kinkel gemeinsam Romane schreibt? Einiges das mir zufällig durch die Finger kam, macht mir doch sehr das Gefühl des Mittelmässigen.» Zit. n.: Burckhardt 1949–1994, Bd. 9, 1980, S. 295, Kommentar zu Brief 342 vom 12.2.1860 an Paul Heyse. Die Bedenken bezüglich einer Doppelprofessur äusserte Kappeler im Gespräch mit Kinkel, der ihn diesbezüglich beruhigen konnte; Beyrodt 1979, S. 364.

452 ETH-HA SR2 Präsidialverfügung 35, 9.2.1866.

453 Der Briefwechsel Burckhardts, der gleichzeitig Kappeler wie auch seine Kollegen beraten hatte, ist ein eindrückliches Zeugnis gleichzeitiger Loyalität zu Fach, Kollegen und Freunden. Burckhardt 1949–1994, hier bes. Bd. 4, 1961.

454 Davon berichtet Kinkel, deutlich von Kappeler angetan, an Burckhardt: «Ich habe die Verhandlung leicht, bequem und frei von dem verzwickten deutschen Beamtenton gefunden». Gottfried Kinkel, Brief an Jacob Burckhardt, 14.5.1866, zit. n.: Beyrodt 1979, S. 364.

455 Ebd., S. 365.

456 *Programm 1870/71*; *Programm 1876/77*; ähnlich in *Programm 1880/81*.

457 Seine Vorlesungen über die deutsche Literatur, die er nach Vischers Weggang seit Herbst 1867 gemeinsam mit Johannes Scherr am Polytechnikum vertrat, wurden zusätzlich vergütet; ETH-HA SR2 Schulratsprotokoll 21.3.1867, Traktandum 21.

458 Er setzte sich unter anderem gegen die Wiedereinführung der Todesstrafe und für die Feuerbestattung ein. Ausserdem engagierte er sich mit Vorträgen vor dem Deutschen Arbeiterbildungsverein Eintracht Zürich. 1875 erwarb Kinkel das Zürcher Bürgerrecht.

459 Miekley 1912, S. 322.

460 ETH-HA Hs 64b-d. Mitschriften zu den Vorlesungen: Mittelalter (Sommersemester 1869), Moderne Malerei seit der Erfindung der Oelfarbe (Wintersemester 1869/70), Renaissance (Baukunst und Bildnerei) (Wintersemester 1870/71). Anzumerken ist, dass Eugène Burnand in der Folge eine Karriere als Maler machte.

461 Jacob Burckhardt, Brief an Albert Jahn, 1.6.1858, in: Burckhardt 1949–1994, Bd. 4, 1961, S. 24. Man sollte bei dieser Aussage berücksichtigen, dass Burckhardt wahrscheinlich Jahn als nicht besonders geeignet für die Stelle einschätzte und vielleicht deshalb die Breite des Unterrichtsstoffes herausstrich und die Zustände etwas gar drastisch schilderte.

462 Birchler 1937, S. 55. Seine wesentliche Aufgabe sah Birchler darin, «Tatsachen auszubreiten» und «den künftigen Architekten [...] mit dem Denkmälerbestand bekanntzumachen». Ebd. Entsprechend hoch schätzte er den Wert einer umfassenden und systematischen Überblicksvorlesung ein.

463 *Reglement* 1866, Art. 5.7.

464 Die Abteilung zwölf blieb bestehen bis zur Auflösung der Abteilungen und der Gründung des Departements Geistes-, Sozial- und Staatswissenschaften (D-GESS) 1999. Zu präzisieren wäre, dass im Reglement von 1866 der mathematische Vorbereitungskurs und im Reg-

lement von 1899 die militärwissenschafltiche Abteilung noch nach der «allgemeinen Abteilung» aufgeführt wurden; *Reglement* 1866, Art. 1; *Reglement für die eidgenössische polytechnische Schule,* Zürich 1899, Art. 1.

465 Oechsli 1905, S. 297.

466 Alfred Friedrich Bluntschli, Brief an seine Eltern, datiert «nach Himmelfahrt (Kalender habe ich keinen)» 1861 (ZBZ FA Bluntschli 47.II).

467 Alfred Friedrich Bluntschli, Brief an seine Eltern, 1.11.1862 (ZBZ FA Bluntschli 47.II). Hier ist anzumerken, dass der Vater Johann Caspar Bluntschli Jurist und ein bedeutender Politiker war, unter anderem von 1839 bis 1845 als allseits geachteter Führer der konservativen Zürcher Regierung.

Exkursionen: Die «schönsten Zeiten für einen Kunstbeflissenen»

468 Alfred Friedrich Bluntschli, Brief an seine Eltern, 8.7.1863 (ZBZ FA Bluntschli 47.II).

469 Bluntschli verfolgte gemeinsam mit Joseph Bösch das Projekt einer Fortsetzung der *Architecture Toscane, ou Palais, maisons et autres édifices de la Toscane, erschienen 1815,* von Auguste Henri Victor Grandjean de Montigny und Auguste Famin. Zu den italienischen Studien von Bluntschli vgl. Altmann 2000, S. 46–50.

470 Skizzen & Aufnahmen der Exkursion der Bauschule, 3. Curs. 1863., gta Archiv: Bestand Bauschule.

471 Alfred Friedrich Bluntschli, Brief an seine Eltern, 20.7.1862 (ZBZ FA Bluntschli 47.II).

472 1861 verliess Semper die Gruppe in Stans, 1862 in Ragaz, 1864 in Lugano. Diese Reise nahm er zum Anlass für einen Besuch bei Abbondio Chialiva, dessen Sohn Luigi bei ihm studiert und gearbeitet hatte; ETH-HA SR3 1861 Nr. 321; Julius Stadler, Brief an Alfred Friedrich Bluntschli, 20.5.1864 (ZBZ FA Bluntschli 43.30). 1863 weilte Semper zur Exkursionzeit als Preisrichter in Hamburg, sodass er gar nicht an der Reise teilnahm.

473 Bluntschli 1862 (wie Anm. 471).

474 Stadler/Lasius 1864, S. IX.

475 1880 besuchte man sowohl Como und Lugano als auch Varese, wobei bereits einzelne Teilstücke mit dem Zug zurückgelegt werden konnten; vgl. Moser 1881.

476 *Reglement* 1854, Art. 74–75.

477 Im Sommersemester 1865 bot Julius Stadler «Exkursionen und Besuch von Bauplätzen» als Wahlfach für den zweiten und dritten Jahreskurs an; *Programm 1865.*

478 *Programm 1859/60*ff. (Schulnachrichten); ETH-HA SR2 Präsidialverfügungen 114, 20.5.1859, und 159, 23.5.1860; ETH-HA SR3 1860 Nr. 344f. und 1861 Nr. 321.

479 ETH-HA SR3 1860 Nr. 344–345. An den entsprechenden Umbauarbeiten war neben Johann Georg Müller und Johann Christoph Kunkler auch Ferdinand Stadler beteiligt; siehe dazu *Kirche St. Laurenzen* 1979.

480 *Programm 1863/64*f. (Schulnachrichten).

481 Von acht Studenten meldeten sich vier an, von denen einer noch auf dem Bahnsteig absprang. Trotz der geringen Beteiligung verbuchte Gladbach die Exkursion als Erfolg; ETH-HA SR3 1860 Nr. 344–345.

482 *Reglement* 1866, Art. 61.

483 Julius Stadler, Briefentwurf an den Director [Johann Karl Kappeler], o. D. [Mai 1864], im Notizbuch «Notizen für die Bibliothek», gta Archiv: Nachlassergänzung de Montmollin.

484 Petition der Bauschüler (geschrieben von Hans Wilhelm Auer), an den Schulrat, 20.2.1868 (ETH-HA SR3 1868 Nr. 54). Dem Schreiben folgen 39 Unterschriften bei 42 offiziell eingeschriebenen Bauschülern; Lars Leemann und Daniel Speich, *Anzahl Studierende an der ETH Zürich 1855–2002. Statistischer Überblick Nr. 3,* unter: http://www.ethistory.ethz.ch/statistik/03Anzahl_Studierende.pdf (6.12.2012).

485 ETH-HA SR2 Schulratsprotokoll 5.3.1868, Traktandum 4.

486 ETH-HA SR3 1868 Nr. 117. Im Schreiben geht man noch davon aus, dass Semper die Reise begleiten würde: Es wird festgehalten, Gladbach könne während dieser Zeit Semper als Vorstand vertreten.

487 ETH-HA SR2 Präsidialverfügung 132, 22.5.1868.
488 Skizzen & Aufnahmen der Excursion der Bauschule, 3. Curs 1868., gta Archiv: Bestand Bauschule.
489 Bericht und Antrag der Bauschulkonferenz betreffend Organisations-Fragen, 8.3.1870, gezeichnet Gottfried Semper, geschrieben von Julius Stadler (ETH-HA SR3 1870 Nr. 247).
490 1880 mit einer Studienreise nach Italien, über die Karl Moser einen Bericht verfasst hat; Moser 1881. Da die Exkursionen in den Programmen nur bis 1865 verzeichnet sind und auch in den Schulratsprotokollen nicht immer referiert werden, stützen sich diese Angaben nicht zuletzt auf die Sammlung von Autographien im Bestand Bauschule des gta Archivs. Lücken, durch Verluste von Aufzeichnungen oder weil Exkursionen nicht dokumentiert wurden, sind kaum wahrscheinlich, können aber nicht ausgeschlossen werden.
491 Ernst Gladbach, Schreiben an den Schulratspräsidenten Johann Karl Kappeler, 20.2.1858 (ETH-HA SR3 1858 Nr. 131).
492 Stadler/Lasius 1864; Zeuner 1861. Die Programme umfassten damals in der Art eines Jahrbuches nebst Vorlesungsverzeichnis und Jahresbericht auch einen Aufsatz, in dem ein ausgewähltes Forschungsresultat präsentiert wurde.
493 Alfred Friedrich Bluntschli, Brief an seine Eltern, 8.7.1863 (ZBZ FA Bluntschli 47.II); Moser 1881. An dieser Reise nahm auch Mosers (damaliger) Freund Gustav Gull teil, obwohl er sein Diplom bereits im Jahr zuvor abgelegt hatte. Auch dies bezeugt die Wertschätzung, welche die Exkursion genoss.
494 Stadler/Lasius 1864, S. I.

Diplome und Preise: Leistungsausweise von beschränktem Wert

495 *Reglement* 1854, Art. 57.
496 Ebd., Art. 47.
497 Bericht über den Entwurf zu einem Reglemente 1854, S. 207.
498 *Reglement* 1866, Art. 42.
499 Der schweizerische Schulrath an die sämmtlichen Herren Dozenten obligatorischer Fächer, 1.10.1892 (ETH-HA SR2 Anhang 1892).
500 Nebst dem Projekt wurden folgende Fächer geprüft: Differential- und Integralrechnung, darstellende Geometrie, Mechanik (Statik), chemische Technologie der Baumaterialien, Strassen- und Wasserbau (Übergangsdiplomprüfung zu Beginn des dritten Jahres), Konstruktion in Holz und Stein, Konstruktion in Eisen und innerer Ausbau, vergleichende Baukunde und Baugeschichte, technische Geologie, Verwaltungsrecht (Schlussprüfung); Regulativ für die Diplomprüfungen am Eidgenössischen Polytechnikum, 7.8.1867, Abschnitt C, Art. I (ETH-HA SR2 Anhang 1867). Dieses Regulativ wurde 1881 erstmals überarbeitet: Die Übergangsdiplomprüfung wurde um die Kunstgeschichte ergänzt, die Schlussprüfung um das Fach «Gebäudelehre»; Regulativ für die Diplomprüfungen am Eidgenössischen Polytechnikum, 23.3.1881, Abschnitt B, Art. I (ETH-HA SR2 Anhang 1881).
501 «Das Mittel aus allen Noten bildet dann die Hauptgrundlage bei der Frage der Diplomertheilung, beziehungsweise der Zulassung zur zweiten Prüfung.» Regulativ für die Diplomprüfungen, 7.8.1867, Abschnitt B, Art. 7 (ETH-HA SR2 Anhang 1867).
502 ETH-HA SR3 1866 Nr. 21, 6.1.1866.
503 ETH-HA SR3 1866 Nr. 27, 16.1.1866.
504 ETH-HA SR3 1866 Nr. 480, 6.8.1866. Lepori war in der Folge insbesondere in Ägypten ein erfolgreicher Architekt, später auch in Lugano, dort ausserdem als Politiker; Fröhlich, *Gottfried Semper als Entwerfer* 1974, S. 213; Simona Martinoli, Giacomo Lepori, in: Rucki/Huber 1998, S. 342.
505 Semper, Schreiben an Johann Karl Kappeler, 18.8.1858 (ETH-HA SR3 1858 Nr. 426).
506 Ebd.
507 Vgl. Kap. 2 «Sempers Unzufriedenheit am Polytechnikum und seine vergeblichen Bemühungen um eine Verlängerung des Studiums», S. 72–81.

508 Zwischen den von Martin Fröhlich aufgelisteten Diplomabgängern zu Zeiten Sempers an ETH Zürich und den im *Bundesblatt* publizierten Namen gibt es erhebliche Differenzen. So nennt zum Beispiel Fröhlich für das Jahr 1963 nur einen Diplomanden (Bluntschli), während das *Bundesblatt* fünf aufführt, was mit anderen Quellen übereinstimmt; Fröhlich, *Gottfried Semper als Entwerfer* 1974, S. 250; ders. 2007, S. 197; *Bundesblatt* 15, Bd. III, Nr. 37, 15.8.1863, S. 371–434, hier S. 431. Die Angaben im *Bundesblatt* entsprechen annähernd exakt der auf der Website der ETH Zürich www.ethistory.ethz.ch publizierten Statistik der erteilten Diplome; Lars Leemann und Daniel Speich, *Erteilte Diplome an der ETH Zürich 1855–2002. Statistischer Überblick Nr. 8*, unter: http://www.ethistory.ethz.ch/statistik/08Diplome.pdf (6.3.2012). Die hier genannten «rund 50%» basieren bezogen auf die Diplomanden auf diesen Zahlen, bezogen auf die Absolventen des dritten Jahres auf den Angaben von Fröhlich, der die Schulprogramme ausgewertet hat.

509 Erst im Reglement von 1924 wird die Formulierung, das Diplom sei eine «verdiente Auszeichnung» fallengelassen und durch die Formulierung ersetzt: «Das Diplom soll nur auf Grund tüchtiger Leistung erteilt werden.» Im gleichen Reglement wurde der Titel «dipl. Arch. E.T.H.» eingeführt; *Reglement* 1924, Art. 37–41 (ETH-HA SR2 Anhang 1924).

510 Regulativ betreffend die Preisaufgaben, vom 10.8.1857 (ETH-HA Hs 9113:10). Die Bauschule stellte (und jurierte) ihre Aufgaben in den geraden Jahren, gemeinsam mit den Abteilungen drei und sechs. Zugelassen wurde, wer bei Ausgabe oder Abgabe der Preisaufgabe Student am Polytechnikum war; vgl. *Reglement* 1854, Art. 43.

511 Es standen für Haupt- und Nebenpreis insgesamt 230 Fr. zur Verfügung, dazu 500 Fr. für Entschädigungen in den drei pro Jahr ausschreibenden Abteilungen zusammen. 1866, als eine Töpferschule zu entwerfen war, standen zum Beispiel schliesslich 400 Fr. zur Verfügung, nachdem die Beurteilungskommission festgestellt hatte, «die für die Preise ausgesetzte Summe» stehe «in keinem Verhältnis zu den wirklich in allen Theilen fleissig durchgeführten Arbeiten». Das Preisausschreiben war in diesem Fall besonders erfolgreich, sodass von den sieben eingegangenen Projekten drei prämiert wurden; Preisausschreiben, 5.6.1866 (ETH-HA SR3 1866 Nr. 299).

512 Das Programm der 1864 ausgeschriebenen Aufgabe des Entwurfs einer Töpferschule basiert auf Sempers Entwurf einer Töpferschule in Stoke upon Trent von 1853/54 (vgl. Nerdinger/Oechslin 2003, S. 283–285) und das Programm für ein Hotel und eine Kuranstalt in Bad Ragaz von 1866 auf dem Programm, das Semper selbst bis 1866 bearbeitet hatte (vgl. ebd., S. 352–354. Dort wird irrtümlicherweise von einer «Preisaufgabe zur Erlangung des Diploms» gesprochen.

513 ETH-HA SR2 Schulratsprotokoll 3.08.1868, Traktandum 65; ETH-HA SR2 Schulratsprotokoll 8.8.1870, Traktandum 71.

514 ETH-HA SR3 1860 Nr. 350. Adolf Brunner erhielt für sein Projekt einen Preis von 150 Fr.; *Bundesblatt* 12, Bd. III, Nr. 45, 25.8.1860, S. 89–110, hier S. 105.

515 Anträge der Bauschukonferenz bezüglich der Preisaufgaben von 1866 (Töpferschule: ETH-HA SR3 1866 Nr. 299) und 1868 (Hotel Bad Ragaz: ETH-HA SR3 1868 Nr. 184). 1866 erklärte sich die Spezialkonferenz «als in ihrer Mehrzahl nicht Architecten, zur Beurtheilung architectonischer Arbeiten nicht competent» und beauftragte Semper mit der Bildung einer entsprechenden Kommission, die in der Folge zwar die damaligen Hilfslehrer Stadler und Lasius, nicht jedoch Ernst Gladbach umfasste. Zwei Jahre später war dieser dann allerdings auch Teil des Gremiums.

516 Preisaufgabe: gta Archiv 20 MS (155) 1; Manuskript, August 1858 (Abgabetermin Mai 1860). Diplom: gta Archiv 20 MS (155) 11; gedruckt, 17.4.1868.

517 *Reglement* 1854, Art. 41.

518 *Programm 1872/73*; *Programm 1878/79*; *Programm 1882/83*.

519 *Programm 1884/85*.

520 ETH-HA SR2 Schulratsprotokoll 28.7.1890, Traktandum 69. Seit 1904 wurde den Studierenden, nach einer erneuten Intervention des Schulrats, das Objekt der Bauaufnahme (nach Absprache) freigestellt, bis 1960 «Die Frühen Bauten Le Corbusiers in der Schweiz, hauptsächlich in La Chaux-de-Fonds» zu bearbeiten waren; ETH-HA SR2 Schulratsproto-

koll 11.6.1960, Traktandum 111. Erst 1971 wurden die Preisaufgaben eingestellt. Zahlreiche Arbeiten, insbesondere aus der Zeit der Bauaufnahmen, befinden sich im gta Archiv im Bestand Plansammlung.

Die Sammlungen: Mittler zwischen Vorstellung und materieller Welt

521 Der Erforschung der Universitätssammlungen und -museen in Deutschland widmet sich insbesondere das Herrmann von Helmholtz-Zentrum für Kulturtechnik der Humboldt-Universität Berlin. Dort werden unter der Leitung von Cornelia Weber unter anderem diesbezügliche Datenbanken aufgebaut; http://www.kulturtechnik.hu-berlin.de/content/wsw (29.3.2012). Am Institut für Denkmalpflege und Bauforschung IDB der ETH Zürich ist ein Forschungsprojekt «Sammlungen und Kategorien der Wissenschaft. Zur Sammlungsgeschichte polytechnischer Schulen» laufend, das «einen Überblick über die Sammlungsbestände der ETH Zürich erstellen» will; http://www.idb.arch.ethz.ch/index.php?article_id=238&clang=0 (22.4.2014).

522 Eines der ersten Traktanden, das der Schulrat behandelte, betraf die zukünftigen Sammlungen der Bauschule (ETH-HA SR2 Schulratsprotokoll 27.9.1854, Traktandum 12): Seitens der Witwe des kurz zuvor verstorbenen Professors am Karlsruher Polytechnikum Friedrich Eisenlohr wurde der Schule ein Konvolut von Zeichnungen angeboten, worauf eine Auswahl davon für 317 Reichsgulden angekauft wurde (ETH-HA SR2 Präsidialverfügung 118, 23.11.1854). Vermittelt hatte das Geschäft der Zürcher Architekt Gustav Albert Wegmann, der bei Eisenlohr studiert hatte. Im gta Archiv befindet sich ein entsprechender, allerdings nicht sehr umfangreicher Bestand; gta Archiv: Bestand Friedrich Eisenlohr.

523 Bericht über den Entwurf zu einem Reglemente 1854, S. 200.

524 *Reglement* 1854, Art. 17

525 Zum Modell im Allgemeinen und zum Architekturmodell im Speziellen vgl. Oechslin 2011.

526 Entwurf für die Dekoration der Nordfassade des Gebäudes für die Zürcher Hochschule und das eidg. Polytechnikum (gta Archiv 20-0300-641); vgl. Kap. 3 «Sempers Bildungsgebäude und die Architektur».

527 Vgl. Kap. 3 «Die Räume der Bauschule im Neubau auf dem Schienhut».

528 *Reglement* 1854, Art. 17. Die Bibliothek war in den Punkten 8 bis 10 aufgeführt, aufgeteilt nach «Naturwissenschaften», «mathematische und technische Wissenschaften» sowie «literarische und staatswirthschaftliche Wissenschaften». Diese Aufteilung wurde in der Praxis nicht berücksichtigt, sodass sich die Frage erübrigt, wo denn die Architektur ihren Platz gefunden hätte.

529 1858 wünschte Semper, die Gipssammlung sei im Neubau «als von den einer künstlerischen Richtung zunächst kommenden Baubeflissenen, wie anzunehmen ist, am meisten benützt und frequentiert» in der Nähe der Bauschule anzuordnen; ETH-HA SR3 1858 Nr. 326, zit. n.: Weidmann 2010, Quelle Nr. 105, S. 1396.

530 Zur Geschichte der archäologischen Sammlung vgl. Zimmermann 1996; Kinkel 1871; Blümner 1881; Waser 1935. Das Archiv der Archäologischen Sammlung der Universität Zürich konnte im Rahmen dieser Arbeit nicht ausgewertet werden. Neue Resultate zu Beständen der ehemaligen Polytechnikumssammlungen in der heutigen Archäologischen Sammlung sind zu erwarten von laufenden Forschungen am Institut für Denkmalpflege und Bauforschung IDB der ETH Zürich. Für diesbezügliche Auskünfte danke ich Christine Wilkening-Aumann (25.7.2013).

531 Der Kredit wurde von ursprünglich je 2500 Fr. auf 3700 Fr. für Vorlagen und Ornamente sowie auf 3000 Fr. für die Antikensammlung aufgestockt; Johann Konrad Kern, Schreiben an Semper, 30.3.1855 (gta Archiv 20-K-1855-03-30); Gustav Stocker i. A. Johann Konrad Kern, Schreiben an Semper, 3.5.1855 (gta Archiv 20-K-1855-05-03).

532 Semper, Brief an Johann Konrad Kern, 4.6.1855 (ETH-HA Hs 09:1); Johann Konrad Kern, Schreiben an Semper, 7.6.1855 (gta Archiv 20-K-1855-06-07:1). Das «Künstlergütli», wo die Zürcher Künstlergesellschaft, die Vorgängerin der heutigen Kunstgesellschaft ihren Sitz

hatte, befand sich an der an der Künstlergasse. Es wurde 1911 für den Bau des Kollegiengebäudes der Universität abgebrochen.

533 Drei gehörten der Künstlergesellschaft, die restlichen 199 der Universität; vgl. Kinkel 1871. Das Inventar von Hugo Blümner verzeichnete zehn Jahre später 415 Objekte, davon 37 dem Polytechnikum gehörend; vgl. Blümner 1881. Mehrere Objekte des Bestands des Polytechnikums waren Schenkungen von Ludwig Keiser.

534 Die Aufstellung der Gipse verzögerte sich durch Schwierigkeiten beim Abdichten des flachen Daches der Halle. Zuvor war die Sammlung provisorisch in der Aula der Universität im sogenannten Hinteramt des ehemaligen Augustinerklosters aufgestellt, vor 1858 im «Künstlergütli».

535 Bericht des schweiz. Bundesrathes an die h. Bundesversammlung über seine Geschäftsführung im Jahr 1867, in: *Bundesblatt* 20, Bd. II, Nr. 20, 7.5.1868, S. 231–328, hier S. 265. Adrian Zimmermann vermutet, dass überdies das gespannte persönliche Verhältnis Kinkels zu seinem Kollegen an der Universität Karl Dilthey zur Abwendung von der archäologischen Sammlung geführt habe; Zimmermann 1996, S. 48, Anm. 32.

536 1882/83 wurden in Zusammenhang mit der Sektion «Alte Kunst» der ersten Landesausstellung, 1883 in Zürich, eine Reihe von Abgüssen «nach Skulpturen der italienischen Frührenaissance, die sich im Kanton Tessin befinden» hergestellt (Friedrich Salomon Vögelin, Johann Rudolf Rahn und Julius Stadler, Schreiben an Johann Karl Kappeler, 31.12.1882, zit. n.: Zimmermann 1996, S. 41), zuvor war aus der Neuzeit einzig ein Abguss der Ghiberti-Türen aus Florenz angeschafft worden. Rahn bemühte sich, die Sammlung durch eine Überbauung der seitlichen Höfe zu erweitern, hatte damit aber keinen Erfolg.

537 Semper, Brief an Regierungsrat Franz Hagenbuch, 22.8.1860 (StAZH U 122 (1)), zit. n.: Weidmann 2010, Quelle Nr. 119, S. 1462.

538 Immerhin erwähnte er, «die wahre Beleuchtung» bleibe «das seitwärts von oben etwa in der Diagonale des Cubus fallende Licht», das man aber «in einer Sammlung, die so viele Gegenstände enthalten muss» nicht ernstlich erwarten könne. Eine solche Beleuchtung, durch Vorhänge regulierbar, strebte er 1834 im Zentralraum des Museums Donner in Hamburg an, wo Werke von Thorvaldsen und Bissen aufgestellt waren, welche diese Beleuchtung «als sehr gelungen gerühmt» hätten; ebd., S. 1461. Dass Semper auch die Lösung kannte, die Gottlieb Bindesbøll beim Thorvaldsens Museum in Kopenhagen (1839–1848) gewählt hat, darf man annehmen.

539 Blümner 1881, S. VI–VII. Vgl. auch Blümner 1893, bes. S. 4–6, wo vor allem auf die inzwischen dramatische Raumnot eingegangen wird.

540 Bericht des schweiz. Bundesrathes an die h. Bundesversammlung 1868 (wie Anm. 535).

541 Der Bund beteiligte sich mit 18 000 Fr. an den rund 40 000 Fr. Kosten. Je 2500 Fr. übernahmen Stadt und Kanton Zürich, rund 17 000 Fr. brachten Private auf; ETH-HA SR2 Präsidialverfügung 268, 5.11.1870.

542 Die Aufsichtskommission wurde vom Schulrat am 9.8.1871 bestellt. Dabei wurde die Verabschiedung des Reglements zwar verschoben, das provisorische Reglement aber als einstweilen massgebend erklärt (ETH-HA SR2 Schulratsprotokoll 9.8.1871, Traktandum 113). Zu dieser Institutionalisierung gehörte auch, dass Kinkel 1870 begann, Erwerbsbücher zu führen.

543 Bereits 1869, also noch vor Erwerb der Bühlmann'schen Sammlung, wollte Kinkel das Kabinett öffentlich zugänglich machen. Trotz erheblichen Drucks dauerte es jedoch bis 1872, ehe die Sammlung wenigstens an zwei Nachmittagen pro Woche für das Publikum geöffnet wurde; Bericht des schweiz. Bundesrathes an die h. Bundesversammlung über seine Geschäftsführung im Jahr 1872, in: *Bundesblatt* 25, Bd. II, Nr. 21, 8.5.1873, S. 285–384, hier S. 329. Erst 1891 konnte sie grössere Räumlichkeiten beziehen, im Sockelgeschoss des nördlichen Teils des Westflügels. Diese Räume waren ursprünglich für die Modellsammlung der Bauschule vorgesehen, wurden dann aber vom Vorkurs und später vom Labor für Materialprüfung belegt. Auf der Website der Graphischen Sammlung der ETH Zürich wird dies als Beginn der öffentlichen Zugänglichkeit vermerkt; Die grösste Sammlung ihrer Art in der Schweiz: Geschichte der Sammlung, unter: http://www.gs.ethz.ch/sammlung/geschichte_f.html (15.10.2012).

544 Vgl. bes. Semper, Übersicht über die von ihm getätigten Anschaffungen, 23.11.1855 (ETH-HA SR3 1855 Nr. 573).

545 Zur Vorlagensammlung für das Landschaftszeichnen vgl. Kap. 2 «Das Figuren- und das Landschaftszeichnen», S. 139–142.

546 Die entsprechenden Inventarbücher setzen erst 1882 ein; vgl. Inventarbücher technischer Dienst (ETH-HA Hs 1196:45–50: Vorlagen für Landschaftszeichnen (45); Sammlung für Figurenzeichnen (diese übernimmt 1893 zumindest teilweise die älteren Vorlagen für das Ornamentzeichnen) (46); archäologische Sammlung (47); Modellierwerkstätte und Vorlagen (48); Kupferstichsammlung (49); Modelle für darstellende Geometrie (50)). Die Inventarbücher sind höchst unterschiedlich ausgestaltet und enthalten zum Teil nur sehr summarische Informationen, da ihr Zweck darin bestand, den Wert der Sammlungen zuhanden der Rechnungen des Bundes festzuhalten.

547 Im Rahmen einer laufenden Forschungsarbeit am Institut für Denkmalpflege und Bauforschung IDB der ETH Zürich über die Abgusssammlungen konnten im Depot der Archäologischen Sammlung der Universität Zürich offenbar über 200 Stücke ausgemacht werden, die mit einiger Wahrscheinlichkeit aus den Sammlungen des Polytechnikums stammen. Für die Auskunft danke ich Christine Wilkening-Aumann (25.7.2013). Siehe dazu auch: Polytechnical research and teaching. ETH's plaster cast collections in the context of the polytechnical collections of Europe, unter: http://www.idb.arch.ethz.ch/index.php?article_id=657&clang=0 (3.3.2014). Einige Stücke davon wurden unlängst in der Räumen des IDB als «Wiederausstellung von Teilen der Semper'schen Lehrsammlung historischer Gipsabgüsse» neu aufgestellt; Einladungskarte zu deren Eröffnung am 8.5.2013.

548 Inventarbücher technischer Dienst: Sammlung für Figurenzeichnen (ETH-HA Hs 1196:46).

549 ETH-HA SR3 1863 Nr. 378; ETH-HA SR3 1864 622. Vgl. Kap. 2 «Das Ornamentzeichnen», S. 135–139.

550 Fotografien wurden aus Kostengründen erst spät angeschafft, obwohl private Fototafeln im Unterricht schon früh verwendet wurden. Ein Bericht über die Sammlungen von Georg Lasius vom 22.5.1876 stellt fest, dass Fotografien zwar wichtig wären, aber zu teuer seien: «Die vielen hundert Blätter Photographien, die Herr Professor Stadler & unterzeichnender im Unterricht benützen, sind eigener Besitz.» BAR E 80/1376.

551 Im Sammlungsbericht für das Jahr 1862 schreibt Gladbach, die Vorlagensammlung sei ihm seit diesem Jahr unterstellt; ETH-HA SR3 1863 Nr. 1.

552 Die Reglemente zeichnen diese Entwicklung allerdings nicht nach. Das Schulreglement von 1866 orientiert sich bezüglich der Sammlungen eng an den Bezeichnungen im ersten Reglement, obwohl diese längst nicht mehr der Praxis der Budgets und Jahresberichte entsprachen; vgl. *Reglement* 1866, Art. 11; *Reglement* 1854, Art. 17.

553 Bericht an Johann Karl Kappeler, 15.11.1864, doppelt gezeichnet «Gottfried Semper der Vorstand der Bauschule» und «Der Aktuar der Bauschule Jul. Stadler» (ETH-HA SR3 1864 Nr. 622). Über die beabsichtigte Verwendung des dort beantragten Sonderkredits gibt ein Programm und Kostenvoranschlag an Johann Karl Kappeler vom 2.12.1864 Auskunft, gezeichnet von Gottfried Semper, Handschrift von Julius Stadler (ETH-HA SR3 1864 Nr. 646).

554 Die Zahl der Schüler explodierte von 34 im Jahr 1863 auf 51 im Jahr 1864; Lars Leemann und Daniel Speich, *Anzahl Studierende an der ETH Zürich 1855–2002. Statistischer Überblick Nr. 3*, unter: http://www.ethistory.ethz.ch/statistik/03Anzahl_Studierende.pdf (6.12.2012).

555 Bericht an Johann Karl Kappeler, 15.11.1864 (wie Anm. 553). In den folgenden Jahren wurden Gladbach nur noch 700 Fr. zugesprochen, 300 für «Architektonische Vorlagen» und 400 für «Baukonstruktionen und Baumaterialien».

556 Programm und Kostenvoranschlag an Johann Karl Kappeler, 2.12.1864 (wie Anm. 553).

557 Bericht an Johann Karl Kappeler, 15.11.1864 (wie Anm. 553).

558 Programm und Kostenvoranschlag an Johann Karl Kappeler, 2.12.1864 (wie Anm. 553). Eine ganze Reihe von Kopien, die sich im gta Archiv der ETH Zürich teils im Semper-Bestand, teils in der sogenannten Plansammlung befinden, lassen sich auf diese Initiative zurückführen, die Sammlungen zu ergänzen. Es erklärt dies die Vielzahl der 1864 und in den fol-

genden Jahren entstandenen Blätter. Offenbar wurden Bauschüler gleichsam als Hilfsassistenten mit dem Kopieren beauftragt und dafür wahrscheinlich (dem Budget entsprechend) bezahlt. Möglicherweise sind auch die Blätter zum Polytechnikumsgebäude im Nachlass von Hans Wilhelm Auer im gta Archiv zumindest teilweise in diesen Zusammenhang zu stellen. Die Grenzen zwischen didaktischen Zwecken und dem Ziel der Ergänzung der Sammlungen dürfte dabei fliessend gewesen sein. – Die Zugehörigkeit zu einzelnen Konvoluten ist bei den älteren Beständen des gta Archivs leider wenig aussagekräftig. In der Vergangenheit wurden Bestände zum Teil umgelagert, zum Beispiel von der Plansammlung in einzelne Nachlässe, sofern die Blätter entsprechend signiert waren oder die Projekte identifiziert werden konnten.

559 Bericht an Johann Karl Kappeler, 15.11.1864 (wie Anm. 553). Stadler weist im Folgenden darauf hin, dass in der Bauhütte für die Elisabethenkirche in Basel eine vortreffliche Sammlung mit Bauelementen aus Deutschland und aus Frankreich vorhanden sei, die allenfalls für das Polytechnikum zu erwerben wäre.

560 In den frühen Jahresberichten, in denen Geschenke noch einzeln verdankt wurden, sind regelmässig solche Konstruktionsmodelle erwähnt, meist von Zimmermannsarbeiten. Die entsprechende Sammlung kann also nicht allzu klein gewesen sein, deren Zusammensetzung hatte sich aber vermutlich eher durch Zufall ergeben; *Programm 1856/57*ff.

561 Es handelt sich wohl um diejenigen Modelle nach Georg Moller, die Ferdinand Stadler in seiner Empfehlung an Ernst Gladbach erwähnt hatte; ETH-HA SR3 1857 Nr. 48. Vgl. auch: Ferdinand Stadler, Schreiben an den Schulrat über Aufstellung und Anschaffungen von Modellen, 24.4.1856 (ETH-HA SR3 1856 Nr. 141). Über die Verwendung der Modelle im Konstruktionsunterricht von Ferdinand Stadler vgl. Kap. 2, Abschnitt «Der Konstruktionsunterricht unter Ferdinand Stadler», S. 85f.

562 Programm und Kostenvoranschlag an Johann Karl Kappeler, 2.12.1864 (wie Anm. 553).

563 Ein Inventarbuch, mit Angaben zu Eingängen ab 1883, bestätigt dies: Nur wenige Einträge sind mit «a. B.» (alte Bausammlung) gekennzeichnet. Die Sammlung erhielt ihren grössten Zuwachs im Zuge der Landesausstellung 1883 in Zürich; Inventarbücher technischer Dienst, Inventar der Sammlung v. Bau- u. Decorations-Gesteinen (ETH-HA Hs 1196:51).

564 Oechsli 1905, S. 307.

565 Aus dieser Institution erwuchs später die Empa (Eidgenössische Materialprüfungs- und Forschungsanstalt). Tetmajer war ein ehemaliger Assistent von Carl Culmann, der bei der Beschaffung der Maschine wesentlich war. Patrick Kupper erkennt in der Werder'schen Universalmaschine einen «Kristallisationspunkt der experimentellen Technikwissenschaften»; Gugerli/Kupper/Speich 2005, S. 94.

566 ETH-HA SR3 1866 Nr. 673.

567 Semper, Bericht an Johann Karl Kappeler 8.6.1858 (ETH-HA SR3 1858 Nr. 326), in: Weidmann 2010, Quelle Nr. 105, S. 1394–1399.

568 Das Depot kam neben den Kohlenkeller im Sockelgeschoss des Nordtraktes zu liegen.

569 Am 13.2.1868 machte Julius Stadler eine Eingabe an Direktor Landolt, in der er unter anderem für den Sammlungsraum 10b den Bedarf «eines Pultschrankes zur Aufnahme & Bewahrung der sehr grossen & werthvollen Zeichnungen» anmeldete. Dazu formulierte er: «In den Zeichnungssälen wünschten wir eine Anzahl einfacher Wandgestelle um die zum täglichen Gebrauch nöthigsten Modelle aufstellen zu können. In allen unseren Zimmern aber fest eingemauerte Dübel an den Wänden um eingerahmte Zeichnungen aufhängen zu können.» Julius Stadler, Eingabe an Elias Landolt, 13.2.1868 (ETH-HA SR3 1868 Nr. 65). Dies deutet darauf hin, dass die Möblierung zumindest nicht sofort wie in den Skizzen festgehalten realisiert wurde.

570 Dies bezeugen die Kataloge der Bibliothek, vgl. Kap. 2 «Die Bibliothek der Bauschule», S. 192–195.

571 *Verzeichniss der Bibliothek* 1856ff.

572 Eingabe: Julius Stadler, an Joseph von Deschwanden, 27.11.1856 (ETH-HA SR3 1856 Nr. 418). Reglement: «Regulativ zur Benutzung der Sammlung architektonischer Werke» (ETH-HA SR2 Präsidialverfügung 458, 24.12.1856). Das Reglement wurde vom Schulrat am 5.3.1857

bewilligt; ETH-HA SR2 Schulratsprotokoll 5.3.1857, Traktandum 21, Abschrift in: gta Archiv 20-K-1857-03-05:1.

573 Offenbar wurde im Bibliotheksraum die Benutzung von Gaslicht gestattet: Julius Stadler schlug diese Öffnungszeit explizit unter der Bedingung «wenn Gasbeleuchtung benutzt werden kann» vor; Stadler 1856 (wie Anm. 572).

574 Ebd. Punkt 4 von Stadlers Reglementsentwurf, der das Herumgeben grösserer Werke untersagt hätte, fand keinen Eingang in das Reglement.

575 «Gutachten & Wünsche der Hr. Professoren über die baulichen Einrichtungen», 12.6.1858 (StAZH V II 23 1 (39). Wolf schränkte seinen Wunsch nach Integration aller Fachbibliotheken folgendermassen ein: «Immerhin wird es namentlich bei der Bauschule und den Laboratorien nothwendig sein, immerhin [?, unleserlich, Anm. d. Verf.] beim Unterricht oder bei den Arbeiten fortwährend nöthige Werke an dieselben dauernd abzugeben, jedoch nicht in einer so grossen Anzahl, dass ihre Aufbewahrung nicht neben den Vorlagen etc. statthaben könnte & dafür eigene Bibliothekszimmer erforderlich würden.» Ebd.

576 Sowohl Gladbach wie auch Semper forderten in ihren Stellungnahmen zum Bauprogramm, dass der Bauschule ihre Bibliothek erhalten bleibe und dafür ein eigener, ursprünglich nicht vorgesehener Raum reserviert werde; ETH-HA SR3 1858 Nr. 316 (Gladbach) und ETH-HA SR3 1858 Nr. 326 (Semper), Abschrift in: StAZH V II 23.1.

577 Semper, Bericht an Johann Karl Kappeler, 8.6.1858 (ETH-HA SR3 1858 Nr. 326), zit. n.: Weidmann 2010, Quelle Nr. 105, S. 1397.

578 ETH-HA Hs 166.

579 «Katalog der Baubibliothek des Eidg. Polytechnikums 1882 aufgenommen von W. Leeman» [Wilhelm Lehmann?], gestempelt «Verein Architectura am Eidg. Polytechnikum Zürich» (ETH-HA EZ-ZWD-Bib 01:81.12). Ein undatierter und unsignierter Katalog im gta Archiv, der jedoch Notizen enthält, die bis 1864 zurückreichen, nennt gleichermassen Bücher und Vorlagen nach folgender Ordnung: «Kathalog A der Bücher und Kupferwerke; B der Vorlagen; C der Fotografien; D der Handzeichnungen; E der Rahmen Portefeuilles etc». gta Archiv: Nachlassergänzung de Montmollin, mit Titelzusatz Z 206/5 / Z 206/6. Eine grosse Anzahl der in den Katalogen aufgeführten Zeichnungen sind im gta Archiv zu identifizieren, wobei viele in neue Zusammenhänge oder aber in das unübersichtliche Konvolut «Plansammlung» eingefügt worden sind, wo sie nur mit Mühe zu identifizieren sind. Ein systematischer Abgleich der verschiedenen Kataloge mit den diversen Archiv- und Bibliotheksbeständen hätte den Rahmen dieser Arbeit gesprengt.

580 Ernst Gladbach, Sammlungsbericht, o. D. (ETH-HA SR3 1863 Nr. 1). Die Sammlung von Johann Georg Müller ging an die Bibliothek (ETH-HA SR2 Präsidialverfügung 181, 8.6.1860), wo der Bestand der Bauschulsammlung überlassen wurde. Dazu wurde eigens ein Reglement erlassen, das unter anderem vorschrieb, die Sammlung sei in einem eigenen Schrank unterzubringen, zu dem nur der Leiter der Bauschulsammlungen Gladbach einen Schlüssel haben solle; ETH-HA SR2 Präsidialverfügung 192, 14.6.1860. Ein Katalog zur Sammlung Müller findet sich in: Ninfa 1993. Die Sammlung befindet sich heute als Teilnachlass 23 im gta Archiv: Nachlass Johann Georg Müller.

581 Dazu kommen einzelne Werke, die anderen Fachgebieten zugeordnet waren, zum Beispiel ein Buch über die Strafanstalt in St. Gallen mit der Nummer 9039 im Fachgebiet «Geschichte, Nationalökonomie, Rechtswissenschaft u. s. w.», wobei die dazugehörigen Pläne in der Bauschulbibliothek aufbewahrt wurden; *Verzeichniss der Bibliothek* 1876.

582 Reglement für die Bibliothek des Schweizerischen Polytechnikums, 10.8.1866, Art. 3 (ETH-HA SR2 Anhang 1866).

583 Dazu kamen 300 Fr. für «Architektonische Vorlagen»; Budget für das Jahr 1867 (ETH-HA SR2 Schulratsprotokoll 9.8.1866, Traktandum 78). Vgl. auch Mumenthaler/Voegeli 2005, S. 14.

584 Gottfried Semper, *Das Koenigliche Hoftheater zu Dresden*, Braunschweig 1849; ders., *Über die formelle Gesetzmässigkeit des Schmuckes und dessen Bedeutung als Kunstsymbol*, Zürich 1856 (*Akademische Vorträge*). Auch die beiden Bände von Sempers *Der Stil* waren doppelt vorhanden: Zusätzlich zum ausleihbaren Exemplar mit der Signatur 15 stand im Lesesaal der Bib-

liothek ein Präsenzexemplar zur Verfügung. In der Bauschulsammlung jedoch war das Werk nicht verzeichnet; *Verzeichniss der Bibliothek* 1876.

585 Semper, Schreiben an den Schulrat, 20.1.1871 (ETH-HA SR3 1871 Nr. 28). Offenbar reichten die zur Verfügung stehenden Mittel dann noch weiter. Otto Benndorf spricht im ersten Katalog von «verschiedenen Einkäufen in Rom, Capua und Neapel»; Benndorf 1872, o. S. [S. 127]. Mit «Castellani in Rom» dürften die Goldschmiede und Antiquare Alessandro und Augusto Castellani gemeint sein, die u. a. das British Museum und das Österreichische Museum für Kunst und Industrie zu ihren Kunden zählten und sich für die Gründung des Museo Artistico Industriale di Roma (1872) einsetzten. Vgl. Moretti Sgubini 2000 (den Hinweis auf die Gebrüder Castellani verdanke ich Sandra Rumiz).

586 Johann Karl Kappeler im namen des Schulrats, Schreiben an den Bundesrat, 22.3.1871 (BAR E 80/1370); Der Schweizerische Bundesrath an das Präsidium des schweiz. Schulrathes, 24.3.1871 (ETH-HA SR3 1871 Nr. 137).

587 Gedrucktes Einladungsschreiben, die Vasensammlung zu unterstützen, 27.1.1871, gezeichnet von den Professoren der Universität Zürich Otto Benndorf, Johann Rudolf Rahn und Friedrich Salomon Vögelin, den Professoren des Polytechnikums Gottfried Kinkel, Georg Lasius, Gottfried Semper und Julius Stadler sowie von Ferdinand Keller, dem Präsidenten der Antiquarischen Gesellschaft (ETH-HA SR3 1871 Nr. 28ad). Darin werden Vorträge angekündigt von Kinkel über ägyptische Kunst, von Benndorf über griechische Grabmonumente, von Stadler über das antike Haus, von Lasius über römische Nutzbauten, von Vögelin über die Anfänge der christlichen Kunst, von Rahn über das Nachleben der Antike im Mittelalter sowie vom Gast Julius Oppert über assyrische Kunst. Einzig Semper, der bereits in Wien engagiert war, hielt keinen Vortrag.

588 Benndorf 1872, o. S. [S. 127]. Der Jahresbericht der Sammlungen von 1871 nennt «nach dem Inventar 57 Stück im Werthe von 4852 Fr. 50 Rp.» Bericht des schweiz. Bundesrathes an die h. Bundesversammlung über seine Geschäftsführung im Jahr 1871, in: *Bundesblatt* 24, Bd. II, Nr. 23, 29.5.1872, S. 273–392, hier S. 317.

589 ETH-HA SR2 Schulratsprotokoll 13.4.1876, Traktandum 40: Bewilligung eines Kredites an Gottfried Kinkel für die Herstellung eines Glasschrankes für die Vasensammlung.

590 Mit dem Erweiterungsbau der ETH Zürich und dem Auszug der universitären Gipssammlung in das 1914 fertiggestellte neue Universitätsgebäude verlor die Vasensammlung ihren Raum. Zwischenzeitlich kam sie offenbar im Büro von Gustav Gull unter, der noch um deren Bedeutung wusste und überhaupt für den Erhalt der in Besitz der ETH befindlichen Antiken eintrat. Nach dessen Rücktritt 1930 ging die Sammlung an die Graphische Sammlung der ETH Zürich über, die sie 1996 als Dauerleihgabe der Archäologischen Sammlung der Universität Zürich überliess, wo heute Teile davon ausgestellt sind.

591 Ein Tymiaterion (Kat. Nr. 1), das Benndorf unter «I. Vasen des ältesten Stils» einordnete (Benndorf 1872, o. S. [S. 167]), wurde im Katalog von 1973, ed. 1974 (?), als «Apulisch, um 300» bezeichnet (Gradmann o. J. [1973], S. 21), womit es zum mutmasslich jüngsten Objekt der Sammlung wurde (die erste Ausgabe 1973 folgte noch der Datierung von Benndorf: «Um 700»). Das älteste Objekt, eine schwarzfigurige Oinochoe aus Rhodos, stammt aus der zweiten Hälfte des 7. Jahrhunderts.

592 Benndorf 1872, o. S. [S. 4].

593 Der Sammlungsbericht für das Jahr 1871 gibt allerdings einen anderen Eindruck: «Sie [die Vasensammlung] repräsentiert in technisch historischer Richtung den archaischen, den hellenischen und den etrurischen Styl und zerfällt in Bezug auf die Form ihrer Stücke in folgende 4 Klassen: 1. Fass (Reservoir), vertreten durch Amphoren, Urnen, Krater, Schalen, Kelche, Thränenflaschen, Räuchergefässe; 2. Schöpfgefässe (Kyathos, Hydrien); 3. Gussgefässe (Lampen, Kannen, Prochoen); 4. Trinkgefässe (Kelche, Schalen).» Bericht des schweiz. Bundesrathes an die h. Bundesversammlung 1872 (wie Anm. 588). Diese Beschreibung folgt ganz der von Semper in *Der Stil* eingeführten Ordnung. Die Diskrepanz zwischen dieser skizzenhaften Charakterisierung im Bundesratsbericht und der späteren Katalogisierung wäre ein interessantes Thema für eine ausführlichere Sammlungsgeschichte. In ihr scheinen sich die unterschiedlichen Perspektiven von Archäologen und Architekten auf die Gegenstände zu offenbaren.

594 Benndorf nennt die «freundliche Vermittlung des zeitigen zweiten Secretärs des deutschen archäologischen Instituts in Rom, Herrn Dr. Wolfgang Helbig»; Benndorf 1872, o. S. [S. 4]. Den entsprechenden Kredit sprach der Schulrat zuhanden von Otto Benndorf und Georg Lasius, die offenbar das Geschäft gemeinsam leiteten; ETH-HA SR2 Präsidialverfügung 81, 31.3.1871.

595 «Ich benütze die Gelegenheit der Uebergabe dieser Bittschrift um mit Bezugnahme auf unser mündliches Gespräch Sie hiemit um die Bewilligung eines achttägigen Urlaubs anzugehen.» Gottfried Semper, in: ETH-HA SR3 1871 Nr. 27, 21.1.1871.

596 Semper, Schreiben an den Schulratspräsidenten Johann Karl Kappeler, 19.6.1871, (ETH-HA SR3 1871 Nr. 232). Der Bitte um Verzicht auf die dreimonatige Kündigungsfrist wurde entsprochen; Der Schweizerische Bundesrath an das Präsidium des schweiz. Schulrathes, 28.6.1871 (ETH-HA SR3 1871 Nr. 246).

597 Wenn Adrian Zimmermann schreibt, die «Sammlung antiker Gefässe» zeige, dass Kinkel «den Ankauf von [...] Originalen [...] vorgezogen» habe, suggeriert er, dass dieser als Leiter der archäologischen Sammlung des Polytechnikums den Kauf veranlasst habe; Zimmermann 1996, S. 48. Dafür gibt es keinen Hinweis, auch nicht in der von Zimmermann zitierten Quelle Oechsli 1905. Gottfried Kinkel unterstützte allerdings den Kauf, wie andere Professoren auch, mit einem Vortrag im Zyklus, der zur Restfinanzierung des Kaufs organisiert wurde; ETH-HA SR3 28ad, 27.1.1871.

598 Semper, Schreiben an den Schulrat, 20.1.1871 (ETH-HA SR3 1871 Nr. 28). Ganz ähnlich hatte schon Friedrich Weinbrenner im dritten Teil seines architektonischen Lehrbuchs *Über die höhere Baukunst* das Beispiel der Gefässe bemüht, um in das Thema «Form und Schönheit» einzuführen; Weinbrenner 1810–1825, 3. Teil: *Über die höhere Baukunst*, 1819, H. 1, S. 19–32. Im Exemplar des Zürcher Polytechnikums fehlen ausgerechnet die entsprechenden Tafeln I–VIII; ETH Bibliothek A 659:3 fol, via ebooks.ethbib.ethz.ch/fulltext/Rara/A659-3.pdf (25.7.2014).

599 Semper, *Wissenschaft, Industrie und Kunst* 1852.

600 Semper, Schreiben an den Schulrat, 20.1.1871 (ETH-HA SR3 1871 Nr. 28).

601 Semper, *Wissenschaft, Industrie und Kuns*t 1852, S. 62.

602 Dieter Weidmann zeigt, wie Semper in der Disposition von Sammlungen und Unterrichtsräumen versuchte, sinnvolle Zuordnungen zu schaffen; Weidmann 2010, bes. Kap. «Die zweckliche Einteilung des Hauptgebäudes», S. 824–863.

603 Darauf verzichtete er dann aber schliesslich doch; vgl. Herrmann 1981, S. 100. Die Manuskripte, die Wolfgang Herrmann plausibel auf 1851 datiert, sind im Nachlass von Semper im gta Archiv unter der Signatur 20-Ms-92 zusammengefasst.

604 Die Schrift «Practical Art in Metals and Hard Materials. Its Technology, History an Styles» hat Semper 1852 in London ausgearbeitet. Sie befindet sich als Handschrift Ms. 1852 im Victoria and Albert Museum; Nerdinger/Oechslin 2003, S. 510. Laut Sonja Hildebrand versuchte Semper von Zürich aus, dieses Manuskript zu publizieren; Hildebrand 2003, S. 266. Eine überarbeitete Reinschrift wurde von Semper 1867 dem «kais. königl. Oesterreichischen Museum der Kunst und Industrie zu Wien» gewidmet. Sie befindet sich als B.l. 1909, Handschriften S 62 im Österreichischen Museum für angewandte Kunst/Gegenwartskunst in Wien. Dieses Exemplar wurde transkribiert und partiell als Faksimile reproduziert in Noever 2007. Es steckte in einem Umschlag, der auf Deutsch betitelt ist mit «Ideales Museum für Metallotechnik ausgearbeitet zu London im Jahr 1852 von Gottfried Semper»; Facsimile: Noever 2007, S. 25, falsch transkribiert («angewendet zu London»), ebd. S. 43. Auszüge dieses Manuskripts erschienen in einer deutschen Übersetzung von Julius Leisching in den *Mitteilungen des Mährischen Gewerbe-Museums in Brünn* 21 (1903), Nr. 24, S. 186–192. Diese werden zitiert in: Kratz-Kessemeier 2010, S. 36–41. Dieser Ausgabe folgen die untenstehenden Zitate.

605 Semper, *Wissenschaft, Industrie und Kunst* 1852, S. 64.

606 Ebd., S. 35.

607 Einer der Textentwürfe zur Konzeption des idealen Museums trägt explizit den Titel «Plan einer polytechnischen Sammlung»; gta Archiv 20-Hs-92, Fol. 6.

608 «The most important of all the different branches of industry for the generic history of art and for artistical science is perhaps the potters industry [...]». Semper, Vorlesung über Keramik, in London, 25.11.1853 (gta Archiv 20-Ms-133).

609 Semper, Schreiben an den Schulrat, 20.1.1871 (ETH-HA SR3 1871 Nr. 28). Ihre Systematik hätte diese Sammlung von der recht umfangreichen Sammlung antiker Tonwaren unterschieden, die in Zürich bereits vorhanden war, vgl. Benndorf 1872.

610 Semper, Schreiben an den Schulrat, 20.1.1871 (ETH-HA SR3 1871 Nr. 28). 1872 und 1874 war als Preisaufgabe der Bauschule ein Museum für kunstwissenschaftliche Sammlungen zu entwerfen, 1882 und 1884 ein Gewerbemuseum.

611 Gedrucktes Einladungsschreiben, 27.1.1871 (ETH-HA SR3 1871 Nr. 28ad) (wie Anm. 587).

612 Lasius war in zwei, Werdmüller in einer der Spezialkommissionen des Museums engagiert; *Jahresbericht des Gewerbemuseums Zürich* 1876ff. Lasius publizierte überdies wie Stadler eine programmatische Schrift zum Thema, allerdings erst nach Eröffnung des Zürcher Gewerbemuseums; Lasius 1878. Eigenartigerweise wird Julius Stadler von Othmar Birkner in seinem historischen Abriss zur Frühzeit des Gewerbemuseums nicht erwähnt; vgl. Birkner, Gründung 1975.

613 Julius Stadler, Brief an Alfred Friedrich Bluntschli, 1.3.1877 (ZBZ FA Bluntschli 43.30).

614 Gemäss dem ersten Jahresbericht des Gewerbemuseums hielten die von Stadler besuchten oder geleiteten Kommissionen bis Ende des Jahres 1875 54 Sitzungen ab, dazu kamen die Sitzungen der «Centralcommission»; vgl. *Jahresbericht des Gewerbemuseums Zürich* 1876.

615 Stadler o. J.

616 Ebd., S. 1.

617 *Jahresbericht des Gewerbemuseums Zürich* 1876, S. 20–29. Die Mustersammlung machte, zusammen mit einer Sammlung von Maschinen, Werkzeugen und Apparaten, den Kern des Museums aus. Sie wurde später teilweise in das neugegründete Schweizerische Landesmuseum integriert.

618 Georg Lasius behauptete sogar, «jede kunstgewerbliche Sammlung» sei nach der Publikation von Sempers *Der Stil* in dem darin «dargestellten System geordnet worden»; Lasius 1887, S. 133.

619 Die These von Tommy Sturzenegger (vgl. Sturzenegger 1999), erst durch das Zürcher Projekt als Annex des Polytechnikums sei das Landesmuseum von einem historischen Museum zu einem Kunstgewerbemuseum mutiert, ist insofern in Frage zu stellen, als bereits im Programm des Bundesrates für das Museum von 1889 die historische Abteilung bloss als letzte von dreien genannt wurde, während die Sicherung von bedrohten Kulturdenkmälern von Anfang an im Zentrum des Interesses stand; Botschaft des Bundesrates an die Bundesversammlung über die Frage betreffend Gründung eines schweizerischen Nationalmuseums. (Vom 31. Mai 1889.), in: *Bundesblatt*, Bd. III, Nr. 25, 8.6.1889, S. 153–270, hier S. 209–231.

Der Fall Peyer im Hof: Eine Habilitation als Machtkampf zwischen Bauschule und Schulrat

620 *Eidgenössische Technische Hochschule* 1955, S. 250.

621 «Resumé der Geschäfte der Commission zur Prüfung des Herrn Peyer im Hofs von Schaffhausen» sign. «Aus den Protocollen der Bauschulconferenz o der Spezalcommission entnommen v. Stadler Actuar Zürich 4 Aug 1867» (ETH-HA SR3 1867 Nr. 473/24). Hier werden nicht weniger als 33 Ereignisse aufgelistet, und die Zusammenstellung ist insofern nicht vollständig, als sie nur die Aktivitäten der Bauschule umfasst. Das Dossier mit Signatur ETH-HA SR3 1867 Nr. 473/1–25 enthält alle den Fall betreffenden Schulratsakten mit Ausnahme des Absageschreibens von Georg Friedrich Peyer im Hof vom 11.4.1868 (ETH-HA SR3 1868 Nr. 111).

622 Der Lebenslauf und die Zeugnisse, die Peyer im Hof seiner Bewerbung beigelegt hatte, finden sich nicht mehr in den Akten. Die Fakten werden in der Stellungnahme von Gladbach und Semper vom 30.10.1866 referiert; ETH-HA SR3 1867 Nr. 473/5. Im Dezember 1864

lagen die Pläne für das Imthurneum fertig vor, wie ein Gutachten der Architekten Kubli und Simon beweist; ETH-HA SR3 1867 Nr. 473/21. Zum Imthurneum vgl. Hauser/Wipf/Bärtschi, S. 301–303, 359f.

623 Vgl. Schärer 1973.

624 Peyer im Hof teilte in seiner schriftlichen Bewerbung vom 11.8.1866 mit, er habe «die Absicht während des Wintersemesters 1866–67 einen Vortrag über die Anlage, innere Einrichtung und Dekoration von Wohngebäuden (2–3 Stunden wöchentlich mit Uebungen) zu halten»; ETH-HA SR3 1867 Nr. 473/2. Diesem Schreiben ging offenbar eine mündliche Besprechung mit Kappeler voraus.

625 ETH-HA SR3 1867 Nr. 473/23, 6.8.1867.

626 Julius Stadler im Namen der Kommission der Bauschulkonferenz, 21.11.1867 (ETH-HA SR3 1867 Nr. 473/1). Bei diesem Schreiben der Bauschulkonferenz wurde später das gesamte Dossier Peyer im Hof eingeordnet, daher die Signaturnummer 1. Semper war am Probevortrag nicht anwesend und äusserte sich dementsprechend nicht dazu.

627 Unter der Bedingung, seine Programme vorher vorzulegen und den ordentlichen Schulbetrieb nicht zu stören, eine am Polytechnikum durchaus üblichen Einschränkung der Lehrfreiheit für Privatdozenten; ETH-HA SR2 Schulratsprotokoll 16.12.1867, Traktandum 101.

628 ETH-HA SR3 1868 Nr. 111.

629 ETH-HA SR3 1867 Nr. 473/5. Das Schreiben vom 30.10.1866 in der Handschrift Gladbachs war von Gladbach und Semper (in dieser Reihenfolge) unterzeichnet.

630 Eine Begründung zu dem «nach gewalteter einlässlicher Diskussion u. Erwägung» gefällten Entscheid liegt nicht vor; ETH-HA SR2 Schulratsprotokoll 16.12.1867, Traktandum 101.

631 Vgl. bes. Georg Friedrich Peyer im Hof, Brief an Semper, 19.10.1866 (ETH-HA SR3 1867 Nr. 473/4), in dem Peyer im Hof seine Erläuterungen zum Bau nachreicht.

632 Johann Friedrich Peyer im Hof, Brief an Johann Karl Kappeler, 18.10.1866 (ETH-HA SR3 1867 Nr. 473/3).

633 Ernst Gladbach, Stellungnahme zum Habilitierungsgesuch an Johann Karl Kappeler, 30.10.1866 (ETH-HA SR3 1867 Nr. 473/5).

634 Johann Friedrich Peyer im Hof, Brief an Johann Karl Kappeler, 4.11.1866 (ETH-HA SR3 1867 Nr. 473/6).

635 Johann Friedrich Peyer im Hof, Brief an Johann Karl Kappeler, 11.3.1867 (ETH-HA SR3 1867 Nr. 473/10).

636 «Ich will Ihnen nicht verhehlen, wie kleinlich, um nicht zu sagen kläglich mir das ganze Gebaren des grossen Architekten und Gelehrten Semper einem jungen Mann mit ernstem wissenschaftlichem Streben (und nicht einem jungen unreifen [?, unleserlich, Anm. d. Verf.] Herrn, wie ebenfalls zu bemerken beliebt worden ist) gegenüber vorkömmt [...]. Der Semper'sche Baustyl wird doch wahrlich nicht in Gefahr kommen, wenn ein junger Mann, der seinen Geschmack an einer anderen Quelle gebildet hat, so glücklich sein sollte, einige junge Schüler an sich heran zu ziehen. Aber freilich, mein Sohn war in Berlin, – und das ist schon ein grosses Verbrechen». Ebd.

637 Aus der Korrespondenz wird klar, dass Peyer im Hof direkte Informationen aus dem Schulrat bekam. Als Quelle käme Vizepräsident Alfred Escher in Frage, denn Johann Friedrich Peyer im Hof war unter anderem Verwaltungsrat der Schweizerischen Creditanstalt und Mitglied der Direktion der Nordostbahn.

638 «Herr Präsident Kappeler gibt die Erklärung zu Protokoll, in der mit Rücksicht auf das vorliegende sehr bestimmt abweisende Gutachten der Konferenz der Bauschule & gestützt auf den bei der Prüfung des Kandidaten erhaltenen, mit diesem Gutachten im Wesentlichen übereinstimmenden Eindruck obiger Beschlussnahme nicht beistimmen zu können.» ETH-HA SR2 Schulratsprotokoll 7.8.1867, Traktandum 97 (Betrifft die Einladung zum Probevortrag). Desweiteren: «Das Präsidium erklärt zu Protokoll, dass dasselbe zu dieser mit Mehrheit gefassten Beschlussnahme nicht gestimmt habe.» ETH-HA SR2 Schulratsprotokoll 16.12.1867, Traktandum 101 (Betrifft die definitive Erteilung der Venia docendi). Es versteht sich fast von selbst, dass im Verlauf der Korrespondenz die Anrede «Freund» aus den Briefen von Johann Friedrich Peyer im Hof an den Schulratspräsidenten verschwand.

639 In den Diplomprüfungen dagegen waren grundsätzlich die Kenntnisse in allen unterrichteten Fächern nachzuweisen. Dass man hier darauf verzichtete, kann man durchaus als Kritik an den üblichen Diplomprüfungen verstehen.

640 Julius Stadler, Protokoll der Konferenz der Bauschule im Namen des Vorstehers (Semper), 2.3.1867 (ETH-HA SR3 1867 Nr. 473/8). Die Formulierung «Probevortrag» sowie die Kombination der zu prüfenden Kenntnisse in Kunstgeschichte und Stillehre lässt vermuten, dass Gottfried Kinkel und Semper gemeinsam, wenn nicht gar alle Mitglieder der Bauschulkonferenz, ihr Urteil abgeben sollten – Semper suchte sich offensichtlich abzusichern.

641 ETH-HA SR2 Präsidialverfügung 42, 1.3.1867.

642 Georg Friedrich Peyer im Hof, Brief an Johann Karl Kappeler z. H. des Schulrats, 12.3.1867 (ETH-HA SR3 1867 Nr. 473/12).

643 Johann Friedrich Peyer im Hof, Brief an Johann Karl Kappeler (ETH-HA SR3 1867 Nr. 473/13).

644 Das Manuskript der Prüfungsantworten mit den Semper'schen Notizen liegt im gta Archiv: 20-Ms-275. Peyer im Hof liess den Text sofort drucken, als würde der Umstand, dass ein Text gedruckt ist, dessen Wissenschaftlichkeit bezeugen; Peyer im Hof 1867. Diese gedruckte Version ist den Akten ETH-HA SR3 1867 Nr. 473 vorangestellt.

645 Semper, Gutachten (Abschrift), 26.5.1867 (ETH-HA SR3 1867 Nr. 473/20).

646 ETH-HA SR3 1867 Nr. 473/18–19. Es ist daran zu erinnern, dass das Diplom als Auszeichnung definiert wurde und eine deutlich überdurchschnittliche Leistung erforderte. Als durchschnittlich und für die Promotion gerade ausreichend galt die Note 3,5, während für das Diplom im Minimum ein Schnitt von 4,5 erwartet wurde (vgl. Kap. 2 «Diplome und Preise: Leistungsausweise von beschränktem Wert»).

647 Julius Stadler im Namen der Kommission der Bauschulkonferenz, 21.11.1867 (ETH-HA SR3 1867 Nr. 473/1). Mitglieder der Kommission waren Gladbach, Kinkel, Lasius und Stadler, während Semper fehlte.

648 Semper, Unmassgebliche Vorschläge betreffend die Anordnung von Preisarbeiten und anderes an der Bau Abtheilung des Polytechnikum, an Joseph von Deschwanden, 6.12.1855 (ETH-HA Hs 1230:252). Vgl. Kap. 2 «Der Stundenplan von 1855 und Sempers erster Reformvorschlag», S. 30–35.

649 Georg Lasius für die Prüfungskommission, «Abschrift: Beurtheilung der Prüfungsarbeit», 24.5.1867 (ETH-HA SR3 1867 Nr. ad 473/18/20).

650 ETH-HA SR3 1867 Nr. 473/11. Die Aufgabe erinnert stark an die «Concursarbeit», die Alfred Friedrich Bluntschli schon fünf Jahre zuvor zu lösen gehabt hatte. Vgl. Kap. 2, Abschnitt «Kompositionsübungen im zweiten und dritten Jahreskurs», Abb. 13.

651 Georg Lasius für die Prüfungskommission, 24.5.1867 (wie Anm. 649).

652 Julius Stadler, Protokoll der Konferenz der Bauschule im Namen des Vorstehers (Semper), 2.3.1867 (ETH-HA SR3 1867 Nr. 473/8); ders., Auszug aus dem Protokoll der Bauschulkonferenz [vom 24.5.1867] (ETH-HA SR3 1867 Nr. 473/19).

653 Semper, Unmassgebliche Vorschläge betreffend die Anordnung von Preisarbeiten und anderes an der Bau Abtheilung des Polytechnikum, an Joseph von Deschwanden, 6.12.1855 (ETH-HA Hs 1230:252); ders., Beilage. Project eine Schema für einzuleitende Wettübungen an der Bauabtheilung des Polytechnicum, 7.12.1855 (ETH-HA Hs 1230:253); vgl. Kap. 2 «Theorie und Praxis der Konkurrenzen», S. 35–37.

3 Der Ort der Zürcher Bauschule

Vom Sitz der eidgenössischen Hochschule durfte die Stadt Zürich ein gesteigertes Ansehen und langfristig ökonomische Vorteile erwarten. Umsonst war dies allerdings nicht zu haben. Während die Eidgenossenschaft für die Organisation und den Betrieb des Polytechnikums aufkam, musste der Kanton für dessen Behausung sorgen. 1842 war mit der Kantonsschule in der damals immer noch kleinen Stadt ein erster Grossbau für die höhere Bildung eröffnet worden.[1] Nun kam ein weiterer dazu, mit weitaus grösseren Ansprüchen.

Diese Baupflicht erwies sich als ein äusserst problematisches Konstrukt. Die neue Schule wollte wachsen und stellte entsprechende Forderungen, der Kanton dagegen wollte die Ausgaben möglichst klein halten. Das führte zu unendlichen Querelen über echte oder vermeintliche Bedürfnisse nach Räumlichkeiten, Ausstattung und Gebäudeunterhalt, welche die Entwicklung der Schule behinderten. So gelangten sogar Kleinigkeiten wie die Bestellung eines Wandschrankes nicht selten via Schulrat bis vor den Bundesrat, der dann beim Regierungsrat des Kantons zu intervenieren hatte.[2]

1855 musste man sich wegen der innerhalb kurzer Zeit erfolgten Gründung des Polytechnikums zunächst mit Provisorien behelfen. Das kam dem Umstand entgegen, dass sich die Curricula der einzelnen Fachschulen nur schrittweise entwickelten. Das erste Programm der Schule war nicht viel mehr als eine Absichtserklärung, und demzufolge kristallisierte sich auch der Raumbedarf nur allmählich präziser heraus. Zwar orientierte man sich auch in dieser Hinsicht am Vorbild des Polytechnikums in Karlsruhe, trotzdem war es schwierig, ein stimmiges Raumprogramm zu entwerfen. Man darf es also nicht bloss der Unlust des Kantons, seiner Baupflicht nachzukommen, zuschreiben, dass es bis 1859 dauerte, ehe der Neubau für das Polytechnikum in Angriff genommen werden konnte.[3]

Die provisorischen Lokale lagen über die ganze Stadt verteilt. Im Gebäude der Universität am Fröschengraben, dem sogenannten Hinteramt, befanden sich die Forstschule, die Bibliothek, verschiedene Sammlungen und Hörsäle sowie die Zeichensäle der Ingenieurschule und der mechanisch-technischen Schule.[4] Im anschliessenden Münzgebäude, dem Chor der ehemaligen Augustinerkirche, kamen die Holz- und Metallwerkstätten unter. Der Unterricht in Chemie und Physik fand in der Kantonsschule statt, wo sich auch das analytische Labor befand, während das chemisch-technische Laboratorium, die Bauschule und die Kunstfächer in der «Stiftsverwalterei» an der Kirchgasse untergebracht wurden, wo zu Beginn auch die Schulverwaltung einquartiert war.[5] In der Folge ergaben sich zwischen den Lokalitäten der Schule Wegdistanzen, die heute kaum der Rede wert wären, damals jedoch als höchst unbequem und als eine grosse Zumutung empfunden wurden. Schon allein aus diesem Grund war die Struktur des ersten Stundenplans nicht haltbar, der prinzipiell stündlich einen Wechsel der Fächer und damit zum Teil auch der Lokale vorsah.

Direktor Joseph von Deschwanden beklagte sich deshalb bereits nach einem Jahr ausführlich über die Nachteile, die sich aus der Aufteilung der Schule über die ganze Stadt ergaben:

«Der erste hieraus entstehende Übelstand ist der Zeitverlust der Schüler durch das Hin u. Hergehen, die Gelegenheit zur Zerstreuung, die ihnen dadurch geboten u. von ihnen natürlich dann auch oft benutzt wird. Es wird bei diesen Wanderungen der Schüler namentlich fast unmöglich, sie zu einem dauernden Arbeiten in den Zeichnungssälen anzuhalten. [...] Ferner entsteht aus dieser Zerstreutheit grosse Schwierigkeit, gewisse Sammlungen gleichzeitig von mehreren Abtheilungen der Schule benutzen zu lassen. So sollten z. B. nothwendig einige Theile der architektonischen Sammlungen auch von der Ingenieurschule benutzt werden, während diese Sammlungen selbst im Stiftsgebäude, die Räume für die Ingenieurschule im Universitätsgebäude untergebracht sind u. nicht wohl in anderer Weise vertheilt werden können. Ausserdem ist es wohl selbstverständlich, dass durch diese Zersplitterung der Räume die Einwirkung der Lehrer auf die Schüler ausser den Unterrichtsstunden, u. dadurch auch jede Art von disziplinarischer Leitung der letztern ungemein erschwert wird. Von dem zwanglosen, mehr freundschaftlichen Umgange zwischen Lehrern u. Schülern ausser den Unterrichtsstunden bis zur Durchführung jener zwar sehr prosaischen, aber doch nicht immer ganz zu vermeidenden, positiven disziplinarischen Vorschriften hinunter wird jeder erziehende Einfluss der Lehrer gleich sehr gefährdet, wenn nach der Stunde Lehrende u. Lernende sich beeilen müssen, aus dem Hause wegzugehen, um in irgend welchen andern verschiedenen Lokalen nicht zu spät einzutreffen.»[6]

Entsprechend gross war die Erleichterung, als 1863/64 schrittweise das neue, von Gottfried Semper und Staatsbauinspektor Johann Caspar Wolff errichtete Gebäude auf dem Schienhut bezogen werden konnte. Der Bau löste allerdings nicht nur Begeisterung aus und die Studentenrevolte, die im Sommer 1864 das Polytechnikum erschütterte, stand in direktem Zusammenhang mit dem Neubau.[7] Es waren Sachbeschädigungen am noch kaum fertiggestellten Gebäude und am Mobiliar, die Direktor Pompejus Alexander Bolley zu jener Rüge veranlassten, deren Form von den Schülern als ehrenrührig empfunden wurde, sodass der Konflikt eskalierte und schliesslich in einem Schulaustritt von rund zwei Dritteln der Studenten gipfelte.[8]

Die Gründe für die Auseinandersetzung lagen jedoch tiefer. Mit dem Umzug auf den Schienhut endeten für die Schüler die Freiheiten, die mit dem Umherschweifen zwischen den unterschiedlichen Standorten verbunden waren. Die «räumliche Verdichtung der Anstalt im Semperbau» liess den disziplinierenden Charakter der Schule und den Gegensatz zur im gleichen Gebäude untergebrachten Universität deutlich hervortreten.[9] Für manche Schüler muss der im Innern noch ganz rohe und ohne jegliche ornamentale Ausstattung auskommende Neubau wie eine Kaserne gewirkt haben.

Das Provisorium an der Kirchgasse: Der «göttliche Rumpelkasten»

Das Gebäude an der Kirchgasse, in dem die Bauschule provisorisch untergebracht war, wird in den Programmen des Polytechnikums üblicherweise als Stiftsgebäude bezeichnet (Abb. 132). Dies ist insofern irreführend, als es sich bei den Bauten an der Kirchgasse 17–21 im Kern um ein ehemaliges Wohnhaus handelt. Das Haus «Zur Stiftsverwalterei», wie die korrekte Bezeichnung lautet, geht zum Teil auf das 13. Jahrhundert zurück und war von 1563 bis zur Aufhebung der Klöster 1832 Sitz der Verwalter des Chorherrenstifts.[10] Nach der Säkularisierung ging der Bau an den Kanton über, der ihn unter anderem an die eidgenössische Kanzlei vermietete, die hier einquartiert wurde, wenn Zürich Vorort der Eidgenossenschaft war.

Möglicherweise in diesem Zusammenhang wurde das Haus 1841 umgebaut. Das Resultat war ein Konglomerat aus ehemaligen Wohnräumen entlang der Kirchgasse und zwei rückwärtigen Anbauten, die einen nach Norden hin offenen Hof umschlossen. Die Räume waren niedrig, die meisten überdies klein und mithin als Unterrichtsräume ziemlich ungeeignet. Ein Plan im Zürcher Staatsarchiv zeigt, dass man ursprünglich daran dachte, nebst der Bau- und der mechanisch-technischen Schule auch die Ingenieurschule in diesen Gebäuden unterzubringen (Abb. 133).[11] Dabei ging man davon aus, dass pro Abteilung ein einziger Zeichensaal zwischen 43 und 59 m^2 sowie ein Zimmer von knapp 33 m^2 als Hörsaal ausreichen würden. Das Laboratorium für die technische Chemie sollte in der erweiterten Küche der einstigen Wohnung im ersten Hauptgeschoss eingerichtet werden, was möglicherweise auch so geschah.[12]

132 Das Stiftsgebäude an der Kirchgasse, um 1894. Im Gebäudekonglomerat Kirchgasse 17–21 waren neben der Bauschule auch das Laboratorium für technische Chemie und bis 1856 auch die Verwaltung der eidgenössischen polytechnischen Schule untergebracht.

Die Bauschule bezog als Zeichensaal zunächst den Raum 2 im ersten Geschoss des Westflügels (im Plan Raum G), doch wurde dieser bald zu eng. 1859 monierte Semper, statt 24 könnten hier «höchstens 14 Zeichnende placiert werden», sodass die übrigen «die Lokalien für Sammlungen (Bibliothek) benutzen, um dort zu zeichnen», was höchst unbefriedigend sei.[13] Für das Figurenzeichnen war Raum 10 im Obergeschoss vorgesehen (im Plan T und U), in dem zu Beginn auch das Ornamentzeichnen durchgeführt wurde, das später aber meist in Raum 9 im östlichen Gartenflügel stattfand (im Plan A), wo überdies der Unterricht in Landschaftszeichnen erteilt wurde.

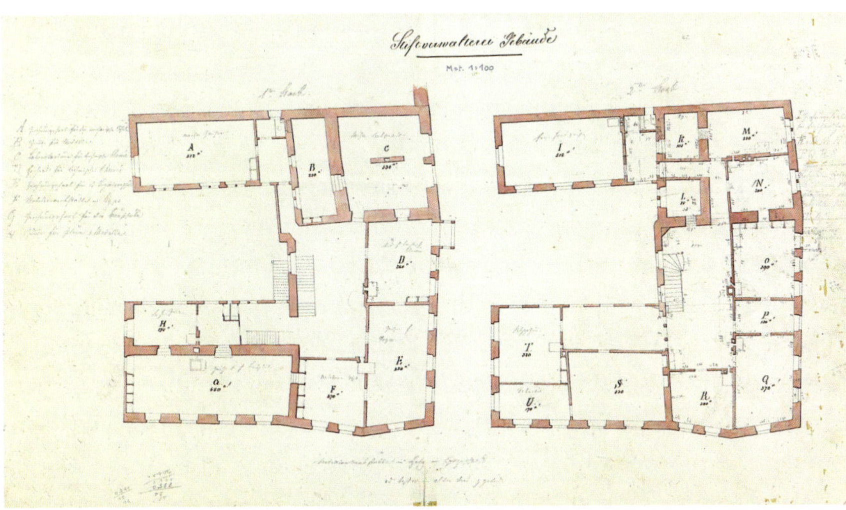

133 Stiftsverwalterei Gebäude. Grundrisse mit Eintragungen, 1854. Der «göttliche Rumpelkasten» (Julius Stadler), das sogenannte Stiftsgebäude an der Kirchgasse, war vielleicht gemütlich, mit seinen kleinen und niedrigen Räumen aber ziemlich ungeeignet für die Bauschule.

Raum 10 wurde wohl immer mehr von den Gipsabgüssen in Beschlag genommen, die man im Figurenzeichnen verwendete, während sich Raum 9 mit der Zeit in einen vielseitig genutzten Zeichensaal wandelte, in welchem zudem Ingenieure und Schüler der chemisch-technischen Abteilung unterrichtet wurden und mithin alle, die nicht über längere Zeit an ihren Zeichnungen arbeiteten und die Tische nach ihren Stunden jeweils wieder freiräumen konnten. Im Hof schliesslich waren die Werkstätten für das Modellieren in Ton und Gips eingerichtet.[14]

Die Vorlesungen von Gottfried Semper, Ernst Gladbach, Jacob Burckhardt und später Wilhelm Lübke wurden vorab in Raum 4 gehalten (im Plan E), dessen Lage an der Kirchgasse Semper allerdings «wegen des Strassenlärms und der sonstigen Störungen, die durch die Aussicht auf die belebte Gasse veranlasst werden», als «sehr unzweckmässig» bezeichnete.[15] Als die chemisch-technische Schule 1861 den Neubau des Chemielaboratoriums bezog, konnte man in deren Hörsaal umziehen, der zwar nur unwesentlich grösser war, dafür im Obergeschoss des östlichen Hofflügels keine Ablenkung mehr bot (Raum 20, im Plan I). «In unserem göttlichen Rumpelkasten dem Stiftsgebäude wird gebaut. Dein bisheriger Lehrsaal ist nun Bibliothek, dafür werden oben Räume gewonnen», schrieb Julius Stadler an seinen Cousin und Schüler Alfred Friedrich Bluntschli.[16]

Auch wenn sich die Bauschule damit etwas ausbreiten konnte, blieben die räumlichen Verhältnisse beengt und unbequem, zumal die Zahl der Schüler zu Beginn der 1860er Jahre zu wachsen begann: Im Jahr des Umzugs in den Semper-Bau überschritt sie kurzzeitig die 50.[17] Selbst die einzelnen Jahrgänge konnten so nur noch zum Teil im selben Zimmer des Stiftsgebäudes zusammenarbeiten. Von einem einzigen grossen Atelier, wie es sich Semper ursprünglich gewünscht hatte, konnte keine Rede sein. Immerhin hatten die Räumlichkeiten, so bescheiden sie waren, einen ausgesprochen familiären Charakter. Modelle und Unterrichtsmaterialien waren teilweise im laubenartigen Korridor aufgestellt, wenn auch so gedrängt, dass sie in manchen Fällen kaum benutzt werden konnten.[18] Überdies war die Treppe für ihre Steilheit bekannt und mithin nicht gerade praktisch für den Transport der sperrigen Vorlagen.[19] Bücher und Stiche dagegen waren vor Ort verfügbar, da die entsprechenden Bestände wegen der relativ weiten Distanz zur zentralen Bibliothek zu einer eigentlichen Handbibliothek ausgebaut werden konnten oder mussten.

Das vielleicht grösste Problem, das die Bauschule in der Stiftsverwalterei hatte, war die Belichtung. Sogar die Zeichensäle mit relativ vielen Fenstern waren kaum 2,40 m hoch, sodass das Licht schwerlich in die Tiefe fiel.

Da es keine künstliche Beleuchtung dieser Räume gab, schränkte dies die Tätigkeiten stark ein, zumal im Winter.[20] Die Arbeitsräume waren zwar «in den freien Stunden [...] immer offen u. einer der Lehrer der Fächer zu Rath u. Hülfe immer anwesend», wie Julius Stadler berichtete,[21] doch wurden diese Stunden durch die Bedingungen des Tageslichts begrenzt. Nach dem Bau des Nachbarhauses würden die «5 niedrigen, durch viele dicke Sprossen verdunkelten Fenster» noch weniger genügen, beklagte sich Semper im November 1859. «Schüler so wie Lehrer müssen sich die Augen verderben, wenn sie längere Zeit in dieser Zwielichtsbeleuchtung arbeiten.»[22]

Aus einem akribischen Bericht, den Schulratspräsident Johann Karl Kappeler im Januar 1861 über die der Schule zur Verfügung stehenden Räumlichkeiten verfasste, werden die Misslichkeiten noch deutlicher. So schrieb er über den Zeichensaal 2 mit seinen knapp 65 m^2 Fläche, fünf Fenstern und acht Tischen:

«Die Tische sind wohl jeder für 3 Schüler eingerichtet, die Hälfte derselben stehen aber an den Pfeilern & haben wenig Licht, die andere Hälfte ist den Strahlen der Südsonne und der Hitze im Sommer ausgesetzt. Die dritten Plätze jeden Tisches können bei der niedren Stockhöhe während des ganzen Winters aus Mangel an Licht zum Zeichnen nicht benützt werden, so dass [?] jeder Tisch nur von einem Schüler des III. Jahreskurses benutzt werden kann, weil jeder derselben für seine Diplomarbeiten die beiden vordern guten Sitzplätze jeden Tisches für seine Vorlagen und Reissbretter nöthig hat; da in früheren Jahren nur 1 od. 2 Diplomarbeiten geliefert wurden, so konnten früher auch die doppelte Zahl Schüler in No 2 placiert werden. Bei den jetzigen Verhältnissen können höchstens 10–12 Schüler, wohl verstanden Schüler des III. Kurses darin Platz finden.»[23]

Kappelers Ausführungen, in denen er keinen Unterrichtsraum ausliess, gipfelten in der Bemerkung, die Überwachung der Schüler sei «bei dem Zeichnungsunterricht der Herrn Professoren Semper & Gladbach, in welchem die Schüler in den Zimmern 2, 4, 9 & 10 zerstreut sind», schwierig bis unmöglich. Daher mache er den Vorschlag, im Obergeschoss des Westflügels die Räume zu einem grossen Zeichensaal zusammenzufassen, in dem immerhin der ganze erste Kurs Platz finden könne.[24] Dies führte wohl 1861 zu den bereits erwähnten Bauarbeiten, mit denen die grundlegenden Probleme des «Rumpelkastens» aber auch nicht gelöst werden konnten. Erst als an Ostern 1864 die Bauschule in den Neubau auf dem Schienhut umziehen konnte, erhielt sie angemessene Räumlichkeiten.

Die Räume der Bauschule im Neubau auf dem Schienhut

Die Diskussion der monumentalen Architektur des neuen Hochschulgebäudes, in der viel von Sempers Auffassung von Kultur und der Stellung der Architektur in derselben zum Ausdruck kommt, bleibt dem folgenden Kapitel vorbehalten. Hier soll es zunächst um die Disposition der Räume der Bauschule gehen, die sich im Wesentlichen im Erdgeschoss der nordwestlichen Ecke des Neubaus befanden.

Als der Schulrat im Frühjahr 1855 dem Zürcher Regierungsrat ein erstes Raumprogramm für ein Polytechnikumsgebäude vorlegte, waren für die Bauschule ein Hörsaal, je ein Zeichensaal für die drei Jahreskurse sowie ein Professorenzimmer für den Vorsteher vorgesehen. Dazu kamen ein grösserer Hörsaal, der von der Bau- und der Ingenieurschule sowie der mechanisch-technischen Schule gemeinsam genutzt werden sollte und hauptsächlich für die Konstruktionsvorlesungen im ersten Jahreskurs bestimmt war, ausserdem Zeichensäle für das Figuren- und das Landschaftszeichnen und Räume für die Sammlungen. Dieses Programm richtete sich stark nach dem Vorbild in Karlsruhe, wobei auch Erfahrungen einflossen, die man mit der zwischen 1837 und 1842 von Gustav Albert Wegmann erbauten Kantonsschule gemacht hatte.[25] Der Zürcher Regierungsrat versuchte in der Folge nach Kräften, die dort formulierten Bedürfnisse der Schule in Frage zu stellen und seine Baupflicht zu reduzieren. Er setzte sich aber nur unwesentlich durch, sodass das skizzierte Programm bis zum Architekturwettbewerb 1857/58[26] und dem Projekt von Semper und Wolff in seinen Grundzügen Bestand hatte.[27]

Die Professoren des Polytechnikums wurden erst anlässlich der Ausstellung der Entwürfe, die im Rahmen des Wettbewerbs entstanden sind, zu ihren Wünschen befragt. Dieser diente vor allem dem Zweck, das Bauprogramm weiter zu präzisieren, in dem zunächst nur die Räume, nicht aber die Raumbeziehungen beschrieben worden waren.[28] Aus gutem Grund war man anscheinend der Auffassung, dass die Dozenten als Laien in Baufragen nur anhand konkreter Projekte in der Lage waren, ihre Anliegen mit einiger Präzision zu formulieren. Die eingegangenen Stellungnahmen gehen denn auch recht unterschiedlich auf die vorliegenden Vorschläge ein.[29]

Seitens der Bauschule forderte Ernst Gladbach, offensichtlich des Schleppens von Vorlagen und Modellen müde, mit Nachdruck eine unmittelbare Nachbarschaft von Sammlungen und Auditorium, die jedenfalls in demselben Stockwerk sein sollten. Darüber hinaus wünschte er sich gut belichtete, nach Norden ausgerichtete Zeichensäle und einen Raum für die

134 Gottfried Semper und Johann Caspar Wolff, Eidgenössisches Polytechnikum und Zürcher Hochschule. Schaubild von Südwesten (Gottfried Semper, 1858 (?))

Bibliothek der Bauschule, der im Wettbewerbsprogramm noch nicht vorgesehen war.[30]

Ausführlicher fiel der Kommentar von Gottfried Semper aus, der sich als Mitglied der Wettbewerbsjury vertieft mit den Projekten auseinandergesetzt hatte. Erst wenige Tage zuvor hatte er erfahren, dass er gemeinsam mit Staatsbauinspektor Wolff die Pläne für den Neubau ausarbeiten sollte, sodass er die Bedürfnisse und Wünsche, die er als Vorsteher der Bauschule schriftlich vorbrachte, auch an sich selbst adressierte. Vorab betonte er, ebenso wie Gladbach, die Notwendigkeit einer räumlichen Einheit der Bauschule. Damit könne man «die so wünschenswerte Mutualität des Unterrichts und den engen Verkehr der verschiedenen Klassen der Schüler während ihrer Übungen unter einander» fördern, eine «Zersplitterung von Zeit, Lehrmitteln und Kräften» vermeiden und «eine wirksame und leichte Kontrolle über die Thätigkeit der Schüler» erreichen. Auch die verwandten Abteilungen und Fächer solle man in der Nähe der Bauschule anordnen, namentlich die Ingenieurschule und das Freihandzeichnen samt den zugehörigen Sammlungen sowie die «Gypssammlung (als von den einer künstlerischen Richtung zunächst kommenden Baubeflissenen, wie anzunehmen ist, am meisten benützt und frequentiert)».[31]

Damit argumentierte Semper entschieden gegen die Aussonderung der Sammlungen in ein eigenes Gebäude, wie dies vom Wettbewerbsprogramm ermöglicht, ja geradezu suggeriert worden war. Die Sammlungen, die Bibliothek und die Vorlagensammlungen eingeschlossen, sollten vielmehr möglichst leicht und beständig zugänglich sein, am besten in den Unterrichtsräumen selbst, wobei «nur das zerbrechlichste und Wertvollste unter besonderem Verschlusse» gehalten werden müsse. Die Vorteile «für die Bildung des architektonischen Auges und Sinnes» sowie die Platzersparnis wögen den Nachteil, «dass die Lehrgegenstände schnell ruiniert würden, zehnfach» auf, zumal die meisten Gegenstände nicht sehr kostbar seien und sich leicht ersetzen liessen.

Als Zeichensaal schlug Semper einen einzigen langen und schmalen Raum für alle drei Klassen vor, der gegebenenfalls durch «mobile Scheidewände» unterteilt werden könne. Damit schloss er an seinen früheren Vorschlag zu Reorganisation des Unterrichts an,[32] wobei er nun den erwünschten Zeichensaal konkreter beschrieb: «Diese Galerie (von höchstens 20 bis 22 Fuss Tiefe) müsste mit der langen Fensterfronte gegen Norden oder Nordosten gelegen sein und möglichst viele hohe Fenster haben, die nur an einer Seite des Raumes gelegen wären.» Damit liesse sich vielleicht sogar ein paralleler Korridor vermeiden, wie er in den vorliegenden Projekten «zugleich raumverschwenderisch und unschön (kasernenhaft)» erscheine. Für einen möglichst innigen und kontinuierlichen «Verkehr der Lehrer mit den Schülern» seien überdies «Lokale» notwendig, «woselbst die Lehrer ein Projekt ausarbeiten können und zugleich für ihre oft bedeutenden Privatlehrmittel Raum haben». Ausserdem forderte er, über die Notwendigkeiten für die Bauschule hinausdenkend, ein allgemeines, der ganzen Schule dienendes «Vestibulum».[33]

In seinem Projekt und mehr noch im Bau selbst konnte Semper viel von dem realisieren, was er in dieser Stellungnahme programmatisch formuliert hatte. Die Räume der Bauschule waren schliesslich kompakt im Erdgeschoss zwischen dem westlichen und dem nördlichen Mittelbau angeordnet: Die Zeichensäle und ein Professorenzimmer lagen im nördlichen Hauptflügel, zwei weitere Professorenzimmer, die Bibliothek, ein Sammlungsraum und der Hörsaal daran anschliessend im Westtrakt (Abb. 135). Die Baumodellsammlung und die Modellierwerkstätten fanden im Sockelgeschoss des Nordtrakts Raum,[34] während die Säle für das Freihandzeichnen im Geschoss über der Bauschule angeordnet wurden, zwischen der Ingenieurschule und den geologischen Sammlungen.[35] Und nicht zuletzt richtete er als Herz der Gesamtanlage ein allgemeines Vestibül ein.

Erstaunlich ist die Disposition der Zeichensäle. Semper verzichtete auf eine Zusammenfassung der Jahreskurse in einem einzigen Raum und realisierte die im Programm geforderten drei Säle. Dabei mag die Abtrennung des einen Raumes im westlichen Kopf des Gebäudeflügels der Klarheit der Gesamtanlage geschuldet sein, die Unterteilung des nach Norden orientierten Bereichs aber wirkt arbiträr. Auffällig ist, dass der erste Jahreskurs in die

Mitte zwischen die fast gleich grossen Räume des zweiten (im Westen) und dritten Kurses (im Osten) gelegt wurde, wobei vermutlich alle Säle durch Zwischentüren *en fil* verbunden waren.[36] Offenbar war es Semper ein Anliegen, die Anfänger sofort mitten in die Bauschule zu integrieren und einen Einfluss der beiden oberen Kurse zu befördern. Auch sei daran erinnert, dass man gerade zur Zeit des Umzugs in den Neubau bestrebt war, durch die Einstellung von Georg Lasius als Hilfslehrer und die Habilitierung von Julius Stadler den als mangelhaft empfundenen Unterricht von Ernst Gladbach zu stützen, der seinen Schwerpunkt im ersten Jahreskurs hatte. Indem Stadler und Lasius sowohl Semper als auch Gladbach in ihren Übungen assistierten, war im Zeichensaal die «Mutualität des Unterrichts» zwischen den Fächern und Jahreskursen selbst ohne Aufhebung der Raumgrenzen gegeben. Die Nachbarschaft von erstem und drittem Kurs erleichterte zudem Stadlers Unterricht im Ornamentzeichnen, der in beiden Klassen gleichzeitig stattfand.

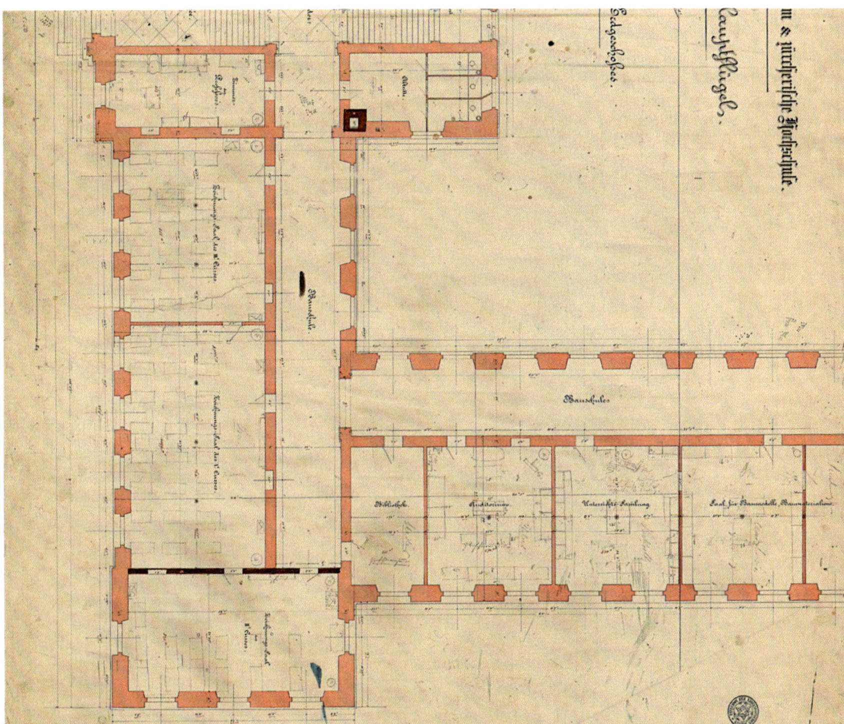

135 Gottfried Semper und Johann Caspar Wolff, Eidgenössisches Polytechnikum und Zürcher Hochschule. Nördlicher Hauptflügel, Erdgeschoss, Ausschnitt mit den Räumen der Bauschule. Bauplan mit Möblierungsskizzen, o. D. Im Nordflügel lagen die Zeichensäle und ein Professorenzimmer (Gladbach), im Westtrakt zwei Professorenzimmer (Stadler und Semper), die Bibliothek, die Handsammlung und der Hörsaal. Die Raumbezeichnung in Tusche entspricht noch nicht vollständig der Belegung der Räume bei ihrem Bezug.

Die Säle waren grosszügig bemessen. Ging man im ursprünglichen Raumprogramm von 2,34 m^2 (26 Quadratfuss) Fläche pro Person aus, standen nun angesichts der geringen Schülerzahl mindestens 4,8 m^2 (53 Quadratfuss) zur Verfügung.[37] Die rund 1,2 m breiten und halb so tiefen Tische waren zwar eher klein, konnten dadurch aber in lockeren Reihen einzeln aufgestellt werden – wobei die Schüler oft zwei Tische für sich beanspruchen durften.[38] Die Belichtung war wegen der hohen Fenster und der nicht allzu tiefen Räume gut, auch im hauptsächlich nach Westen orientierten Saal. Das war nicht zuletzt deshalb wichtig, weil nach wie vor überwiegend bei Tageslicht gearbeitet wurde. Das Gebäude verfügte zwar über eine Gasbeleuchtung, diese beschränkte sich jedoch auf ein Minimum, was die Arbeitszeiten vornehmlich im Winter begrenzte. Eine Ausnahme gab es einzig für den Zeichensaal des dritten Kurses der Bauschule, der von Anfang an mit nicht weniger als sechs Gasflammen ausgerüstet war und damit gut dreimal besser beleuchtet werden konnte als die anderen Säle.[39] Man darf daher vermuten, dass zumindest den Diplomanden gelegentlich gestattet wurde, bei Kunstlicht zu arbeiten. An ein nächtliches Arbeiten, wie es heute üblich ist, darf man dabei aber nicht denken. Grundsätzlich war die Benutzung der Räume nur so lange erlaubt, wie dies ohne künstliche Beleuchtung möglich war, und um 21 Uhr wurde der Gashahn zugedreht.[40]

Die Möblierungsskizzen in den Ausführungsplänen zeigen in den Zeichensälen nebst Tischen, Öfen, Waschbecken und Wandtafeln auch Wandregale, sodass man annehmen darf, dass Bücher und Vorlagen tatsächlich wenigstens zum Teil in den Arbeitsräumen aufbewahrt wurden, wie dies Semper gewünscht hatte. Im Vorprojekt war noch das ganze Sockelgeschoss zwischen dem westlichen Mittelbau und dem Nordtrakt für «Baumodelle etc.» reserviert gewesen, das sich, wie Semper und Wolff bemerkten, «vortrefflich für die schweren Baumodelle» eigne, da diese nicht über Treppen geschleppt werden müssten und die Räume dank ihrer «Grösse & Beleuchtung die schönste Aufstellung» erlaubten.[41] Eine eigene Service-Treppe sollte die Verbindung zu zusätzlichen Sammlungsräumen im Erdgeschoss sicherstellen, die wiederum mit dem Auditorium verbunden waren, das auf der anderen Seite von der Bibliothek flankiert worden wäre.

Diese Disposition mit weitläufigen, repräsentativen Sammlungsräumen hatte jedoch keinen Bestand, zum einen, weil der mathematische Vorkurs, der nicht Teil des Bauprogramms gewesen war, das Sockelgeschoss beanspruchte, zum anderen, weil Semper und seine Kollegen mehr Platz belegten, als in Programm und Projekt vorgesehen war. Ursprünglich war, wie für die anderen Abteilungen auch, nur ein einziges Professorenzimmer geplant,

136 Skizze zur Möblierung eines Zeichensaals aus dem Semper-Bestand des gta Archivs. Die skizzierte Möblierung mit Tischen, die für ein Arbeiten mit Referenzen geeignet gewesen wären, wurde wahrscheinlich nie realisiert. Das Mobiliar wurde weitgehend von den Provisorien übernommen.

nämlich im Mittelbau des Nordtrakts, wo letztlich vermutlich Ernst Gladbach einzog.[42] Für sich selbst richtete Semper dann aber da, wo zunächst der Hörsaal vorgesehen war, ein eigenes, ziemlich grosses Atelier mit Blick über Stadt und See ein, während er den anschliessenden, ehemals als Bibliothek bezeichneten Raum für Julius Stadler reservierte.[43] Damit erfüllte Semper sich den Wunsch, sein Privatatelier und den schulischen Zeichensaal zusammenzubringen, was es ihm erleichtert haben dürfte, begabte Schüler an den eigenen Arbeiten teilhaben zu lassen. Nur so lässt sich rechtfertigen, dass die Bauschule mit drei Professorenzimmern am Polytechnikum eine Sonderstellung einnahm.

An Sempers Atelier schloss südwärts die Bibliothek an, darauf folgte ein Sammlungszimmer und schliesslich, an den monumentalen Mittelbau angrenzend, das Auditorium, das um eine Achse ausgedehnter realisiert wurde als anfänglich definiert.[44] Alle Veränderungen zwischen Vorprojekt und Bau gingen auf Kosten des Platzes für die Sammlungen. Die Baumodelle, die nicht in den Zeichensälen aufgestellt wurden, kamen am Ende in einem Raum unter, der im Sockelgeschoss des Nordtrakts durch das redimensionierte Brennmateriallager gewonnen werden konnte.[45] Dieser war zwar wesentlich kleiner und weniger prominent gelegen als die ursprünglich vorgesehenen Räume, aber immerhin noch relativ gut belichtet.[46] Neben ihm, am Kopf des Nordtrakts, wurde eine Holzwerkstatt für den Modellbau eingerichtet.[47]

Insgesamt darf man die Räume der Bauschule auf dem Schienhut als grosszügig und komfortabel bezeichnen, nicht nur verglichen mit den Zuständen im Provisorium an der Kirchgasse. Jeder Schüler erhielt, wie man dies im Programm gewünscht hatte, «in der Schule selbst gleichsam sein Atelier», wozu «ein ihm ausschliesslich eingeräumter Platz» gehörte, «wo er seine halbfertigen Arbeiten & seinen Zeichnungsapparat aufbewahren & den er jeder Zeit ungestört benutzen» konnte.[48] Den Lehrern standen unmittelbar daneben eigene Räume zur Verfügung, auch wenn diese nicht alle so reichlich bemessen waren wie Sempers Atelier, in dem nebst etlichen Zeichentischen, Plan- und Bücherschränken und einer Staffelei sogar ein Sofa bequem Platz fand.[49] Das Auditorium war geräumig und mit den benachbarten Zimmern für die Unterrichtssammlungen gut disponiert. Einzig die Räume für Modelle und Baumaterialien fielen bescheidener aus als im Programm verlangt.[50] Dies mag eine Geringschätzung der von Ernst Gladbach betreuten Sammlungen zum Ausdruck bringen, entspricht aber vielleicht ganz einfach der Praxis, die relevanten Gegenstände, wie beabsichtigt, direkt in den Zeichensälen aufzustellen.[51]

Die beschriebenen Veränderungen zwischen Vor- und Bauprojekt konnten fast ohne Anpassungen der Grundrisse ausgeführt werden. Im Erdgeschoss wurde einzig eine zusätzliche Zwischenwand notwendig, was sich problemlos realisieren liess. Die von Semper und Wolff gewählte, auf einem strengen Raster aufbauende Disposition und die Bauweise mit tragenden Fassaden und Korridorwänden sowie einer weiteren, im Wesentlichen auf gusseiserne Stützen reduzierten Tragschicht im Innern der Säle liessen sich den modifizierten Gegebenheiten leicht anpassen und erleichterten auch später all die Umbauten, die im Hochschulgebäude schon bald notwendig wurden.

Sempers Bildungsgebäude und die Architektur

Am Zürcher Hochschulgebäude lässt sich gut zeigen, wie es – angefangen bei der Disposition bis hin zur künstlerischen Ausstattung – in höchst komplexer Weise seiner Bauaufgabe Ausdruck verleiht und dabei sowohl auf die ganz konkreten und praktischen wie auch für die kulturellen Fragen präzise Antworten findet.[52] Die Behauptung greift daher sicher nicht zu weit, Gottfried Semper und Staatsbauinspektor Johann Caspar Wolff hätten hier einen Bau mit einer im eigentlichen Sinn monumentalen und – wie Semper es vielleicht formuliert hätte – stilgerechten Gestalt geschaffen.[53]

Dabei ist gerade die Heterogenität die vielleicht hervorstechendste Eigenschaft der Anlage. Die eklatante Unterschiedlichkeit der vier Flügel ist ohnegleichen und musste damals, vor allem in Kombination mit der grundsätzlichen Einfachheit, Regelmässigkeit und Konventionalität der Gesamtdisposition, geradezu skandalös erscheinen. Sempers Kollege, der vielseitig interessierte Literaturprofessor Eugène Rambert, sah im Bau denn auch einen schlagenden Beweis dafür, dass es nicht genüge, reich zu sein, um Geschmack zu haben. Er beklagte den ärmlichen Putz und das karge Innere des Neubaus, in erster Linie aber ganz generell den Mangel an Harmonie: «La façade est d'un palais, mais non pas les ailes.» Maliziös stellte er fest, so grosszügig, wie das Ganze angelegt sei, könne es kaum an der Knausrigkeit der Zürcher gelegen haben, dass sich die Grandezza der Westfassade, die immerhin die Hand eines Meisters verrate, nicht über den ganzen Bau erstrecke. Damit suggerierte er selbstredend genau dies und setzte so einen Gedanken in die Welt, der in der Folge immer wieder aufgenommen wurde.[54] Weil nicht sein kann, was nicht sein darf, wird bis heute wiederkehrend gemutmasst, dass die Fassaden eigentlich viel einheitlicher hätten gestaltet sein sollen, was Semper jedoch aufgrund des viel zu knappen Budgets nicht habe durchsetzen können.[55] Zur Bekräftigung dieser These wird üblicherweise eine Perspektivzeichnung im gta Archiv der ETH Zürich beigezogen, auf der die Westfassade nebst aufwändigem Figurenschmuck auch noch eine reiche Sgraffito-Dekoration zeigt, sodass sie in gewisser Weise der Nordfassade angeglichen erscheint.[56]

Gegen diese Argumentation ist einzuwenden, dass, selbst wenn man eine allseitige Sgraffito-Bekleidung des Baukomplexes annähme, die vier Aussenfassaden nach wie vor höchst unterschiedlich gestaltet blieben. Dazu kommt, dass Semper, der sonst unermüdlich auf noch fehlende Dekorationselemente und deren Etappierbarkeit hinwies, ein erwünschtes, aber noch nicht realisierte Sgraffito an keiner Stelle erwähnte. Die betreffende Perspektivzeichnung zeigt überdies eine Pilastergliederung und damit eine tektonische Ordnung, was Semper in seinem Aufsatz über Sgraffiti explizit als stilwidrig zurückwies.[57] Dass er ausgerechnet an so zentraler Stelle seinen Prinzipien entgegen gehandelt hätte, ist wenig wahrscheinlich, wenngleich er im entsprechenden Text betonte, er sei kein Purist und erlaubt sei, was dem Ganzen nicht schade.[58]

Dieter Weidmann konnte in seiner grundlegenden Arbeit über die Projektphase des Zürcher Hochschulgebäudes die besagte Zeichnung Manfred Semper zuschreiben und dem Kontext einer Publikation in der Leipziger *Illustrirten Zeitung* im Jahre 1863 zuordnen.[59] Dort löst sich das Rätsel um die vermeintlich geplante Dekoration der Westfassade auf. Im Text, der die Perspektive begleitet, wird die Fassade so beschreiben, wie sie ausgeführt worden ist, nämlich verputzt und mittels Tünche und Quadrierung das «Aussehen des Sandsteines» imitierend, wobei einzig die Nordfassade mit ihren Sgraffiti anders gestaltet worden sei. Als Nächstes wird begründet, weshalb das präsentierte Schaubild von dieser Wirklichkeit abweiche: «Um ungefähr die Wirkung dieser Art Decoration dem Leser vor Augen zu führen,» sei «in beigegebenem Holzschnitt auch die Westfaçade in dieser Weise decorirt gedacht worden».[60] Im Versuch einer Synthese ging es bei der Zeichnung also darum, zwei nicht zusammengehörige Aspekte des Baus in einer einzigen Darstellung zu vereinen und zu verdichten.

In Anbetracht dieser Aspekte kommt man nicht umhin, sich dem Gebäude so anzunähern, wie es erdacht und erbaut worden ist, und dabei seine eklatante Vielgesichtigkeit als wesentliche Eigenart anzuerkennen. Dies geschah bisher merkwürdigerweise kaum, woran Semper nicht ganz unschuldig ist. Wegen einer beabsichtigten, aber nie realisierten Publikation über seine Bauten hatte er die Veröffentlichung der Pläne systematisch verhindert, sodass für eine differenzierte Diskussion der Architektur lange Zeit schlicht die Grundlage fehlte.[61] Damit steht es übrigens nicht alleine, was möglicherweise Sempers Ruf befördert hat, er sei als Architekt weniger interessant denn als Autor.

Den Blick auf das Zürcher Hochschulgebäude im Speziellen hat überdies dessen verkürzte Bezeichnung als «Polytechnikumsgebäude» getrübt, die bereits im 19. Jahrhundert einsetzte und bis heute gebräuchlich ist. Sie mag zwar nachvollziehbar sein, da der Raumbedarf des Polytechnikums den Bau veranlasst hatte und die eidgenössische Schule bei weitem dessen grösster Nutzer war. Trotzdem ist sie formell falsch und, wie im Folgenden zu zeigen sein wird, bezogen auf das Wesen und den Charakter der Architektur in die Irre führend. Aus gutem Grund tragen sämtliche Pläne und wichtigen Dokumente die etwas umständliche Doppelbezeichnung «Eidgenössisches Polytechnikum und Zürcherische Hochschule».[62]

Im Frühjahr 1857, als die Diskussion um das Bauprogramm in vollem Gang war, war der geplante Neubau auch am alljährlichen Stiftungsfest der Universität ein Thema.[63] Die *Eidgenössische Zeitung* berichtete, wie der Polytechnikumsprofessor für technische Chemie und spätere Direktor Pompejus Alexander Bolley «in einer etwas zu sehr an das Laboratorium erinnernden Rede» verkündet habe, «was für einen Bau er für passend halte: er wünsche einen mächtigen Janus-Tempel mit besondern Eingängen für Hochschule und Polytechnikum, mit einem grossartigen Frontispiz und der Inschrift: *Ecce quam bonum etc.*»[64] Auf diese Auslassung folgte offenbar ein nur halbwegs freundliches Geplänkel, das als charakteristisch für das gespannte Verhältnis der beiden Hochschulen gelten kann und – so die Zeitung – durch ein Votum Sempers beendet worden sei: Er «wisse ein anderes Auskunftsmittel: es solle Jeder 'Ich' sein und bleiben, dann fühle sich Jeder, was er sei, weder mehr noch weniger als der Andere und Allen sei geholfen.»[65] In dem Bau, den Gottfried Semper und Johann Caspar Wolff gut ein Jahr später entwarfen, ergänzten sich Polytechnikum und Universität in der Tat in einer januskköpfigen Anlage, sodass beide Institutionen gleichwertig ganz sie selbst sein konnten, wobei die zwei durch ein prunkvolles «Titelblatt» vereinigt wurden.[66] Dass Semper, dem dieser Entwurf wohl zu Recht im Wesentlichen zugeschrieben wird, dabei den Gedanken Bolleys aufgenommen habe, soll damit nicht behauptet werden. Die Idee dazu lag bei der gegebenen Aufgabe viel eher einfach auf der Hand. Zu entwerfen war ein Gebäude für zwei in Charakter und Ausrichtung sehr unterschiedliche Schulen. Dabei war das eidgenössische Polytechnikum zwar bei weitem grösser als die kantonale Hochschule, diese war jedoch die ältere, etabliertere und als Universität zumindest in ihrem Selbstverständnis höher angesehene Institution. Dazu kommt, dass der Kanton, der den Bau finanzierte und verantwortete, seine eigene Schule und damit sich selbst angemessen repräsentiert sehen wollte. Mit einer Vereinigung der beiden Institutionen unter einem Dach konnte die alte Vorstellung einer grossen, alle Wissensbereiche umfassenden Hochschule realisiert werden, wie sie nicht zuletzt von den Zürcher Politikern angestrebt worden war.

Eine Einbettung des Polytechnikums in eine umfassendere Institution kam gleichzeitig Sempers eigenen Intentionen entgegen, der aus seiner grundsätzlichen Ablehnung einer spezialisierten, allein auf die Praxis fokussierten Technikerausbildung nie einen Hehl gemacht hatte und stets danach strebte, wissenschaftliches und praktisches Denken zu vereinigen. Das neue Hochschulgebäude bot ihm nun die Gelegenheit, seiner Denkweise einen baulichen Ausdruck zu verleihen. Dabei verstand er es äusserst geschickt, die unterschiedlichen Interessen zu bündeln.

Differenz und Ganzheit

Semper und Wolff entwarfen für das Hochschulgebäude einen südlichen und einen nördlichen «Hauptflügel», die durch zwei Verbindungstrakte zu einer Vierflügelanlage geschlossen werden (Abb. 137).[67] Mit dieser Anlage, die durch ein separates Chemiegebäude vervollständigt wurde, stellten sie sich in eine Tradition der Universitäts- und College-Architektur, die sich aus dem Typus klösterlicher Hofanlagen entwickelt hatte.[68] Die beiden Hauptflügel ragen dabei gerade so weit vor, dass sie gleichzeitig als Seitenrisalite der längeren Zwischentrakte erscheinen, ohne damit die beschriebene Logik der Baukörperbildung in Frage zu stellen.[69] Jede der vier Seiten wird durch einen hervortretenden «Mittelbau» zentriert,[70] wobei ein eingeschos-

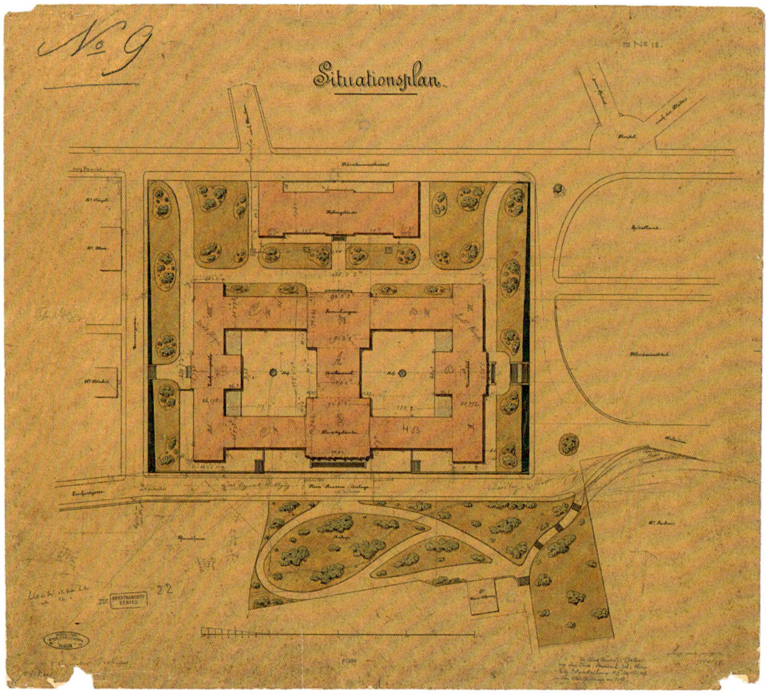

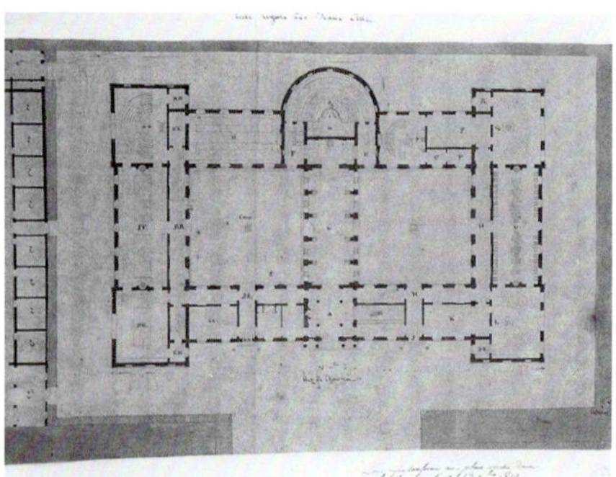

137 Gottfried Semper und Johann Caspar Wolff, Eidgenössisches Polytechnikum und Zürcher Hochschule. Situationsplan, 1858 (?). In diesem Lageplan sind die verschiedenen Trakte des Hauptgebäudes bezeichnet als: Universität (im Süden), Zeichnungssäle (im Norden), Sammlungen (im Osten), Hauptgebäude (im Westen) sowie Antikensaal (als zentraler Verbindungstrakt zwischen West und Ost). In anderen Situationsplänen findet sich im Westen auch die Bezeichnung Polytechnikum statt Hauptgebäude, doch Letzteres entspricht dem Baubeschrieb der Architekten wesentlich besser.
138 François Debret, Entwurf für den Palais des Études der École des Beaux-Arts in Paris, 1819. Man darf davon ausgehen, dass Semper dieses Projekt kannte, das in vergleichbarer Disposition die Antikensammlung ins Zentrum einer Hofanlage rückte.
139–142 Gottfried Semper und Johann Caspar Wolff, Eidgenössisches Polytechnikum und Zürcher Hochschule. Grundrisse, 1858 (?). Die Nutzungen greifen oft über verschiedene Trakte aus, sodass man die Zuordnung der Funktionen zu den sie charakterisierenden Fassaden nicht allzu wörtlich nehmen darf. Laut Vorprojekt sollte die Bauschule auch Räume im Sockelgeschoss des Westflügels belegen. Diese wurden dann aber vom mathematischen Vorkurs beansprucht, sodass die Sammlungen der Bauschule mit deutlich bescheideneren Räumen auskommen mussten.

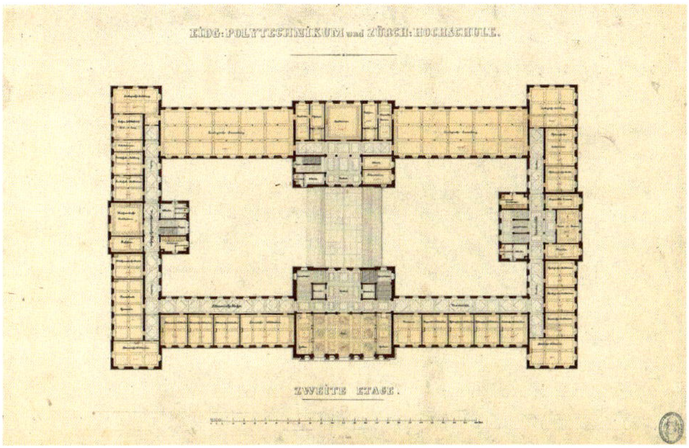
EIDG: POLYTECHNIKUM und ZÜRCH: HOCHSCHULE.
ZWEITE ETAGE.

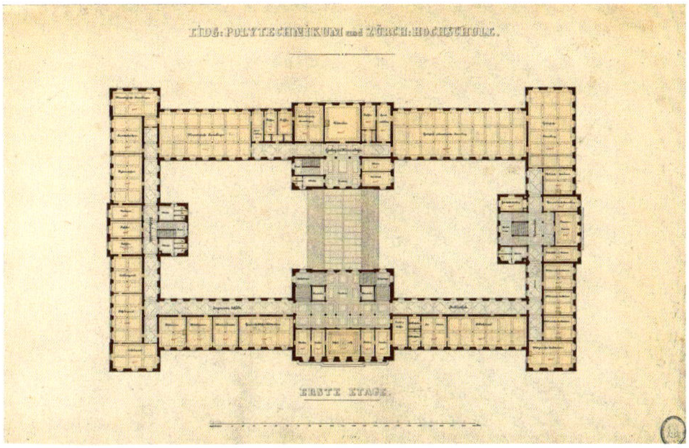
EIDG: POLYTECHNIKUM und ZÜRCH: HOCHSCHULE.
ERSTE ETAGE.

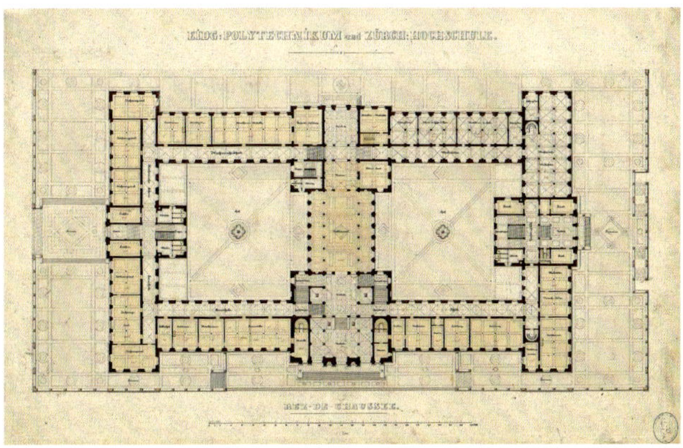
EIDG: POLYTECHNIKUM und ZÜRCH: HOCHSCHULE.
REZ-DE-CHAUSSEE.

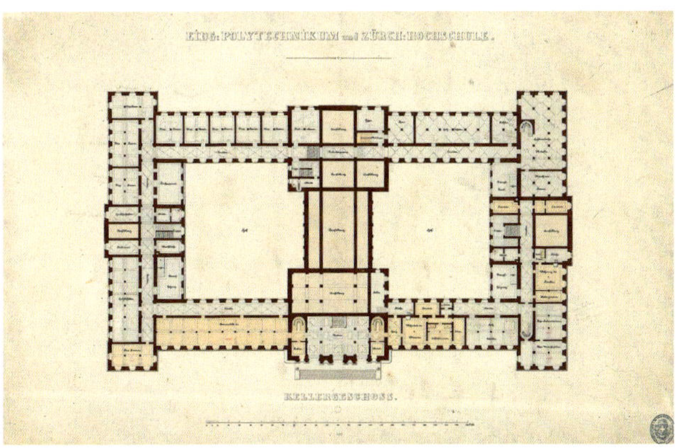
EIDG: POLYTECHNIKUM und ZÜRCH: HOCHSCHULE.
KELLERGESCHOSS.

siger Bautrakt den westlichen und den östlichen Mittelbau miteinander verbindet und den Hof in zwei Teile aufgliedert.

In ihrem «Bericht zu dem Projekte für das eidg. Politechnikum & die zürch. Hochschule» gaben die Architekten im November 1858 detailliert über diese Disposition und deren Gestalt Auskunft:

«Da die Räumlichkeiten im Innern des Gebäudes genau nach den Seiten des Gebäudes & ihnen entsprechend gruppiert sind, so dass jede[r] Seite eine besondere Hauptfunktion des Programms entspräche, war es möglich, jeglicher Seite ihre besondere architektonische Charakteristik beizulegen. Dabei werden diese Seiten doch wieder durch das ihnen gemeinsame Motiv des Zusammenfassens & Hervorhebens der wichtigsten Lokalitäten in dem Mittelbau jeder Front zusammengehalten, obschon dieser Mittelbau für jede Seite, ihre Bedeutung und Bestimmung ausdrückend, verschieden motiviert ist.

Die südliche Front als die Universitätsseite charakterisiert sich durch einen überragenden, den akademischen Ratssaal enthaltenden Mittelbau mit Universitätsuhr; die Nordseite durch gallerieartige Anlage & schmale Fensterpfeiler, ihrer Bestimmung entsprechend, da hier die versch. Zeichnungssäle enthalten sind. Die Ostfronte, halbversteckt, ist die schmuckloseste; auch duldet oder motivirt schon das innere, dem sie entspricht, keine besondere Hervorhebung des Mittels, das übrigens schon durch ein kräftiges Portal genügsam bezeichnet ist.»[71]

Jedem Teil des Programms sei also eine Seite des Gebäudes zugeordnet, die jeweils einen spezifischen, angemessenen Ausdruck habe. Eine im modernen Sinn funktionalistische Betrachtungsweise würde allerdings feststellen, dass das Raumprogramm keineswegs konsequent auf die Flügel verteilt wurde, sondern durchaus pragmatisch, dem jeweiligen Bedarf folgend, die entsprechenden Grenzen überschreitet. Die Architekten taten daher gut daran, mit Ausnahme der Universität die «Hauptfunktionen des Programms» nicht explizit zu benennen, die sie doch offenbar ihrer Anlage zugrunde gelegt hatten. Ihre Behauptung, Form und Inhalt würden sich exakt entsprechen und die unterschiedliche Gestalt der Seiten sei inhaltlich begründet, lädt jedoch dazu ein, aus der Gestalt wiederum auf die supponierten «Hauptfunktionen» und somit auf die Interpretation des Programms durch die Architekten zurückzuschliessen. Dies führt zu den Bemerkungen, mit denen Semper und Wolff ihre Erläuterungen zum Hochschulgebäude «vom ästhetischen Standpunkte aus» einleiteten:

«In Berücksichtigung einerseits, dass das mit der Hochschule des Kantons Zürich in Eins verbundene eidg. Politechnikum ein Gebäude sein soll, dessen ästhetisch architektonisches Erscheinen seiner Bedeutung & Würde entspreche, & monumentalen Charakter trage, – in Berücksichtigung anderseits, dass die grösste Einfachheit in der Wahl der Mittel zur Erreichung des bezeichneten Zieles ebenso sehr durch die wahren Prinzipien der Kunst wie durch diejenigen einer verständigen Oeconomie des Baues vorgeschrieben sind, hatten wir bei unserer Aufgabe das Künstlerische als unzertrennlich von dem Zwecklichen, Lokalen & Materiellen zu betrachten, & es musste uns die ästhetische Wirkung des Werkes wesentlich als das Resultat der genannten Hauptfaktoren, die bei dem Werke zusammentreten, & um deren ästhetische Verwerthung es sich handelt, gelten.»

An diesen Worten mag vielleicht die Betonung des Ökonomischen überraschen,[72] die aber angesichts des offensichtlichen Überschreitens der budgetierten Mittel und der bekannten Sparsamkeit der Zürcher ratsam sein mochte und wohl auch eine dem Programmpunkt Polytechnikum angemessene Einfachheit meinte. Ansonsten erscheint dieser ausufernde Satz wie eine Exemplifizierung der von Semper bereits 1853 im «Entwurf eines Systems der vergleichenden Stillehre» dargelegten Kunstprinzipien, die er damals in der Formel «Y = F (x, y, z usw.)» zusammengefasst hatte: Jedes Kunstwerk sei «ein Resultat, oder [...] eine Funktion einer beliebigen Anzahl von Agentien oder Kräften, welche die variablen Koefficienten ihrer Verkörperung sind.»[73] Beachtenswert ist immerhin, wie klar und eindeutig dabei als erster der beiden «Hauptfaktoren», die den ästhetisch verwertbaren Stoff des Baus ausmachen, die Aufgabe erkannt wurde, Polytechnikum und Universität in einem Gebäude zusammenzuführen und dies als Monument zum Ausdruck zu bringen.

Architektur als Ausdrucksmittel

Im oben zitierten Abschnitt des Architektenberichts steht, wie die «südliche Front als die Universitätsseite charakterisiert» werde (Abb. 143): nämlich durch den «Mittelbau mit Universitätsuhr», der mit dem Senatszimmer den wichtigsten der Universität allein zugehörigen Raum enthielt. In der Fassade wird dieser durch eine Loggia ausgezeichnet, während der Haupteingang als Triumphbogen mit dorischer Ordnung gestaltet ist. In der einfachen Gesamtdisposition der Fassade mit kräftigem Mittelbau und schlichten Seitenflügeln ohne abschliessende Risaliten nutzte Semper ein Muster, das sich in zahlreichen klassizistischen Universitätsbauten, zumal in Deutschland, als charakteristisch für eine solche Bauaufgabe herausgeschält hatte. Auf die übliche Giebelfront wurde allerdings verzichtet, fehlt doch hier die grosse Aula, die diese begründet hätte. Ausserdem konnte so eine Konkurrenz zu der Hauptfassade im Westen vermieden werden. Eigenartig ist das Motiv der «Universitätsuhr», sind doch Uhren keineswegs ein fester Bestandteil der Architektur von Hochschulen. Möglicherweise spielt es auf die zwischen 1841 und 1845 erbaute Neue Aula in Tübingen an, einen der bedeutendsten Universitätsbauten der Zeit, bei der eine Uhr das zentrale Giebelfeld ziert. In Zürich befand sich neben der Uhr bemerkenswerterweise der Karzer. Über die leise Ironie hinaus, dass dieser unmittelbar über dem Senatssaal einen prächtigen Ausblick auf den See und die Berge bot, war die unterschiedliche Auffassung von Disziplin ein zentraler und immer wieder heftig diskutierter Punkt, an dem sich Universität und Polytechnikum rieben. Indem Semper und Wolff den Arrestraum, den es in der straff organisierten Schwesterschule nicht gab, unmittelbar neben die ebenfalls disziplinierende Uhr in die repräsentative Mitte der Fassade platzierten, erinnerten sie an diese Differenz und relativierten sie gleichzeitig.[74]

So wie die Südansicht mit den sprachlichen Mitteln der Architektur als Universitätsfassade gestaltet wurde, so wurde die gegenüberliegende Nordansicht als Polytechnikumsfassade gestaltet (Abb. 144). Im Bericht zum Projekt ist zwar nur davon die Rede, die galerieartige Anlage mit schmalen Fensterpfeilern sei den hier untergebrachten Zeichensälen adäquat. Sie erinnert an François Debrets nur teilweise realisierten Entwurf für den Palais des Études der Pariser École des Beaux-Arts von 1819, wo diese architektonische Lösung allerdings lediglich für untergeordnete Ansichten im Hof und nicht für die exponierte und repräsentative Ostfassade vorgesehen war (Abb. 145).[75] Innerhalb einer glatten und nicht zusätzlich durch eine tektonische Ordnung gegliederten Hauptfassade erinnern die auffälligen Rundbogenfenster im ersten Obergeschoss, durch die sich die Nordfassade von allen anderen Fassaden unterscheidet, unweigerlich auch an Heinrich Hübschs Gebäude für das Polytechnikum in Karlsruhe (Abb. 146), zumal diese Institution der Schweizer Schule Pate gestanden hatte. Gottfried Semper, der Hübschs materialistische Begründung der Architektur ablehnte, demonst-

143, 144 Gottfried Semper und Johann Caspar Wolff, Eidgenössisches Polytechnikum und Zürcher Hochschule. Südliche Façade und nördliche Façade, 1858 (?). Die Unterschiedlichkeit der vier Ansichten des Neubaus auf dem Schienhut ist ungewöhnlich und sprechend. Die Fassaden «charakterisieren», so die Architekten, was die Trakte beherbergen. Die Südfassade gibt der Universität ihr Gesicht, die Nordseite den Zeichensälen und damit dem Polytechnikum.

145 François Debret, Entwurf für den Palais des Études der École des Beaux-Arts in Paris, 1819. Schnitt

146 Heinrich Hübsch, Entwurf für das Polytechnikum in Karlsruhe, 1832. Diese möglichen Referenzen (Abb. 145, 146) für die Polytechnikumsfassade in Zürich repräsentieren gleichzeitig die beiden unterschiedlichen Typen der Architektenausbildung, die die eidgenössische Bauschule wesentlich beeinflusst haben.

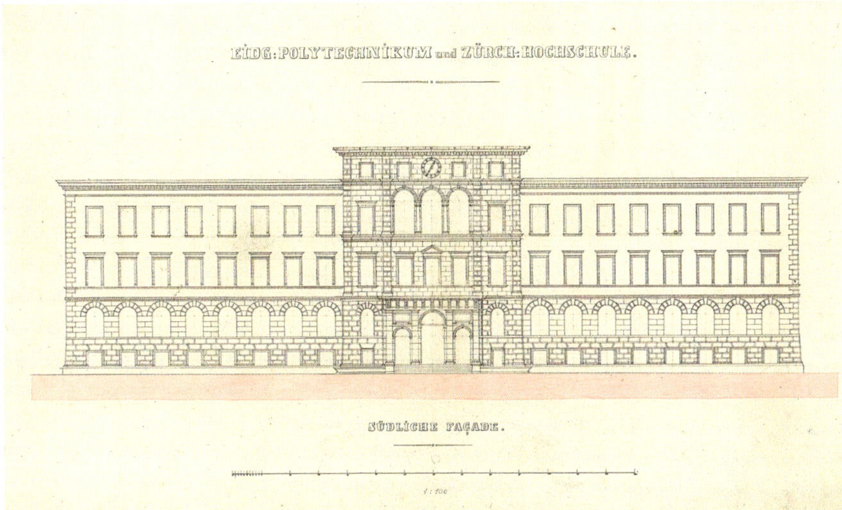
EIDG: POLYTECHNIKUM und ZÜRCH: HOCHSCHULE.
SÜDLICHE FAÇADE.

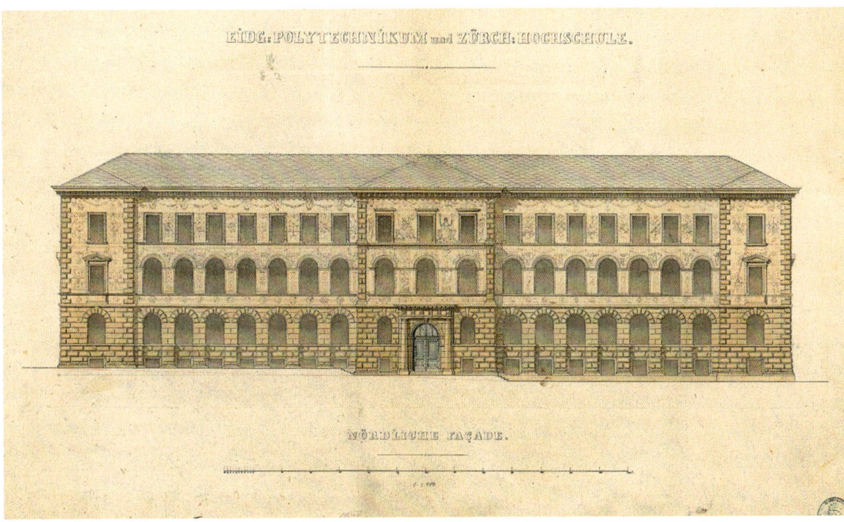
EIDG: POLYTECHNIKUM und ZÜRCH: HOCHSCHULE.
NÖRDLICHE FAÇADE.

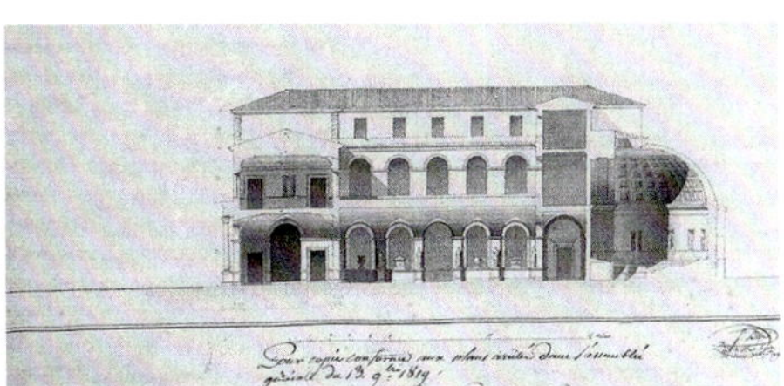

rierte hier, wie der «technische» Rundbogenstil vom Makel befreit werden konnte, «die Idee zu sehr an den Stoff» zu schmieden, indem er die Wand zum Bildträger machte.[76] Durch die Verwendung eines Sgraffito machte er die ihm aufgezwungene, für ein Polytechnikumsgebäude, in dem die rationale Effizienz der Technik gelehrt wird, aber eben auch angemessene Sparsamkeit zum architektonischen Thema dieser Fassade: Das Sgraffito ist eine relativ einfache Dekorationsart, die dem Wesen der ökonomischen Putztechnik nicht nur entspricht, sondern dieses geradezu zum Ausdruck bringt.[77]

Zu dieser kunstvoll vorgeführten Einfachheit und Sparsamkeit passen des Weiteren die Abtreppung der vorgelagerten Terrasse, mit der die maximale Ausnutzung des Untergeschosses geradezu demonstriert wird,[78] und die betont schlichte Gestaltung des Mittelrisaliten mit einem einfachen Tor. Schwach vortretende Seitenrisalite unterstreichen die in sich ruhende Ganzheit der Fassade und leisten die Verbindung zu den über Eck anschliessenden Ansichten. Als Polytechnikumsfassade zeichnet sich die Nordseite jedoch vor allem und explizit durch das ikonographische Programm des Sgraffito aus, auf das später noch ausführlicher eingegangen wird (vgl. Abb. 160).

Während die beiden Hauptflügel also der Universität und dem Polytechnikum zugeordnet werden können, deren jeweilige Fassaden diese Institutionen umfassend repräsentieren, beherbergt der östliche Verbindungsflügel – zumindest in den Obergeschossen – die naturwissenschaftlichen Sammlungen. Diese waren, wie die Gipsabgusssammlung, öffentlich und gehörte beiden Schulen. Sie basierten auf bestehenden Sammlungen der Stadt und des Kantons Zürich, die nun mit Mitteln des Polytechnikums weiter ausgebaut wurden. Ihre Lage zwischen den beiden Schulen wird diesen Umständen bestens gerecht. Die zugehörige Ansicht ist die eines rückwärtigen Verbindungstrakts und von untergeordneter Bedeutung (Abb. 147). Sie wurde teilweise vom davorstehenden Chemiegebäude verdeckt und durch eine betont einfache Gestaltung so weit heruntergespielt, dass man kaum noch von einer Fassade im engeren Sinn sprechen mag. Der Mittelbau, der Auditorien, Professorenräume und Teile der Sammlungen enthielt, war relativ unauffällig ausgestaltet und der Eingang als der direkter Zugang zu den öffentlichen Sammlungen wurde zwar ausgezeichnet, doch wurde hier das Motiv des Triumphbogens in einer denkbar einfachen, schon fast rustikalen Variation realisiert.

Es bleibt die Westfassade, die bereits durch ihre erhabene, die Stadt weit überblickende Lage ausgezeichnet ist (Abb. 148). «[S]chon durch ihre gros-

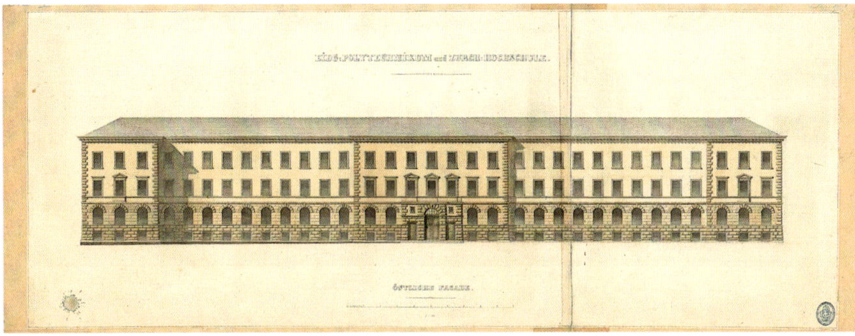

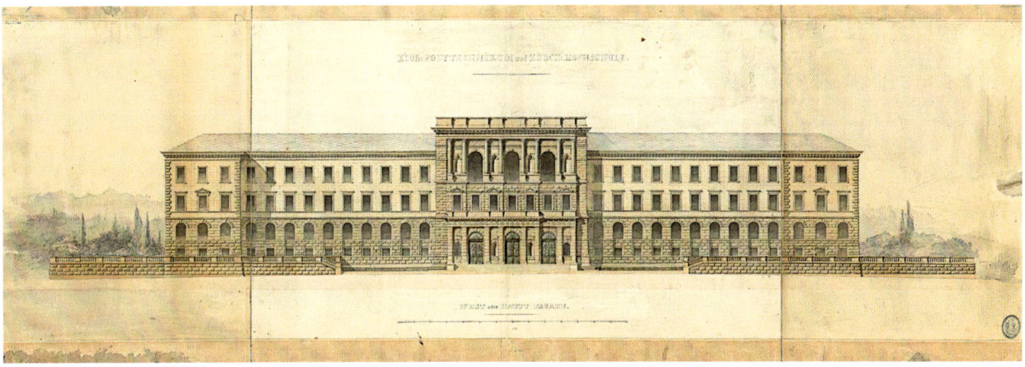

147, 148 Gottfried Semper und Johann Caspar Wolff, Eidgenössisches Polytechnikum und Zürcher Hochschule. Östliche Façade und West oder Haupt Façade, 1858 (?). Die zurückhaltend gestaltete Ostseite, die teils von dem davorstehenden Chemiegebäude verdeckt wird, steht im Kontrast zur monumentalen Westseite an topographisch und städtebaulich exponierter Lage. Deren Mittelbau bezeichneten die Architekten als «Titelblatt» für das ganze Bauwerk. Er bindet die beiden unterschiedlichen «Hauptflügel» im Süden und Norden zu einem grossen, übergeordneten Ganzen zusammen.

se Breitenausdehnung, den ansehnlichen Terrassenbau, der sie flankiert, & die Höhe der Parterre ihrer mittleren Partie [zeigt sie] sich als Hauptfaçade», erläuterten die Architekten in ihrem Bericht. Noch «besonderen Nachdruck» gewinne sie aber durch ihren «Mittelbau, der gleichsam als der Inbegriff des ganzen Bauwerkes aus der restlichen Hauptfronte» heraustrete.[79] Durch dessen Übergewicht würden die übrigen Glieder des Baus, die sonst «so zu sagen auseinander fallen müssten, gehörig zusammengehalten.» Der Mittelbau leistet diese Verbindung zwischen den einzelnen Gebäudeteilen oder vielmehr dieses Zusammenhalten des ganzen Baus nicht nur auf einer formalen, sondern auch auf einer inhaltlichen Ebene. Um «die Berechtigung zu gewinnen, ihn in entsprechender Weise hervorzuheben», habe man die nach «räumlicher Ausdehnung & innerer Bedeutung wichtigsten Lokalitäten» an dieser Stelle zusammengefasst. Der folgende Abschnitt, der die Bedeutung und Funktionsweise dieses Gebäudetrakts erläutert, ist es wert, in seiner ganzen Länge zitiert zu werden:

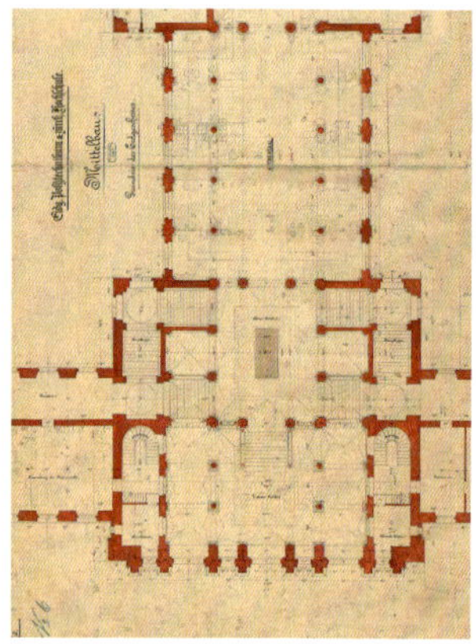

149 Gottfried Semper und Johann Caspar Wolff, Eidgenössisches Polytechnikum und Zürcher Hochschule. Schnitt durch den westlichen Mittelbau (Projektplan 1:50, o. D.). Der Mittelbau des Westflügels bildet das Herz der gesamten Anlage. Durch eine geschickte Nutzung der Topographie wird hier eine Raumwirkung erzeugt, die an Paläste in Genau erinnert. Den Höhepunkt der repräsentativen Raumfolge bildet die beiden Schulen zugehörige Aula im obersten Geschoss.
150 Mittelbau, Grundriss Erdgeschoss (Projektplan 1:50, o. D., Ausschnitt). Die Skulpturenhalle der archäologischen Sammlung, die den West- mit dem Ostflügel verband, war eng mit dem Vestibül verbunden und damit Teil der repräsentativen Raumfolge des westlichen Mittelbaus.

«Sein Äusseres sollte gleichsam das Titelblatt sein, für den ganzen Inhalt des Werkes & zunächst für dasjenige was er enthält, nämlich die Haupthalle, die mit ihr in Eins vereinigten Haupttreppen, der in der Verlängerung der Halle liegende Antikensaal, der Versamml. Saal des eidg. Schulrathes, endlich die beiden Anstalten der Hochschule & dem Politechnikum gemeinschaftl. Aula. Die letztere als Festlokalität & gleichsam als Sanktuarium der ganzen Anlage bildet die Krönung dies. Mittelbaues & als solche den Abschluss des Ganzen. Bei ihm motiviert sich daher ein gewisser Reichtum & architektonische Ausstattung, dessen Anwendung bei den übrigen Theilen des Baus keine Berechtigung hätte.»[80]

Bereits in der Vernehmlassung zum Raumprogramm hatte Semper mit Nachdruck ein «Vestibulum (eine salle des pas perdus, wie die Franzosen es treffend nennen)» gefordert, als einen «für Universitäten & den ähnlichen Anstalten höchst notwendigen» Raum. Offensichtlich erkannte er die Bedeutung des ungezwungenen und formlosen akademischen Austauschs, und nicht ohne Grund zitierte er in seinem Entwurf für die Ausstattung der Aula Raffaels Schule von Athen.[81] Das Vestibül verkörperte demzufolge die Gemeinsamkeit der beiden Anstalten als Hochschulen. Es könne, so führte er weiter aus, «durch Aufstellung von Gegenständen, welche den Unterricht durch Anschauung fördern, höhere Bedeutung und architectonischen Schmuck erlangen.» Als Referenzen erwähnte er «die geologische Schule in London, in der das Museum zugleich das Vestibulum der Anstalt & die nothwendige Passage zu den Auditorien für die Schüler bildet. Sodann die École des Beaux-Arts zu Paris, in welcher nicht nur das Vestibulum und das ganze Parterre, sondern auch der Vorhof Museum ist.»[82]

151, 152 Gottfried Semper und Johann Caspar Wolff, Eidgenössisches Polytechnikum und Zürcher Hochschule. Schaubild der Eingangshalle von Gottfried Semper (1860) und Fotografie der Eingangshalle um 1905. Ganz so grossartig wie auf Sempers Perspektivzeichnung präsentierte sich das Vestibül des Zürcher Hochschulgebäudes nie. Die Zeichnung zeigt mit ihrer dramatischen Lichtführung und der enormen räumlichen Tiefe eine idealisierte Situation.

153 Michele Sanmicheli, Palazzo Bevilacqua, Verona (um 1530): eine mögliche Referenz für die Hauptfassade

Man darf annehmen, dass Semper nicht nur die bestehende Anlage der École des Beaux-Arts kannte, sondern ebenso François Debrets Entwurf, der mit seiner zentralen Ausstellungshalle der Disposition der Zürcher Schule deutlich verwandt ist. In Zürich dagegen wurden Vestibül und Antikensammlung, obwohl eng miteinander verbunden, grundsätzlich auseinandergehalten. Dies zeigt sich zum einen in der konsequenten Bezeichnung der entsprechenden Räume in Plänen und Texten, zum anderen in der architektonischen Gestaltung. Selbst wenn man von dem aus praktischen Gründen unvermeidlichen, aber nicht erwünschten Glasabschluss des Antikensaals absieht,[83] bleibt dieser mit seiner flachen Decke und eigenen Säulenordnung doch ein spezifischer Raum, der vom Vestibül durch eine Wand mit Triumphbogenmotiv deutlich abgetrennt war.[84] In die Hauptwege der Anlage war er nicht integriert, da an der Ostseite auf eine repräsentative Treppenanlage, die hier kein angemessenes Ziel gefunden hätte, verzichtet wurde. All das ändert gewiss nichts an der Tatsache, dass der Antikensaal Teil der eindrücklichen, von den Architekten selbst herausgestrichenen Perspektive war,[85] die sich dem Besucher vom Haupteingang aus eröffnete. Zu Recht ist die entsprechende Raumfolge immer wieder mit derjenigen Genueser Paläste verglichen worden.[86] Auch wenn die Wirklichkeit nicht ganz so grossartig war, wie sie das suggestive, aber ziemlich frei phantasierende Schaubild suggeriert, das Semper 1860 dazu angefertigt hatte,[87] war der Antikensaal mit seiner vom Dozentenverein der beiden Hochschulen gemeinsam getragenen Sammlung unzweifelhaft eng mit dem westlichen Mittelbau verknüpft (Abb. 151,152).

Wenn der westliche Mittelbau «das Titelblatt [...] für den ganzen Inhalt des Werkes» sein und demnach beide im Bau vereinigten Schulen repräsentieren soll, überrascht zunächst die Position der Machtzentrale des Polytechnikums in dessen erstem Obergeschoss. Die Hierarchie des Ganzen bleibt jedoch gewahrt, indem diese Etage als Zwischengeschoss ausgestaltet wurde. Der Schulrat und der Direktor durften zwar glauben, im Piano nobile zu residieren, im Kontext betrachtet kann dieses Geschoss jedoch keine Bedeu-

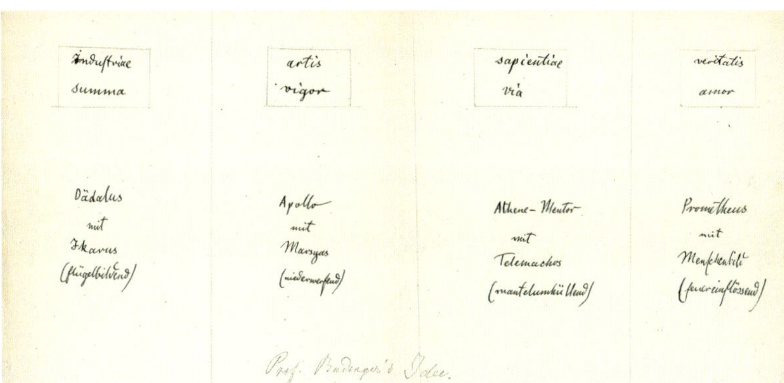

154, 155 Eidgenössisches Polytechnikum und Zürcher Hochschule. Hauptfassade (Schweizerische Kunstkommission, Preisausschreiben für Bildhauer, 1892); Inschriften- und Figurenprogramm, Prof. Semper's Idee. 1892 schrieb die Schweizerische Kunstkommission einen Wettbewerb für Figuren am Mittelbau der Hauptfassade aus. Sie orientierte sich dabei aber nicht mehr an Sempers Vorstellungen, nach denen – analog zum Bildprogramm der Aula – Polytechnikum und Universität gleichermassen repräsentiert sein sollten.

tung für sich selbst beanspruchen. Im Innern erscheint es als relativ dunkles Mezzanin über dem repräsentativeren und höheren Vestibül, in der Aussenperspektive als Sockelgeschoss für die bekrönende Aula.

Die Aufgabe, die sich die Architekten mit dieser Hauptfassade gestellt hatten, war neu und spezifisch. Indem sie sich auf Bauten von Michele Sanmicheli (1484–1559), speziell auf dessen Palazzo Bevilacqua in Verona bezogen, wählten sie als Referenz eine Architektur, deren Nobilität ausser Zweifel steht, die aber gleichzeitig als venezianisch, sprich republikanisch gelten kann (Abb. 153, 154).[88] Als Bildungsbau sollte sie durch ein Figurenprogramm kenntlich gemacht werden. Eine Gottfried Semper zugeschriebene Perspektive zeigt vier Figuren, welche die Nischen des Aulageschosses besetzen, plus vier Figuren auf den mittleren Podesten über dem Haupteingang (Abb. 134).[89] Die bereits besprochene und auch diesbezüglich fragwürdige Perspektive aus der *Illustrirten Zeitung* zeigt sogar insgesamt zwanzig Figuren, ausserdem wird eine «bildnerische Ausstattung der Aussenseite» im Bericht zum Projekt erwähnt.[90] Zu deren Programm sind verschiedene, jeweils ähnliche Versionen überliefert. Eine Notiz im Semper-Bestand im gta Archiv entstand vermutlich 1864 im Rahmen einer Kommission, die Vorschläge für die Bauinschriften ausarbeitete, und ist mit dem Bleistiftvermerk «Prof. Sempers Idee» versehen (Abb. 155). Sie nennt als Nischenfiguren von links nach rechts «Dädalus mit Ikarus (flügelbildend)» unter der Inschrift «industriae summa», «Apollo mit Marsyas (niederwerfend)» unter «artis vigor», «Athene-Mentor mit Telemachos (mantelumhüllend)» unter «sapientiae via» und schliesslich «Prometheus mit Menschenbild (feuereinflössend)» unter «veritatis amor». Beachtlich ist dabei insbesondere, dass zum Thema «Kraft der Kunst» deren gewalttätige Seite aufscheint und der schreckliche Preis angedeutet wird, den das Ursprünglich-Naturhafte, durch Marsyas verkörpert, für den Sieg der apollinischen Kunst zahlen muss. Überdies ist bemerkenswert, wie in der vorgeschlagenen Interpretation des Prometheus-Mythos der Empfang des Feuers und die Erweckung des Menschen miteinander verschmelzen.[91]

Das Figurenprogramm der Fassade erscheint umfassend und macht Können und Wissen gleichermassen zum Thema, ohne explizit auf eine Ikonographie der Polytechniken oder Universitäten zurückzugreifen oder eine solche zu suggerieren. Die Anordnung von Industria links und Veritas rechts kann immerhin als Verweis auf die Lage des Polytechnikums im nördlichen und der Universität im südlichen Flügel gelesen werden, wobei durch die übliche Lesart von links nach rechts die konventionelle Hierarchie nivelliert wird.

Die Nischenfiguren und die zugeordneten Inschriften sollten den Kern des ikonographischen Programms der Fassade bilden.[92] Aus gutem Grund sind sie im obersten Geschoss, demjenigen der Aula, situiert, wo die ganze Anlage ihren gestalterischen Höhepunkt erreicht. Durch das schrittweise Zurückstaffeln der Front entsteht hier Raum für eine starke plastische Durchbildung. Die korinthischen Säulen sind weitgehend von der Wand losgelöst,[93] die mit den Figurennischen zusätzlich Tiefe erhält. Das Triumphbogenmotiv leitet den Blick von aussen nach innen und verbindet den Saal auf intensive Weise mit seiner Umgebung. Die Aula, hoch emporgehoben über die Bauten und Bäume am ehemaligen Rebberg, wird so zur Bekrönung nicht nur des Baus, sondern der ganzen Stadt.[94] Dementsprechend stark hat sich Semper für eine angemessene Ausstattung dieses Raumes eingesetzt. Hier, in dem gemeinsamen Festsaal von Polytechnikum und Universität, sollte alles zusammengeführt werden und von hier aus sollte sich alles erklären lassen.

Semper arbeitete für die Aula ein detailliertes Bildprogramm aus, das er 1865 sogar drucken liess.[95] Bereits im Bericht zum Vorprojekt war er sich über die Bedeutung dieses Raumes im Klaren und bezeichnete ihn als «Sanktuarium der ganzen Anlage», als «Krönung» des Mittelbaues und als «Abschluss des Ganzen.» In einer Ergänzung in Bleistift präzisierte er:

«Wir waren bestrebt das Motiv, welches schon in dem äusseren Eingangsportale anklingt, durch alle die Räume hindurch, welche der Mittelbau enthält, mit wechselnden Variationen bis zur höchsten Steigerung seiner Wirkung in der Aula durchzuführen. So wird diese letztere nach ihrer Vervollständigung durch Wand- und Deckenmalereien alles Übrige, das auf sie vorbereitet, beherrschen und zugleich nur im Zusammenhange mit letzterem ganz verständlich sein. In gleichem Sinne sollte die bildnerische Ausstattung der Aussenseite und was etwa noch später an Schmuck des Inneren hinzutreten dürfte Bezug zu dem Inhalte dessen haben, was die Decken und Wände der Aula zeigen werden.»[96] (Abb. 156–158)

Der Triumphbogen, das Leitmotiv des Baus, tritt hier in der opulentesten, der kompositen Ordnung auf. In die davon geprägte architektonische Gliederung fügt sich ein Bildprogramm ein, das um die Figur der Athene kreist, deren Geburt «aus dem Haupte des Zeus» in einem zentralen, runden Feld dargestellt wird. Der «Lichtgöttin» ist die ganze Decke gewidmet. Sie «manifestiert sich» in den umgebenden Feldern, die analog zu den Figurennischen der Fassaden aufgefasst sind, «in vierfacher Weise als: «1. Minerva Pronoea», «2. Minerva Medica», «3. Minerva Ergane» und «4. Minerva Musica». Verschiedene Formen von Wissen und Können werden hier also als unterschiedliche Facetten des Einen dargestellt, verkörpert in der schillernden Gestalt der Athene/Minerva, die als «strenge, weise und streitbare Göttin», als «Heilsgöttin», als «Künstlerin» sowie als «Erfinderin der Beredsamkeit, der Poesie u. Musik» erscheint und sich in den anschliessenden Feldern überdies als «Göttin im Kampfe gegen Finsternis und rohe Naturgewalten (Gigantenkampf)» zeigt, sowie als «schaffende, kunstbelebende Göttin (Hochzeit der Athene mit Herkules oder auch Erichthonius, der durch Athenes Eingebung und Beistand den Wagen erfindet)».[97]

Der unter der Decke verlaufende Fries sollte «einen Inbegriff der Kulturgeschichte in zugleich symbolischer und historischer Auffassung» vermitteln, während die Wandfelder in ihren fünf Hauptbildern der Darstellung unterschiedlicher Denkschulen vorbehalten waren. «[B]erühmteste und grösste Männer ihres Faches» versammelnd sollte hier Folgendes gezeigt werden:

«Rechts vom Eingange: / 1. Die Schule des reinen Wissens (Philosophie), / 2. Die Schule des exakten Wissens (Naturwissenschaften, Mechanik etc.) / Links vom Eingange: / 1. Die Schule der Beredsamkeit, Poesie und Musik. 2. Die Schule der bildenden Künste. / Über der Thür die Religion als dritte Äusserung des geistigen Strebens nach Vollkommenheit, vertreten durch die Religionsstifter: ZOROASTER, MOSES, CHRISTUS, MAHOMED und BUDDHA.»

Die Religion stand somit in der Hauptachse des Baus und im Zentrum des Raumes, allerdings wurde ihr über der Türe nur noch ein kleines Restfeld zugestanden. Im Festsaal der Athene/Minerva haben die Wissenschaften und die Künste «die Religion als dritte Äusserung des geistigen Strebens nach Vollkommenheit» annähernd verdrängt.[98] Die Aula sollte mit ihrem Bildprogramm demnach die Schulen des Geistes versammeln, wie sie auch als Bestandteil der architektonischen Anlage die beiden Bildungsinstitutionen Polytechnikum und Universität, die diesen Raum gemeinsam nutzten, um sich versammelte. Semper war dabei so klug, die verschiedenen an den Wänden dargestellten Geistesschulen nicht eindeutig der einen oder anderen Institution zuzuweisen. Abgesehen von den faktischen Überschneidungen, die sich nicht zuletzt wegen der Freifächerabteilung des Polytechnikums ergaben, war er selbst in seiner Disziplin zu sehr am Zusammenfüh-

156–158 Eidgenössisches Polytechnikum und Zürcher Hochschule. Aula: Deckenspiegel (Gottfried Semper, 1865), Längsschnitt und Grundriss (o. Sign., o. D.). Die Aula verbindet physisch und symbolisch die beiden im Gebäude beherbergten Schulen. Semper entwarf dazu ein detailliertes, schriftlich festgehaltenes Bildprogramm, das er mit Zeichnungen zur Decke und zur nördlichen Stirnwand exemplifizierte. Die 1868 realisierte Decke folgt diesem Entwurf ziemlich exakt.

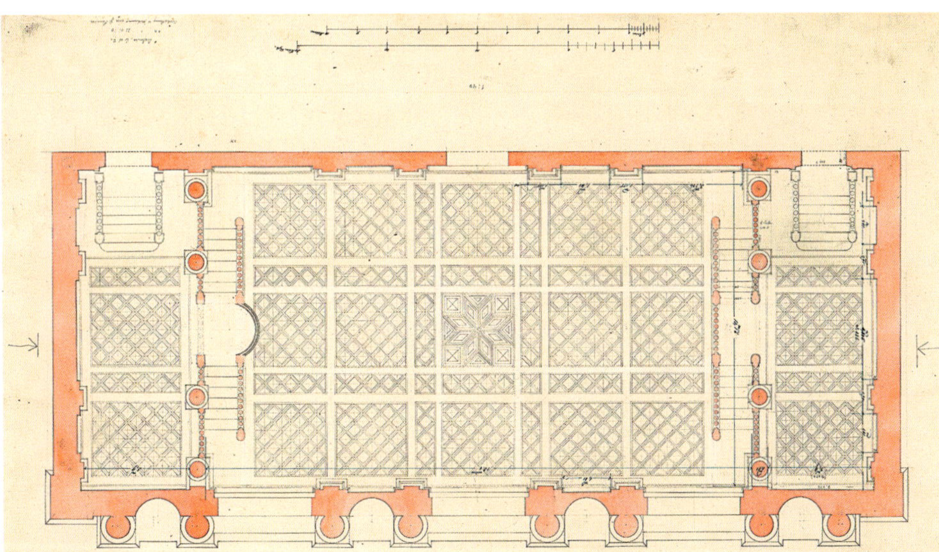

ren der «Schulen» interessiert, als dass er eine konkurrierende Aufteilung durch klare Zuordnungen befördert hätte. Immerhin dürfte die Lage der Schulen des Wissens und den diesen an der Decke zugeordneten Göttinnen im Süden genau so wenig ein Zufall sein wie die Lage der Schulen der Künste im Norden mit den diesen zugeordneten Minerven als Künstlerinnen.[99] Es deutet sich dabei eine Polarisierung an, die in den kleinen Bildern der zentralen Deckenfelder über den beiden Tribünen kulminiert. Im Süden, also in Richtung des Universitätsflügels, wird «das Wissen durch allegorische weibliche Figuren» repräsentiert, wobei die im Programm angefügte Klammer «(4 Fakultäten?)» klarmacht, dass damit die Universität gemeint ist. Das nördliche Pendant dagegen zeigt «die Kunst (die 3 Grazien als Symbole des Schönen und des Kunstschönen im Besonderen.)», was dementsprechend als Repräsentation des Polytechnikums verstanden werden darf.

Die Architektur in den Programmen von Aula und Polytechnikumsfassade

Das Bildprogramm der Aula lässt keinen Zweifel darüber, dass das Ziel der Künste ihre Freiheit ist. Zwar wird die Minerva Ergane mit der Ergänzung «Mechanitis» versehen und als «Erfinderin der Künste und Gewerbe» bezeichnet. Die Gewerbe und die angewandten Künste finden aber im Bilderreigen keine explizite Repräsentation. Wenn auf einem der beiden Deckenmedaillons «die Thatkraft (Alke), welche ein Drachengespann bändigt», als Pendant zu der «Begeisterung auf einem Adler emporsteigend» vorgestellt wird und Semper in Klammern «Dampfmaschinen» beifügt, ist dies nicht mehr als eine schwache Konzession an die polytechnische Welt.[100]

Als Muster für die Wanddekoration zeichnete Semper eine Ansicht vom nördlichen Abschluss des Saales, deren Zentrum eine Skizze zur «Schule der bildenden Künste» ist.[101] Der Triumphbogen öffnet sich dabei auf eine antike Szenerie. Im «Mittelpunkt der Beziehungen» stehen, wie auf dem Deckenbild unmittelbar darüber, die drei Grazien. Als sollte die unter ihnen versammelten Menge «berühmteste[r] und grösste[r] Männer ihres Faches» kollektiv mit dem Lorbeer geehrt werden, halten die Figuren Kränze in den locker ausgestreckten Armen. Zwei säulengeschmückte Bauten ergeben den Hintergrund, und im Vordergrund ist der zirkelschlagende Bramante zu identifizieren, der hier er selbst sein darf, während er in Raffaels Schule von Athen, die Semper zitiert, noch Euklid repräsentieren musste (Abb. 159).

Damit ist die Architektur die einzige der polytechnischen Fachrichtungen, die im Bilderreigen der Aula ausdrücklich dargestellt ist. Die Disziplin, die in der Genese der Schule gerade noch im allerletzten Moment in den

159 Gottfried Semper, Stirnwand der Aula, 1865 (?). Die Nordseite der Aula, auf der Seite des Polytechnikums gelegen, war für eine Darstellung der «Schule der bildenden Künste» vorgesehen und wurde von Semper als Beispiel für die Wanddekoration ähnlich detailliert ausgearbeitet wie der Deckenspiegel. Die Ausstattung der Aula blieb jedoch ein Fragment. Ihre heutige, in etlichen Etappen und teils ohne Rücksicht auf Sempers Vorstellungen realisierte Fassung lässt die ursprünglich intendierte Gestalt höchstens noch erahnen.

Fächerkanon aufgenommen worden ist, scheint hier geradezu das Polytechnikum als Ganzes zu vertreten. Dies ist innerhalb des historisierenden und idealisierenden Kontexts plausibel, den Semper mit seinem Programm schuf. Mit diesem erhob er die Techniker in den Olymp der griechischen Götter – oder zumindest der klassischen Bildung – und stellte sie den universitären Akademikern gleich. Das musste den Polytechnikern, die damals fest um ihre gesellschaftliche Anerkennung kämpften, schmeicheln – offenbar so sehr, dass sie es verschmerzen konnten, dass in dieser bildnerischen Ausgestaltung kein Platz für Laboratorien, Tunnel, Brücken oder Fabriken war. Die allerdings nur fragmentarisch realisierte Ausstattung der Aula erregte denn auch keinen Anstoss,[102] ganz im Gegensatz zum Sgraffito der Nordfassade.

Während «in der Aula die allgemeine Cultur und deren Geschichte nach allen Richtungen Verbildlichung finden» sollte, wurde an der Polytechnikumsfassade «der gleiche Grundgedanke» «unter speziellerer Beziehung auf das technische Wissen und die Kunst» aufgegriffen.[103] Der Kranzfries zeigt die Wappen der 22 Kantone, die Felder zwischen den Fenstern des zweiten Obergeschosses der Flügel sind mit Emblemen der polytechnischen Disziplinen geschmückt, oberhalb der Fenster des ersten Obergeschosses halten Genien Inschriftentafeln mit lateinischen Bezeichnungen wissenschaftlicher und künstlerischer Tugenden im Ablativ («mit Eingebung», «mit Sorgfalt» usw.). Die Brüstungszone des ersten Obergeschosses schliesslich ist mit Medaillons berühmter Männer aus der Wissenschaft und der Kunst geschmückt.

Wie bei den anderen Fassaden wird auch hier bei der Polytechnikumsfassade die Aussage der ganzen Front im Mittelbau konzentriert zusammengefasst (Abb. 160). In dessen zweitem Obergeschoss repräsentieren «zwei sitzende Figuren: Wissen u. Können / Weisheit und Kunst», denen auf den seitlichen Wandfeldern «zwei Genien mit den Insignien der beiden gen. Geistesrichtungen» zugeordnet sind.[104] Erst später entschloss sich Semper, auch das erste Obergeschoss in den Dienst der resümierenden Aussage zu stellen.[105] Als «berühmte Männer» gruppierte er Aristoteles und Perikles links und rechts neben Homer, den er ins Zentrum direkt über das Eingangsportal stellte und den er den Blickkontakt mit dem Betrachter suchen liess.[106] In ähnlicher Weise wie er durch die zentrale Position der Antikenhalle die ganze Anlage der klassischen Kultur verpflichtete, fundierte er hier an der Nordfassade auch das Polytechnikum im Speziellen auf die griechischen Antike – mit dem Philosophen Aristoteles als Begründer des Wissens von der Natur, mit dem Staatsmann Perikles als Prototypen eines wirkenden Menschen und mit Homer als mythischen Stammvater der klassischen Kultur überhaupt.

Die Schriftfelder über den Fensterbogen nutzte Semper für die letzten Worte eines Sinnspruches, den er oben über den Figurennischen beginnen liess und bei den seitlichen Genien fortführte, sodass er den gesamten Mittelrisaliten besetzt: «NON FUERAT NASCI / NISI AD HAS // SCIENTAE / ARTES // HARUM / PALMAM / FERETIS» (Es wäre nicht wert, geboren zu werden, wenn nicht für Wissenschaften und Künste. In ihnen werdet ihr den Siegerpreis gewinnen.).[107]

160 Gottfried Semper, Sgraffito am nördlichen Hauptflügel von 1863, 1924 neu aufgetragen. Im Mittelteil des Sgraffito machte Semper seine persönliche Devise zu derjenigen des Polytechnikums. «Wissen u. Können / Weisheit und Kunst» seien die beiden Pole, nach denen zu streben der Sinn des Lebens ausmache.

Der Kunsthistoriker Andreas Hauser hat dargelegt, wie dieser Spruch den Zorn des die Bauherrschaft vertretenden Regierungsrat Franz Hagenbuch erregt hatte, sodass Semper zur Erklärung gezwungen war, er habe ihn nach einem Portrait des spanischen Königs Adolf des Weisen im Hamburger Johanneum zitiert.[108] Ihm selbst sei dieses Bild während seiner Schulzeit in Phasen des Zweifels «Mittel der Beruhigung und des Selbstfindens» gewesen, sodass er dessen Motto zu seinem eigenen gemacht habe. Er glaube daher, dieser Spruch könne für alle wertvoll sein, die nach ihrer Bestimmung suchen.[109] Hagenbuch liess sich dadurch besänftigen, obwohl Semper damit die Kühnheit offenbarte, seinen persönlichen Wahlspruch zu dem des Polytechnikums gemacht zu haben. Dabei war Hagenbuchs Erregung durchaus verständlich. Das Polytechnikum war schliesslich als eine auf die Praxis ausgerichtete Schule angelegt, und nun sagte seine Fassade aus, allein durch den Dienst an den Künsten und den Wissenschaften selbst seien Lorbeeren zu erringen, und nicht etwa durch die Werke, die von diesen ermöglicht werden. All die Embleme der an der Schule gelehrten Techniken und angewandten Wissenschaften, die auf den Seitenflügeln prangen, stünden demnach bloss für untergeordnete Anwendungen und wären an sich ohne Wert.

Davon ausgenommen war einzig die Architektur. Im Reigen der Embleme ist zwar eines davon der Zivilbaukunst gewidmet,[110] die im Unterricht der Schule bekanntlich einen Schwerpunkt bilden sollte, ein klassisches Sinnbild der Architektur fehlt jedoch. Unverkennbar eine Architektura ist dagegen diejenige Figur, die am Mittelbau für die Künste insgesamt steht, ausgerüstet mit den traditionellen Insignien Zirkel, Zeichenbrett und Zinnenkrone. Semper greift dabei den Topos der Architektur als Mutter aller Künste auf, indem er ihr zu Füssen Genien der Malerei und der Bildhauerei anordnet.

Überraschender als diese Architektura, welche die Künste anleitet, ist jedoch die Gestalt der Scientia links von ihr, zumal an einer Polytechnikumsfassade. Es ist nicht etwa der experimentierende und die Natur erkundende Geist, der hier repräsentiert wird. Weder Fernrohr noch chemisches Laborgerät sind zu sehen, dafür eine Lorbeer bekränzte Figur, die eine Tafel liest und in ein Buch schreibt, ihr zu Füssen ein Genius mit einer Schriftrolle, viele Bücher und eine Sphinx, die Verkörperung der ewigen und zugleich rätselhaften Weisheit. Die Figur gleicht damit einer Allegorie der Dichtkunst. Als Vertreterin des Wissens [111] und mit der Sphinx, auf die sie ihren Fuss stellt, kann sie aber als Repräsentantin der Geschichte identifiziert werden, oder genauer: der Geschichtsschreibung. Als solche zeigt sie sich nun allerdings nicht in ihrer üblichen Form, wie sie die Überlieferung in Stein meisselt, sondern umgekehrt, wie sie Tafel und Schriftrolle als Quellen studiert, um die Überlieferung in ein Buch schreibend zu erneuern. Dies führt, wie schon der Wahlspruch, zu Semper selbst und zu seinem eigenen, umfassenden Verständnis der Disziplin Architektur.

Die zwei Figuren der planenden, die Künste anleitenden Baukunst einerseits und der die Quellen studierenden, schreibenden Wissenschaft andererseits verkörpern auf treffendste Weise die beiden Facetten der Forscher- und Künstlerpersönlichkeit Sempers. Für ihn waren beide Aspekte Teil seiner Arbeit: Die Baukunde sei das Mittel zwischen Wissenschaft und Kunst, diktierte er seinen Schülern ins Kollegheft.[112] Da er die Architektur als wesenhaft monumental auffasste, war für ihn das Studium der Geschichte, in der sich Formen und Bedeutungen herausgebildet haben, integraler, ja fundamentaler Bestandteil seines Schaffens.

Diese Denkweise führt nochmals zu Homer, der so auffällig die Mitte der Polytechnikumsfassade besetzt. Er nimmt dort die Position ein, für die ursprünglich ein Architekt, vermutlich Vitruv, vorgesehen war. Auf einer Detailskizze von 1863 wurden unter den in der Mitte abzubildenden berühmten Männern noch drei Architekten genannt, nämlich Bramante, Vitruv und Michelangelo, wobei Bramante die linke Position einnehmen sollte.[113] Dies alles lässt den Schluss zu, dass Homer hier nicht nur als Begründer der abendländischen Kultur, sondern zugleich, in Vertretung von Vitruv, als Ahnherr der Architektur steht. Denn wie die Dichtkunst ist nach Semper auch die Architektur ihrem Wesen nach überliefernd. Sie verkörpert in Stein, was sie motiviert hat, und entreisst es der Vergänglichkeit. Indem die Architektura ihren Blick auf den Grundrissplan des Nordflügels des Hochschulgebäudes richtet, vor dem der Betrachter der Fassade steht, lädt sie ihn ein, dies am Beispiel zu überprüfen.

Das Zürcher Hochschulgebäude zeigt sich tatsächlich «als geistiges Bundeshaus», um eine Formulierung Hausers zu verwenden, wobei dieser Begriff weniger den Bund der Eidgenossenschaft assoziieren sollte als den Bund der verschiedenen Ausprägungen des Geistes im Allgemeinen und den Bund der beiden in Zürich ansässigen Hochschulen im Besonderen.[114] Die Architektur erweist sich dabei als die Mutter der Künste, vor allem aber auch als die Disziplin, die Wissenschaft und Kunst vereinigt.

Es ist keine geringe Ironie der Geschichte, dass die Architektur des Zürcher Hochschulgebäudes, die zusammen mit den ihr dienenden Künsten so präzise und differenziert über das Wesen der ihr zugrunde liegenden Aufgabe spricht, in der Architekturgeschichtsschreibung als Beispiel für den Beginn historistischer Beliebigkeit und den einsetzenden Sprachverlust der

Architektur gilt.[115] Geschuldet ist dies allerdings weniger dem Bau selbst als vielmehr dessen Rezeption. Rezipiert wurde er nämlich schon bald als Zürcher Polytechnikumsgebäude, und als solches wurde er zum Vorbild für eine ganze Reihe von späteren Polytechniken und technischen Hochschulen, die dabei jedoch nicht an die Polytechnikumsfassade anknüpften, sondern an die triumphierende Westfassade. So kleiden sich die technischen Hochschulen von Aachen, Dresden, Braunschweig und viele andere in einen Pomp, der in Zürich allein durch die höchst spezifischen und durchaus einzigartigen Gegebenheiten der vereinigten Hochschulen motiviert war und der, würde man Sempers Beispiel wirklich folgen, nicht einmal einer Universität angemessen wäre.

1 Heute «Alte Kantonsschule» an der Rämistrasse 59.

2 Einen guten Einblick in die Problematik gibt der Bericht, der von Schulratspräsident Johann Karl Kappeler im Rahmen der Planung des Neubaus 1859 an den Bundesrat geschickt wurde: ETH-HA SR2 Präsidialverfügung 119, 28.5.1858 (Abschrift).

3 Die Entwicklung des Raumprogramms und die Projektierungsgeschichte hat Dieter Weidmann ausführlich dargestellt, wobei er insbesondere den diesbezüglichen Konflikt zwischen Bund und Kanton herausgearbeitet hat; Weidmann 2010, bes. S. 403–458 (mehrere Kapitel). Das Raumprogramm war aber auch unabhängig von dieser Kontroverse äusserst fragwürdig. Dies zeigt sich nicht zuletzt in den erheblichen Änderungen, die es noch während der Bauzeit erfahren hatte. Sowohl die Grösse als auch die Auslegung der Schule wurden parallel zur Entwicklung und Realisierung des Baus weiterdiskutiert, sodass die Flexibilität, die durch die Lösung von Semper und Wolff ermöglicht wurde, einem dringenden Bedürfnis nachkam.

4 An der Stelle des Fröschengrabens, des Stadtgrabens der mittelalterlichen Stadt, befindet sich heute die Bahnhofsstrasse. Das Hinteramt war Teil des ehemaligen Augustinerklosters; vgl. Abegg/Barraud 2002, S. 174–211. Die Bibliothek zog 1861 in ein zweites Provisorium im Strohhof um.

5 1856 konnte die Verwaltung in das Kornamt (ehem. Kloster Oetenbach, hinter dem Waisenhaus, dem heutigen Sitz der Stadtpolizei Zürich) verlegt werden, wohin auch die Ingenieurschule umzog. Zu den Provisorien vgl. Oechsli 1905, S. 246f.; Weidmann 2010, Kap. «Die Zuweisung provisorischer Räume», S. 384–403.

6 Joseph von Deschwanden, Provisorische Räumlichkeiten, Bericht an den Schulrat, 3.7.1856 (ETH-HA SR3 1856 Nr. 214), zit. n.: Weidmann 2010, S. 389f. Aus studentischer Sicht stellte sich dies rückblickend wie folgt dar: «Welch ein Wettrennen hat in den Zwischenstunden von einer dieser Weisheitsquellen zur anderen stattfinden müssen; wie oft hat das entsetzlich schlechte Pflaster in den engen Gassen, die wir durcheilten, unseren Zorn erregt. War es zu verwundern, wenn man gelegentlich auf halbem Wege rastete und sitzen blieb, oder aber im Eifer über das Ziel hinausschoss und sich ausserhalb der Stadtgrenzen an einem Spaziergang auf ungepflasterten Pfaden erfreute?» Erinnerungen eines Ehemaligen, in: *Festschrift zur Feier* 1894, S. 133.

7 Die Studenten wiesen denn auch darauf hin, sie wären «nicht nur in ein neues, sondern auch in ein völlig unfertiges Gebäude gezogen»; *Bericht der ausgetretenen Polytechniker* 1864, S. 2. Der entsprechende Bericht ist eine Gegendarstellung zu jener im «Offizielle[n] Bericht des Schweizerischen Schulrats an das Schweizerische Departement des Innern über die Vorfälle am Eidgenössischen Polytechnikum» vom 1.8.1864, in: ETH-HA SR2 Anhang 1864. Zu den Ereignissen vgl. auch die Berichte der parlamentarischen Kommis-

sionen, welche die Rekurse gegen die Relegation der Rädelsführer zu behandeln hatten, in: *Bundesblatt* 16, Bd. II, Nr. 45, 22.10.1864, S. 857–881.

8 Eine stark verklärende, aber ganz amüsante Darstellung der Ereignisse (und des Studentenlebens eines Bauschülers) liefert Kunkler 1898.

9 Gugerli/Kupper/Speich 2005, S. 108. Dort findet sich eine knappe Zusammenfassung und Würdigung der Studentenrevolte von 1864.

Das Provisorium an der Kirchgasse: Der «göttliche Rumpelkasten»

10 Vgl. Abegg/Barraud 2007, Bd. III.II, S. 282–284.

11 StAZH Plan R 1436, vgl. Abb. 133.

12 In den Programmen ist das Labor als Stiftsgebäude 16 bezeichnet. Die hohe Zahl verweist allerdings auf das Obergeschoss, wo sich zuvor ebenfalls eine Küche befunden hatte.

13 ETH-HA SR3 1859 Nr. 649, zit. n.: Weidmann 2010, S. 398.

14 Vermutlich belegte Ludwig Keiser die rückwärtigen Räume im Erdgeschoss, das damals noch nicht ausgebaut war. Zur Zuordnung von Nutzungen und Räumen vgl. Anm. 23.

15 ETH-HA SR3 1860 Nr. 457, zit. n.: Weidmann 2010, S. 391f.

16 Julius Stadler, Brief an Alfred Friedrich Buntschli, 8.9.1861 (ZBZ FA Bluntschli 43.30). Bluntschli verbrachte seine Semesterferien vermutlich bei seinen Eltern in München.

17 1864: 51 Studierende, 1866: 52 Studierende. Danach gingen die Studentenzahlen wieder deutlich zurück und die Schule erreichte erst gegen Ende des Jahrhunderts erneut diese Grösse; Lars Leemann und Daniel Speich, *Anzahl Studierende an der ETH Zürich 1855–2002. Statistischer Überblick Nr. 3*, unter: http://www.ethistory.ethz.ch/statistik/03Anzahl_Studierende.pdf (6.12.2012).

18 «Kein etwas grosses architektonisches Gypsmodell, keine Gypsfigur kann in eine passende Beleuchtung gebracht u. zum Nachzeichnen zweckmässig gestellt werden.» Joseph von Deschwanden, Provisorische Räumlichkeiten, Bericht an den Schulrat, 3.7.1856 (ETH-HA SR3 1856 Nr. 214), zit. n.: Weidmann 2010, S. 390.

19 «Andere Unterrichtsräume lagen im Stiftsgebäude (nahe am Grossmünster), dessen steile und hohe Treppe wohl noch Vielen im Gedächtnis lebt.» *Festschrift zur Feier* 1894, S. 132f.

20 Dies obwohl das Stiftsgebäude an das Gasnetz angeschlossen wurde; ETH-HA SR2 Präsidialverfügung 416, 26.11.1856. Der Umstand, dass das Gas zum Teil aus dem Kredit für das chemische Laboratorium bezahlt wurde (ETH-HA SR2 Präsidialverfügung 232, 16.11.1857), legt die Vermutung nahe, dieses sei der hauptsächliche Abnehmer gewesen. Gaslicht gab es aber auch in der Bibliothek: Die Öffnungszeiten, die das Reglement von 1857 vorsahen, waren von Julius Stadler explizit unter der Bedingung «wenn Gasbeleuchtung benutzt werden kann» vorgeschlagen worden; ETH-HA SR3 1857 Nr. 418.

21 Julius Stadler, Brief an Alfred Friedrich Bluntschli, 19.7.1860 (ZBZ FA Bluntschli 43.30).

22 ETH-HA SR3 1859 Nr. 649, zit. n.: Weidmann 2010, S. 391.

23 Der Präsident des Schweizerischen Schulrates an die Regierung des Kantons Zürich, 21.1.1861 (StAZH V II 22 (1)). Auf diesem Bericht basiert die Zuordnung der im Polytechnikum gebräuchlichen Nummerierung der Räume zu den Raumbezeichnung mit Buchstaben in Plan R 1436. Die hier erwähnten Dreiertische gehen auf eine Initiative Gladbachs zurück, der 1859 darum ersucht hatte, wegen der zu vielen Schüler Tische mit drei Schubladen anzufertigen; ETH-HA SR3 1859 Nr. 578.

24 Der Präsident des Schweizerischen Schulrates 1861 (wie Anm. 23). Bauinspektor Wolff bestätigte in der Folge, eine Zusammenlegung von Räumen sei möglich. Bauinspektor Wolff, Schreiben an die Direktion der öffentl. Arbeiten, 22.8.1861 (StAZH V II 22 (2)).

Die Räume der Bauschule im Neubau auf dem Schienhut

25 Vgl. Bericht zum Programm für die Räumlichkeiten des eidgenössischen Polytechnikums, o. D. [Febr. oder März 1855] (StAZH V II 23 (1.40)), in: Weidmann 2010, Anhang Nr. 30, S. 1142–1176.

26 Zur Projektgeschichte vgl. Weidmann 2010 (ganze Publikation).

27 *Konkurs-Programm* 1857; Concept – Bericht zu dem Projekte für das eidg. Politechnikum & die zürch. Hochschule (Sign. Nov. 1858 Bauinspektor Wolff, Gottfried Semper) (StAZH V II 23 (2.22b)), in: Weidmann 2010, Quelle Nr. 110 (zum Flächenvergleich Wettbewerbsprogramm / Vorprojekt bes. S. 1419–1424).

28 Zum Wettbewerb und zur Entwicklung des Bauprogramms vgl. Weidmann 2010, Kap. «Der öffentliche Wettbewerb», S. 643–698. Ob von Anfang an die Absicht bestand, mit dem Bauprojekt nicht einen der Wettbewerbsteilnehmer, sondern Semper zu beauftragen, bleibt offen.

29 Polytechnikum, bauliche Einrichtungen, Gutachten & Wünsche der Hr. Professoren über die baulichen Einrichtungen, 12.6.1858 (StAZH V II 22 (1.39)) (Abschrift); ETH-HA SR3 1858 (Originale), davon ausgewählte Transkripte in: Weidmann 2010, Quelle Nr. 103–105, S. 1391–1399.

30 ETH-HA SR3 1858 Nr. 316, in: Weidmann 2010, Quelle Nr. 103, S. 1391f. Gladbachs Schreiben datiert vom 6.6.1858.

31 ETH-HA SR3 1858 Nr. 326, zit. n.: Weidmann 2010, Quelle Nr. 105, S. 1394–1399. Das Schreiben von Semper als Vorsteher der Bausschule trägt das Datum vom 8.6.1858. Der Beschluss, Semper und Wolff zu beauftragen, fiel drei Tage später, am 5.6.1858, und wurde gleichentags schriftlich kommuniziert, wobei der Vorlage vor den Regierungsrat eine mündliche Besprechung mit Semper vorangegangen war; gta Archiv 20-K-1858-06-05, in: Weidmann 2010, Quelle Nr. 101, S. 1387f.

32 Vgl. Kap. 2 «Der Stundenplan von 1855 und Sempers erster Reformvorschlag», S. 30–35.

33 ETH-HA SR3 1858 Nr. 326 (wie Anm. 31).

34 Im Projekt waren die Werkstätten noch im Erdgeschoss des Ostflügels vorgesehen, also relativ weit von den Räumlichkeiten der Bauschule entfernt, allerdings mit einer direkteren Beziehung zwischen dem Raum für das Modellieren und der archäologischen Sammlung. Die Modellsammlung lag im Projekt im Sockelgeschoss des Westtrakts; gta Archiv 20-0300-48; 20-0300-49.

35 Baupläne 1:50 (gta Archiv 20-0300-91; 20-0300-92; 20-0300-94) und Publikationspläne von Carl Heinzen (gta Archiv 76-033). Bereits 1870 wurden das Figuren- und das Landschaftszeichnen im selben Saal unterrichtet und in den nördlichen Ecksaal des zweiten Obergeschosses verlegt, um dem vierten Jahreskurs der Ingenieurschule Platz zu machen; Bericht des Schweizerischen Bundesrates an die h. Bundesversammlung über seine Geschäftsführung im Jahr 1870, in: *Bundesblatt* 23, Bd. II, Nr. 19, 17.5.1871, S. 221–322, hier S. 284.

36 Oder bestand bloss die Absicht, die drei Räume zu verbinden? Sowohl in den Projekt- wie auch in den Bau- und Publikationsplänen sind Zwischentüren eingezeichnet; gta Archiv 20-0300-012; 76-033. Dem steht entgegen, dass Julius Stadler 1871 über den Zwang schrieb, im Wechsel zwischen den Zeichensälen stets die unerträglich kalten Korridore benutzen zu müssen; ETH-HA SR3 1871 Nr. 451. Waren die Zwischentüren eventuell mit Mobliar zugestellt?

37 Im Bauprogramm ging man von insgesamt 70 Schülern aus: Diese Zahl wurde an der Bauschule aber erst um Wende zum 20. Jahrhundert erreicht. Das Maximum unter Semper waren 52 Schüler im Jahr 1866. Darauf beziehen sich die genannten Zahlen, meist waren es jedoch deutlich weniger; www.ethistory.ethz.ch/materialien/statistiken: Anzahl Studierende an der ETH Zürich 1855–2002. Statistischer Überblick Nr. 3 (Stand 25.3.2005; 7.10.2014).

38 Generell wurde das Mobiliar aus den Provisorien übernommen, wahrscheinlich auch dasjenige für die Bauschule. Zwar findet sich im gta Archiv eine Skizze zu einem Zeichensaal-

tisch (gta Archiv 20-0300-609, Abb. 136), doch wurden entsprechende Tische wahrscheinlich nie gebaut.

39 ETH-HA SR2 Präsidialverfügung 107, 4.4.1863. Darin wird nach einer Besprechung von Kappeler, Bolley, Semper sowie dem Direktor der Gasanstalt die Gasbeleuchtung im neuen Hochschulgebäude geregelt. Generell wurde den Zeichensälen je nach Grösse eine oder zwei Flammen zugestanden, wobei die Leitungen für eine Nachrüstung ausgelegt sein sollten. Dass Semper für die Bauschule eine Sonderregelung durchsetzen konnte, bezeugt sein Charisma.

40 Am 3.11.1865 wurden per Zirkular alle «Hilfslehrer, Assistenten, Konservatoren und Abwarte» zur Vorsicht mit dem Licht gemahnt und daruf hingewiesen, in Zukunft werde das Gas am Haupthahn um 21 Uhr abgestellt; ETH-HA SR2 Präsidialverfügung 286, 3.11.1865. Die Forderung, künstliche Beleuchtung zuzulassen, wurde ab 1875 allen voran seitens der Studenten der mechanisch-technischen Abteilung des Polytechnikums erhoben, wobei erst 1881 dem zweiten und dritten Kurs der Ingenieurschule sowie dem dritten Kurs der mechanisch-technischen Abteilung eine Beleuchtung bewilligt wurde. Die Elektrifizierung des Hauses erfolgte punktuell ab 1894, generell ab 1901. 1905 konnte Georg Lasius von einer Beleuchtung mit «Gleichstrom Bogenlampen und mit Reflektor gegen die Decke» «in sämtlichen Zeichensälen und auch in einigen Auditorien» berichten, die sich «vortrefflich bewährt» habe; Georg Lasius, Die Gebäude der Eidgenössischen Polytechnischen Schule, in: *Die bauliche Entwicklung Zürichs* 1905, S. 321–345, hier S. 327.

41 Concept – Bericht zu dem Projekte für das eidg. Politechnikum & die zürch. Hochschule (Sign. Nov. 1858 Bauinspektor Wolff, Gottfried Semper) (StAZH V II 23 (2.22b)), zit. n.: Weidmann 2010, Quelle Nr. 110, S. 1417.

42 In den Plänen wird der Nutzer dieses Raumes nicht namentlich erwähnt; gta Archiv 20-0300-44; 20-0300-49; 20-0300-92; 76-033.

43 Es ist nicht ausgeschlossen, dass sich Stadler und Lasius diesen Raum teilten. Im Grundriss gta Archiv 20-0300-92 ist jedoch nur Stadler vermerkt. Spätere Pläne, zum Beispiel von Carl Heinzen 1865 (gta Archiv 76-033), bestätigen grundsätzlich die in diesem Bauplan mit Bleistift eingezeichnete Nutzung.

44 Spätere Pläne (wie Anm. 43). Notizen in gta Archiv 20-0300-92 beweisen, dass man zwischenzeitlich erwog, das Auditorium zweiachsig zwischen Bibliothek und Sammlung anzuordnen.

45 Dies wurde durch einen (teilweisen (?)) Wechsel des Brennmaterials von Holz auf Kohle während der Projektierung möglich (Bezeichnung in den Projektplänen: «Holzbehälter» (gta Archiv 20-0300-48), in den Bauplänen: «Raum für Brennmaterialien» (gta Archiv 20-0300-91), in den Plänen von Carl Heinzen von 1866: «Kohlenmagazin» (gta Archiv 76-033)), was wiederum unmittelbar mit der erst 1858 durchgängig gewordenen Bahnverbindung von Zürich über Basel nach Deutschland zusammenhängen dürfte. Steinkohle braucht dank einer ungleich höheren Energiedichte deutlich weniger Raum als Holz, und durch den relativ günstigen Bahntransport wurde sie erschwinglich.

46 Dazu kam ein zusätzlicher, noch kleinerer Raum für die «Modellsammlung der Ingenieurschule» im Untergeschoss des Osttrakts (nach den Plänen von Carl Heinzen, 1866, gta Archiv 76-033), der gemäss einem Bleistifteintrag in den Ausführungsplänen für «Modelle von Brücken» reserviert war (gta Archiv 20-0300-91). Dies lässt auf eine Spaltung der Bausammlung schliessen. Beide Räume lagen, entgegen Gladbachs dringendem Wunsch, nicht im gleichen Geschoss wie die Hörsäle. Auch der Sammlungsraum neben dem Bauschulhörsaal dürfte kaum für grössere Modelle Platz geboten haben.

47 In den Projektplänen als disponibel vermerkt (gta Archiv 20-0300-48), ist der Raum in den Bauplänen mit Bleistift als Modellraum bezeichnet (gta Archiv 20-0300-91), in den Plänen von Carl Heinzen von 1866 mit «Modellieren in Holz (Bauschule)» (gta Archiv 76-033).

48 Bericht des Schulrats an den Bundesrat zur Stellungnahme des Zürcher Regierungsrats zum Bauprogramm, 14.8.1856 (BAR E 80/682), zit. n.: Weidmann 2010, Quelle Nr. 40, S. 1232.

49 Allein die 570 Quadratfuss (gut 50 m^2) dieses Ateliers waren mehr als das Doppelte der 250 Quadratfuss, die das Raumprogramm für die Professoren einer ganzen Abteilung vorgesehen hatte.

50 1050 Quadratfuss (rund 95 m^2) für die Bauschule plus 595 Quadratfuss für die Ingenieurschule im Bau gegenüber von 2000 Quadratfuss im Programm; gta Archiv 20-0300-91; Wettbewerbsprogramm, 30.11.1857, StAZH VII 23 (Weidmann 2010, Quelle Nr. 74, S. 1335–1347, hier S. 1343).

51 Diese Praxis wurde übrigens nicht nur von Semper, sondern auch – um dadurch Raum sparen zu können – von den kantonalen Behörden gefordert. Vgl. dazu: Stellungnahme des Zürcher Regierungsrats zum ersten Bauprogramm, 5.7.1856 (BAR E 80/682), zit. n.: Weidmann 2010, Quelle Nr. 39, S. 1211.

Sempers Bildungsgebäude und die Architektur

52 Insbesondere Martin Fröhlich versuchte das Gebäude in modern funktionalistischer Weise unmittelbar aus dem Raumprogramm heraus zu interpretieren. Dieter Weidmann hat die Mängel dieses Ansatzes in seiner Arbeit ausführlich diskutiert; Weidmann 2010, Kap. «Sempers und Wolffs Projekt als 'die bildliche Darstellung des Programms'», bes. S. 888–895. Ohne die Wichtigkeit der primären Funktionen zu leugnen, wird hier von einem erweiterten Funktionsbegriff ausgegangen.

53 Die Aufgabenteilung zwischen den beiden Architekten konnte auch Dieter Weidmann nicht gültig klären. Wenn im Folgenden bisweilen nur Semper als Architekt genannt wird, entspricht dies der allgemein anerkannten, wenn auch nicht belegten Auffassung, dieser sei ungleich mehr als Wolff für die Gestaltung und Grunddisposition des Baus verantwortlich gewesen.

54 «Il n'y a qu'à faire une promenade aux environs de la ville [...] pour s'assurer qu'il ne suffit pas d'être riche pour avoir du goût. Le bâtiment du Polytechnicum en est lui-même une preuve accablante. Imposant par sa masse, il manque d'harmonie. La façade est d'un palais, mais non pas les ailes.» Rambert 1864, S. 33.

55 So zuletzt auch bei Weidmann 2010, bes. S. 924f.

56 gta Archiv 20-0300-36.

57 Gottfried Semper, Die Sgraffito-Dekoration (1868), in: ders., *Kleine Schriften* 1884, S. 508–516.

58 «Im ganzen gilt der Satz: die Mauerfläche muss Fläche blieben. Die Dekoration überschreite das Gebiet der Flächenverzierung so wenig wie möglich; sie werde nicht zu plastisch, naturalistisch, sie vermeide Löcher und Vorsprünge. / In letzterem Sinne sind, glaube ich, schattierte Spiegelquader [...], architektonsiche Reliefformen u. dergl. im ganzen zu vermeiden. Doch bin ich in dieser Beziehung kein gar eifriger Purist. Alles ist erlaubt, was dem Ganzen nicht schadet, sondern hilft, und was den Meister lobt.» Ebd., S. 514.

59 Weidmann 2010, S. 927 u. a.

60 Das neuerbaute Eidgenössische Polytechnikum in Zürich, in: *Illustrirte Zeitung* 15, 27.6.1863, S. 444f. Die zitierte Stelle endigt: «[...] obgleich in Wirklichkeit dieselbe bisjetzt nur den gewöhnlichen, getünchten Putz zeigt.» Es scheint wenig sinnvoll, einzig aus dem Wörtchen «bisjetzt» des Schreibers eine ansonsten in keiner Weise dokumentierte Dekorationsabsicht zu konstruieren, wo doch der Zeichnung explizit ein ganz anderer Sinn gegeben wird und die Formulierung lautet, «in beigegebenem Holzschnitt» – und nicht etwa im Projekt – sei die Fassade «decorirt gedacht worden». Dieter Weidmann vermutet hinter dem Autorenkürzel «M.» Manfred Semper; Weidmann 2010, S. 37. Es wäre durchaus möglich, dass Manfred Semper, der immer wieder auf das Leiden seines Vaters unter der Sparsamkeit der Zürcher hindeutete, aus eigener Initiative gehandelt hatte. In einem Brief an seinen Vater vom 1.7.1863 distanzierte er sich in gewisser Weise von der publizierten Zeichnung, indem er beklagte, diese sei durch den Stecher «leider ganz verdorben» worden, wobei er auf das Thema der dargestellten imaginären Dekoration bedauerlicherweise nicht einging; Manfred Semper, Brief an Semper, 1.7.1863 (gta Archiv 20A-K-1863-07-01 (M)), zit. n.: Weidmann 2010, S. 927, Anm. 728.

61 Dieter Weidmann zeigt eindrücklich, wie Semper systematisch die Publikation der Pläne hintertrieb; Weidmann 2010, Kap. «Sempers Widerstand gegen die Publikation der Pläne», S. 61–69. Letztlich waren bis zu Fröhlichs Veröffentlichung des zeichnerischen Nachlasses im gta Archiv keine verlässlichen Plangrundlagen bekannt, wobei die dort publizierten Unterlagen zu unterschiedlichen Projektphasen nur bedingt zur Klarheit der Sache beitrugen; Fröhlich, *Gottfried Semper. Zeichnerischer Nachlass* 1974. Noch im Katalog zur Ausstellung *Gottfried Semper (1803–1879). Architektur und Wissenschaft* im Jahr 2003 unterschlug man den Grundriss des ersten Obergeschosses und kombinierte Zeichnungen unterschiedlicher Planungsstände, sodass auch diese Publikation weder ein vollständiges noch ein verlässliches Bild von Projekt oder Bau zeichnet. Erst Dieter Weidmann publizierte das Projekt von 1858 kohärent (Weidmann 2010, S. 781–785), doch selbst in dieser ausserordentlich quellenkundigen Arbeit bleiben Fragen offen, etwa nach der exakten Planungsgeschichte der Nordfassade.

62 Meist abgekürzt als «Eidg. Polytechnikum und Zürch. Hochschule».

63 Die Kenntnis des im Folgenden referierten Vorfalls verdanke ich Dieter Weidmann; vgl. Weidmann 2010, Kap. «Bolleys 'Janus-Tempel'-Vorschlag», S. 451–453.

64 *Eidgenössische Zeitung*, 30.4.1857, Nr. 119, S. 475f., zit. n.: Weidmann 2010, S. 451.

65 Ebd., S. 452.

66 Den Begriff «Titelblatt» verwendeten Semper und Wolff im Kommentar zum Entwurf bezüglich des Mittelbaus der Westfassade: «Sein Äusseres sollte gleichsam das Titelblatt sein, für den ganzen Inhalt des Werkes». Concept – Bericht zu dem Projekte für das eidg. Politechnikum & die zürch. Hochschule (Sign. Nov. 1858 Bauinspektor Wolff, Gottfried Semper) (StAZH V II 23 (2.22b)), zit. n.: Weidmann 2010, Quelle Nr. 110, S. 1427.

67 Die Bezeichnung «Hauptflügel» findet sich so in den Ausführungsplänen 1 : 50; gta Archiv 20-0300-[...].

68 Vgl. Tönnesmann 2005, S. 71–73. Auf das von Wolff entworfene, östlich dem Hauptgebäude vorgelagerte Chemiegebäude muss hier nicht eingegangen werden.

69 Bereits Fröhlich hat beschrieben, die «Eckrisalite» seien «eigentlich Flügel des Süd- und Nordbaus.» Fröhlich, *Gottfried Semper. Zeichnerischer Nachlass* 1974, S. 224.

70 Auch die Bezeichnung «Mittelbau» folgt den Plänen. Dass nicht von Risaliten die Rede ist, unterstreicht die Autonomie dieser Teile, von denen aus die Flügel organisiert sind; gta Archiv 20-0300-[...].

71 Concept – Bericht zu dem Projekte für das eidg. Politechnikum & die zürch. Hochschule (Sign. Nov. 1858 Bauinspektor Wolff, Gottfried Semper) (StAZH V II 23 (2. 22b)), zit. n.: Weidmann 2010, Quelle Nr. 110, S. 1428. Einzelne, mit Bleistift in den Bericht eingefügte Teile wurden möglicherweise erst nach Vollendung des Baus ergänzt, vgl. Anm. 76.

72 Dies führte Dieter Weidmann dazu, hinter diesen Worten Wolff zu vermuten; Weidmann 2010, S. 792f.

73 Gottfried Semper, Entwurf eines Systems der vergleichenden Stillehre (1853), in: ders., *Kleine Schriften* 1884, S. 259–291, hier S. 267.

74 Gebraucht hat man den Karzer offenbar kaum: In der alten Räumlichkeiten der Universität am Fröschengraben war es zuvor möglich gewesen, während der Zeit des Provisoriums des Polytechnikums den entsprechenden Raum als Arbeitszimmer des Präparators der naturwissenschaftlichen Sammlungen zu nutzen; vgl. Oechsli 1905, S. 247.

75 Garleff 2003, S. 121–128, Abb. S. 447–448 und 465–467. Als Semper in Paris studierte, war das Projekt im Bau und der Südflügel weitgehend vollendet, bevor es 1830 gestoppt und später verändert weitergeführt wurde.

76 Vgl. Semper, *Der Stil*, Bd. I, 1860, S. XV. Es spricht einiges dafür, dass das Sgraffito beim Vorprojekt noch nicht vorgesehen war. Im Bericht der Architekten wird es einzig in den von Semper mit Bleistift eingefügten Anmerkungen erwähnt, die sich vor allem auf die Ausstattung der Aula beziehen, während in den Bemerkungen zur Konstruktion der oberen Stockwerke ausschliesslich von Verputz und quadriertem Besenwurf die Rede ist. Sempers Einfügung könnte durchaus später gemacht worden sein, zum Beispiel als der Bericht 1866 als Grundlage für den von Staatsschreiber Gottfried Keller nach Abschluss der Bauarbei-

ten verfassten Bericht verwendet wurde (publiziert in: *Amstblatt des Kantons Zürich*, Nr. 9, 30.1.1866). Für eine spätere Ergänzung spricht, dass in der Abschrift, die Franz Hagenbuch vom «Concept» zu Handen des Regierungsrates verfertigt hatte, das Sgraffito noch nicht erwähnt wird; StAZH V II 23 (2.22a). Ebenso fehlt es im Kostenvoranschlag. Die detaillierter ausgearbeitete Variante der Nordfassade mit Sgraffito auf dem Plan gta Archiv 20-0300-154 würde dann nicht zum Plansatz des Vorprojekts gehören, sondern wäre später zu datieren. Dafür spricht überdies, dass es unwahrscheinlich ist, dass die städtebaulich wichtigere und für den Bauherrn besonders bedeutsame Universitätsfassade bei der Projektpräsentation nur als kaum vollständig aufgerissene Zeichnung vorgelegt worden wäre (gta Archiv 20-0300-158), die Nordfassade jedoch mit einem ausgearbeiteten Dekorationsprogramm. Das würde auch erklären, warum im grossmassstäblichen, vermutlich erst nach dem Vorprojekt entstandenen Fassadenriss gta Archiv 20-0300-160 nur tastend und unsicher einskizzierte Dekorationsfragmente zu finden sind.

77 Vgl. Gottfried Semper, Die Sgraffito-Decoration (1868), in: ders., *Kleine Schriften* 1884, S. 508–516.

78 Diese Bemerkung bezieht sich auf das Vorprojekt von 1858; gta Archiv 20-0300-154. Wenn überhaupt wurde diese Abtreppung, die eine Asymmetrie in der Fassade bewirkte, nur in abgeschwächter Form realisiert. Spätestens mit dem Umbau von Gustav Gull ist sie ganz verschwunden.

79 Concept – Bericht zu dem Projekte für das eidg. Politechnikum & die zürch. Hochschule (Sign. Nov. 1858 Bauinspektor Wolff, Gottfried Semper) (StAZH V II 23 (2.22b)), S. 24, zit. n.: Weidmann 2010, Quelle Nr. 110, S. 1427.

80 Ebd., S. 1427f.

81 gta Archiv 20-0300-471.

82 Gutachten der Professoren über die baulichen Einrichtungen, 12.6.1858 (StAZH V II 23 (1)). Die Vorlage zu dieser Abschrift, datiert mit 8.6.1858, in: ETH-HA SR3 1958 Nr. 326, zit. n.: Weidmann 2010, Quelle Nr. 105, S. 1398f.

83 Semper wünschte explizit, die Aufstellung der Gipse solle möglichst offen erfolgen: Er schlug vor, «die ganze Mittelhalle des Polytechnikums nebst den Vestibülen und Treppen offen und ungetrennt zu lassen, alle hölzernen und selbst gläsernen Schranken und Trennungen fallen zu lassen, damit das Ganze ein einziges grossartig-gemeinnütziges Museum bilde!» Semper, Schreiben an Franz Hagenbuch, 22.8.1860 (StAZH U 122 (1)), zit. n.: Weidmann 2010, Quelle Nr. 119, S. 1464.

84 Vgl. die Schnitte gta Archiv 20-0300-125 und gta Archiv 20-0300-119. Die beiden äusseren Bogen waren dabei mit geschlossenen Wandflächen gefüllt. Man beachte auch die unterschiedlichen Pilasterhöhen von Antikensaal und Vestibül.

85 «Das Hauptvestibulum [-vestibulum von Semper korrigiert: -vorhalle], mit der doppelten Treppe, mit der Terrassenerhöhung im Innern, seiner sehr langen architektonischen Fortsetzung durch den ganzen Mittelbau hindurch, seiner [korrigiert: ihrer] durch die Ausnutzung der Ungleichheiten des Terrains erreichten, dem übrigen Bau leider fehlenden [von Semper (?) gestrichen] Deckenhöhe, kann seine architektonische Wirkung bei irgend entsprechender Ausstattung nicht verfehlen.» Concept – Bericht zu dem Projekte für das eidg. Politechnikum & die zürch. Hochschule (Sign. Nov. 1858 Bauinspektor Wolff, Gottfried Semper) (StAZH V II 23 (2.22b)), S. 26, zit. n.: Weidmann 2010, Quelle Nr. 110, S. 1429. Die Korrektur mag daher rühren, dass Semper hier die östliche Eingangshalle, die in den Plänen ebenfalls als «Vestibule» bezeichnet wird, nicht ins Spiel bringen wollte, da er zuvor das Vestibül ja gerade nicht als Vorraum, sondern als selbständigen, gewichtigen Programmpunkt eingeführt hatte.

86 Nach Dieter Weidmann wurde der Vergleich zum ersten Mal bereits 1862 im Aufsatz «Sempers neueste Arbeiten» angestellt, der in der *Allgemeinen Zeitung*, 28.1.1862 (Beilage), erschienen ist; Weidmann 2010, S. 822.

87 Perspektive gta Archiv 20-300-390, zugehörige Vorzeichnungen gta Archiv 20-300-388 und gta Archiv 20-300-389. Einigermassen verlässlich ist nur der Vordergrund, während im Hintergrund nicht nur die Lichtsituation, sondern auch die Räumlichkeit einem Capric-

cio gleich sehr frei variiert ist. Die Massfiguren sind, Grösse suggerierend, viel zu klein gehalten, das obere Vestibül ist um eine Raumschicht tiefer dargestellt, als es war, und auch die Gewölbehalle im Hintergrund sowie die Perspektive in ein überhohes Seitenschiff (?) rechts sind frei erfunden.

88 Vgl. Tönnesmann 2005, S. 75. Andreas Tönnesmann nennt als weitere plausible Referenz den Palazzo Grimani in Venedig, ein späteres Werk Sanmichelis.

89 gta Archiv 20-0300-34. Dieter Weidmann datiert die Zeichnung auf 1858 oder 1859; Weidmann 2010, S. 789.

90 Das neuerbaute Eidgenössische Polytechnikum in Zürich, in: *Illustrirte Zeitung* 15, 27.6.1863, S. 444f. – Concept – Bericht zu dem Projekte für das eidg. Politechnikum & die zürch. Hochschule (Sign. Nov. 1858 Bauinspektor Wolff, Gottfried Semper) (StAZH V II 23 (2.22b)), S. 25, zit. n.: Weidmann 2010, Quelle Nr. 110, S. 1429, im von Semper mit Bleistift ergänzten Textabschnitt (sign. «GS.»).

91 gta Archiv 20-0300-x (Hängeregistratur). In einer anderen Version lautet das Figurenprogramm, bei identischen Inschriften, konventioneller und harmloser: «Daedalus Flügel bereitend», «Apollon Drachentödter», «Pallas mit Eule» und «Prometheus mit Fackel»; Der Präsident der Inschriftenkommission Max Büdinger (StAZH V II 15.1 (6)), zit. n.: Weidmann 2010, S. 929. Am Hauptportal der Universität von Karl Moser nahm Paul Osswald rund 50 Jahre später das Prometheus-Thema im Relief *Die Menschheit empfängt den göttlichen Funken der Erkenntnis* (1913) erneut auf.

92 Die Figuren auf den Podesten über dem Eingang und/oder auf der Balustrade waren demgegenüber offenbar von untergeordneter Bedeutung. Vorgesehen waren Bildnisse berühmter Wissenschaftler und Künstler. Von Semper genannt wurden Michelangelo, Shakespeare und Newton, die offenbar sinngemäss ergänzt werden sollten; vgl. Weidmann 2010, S. 933; zum Figurenprogramm generell vgl. Weidmann 2010, Kap. «Die direktionale stadtseitige Gestaltung des Hauptgebäudes», bes. S. 924–939. Bei Weidmann wird das oben zitierte Dokument gta Archiv 20-0300-x allerdings nicht berücksichtigt.

93 In den Plänen finden sich ebenfalls Varianten mit freistehenden Säulen; gta Archiv 20-0300-195.

94 Die Zurückstaffelung steigert die Wirkung der Höhenentwicklung. Diesem Zweck dient auch die Ausbildung der Säule: Ihre Entasis ist nicht als eigentliche Schwellung, sondern als eine kurvierte Verjüngung ausgearbeitet. Auch in solchen Details zeigt sich Semper als Meister seines Fachs.

95 «Dekoration der Aula. Plan der Composition», 2.3.1865 (gta Archiv 20-0300). Die untenstehenden Zitate aus diesem Dokument nutzen eine Transkription im gta Archiv von Martin Fröhlich, deren offensichtliche Fehler unter Beizug des Manuskripts korrigiert wurden. Semper liess das Programm vermutlich autographieren, weil rasch klar wurde, dass die Realisierung der Ausstattung dauern würde und die Einheit des Ganzen dadurch gefährdet war. Zur Dekoration der Aula und der Nordfassade vgl. auch Ziesemer 1999, S. 128–141 (Fassaden), und S. 180–188 (Aula).

96 Concept – Bericht zu dem Projekte für das eidg. Politechnikum & die zürch. Hochschule (Sign. Nov. 1858 Bauinspektor Wolff, Gottfried Semper) (StAZH V II 23 (2.22b)), zit. n.: Weidmann 2010, Quelle Nr. 110, S. 1428f.

97 «Dekoration der Aula. Plan der Composition», 2.3.1865 (gta Archiv 20-0300). Unterstreichungen durch den Verfasser weggelassen. Originaltext: «1. Minerva Pronoea. / Die wachsame und läuternde, die strenge, weise und streitbare Göttin, ihr Waffenglanz ein Bild des strebenden und kämpfenden Geistes»; «2. Minerva Medica. / Die Heilsgöttin mit Heilschlange»; «3. Minerva Ergane. (Mechanitis) / Die Künstlerin; Sie ist Vorsteherin aller Arbeiten, wozu Geschicklichkeit gehört und Erfinderin der Künste und Gewerbe.»; «4. Minerva Musica. / Sie ist Erfinderin der Beredsamkeit, der Poesie u. Musik.» Die Formulierungen deuten darauf hin, dass sich Semper von Friedrich Creuzers *Symbolik und Mythologie der alten Völker* (1810) inspirieren liess; Creuzer 1836–1842.

98 Bei Semper schwingt das Kultische immer mit, wenn er vom Fest beziehungsweise von Festsälen usw. spricht.

99 Die jüngst als Ausschnitt gewaltig vergrössert auf die Wand applizierte Skizze gta Archiv 20-0300-469 widerspricht dem ausformulierten Programm und der dort gestellten Forderung, dass sich die inhaltlich zugehörigen Wand- und Deckenbilder auch in ihrer Lage entsprechen müssten; «Dekoration der Aula. Plan der Composition» 2.3.1864 (gta Archiv 20-0300). Links und rechts im Semper'schen Programm beziehen sich auf die Bewegungs- und Blickachse des eintretenden Besuchers, nach der auch das Deckengemälde ausgerichtet ist.

100 «Dekoration der Aula. Plan der Composition», 2.3.1865 (gta Archiv 20-0300). Wie um zu unterstreichen, dass die Tatkraft keineswegs nur dem Polytechnikum zuzuordnen und für den Polytechniker die Begeisterung ebenso wichtig sei, platzierte Semper auf der Zeichnung Letztere im Norden und Erstere im Süden der zentralen Pallas Athene, ohne im Text diese Zuordnung zu einem Teil des ausformulierten Programms zu machen. Dort heisst es bloss (ohne Lokalisierung): «Die beiden runden Medaillons stellen dar: [...].».

101 Der Titel des Blattes «Ansicht der 4 SÄULEN u. der kurzen WAND» erklärt sich aus dem Kontext der Ausschreibung der Malerarbeiten; gta Archiv 20-0300-471. Dass die Nordwand dargestellt ist, zeigt sich aus dem Lichteinfall und im Kontext des Bildprogramms. Beachtenswert ist, dass auf dieser Zeichnung die kanzelartige Ausweitung der Empore fehlt, die auf den detaillierten Grundrissplänen jeweils eingezeichnet ist und auch realisiert wurde. Dies unterstreicht die Bedeutung der Symmetrie des Saales, der idealiter ungerichtet die beiden Polen der januskopfigen Schule verbinden würde, aus praktischen Gründen aber gerichtet sein musste.

102 Trotzdem korrigierte man später diesen «Mangel» der fehlenden expliziten Repräsentation und fügte in den Zwickeln über den Nischen Genien mit den Attributen der polytechnischen Disziplinen ein. Semper sah für die Lünetten in den Nischen Allegorien der «Tugenden» und «Geisteseigenschaften, die zum Grossen führen», vor, in den Zwickeln darüber «Genien mit den Attributen» der entsprechenden Tugenden oder dazu passende Inschriftenstreifen.

103 Concept – Bericht zu dem Projekte für das eidg. Politechnikum & die zürch. Hochschule (Sign. Nov. 1858 Bauinspektor Wolff, Gottfried Semper) (StAZH V II 23 (2.22b)), Bleistiftergänzung, zit. n.: Weidmann 2010, Quelle Nr. 110, S. 1429.

104 gta Archiv 20-0300-641. Die beiden Doppelbegriffe sind durch eine geschweifte Klammer verbunden, die hier durch «/» ersetzt sind.

105 Ursprünglich sollte hier der Reigen berühmter Männer und ihrer Tugenden ohne Unterbruch fortgeführt werden. Randnotizen auf der Detailskizze gta Archiv 20-0300-640 listen, der gesamten Felderzahl entsprechend, 19 Tugenden und 17 Namen auf.

106 Andreas Hauser hat darauf hingewiesen, dass die Anordnungsweise der einer Sacra conversazione entspricht; vgl. Hauser 2007, S. 304.

107 In der Detailskizze gta Archiv 20-0300-641 war «NISI AD HAS» noch über der linken Figur zu lesen gewesen. Damit wäre die Inschrift noch deutlicher an den Sinnspruch «NISI AD HAEC ADMITTERER, NON FUERAT NASCI» (Seneca, *Quaestiones Naturales*, I, praef., 4) angelehnt gewesen, den Semper schon in einem anderen Zusammenhang vorgeschlagen hatte und der von Hagenbuch, dem Vertreter der Bauherrschaft, zurückgewiesen worden war (vgl. Hauser 2007, S. 305). Durch die schliesslich gewählte Konstellation kann «nisi ad has» doppelt bezogen werden: auf scientiae und artes, aber auch auf die darunter gezeigte Architektura.

108 Vgl. Hauser 2007.

109 Semper, Entwurf des Briefes an Franz Hagenbuch, 20.7.1863 (gta Archiv 20-K-1864(S):02), zit. und paraphr. n.: Hauser 2007, S. 305.

110 Es zeigt eine bescheidene Landkirche mit Reissschiene und Messlatte als den Werkzeugen des bauenden Praktikers. Nach Martin Fröhlich ist es ein Emblem für «Arch.-Zeichnen»; Fröhlich, *Gottfried Semper. Zeichnerischer Nachlass* 1974, S. 281.

111 In der von Semper signierten und datierten Detailskizze («Semper Fec. 1863») ist statt «SCIENTIA(E)» noch das deutsche Wort «WISSEN» verwendet; gta Archiv 20-0300-641.

112 Johann Rudolf Rahn, Kollegienheft zu Gottfried Sempers «Geschichte der Baukunst», Wintersemester 1862/63 (ZBZ Rahn 154/1). Die erste Notiz lautet: «Baukunde Mittel // Wissenschaft & Kunst.»

113 gta Archiv 20-0300-640. Die Skizze im Massstab 1 : 10 zeigt nur das linke Feld des Mittelbaus. Sie ist signiert mit «G Semper inv. 1863». Von den genannten Architekten ist schliesslich nur Michelangelo auf der ausgeführten Fassade zu finden, nämlich am rechten Flügel als erste Figur, unmittelbar neben dem Mittelrisalit. Gut möglich, dass er diese Position erst während der Ausführung eingenommen hat, die mutmasslich von aussen nach innen erfolgte, um für die bedeutende und schwierige Mitte Erfahrung zu gewinnen.

114 Hauser, *Das Eidgenössische Polytechnikum als geistiges Bundeshaus* 2001; ders., *Das öffentliche Bauwesen in Zürich* 2001, S. 108.

115 Andreas Hauser schreibt, es nehme «sich wie ein programmatischer Auftakt für jenen entfesselten Beaux-Arts-Prunk der Gründerzeit aus, den später die Avantgarde als 'beispiellosesten Niedergang in der Geschichte der Architektur' bezeichnen wird.» Hauser 2007, S. 304. Das Zitat im Zitat stammt von Joseph Gantner (Gantner 1932, S. 86) und wird von Hauser insofern tendenziös verwendet, als Gantner in der zitierten Antrittsvorlesung aus dem Jahr 1927 eine Wiedererwägung Sempers vorschlägt und einleitend betont, dass «kein Mensch von gerechtem Empfinden angesichts das Schauspiels, das uns ganze Generationen mit ihren Leistungen bieten, von Irrtum oder Falschheit sprechen» werde. Es gelte vielmehr das gute alte Sprichwort: «Die Kunst ist immer am Ziel.» Gantner 1932, S. 65.

4 Die Zürcher Bauschule: Eine Semperschule?

Als Gottfried Semper im September 1871 nach Wien übersiedelte, um vor Ort die Arbeiten am Kaiserforum voranzutreiben, dürfte dies kaum jemanden überrascht haben. Seit Jahren waren die entsprechenden Projekte im Gang, deren Umfang und Bedeutung keine Bearbeitung im Nebenamt zuliessen. Die Art und Weise von Sempers Entlassung aus dem Zürcher Schuldienst war allerdings doch recht eigenartig, nicht weniger, als es 17 Jahre zuvor seine Berufung gewesen war. Zunächst reichte nämlich nicht Semper selbst seine Kündigung ein, stattdessen war es ein Schreiben des Eidgenössischen Departements des Innern – das sich wiederum auf eine Depesche der österreichischen Gesandtschaft in Bern bezog –, das das Prozedere einleitete. In diesem Brief wurde der Schulrat um eine rasche Entlassung Sempers ersucht.[1] Der Schulratspräsident Johann Karl Kappeler gab darauf lakonisch zu Protokoll, «es sei mit Rücksicht auf die Vorschriften des Reglements die bezügliche Note dem Herrn Professor Semper mitzutheilen u. derselbe einzuladen, für den Fall, als sein Entschluss zum Verlassen der Schule feststehe, die Entlassung in aller Form nachzusuchen.»[2]

Wissend um die geltenden Kündigungsfristen hatte Semper zuvor nach Wien geschrieben, er könne die Schule nicht vor Ostern 1872 verlassen.[3] So lange wollte man dort jedoch nicht auf ihn warten, sodass man direkt in Bern intervenierte, offenbar ohne Semper darüber zu informieren. In der Folge beantragte Kappeler am 23. Juni 1871 beim Bundesrat, Semper auf Ende September zu entlassen.[4] Gleichzeitig verteilte er dessen Lehrverpflichtungen provisorisch auf Julius Stadler und Georg Lasius, die gemeinsam den Unterricht im Atelier fortsetzten. Stadler übernahm ausserdem die Vorlesungen im zweiten und dritten Jahreskurs, Lasius dafür die Gebäudelehre, die zuvor Stadler gelesen hatte. Als neuer Vorsteher der Bauschule wurde Gottfried Kinkel bestimmt.[5] Diese Zwischenlösung hatte zwei Jahre lang Bestand, bis Georg Lasius dieses Amt antrat, dem inzwischen eine lebenslängliche Anstellung als Professor zugesichert worden war.[6]

Der Schulrat bemühte sich zwar, Sempers Stelle neu zu besetzen, war damit aber erfolglos. Auf die entsprechende Ausschreibung gingen «keine Meldungen von Gewicht ein», und ebenso fielen die Antworten auf direkte Anfragen negativ aus.[7] So lehnte auch Alfred Friedrich Bluntschli eine Berufung nach Zürich ab – obwohl ihm Semper eine Zusage nahegelegt hatte –, hatte er doch eben erst zusammen mit seinem Partner Carl Jonas Mylius in Frankfurt a. M. ein Architekturbüro eröffnet.[8] «Die vielen und grossen Bauten, wel-

161, 162 Die Abschlussklassen der Bauschule, 1871 (Studienzyklus 1868–1871) und 1872 (Studienzyklus 1869–1872). Im Gruppenbild von 1871 sitzen die Lehrer der Bauschule gleichwertig nebeneinander am gedeckten Tisch: Gottfried Semper, Julius Stadler, Ernst Gladbach, Georg Lasius (v.l.n.r.). Nach Sempers Abreise nach Wien zeigen sich jedoch die wahren Verhältnisse: 1872 versammelt man sich für das Gruppenbild um die Fotografie des grossen Abwesenden, der nach wie vor das Zentrum der Bauschule bildet.

che gegenwärtig in allen Theilen Deutschlands ausgeführt werden, bieten den Architekten zur Zeit so reiche Gelegenheit zur Verwendung ihrer praktischen Kenntnisse u. so hohe pekuniäre Vortheile, dass kein einziger renommierter Lehrer, selbst bei sehr hohen Gehaltsangeboten, zu gewinnen wäre», rapportierte Kappeler frustriert, als er beim Bundesrat beantragte, Julius Stadler vom Privatdozenten zum Professor zu befördern. «Alles zusammengenommen» sei dieser «zur Zeit» am ehesten imstande, die Stelle Sempers auszufüllen. Bei den Schülern geniesse er Anhänglichkeit und Achtung, die Zusammenarbeit mit den Kollegen sei «vom besten Einvernehmen getragen» und «im Vortrag» habe «er sich durch Uebung durchaus schon wesentlich gebessert.»[9] Dass er durch eine angedrohte Kündigung genötigt worden war, Stadler zu habilitieren, verschwieg er.[10] Dessen Forderungen waren zweifellos berechtigt, seine Beförderung blockierte aber für die kommenden Jahre eine Entwicklung der Bauschule, indem mit den drei Professuren die finanziellen Mittel für die Baufächer ausgeschöpft waren. Erst zehn Jahre nach Sempers Weggang gelang es, im Rahmen einer von aussen angestossenen Reform des gesamten Polytechnikums, einen neuen Professor für Architektur zu einzustellen, wofür man Ernst Gladbach faktisch pensionierte.[11] Überdies wurde das Studium 1882 endlich um ein Semester verlängert.[12]

Die Auswirkungen, die Sempers Abreise auf die Bauschule hatte, sind nicht einfach abzuschätzen. Schon in den Jahren vor seiner Kündigung war der Vorsteher der Bauschule immer wieder abwesend gewesen, sei es für seine umfangreiche Jurytätigkeit im In- und Ausland, sei es für seine Projekte in Dresden und Wien. Stadler und Lasius waren es also gewohnt, für ihn einzuspringen. Die Arbeit im Zeichensaal hatten die drei Lehrer ohnedies schon zuvor gemeinsam verantwortetet, wobei sich Sempers Engagement angesichts der laufenden Grossprojekte vermutlich in Grenzen gehalten hatte. In diesem Sinne ist es verständlich, dass Julius Stadler im Januar 1872 aus dem ersten Kurs ohne den Meister berichtete, an der Schule gehe alles «im alten Gleise, nicht besser u. nicht schlechter als ehemals», und man habe sogar Hoffnung, «diverse Verbesserungen durchführen zu können.»[13]

Der zitierte Brief, der an den ehemaligen Schüler Constantin Jovanovits gerichtet war, gibt ein lebendiges Bild von den Umständen, in denen sich Stadler im Januar 1872 befand. Die Bauschule übte sich an Festarchitekturen: die Schülerschaft im Rahmen der Organisation einer Kneipe, die Lehrerschaft anlässlich des städtischen Maskenballs in der Tonhalle, für dessen Ausstattung sie mit einer unüblich weitgehenden Polychromie experimentierte.[14] Stadler selbst liebäugelte damit, sich als Architekt selbständig zu machen, um sich an der regen Bautätigkeit in Zürich zu beteiligen, obwohl er sich eben gerade noch stärker an die Schule gebunden hatte.[15] Diese hatte offenbar für ihn an Attraktivität eingebüsst, nachdem Semper weggezogen war. Jedenfalls zeichnete er ein zwar liebevolles, aber durchaus distanziertes und ironisch gefärbtes Bild von ihr:

«Gladbach ist immer derselbe, geht täglich um 9, 11, 3 u. 5 Uhr mit Schlüssel u. Pfeife u. Papier quer über den Corridor mit Kaftan, Pantoffeln u. Philisterfass, d. h. der Zottelkappe. Um 6 Uhr schleppt sich Gottfried der Grosse seinem Auditorium zu u. in der Unterwelt hüstelt u. meisselt der Bildhauer keine Antiken, aber bairische Biermädel in Thon. Werdmüller corrigiert aufs Strengste alle Fehler u. Ulrich sieht dem Baumschlag zu. Es fehlt nur Er, der bücherbeladen, zigarrenkauend den Wänden entlang sich zum Lesen begibt, d. h. wenn Er liest.»[16]

Mit Gottfried dem Grossen war Gottfried Kinkel gemeint und im abwesenden «Er», der es mit seinen Vorlesungen offenbar nicht ganz so genau genommen hatte, ist unschwer Gottfried Semper zu erkennen.

Theophil Tschudy, ein Kommilitone von Jovanovits, beschrieb nach einer kurzen Visite seine ehemalige Schule weit kritischer:

«In Zürich, allwo ich mich etwa 6 Tage aufgehalten, sind die meisten Bekannten u. Studiengenossen verschwunden. Die Bauschule scheint in's Versimplungsstadium übergetreten zu sein. Kinkel als Vorstand der Bauschule wird deren Glanz als Kunstschule nicht zu heben vermögen; da braucht's eine Autorität u. keinen Kunstschwätzer. Stadler liest die Copie von Sempers Vortrag in seiner gewohnten, trocknen, schwunglosen, prosaischen Weise: ein würziger Kern in einer grauen schimmligen Schaale.»[17]

Es sind dies harte Worte, die man allerdings etwas relativieren sollte. Tschudy hatte im Jahr zuvor die Schule ein Semester vor Ende der regulären Studienzeit mit höchst mässigen Noten verlassen und anschliessend in Davos gearbeitet.[18] Nun war er für einige Wochen in sein Heimatdorf zurückgekehrt, um sich neu zu orientieren. In Zürich fand er seine ehemaligen Studienkollegen Heinrich Ernst und Alexander Koch dabei, sich als selbständige Architekten zu etablieren, während sich für ihn selbst «noch keine günstige Stelle gezeigt» hatte «u. überhaupt die Zeit des Beginn's der eigentlichen Büreau Arbeiten noch nicht angelangt» war. Unter diesen nicht ganz einfachen Gegebenheiten war er zweifellos geneigt, seine verflossene Studienzeit zu verklären. Ihm, der sich wunderte, dass bei den zahlreichen Schülern Sempers nirgends dessen Genie zutage trete,[19] war der grosse Meister in der Stille seines ländlichen Zimmers zu geradezu mythischer Grösse angewachsen. Semper müsse «eben verdaut werden u. dazu hatte u. nahm ich früher zu wenig Zeit», schrieb er, und weiter: «Jetzt ist jedes Wort, das er gesprochen ein Orakelspruch, den ich mir zu deuten befleissen werde.»[20]

So unterschiedlich die Bilder auch sind, welche die oben zitierten Briefe von der Bauschule zeichnen, so ist ihnen doch gemein, dass in beiden der abwesende Gottfried Semper eine zentrale Stelle einnimmt. Die Zürcher Bauschule blieb noch lange über seine Abreise hinaus von ihm geprägt. Es waren Sempers Vorlesungen, die Julius Stadler hielt, und der Zeichensaal wurde weiterhin als Atelier aufgefasst, in dem die von Semper eingeführte Art von architektonischen Übungen gepflegt wurde.

Semper soll ausserdem die Gründung eines Bauschülervereins angeregt haben, die möglicherweise bereits vor seiner Abreise 1870 erfolgte. Der Verein festigte sich jedoch erst 1879 institutionell, worauf er sich anlässlich des 25-jährigen Jubiläums des Polytechnikums den Namen «Architectura» gab.[21] Es handelte sich dabei nicht um eine Studentenverbindung, in der die Geselligkeit im Zentrum stand, sondern um eine Art Selbsthilfeorganisation im Dienst des Studiums. Man veranstaltete Exkursionen und Vorträge, vor allem aber waren die Mitglieder zum regelmässigen Skizzieren und zur Teilnahme an eigens ausgeschriebenen Konkurrenzen angehalten, wobei man die Resultate streng kritisierte und eine Auswahl davon publizierte. In engem Austausch und mit tatkräftiger Unterstützung der Professoren der Bauschule wurde versucht, jener ungenügenden Gewichtung der Arbeit im Zeichensaal entgegenzuwirken, die Semper immer wieder beklagt hatte. In selbstbestimmtem, allerdings nicht weniger straff organisiertem Rahmen fand so das offizielle, aus der Perspektive der Schüler und ihrer Architekturprofessoren allzu theorielastige Curriculum der Schule eine Ergänzung.[22]

Ob die Aktivitäten des Bauschülervereins zu den von Stadler im oben zitierten Brief in Aussicht gestellten Verbesserungen zählen, bleibt offen. In den Programmen der Schule sind in den Jahren nach Sempers Weggang jedenfalls gewisse Modifikationen festzustellen, die Hinweise darauf geben, wie man sich auf die neue Situation einstellte. Georg Lasius hielt nun die Gebäudelehre gänzlich im dritten Jahr anstatt wie zuvor im vierten und fünften Semester, dafür führte er im zweiten Jahreskurs eine neue Vorlesung zur Perspektive durch, die von Übungen begleitet wurde. Stadler wiederum reduzierte die Stillehre von vier auf drei Wochenstunden, organisierte die Vorlesung aber nun konsekutiv, indem er die Jahreskurse trennte und die technischen Künste im zweiten Jahr und die Architektur im dritten Jahr behandelte.[23] Die Architekturvorlesung im engeren Sinn baute er chronologisch auf, mit der «Baukunst der Griechen und Römer» im Wintersemester und der daran anschliessenden «Baukunst des Mittelalters u. der Renaissance» im Sommersemester. Der Barock blieb offenbar ausgespart, obwohl Stadler dessen Qualitäten durchaus zu schätzen wusste und anderswo half, entsprechende Berührungsängste abzubauen.[24]

Bereits in Sempers Architekturvorlesungen dürfte es für die Schüler nicht ganz einfach gewesen sein, aus der präsentierten «Fülle von Erscheinungen» die «praktische Bedeutung» für die eigene Arbeit, wenn nicht gar jene «Kunsttopik oder Kunsterfindungslehre» zu erkennen, deren Begründung Semper

163 Perspective aus dem Hofe des Polytechnikum's, Februar 1870, Blatt XIX aus den «Skizzen der Bauschueler des eidg. Polytechnikums in Zürich» (o. J., [1868–1870]). Die Bauschüler schlossen sich um 1870 zum Bauschülerverein zusammen, aus dem später die Architektura hervorging. Das Sammeln und Publizieren von Architekturwissen durch entsprechende Skizzen gehörte von Anfang an zum Geschäft dieser Vereinigung. Dieses Blatt ist eine seltene Darstellung des einfach gestalteten Hofes des Zürcher Hochschulgebäudes.

sich zum Ziel gesetzt hatte.[25] Man darf vermuten, dass unter Stadler dieses Ziel noch weniger explizit verfolgt wurde, sodass dieser zweite, der Architektur gewidmete Teil der Stillehre allmählich zu einer Stilgeschichte in modernem Sinn mutierte. Aber selbst Alfred Friedrich Bluntschli, der nach seiner Berufung 1881 die entsprechende Vorlesung jeweils mit einem zweisemestrigen Vortrag über die Architektur der Renaissance abschloss, begründete seine Bevorzugung dieser Formenwelt noch auf Semper'sche Weise und hob dabei deren Entwicklungsfähigkeit hervor.[26] Dass sich Bluntschli zeitlebens so ganz und ausschliesslich der Renaissance verschrieben hatte, weist allerdings doch darauf hin, dass für ihn die Frage nach dem Stil zu einer Frage der persönlichen Wahl geworden war. Die Offenheit, die Sempers Denken und Architektur prägte, und dessen Hoffen auf «eine neue welthistorische Idee», für die ein neues architektonisches Gewand gesucht und gefunden werden könnte,[27] teilte er offensichtlich nicht.

Deutlicher lebte die Idee einer Kunstformenlehre im ersten Teil der Stillehre weiter, der den technischen Künsten gewidmet war und den beiden publizierten Bänden von Sempers *Der Stil* folgte. Georg Lasius' Notizen beweisen, dass auch er, der nach Stadlers Pensionierung 1893 diese Vorlesung übernommen hatte und bis 1915 hielt, mit aller Deutlichkeit die Auffassung vertrat, die Stillehre sei «praktische Aesthetik», also «nicht die Lehre der verschiedenen Stilepochen, sondern die Lehre der künstlerischen Ausdrucksweise überhaupt. Analysis der Kunst, daraus Formenlehre. Grammatik der Kunst.»[28] Mit Georg Lasius, mehr noch als mit Alfred Friedrich Bluntschli, blieb damit eine direkte Verbindung zu Semper bis in die 20er Jahre des 20. Jahrhunderts hinein bestehen. Viele der an der inzwischen Architektenschule der Eidgenössischen Technischen Hochschule genannten Institution ausgebildeten Architekten der Moderne wurden so noch von einem unmittelbaren Schüler und Kollegen Sempers unterrichtet, der ihnen die Grundlagen der klassischen Architektur und Ornamentik vermittelte.[29] Selbst wenn die Modernen Lasius später bisweilen verspottet haben und letztlich auch für sein Ausscheiden aus der Schule verantwortlich waren, sollte man die Bedeutung dieser Kontinuität nicht unterschätzen.[30]

Allerdings ist weder der unmittelbare noch der indirekte Einfluss Sempers auf seine Schüler einfach festzustellen. Zweifellos wäre es falsch, die in der zweiten Hälfte des 19. Jahrhunderts in der Schweiz besonders wichtige Strömung der Neurenaissance kurzerhand auf Semper zurückzuführen oder umgekehrt die Semperschule auf diese Tendenz zu reduzieren. Semper hatte sich, anders als Bluntschli einige Jahre nach ihm, trotz seiner Vorliebe für die entsprechende Formenwelt, weder in seinen Werken noch in seiner Lehre auf die Renaissance beschränkt. Überdies folgten längst nicht alle Schüler ihrem Lehrer, man denke nur an Alexander Koch oder an Theophil Tschudy. Vor allem aber war die Neurenaissance auch ausserhalb der Schweiz und des unmittelbaren Umfeldes von Semper eine vorherrschende Richtung in der Architektur des späten 19. Jahrhunderts, insbesondere dank der École des Beaux-Arts in Paris, der damals bedeutendsten Architektenschule weltweit. So dürfte zum Beispiel schwerlich festzustellen sein, ob Bluntschlis Auffassung von Architektur stärker von der Zürcher Schule oder von der später besuchten École des Beaux-Arts beeinflusst worden war.[31] In seinen Lebenserinnerungen jedenfalls stellte er die beiden Schulen als prägende Erfahrungen gleichwertig nebeneinander.[32]

Ähnlich dürfte es vielen Schülern des Polytechnikums in Zürich ergangen sein. Das Ungenügen des nur dreijährigen Kurses brachte es mit sich, dass es für die Absolventen der Bauschule üblich war, sich anschliessend noch an anderen Schulen ausbilden zu lassen – ganz so wie in der ursprünglichen Konzeption des Polytechnikums vorgesehen.[33] So studierten, um nur einige zu nennen, Emil Schmid-Kerez zusätzlich an der Pariser École des Beaux-Arts, Hans Auer an der Bauakademie in Wien und Alexander Koch an der Bauakademie in Berlin.[34] Sie alle waren also nicht nur Bauschüler des Eidgenössischen Polytechnikums, sondern gleichermassen Schüler der anderen Architektenschulen. Diese haben möglicherweise ebenso sehr auf sie eingewirkt, wenn nicht sogar noch stärker, da üblicherweise die abschliessenden Jahre einer Ausbildung einen besonders prägenden Eindruck hinterlassen. Schon allein aus dem Grund würde es zu kurz greifen, diese Architekten lediglich als Semperschüler zu bezeichnen, auch wenn sie tatsächlich Schüler von Gottfried Semper waren.

164 Bauschule, III Curs, 1879. Nach Sempers Weggang wurde seine Stelle nicht adäquat neu besetzt: Die Mitte der Bauschule blieb leer. Die Professoren (innerer Kreis) sind Ernst Gladbach (oben), Julius Stadler (links), Georg Lasius (rechts) sowie Gottfried Kinkel (unten), der von 1871 bis 1873 interimistisch die Rolle des Vorstehers der Bauschule übernahm.

Letztlich stellt sich überhaupt die Frage, inwiefern die Zürcher Bauschule mit Recht eine Semperschule genannt werden kann. Es besteht zwar keinen Zweifel, dass Semper die Architektenausbildung am Eidgenössischen Polytechnikum wesentlich beeinflusst hat. Ihm ist es zu verdanken, dass die Schule ihre Ziele von Anfang an hoch steckte und den baukünstlerischen Aspekt so viel deutlicher ins Zentrum rückte, als es ursprünglich intendiert war. In seinen Vorlesungen entwickelte Semper eine der innovativsten und folgenreichsten Kunsttheorien überhaupt, und unter ihm wurde aus dem schulischen Zeichensaal, wie ihn das Reglement vorsah, ein modellhaftes Atelier, in dem realitätsnahe Aufgaben in einem Konkurrenz-System gelöst wurden, das die moderne Praxis der Architekturwettbewerbe simulierte.

Trotzdem kann nicht behauptet werden, dass die Zürcher Bauschule ihrem Wesen nach ganz von Semper geprägt worden wäre. Wie gezeigt worden ist, orientierten sich Sempers Vorstellungen von einer Architektenausbildung viel stärker am Ideal der École des Beaux-Arts, als dass sie mit dem gegebenen Rahmen eines Polytechnikums kompatibel gewesen wäre. Gerade deshalb und aus dieser Spannung heraus entstand in Zürich etwas Neues, das weder dem Bildungsgang der alten Polytechniken noch demjenigen der Pariser Akademie entsprach, aber aus beiden wichtige Elemente entlehnte und mit neuen kombinierte.[35] Von der Akademie wurde das Atelier mit den Konkurrenzen übernommen, von den Polytechniken das straff organisierte, didaktisch aufgebaute, schulische System mit einem Schwerpunkt auf mathematischen und naturwissenschaftlichen Fächern, Konstruktion und bautechnischen Grundlagen. Neu war schliesslich auch das grosse Angebot an Freifächern und damit die Möglichkeit einer breiten Allgemeinbildung.

Symptomatisch für die Frage nach dem Charakter der Schule ist das Thema der Vorbildung, die man beim Eintritt vorzuweisen hatte. Semper beklagte sich über das jugendliche Alter und die mangelhaften Kenntnisse und Fähigkeiten seiner Schüler und hatte dabei zweifellos die Verhältnisse an der École des Beaux-Arts vor Augen. Wer dort in ein Meisteratelier aufgenommen werden wollte, um an den Konkurrenzen der Schule teilnehmen zu können, musste bereits über weitgehende Fertigkeiten und Kenntnisse verfügen. Eine formalisierte Vorbildung gab es zwar nicht, aber üblicherweise hatte ein Kandidat schon eine Lehrzeit bei einem oder mehreren Baumeistern oder Architekten hinter sich, hatte vielleicht kleinere Studienreisen gemacht oder zuvor ein Polytechnikum besucht. Im Vergleich dazu waren die neu eintretenden Bauschüler im Allgemeinen tatsächlich relativ unbedarft.

Verglichen mit anderen Polytechniken jedoch war die Vorbildung, die man in Zürich verlangte, verhältnismässig hoch, da die Schule aus staatspolitischen Gründen von Beginn weg als Hochschule angelegt worden war.[36] Die französischen Polytechniken dagegen, die europaweit den nachfolgenden Instituten als Modell gedient hatten, waren als mittlere Schulen positioniert.[37] Im dreistufigen französischen Ausbildungssystem dienten sie der Vorbereitung auf eine École Spéciale, sodass ihr Ausbildungsprogramm im eigentlichen Sinn poly-technisch disponiert war, ohne eine Spezialisierung in eine Fachrichtung vorzunehmen. In diesem Rahmen waren auch die Architekturkurse als eine allgemeine Einführung angelegt, ohne den Anspruch, Architekten in einem umfassenden Sinn auszubilden.

Demgemäss stellte Jean-Nicolas-Louis Durand in der Einführung zu seinem *Précis des leçons d'architecture données à l'École polytechnique* zwar fest, den Ingenieuren seien «Kenntnisse und Talente in der Baukunst wenigstens eben so nöthig als den Architekten vom Fache», da sie sogar öfter Gelegenheit hätten, «grosse Unternehmungen auszuführen als die eigentlichen Baumeister».[38] Unter den zahlreichen Bauaufgaben von Hospitälern bis zu Leuchttürmen, die er in der Folge als Beispiele aufzählte, fehlen jedoch die Aufgaben der höheren Baukunst. Diese blieben offensichtlich den «Architectes proprement dits» vorbehalten, für die der Crashkurs am Polytechnikum nicht mehr als ein Einstieg in ihre Ausbildung sein konnte.[39] Da es jedoch keine École Spéciale der Architektur gab, waren die Absolventen des Polytechnikums mit entsprechenden Ambitionen an die École des Beaux-Arts verwiesen, die in der Tradition der Kunstakademien stand.[40]

Mit dem System der Fachschulen, das zunächst in Karlsruhe eingeführt worden war und später in Zürich übernommen wurde, bildete sich nun aber eine neue Art von technischen Schulen heraus, die man als Polytechniken der zweiten Generation bezeichnen könnte. Indem diese ihre Absolventen auf der Basis allgemeiner Vorschulen direkt zu Experten ihres Faches auszubilden strebten, vereinigten sie in sich die Eigenheiten der in Frankreich getrennten Polytechniken und Spezialschulen. Als abschliessende Ausbildungsgänge entwickelten sie sich in der zweiten Hälfte des 19. Jahrhunderts folgerichtig zu technischen Hochschulen. Dabei diente das Eidgenössische Polytechnikum als Vorbild,[41] obwohl dessen Umbenennung in «Eidgenössische Technische Hochschule» erst 1911 erfolgte.[42]

Für das Feld des Hochbaus bedeutete dies, dass alle Bereiche der Architektur gelehrt werden mussten, also nicht nur die bürgerliche Baukunst und die darauf aufbauenden neuen Aufgaben der Zweckarchitektur, sondern auch die sogenannt höhere Baukunst, die im französischen System grundsätzlich in den Aufgabenbereich der Akademie gehörte.[43] Dasselbe hatte für die Zürcher Schule gegolten, obwohl man hier diesem Anspruch angesichts des bloss dreijährigen Studiums nur eingeschränkt gerecht werden konnte. Dass er immerhin bestand, belegt nebst den Schulprogrammen die Berufung des renommierten Architekten Gottfried Semper, selbst wenn diese vorerst weniger durch die Schule als vielmehr durch die anstehenden öffentlichen Bauaufgaben motiviert gewesen sein sollte.

Sempers Bemühungen um eine Verlängerung des Studiums und um dessen Entlastung von allgemeinen Grundlagenfächern sind unter diesen Umständen leicht verständlich. Die Geschichte gibt ihm insofern Recht, als die Ausbildungszeit später schrittweise auf die heutigen fünf Jahre verlängert worden ist, wobei die Mathematik und die darstellende Geometrie zunehmend an Bedeutung verloren haben.[44] Entgegen Sempers Wünschen ist das Studium dabei allerdings kaum freier und breiter geworden, obwohl die Zürcher Schule mit ihrem grossen Angebot an der allgemeinen, überwiegend geisteswissenschaftlichen Abteilung dafür die besten Voraussetzungen geboten hätte.

Für die Herausbildung des modernen Architekten war der oben skizzierte zweite Schritt in der Entwicklung der Polytechniken ebenso wichtig wie der erste ihrer Gründung.[45] Die frühen Polytechniken hatten mit der Integration der Zivilbaukunde in den Kanon der technischen Fächer die Emanzipation und Aufwertung des zweckorientierten Bauens befördert und die Trennung der Ingenieure von den Architekten initiiert. Die Unterscheidung zwischen den «ingénieurs» und den mit Majuskel geschriebenen «Architectes proprement dits», die Durand machte, bezeichnet diese Spaltung, die in der Folge das Denken über den Beruf des Architekten stark bestimmt hat, selbst wenn sie in der Praxis weniger ausgeprägt war, als bisweilen behauptet wurde.[46]

Mit der zweiten Generation von Polytechniken wurde diese Trennung wieder überwunden, wenn auch nur teilweise und unter veränderten Bedingungen. Die (Bau-)Ingenieure blieben abgespalten und deren Fachrichtung entwickelte sich zur eigenen Disziplin, die sich im Bereich des Hochbaus zunehmend auf das Tragwerk und technische Fragen der Konstruktion spezialisierte. Parallel dazu entstand unter dem Dach der technischen (Hoch-)Schulen eine neuartige Ausbildung zum umfassenden, für alle Aufgaben gewappneten Baufachmann und Architekten, bei der grundsätzlich das Bauen die Basis für die Beschäftigung mit der Baukunst bildete, die aber zugleich Elemente der akademischen Ausbildung integrierte.[47] Die Unterscheidung zwischen Zivilbaukunst und höherer Baukunst wurde dabei zunehmend obsolet, was die Perspektive eröffnete, dass sich die solcherart künstlerisch und theoretisch gebildeten Architekten mit einiger Selbstverständlichkeit auch denjenigen Bauaufgaben zuwandten, die zuvor überwiegend den «sogenannten tüchtigen Praktikern» vorbehalten waren.[48] Für die beispiellose Konjunktur des Technischen und Praktischen in der modernen Architektur bildete das eine wesentliche Grundlage.

Als exemplarisch für diese Entwicklung kann der Wettbewerb für freistehende Arbeiterhäuser gelten, der 1885 in Zürich vom sozial engagierten Seidenfabrikanten Caspar Schindler-Escher initiiert worden war.[49] Jurymitglied war nicht nur Georg Lasius, damals der Vorsteher der Bauschule, sondern ebenso Alfred Friedrich Bluntschli, der am Polytechnikum zu dieser Zeit die monumentale Baukunst vertrat. Mit Ernst Gladbach, der die überarbeiteten Resultate zur Darstellung brachte, war sogar noch ein dritter Professor der Bauschule involviert. In der Jury sassen jedoch auch ein Baumeister und mit Elias Landolt der Professor für Forstwirtschaft am Polytechnikum, ein Experte für einfache Holzbauten. Unter den Verfassern der 85 Projekte aus dem In- und Ausland sowie unter den 16 Preisträgern wiederum waren Baumeister ohne höhere Ausbildung sowie an Hochschulen gebildete Architekten präsent – ohne dass dies noch der Rede wert gewesen wäre.[50]

Gottfried Semper stand für eine Auffassung von Kunst ein, die dieser umfassenden Vorstellung von Architektur grundsätzlich gerecht wird. Sein Stil-Begriff ist geeignet, um das gesamte Spektrum des Bauens von der einfachsten bis zur höchsten Bauaufgabe, ja überhaupt alle technischen Künste in ihren Erscheinungsformen zu reflektieren. Sein Werk umfasst denn auch Gerätschaften und Bauten unterschiedlichster Art, wobei es ihm gelang, nicht nur für anspruchsvollste Staatsbauten, sondern genauso für einfache Gebäude wie den Turm einer Dorfkirche, für eine ländliche Villa oder für ein Kulissendepot eine angemessene, charakterisierende Gestalt zu finden.

Handlungsanweisungen liefert Sempers Theoriegebäude allerdings nicht. Es hilft zwar, Formen besser zu verstehen, Versuche, aus ihm heraus Bauten allseitig zu erklären oder gar herleiten zu wollen, müssten jedoch scheitern. Theorie und Praxis bilden bei ihm durchaus eine Einheit, aber nur insofern, als sie sich als zwei sich gegenseitig reflektierende Aspekte der Architektur ergänzen. Im Unterschied etwa zu den Kursen von Durand am Pariser Polytechnikum war die Semper'sche Architekturlehre keine Entwurfslehre, die im Atelier hätte angewandt werden können, und dementsprechend können seine Entwürfe auch nicht als Umsetzungen oder gar Illustrationen dieser Theorie gelesen werden. Nicht zufällig stehen im Bildprogramm der Polytechnikumsfassade Wissenschaft und Kunst gleichwertig nebeneinander. Es geht weder um Verwissenschaftlichung der Kunst noch um angewandte Wissenschaft.

Weil der Aufbau der Zürcher Bauschule dieser Zweipoligkeit durchaus entsprach, wäre man vielleicht doch berechtigt, von einer Semperschule zu sprechen, würde man damit nicht zu sehr eine Einzigartigkeit dieser Disposition suggerieren.[51] Im Atelier – organisiert nach dem Modell der Akademie – wurde in bewusster Auseinandersetzung mit Vorbildern die künstlerische Praxis geübt. Parallel und ergänzend dazu lieferten die Vorlesungen im Hörsaal eine wissenschaftliche Basis, um diese Praxis zu reflektieren. Den vermeintlich dritten Pol der Lehre, die Vermittlung des Bauwissens als Theorie der sich rasch entwickelnden und damit immer autonomer werdenden (bau-)technischen Wissenschaften einerseits und als Üben des Konstruierens andererseits, kann man innerhalb der Semper'schen Dichotomie leicht dem Bereich der Kunst zuordnen, betrifft es doch insgesamt das Können. Aus gutem Grund hatte sich Semper eine noch engere Bindung der entsprechenden Fächer an den Entwurf gewünscht.[52]

Es ist charakteristisch für die Zürcher Bauschule zu Sempers Zeit, dass die unterschiedlichen Bereiche der Lehre relativ autonom blieben – anders als man es von einem auf die Praxis hin orientierten Polytechnikum vielleicht erwartet hätte. Für die Schüler mag das eine Schwierigkeit dargestellt haben, langfristig erwies sich diese Konzeption aber als tragfähig.[53] Sie strebt letztlich nicht eine vollständige Architektenausbildung an, die einen erlernbaren Kanon des Wissens und Könnens voraussetzten würde. Ihr Ziel ist es vielmehr, einen Beitrag an die Bildung der Architektenpersönlichkeit zu leisten, der zwar alle wesentlichen Aspekte der Architektur berührt, dabei jedoch offen und bewusst fragmentarisch bleibt: als solide Basis für ein lebenslanges Lernen.

1 Der Sachverhalt wird referiert in: ETH-HA SR2 Präsidialverfügung 159, 17.6.1871.

2 Ebd. Die Akte bestätigt die Darstellung von Manfred Semper; Semper, Manfred, 1895, S. 16. Der Aufforderung Kappelers kam Semper mit einem Schreiben vom 19.6.1871 nach (ETH-HA SR3 1871 Nr. 232).

3 gta Archiv 20-K-1871-06-10(S), nach Mallgrave 2001, S. 344, Anm. 50.

4 ETH-HA SR2 Präsidialverfügung 168, 23.6.1871. Das Entlassungsschreiben des Bundesrats ist mit dem 28.6.1871 datiert (ETH-HA SR3 1871 Nr. 264).

5 ETH-HA SR2 Präsidialverfügung 169, 23.6.1871.

6 Georg Lasius war von 1873 bis 1905 Vorsteher und wurde von Alfred Friedrich Bluntschli abgelöst; *Programm 1871/72*ff.

7 Johann Karl Kappeler, Schreiben an den Bundesrat, 16.8.1872 (BAR E 80/1126). Unter den Bewerbern war immerhin Josef Bühlmann, der aber damals erst am Anfang seiner Karrie-

re stand; ETH-HA SR3 1872, nach Geschäftskontrolle Nr. 157 (Das Bewerbungsschreiben fehlt jedoch in den Akten.). Bühlmann, der in München studiert hatte, wo er 1878 Professor an der Technischen Hochschule wurde, publizierte 1872 *Die Architektur des classischen Alterthums und der Renaissance*, ein mehrfach neuaufgelegtes Standardwerk; Bühlmann 1872.

8 Vgl. Altmann 2000, S. 63–65. Bluntschli war zu Sempers Abschiedsfeier, die am 6.8.1871 stattfand, nach Zürich gekommen, wo er von Kappeler auf die Stelle angesprochen wurde. Gemäss Bluntschlis Lebenserinnerungen riet ihm Semper anlässlich eines Treffens Mitte August in Frankfurt a. M. (Semper befand sich dort zwecks einer Jurierung) zur Annahme, «da er sonst für die Entwicklung der Bauschule Befürchtungen hege» und «Kappeler würde sie mehr nach der konstruktiven als nach der künstlerischen Seite hin zu fördern suchen und wohl gar die Berufung eines Gotikers beantragen wollen.» ZBZ FA Bluntschli 50.V, S. 34.

9 Johann Karl Kappeler, Schreiben an den Bundesrat, 16.8.1872 (BAR E 80/1126).

10 Julius Stadler, Schreiben an den Schulrat, 12. und 27.12.1871 (ETH-HA SR3 1871 Nr. 454 und 1872 Nr. 2).

11 «Mit dem Jahre 1881 beginnt nicht nur der Zeit, sondern auch dem Wesen nach ein neuer Lebensabschnitt des eidgenössischen Polytechnikums [...]. Am Eingang desselben steht eine tiefgreifende *Reorganisation* der Anstalt, die angeregt zu haben das Verdienst der *Gesellschaft ehemaliger Polytechniker* ist.» Oechsli 1905, S. 337.

12 Reorganisation der Bauschule, Johann Karl Kappeler, Schreiben an den Bundesrat, 28.3.1882 (BAR E 80/1269).

13 Julius Stadler, Brief an Constantin Jovanovits in Rom, 23.1.1872 (gta Archiv 20-K(DD)-1872-01-23). (Den Hinweis auf diesen Brief und dessen Transkription verdanke ich Dieter Weidmann.) Jovanovits hatte im August 1870 an der Bauschule diplomiert; Fröhlich, *Gottfried Semper als Entwerfer und Entwurfslehrer* 1974, S. 206.

14 «Lasius, Maler Koller u. ich haben die Decoration der Tonhalle zum Maskenball übernommen u. werden dabei mit einem neuen Versuche auftreten, nemlich polychrome Statuen. Keiser baut eine gewaltige Jungfer [?] 12 Fuss hoch, die einen scharlachrothen Mantel u. Gold bekommen soll, Augen, Lippen, Haare u. ct. werden bemalt. Wir hoffen, damit Effect zu machen.» Stadler 1872 (wie Anm. 13).

15 «Von hier geht alles nach Wien, selbst die in Paris seit Jahren schon festgesessenen siedeln dahin über. Von Semper haben wir Nachricht, dass er munter u. sehr beschäftiget sei. / Aber auch hier selbst scheint sich eine bedeutende Bauthätigkeit entwickeln zu wollen. Für drei grosse Bankinstitute sollen Gebäude erstellt werden, dann ein Schulhaus für 1400 Kinder, Gasthöfe u. Privatgebäude, Gebäranstalt, ein neuer botan. Garten, Landwirthschaftl. Schule, eine Kirche. Ich selbst habe mich betheiliget u. wenn die Projecte reüssiren, so werde ich an meiner Demission festhalten müssen, um die Zeit u. Mittel zu concentriren. Vorderhand habe ich mich noch für das Sommersemester verpflichtet u. konnte kaum anders, da man mir mit grösster Bereitwilligkeit Erleichterungen gewährt u. die günstigsten Bedingungen gestellt u. mich noch schliesslich zum Professor gemacht, was nichts als billig war. Immerhin ist das Lehramt in der Art, dass man nichts anderes daneben treiben kann, keine Existenz bei so theurem Pflaster wie das [?] hiesige.» Ebd. Zum Zeitpunkt des Briefes war Stadler eben erst erlaubt worden, den Professorentitel zu führen. Die Ernennung zum ordentlichen Professor mit entsprechend verbesserten Anstellungsbedingungen erfolgte erst im September; BAR E 80/1126; vgl. Kap. 2, Anm. 325.

16 Ebd.

17 Theophil Tschudy, Brief an Unbekannt, 11.12.1871 (gta Archiv 20-K-1871-12-11). Dieter Weidmann, dem ich den Hinweis auf den Brief verdanke und von dem dessen Transkription stammt, vermutet im Adressaten Constantin Jovanovits; vgl. Weidmann 2010, S. 180f., bes. Anm. 431.

18 Fröhlich, *Gottfried Semper als Entwerfer und Entwurfslehrer* 1974, S. 234f.; Tschudy 1871 (wie Anm. 17).

19 Nach einer kritischen Auseinandersetzung mit der Arbeit von Heinrich Ernst und Alexander Koch schrieb Tschudy: «Es ist überhaupt eigenthümlich, dass in den Werken von *Sempers*

Schülern, deren viele in der Schweiz wirksam sind, nirgends der *Genius* des Meisters sich wirksam ausprägt. Ist wirklich der Einfluss unserer Zeit, die trotz ihres *epigonen* Anstriches nur die *materiellen Seiten* fördert, so gross, dass grosse Ideen keinen Boden finden? In der *Concurrenz* für's *Conversat.-Haus* in *Baden* sind *Koch* u. *Ernst* mit Glanz abgefahren, weil sie *Sempers Projekt* förmlich *kopirten* u. also schon dagewesenes boten.» Tschudy 1871 (wie Anm. 17).

20 Ebd.

21 Die Geschichte der Architectura (oder Architektura, beide Schreibweisen wurden verwendet) ist noch nicht geschrieben. Die archivierten Protokolle des Bauschülervereins setzen am 14.9.1879 ein, wo explizit von einer «Revision» der Statuten die Rede ist. Trotzdem wird später das Jahr 1879 als Gründungsjahr angesehen; Zählung der jährlichen Stiftungsfeste, Statuten 1904. Am 28.7.1880, anlässlich der Diskussion des Banners für den Jubiläumsfestzug, wurde, «da der Ausdruck 'Bauschülerverein' allgemein wenig Anklang gefunden hatte», beschlossen, den Verein «fernerhin 'Architectura' zu nennen.» Protokoll der Sitzung vom 28.7.1880, in: ETH-HA Hs 1149:1. Präsident und Bannerträger war Karl Moser. Ein Tag zuvor hatte man Weiss-Blau-Weiss als Vereinsfarben bestimmt; ebd. Weitere Dokumente zur Architektura: ETH Zürich, Architektura, Protokolle 1879–1926, Div. Vereinsakten (ETH-HA Hs 1149); Statuten und Jahresberichte des Vereins Architectura am eidg. Polytechnikum Zürich (ZBZ LK 2239); Bierzeitungen ETH Zürich (ETH-HA Rar 9531 fol.). 1913 wurde mit Verweis auf ein (heute offenbar verschollenes) Album, «das von da bis auf die Gegenwart» reiche und die Namen der Mitglieder enthalte, das Gründungsjahr 1870 behauptet: «Das Vorwort erinnert daran, dass schon bei einer Bauschulkneipe im Februar 1868 Herr Professor Semper in einer Rede hervorgehoben, dass die Schule allein nicht alles tun könne und dass der Schüler auch ausserhalb derselben studieren müsse. Zu jener Zeit waren bereits zwei kleine Vereinigungen an der Bauschule vorhanden, über deren Wirken nichts überliefert ist; aber es war Semper, der in energischer Weise gegen diese Trennung auftrat und erklärte, an der Bauschule dürfe nur ein Verein existieren, der die gesamte Schülerschaft ohne Kurs- und Altersunterschied umfasse. Diesem trefflichen Wort verdanken die allgemeinen Bauschülerversammlungen ihre Entstehung. Die beiden Vereine lösten sich auf, und man organisierte nun wöchentliche Versammlungen. Neben den Vorträgen wurden kleinere Aufgaben gelöst, die man in einem Programm zusammenstellte. Die besten Arbeiten wurden durch Autographie vervielfältig und in einer kleinen Skizzensammlung vereinigt, die über die Tätigkeit des Vereins Rechenschaft gibt. Aus der Reihe der Namen der ersten Jahrgänge nennen wir nur neben Louis Perrier: E. Berlepsch, A. Füchslin aus Brugg, Benjamin Recordon aus Vevey, Eugen Burnand aus Moudon.» *Historischer Rückblick* o.J. [1913], S. 41f.

22 Die erste Skizzensammlung, die von den Bauschülern selbst herausgegeben wurde, erschien wahrscheinlich 1870 oder 1871; «Skizzen der Bauschueler des Eidg. Polytechnikums in Zürich Jahrgang 1868» (gta Archiv 41-X). Detaillierte Reglemente schrieben Präsenzpflichten und das Prozedere des Skizzierens und der Konkurrenzen vor. Abweichungen wurden sanktioniert, beispielsweise mit Bussen. Oft gaben die Lehrer die Themen für die Konkurrenzen vor und bzw. oder wurden für deren Jurierung beigezogen. Erst 1910 wurde auf ein Skizzier-Reglement verzichtet und im Jahresbericht von 1917 ist zu lesen: «Das Bedürfnis nach Veranstaltung von mehreren Wettbewerben liess sich nicht mehr finden, da uns die Schule selbst genügend Gelegenheit bot zur Beteiligung an solchen Konkurrenzen.» Jahresbericht 1917/18 (ZBZ LK 2239). Aber auch die Geselligkeit war wichtig. 1889 wurde sogar ein Bierkomment eingeführt, allerdings gegen Widerstand und mit der Einschränkung, dass «es uns ja nie einfallen könne, den Bierkomment in seiner ganzen Ausdehnung einzuführen». Protokoll der Sitzung vom 20.11.1889, verf. von Otto Pfleghardt, in: ETH-HA Hs 1149: Protokoll des Bauschülervereins.

23 Die Reduktion der Stillehre auf drei Stunden erscheint in den Programmen des Polytechnikums ab Wintersemester 1872/73, die Aufteilung des Kurses ab Sommersemester 1873. Ob die beiden Jahreskurse tatsächlich bis zu diesem Zeitpunkt gemeinsam unterrichtet wurden, kann nicht sicher festgestellt werden, da entsprechende Stundenpläne fehlen.

Die Vermutung wird dadurch bestärkt, dass Stadler im zitierten Brief an Jovanovits nur eine Vorlesung erwähnt: «Ich habe nun angefangen, das Mittelalter vorzutragen u. bin soeben mit den Basiliken Roms fertig geworden. Es steckt doch ein gesundes Fundament für den Kirchenbau darin.» Stadler 1872 (wie Anm. 13).

24 «Die ersten Tage in Rom findet [?] man nichts als Barock, den man nicht gesucht, später aber lernt man auch diesen Stil schätzen u. wagt es, ihn zu studiren. Der Barock ist, wie kein anderer Stil, reich an Beleuchtungseffect u. wirkungsvoller malerischer Decoration, u. in diesen beiden Richtungen gerade in Rom in ausgezeichneten Mustern vertreten.» Stadler 1872 (wie Anm. 13). Es gilt dabei zu berücksichtigen, dass die Abgrenzung von Renaissance zu Barock vor Heinrich Wölfflins 1888 publizierter Habilitationsschrift *Renaissance und Barock. Eine Untersuchung über Wesen und Entstehung des Barockstils in Italien* ungleich weniger scharf war als heute üblich.

25 Gottfried Semper, Über Baustile (1869), in: ders., *Kleine Schriften* 1884, S. 395–426, hier S. 397. Zu Sempers Vorlesungen vgl. Kap. 2 «Die Architekturvorlesungen», S. 64–72.

26 Vgl. dazu Altmann 2000, bes. Kap. III.2.1, S. 238–249.

27 Semper (1869) 1884 (wie Anm. 25), S. 426.

28 Georg Lasius, «Stillehre 2ter Curs», Randnotiz (ETH-HA Hs 435:59). Nach der Pensionierung von Bluntschli und dem Amtsantritt von Karl Moser wurden die Architekturvorlesungen von Grund auf neu organisiert, wobei das Fach «Stillehre» aufgehoben wurde.

29 Mit dem Reglement vom 3.7.1899 wurde die Bezeichnung «Abteilung für Hochbau (Architektenschule)» eingeführt, in den Programmen galt ab 1900 die Bezeichnung «Architektenschule»; ab dem Reglement vom 16.4.1924 wird sie «Abteilung für Architektur» genannt. Die Umbenennung des Polytechnikums in «Eidgenössische Technische Hochschule» erfolgte 1911, wobei sich umgangssprachlich die Bezeichnung «Poly» auch unter Architekten bis in die Gegenwart hinein hält; *Reglement* 1899; *Programm 1900*ff.; *Reglement* 1924; Gugerli/Kupper/Speich 2005, Kap. «Vom Polytechnikum zur Eidgenössischen Technischen Hochschule», S. 146–148.

30 Es waren die Studenten von Karl Moser, die 1922 jene Petition einreichten, die schliesslich zu Lasius' Pensionierung führte (ETH-HA SR2 Schulratsprotokolle, 25.11.1922, S. 123). Vgl. auch die späte Häme von Emil Roth «Studienjahre 1912», in: Ronner 1971, S. 106f., hier S. 106.

31 Obwohl sich Bluntschli bereits zu seiner Zeit als Schüler von Semper der Renaissance verschrieben hatte. Der Satz «Mein Motto fürs Leben bleibt Renaissance», den Bernd Altmann als Titel für seine Monographie über Bluntschli gewählt hat, hatte Bluntschli am 8.7.1863 unter einen Brief an seine Eltern gesetzt, in dem er ihnen unter anderem von einer Exkursion der Bauschule ins Tessin berichtete; Alfred Friedrich Bluntschli, Brief an seine Eltern, 8.7.1963 (ZBZ FA Bluntschli 47.II); Altmann 2010.

32 Die Art der Architektenausbildung der École des Beaux-Arts bezeichnete er dort (wie vor ihm Semper und nach ihm Karl Moser) als vorbildlich, mit dem Fazit: «So wenig ich in meiner Erinnerung die Züricher Schule mit Semper missen möchte, so wenig auch die an der École des Beaux-Arts, welche mich sehr förderte u. der ich zeitlebens zu Dank verpflichtet bin.» Alfred Friedrich Bluntschli, zit. n.: Altmann 2000, S. 53f.

33 Bericht über den Entwurf zu einem Reglemente 1854, S. 172.

34 Letztere genoss vor allem bei denjenigen Absolventen des Zürcher Polytechnikums grosse Beliebtheit, die die Bauschule vorzeitig verliessen. Zur späteren Karriere der Bauschüler vgl. Fröhlich, *Gottfried Semper als Entwerfer und Entwurfslehrer* 1974, S. 180–258.

35 Dass Semper dafür mit der Zürcher Polytechnikumsfassade einen adäquaten architektonischen Ausdruck fand, wurde in Kapitel 3 «Sempers Bildungsgebäude und die Architektur» gezeigt.

36 Vgl. Kap. 1 «Polytechnikum statt Universität: Zur Geschichte der eidgenössischen Hochschule».

37 Zur expliziten Abgrenzung der Zürcher Schule von den französischen Vorbildern vgl. Bericht über den Entwurf zu einem Reglemente 1854, bes. S. 149–152. Referenz war nebst der École polytechnique vor allem die École Centrale des Arts et Manufactures, beide in Paris.

38 «Les Architectes ne sont pas les seuls qui aient à construire des édifices, les ingénieurs civils et militaires sont fréquemment dans le même cas. On pourrait même ajouter sur les ingénieurs, qu'ils ont plus d'occasions d'exécuter de grandes entreprises que les Architectes proprement dits.» Durand, Bd. 1, 1802, S. i; Übersetzung auf Deutsch nach Durand 1831, S. 2f.

39 Diese Aussage gilt, obwohl der dritte Teil des Kurses von Durand, in dem eine knappe Übersicht über die Bauaufgaben gemacht wurde, ursprünglich umfassend angelegt war. Auch an der Pariser École Centrale des Arts et Manufactures führte Charles-Louis Mary den 1852 publizierten *Cours d'architecture* als unvollständigen Kurs ein, der sich auf das Wesentliche beschränkte; Mary 1852, S. 3.

40 Erst 1865 wurde unter Eugène Viollet-le-Duc eine private École Centrale d'Architecture gegründet, bezeichnenderweise als Abspaltung der École des Beaux-Arts. Obwohl jede Schule grundsätzlich einzeln betrachtet werden muss, kann die Polytechnische Schule München als Beispiel dafür dienen, dass die Situation in Deutschland ähnlich war. Ihre Absolventen mussten die Ausbildung anschliessend an der Akademie vervollständigen, um in den bayerischen Staatsdienst eintreten zu können. Von 1856 an wurden dafür zwar nur noch Kenntnisse in Zivilbaukunde und nicht mehr in höherer Baukunst verlangt, das reichte dann allerdings nicht für eine Tätigkeit als Architekt in der obersten Baubehörde aus. Erst 1868 wurde die Polytechnische Schule (nun Königlich-Bayerische Polytechnische Schule zu München) grundlegend reformiert und erweitert; vgl. Nerdinger/Blohm 1993, bes. S. 45–57.

41 «Das Zürcher Polytechnikum, so recht ein Geschöpf des europäischen Liberalismus, stellte im wahrsten Sinne die erste Technische Hochschule dar.» Hoepke 2007, S. 64.

42 Wobei das Doktorat bereits zwei Jahre zuvor eingeführt worden war. Siehe dazu: *Eidgenössische Technische Hochschule. 1855–1955* 1955, S. 135–137.

43 In Karlsruhe gliederte sich die Bauschule ursprünglich in eine dreijährige Schule für Werkmeister, an die eine zweijährige für Architekten anschloss; Schnabel 1925, S. 41. Später wurde der Studiengang auf insgesamt vier Jahre gekürzt, wobei nach wie vor die bürgerliche Baukunst (gelehrt von Friedrich Eisenlohr und Jakob Hochstetter) von der höheren Baukunst getrennt war: Über «Monumentale Architectur und ihre heutige Richtungen» las Heinrich Hübsch; *Programm der Großherzherzoglich Badischen Polytechnischen Schule* 1849, S. 47–50.

44 1881: 7 Semester, 1904: 7 Semester + Diplom, 1960: 8 Semester + Diplom, 2010: 10 Semester (6 Semester für den Bachelor + 4 Semester für den Master). Dazu ist seit 1931 ein Praktikum obligatorisch (zunächst 1/2 Jahr, seit 1945 1 Jahr). Von den mathematischen Fächern blieb im Studienplan 2011 noch eine zweistündige Vorlesung (mit Übungen) «Mathematisches Denken I–II» während des ersten Studienjahres übrig; http://www.arch.ethz.ch/darch/bachelor_studienplan_de.pdf (26.4.2013).

45 Diese Einschätzung weicht ab von derjenigen, die Ulrich Pfammatter in seiner grundlegenden Darstellung *Die Erfindung des modernen Architekten. Ursprung und Entwicklung seiner wissenschaftlich-industriellen Ausbildung* vertritt, in der die Kontinuität zwischen den frühen polytechnischen Schulen und den späteren technischen Hochschulen betont wird; vgl. Pfammatter 1997.

46 Vgl. Pisani 2012.

47 Dieser Aspekt wird oft unterschätzt, so zum Beispiel von Ekkehard Mai, der behauptet, mit dem Ausbau der Polytechniken im Verlauf des 19. Jahrhunderts hätte sich «die alte Dichotomie zwischen Kopf und Hand, Kunst und Handwerk systematisch und unumkehrbar» verfestigt; Mai 2012, S. 545.

48 «Unter den sogenannten tüchtigen Praktikern versteht man nämlich im gemeinen Leben entweder Zimmermeister oder Maurermeister, oder auch wohl gar Bauspeculanten oder speculative Bauunternehmer [...].» Dies schreibt Carl Ferdinand von Ehrenberg 1840 im Aufsatz «Der theoretisch gebildete und der praktisch geübte Baumeister» in seiner in Zürich publizierten *Zeitschrift über das gesamte Bauwesen*; Ehrenberg 1840, S. 258. Von Ehrenberg führte weiter aus, dass «die Kenntnisse unserer gewöhnlichen Maurer- und Zim-

mermeister wohl ausreichen, um einfache bürgerliche Wohnhäuser, Fabrikgebäude etc. zu entwerfen und aufzuführen, [...] bei grösseren Bauanlagen, und namentlich bei öffentlichen Gebäuden», aber unzureichend seien, «weil hierzu gründliche Wissenschaft und Kunst, nicht bloss praktischer Ueberblick, erforderlich ist.» Ebd., S. 258f. In der Schweiz ist bis heute für praktisch gebildeten Baufachleute die Bezeichnung «Baumeister» üblich, im Unterschied zu den an (Hoch-)Schulen ausgebildeten Architekten; vgl. *Architekt und/versus Baumeister* 2009; Meyer, Ylva, 2011.

49 Vgl. *Bericht über die Ausschreibung von Preisaufgaben* 1885.

50 Schindler-Escher 1886. Ob Gladbach, der zu dieser Zeit an der Bauschule bereits keine Lehrverpflichtungen mehr hatte, über das Zeichnen der Perspektiven hinaus an der Ausarbeitung der Projekte beteiligt war, wie August Waldner in der *SBZ* suggeriert, muss offen bleiben; Waldner 1886, S. 4.

51 Salvisberg 1937; Abteilung für Architektur 1953; Hofmann, Hans, 1955; *Ausbildung des Architekten* 1965. Dass auch an anderen Polytechniken das Muster von Atelier mit realitätsnahen Übungen das ältere System des Kopierens von Vorlagen ablöste, zeigt das Beispiel Karlsruhe; vgl. Walther 2004, S. 184–212. Weitere Fallstudien müssten jedoch folgen.

52 Vgl. Kap. 2 «Sempers Architekturunterricht im Zeichensaal», S. 38–63. In seinen programmatischen «Unmassgebliche[n] Vorschläge[n]» begründete Semper seine Absicht, die Schüler die Konstruktion in Zusammenhang mit ihren Entwürfen lernen zu lassen, damit, dass «räumliches Bedürfniss offenbar der Ausbildung einer vollendet structiven Praxis» vorangehe; Semper, Unmassgebliche Vorschläge betreffend die Anordnung von Preisarbeiten und anderes an der Bau Abtheilung des Polytechnikum, an Joseph von Deschwanden, 6.12.1855 (ETH-HA Hs 1230:252), zit. n.: Weidmann 2010, Quelle Nr. 34, S. 1186.

53 Allerdings durchlief sie unterschiedliche Konjunkturen. Zwischen 1929 und 1960 beispielsweise war der Unterricht in Form von systematisch aufeinander aufbauenden Jahreskursen sehr didaktisch organisiert, ohne grosse Spielräume zu bieten. Gerade in dieser Zeit war die Schule gemessen an den Studentenzahlen höchst erfolgreich, was aber zumindest zum Teil auch auf wirtschaftliche Ursachen zurückgeführt werden kann; www.ethistory.ethz.ch/materialien/statistiken: Anzahl Studierende an der ETH Zürich 1855–2002. Statistischer Überblick Nr. 3 (Stand 25.3.2005; 7.10.2014).

Abgekürzt zitierte Zeitungen und Zeitschriften

Bundesblatt der Schweizerischen Eidgenossenschaft (*Bundesblatt*)

Neue Zürcher Zeitung (*NZZ*)

Schweizerische Bauzeitung (*SBZ*)

Archive

BAR E 80	Schweizerisches Bundesarchiv, Bern: Bestand Schule und Erziehung
ETH-HA	ETH-Bibliothek, Hochschularchiv der ETH Zürich Bestände Sitzungsprotokolle und Akten des Schweizerischen Schulrats (SR), Handschriften und Nachlässe (Hs), biographische Dossiers
ETH-BA	ETH-Bilbiothek, Bildarchiv der ETH Zürich: Porträtsammlung, Veduten
gta Archiv	Archiv des Instituts für Geschichte und Theorie der Architektur (gta), ETH Zürich Bestände Ferdinand Stadler (Archivnr. 2), Adolf Friedrich Brunner (6), Julius Stadler (9), Georg Christian Lasius (10), Alfred Friedrich Bluntschli (11), Gottfried Semper (20), Gustav Gull (22), Karl Moser (33), Bauschule (41), Ernst Gladbach (52), Paul Rosset (58), Hans Wilhelm Auer (70), Friedrich Eisenlohr (74), Töpferschule (92), Albert August Müller (109), Plansammlung (117), Hans Pestalozzi (171)
ZBZ	Zentralbibliothek Zürich Handschriften: Bestände Alfred Friedrich Bluntschli, Ernst Gladbach, Johann Rudolf Rahn; Graphische Sammlung: Bestand Johann Rudolf Rahn
StAZH	Staatsarchiv des Kantons Zürich, Zürich
LM	Schweizerisches Nationalmuseum, Landesmuseum Zürich Bestand Ernst Gladbach

Bibliographie

Abegg, Regine und Christine Barraud Wiener, *Die Kunstdenkmäler des Kantons Zürich*, Bd. II.I (Neue Ausgabe): *Die Stadt Zürich: Altstadt links der Limmat. Sakralbauten*, Bern 2002.

Abegg, Regine u. a., *Die Kunstdenkmäler des Kantons Zürich*, Bd. III.I (Neue Ausgabe): *Die Stadt Zürich: Altstadt rechts der Limmat. Sakralbauten*, Bern 2007.
— *Die Kunstdenkmäler des Kantons Zürich*, Bd. III.II (Neue Ausgabe): *Die Stadt Zürich: Altstadt rechts der Limmat. Profanbauten*, Bern 2007.

Die Abteilung für Architektur an der Eidgenössischen Technischen Hochschule in Zürich, in: *Werk* 40 (1953), Nr. 2, S. 37–65.

Altmann, Bernd, *«Mein Motto fürs Leben bleibt die Renaissance». Der Architekt Alfred Friedrich Bluntschli (1842–1930)*, Diss. Trier 2000.

Angele, Peter u. a., *Der VSETH. Entwicklung und Perspektiven einer offiziellen Studentenschaft*, Zürich 1970.

Architekt. Studien des Bauschülervereins u. Architektura, hg. von Architektura, [Zürich] 1880.

Architekt und / versus Baumeister. Die Frage nach dem Metier, hg. von Stiftung Werner Oechslin, Zürich 2009 (Siebter *Internationaler Barocksommerkurs* 2006).

Architektur. Intuition und Technik, in: *Zürcher Student* 33 (1955), Nr. 5: *100 Jahre ETH*, S. 180–182.

Arnold Geiser, a. Stadtbaumeister von Zürich (Nachruf), in: *SBZ* 55 (1910), Nr. 1, S. 11f.

Auer, Hans, Das Semper-Museum in Zürich, in: *Kunstchronik* 20 (1884/1885), Nr. 5, Spalten 85–89, 103–106, 185–188.
— Moderne Stylfragen, in: *Allgemeine Bauzeitung* 50 (1885), S. 19–21, 25–27.

Die Ausbildung des Architekten an der Eidgenössischen Technischen Hochschule, hg. von Architekturabteilung der Eidgenössischen Technischen Hochschule, Winterthur 1965.

Barkhausen, G. und W. H. Lauter, *Ueber die praktische Ausbildung der Studirenden des Baufaches während der Studienzeit. Vorträge, gehalten vor der XI. Wanderversammlung des Verbandes Deutscher Architekten- und Ingenieur-Vereine zu Strassburg am 28. August 1894. Ergänzungsheft zu Theil I, Bd. 1, 1. Hälfte des «Handbuchs der Architektur»*, Darmstadt 1894.

Bartlett, Nancy Ruth, *More Than a Handsome Box. Education in Architecture at the University of Michigan 1876–1986*, Ann Arbor 1995.

Baugeschichte des Basler Münsters, hg. von Basler Münsterbauverein, Basel 1895.

Die bauliche Entwicklung Zürichs in Einzeldarstellungen. Zur Feier des fünfzigjährigen Bestehens des Eidg. Polytechnikums verfasst von Mitgliedern des Zürcher Ingenieur- und Architektenvereins, Zürich 1905.

Baumgartner, Peter und Heinz Schwarz, Das Böcklin-Atelier in Zürich. Zur Restaurierung und Wiederherstellung der originalen Farbausstattung, in: *Kunst + Architektur in der Schweiz* 53 (2002), Nr. 3, S. 27–34.

Bayer, Josef, Gottfried Semper. Geb. 29. November 1803, † 15. Mai 1879, in: *Zeitschrift für bildende Kunst* 14 (1879), S. 293–306, 357–371.

Becker, Heidede, *Geschichte der Architektur- und Städtebauwettbewerbe*, Stuttgart u. a. 1992 (*Schriften des Deutschen Instituts für Urbanistik* 85).

Belhoste, Bruno, Amy Dahan Dalmedico und Antoine Picon (Hg.), *La Formation polytechnicienne 1794–1994*, Paris 1994.

Benndorf, Otto, *Die Antiken von Zürich*, Zürich 1872 (*Mittheilungen der Antiquarischen Gesellschaft in Zürich* 17, 7).

Bericht der ausgetretenen Polytechniker über die Vorfälle am eidgenössischen Polytechnikum, Zürich 1864.

Bericht des schweiz. Bundesrathes an die h. Bundesversammlung über seine Geschäftsführung im Jahr [1854–1875], in: *Bundesblatt* [1855–1875].

Bericht über den Entwurf zu einem Reglemente für die eidgenössische polytechnische Schule (Vom 21. Brachmonat [Juni] 1854), in: *Bundesblatt* 6, Bd. III, Nr. 39, 19.8.1854, S. 143–227.

Bericht über die Ausschreibung von Preisaufgaben für den Bau von freistehenden Arbeiterhäusern, Zürich 1885.

Bericht über die Organisation und das Wirken der Eidgenössischen Polytechnischen Schule in Zürich. Ausgearbeitet für die Welt-Ausstellung in Wien 1873, Zürich 1873.

Bericht über die Organisation und das Wirken der Eidgenössischen Polytechnischen Schule in Zürich. Herausgegeben im Auftrage des Schweizerischen Bundesrathes bei Anlass der Weltausstellung in Paris 1889, Zürich 1889.

Bericht und Anträge der Majorität der nationalräthlichen Kommission zu den Gesetzesentwürfen, betreffend Errichtung einer eidgenössischen Universität und einer eidgenössischen polytechnischen Schule (Vom 4. August 1853.), in: *Bundesblatt* 6, Bd. I, Nr. 1, 4.1.1854, S. 1–44.

Bermingham, Ann, *Learning to Draw. Studies in the Cultural History of a Polite and Useful Art*, New Haven / London 2000.

Berry, James Duncan, *The Legacy of Gottfried Semper. Studies in «Späthistorismus»*, Ann Arbor 1989.

Beyrodt, Wolfgang, *Gottfried Kinkel als Kunsthistoriker. Darstellung und Briefwechsel*, Bonn 1979.

Birchler, Linus, Kunstgeschichte an der Architektenschule, in: *Die Eidg. Technische Hochschule dem SIA zur Jahrhundert-Feier*, hg. von ETH, Zürich 1937, S. 55–57.
— Sieben Architektur-Dozenten der ETH zeichnen, in: *Du* 8 (1948), Nr. 5, S. 8–29.

Birkner, Othmar, *Bauen + Wohnen in der Schweiz 1850–1920*, Zürich 1975.
— Gründung und Entwicklung des Kunstgewerbemuseums, in: *Hundert Jahre Kunstgewerbemuseum der Stadt Zürich*, Zürich 1975, S. 7–12.

blättern & browsen. 150 Jahre ETH-Bibliothek, Ausst.-Kat. Stadthaus Zürich, hg. von ETH-Bibliothek, Zürich 2005.

Blümner, H[ugo], *Die archaeologische Sammlung im eidgenössischen Polytechnikum zu Zürich*, Zürich 1881.
— *Die Sammlung der Gipsabgüsse im Polytechnikum zu Zürich, ihre Gegenwart und ihre Zukunft: eine Beschwerde- und Bittschrift*, Zürich 1893.

[Bluntschli, Alfred Friedrich] F. Bl., Professor Julius Stalder +, in: *NZZ*, 2. Beilage, 2.12.1904, S. 1.

Bluntschli, Alfred Friedrich und Georg Lasius, Die Architectur des Chemiebaues vom Standpunkt der bauleitenden Architecten, in: *SBZ* 9 (1887), Nr. 25, S. 154f.

Bluntschli, Hans, *Lehr- und Wanderjahre des Architekten Alfred Friedrich Bluntschli, 1832–1930, nach hinterlassenen Aufzeichnungen und Briefen zusammengestellt von seinem Sohn*, Zürich 1945 (*Neujahrsblatt zum Besten des Waisenhauses in Zürich* für 1946, 109).

Bonnet, Alain, *L'Enseignement des arts au XIXe siècle. La réforme de l'école des beaux arts de 1863 et la fin du modèle académique*, Rennes 2006.

Brändli-Traffelet, Sebastian, Vom scheinbaren Zwiespalt des Realismus und Humanismus. Zur Mondernisierung der höheren Bildung in der Schweiz, in: *traverse. Zeitschrift für Geschichte* 9 (2002), Nr. 3: *Geteilte (Aus-)Bildungswelt*, S. 15–28.

Breitenbruch, Bernd, *Gottfried Keller in Selbstzeugnissen und Bilddokumenten*, Reinbek 1968.

Breymann, G[ustav] A[dolf] und H[einrich] Lang, *Allgemeine Bau-Constructions-Lehre mit besonderer Beziehung auf das Hochbauwesen. Ein Leitfaden zu Vorlesungen und zum Selbstunterrichte, angefangen von G.A. Breymann, fortgesetzt und beendet von H. Lang*, 4 Bde., Stuttgart 1849–1963.

Briggs, Martin S., *The Architect in History*, Oxford 1927.

Brüschweiler, Jura, Eine klassizistische Etappe im der Stilentwicklung Ferdinand Hodlers: «Die Architektur» und «Die Ingenieurskunst» 1889–1890, in: *palette* 42 (1973), S. 1–22.

Bruyn, Gerd de (Hg.), *Semperiana. Zur Aktualität Gottfried Sempers (1803–1879)*, Stuttgart 2003.

Bühlmann, Josef, *Die Architektur des classischen Alterthums und der Renaissance*, Stuttgart 1872.

Bundesgesez, betreffend die Errichtung einer eidgenössischen polytechnischen Schule (Vom 7. Hornung [Februar] 1854.), Bern 1854.

Burckhardt, Jacob, *Die Cultur der Renaissance in Italien*, Basel 1860.
— *Briefe. Vollständige und kritisch bearbeitete Ausgabe mit Benützung des handschriftlichen Nachlasses hergestellt von Max Burckhardt*, 11 Bde., Frankfurt a. M. / Stuttgart / Basel, 1949–1994.

Burckhardt, Jacob, Adolf Max Vogt und Paul Hofer, *Reden und Vortrag zur Eröffnung* [des Instituts für Geschichte und Theorie der Architektur am 23.6.1967], Basel 1968 (*Geschichte und Theorie der Architektur* 1).

Burri, Monika und Andrea Westermann (Hg.), *ETHistory 1855–2005. Sightseeing durch 150 Jahre ETH Zürich*, Baden 2005.

Callot, Jean-Pierre, *Histoire de l'École Polytechnique*, Paris 1982.

Carter, Rand, Die Ausbildung der jungen Architektengeneration in den 30er Jahren des 19. Jahrhunderts in Europa, in: Frank Augustin (Hg.), *Mythos Bauakademie. Die Schinkelsche Bauakademie und ihre Bedeutung für die Mitte Berlins*, Berlin 1997, S. 37–49.

Casutt, Marcus, Die Anfänge des Architekturwettbewerbs in der Schweiz. Der SIA und die Rolle der ersten Museumswettberwerbe, in: *Schweizer Ingenieur und Architekt* 117 (11.6.1999), S. 500–504.

Chafee, Richard, The Teaching of Architecture at the Ecole des Beaux-Arts, in: Arthur Drexler (Hg.), *The Architecture of the Ecole des Beaux-Arts*, London / New York 1977, S. 60–109.

Creuzer, Georg Friedrich, *Symbolik und Mythologie der alten Völker, besonders der Griechen*, 4 Bde., 3. Aufl. Leipzig / Darmstadt 1836–1842.

Curtis Green, W. (Hg.), *First International congress on architectural education: proceedings; London, 28 July to 2 August 1924*, London 1925.

David de Pénanrun, Louis Thérèse, Edmond Augustin Delaire und Louis François Roux, *Les Architectes élèves de l'école des beaux-arts 1793–1907*, 2. Aufl. Paris 1907.

Dolgner, Dieter, Der Architekt in Deutschland zwischen Historismus und Jugendstil, in: Winfried Nerdinger (Hg.), *Der Architekt. Geschichte und Gegenwart eines Berufsstandes*, München 2012, S. 136–151.

Dozenten der Eidgenössischen Technischen Hochschule im Jubiläumsjahr, der ETH zu ihrem 100jährigen Bestehen, Sonderdruck der Jubiläumsnummer «100 Jahre ETH» der *Technischen Rundschau* Nr. 41, Bern 1955.

Dresden. Von der Königlichen Kunstakademie zur Hochschule für Bildende Künste (1764–1989), Dresden 1990.

Drexler, Arthur (Hg.), *The Architecture of the Ecole des Beaux-Arts*, London / New York 1977.

Durand, J[ean-]N[icolas-]L[ouis], *Précis des leçons d'architecture données à l'Ecole polytechnique, Paris*, 2 Bde.,1802/1805.
— *Abriss der Vorlesungen über Baukunst, gehalten an der Königlichen Polytechnischen Schule zu Paris*, Karlsruhe 1831.

L'École Polytechnique, hg. von Société des Amis de l'École [Polytechnique, Paris], Paris 1932.

Egbert, Donald Drew, The Education of the Modern Architect, in: *The Octagon. Journal of the American Institute of Architects* 13 (März 1941), S. 4–12.
— *The Beaux-Arts Tradition in French Architecture, Illustrated by the Grands Prix de Rome*, Princeton 1980.

Ehrenberg, Carl Ferdinand von, Der theoretisch gebildete und der praktisch geübte Baumeister, in: *Zeitschrift für das gesamte Bauwesen* 4 (1840), H. 7, S. 257–260.

Die Eidg. Technische Hochschule dem SIA zur Jahrhundert-Feier, hg. von ETH, Zürich 1937.

Eidgenössische Technische Hochschule. 1855–1955. École Polytechnique Fédérale, Zürich 1955.

Eidgenössiche Technische Hochschule Zürich 1955–1980. Festschrift zum 125jährigen Bestehen, red. von Jean-François Bergier und Hans Werner Tobler, Zürich 1980.

Die XXXI. Generalversammlung des Schweiz. Ingenieur- und Architecten-Vereins vom 10., 11. und 12. September 1885 in Lausanne, in: *SBZ* 6 (1885), Nr. 12, S. 70f.

Eisenlohr, Friedrich, *Rede über den Baustyl der neueren Zeit und seine Stellung im Leben der gegenwärtigen Menschheit*, Karlsruhe 1833.
— *Ornamentik in ihrer Anwendung auf verschiedene gegenstände der Baugewerke. Ausgeführt oder zur Ausführung entworfen von F. Eisenlohr*, Karlsruhe 1849.
— *Ausgeführte oder zur Ausführung bestimmte Entwürfe von Gebäuden verschiedener Gattung als Unterrichtsmittel für Gewerb- und technische Schulen, so wie für Baumeister von F. Eisenlohr*, 6 Hefte, Karlsruhe 1852.
— (Hg.), *Holzbauten des Schwarzwaldes. Aufgenommen von F. Feederle*, Karlsruhe, 1853.

Émy, A[mand] R[ose], *Traité de l'art de la charpenterie*, Paris 1841.
— *Lehrbuch der gesammten Zimmerkunst*, Leipzig 1848.

Epron, Jean-Pierre (Hg.), *Architecture – architectes. Enseignement, institutions, profession. Anthologie 1790–1948*, Kolloquium 8.–10.10.1981, Paris, Paris 1981.

Erismann, Hans, *Richard Wagner in Zürich*, Zürich 1987.

Fest-Commers zur 25-jährigen Jubelfeier des Eidgenössischen Polytechnikums zu Zürich, veranstaltet vom Verein der Polytechniker zu Zürich, 1. August 1880, [Zürich] 1880.

Festgabe der GEP [Gesellschaft ehemaliger Studierender des eidgenössischen Polytechnikums] zur Hundertjahrfeier der Eigenössischen Technischen Hochschule in Zürich, Zürich 1955.

Festschrift zum 75jährigen Bestehen der Eidgenössischen Technischen Hoschschule in Zürich, Zürich 1930.

Festschrift zur Feier des 25jährigen Bestehens der Gesellschaft ehemaliger Studierender der Eidgenössichen polytechnischen Schule in Zürich, Zürich 1894.

Franck, Bernd, *Die Nikolaikirche nach dem Hamburger Großen Brand. Gottfried Semper und die Entwurfsgeschichte für den Hopfenmarkt mit dem Kirchenbau 1842–1845*, Hamburg 1989 (*Arbeiten zur Kirchengeschichte* 17).

Frey, Katia, Das Haus und der Garten des Architekten Georg Lasius in Zürich (1876), in: Julia Burbulla, Susanne Karn und Gabi Lerch (Hg.), *Stadtlandschaften. Schweizer Gartenkunst im Zeitalter der Industrialisierung*, Zürich 2006, S. 110–117.

Fritzsche, Bruno u. a., *Geschichte des Kantons Zürich*, Bd. 3: *19. und 20. Jahrhundert*, hg. von Stiftung Neue Zürcher Kantonsgeschichte, Zürich 1994.

Fröhlich, Martin, *Gottfried Semper als Entwerfer und Entwurfslehrer. Materialien zur Entwurfslehre im 19. Jahrhundert aus dem Zürcher Semper-Archiv*, Zürich 1974.
— *Gottfried Semper. Zeichnerischer Nachlass an der ETH Zürich. Kritischer Katalog*, Basel 1974.
— Zürcher Bauten Gottfried Sempers, in: *Gottfried Semper und die Mitte des 19. Jahrhunderts. Symposion vom 2. bis 16. Dezember 1974, veranstaltet durch das Institut für Geschichte und Theorie der Architektur an der ETH Zürich*, Basel / Stuttgart 1976 (*Geschichte und Theorie der Architektur* 18), S. 255–274.
— *Sempers Hauptgebäude der ETH Zürich*, Basel 1979 (*Schweizerische Kunstführer* 256).
— *Gottfried Semper*, Zürich / München 1991.
— *Gottfried Semper am Zeichenbrett. Architektur entwerfen in der zweiten Hälfte des 19. Jahrhunderts*, Zürich 2007.

Frölich, Marie und Hans-Günther Sperlich, *Georg Moller. Baumeister der Romantik*, Darmstadt 1959.

Die 50jährige Jubelfeier des eidgenössischen Polytechnikums, in: *SBZ* 46 (1905), Nr. 6, S. 67–75.

Fuhlrott, Rolf, *Deutschsprachige Architektur-Zeitschriften. Entstehung und Entwicklung der Fachzeitschriften für Architektur in der Zeit von 1789–1918*, München 1975.

Gantner, Joseph, Semper und Le Corbusier, in: ders., *Revision der Kunstgeschichte. Prolegomena zu einer Kunstgeschichte aus dem Geiste der Gegenwart*, Wien 1932, S. 6–89.

Garleff, Jörn, *Die Ecole des Beaux-Arts in Paris. Ein gebautes Architekturtraktat des 19. Jahrhunderts*, Tübingen 2003.

Gasser, Helmi, *Die Kunstdenkmäler des Kantons Uri*, Bd. 2: *Die Seegemeinden*, Bern 1986 (*Die Kunstdenkmäler der Schweiz* 78).

Gilly, D[avid], *Handbuch der Land-Bau-Kunst, vorzüglich in Rücksicht auf die Construction der Wohn- und Wirthschafts-Gebäude für angehende Cameral-Baumeister und Oeconomen*, 3 Bde., Berlin, 1797–1798.

Gladbach, Ernst, *Vorlegeblätter zur Bauconstructionslehre*, Zürich 1868–1871 (in verschiedenen Lieferungen erschienen).
— *Der Schweizer Holzstyl in seinen cantonalen und constructiven Verschiedenheiten, vergleichend dargestellt mit Holzbauten Deutschlands*, Darmstadt 1868 und 2., erg. Aufl. Zürich 1883.
— *Die Holz-Architektur der Schweiz*, Zürich 1876.
— *Charakteristische Holzbauten der Schweiz vom 16. bis 19. Jahrhundert, nebst deren inneren Ausstattung nach der Natur aufgenommen*, Berlin 1889–1893 (in verschiedenen Lieferungen erschienen).

Glaus, Beat, *Die ersten Jahrzehnte der ETH-Bibliothek*, Zürich 1994 (*Schriftenreihe der ETH-Bibliothek* 33).

Gnehm, Michael, «Kritik gegenwärtiger Zustände» als Ursprungskritik – zum dritten Band des «Stil», in: Winfried Nerdinger und Werner Oechslin (Hg.), *Gottfried Semper (1803–1879). Architektur und Wissenschaft*, Ausst.-Kat. Architekturmuseum der TU München, Pinakothek der Moderne München, Museum für Gestaltung Zürich, Zürich / München 2003, S. 314–329.
— *Stumme Poesie. Architektur und Sprache bei Gottfried Semper*, Zürich 2004.
— Ethik der Ästhetik: Gottfried Semper in Dresden und Wien, in: *Kunstgeschichte aktuell* 15 (2008), Nr. 1, S. 3.

Gottfried Semper, 1803–1879. Baumeister zwischen Revolution und Historismus, Kat. zur Austtellung *Gottfried Semper zum 100. Todestag* im Albertinum zu Dresden 1979, hg. von Staatliche Kunstsammlungen Dresden, Institut für Denkmalpflege, Arbeitsstelle Dresden, 2. Aufl. München 1980.

Gottfried Semper und die Mitte des 19. Jahrhunderts. Symposion vom 2. bis 16. Dezember 1974, veranstaltet durch das Institut für Geschichte und Theorie der Architektur an der ETH Zürich, Basel / Stuttgart 1976 (*Geschichte und Theorie der Architektur* 18).

Grabow, Gerd, *Das Leben und Wirken von Gustav Anton Zeuner (1828 bis 1907)*, Leipzig 1984 (*Freiberger Forschungshefte* 160).

Gradmann, Erwin (Hg.), *Griechische Vasen. Katalog der Sammlung in der Eidgenössischen Technischen Hochschule Zürich*, Zürich o. J. [1973].

Graffenried, Adolf von und Ludwig Stürler, *Architecture Suisse, ou Choix de maisons rustiques des alpes du canton de Berne / Schweizerische Architektur oder Auswahl Hölzerner Gebäude aus dem Berner Oberland*, [2. Aufl.?] Bern 1844.

Grashof, [Franz], Ueber die der Organisation von polytechnischen Anstalten zu Grunde zu legenden Pricipien, Vortrag, gehalten in der Hauptversammlung des Vereins Deutscher Ingenieure zu Heidelberg, in: *Zeitschrift des Vereins Deutscher Ingenieure* 8 (1864), S. 591–618, 630–638.

Gubler, Hans Martin, Karlsruhe und die Schweizer Architektur im frühen 19. Jahrhundert.Zur grenzüberschreitenden Wirkung Friedrich Weinbrenners, in: *Unsere Kunstdenkmäler* 40 (1989), H. 1, S. 31–42.

Gubler, Hans Martin und Hanspeter Rebsamen, Beiträge zur Baumeister-Familie Stadler von Zürich, in: *Zürcher Chronik. Zeitschrift für Landeskunde, Kultur, Bildende Kunst und Umweltfragen* 40 (1972), H. 3, S. 75–79.

Gubler, Jacques, *Nationalisme et internationalisme dans l'architecture moderne de la Suisse*, 2., korr. Aufl. Genf 1988 (Erstausgabe: Lausanne 1975).

Gugerli, David, Patrick Kupper und Daniel Speich, *Die Zukunftsmaschine. Konjunkturen der ETH Zürich 1855–2005*, Zürich 2005.

Gull, Gustav, Erinnerungen an Prof. Julius Stadler, in: *SBZ* 45 (1905), Nr. 16, S. 202; Nr. 17, S. 205–207; Nr. 19, S. 234–236.
— *Prof. Julius Stadler von Zürich. Mitteilungen aus seinem Nachlass*, Zürich 1907 (*Neujahrsblatt der Zürcher Kunstgesellschaft* für 1907, 67).

Gutbrod, Cristina, *Gustav Gull (1858–1942). Architekt der Stadt Zürich 1890–1911 zwischen Vision und Baupolitik*, Diss. Zürich 2008.

Gyr, Peter, *Josef Wolfgang von Deschwanden (1819–1866). Erster Direktor des Eidgenössischen Polytechnikums in Zürich*, Zürich 1981 (*Schriftenreihe der ETH-Bibliothek* 20).

Hartmann, Christina (Hg.), Mythos *Architekt. Zur Geschichte einer Berufsausbildung seit dem 19. Jahrhundert*, Braunschweig 1987.

Haupt, Herman, Gladbach, Ernst, in: *Hessische Biographien*, Bd. 1, Darmstadt 1918, S. 225–228.

Haupt, Isabel, Ziel: Eignung für die Praxis. Der BSA und die Architektenausbildung, in: *werk, bauen + wohnen* 95 (2008), Nr. 9, S. 78–83.

Hauser, Andreas, *Ferdinand Stadler, 1813–1870. Ein Beitrag zur Geschichte des Historismus in der Schweiz*, Zürich 1976.
— *Das öffentliche Bauwesen in Zürich*, 3. Teil: *Das städtische Bauamt 1798–1907*, Zürich 2000 (*Kleine Schriften zur Zürcher Denkmalpflage* 6).
— *Das öffentliche Bauwesen in Zürich*, 1. Teil: *Das kantonale Bauamt 1798–1895*, Zürich 2001 (*Kleine Schriften zur Zürcher Denkmalpflage* 4).
— Das Eidgenössische Polytechnikum als geistiges Bundeshaus. Gottfried Semper und die Zürcher Hochschul-Träume, in: *NZZ*, 21./22.3.2001, S. 79f.
— Sempers Wahlspruch. Der Konflikt um das Bildprogramm des Eidgenössischen Polytechnikums, in: Henrik Karge (Hg.), *Gottfried Semper – Dresden und Europa. Die moderne Renaissance der Künste*, München 2007, S. 301–310.

Hauser, Andreas, Hans Ulrich Wipf und Hans-Peter Bärtschi, *INSA Inventar der neueren Schweizer Architektur 1850–1920*, Bd. 8: *St. Gallen, Sarnen, Schaffhausen, Schwyz*, Bern 1996.

Heine, Gustav, *Unterricht im perspectivischen Zeichnen*, Leipzig 1956.

Heinrich Hübsch, 1795–1863. Der grosse badische Baumeister der Romantik, Ausst.-Kat. Stadtarchiv Karlsruhe und Institut für Baugeschichte der Universitat Karlsruhe, Prinz-Marx-Palais, Kalrsruhe 1983.

Henne am Rhyn, Otto, *Gottfried Kinkel. Ein Lebensbild*, Zürich 1883.

Herrmann, Wolfgang, *Gottfried Semper im Exil. Paris London 1849–1855. Zur Entstehung des «Stil» 1840–1877*, Basel / Stuttgart 1978 (*Geschichte und Theorie der Architektur* 19).
— *Gottfried Semper. Theoretischer Nachlass an der ETH Zürich. Katalog und Kommentare*, Basel / Boston 1981 (*Geschichte und Theorie der Architektur* 15).
— (Hg.), *Technische Universität München. Die Geschichte eines Wissenschaftsunternehmens*, 2 Bde., Berlin 2006.

Herzog, Max, *Kurze Geschichte der Baustatik und Baudynamik in der Praxis*, Berlin 2010.

Hess, Friedrich, *Erziehung zum Architektenberuf*, Sonderdruck aus *Der Architekt im Zerreisspunkt. Vorträge, Berichte und Diskussionsbeiträge der Sektion Architektur auf dem Internationalen Kongress für Ingenieurausbildung (IKIA) in Darmstadt 1947*, Darmstadt 1948.

Hildebrand, Sonja, «... grossartigere Umgebungen» – Gottfried Semper in London, in: Winfried Nerdinger und Werner Oechslin (Hg.), *Gottfried Semper (1803–1879). Architektur und Wissenschaft*, Ausst.-Kat. Architekturmuseum der TU München, Pinakothek der Moderne München, Museum für Gestaltung Zürich, Zürich / München 2003, S. 260–268.

Hildebrand, Sonja u. a., *Villa Garbald. Gottfried Semper – Miller & Maranta*, Zürich 2004.

Historischer Rückblick bei der Feier des fünfzigjährigen Bestandes 1863–1913, hg. von Verband der Studierenden an der Eidg. Technischen Hochschule in Zürich, Zürich o. J. [1913].

Hochstetter, Jakob, *Schweizerische Architektur: Erste Abtheilung: Holzbauten des Berner Oberlandes, aufgenommen von C. Weinbrenner und J. Durm*, Karlsruhe 1857.

Hoepke, Klaus-Peter, *Geschichte der Fridericiana. Stationen in der Geschichte der Universität Karlsruhe (TH) von der Gründung 1825 bis zum Jahr 2000*, Karlsruhe 2007.

Hofmann, Albert, Wilhelm Lübke. (17. Januar 1826–5. April 1893.), in: *Deutsche Bauzeitung* 1893, S. 185–187, 202–204; Auszüge in: *SBZ* 11 (1893), Nr. 18, S. 118–120.

Hofmann, Hans, Die Abteilung für Architektur, in: *Eidgenössische Technische Hochschule. 1855–1955. École Polytechnique Fédérale*, Zürich 1955, S. 357–384.

Hofmeister, R[udolf] H[einrich], *Das Leben des Architekten Ferdinand Stadler von Zürich*, Zürich 1872 (*Neujahrsblatt der Künstlergesellschaft in Zürich* für 1872, 32).

Huck, O., *Die Bauconstructionslehre: ein Leitfaden für den Unterricht in den Bauwissenschaften an allen technischen Lehranstalten, sowie zum Selbstunterricht*, Leipzig 1871.

Hübsch, Heinrich, *In welchem Style sollen wir bauen? beantwortet von H. Hübsch*, Karlsruhe 1828.
— *Die Architektur und ihr Verhältnis zur heutigen Malerei und Skulptur*, Neuausg. Berlin 1985 (Erstausgabe: Stuttgart / Tübingen 1847).

Hürlimann, Martin (Hg.), *Die Eidgenössische Technische Hochschule in Zürich. Ein Bericht*, Zürich 1945 (Sonderheft *Atlantis* 17, 1945, H. 9).

100 Jahre Eidg. Technische Hochschule / Le centenaire de l'École Polytechnique Fédérale (Themenheft), *SBZ* 73 (1955), Nr. 42.

Hundert Jahre Eidgenössische Technische Hochschule in Zürich (Sonderausgabe), *NZZ*, 21.10.1955.

Hunziker-Meyer, Fritz, Zur Erinnerung an die Baugartengesellschaft (1802–1904), in: *Zürcher Taschenbuch auf das Jahr 1905* 28 N. F., hg. von einer Gesellschaft Zürcherischer Geschichtsfreunde, Zürich 1905, S. 212–233.

Huwyler, Ernst, Schweizerische Hausforschung, Ein Beitrag zu ihrer Geschichte, in: *Jahrbuch des Schweizerischen Freilichtmuseums Ballenberg* 1, Brienz 1996, S. 13–136, bes. 49–53.

Ideal-Architekturen. C. Zehnder, Maler – Architekt, 1859–1938, Ausst.-Kat. ETH Zürich, Zürich 1981.

Die Institute der Abteilung für Architektur an der ETH, in: *SBZ* 86 (1968), Nr. 34, S. 607–610.

Isler-Hungerbühler, Ursula, *Johann Rudolf Rahn. Begründer der schweizerischen Kunstgeschichte*, Zürich 1956.

Jahresbericht des Gewerbemuseums Zürich, Zürich 1876ff.

Jansen, Jürg u. a., *Architektur lehren. Bernhard Hoesli an der Architekturabteilung der ETH Zürich*, Zürich 1989.

Johannes, Ralph, *Entwerfen. Architektenausbildung in Europa von Vitruv bis Mitte des 20. Jahrhunderts. Geschichte – Theorie – Praxis*, Hamburg 2009.

Karge, Henrik (Hg.), *Gottfried Semper – Dresden und Europa. Die moderne Renaissance der Künste*, München 2007.

Keller, Gottfried, Bericht an den hohen Grossen Rath über den gemeinsamen Bau des eidgenössischen Polytechnikums und der zürcherischen Hochschule, in: *Amstblatt des Kantons Zürich* 9 (30. Jenner 1866).
— *Gesammelte Briefe,* hg. von Carl Helbling, 4 Bde., Bern 1950–1954.

Kemp, Wolfgang, Die Geschichte des Zeichenunterrichts von 1870 als Geschichte seiner Methoden, in: *Kind und Kunst. Eine Ausstellung zur Geschichte des Zeichen- und Kunstunterrichts*, Ausst.-Kat. Kunstamt Kreuzberg im Haus am Mariannenplatz, Berlin 1976, S. 12–27.

Kind und Kunst. Eine Ausstellung zur Geschichte des Zeichen- und Kunstunterrichts, Ausst.-Kat. Kunstamt Kreuzberg im Haus am Mariannenplatz, Berlin 1976.

Kinkel, Gottfried, *Die Gypsabgüsse der Archäologischen Sammlung im Gebäude des Polytechnikums in Zürich. Erklärt von Gottfried Kinkel*, Zürich 1871.
— *Das Kupferstich-Cabinet des Eidgenössischen Polytechnikums*, Zürich 1876.
— *Mosaik zur Kunstgeschichte*, Berlin 1876.

Die Kirche St. Laurenzen in St. Gallen. Zum Abschluss der Restaurierung 1963–1979, hg. von Evangelisch-reformierte Kirchgemeinde St. Gallen, St. Gallen 1979.

Klöppel, Ulrike, Foucaults Konzept der Problematisierungsweise und die Analyse diskursiver Transformation, in: Achim Landwehr (Hg.), *Diskursiver Wandel*, Wiesbaden 2010 (*Interdisziplinäre Diskursforschung* 4), S. 255–263.

Knoepfli, Albert, Zu Tische in der Aula des Semperschen Polytechnikumsgebäudes. Zu den Zürcher Kreisen der frühen Semperzeit, in: *Gottfried Semper und die Mitte des 19. Jahrhunderts. Symposion vom 2. bis 16. Dezember 1974, veranstaltet durch das Institut für Geschichte un Theorie der Architektur an der ETH Zürich*, Basel / Stuttgart 1976 (*Geschichte und Theorie der Architektur* 18), S. 255–274.

Koch, Alexander, *Schweizerische Landesausstellung Zürich 1883. Bericht über Gruppe 17: Keramik*, Zürch 1884.
— Ueber die Leistungen der Bauschule am eidg. Polytechnikum (Miscellanea), in: *SBZ* 4 (1884), Nr. 17, S. 108f.

Konkurs-Programm zur Einreichung von Bauplänen für die eidgenössische polytechnische Schule und die zürcherische Hochschule, Zürich 1857.

Koristka, Carl, *Der höhere polytechnische Unterricht in Deutschland, in der Schweiz, in Frankreich, Belgien und England. Ein Bericht an den h. Landesausschuss des Königreichs Böhmen*, Gotha 1863.

Kratz-Kessemeier, Kristina, Andrea Meyer und Bénédicte Savoy (Hg.), *Museumsgeschichte. Kommentierte Quellentexte 1750–1950*, Berlin 2010.

Krayer, Albrecht, *Die Baumeister- und Künstlerfamilie Stadler in Zürich und ihre Beziehungen zur Kunst im 19. Jahrhundert*, Zürich 1948.

Krimmel, Bernd (Hg.), *Darmstadt in der Zeit des Klassizismus und der Romantik*, Ausst.-Kat. Mathildenhöhe, Darmstadt 1978.

Kugler, Franz, *Geschichte der Baukunst*, 3 Bde., Stuttgart 1856–1859 (weitere Bände mit variierenden Titeln wurden in der Folge von Jacob Burckhardt und Wilhelm Lübke herausgegeben).

[Kunkler, Julius,] *Erzählung aus dem Leben: Studenten-Streik, v. Roten*, Zürich 1898.

Kunstwissenschaft an Schweizer Hochschulen, Bd. 1: *Die Lehrstühle der Universitäten in Basel, Bern, Freiburg und Zürich von den Anfängen bis 1940*, Zürich 1976 (*Beiträge zur Geschichte der Kunstwissenschaft in der Schweiz* 3).

Kurrer, Karl-Eugen, *Geschichte der Baustatik*, Berlin 2002.

Lankheit, Klaus, Friedrich Weinbrenner – Beiträge zu seinem Werk, in: *Fridericiana. Zeitschrift der Universität Karlsruhe* 19 (1976), S. 5–50.

Lambert, André und Alfred Rychne, *L'Architecture en Suisse aux differentes epoques. Fragments recueillis et publies*, Basel / Genf 1883.

Lasius, Georg, *Die Baukunst in ihrer chronologischen und constructiven Entwicklung dargestellt und erläutert durch eine Auswahl charakteristischer Denkmale vom Alterthum bis auf die Neuzeit mit Rücksicht auf das Bedürfniss unserer Zeit für Bauleute, Kunstfreunde & Lehranstalten*, Darmstadt 1863–1868 (in verschiedenen Lieferungen erschienen).
— Das Münster von Lausanne, in: *Die Schweiz. Illustrirte Zeitschrift für schweizerische Literatur, Kunst und Wissenschaft* 8 (1865), S. 380–388.
— Die Holz-Cement-Bedachung, in: *Die Eisenbahn. Schweizerische Zeitschrift für Bau- und Verkehrswesen* 6 (1877), Nr. 5, S. 38.
— Gewerbemuseum und Gewerbeschulen, in: *Schweizerisches Gewerbe-Blatt. Organ der Gewerbemuseen Zürich und Winterthur* 3 (1878), Nr. 30, S. 207f.; Nr. 31, S. 215–217; Nr. 32, S. 223f., Nr. 33, S. 227–230.
— Die Sternwarte in Zürich: ein Bau Gottfried Sempers's, in: *Die Eisenbahn. Schweizerische Zeitschrift für Bau- und Verkehrswesen* 12 (1880), Nr. 13, S. 74f.
— *Warmluftheizung mit continuierlicher Feuerung*, Zürich 1880 (*Technische Mittheilungen des schweizerischen Ingenieur- & Architecten-Vereins* 18), und in:

Die Eisenbahn. Schweizerische Zeitschrift für Bau- und Verkehrswesen 11 (1879), Nr. 25, S. 145–148; Nr. 26, S. 151–153.
— *Schweizerische Landesausstellung Zürich 1883. Bericht über Gruppe 19: Hochbau und Einrichtung des Hauses*, Zürich 1884.
— *Bau eines eidgenössischen Parlaments- u. Verwaltungsgebäudes in Bern*, Separatdruck aus der *NZZ*, Zürich 1885.
— Rede von Herrn Professor G. Lasius bei der Enthüllung des Semper-Denkmals im eidg. Polytechnikum zu Zürich, in: *SBZ* 9 (1887), Nr. 22, S. 133f.
— Prof. Ernst Gladbach (Nachruf), in: *SBZ* 29 (1897), Nr. 3, S. 15–18.
— Zwei Radierungen von Prof. Erst Gladbach, in: *SBZ* 30 (1897), Nr. 25, S. 192; Nr. 26, S. 198f.
— Der Backsteinbau romanischer Zeit in Ober-Italien und Norddeutschland, in: *SBZ* 34 (1899), Nr. 14, S. 131–133; Nr. 15, 141–144; Nr. 16, 152–154; Nr. 17, 162–164; Nr. 21, 202–205; Nr. 22, 209–211 (Serie).
— Julius Stadler (Nachruf), *SBZ* 44 (1904), Nr. 23, S. 272f.

Latour, Bruno, *Eine neue Soziologie für eine neue Gesellschaft. Einführung in die Akteur-Netzwerk-Theorie*, Frankfurt 2007.

Laudel, Heidrun, *Gottfried Semper. Architektur und Stil*, Dresden 1991.

Legler, Wolfgang, *Einführung in die Geschichte des Zeichen- und Kunstunterrichts von der Renaissance bis zum Ende des 20. Jahrhunderts*, Oberhausen 2011(*Pädagogik: Perspektiven und Theorien* 17).

Lehmann, Christine und Bertram Maurer, *Karl Culmann und die graphische Statik. Zeichnen, die Sprache des Ingenieures*, Berlin 2006.

Lehmann, W[ilhelm] L[udwig], *Professor Ernst Gladbach*, Zürich 1898 (*Neujahrsblatt der Kunstgesellschaft in Zürich* für 1898, 58).

Lengwiler, Urs, Daniel Kauz und Simone Desiderato, *Was Studenten bewegt. 150 Jahre Verband der Studierenden an der ETH*, Baden 2012.

Linke, G[ustav], *Vorträge über Baukonstruktionslehre am Königl. Gewerbe Institut und der Königl. Allgemeinen Bauschule von G. Linke*, Berlin 1850.

Lippert, Hans Georg, Zwischen Kunst und Wissenschaft – Architektenausbildung im 19. Jahrhundert, in: Henrik Karge (Hg.), *Gottfried Semper – Dresden und Europa. Die moderne Renaissance der Künste*, München 2007, S. 175–186.

Lübke, Wilhelm, *Geschichte der Architektur von den ältesten Zeiten bis auf die Gegenwart*, Leipzig 1855.
— *Lebenserinnerungen*, Berlin 1891.

Lüthy, Hans Armin, *Der Zürcher Maler Johann Jakob Ulrich II, 1798–1877. Ein Beitrag zur Geschichte der schweizerischen Landschaftsmalerei in der ersten Hälfte des 19. Jahrhunderts*, Diss. Zürich 1965.

Luttmann, Susanne, Von der Methodik des Erfindens – Gottfried Sempers «Vergleichende Baulehre», in: Henrik Karge (Hg.), *Gottfried Semper – Dresden und Europa. Die moderne Renaissance der Künste*, München 2007, S. 221–236.
— *Gottfried Sempers «Vergleichende Baulehre». Eine Quellenkritische Rekonstruktion*, Diss. Zürich 2008.

M. [Manfred Semper?], Das neuerbaute Eidgenössische Polytechnikum in Zürich, in: *Illustrirte Zeitung* 15 (27. Juni 1863), Nr. 1043, S. 444.

M. G. [Marcel Grossmann?], Zum Rücktritt von Professor Dr. G. Lasius, in: *SBZ* 82 (1923), Nr. 1, S. 19.

Macdonald, Stuart, *The History and Philosophy of Art Education*, London 1970.

Mai, Ekkehard, Kunstakademien und Architektenausbildung, in: Winfried Nerdinger (Hg.), *Der Architekt. Geschichte und Gegenwart eines Berufsstandes*, München 2012, S. 536–547.

Mallgrave, Harry Francis, *Gottfried Semper. Ein Architekt des 19. Jahrhunderts*, Zürich 2001.

Manger, J. (Hg.), *Blätter für die gewerbliche Baukunde: zum Gebrauche für Bauhandwerker, Baumeister, Fabrikanten und Landwirthe, sowie als Zeichnen-Vorlagen in Real- und Gewerbe-Schulen*, Berlin 1853–1860 (in Heften).

Marschall, Sabine, *Das Hauptgebäude der Deutschen Universität und Technischen Hochschule im 19. Jahrhundert*, Diss. Tübingen 1993.

Mary, [Charles-Louis], *Cours d'architecture*, Paris 1852.

Maurer, Bruno, In principio era il Semper-Museum. La leggenda sulle origini dell'Archiv gta del Politecnico Federale di Zurigo. in: Letizia Tedeschi (Hg.), *Archivi e Architetture. Presenze nel Cantone Ticino*, Bellinzona 1998, S. 41–54.
— Lehrgebäude – Gottfried Semper am Zürcher Polytechnikum, in: Winfried Nerdinger und Werner Oechslin (Hg.), *Gottfried Semper (1803–1879). Architektur und Wissenschaft*, Ausst.-Kat. Architekturmuseum der TU München, Pinakothek der Moderne München, Museum für Gestaltung Zürich, Zürich / München 2003, S. 306–313.
— «Die Revolution hat nicht stattgefunden in der Erziehung». Werner M. Moser und die «Erziehung zur Architektur», in: Sonja Hildebrand, Bruno Maurer und Werner Oechslin (Hg.), *Haefeli, Moser Steiger. Die Architekten der Schweizer Moderne*, Zürich 2007, S. 117–141.

Meili, David, Der Geist ist's, der lebendig macht. Zur Ethnoarchitektur des beginnenden 20. Jahrhunderts, in: *Unsere Kunstdenkmäler* 30 (1979), H. 4, S. 428–338.

Meiring, Der Unterricht in der architektonischen Formenlehre auf den Baugewerkschulen, in: *Deutsche Bauzeitung* 27 (1893), Nr. 28, S. 174–176; Nr. 30, S. 188–191.

Meslin, Louis, I. Illustrated Hand-Book of Architecture, by James Fergusson; London – II. Vorlesungen über Architektur, von Professor Gottfried Semper, Dresden 1859, in: *Gazette des Beaux-Arts* 1 (1859), H. 3, S. 117–123.

Meyer, Peter, Vor Gottfried Sempers Polytechnikum, in: *SBZ* 73 (1955), Nr. 42: *100 Jahre Eidg. Technische Hochschule*, S. 599–602.

Meyer, Ylva, Baumeisterhäuser, in: *Zürcher Baumeisterhäuser: Zeugen einer wachsenden Stadt. Verkannte Architektur aus dem 19. Jahrhundert*, Zürich 2011, S. 9–22.

Middleton, Robin (Hg.), *The Beaux-Arts and Nineteenth-Century French Architecture*, London 1982.

Miekley, Walther, Gottfried Kinkel in Zürich (1866–1882). Unter Berücksichtigung bisher unveröffentlichter Briefe des Dichters, in: *Euphorion* 19 (1912), 302–323.

Möbius, Hanno, *Vierhundert Jahre technische Sammlungen in Berlin. Von der Raritätenkammer der Kurfürsten zum Museum für Verkehr und Technik*, Berlin 1983.

Moller, Georg, *Beiträge zu der Lehre von den Construktionen*, Darmstadt / Leipzig, 1833–1844.
— *Denkmäler der deutschen Baukunst*, 3 Bde., hg. von F. M. Hessemer, fortgesetzt von Ernst Gladbach (3. Bd.), 4., überarb. Aufl. Frankfurt a. M. 1852–1854 (zuvor in Heften erschienen).

Moller, Georg und Franz Heger, *Entwürfe ausgeführter und zur Ausführung bestimmter Gebäude*, Darmstadt / Leipzig 1825–1832 (?) (in Heften).

Moore, Thomas, *School for Genius. The story of the ETH – The Swiss Federal Institure of Technology – from 1855 to the Present*, Rockville Centre 2005.

Moos, Stanislaus von, *Industrieästhetik*, Disentis 1992 (*Ars Helvetica* 11).

Moravánszky, Ákos, Der Architekt als Erzieher, in: Winfried Nerdinger (Hg.), *Der Architekt. Geschichte und Gegenwart eines Berufsstandes*, München 2012, S. 602–621.

Moravánszky, Ákos und Judith Hopfengärtner (Hg.), *Aldo Rossi und die Schweiz. Architektonische Wechselwirkungen*, Zürich 2011.

Moretti Sgubini, Anna Maria, I Castellani e la loro collezione, in: dies. (Hg.), *La collezione Augusto Castellani nel Museo nazionale etrusco di Villa Giulia*, Rom 2000, S. 9–21.

Moser, Karl, *Bericht über die Excursion der Bauschule nach Ober-Italien und Tessin, Juni 1880, unter der Leitung von Julius Stadler*, Stäfa 1881.

Mueke, Mikesch W., *Gottfried Semper in Zurich. An Intersection of Theory and Practice*, Ames 2005.

Müller, Thomas, Architekturschule und ländliches Bauen – Ernst Gladbach (1812–1896). Zur Wiederkehr des Todestages am 25. Dezember 1896, in: *Stadt und Land. Novationen und Novationsaustausch am Zürichsee*, Marburg 1997 (*Jahrbuch für Hausforschung* 45), S. 195–209.

Mumenthaler, Rolf und Yvonne Voegeli, Ohne Bibliothek keine Wissenschaft. Zur Geschichte der ETH-Bibliothek Zürich, in: *blättern & browsen. 150 Jahre ETH-Bibliothek*, Ausst.-Kat. Stadthaus Zürich, hg. von ETH-Bibliothek, Zürich 2005, S. 11–68.

Nägelke, Hans-Dieter, *Hochschulbau im Kaiserreich. Historistische Architektur im Prozess bürgerlicher Konsensbildung*, Kiel 2000.

Nebenius, C[arl] F[riedrich], *Ueber technische Lehranstalten in ihrem Zusammenhange mit dem gesammten Unterrichtswesen und mit besonderer Rücksicht auf die polytechnische Schule zu Karlsruhe*, Karlsruhe 1833.

Nerdinger, Winfried, Die Ausbildung von Carl Ludwig Engel und die deutschen Architekturschulen im Klassizismus, in: *Finskt Museum* 97/1990 (1991), S. 99–110.

Nerdinger, Winfried (Hg.), *Friedrich von Gärtner. Ein Architektenleben 1791–1847. Mit den Briefen an Johann Martin von Wagner*, München 1992.
— Der Architekt Gottfried Semper «Der notwendige Zusammenhang der Gegenwart mit allen Jahrhunderten der Vergangenheit», in: Winfried Nerdinger und Werner Oechslin (Hg.), *Gottfried Semper (1803–1879). Architektur und Wissenschaft*, Ausst.-Kat. Architekturmuseum der TU München, Pinakothek der Moderne München, Museum für Gestaltung Zürich, Zürich / München 2003, S. 9–51.
— (Hg.), *Der Architekt. Geschichte und Gegenwart eines Berufsstandes*, München 2012.

Nerdinger, Winfried und Katharina Blohm (Hg.), *Architekturschule München. 125 Jahre Technische Universität München*, München 1993.

Nerdinger, Winfried und Werner Oechslin (Hg.), *Gottfried Semper (1803–1879). Architektur und Wissenschaft*, Ausst.-Kat. Architekturmuseum der TU München, Pinakothek der Moderne München, Museum für Gestaltung Zürich, Zürich / München 2003.

Neuere Arbeiten der Professoren für Architektur der ETH, in: *SBZ* 73 (1955), Nr. 42: *100 Jahre Eidg. Technische Hochschule*, S. 673–692.

Ninfa, Ursula, *Johann Georg Müller 1822–1849. Ein Architekt auf der Suche nach dem Neuen Stil*, St. Gallen 1993 (*St. Galler Kultur und Geschichte* 21).

Noever, Peter (Hg.), *Gottfried Semper. The Ideal Museum. Practical Art in Metals and Hard Materials*, Wien 2007 (*MAK Studies* 8).

Oechsli, Wilhelm, *Geschichte der Gründung des Eidg. Polytechnikums mit einer Übersicht seiner Entwicklung 1855–1905*, Frauenfeld 1905.

Oechslin, Werner, «... bei furchtloser Konsequenz (die nicht jedermanns Sache ist) ...» – Prolegomena zu einem verbesserten Verständnis des Semper'schen Kosmos, in: Winfried Nerdinger und Werner Oechslin (Hg.), *Gottfried Semper (1803–1879). Architektur und Wissenschaft*, Ausst.-Kat. Architekturmuseum der TU München, Pinakothek der Moderne München, Museum für Gestaltung Zürich, Zürich / München 2003, S. 53–90.
— Gottfried Semper und die Archäologie in ihren neuerlichen Anfängen um 1830, in: Winfried Nerdinger und Werner Oechslin (Hg.), *Gottfried Semper (1803–1879). Architektur und Wissenschaft*, Ausst.-Kat. Architekturmuseum der TU München, Pinakothek der Moderne München, Museum für Gestaltung Zürich, Zürich / München 2003, S. 92–100.
— Gottfried Semper und Jacob Burckhardt. Der unterschiedliche Blick auf die Renaissance, in: *Zeitschrift für Kunstgeschichte* 72 (2009), H. 1, S. 99–110.
— Architekturmodell – «Idea materialis», in: Wolfgang Sonne (Hg.), *Die Medien und die Architektur*, Berlin / München 2011, S. 131–155.
— Der Architekt als Theoretiker, in: Winfried Nerdinger (Hg.), *Der Architekt. Geschichte und Gegenwart eines Berufsstandes*, München 2012, S. 576–601.

Paschoud, Maurice, Notice historique, in: École Polytechnique de l'*Université de Lausanne. Ouvrage publié à l'occasion de son Centenaire 1853–1953*, Lausanne 1953 (*Publication de l'Université de Lausanne* 11), S. 15–56.

Percier, Charles und P[ierre] F[rançois] L[éonard] Fontaine, *Palais, maisons et autres édifices modernés, dessinés à Rome*, Paris 1798.

Pérouse de Montclos, Jean-Marie, Le Chalet à la Suisse. Fortune d'un modèle vernaculaire, in: *Architectura. Zeitschrift für Geschichte der Baukunst* 17 (1987), Nr. 1, S. 79–96.

Petition der Gesellschaft ehemaliger Studirender des eidgen. Polytechnikums an den hohen schweizerischen Bundesrath, [Solothurn] 1877.

Peschken, Goerd, *Das architektonische Lehrbuch*, Berlin 1979 (*Karl Friedrich Schinkel. Lebenswerk* 14).

Pevsner, Nikolaus, Zur Geschichte des Architektenberufs (Martin S. Briggs, *The Architect in History*, Oxford 1927), in: *Kritische Berichte zur kunstgeschichtlichen Literatur* 3/4 (1930/1931 u. 1931/1932), S. 97–122.
— *Some Architectural Writers of the Nineteenth Century*, Oxford 1972.
— *Die Geschichte der Kunstakademien*, Mittenwald 1986.

Peyer im Hof, Fr[iedrich], *Architectonische Aufsätze*, Zürich 1867.
— *Die Renaissance-Architektur Italiens. Aufrisse, Durchschnitte und Details in 135 lithographirten Tafeln*, Leipzig 1870.
— *Die Basilica des h. Marcus zu Venedig. Eine baugeschichtliche Studie*, Schaffhausen 1874.

Pfammatter, Ulrich, *Die Erfindung des modernen Architekten. Ursprung und Entwicklung seiner wissenschaftlich-industriellen Ausbildung*, Basel 1997.

Pfister, Arnold, Vergessenes und neues zur Baugeschichte des Polytechnikums. Ein Beitrag zum hundertjährigen Bestehen der ETH in Zürich, in: *NZZ*, 13.8.1955, Morgenausgabe, Bl. 3.

Pfister, Christian und Roman Studer, «Swistoval». Der Historische Geldwertrechner für die Schweiz ab 1800, in: *traverse. Zeitschrift für Geschichte* 17 (2010), Nr. 1: *Wirtschaftsgeschichte in der Schweiz – eine historiographische Skizze*, S. 272–285.

Philipp, Klaus Jan, Der professionelle Architekt im späten 18. und frühen 19. Jahrhundert in Deutschland, in: Winfried Nerdinger (Hg.), *Der Architekt. Geschichte und Gegenwart eines Berufsstandes*, München 2012, S. 120–135.

Picon, Antoine, *Architectes et ingénieurs au siècle des Lumières*, Marseilles 1988.

Pisani, Salvatore, «Allein vieles ist besser, leichter, zweckmässiger, wohlfeiler als wir es kennen» – Sempers Lehrzeit in Paris und das akademische Ausbildungsprogramm, in: Winfried Nerdinger und Werner Oechslin (Hg.), *Gottfried Semper (1803–1879). Architektur und Wissenschaft*, Ausst.-Kat. Architekturmuseum der TU München, Pinakothek der Moderne München, Museum für Gestaltung Zürich, Zürich / München 2003, S. 101–104.
— «Nos architectes» – Die Architektenprofession im Frankreich des 19. und 20. Jahrhunderts, in: Winfried Nerdinger (Hg.), *Der Architekt. Geschichte und Gegenwart eines Berufsstandes*, München 2012, S. 168–179.

Programm der eidgen. Polytechnischen Schule für [...], hg. von Eidgenössische Polytechnische Schule, Zürich 1855ff. (Der Titel des ersten Programms lautet *Ueber-*

sicht des gesammten Unterrichtes welcher im Schuljahr 1855–1856, beziehungsweise im Wintersemester desselben Jahres an der eidgenössischen polytechnischen Schule ertheilt wird, aber auch die Titel der folgenden Schulprogramme variieren.)

Programm der Großherzoglich Badischen Polytechnischen Schule zu Karlsruhe für das Jahr 1849–1850, Karlsruhe 1849.

Pudor, Heinrich, Zur Geschichte der technischen Museen, in: *Vierteljahresschrift für Sozial- und Wirtschaftsgeschichte* 14 (1918), Nr. 2/3, S. 356–375.

Puppi, Lionello, *Michele Sanmicheli architetto. Opera completa*, Rom 1986.

Raffaele, Colette, *Eugène Beaudoin et l'enseignement de l'architecture à Genève*, Lausanne 2010.

Rahn, Johann Rudolf, Erinnerungen aus den ersten 22 Jahren meines Lebens (1. Teil), in: *Zürcher Taschenbuch* 42 N. F., hg. von einer Gesellschaft Zürcherischer Geschichtsfreunde, Zürich 1919, S. 1–98.

— Erinnerungen aus den ersten 22 Jahren meines Lebens (2. Teil), in: *Zürcher Taschenbuch* 43 N. F., hg. von einer Gesellschaft Zürcherischer Geschichtsfreunde, Zürich 1920, S. 1–90.

Rambert, Eugène, *Lettres sur l'école polytechnique adressées à la Patrie, à Lausanne*, Lausanne 1864.

Rapport sur l'organisation et la marche de l'école polytechnique fédérale à Zurich. Rédigé en vue de l'exposition universelle de Paris 1878, Zürich 1878.

Rebsamen, Hanspeter u. a., *INSA Inventar der neueren Schweizer Architektur 1850–1920*, Bd. 10: *Winterthur, Zürich, Zug*, Bern 1992.

Reden und Toaste gehalten bei der Feier des 25jährigen Bestehens der Eidg. polytechnischen Schule am 31. Juli und 1. August 1880 zu Zürich, Zürich o. J. [1880].

Redtenbacher, Rudolf, Wie lernt und wie lehrt man die Baukunst?, in: *Deutsche Bauzeitung* 13 (1879), Nr. 39, S. 197–199, Nr. 41, S. 207–210, Nr. 43, S. 217–220; auch in: Ralph Johannes (Hg.), *Entwerfen. Architektenausbildung in Europa von Vitruv bis Mitte des 20. Jahrhunderts. Geschichte – Theorie – Praxis*, Hamburg 2009, S. 526–543.

Reglement für die eidgenössische polytechnische Schule. (Vom 31. Heumonat 1854.), Bern 1854.

Reglement für die eidgenössische polytechnische Schule. (Vom 28. Hornung 1866), Zürich 1866.

Reglement für die eidgenössische polytechnische Schule. (Vom 14. Juli 1873.), Zürich 1873.

Reglement für die Eidgenössische Technische Hochschule (E.T.H.). (Vom 16. April 1924.), Bern 1924.

Regulativ für die Diplomprüfungen am eidgenössischen Polytechnikum in Zürich, Zürich 1881.

Reiser, Marius, Warum ich meinen Lehrstuhl räume, in: *Frankfurter Allgemeine Zeitung*, 20.1.2009, www.faz.net/aktuell/feuilleton/forschung-und-lehre/universitaetsreform-warum-ich-meinen-lehrstuhl-raeume-1754332.html (Stand August 2013).

Reynaud, Léonce, *Traité d'architecture contenant des notions générales sur les principes de la construction et sur l'histoire de l'art*, 2 Bde., 2., überab. Aufl. Paris 1860/1863 (Erstausgabe 1850/1858).

Ricken, Herbert, *Der Architekt. Zwischen Zweck und Schönheit*, Leipzig 1990.

— *Der Bauingenieur. Geschichte eines Berufes*, Berlin 1994.

Ringon, Gérard, *Histoire du métier d'architecte en France*, Paris 1997.

Risch, G[audenz u. a.], Die Institute der Abteilung für Architektur an der ETH, Institut für Geschichte und Theorie der Architektur (IGTA), in: *SBZ* 86 (1968), Nr. 34, S. 607f. bzw. S. 608–610.

Risch, Gaudenz und Martin Fröhlich, Gründung, Bau und Erweiterung der Eidgenössischen Technischen Hochschule in Zürich, in: *SBZ* 87 (1969), Nr. 38, S. 746–757.

Ritter, W[ilhelm], *Anwendung der graphischen Statik nach C. Culmann*, 4 Bde., Zürich 1888–1906.

Rösch-Sondermann, Hermann, *Gottfried Kinkel als Ästhetiker, Politiker und Dichter*, Bonn 1982 (*Veröffentlichungen des Stadtarchivs Bonn* 29).

Rohling, Ludwig, *Wilhelm Lübke*, Sonderdruck aus *Westfälische Lebensbilder 6*, Münster 1957, S. 147–165.

Romberg, J[ohann] A[ndreas], *Die Zimmerwerks-Baukunst in allen ihren Theilen*, 3. unveränd. Aufl. Glogau 1846 (Erstausgabe: Augsburg/München 1834).

Rondelet, Jean-Baptiste, *Traité théorique et pratique de l'art de bâtir*, 5 Bde. + Taf., 7. Ausg. Paris 1834 (Erstausgabe 1808–1814).

— *Theoretisch-praktische Anleitung zur Kunst zu bauen*, 10 Bde., Leipzig 1833–1836.

Ronner, Heinz (Hg.), *Die Bauschule am Eidg. Polytechnikum Zürich*, 3 Bde., Bd. 1: *1855–1915*, Bd. 2: *1916–1956*, Bd. 3: *1957–1968*, Zürich 1971 (*Arbeitsberichte der Architekturabteilung Eidgenössische Technische Hochschule* A11–A13).

— (Hg.), *Synoptische Tabelle 1855–1968*, Zürich 1971 (*Arbeitsberichte der Architekturabteilung ETH* A14).

Rossfeld, Roman, Handwerk, Gewerbe und Industrie. Die schweizerische Binnenwirtschaft im 19. und 20. Jahrhundert, in: *traverse. Zeitschrift für Geschichte* 17

(2010), Nr. 1: *Wirtschaftsgeschichte in der Schweiz – eine historiographische Skizze*, S. 75–102.

Roth, Alfred, Bernhard Hoesli und Herbert Kramel, Die Abteilung für Architektur, in: *Eidgenössiche Technische Hochschule Zürich 1955–1980. Festschrift zum 125jährigen Bestehen*, red. von Jean-François Bergier und Hans Werner Tobler, Zürich 1980, S. 87–117.

Rucki, Isabelle und Dorothee Huber (Hg.), *Architektenlexikon der Schweiz 19./20. Jahrhundert*, Basel, 1998.

Rückbrod, Konrad, *Universität und Kollegium. Baugeschichte und Bautyp*, Darmstadt 1977.

Sack, Bernhard, *Georg Moller. Sein Leben und Wirken*, München 1908.

Salvisberg, Otto Rudolf, Entwicklung und Ziele der Architektenschule ETH, in: *Die Eidg. Technische Hochschule dem SIA zur Jahrhundert-Feier*, hg. von ETH, Zürich 1937, S. 11–21.
— Architektenschule, in: *Das Werk* 16 (1929), Nr. 7, S. 209.
— Zur Reorganisation der Architektenschule an der E.T.H., in: *SBZ* 96 (1930), Nr. 18, S. 220–224.

Schärer, Heinrich, Johann Friedrich Peyer im Hof (1817–1900), in: *Zwei Schaffhauser Pioniere*, Zürich 1973 (*Pioniere. Schweizer Pioniere der Wirtschaft und Technik* 27), S. 9–57.

Schild, Joseph, *Die Entwicklung des Polytechnikums und der Gewerbeschulen der Schweiz, als Antwort auf das Cirkular des eigen. Schulrathspräsidenten*, Bern 1858.

Schimek, Michael, *Zwischen Anspruch und Wirklichkeit. Staatliche Einflussnahmen auf das ländliche Bauen: Das Land Oldenburg zwischen 1880 und 1930*, Münster u. a. 2004.

Schindler-Escher, C[aspar], *«Klein, aber Mein.» Sieben Projekte für einzelstehende Häuschen mit Stall in Werthe von vier bis fünftausend Franken (den in Juni d. J. prämirten Arbeiten entnommen); Bericht über drei bei Zürich gebaute Familienhäuschen mit Grundrissen und Perspektiven*, 2 Hefte, Zürich 1886–1887.

Schirmer, Wulf und Joachim Görike (Hg.), *150 Jahre Universität Karlsruhe, 1825–1975. Architekten der Fridericiana. Skizzen und Entwürfe seit Friedrich Weinbrenner*, Ausst.-Kat. Staatlichen Kunsthalle Karlsruhe, Karlsruhe 1975 (*Fridericiana. Zeitschrift der Universität Karlsruhe* 18, Jubiläumsband).

Schnabel, Franz, Die Anfänge des technischen Hochschulwesens, in: *Festschrift anlässlich des 100jährigen Bestehens der Technischen Hochschule Fridericiana zu Karlsruhe*, Karlsruhe 1925, S. 1–44.

Schneebeli, Robert (Hg.), *Zürich. Geschichte einer Stadt*, Zürich 1986.

Schnell, Dieter, Der Architekturwettbewerb – ein Kind des Liberalismus? Drei bernische Beispiele zwischen 1787 und 1834, in: *Schweizer Ingenieur und Architekt* 117 (1999), Nr. 21, S. 33–37.

Schöller, Wolfgang, *Die «Académie Royale d'Architecture» 1671–1793. Anatomie einer Institution*, Köln / Weimar / Wien 1993.

Schubiger, Benno, *Felix Wilhelm Kubly, 1802–1872. Ein Schweizer Architekt zwischen Klassizismus und Historismus*, St. Gallen 1984 (*St. Galler Kultur und Geschichte* 13).

Schumann, Ulrich Maximilian, Die Freiheit zu bauen. Bürgerarchitektur des 19. und 20. Jahrhunderts, in: Hubert Salden (Hg.), *Die Städelschule Frankfurt am Main von 1817 bis 1995*, Mainz 1995, S. 95–122.
— *Friedrich Weinbrenner. Klassizismus und «praktische Ästhetik»*, Berlin 2010 (*Friedrich Weinbrenner und die Weinbrenner-Schule* 5).

Schwarz, Hans-Peter (Hg.), *ZHdK. Den Künsten eine Zukunft*, Publikation zur Gründung der Zürcher Hochschule der Künste, Zürich 2007.

Schwarz, Karl (Hg.), *1799–1999, Von der Bauakademie zur Technischnen Universität Berlin. Geschichte und Zukunft*, Ausst.-Kat. Technischnen Universität Berlin, Berlin 2000.

Seitz, Frédéric, *Une entreprise d'idée. L'Ecole Spéciale d'Architecture, 1865–1930*, Paris 1995.

Semper, Gottfried, *Ueber den Bau evangelischer Kirchen: mit besonderer Beziehung auf die gegenwärtige Frage über die Art des Neubaues der Nikolaikirche in Hamburg und auf ein dafür entworfenes Project*, Leipzig 1845.
— *Die vier Elemente der Baukunst*, Braunschweig 1851.
— *Wissenschaft, Industrie und Kunst. Vorschläge zur Anregung nationalen Kunstgefühls bei dem Schlusse der Londoner Industrie-Ausstellung. London, den 11. October 1851*, Braunschweig 1852.
— *Ueber die bleiernen Schleudergeschosse der Alten und über zweckmässige Gestaltung der Wurfkörper im Allgemeinen. Ein Versuch die dynamische Entstehung gewisser Formen in der Natur und in der Kunst nachzuweisen*, Frankfurt a. M. 1859.
— *Der Stil in den technischen und tektonischen Künsten, oder Praktische Aesthetik. Ein Handbuch für Techniker, Künstler und Kunstfreunde*, Bd. 1: *Die textile Kunst für sich betrachtet und in Beziehung zur Baukunst*, Frankfurt a. M. 1860; Bd. 2: *Keramik, Tektonik, Stereotomie, Metallotechnik für sich betrachtet und in Beziehung zur Baukunst*, München 1863.
— *Kleine Schriften*, hg. von Manfred und Hans Semper, Berlin 1884.

Semper, Hans, *Gottfried Semper. Ein Bild seines Lebens und Wirkens mit Benutzung der Familienpapiere*, Berlin 1880.

Semper, Manfred, *Hasenauer und Semper. Eine Erwiderung und Richtigstellung* (Separat-Abdruck aus der *Allgemeinen Bauzeitung*), Hamburg 1895.

Senti, A[nton], H[ans] Waser und P[aul] Guyer, *Aus Zürichs Vergangenheit. Zeittafel zur Geschichte der Stadt Zürich*, 3. erg. Aufl. Zürich 1953 (*Kleine Schriften des Stadtarchivs Zürich* 4).

Stadler, Julius, Vortrag des Herrn Professor Jul. Stadler, über das Kunstgewerbe, Gewerbemuseen und Kunstgewerbeschulen, in: *Die Eisenbahn. Schweizerische Zeitschrift für Bau- und Verkehrswesen* 7 (1877), Nr. 16, S. 126f.
— Die Hafnerei an der Schweizerischen Landesausstellung, in: *SBZ* 2 (1883), Nr. 18, S. 112.
— *Erinnerungen aus der Landesausstellung 1883 in Zürich*, Zürich 1884 (*Neujahrsblatt der Künstlergesellschaft in Zürich* für 1884, 44).
— *Schweizerische Landesausstellung Zürich. Bericht über Gruppe 37: Kunst der Gegenwart*, Zürich 1884.
— *Entwurf für die Anlage eines Gewerbemuseums*, o. O., o. J. (Autographie).

Stadler, Jul[ius] und G[eorg] Lasius, Exkursion der Bauschule im Juli 1864, in: *Programm der eidgen. polytechnischen Schule für das Schuljahr 1864/65*, Zürich 1864, S. I–IX.

Stegmann, Knut, Analysing Historical Timber Structures. A Case Study on Ernst Gladbach [1812–1869] and His Research on the «Swiss Style», in: Robert Carvais u. a. (Hg.), *Nuts & Bolts of Construction History*, Bd. 1: *Culture, Technology and Society*, Paris 2012, S. 3–10.

Steindorff, Herrmann (Hg.), *Vorlegeblätter für das Studium der Baukunst, besonders für die Zeichnenübungen der Bauconstructionslehre / mit Unterstützung namhafter Architekten*, Stuttgart 1876.

Stockmeyer, Ernst, *Gottfried Sempers Kunsttheorie*, Zürich 1939.

Sträuli, Hans, *Stadtpräsident Dr. Joh. Jakob Sulzer 1821 bis 1897. Ein Lebensbild*, Winterthur 1930.

Sturm, Hermann, *Alltag & Kult. Gottfried Semper, Richard Wagner, Friedrich Theodor Vischer, Gottfried Keller*, Basel / Gütersloh 2003 (*Bauwelt Fundamente* 129).

Sturzenegger, Tommy, *Der grosse Streit. Wie das Landesmuseum nach Zürich kam*, Zürich 1999 (*Mitteilungen der Antiquarischen Gesellschaft in Zürich* 66).

Stutz, Werner, *Bahnhöfe der Schweiz. Von den Anfängen bis zum Ersten Wektkrieg*, Zürich 1983.

Talenti, Simona, *L'Histoire de l'architecture en France. Émergence d'une discipline (1863–1914)*, Paris 2000.

Tanner, Albert, *Arbeitsame Patrioten – wohlanständige Damen. Bürgertum und Bürgerlichkeit in der Schweiz 1830–1914*, Zürich 1995.

Tavel, Hans-Christoph von, *Nationale Bildthemen*, Disentis 1992 (*Ars Helvetica* 10).

Tavel, Hans-Christoph von und Peter Vignau-Wilberg (Hg.), *Kunstwissenschaft an Schweizer Hochschulen*, Bd. 1: *Die Lehrstühle der Universitäten in Basel, Bern, Freiburg und Zürich von den Anfängen bis 1940*, Zürich 1976 (*Beiträge zur Geschichte der Kunstwissenschaft in der Schweiz* 3).

Thieme, Ulrich und Felix Becker (Hg.), *Allgemeines Lexikon der bildenden Künstler von der Antike bis zur Gegenwart*, hg. unter Mitwirkung von 300 Fachgelehrten des In- und Auslandes, 37 Bde., Leipzig 1907–1950.

Tönnesmann, Andreas, Schule oder Universität? Das Hauptgebäude der ETH, in: Werner Oechslin (Hg.), *Hochschulstadt Zürich. Bauten für die ETH 1855–2005*, Zürich 2005, S. 64–79.

Tschanz, Martin, *Die Bauschule am Eidgenössischen Polytechnikum. Architektur-Lehre in Zürich zur Zeit von Gottfried Semper, 1855–1871*, Diss. Zürich 2013.

Ulrich, J[ohann Jakob], *Die Schweiz in Bildern*, Zürich o. J. [1856?].

Ulrich-Erlach, R. von, *Das Leben des Kunstmalers J. J. Ulrich, Professor*, Zürich 1878 (*Neujahrsblatt der Künstlergesellschaft in Zürich* für 1878, 38).

Ungewitter, G[eorg Gottlieb], *Lehrbuch der gothischen Constructionen*, 2 Teile, Leipzig 1859–1864.

Urner, Klaus, *Die Deutschen in der Schweiz. Von den Anfängen der Kolonienbildung bis zum Ausbruch des Ersten Weltkrieges*, Frauenfeld / Stuttgart 1976.

Varin, E[ugène] und A[médée], *L'Architecture pittoresque Suisse, ou Choix de constructions rustiques prises dans toutes les parties de la Suisse*, Paris 1873.

Verzeichniss der Bibliothek des Schweizerischen Polytechnikums, Zürich 1856; 2. Aufl. 1857; 5. Aufl. 1876.

Wagner, Richard, *Sämtliche Briefe*, hg. im Auftrage der Richard-Wagner-Stiftung Bayreuth von Gertrud Strobel u. a., Gesamtausgabe in 35 Bde. und Supplemente, Leipzig u. a., 1967–
— *Werke, Schriften und Briefe*, hg. von Sven Friedrich, Berlin 2004 (*Digitale Bibliothek* 107).

Waldkirch, Berhard von, Zur Geschichte der Graphischen Sammlung, in: *Kunsthaus Zürich. Meisterwerke aus der Graphischen Sammlung. Zeichnungen, Aquarelle, Pastelle, Collagen aus fünf Jahrhunderten*, Ausst.-Kat. Kunsthaus Zürich, Zürich 1984, S. 11–23.

Waldner, A[ugust], Zur Reorganisation des eidg. Polytechnikums, in: *SBZ* 4 (1884), Nr. 17, S. 106–108.
— Freistehende Arbeiterwohnungen auf dem Lande, in: *SBZ* 7 (1886), Nr. 1, S. 3f.; Nr. 2, S. 10–12.

Walther, Silke, *«In welchem Style sollen wir bauen?». Studien zu den Schriften und Bauten des Architekten Heinrich Hübsch (1795–1863)*, Diss. Stuttgart 2004.

Waser, Otto, *Die Zürcher Archäologische Sammlung, ihre Entstehung und ihre Entwicklung*, Zürich 1935 (*Neujahrsblatt zum Besten des Waisenhauses in Zürich* für 1935, 98).

Wegmann, Peter, *Gottfried Semper und das Winterthurer Stadthaus. Sempers Architektur im Spiegel seiner Kunsttheorie*, Winterthur 1985.

Weidmann, Dieter, *Gottfried Sempers «Polytechnikum» in Zürich. Ein Heiligtum der Wissenschaften und Künste*, Diss. Zürich 2010.

Weinbrenner, Friedrich, *Architektonisches Lehrbuch*, 3 Teile, Tübingen 1810–1825.

Weitbrecht, Conrad, *Ornamentenzeichnungsschule in 100 Blättern für Künstler, Manufakturisten u. Gewerbsleute*, Stuttgart 1833.

Widmer, Sigmund, *Zürich. Eine Kulturgeschichte*, 13 Bde., Zürich 1975–1985.

Widmer, Urs, *Wie kam Gottfried Semper nach Zürich und zum Stadthaus-Bau in Winterthur?*, Winterthur 2004.

Wieser, Christoph, Modellbau im digitalen Zeitalter. Eine Einschätzung des Zentrums Konstruktives Entwerfen der Zürcher Hochschule für Angewandte Wissenschaften zur Rolle des Laser Cutters, in: *werk, bauen + wohnen* 97 (2010), Nr. 4, S. 57f.

Wietersheim Eskioglou, Karin von, *Der Schweizer Stil und die Entwicklung des modernen Schweizer Holzhausbaus*, Diss. Zürich 2004.

Wir sind, was wir erinnern. Zur Geschichte der Studierenden der Uni Zürich von 1968 bis 2008, hg. von Studierendenrat der Universität Zürich, Zürich 2008.

Wolf, Rudolf, *Das Schweizerische Polytechnikum. Historische Skizze zur Feier des 25jährigen Jubiläums*, Zürich 1880.

Wolff, J[ohann] C[aspar], *Der Baufreund oder allgemeine Anleitung zur bürgerlichen Baukunst in der Schweiz*, Zürich 1848.

Zacharias, Thomas (Hg.), *Tradition und Widerspruch. 175 Jahre Kunstakademie München*, München 1985.

[Zehnder, Carl] C. Z., Zum Nachruf auf Prof. Julius Stadler, in: *NZZ*, 1. Beilage, 18.12.1904, S. 1.
— *Ideal-Architekturen. Skizzen und Entwürfe*, Berlin [1905].

Zemp, J[oseph], Prof. Dr. Georg Lasius (Nachruf), in: *SBZ* 92 (1928), Nr. 7, S. 88f.

Zeuner, Gustav, Über das Wanken der Locomotiven, in: *Programm der eidgen. polytechnischen Schule für das Schuljahr 1861/62*, Zürich 1861, S. I–XXIII.

Zeuner-Schnorf, Gustav, Als junger Professor an die junge Hochschule berufen. Aus unveröffentlichten Aufzeichnungen Gustav Zeuner. Anlässlich der 100-Jahrfeier der ETH ausgewählt und zusammengestellt von Gustav Zeuners Enkel, Gustav Zeuner-Schnorf, Basel, in: *NZZ*, 22.10.1955, Morgenausgabe, Bl. 4.

Zielinski, Jan, *Ludwig von Tetmajer Przerwa 1850–1905. Gründer der Eidgenössischen Materialprüfungs- und Forschungsanstalt EMPA, Pionier der Materialprüfung und -forschung*, Meilen 1995 (*Pioniere. Schweizer Pioniere der Wirtschaft und Technik* 66).

Ziesemer, John, *Studien zu Gottfried Sempers dekorativen Arbeiten am Aussenbau und im Interieur – Ein Beitrag zur Kunst des Historismus*, Weimar 1999.

Zimmermann, Adrian, «... unserer Landesausstellung zur nothwendigen Vervollständigung, dem Polytechnikum zur bleibenden Zierde ...». Vom Schicksal der Abgüsse nach Frührenaissance-Skulpturen aus dem Kanton Tessin, in: *Georges-Bloch-Jahrbuch des Kunstgeschichtlichen Seminars der Universität Zürich 1996*, Zürich 1996 (*Georges-Bloch-Jahrbuch* 3), S. 41–56.

Zindel, Christian, *Verzeichnis der Abgüsse und Nachbildungen in der Archäologischen Sammlung der Universität Zürich*, hg. von Archäologisches Institut der Universität Zürich, Zürich 1998.

Zöller, Egon, *Die Universitäten und technischen Hochschulen, ihre geschichtliche Entwicklung und ihre Bedeutung in der Kultur, ihre gegenseitige Stellung und weitere Ausbildung*, Berlin 1891.

Zürcher Baumeisterhäuser. Zeugen einer wachsenden Stadt. Verkannte Architektur aus dem 19. Jahrhundert, hg. von Amt für Städtebau der Stadt Zürich, Zürich 2011 (*Stadtgeschichte und Städtebau in Zürich* 10).

Zum 100. Todestag von Jacob Burckhardt, in: *NZZ*, 9./10.8.1997 (Literatur und Kunst), S. 57–60.

Websites

www.amtsdruckschriften.bar.admin.ch
(Schweizerisches Bundesarchiv, Amtsdruckschriften online)

www.arch.ethz.ch
(Departement Architektur der ETH Zürich)

www.ethistory.ethz.ch
(Web-Portal zur Geschichte der ETH Zürich 1855–2005)

www.gs.ethz.ch
(Graphische Sammlung der ETH Zürich)

www.idb.arch.ethz.ch
(Institut für Denkmalpflege und Bauforschung am Departement Architektur der ETH Zürich)

www.kulturtechnik.hu-berlin.de/content/wsw
(Hermann von Helmholtz-Zentrum für Kulturtechnik der Humboldt-Universität Berlin, Projektbereich Wissenschaftliche Sammlungen und Wissenschaftskommunikation)

www.schwartz.arch.ethz.ch
(Professur für Tragwerksentwurf Prof. Dr. Joseph Schwartz am Departement Architektur der ETH Zürich)

www.sr.ethbib.ethz.ch
(Hochschularchiv der ETH Zürich, Schulratsprotokolle online)

www.stadtarchiv-schaffhausen.ch
(Stadtarchiv Schaffhausen)

www.verfassungen.de/ch
(Verfassungstexte)

www.vvz.ethz.ch
(Vorlesungsverzeichnis der ETH Zürich)

Register

Abbildungsnachweis

Umschlag, 1, 7, 14, 16, 22, 25, 28, 40–43, 97, 98, 111, 118, 119, 121, 122, 134–137, 139–144, 147–152, 155–162, 164: gta Archiv, ETH Zürich: Nachlass Gottfried Semper

2: ETH-Bibliothek, Zürich, Hochschularchiv der ETH Zürich: Hs 1230:252

3, 26, 27, 48, 50: gta Archiv, ETH Zürich: Nachlass Albert August Müller

4–6, 9, 51, 96, 106, 107, 120: gta Archiv, ETH Zürich: Nachlass Hans Wilhelm Auer

8, 60–62, 70, 71: ETH-Bibliothek, Zürich, Alte und Seltene Drucke (via e-rara.ch)

10–13, 15, 17–21, 23, 24, 87: gta Archiv, ETH Zürich: Nachlass Alfred Friedrich Bluntschli

29, 30, 49, 73, 78, 80–85, 99, 100: gta Archiv, ETH Zürich: Nachlass Hans Pestalozzi

31, 32: Bibliothèque Sainte-Geneviève, Paris: Ms. 4273 (41 und 33)

33, 34, 37: Zentralbibliothek Zürich, Graphische Sammlung: Rahn 154/1

35, 36, 38 : ETH-Bibliothek, Zürich, Hochschularchiv der ETH Zürich: Hs 64a

39: Semper, Der Stil, Bd. 2, 1863, S. 4

44: Hofmeister 1872, Frontispiz (ETH-Bibliothek, Zürich, Alte und Seltene Drucke)

45: Oechsli 1905, S. 260bis

46: gta Archiv, ETH Zürich: Nachlass Ernst Gladbach

47: ETH-Bibliothek, Zürich, Hochschularchiv der ETH Zürich: Hs 10.1

52–59: Zürcher Hochschule der Künste ZHdK, Bibliothek

63, 66: ETH-Bibliothek, Zürich, Bildarchiv

64, 65, 79, 127–131: gta Archiv, ETH Zürich: Nachlass Julius Stadler

67, 69, 74–77: gta Archiv, ETH Zürich: Nachlass Georg Christian Lasius

68: ETH-Bibliothek, Zürich, Hochschularchiv der ETH Zürich: Hs 435.65

72: Zentralbibliothek Zürich, Graphische Sammlung: Rahn 153

86: ETH-Bibliothek, Zürich, Hochschularchiv der ETH Zürich: A 1028 HS

88: gta Archiv, ETH Zürich: Nachlass Gustav Gull

89: Oechsli 1905, S. 136bis

90: ETH-Bibliothek, Zürich, Hochschularchiv der ETH Zürich: Hs 11

91: Festschrift zur Feier 1894, Taf. 11 (ETH-Bibliothek, Zürich, Alte und Seltene Drucke)

92: ETH-Bibliothek, Zürich, Hochschularchiv der ETH Zürich: Hs 12.2

93, 94, 113–117, 163: gta Archiv, ETH Zürich: Sammlung Bauschule

95, 108–110: gta Archiv, ETH Zürich: Plansammlung

101–103: gta Archiv, ETH Zürich: Nachlass Adolf Friedrich Brunner

104, 105: gta Archiv, ETH Zürich: Sammlung Töpferschule

112: ETH-Bibliothek, Zürich, Hochschularchiv der ETH Zürich: Hs 1196:45–50

123, 124: gta Archiv, ETH Zürich: Nachlass Friedrich Eisenlohr

125: Gradmann 1973, Taf. 2f

126: Zentralbibliothek Zürich: LK 672a

132: Festschrift zur Feier 1894, S. 135 (ETH-Bibliothek, Zürich, Alte und Seltene Drucke)

133: Staatsarchiv des Kantons Zürich: PLAN R 1436

138: Garleff 2003, S. 451 (Archives nationales, France: CP VA XLIX/1)

145: Garleff 2003, S. 448 (Archives nationales, France: CP VA XLIX/4)

146: Hübsch 1983, Kat. Nr. 35, S. 144bis (Landesarchiv Baden-Württemberg, Generallandesarchiv Karlsruhe)

153: Lübke 1855 (3. Aufl. 1889), S. 685

154: gta Archiv, ETH Zürich: Sammlung Bauten der ETH Zürich

Dank

Ich danke den vielen Personen und Institutionen, die zum Zustandekommen dieser Arbeit beigetragen haben, allen voran Andreas Tönnesmann, der die Studie angeregt und mit viel Wohlwollen bis zu seinem Tod noch während der abschliessenden Arbeiten am Buch begleitet hat. Mein Dank gilt auch dem Departement Architektur und dem Institut gta der ETH Zürich, welche die Arbeit unterstützt und dadurch überhaupt erst ermöglicht haben. David Gugerlis Korreferat und konstruktive Kritik halfen mir, den Blick auszuweiten. Die Teilnehmenden des Nachwuchskolloquiums von Andreas Tönnesmann und des Forschungskolloquiums von David Gugerli waren mir immer wieder anregende Gesprächspartner. Viele Archive und Sammlungen haben mir den Zugang zu ihren Schätzen gewährt; mein Dank geht insbesondere an das gta Archiv, namentlich an Gregor Harbusch, Filine Wagner und allen voran Daniel Weiss, der mit seinem breiten Wissen und seiner wunderbaren Hilfsbereitschaft viele Türen geöffnet hat. Bruno Maurer unterstützte mich als Leiter des gta Archivs und darüber hinaus mit zahlreichen Anregungen und kritischen Bemerkungen, nicht zuletzt zum Kapitel über die Gebäulichkeiten. Dieter Weidmann gewährte mir grosszügigen Einblick in seine damals noch laufende Doktorarbeit über die Planungsgeschichte des Semper'schen Hochschulgebäudes und half mir mit seinen Transkriptionen der Handschriften enorm. Der gta Verlag ermöglichte es, dass aus der Dissertation ein Buch werden konnte; insbesondere danke ich der Lektorin Sandra Rumiz, die viele Fehler und sprachliche Kapriolen eliminiert hat, Ulla Bein, ohne die es kein Register gäbe, und Philippe Mouthon, der für das heterogene Material eine Form fand. Vor allem aber gilt der Dank meiner Familie, ohne deren Geduld und Verständnis diese Arbeit nicht denkbar gewesen wäre.

Eidgenössische Technische Hochschule Zürich
DARCH
Departement Architektur

Projektleitung und Lektorat
Sandra Rumiz

Konzept, Satz und Gestaltung
Philippe Mouthon

Scans
Fachlabor Gubler AG, Felben-Wellhausen

Bildbearbeitung und Druck
Merkur Druck AG, Langenthal

Buchbindung
Buchbinderei Grollimund AG, Reinach / BL

Schrift
Kievit und Arnhem

Papier
Inhalt: Claro, Bulk, 135 g/m² (FSC zertifiziert)
Umschlag: New Invercote G, 240 g/m² (FSC zertifiziert)

Bibliografische Information der Deutschen Nationalbibliothek

Die Deutsche Nationalbibliothek verzeichnet diese Publikation in der Deutschen Nationalbibliografie; detaillierte bibliografische Daten sind im Internet über http://dnb.dnb.de abrufbar.

ISBN 978-3-85676-343-5

Reihe *Architektonisches Wissen*
herausgegeben vom Departement Architektur
ETH Zürich

Das Forschungs- und Buchprojekt wurde finanziell unterstützt durch das Departement Architektur und das Institut für Geschichte und Theorie der Architektur (gta) der ETH Zürich sowie durch die Baudirektion des Kantons Zürich, Kantonale Denkmalpflege, und das Departement Architektur, Gestaltung und Bauingenieurwesen der Zürcher Hochschule für Angewandte Wissenschaften.

Baudirektion
Kanton Zürich
Amt für Raumentwicklung
Kantonale Denkmalpflege

zh
aw
Architektur, Gestaltung
und Bauingenieurwesen

gta Verlag